경영학원론

김남현 / 김정원 / 류태모 / 송경수 / 정현우

經文社

머리말

본서는 대학교 '경영학원론'이나 '경영학이해'의 강의를 위한 교과서로서 다음과 같은 문제의식을 가지고 집필된 것이다.

(1) 어떻게 하면 경영학원론의 교육과정을 체계적(systematic)으로 구조화할 수 있을 것인가?
(2) 어떻게 하면 경영학원론을 한 학기에 강의할 수 있는 내용으로 축약하면서도 상급학년에서 배우게 될 전교과목의 기본적인 내용을 포괄할 수 있는 내용으로 엮을 수 있을 것인가?
(3) 어떻게 하면 경영학을 처음 대하는 학생들에게 경영학원론을 조직적으로 이해하게 하여 그들 스스로 논리적 체계를 세워갈 수 있게 할 것인가?
(4) 어떻게 하면 경영학의 초심자들도 이해하기 쉽고, 이 책 한 권으로 경영관리의 전반적인 내용을 개관할 수 있게 할 것인가?

위와 같은 문제들을 충족시키기 위하여 저자들은 본서 제1장에서 제시한 '경영학의 구체적 정의'에 따라 그 내용을 중심으로 '경영학 이해모형'을 만들고 그 모형의 내용에 따라 서술을 전개하였다.

그래서 본서는 전 4부로 구성하였으며, 제1부에서는 경영학의 학문적 성격과 기업조직의 환경 및 경영성과를 다루었으며, 제2부에서는 관리과정을 의사결정을 바탕으로 한 계획기능, 전략계획, 조직화기능, 리더십을 통한 지휘, 동기부여를 통한 지휘, 의사소통을 통한 지휘, 통제기능 등의 순으로 서술하였다. 그리고 제3부에서는 기업조직의 여러 가지 활동들을 주된 활동과 지원활동으로 구분하여 주된 활동에는 생산 및 운영관리와 마케팅활동을 포함시켰으며, 지원활동에는 자금의 조달 및 활용, 인적 자원의 확보 및 활용, 경영정보의 수집 및 활용, 회계자료 수집 및 활용 등을 포함시켰다. 마지막으로 제4부에서는 최근 경영학에서 새롭게 이슈화되어 있는 정보화와 지식경영, 창업과 벤처경영 등을 다루었다.

그리고 각 장의 시작부분에 사례를 제시하였고, 각 장의 말미에 붙어 있는 연습문제와 인디넷 사례는 학생들의 가정학습 자료로 활용될 수 있을 것이며, 시뮬레이션(simulation exercises)은 문제해결을 위한 집단 활동의 자료로 활용될 수 있을 것으로 믿는다. 그리고 이들 사례들과 시뮬레이션은 일방적인 강의방법에 의존하는 학습의 결함을 보완하는 자료로도 활용될 수 있을 것이다. 이 책을 가지고 강의하시는 교수님들에게 다소나마 보탬이 되도록 강의보조자료 파워포인트를 준비하였으니 필요하신 분들께서는 출판사로 연락하시면 보내드리겠습니다.

끝으로 본서의 발간을 위해 수고해 주신 한헌주 사장님과 임직원 여러분들의 노고에 대하여도 심심한 사의를 표하는 바이다.

2015년 4월
저자들 씀

차 례

1부 경영학 기초개념의 이해

『네 시작은 미약하였으나, 네 나중은 심히 창대하리라.』 욥기 8장 7절

1부

경영학 기초개념의 이해

개요 〉

제1부에서는 경영학을 이해하는데 필수적인 기본개념들을 소개하였다. 우선 제1장에서는 기업과 경영을 구체적으로 정의내리고 이에 따라 '경영시스템의 이해모형'을 제시하였다. 또한 경영의 주된 대상인 기업과 경영의 주체인 경영자에 대해서도 살펴보았다.

제2장에서는 경영학의 학문적 성격과 발전과정을 단계별로 구분하여 다루었으며, 제3장에서는 경영성과를 구체적 기준들을 중심으로 설명하였다. 마지막으로 제4장에서는 경영에 영향을 미치는 환경변화를 P(정치적), E(경제적), S(사회 · 문화적), T(기술적) 모형을 토대로 살펴보았으며, 외부환경분석을 위한 기본차원을 제시하였다.

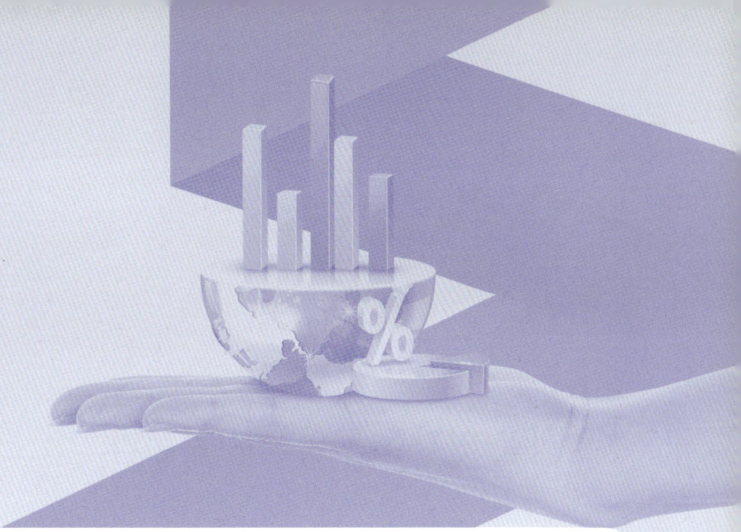

제1장 | 기업, 경영, 경영자

이 장에서는 경영하는 방법을 본격적으로 공부하기 전에 알아야 할 경영에 대한 기초적 개념과 개요가 설명되어 있다. 먼저 기업의 성격과 형태, 경영의 정의와 본질, 그리고 경영자와 경영자의 역할에 대한 논의가 있고, 이러한 기초적 개념에 대한 설명 이후에 이들 개념들에 대한 응용 학습기회를 마련하기 위해 연습과제와 사례연구가 제시되어 있다.

특히, 경영학의 주요 연구대상인 기업의 성격을 알아보고, 경영이란 무엇이며 경영을 위해서는 무엇이 요구되는지에 대해 살펴보고, 경영의 포괄적인 이해를 위한 경영시스템의 이해모형을 제시하였다. 그리고 경영자가 하는 일과 경영자에게 필요한 자질 등을 소개하고 있다.

이 장을 읽어가는 동안 이것만은 이해하시기 바랍니다.

1. 기업이란 무엇인가?
2. 주식회사의 특징은 무엇인가?
3. 경영이란 무엇인가?
4. 경영자의 유형은 어떻게 나누어지는가?
5. 경영자에게 요구되는 관리기술과 역할은 무엇인가?
6. 경영시스템의 이해모형의 구성내용은 무엇인가?

제1장 사례 >

경영학은 인간을 무엇으로 보는가

급변하는 경영 환경 속에서 기업이 지속 성장을 하기 위해서는 인간과 조직, 경영과 리더십에 대한 기본 전제부터 다시 검토해야 한다. 인간과 조직에 대한 사유의 틀에 맞춰 인간의 존재 목적에 관한 인문학적, 경영학적 접근을 통해 본질적인 인간의 마음과 영혼에 대한 처방이 필요한 시점인 것이다. 2014년 11월 7일 KMA가 주최한 리더스모닝포럼에서 최동석인사조직연구소의 최동석 소장은 "경영은 '인간의 실존'을 인식하는 관점에 기반해야 한다"고 강조했다.

오늘날의 경영학은 인간 존중의 성찰에 기반을 두지 않은 학문으로 변질되었다. 그 바람에 인간은 자본을 부풀릴 수 있는 '자원(resource)'으로서의 가치밖에 없는 것으로 파악한다. 경영자들은 인간을 오로지 숫자로 보며 우리의 비극은 여기서 시작된다. 경영자의 정신적 토대의 변화, 즉 인간을 바라보는 관점에 근본적인 변화가 없이는 그 어떤 구조적, 시스템적 변화도 효과를 발휘하지 못한다. 인간을 자원으로 보는 관점에서는 조직의 구조가 아무리 바뀌어도 자원 그 이상의 대접을 받을 수 없다. 매출이나 이익을 내는 수단으로 간주될 뿐이며, 그저 노동시장에서 거래되는 상품으로 전락하는 것이다.

영혼의 능력을 외면하는 시대

하지만 인간이란 영혼의 능력을 최대한 발휘하려는 실존적 존재다. 따라서 영혼의 능력이 우리의 삶에서 발현될 수 있도록 한다면 성공적이고도 행복한 삶을 살아갈 수 있을 것이다. 기업 조직도 인간의 실존을 인식하는 것을 시작으로 영혼이 있는 구성원들을 받아들인다면 풍요로운 결실을 향유할 수 있다.

18세기 말 '인더스트리 1.0'이라고 부르는 산업혁명이 영국으로부터 시작해 오늘날까지 전 세계에 큰 영향을 미치고 있다. 그동안 인간의 근육으로 생산성을 확보해 왔으나 이때부터 증기기관이 인간을 대체했으며 생산성이 크게 증대됐다.

20세기 초에는 전기가 발명되어 생산성이 더욱 급격하게 높아졌다. 이후 1970년대에는 컴퓨터가 등장하면서 디지털혁명이 일어났고, 모든 생산성이 기하급수적으로 커지게 되었다.

현재 우리는 '인더스트리 4.0', 즉 제4차 산업혁명에 와 있다. CPS(Cyber Physical System)는 근본적인 변화를 몰고 왔고, IoT(Internet of Things), IoS(Internet of Services), IoE(Internet of Energy) 등 인터넷을 통해 모든 사물들이 인간의 명시적인 개입과 명령 없이도 스스로 상호작용함으로써 인간이 원하는 바를 이루어내는 IoE(Internet of Everything : 만물인터넷) 시대가 시작됐다. 하지만 역사학자들의 연구에 따르면 생산성이 증대된 것만큼 인간의 삶의 질이 향상되지는 않았다. 오히려 중세시대 사람들이 현재를 사는 우리들보다 더 행복한 삶을 누렸다는 것이다.

현재를 사는 우리들은 생산성은 향상됐는데 밤늦게까지 일하지 않으면 안 되는 현실 속에서 여전히 미래가 불안한 공포스러운 상황에 처해 있다. 그렇다면 우리는 무엇을 위해 지금까지 열심히 생산성을 향상시켜 온 것일까. 이제 인류는 자기 성찰을 해야 하는 시점에 도달했다. 생산성 향상은 계속되어야 하지만 그에 따라 삶의 풍요로움도 동반되어야 하기 때문이다. '어떻게 생산할 것인가'가 아니라 '무엇을 생산할 것인가'를 고심해야 하는 시기가 온 것이다.

인간을 어떻게 볼 것인가

'인간'과 '볼펜'을 철학적으로 고찰해 보자. 둘의 본질을 논하기에 앞서 우선 '본질'이라는 단어의 의미부터 살펴볼 필요가 있다. 사전적 의미로 본질은 본래부터 가지고 있는 고유한 속성, 즉 불변하는 성질을 의미한다. 이것은 '과학적 분석'에 해당한다. 한편으로 존재 목적, 존재 이유라는 '철학적 사유'로도 본질을 생각할 수 있다. 앞서 말한 볼펜을 과학적으로 분석하면 결국 작은 알갱이, 즉 원자로 환원되며, 철학적으로 존재 목적을 살피면 '기록'이라고 할 수 있다. 이런 방식으로 '인간'을 분석해 보자. 인간이란 도대체 무언인가. 인간도 역시 과학적으로 분석하면 결국 원자로 환원된다. 그러나 볼펜도 인간도 원자로 환원되기 때문에 같은 존재라는 말은 성립되지 않는다. 인간에게는 인간만이 가지는 독특한 특성이 있기 때문이다.

소크라테스부터 수많은 천재 철학자들은 인간만이 가지는 그 독특한 특성이 무엇인지 알아내기 위해 인간의 의미를 사유해 왔다. 그리고 인간 존재에 대한 의미를 찾기 위해 '존재(Being)'와 '본질(Essentia)' 사이를 구분할 수 있는 '실존(Ecistentia)'이란 새로운 개념을 만들어냈다. 여기서 인간이 무엇인지 규명하려면 '존재하는 것'과 '실존하는 것'사이의 차이를 알아야 한다. 같은 공간이라도 작품을 걸어놓으면 전시장이 되고 연예인들이 와서 춤을 추면 공연장이 된다. 즉 실존하는 인간이 주변에 만나는 사물들에 대해 어떤 가치와 목적, 의미를 부여하느냐에 따라 본질이 달라진다. 모든 우주세계는 사실 실존하는 인간의 부름을 기다리고 있다.

인간에게만 존재하는 '그 무엇'은 곧 실존이자 영혼이다. 19세기 전반을 살았던 키에르케고르는 1849년 '죽음에 이르는 병'이란 저서를 썼는데 첫 문단이 이렇게 시작된다. "인간은 정신이다. 정신이란 무엇인가. 정신이란 자기(自己)다. 자기는 무엇인가. 자기란 자기 자신과 관계하는 관계, 바꾸어 말하면 그 관계에 있어서 그 관계가 자기 자신에게 관계하는 것을 말한다. 따라서 자기는 관계가 아니고, 관계가 자기 자신에게 관계하는 관계다." 이 책을 통해 키에크케고르는 세계적인 철학자 반열에 올랐는데, 이 글을 정리하면 곧 인간, 정신, 자기, 관계의 4가지 키워드로 압축해 볼 수 있다.

자기 영혼의 능력을 발휘하라

인간은 곧 '정신'이다. 물질로 환원되지 않는, 생물학적으로 분석할 수 있는 대상이 아니라는 것이다. 정신은 또 '자기'이다. 어떤 행동을 하려면 반드시 그 행동을 할 수 있는 능력이 있어야 한다. 소위 지식, 스킬, 태도 등이다. 이러한 능력은 그 사람이 가지고 있는 가치와 신념 체계에 따라 달라지는데 이는 자신의 사회적 역할을 어떻게 인식하느냐는 자기 정체성에서 비롯된다.

그리고 자기 정체성은 결국 종교적 영역인 영성에서 나온다. 가치와 신념은 심리학 영역에서 연구되며, 자기 정체성은 철학에서 그리고 정체성의 근거가 되는 영성은 종교의 영역으로 구분된다. 결국 '자기'란 자기 영혼의 능력이 발현되는 것을 말한다. 인간의 영혼이 능력을 발휘해서 사회적 역할을 올바르게 하고 가치와 신념을 실현해 나가도록 하는 것이다.

키에르케고르의 사상은 철학과 신학에 영향을 주어 마틴부버, 루돌프 불트만, 알베르 카뮈, 모리스 메를로-퐁티, 라인홀드 니버, 장 폴 사르트르, 알래스데어 매킨타이어, 폴 틸리히, 임마누엘 레비나스, 마틴 하이데거 등 수많은 현대 사상가들에게 직접적인 영향을 미쳤다. 문학에서는 호르헤 루이스 보르헤스, 헤르만 헤세, 프란츠 카프카, 라이너 마리아 릴케 등에, 심리학에서는 빅터 프랭클, 에리히 프롬, 칼 로저스 등의 위대한 천재들에게 영향을 미쳤다. 따라서 21세기를 살아가는 현대인들은 키에르케고르의 실존주의적 사상의 세례를 받고 살아가고 있다고 해도 과언이 아닐 것이다. 키에르케고르의 영향을 받은 이들 중 장 폴 사르트르는 청소년 시절에 제1차 세계대전을 겪었고, 철학자가 되고 나서는 제2차 세계대전을 겪었다. 2차 세계대전에는 연합국 49개국, 동맹국 8개국에서 병력 1억 1,000만 명이 동원됐고, 전사자가 2,700만 명, 민간인 사망자도 2,500만 명에 달했다.

사르트르는 참혹한 전쟁을 직접 경험한 후 키에르케고르의 사색에서 한 발 더 나아가 인간의 존재란 무엇인가에 대해 깊이 생각하게 된다. 그리고 1943년에 출간한 저서 '존재와 무'에서 그는 "존재하는 것이 있고 존재하지 않는 것이 있다"라고 말한다. 무언가 존재한다는 것은 존재하지 않는 상태가 있기 때문에 존재할 수 있다. 지금 우리가 숨을 쉬고 살아 있다는 것은 곧 죽은 상태를 상정할 수 있기 때문에 살아 있다는 것에 의미를 부여할 수 있는 것이다.

여기서 '무(無)'라는 것은 어떠한 제약도 어떠한 제한도 어떠한 지시나 명령도 구속도 없는 상태를 말한다. 즉 인간의 실존, 영혼, 자기라는 것은 무의 상태로서 어떤 제약도 명령도 구속도 없는 상태에 있는 것이다. 따라서 모든 인간은 실존적으로 평등하고 실존으로 인해 자유롭다. 그래서 사르트르는 '절대 자유'라는 말을 썼다. 인간에게는 어떤 구속도 있어서는 안 된다는 것이다.

실존에는 자유와 책임이 따른다

인간은 실존하기 때문에 어떠한 명령도 규제도 없는 절대 자유 상태에 있다. 그럼에도 불구하고 인간은 자기 스스로를 자원으로 본다. 흔히 경영학에서 말하는 인적자원 관리, 즉 휴먼 리소스 매니지먼트(human resource management)는 결국 어떠한 목적을 위한 수단에 불과하다. 그러나 철학은 '인간은 그 존재 자체를 위한 존재'라고 말한다. 따라서 '휴먼 리스펙트 매니지먼트(human respect management)'가 되어야 한다.

'자유가 있다'는 말은 다시 말해 매 순간 무엇인가를 선택해야 한다는 뜻이다. 또한 선택의 결과를 다른 사람에게 전가할 수 없으며 본인 스스로 책임을 져야 한다. 때문에 사르트르를 비롯한 실존주의 철학자들은 "인간은 자유라고 하는 영원한 형벌에 처해진 존재"라고 말한다. 실존적 인간이라는 것은 인간에게 무거운 책임이 주어진 것이다.

우리 사회를 둘러보자. 우리는 정말 실존적 삶을 살고 있는가. 책임자에게 권한을 부여하는 것은 자유에 뒤따르는 책임 때문이다. 그러나 최근 우리 사회에서 일어나는 일들을 보면 권한은 많이 가지고 있지만 책임은 지지 않는 사람들이 많은 것 같다.

생산성 향상을 위한 인간 존중의 경영

동물은 생물학적 본능을 가지고 태어난다. 태어날 때부터 생존에 유리하게 프로그래밍 되어 있다. 그러나 본능을 벗어나면 초월적, 미지의 이상적 세계가 열린다. 실제로 생물학적 욕망의 프로그램에서 벗어나서 초월적 세계에서 영혼의 방식으로 살아가는 사람들이 있다. 이 테두리를 벗어나게끔 만드는 것이 영혼의 능력이다. 본능을 벗어나서 미지의 세계로 나아가는 것은 학식이나 학력과는 아무 상관이 없다.

이순신 장군, 세종대왕, 간디, 테레사 수녀 등의 위대한 인물들은 욕망의 프로그램을 포기하고 자신이 추구하는 세계로 나간 사람들이다. 영혼의 능력이 작동한 사람들인 것이다. 스티브 잡스도 명상을 자주 했다고 알려져 있다. 영혼의 능력은 인간에게만 부여되는 축복이다. 애완동물 중에 아침에 일어나서 명상하는 것을 본 사람은 없을 것이다.

키에르케고르는 "인간은 관계가 자기 지신에게 괸계힘으로써 거기서 타자와 관계하는 관계"라고 말한다. 여기서 관계란 '독립된 제3의 사건' 이다. 예를 들어 교사와 학생에게는 수업이라는 제3의 독립 사건으로 관계가 형성되고, 부모와 저녀도 양육이라는 제3의 사건으로 관계가 형성된다. 경영자는 팀원과 리더십으로 관계가 형성된다. 관계가 곧 생명이다. 인간은 관계가 끊어지면 절망에 빠진다. 그러나 우리 사회의 시스템을 분석해 보면 관계를 끊어버리는 형태로 시스템이 돌아가는 경우가 많다. 따라서 리더십은 관계를 통해 타인에게 생명을 불어넣도록 재설계(redesign)되어야 한다. 이것이 바로 리더십의 본질이다.

스위스는 독일, 프랑스, 이탈리아, 오스트리아 등의 강대국의 틈에 끼어 있는 인구 800만의 작은 나라이다. 독일어, 프랑스어, 이탈리아어와 로망슈어를 동시에 사용하는, 인종도 다르고 언어도 다양한 독특한 나라이다. 그런데 오늘날 어떻게 세계에서 가장 아름답고 풍요로운 나라로 성장했을까. 스위스는 1848년 헌법을 제정해 칸톤이라는 26개의 소규모 국가들이 뭉쳐 만든 나라이다. 당시 우리나라는 조선시대였는데 스위스는 이때부터 민주적으로 헌법을 제정하고 국가를 형성했던 것이다.

국가를 이끌 연방장관은 헌법을 통해 4년 임기의 7명을 선출하는데 장관들은 좌파, 우파, 중도 출신으로 다양하다. 대통령은 장관 중에서 해마다 1명씩 돌아가면서 수행한다. 이렇게 좌파와 우파가 한데 합쳐서 정부를 운영할 수 있는 비결은 바로 '합의의 정신(Kollegialprinzip)'이다. 다수결이 아니라 반드시 토론과 합의에 의해 결정하는 것이다. 토론을 하다 보면 문제의 핵심이 무엇인지 알 수 있고 창의적인 제3의 해결안이 나올 수밖에 없다.

결국 리더십의 본질은 생명을 불어넣는 것과 생명을 불어 넣는 시스템을 구축하는 것이다. 지금까지 관계를 끊어버리는 방식의 시스템으로 성장했다면 이제는 영혼의 능력을 발휘할 수 있는 시스템을 구축해야 한다. 시스템 설계 원칙은 다음과 같다. 첫째, 인간 존중의 원칙이다. 수평적인 조직이 되어야 하며 각 계급은 역할과 책임을 동반해야 한다. 권한뿐 아니라 역할에 걸맞은 책임이 부여되어야 하는 것이다. 둘째, 토론과 합의의 원칙이다. 집단지성이 일어날 수 있는 사회적 분위기와 조직이 갖춰져야 한다. 그리고 인간 존중 사상이 몸과 마음의 근육에 스며들도록 시스템적으로 반복해야 한다.

〈Chief Executive, KMAC, 2014. 12. pp. 80-83〉

1. 기업이란 무엇인가?

최근 국내외 경제상황이 악화되면서 기업들은 경쟁력을 강화하기 위해 다운사이징(downsizing)이나 리스터럭처링(restructuring) 등의 지속적인 구조조정을 통해 지속적으로 기업의 생존력을 높이는 과정을 취하다 보니 그 동안 몸을 담고 있던 직장을 떠나거나 신규 일자리가 없어 고민에 빠져 있는 사람들이 늘어나고 있다. 계속되는 경기하락의 여파로 기업들의 투자가 위축되면서 신규 일자리의 창출이 부족하여 대학을 졸업한 청년 10명 중 5 내지 6명은 실업자가 되고 있다. 통계청의 자료에 따르면 2015년 2월 말 우리나라 전체 실업률은 4.6%에 이른다. 이 중 20대 실업자는 2.4명 가운데 한 명꼴인 40만여 명에 이른다.

이러한 이유는 기업의 경영활동이 활발하지 못하기 때문이다. 자본주의 경제체제에서 기업은 국민경제를 구성하는 기본 단위이며, 우리의 삶에 필요한 제품 및 서비스를 생산 · 마케팅하는 등의 경제활동을 수행하는 조직체이다. 따라서 경영학의 연구대상인 기업조직은 국민경제시스템에서 중추적 역할을 담당하는 중요한 시스템이다. 그렇다면 기업의 구체적 성격은 무엇이며, 기업의 형태는 어떻게 나누어지는 것일까?

1) 기업의 성격

비즈니스란 경제세계에서 제품이나 서비스를 생산하고 판매하여 이윤을 창출하는 일체의 기업활동을 말하는데, 이러한 활동을 개인이 할 수도 있지만 여러 사람이 모여서 회사를 설립하여 할 수도 있는데 이러한 회사가 바로 기업이다. 기업이 목표를 달성하기 위해 제품이나 서비스를 생산하고 판매하는 활동에 참여할 구성원들을 채용하여 일을 시키는 재무, 인사, 생산, 판매의 기능을 제대로 이행해야 하는데, 경영이란 이러한 기능이 제대로 이루어지도록 계획, 조직, 지휘, 조정, 통제하는 것이다. 결국 경영이란 기업이 인적, 물적 자원을 잘 활용하여 좋은 산출이 나오도록 계획하고 조정하면서 결과를 통제해 나가는 일련의 활동을 의미하므로 기업과 경영의 관계를 분리하여 설명하기에는 무리가 있을 것 같다. 그렇다면 국민경제를 구성하는 기본 단위이자, 경영학의 주된 연구대상인 기업은 어떤 성격과 어떤 형태를 가지고 있는 것일까? 한 마디로 말해 기업은 제품이나 서비스를 생산 · 판매하는 조직시스템으로서 하나의 실체이며, 계속기업(going concern)을 기본전제로 하고 있다. 이처럼 기업의 지속가능성을 높이기 위해서 기업은 사회적 분업에 의한 주어진 기업 고유의 역할들을 효과적으로 수행해 갈 수 있는 능력을 극대화하여야 한다.

이를 위해, 기업조직이 수행해야 할 가장 중요한 첫 번째의 역할은 경제적 역할이다. 기업은 산업 · 정보사회의 경제적 주체로서 사회가 필요로 하는 재화나 용역을 경제적으로 생산하여 공급할 수 있어야 한다. 그래서 기업은 자원을 효율적 · 효과적으로 사용하여 사회가 필요로 하는 가치 내지는 효용을 창출하는 생산기능을 주로 담당하며, 그 결과로 얻어지는 이윤(기업의 총수입에서 생산비 등 제반 비용을 뺀 나머지 소득)의 추구를 기업의 경제적 목표로 삼고 있는 것이다. 따라서 기업이 이러한 경제적 역할을 효과적으로 수행하지 못할 경우, 존속에 필요한 이윤은 보장될 수 없는 것이다.

둘째로 기업은 경제적 역할과 더불어 사회적 역할을 수행해야 한다. 근로자, 소비자 등과 같은 관련이해집단과의 이해관계를 조정하고 사회의 요구에 반응해야 한다. 그리고 인간생활의 질적 향상과 바람직한 문화의 형성에 공헌하는 것은 물론이고, 이와 관련된 사회문제해결에 참여하는 등의 사회적 책임도 수행해야 한다. 이 같은 기업의 사회적 책임수행은 현대기업의 또 다른 경영목표가 되고 있으며, 이러한 역할을 소홀히 하게 되면 해당기업의 장기적인 존속은 위협을 받게 되는 것이다.

이와 같은 기업의 경제적 · 사회적 역할 이외에도 생산 및 관리기술 등과 관련된 기술개발 및 기술혁신의 역할과 대외기관 및 노사문제의 해결 등과 관련된 정치적 역할도 수행하게 된다. 경영학이 학제간 학문으로서 경제학, 사회학, 심리학, 법학, 정치학, 인류학 등 여러 인접분야의 학문들을 포괄하고 있는 이유가 바로 이러한 기업의 다양한 역할 때문인 것이다. 요약컨대, 기업은 사회의 일원으로서 경제적 · 사회적 역할을 담당하는 조직시스템이며, 이러한 역할의 효과적인 수행에 의해 항구적인 존속과 발전을 유지해 가는 조직체인 것이다.

산업의 발달과 더불어 규모의 경제를 실현하려는 기업들의 노력이 지속되면서 기업의 규모들이 급격히 커지다 보니 그동안 기업을 소유했던 경영자들이 자신의 능력만으로 기업을 경영하기에는 한계가 있다는 사실을 인식하기 시작하였다. 이러한 현상이 가속화되면서 조직도 커지고 상대적으로 노동의 양이 증가하면서 노동을 관리하는 일도 복잡하게 되어 소유자는 직접 경영에 참여하지 않고, 경영만 담당하고 노동은 근로자에게 맡기게 되는 이른바 소유와 경영의 분리현상이 일어나게 되었다. 대규모 주식회사의 등장은 소유와 경영의 분리를 촉진하게 된 계기가 되었는데, 그 이유는 다음과 같다. 첫째는 경영활동이 복잡해지고 전문지식을 요구하는 내용이 증가하면서 소유자가 감당하기에는 어려움이 많아졌고, 둘째는 기업을 통째로 소유할 수 있어야 경영권도 가지는데 너무 많은 자본이 필요하기 때문에 한 두 사람이 기업을 소유할 수 없어서 자본을 투자하는 사람들에게 소유를 맡기고 경영자는 관리만 맡게 된 것이다. 따라서 어느 개인도 소유권과 경영권을 모두 가질 수 없는 사정이 되다 보니 다수의 소유자들끼리 제 3자인 전문경영자에게 경영을 위탁하는 소유와 경영의 분리현상이 나타나게 된 것이다. 하지만 오늘날 모든 기업들이 전문경영자에 의해 경영되고 있다고 보기는 어렵지만 우리나라 재벌기업을 바라보는 국민들의 정서나 경제정의에 대한 사회적 요구의 증대, 그리고 기업규모의 증대와 경영환경의 복잡성 증대, 그리고 소유자 가족 내의 승계분쟁이나 소유자 후손들과 창업공신들 간의 경영권 분쟁 등을 고려할 때 소유와 경영이 분리되는 것은 바람직하고 또 그러한 방향으로 진행되고 있는 것은 오늘날의 추세이다.

2) 기업의 형태

경영학의 주된 연구대상인 기업조직의 형태는 어떻게 나누어질까? 기업형태는 크게 개별기업의 단독형태와 복수의 개별기업들이 모여 이루어진 복합형태로 나눌 수 있다. 단독형태는 다시

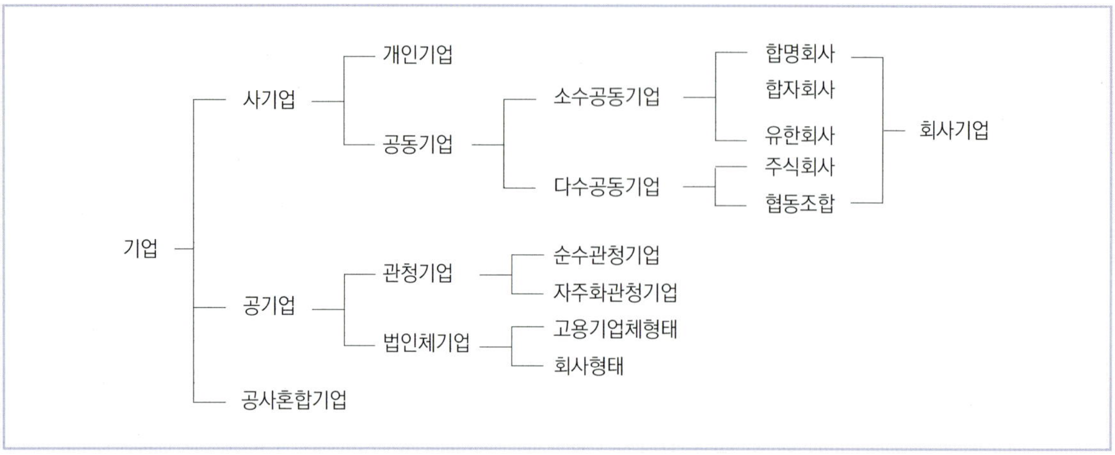

[그림 1-1] 기업의 단독형태

사기업, 공기업, 공사혼합기업형태로 나누어지고, 복합형태는 기업집중 혹은 기업결합형태로 구분된다. 우선, 단독기업형태는 [그림 1-1]과 같이 구체적으로 분류될 수 있다.[1]

협동조합형태를 제외하고, 상법상 특히 회사는 사원의 책임형태에 따라 주식회사, 합명회사 · 합자회사 및 유한회사 등 핵심적인 네 가지 형태로 나뉘어진다. 이들을 중심으로, 기업의 단독형태의 개념을 알아보면 다음과 같다.

(1) 기업의 단독형태

① 개인기업

우선, 개인기업은 한 개인에 의해 소유되어진 기업형태로서, 모든 출자도 한 개인에 의해 이루어진다. 따라서 개인기업의 소유주(owner)는 해당기업의 모든 영업활동을 관리 · 통제하며, 이를 통해 발생한 이윤 혹은 손실이나 채무 등 모든 결과에 대하여 무한책임을 진다. 개인기업은 사용인이 아무리 많아도 출자와 경영이 소유주 한 사람에게 집중되어 있음이 그 특징이다.[2] 또한 개인기업형태는 경영면에서 의사결정상의 용이성 내지는 기동성과 함께, 설립면에서 수속절차가 용이하고 다른 기업형태에 비하여 설립수단 및 서류작업이 간단하다는 장점으로 인해 수적으로 대다수를 차지하고 있다.

그러나 이 개인기업형태는 몇 가지 단점을 가지고 있다. 첫째, 자금조달의 원천(financial resources)이 제한되어 있다는 점이다. 개인기업의 자금조달은 소유주 한 사람의 자금조달능력이나 혹은 경영성과에 따른 이윤에 전적으로 의존한다는 점에서 기업의 자금조달원천이 한정적이기 때문이다. 둘째, 기업이 실패할 경우 기업주 개인이 기업활동의 결과에 대하여 무한책임을 지므로 기업의 지속가능성이 상대적으로 약하다. 셋째, 개인기업형태는 소자본으로 손쉽게 경영할 수 있는 소규모 사업에는 적합하나 대규모 기업형 사업에는 부적합하다.

주식회사의 법률적 특성	주식회사의 경영적 특성
① 지분 및 이에 따르는 권리 · 의무는 세분화되어 그 비율적 단위로써 주식이 발행된다. ② 증권화한 주식은 자유양도성을 갖는다. ③ 주주는 주식의 인수가액을 불입하기만 하면 되거나 혹은 급부 이외의 재산상의 의무를 지지 않는 소위 유한책임을 가진다. ④ 사단법인성을 갖는다.	① 자본 혹은 투자와 경영의 분리가 제도화되고 있다. ② 불완전하게나마 주주는 투자주주화하게 되어 위탁관계를 주체로 한다. ③ 경영기능 중 조직기능은 주주총회가 보유하되 의사결정기능은 점차 포기하게 되어 이사회에 위탁한다. ④ 업무집행은 경영층에 위탁한다.

〈표 1-1〉 주식회사의 특성

② 주식회사

주식회사는 소유와 경영이 분리된 기업형태로서 현대기업의 대표적인 형태이다. 주식회사의 소유자를 주주라고 부르며, 이들은 주주총회를 통하여 이사회(the board of directors)의 구성원을 선임한다. 이사회는 기업의 광범한 목표를 심의 · 결정하는 것을 포함하여 기업의 경영활동을 감독하며, 회사의 사장을 선임하고 회사임원의 임명을 승인한다. 요컨대, 주식회사는 주식의 인수가액만큼만 간접책임을 지는 주주들로 성립하는 회사이다. 주주는 주주총회의 결의에는 참가할 수 있으나 업무의 집행에는 참여할 수 없다. 주식회사는 법인(legal person)이며 소유권이 바뀔지라도 계속해서 존속한다. 이와 같이 주식회사는 법적인 실체이기 때문에 법인의 이름으로 재산을 소유할 수도 있으며 재산을 사고 팔 수도 있고, 법적인 소송 및 계약을 체결할 수도 있다.

주식회사는 개인기업이나 합명 · 합자회사에 비해 보다 유리한 재무적인 이점을 가지고 있다. 이 같은 이점들 중 하나는 주식의 발매권이다. 주권(stock certificate)은 기업소유권의 몫(출자액)을 표시하고 있으며, 많은 사람들이 투자의 수단으로서 주식을 매입하려고 한다. 주식의 양도 또한 증권시장(stock market) 등의 조직적인 주식거래기능을 통해 자유롭게 이루어진다. 따라서 회사는 대다수의 일반대중으로부터 사업자금을 조달할 수 있게 된다. 그리고 주주는 회사에 투자한 투자액을 한도로 하는 유한책임만을 진다. 바로 이 점이 주식회사제도가 가진 또 하나의 이점이자 매력이다. 이런 측면에서, 주식회사의 핵심적 특성을 유한책임제도, 증권제도 및 경영상의 특징인 중역제도 등 〈표 1-1〉에 제시된 법률적 · 경영적 특성들로 요약할 수 있다.

③ 합명 및 합자회사

이 기업들은 두 사람 이상에 의해 공동으로 소유된 기업의 형태들이기 때문에 공동기업이라고도 한다. 공동기업을 분류할 때 출자한 사람 수의 많고 적음에 따라 소수공동기업(인적기업) 혹은 다수공동기업(자본기업)으로 구분되는데, 이들 형태는 전자인 소수공동기업 혹은 인적기업에 속한다.

이들 기업형태는 일반적으로 자금조달 측면에서 개인기업형태보다는 더 유리한 입장에 있다. 즉, 두 사람 이상에 의해서 출자되기 때문에 소유주들로부터 출자된 자금총액이 대개의 경우 개인기업형태보다 큰 경우가 많기 때문이다. 더욱이 은행과 같은 기업외부의 자금공급자들도 개인에 의해 소유된 개인기업보다는 여러 사람에 의해 소유되어 있어 위험이 분산되어 있는 이러한 형태들의 공동기업에 자금을 더 투자하려고 하기 때문이다.

우선, 합명회사(general partnership)는 직접 또는 연대책임을 지는 두 사람 이상의 무한책임회사원이 출자하여 설립하는 회사로서 정관에 별도의 규정이 없는 한 참여한 모두가 업무를 집행할 권한과 책임을 가진다. 회사운영상의 의사결정은 기본적으로는 사원 전원의 동의를 통해 이루어지며, 이런 점에서 인간적 신뢰관계에 기반을 두고 있는 친인척 등 소수의 가족중심적 조직으로서 자본적 결합이라기보다는 인적 결합이 중요시되는 인적회사라고 할 수 있다. 합명회사의 장단점은 개인기업의 경우와 크게 다르지 않다.[3)]

한편, 합자회사(limited partnership)는 출자와 아울러 경영에도 참여하는 무한책임사원과 출자만을 하는 유한책임사원으로 구성되는 회사이다. 유한책임사원은 채권자에 대하여 출자액을 한도로 하는 유한책임만을 제한적으로 진다. 합자회사는 무한책임사원이 경영하는 사업에 유한책임사원이 자본을 제공하고, 그 경영이익의 분배에 참여하는 형태를 취하고 있으므로 자본은 없으나 경영능력이 있는 사람과 자본은 있으나 경영능력이 없는 사람이 제휴하여 사업하기에 적합하다. 그리고 합자회사는 합명회사에 비해 자본조달의 원천이 보다 광범위하다는 점에서 합명회사의 발전적 형태로 생각할 수 있으나 현실적으로는 합자회사는 소규모인 경우가 더 많다. 왜냐하면 합자회사의 유한책임사원이 되기보다는 주식회사의 주주가 되는 편이 더 현실적이고 경제적 보상 측면에서도 유리하기 때문이다.[4)]

④ 유한회사

유한회사(limited company)는 일정한 지분을 가진 비공모 유한책임사원만으로 구성된 인적기업이다. 우리나라의 경우, 1계좌의 출자액은 5,000원 이상으로 균일하고, 사원수가 비교적 소수인 50명 이내로 한정되며, 업무의 집행과 의사결정은 사원총회를 통해 선임된 이사에 의해 실시되는 특징을 가진다.

유한회사는 사원 전원이 간접 유한책임을 지는 자본단체라는 점에서 인적회사와 구별되고 주식회사의 특징과 동일하지만, 규모가 작고 폐쇄적일 뿐만 아니라 지분의 양도에 제한이 있으며, 자본형성 방법과 관련된 법적 규제가 완화되어 있다는 점에서는 주식회사와 구별되며 오히려 인적회사와 유사하다. 유한회사를 준인적 · 준물적 회사라고 하는 이유가 바로 여기에 있다.

(2) 기본형 기업집중

① 카르텔

카르텔(cartel)이란 동종산업 혹은 유사산업에 속해 있는 독립된 기업들의 연합체라고 할 수 있으며, 외견상으로는 각각의 단독기업과 조금도 다를 바가 없다. 단독기업들의 연합체인 카르텔 내의 개별 기업들은 독립성을 유지하면서, 특정한 협약에 따라 공동의 보조를 취하는 기업의 수평적 집중형태를 보인다. 카르텔이 형성되는 일반적인 목적은 자유경쟁의 지양, 시장의 통제 및 지배, 가격유지 및 기업안정 등을 들 수 있다. 그리고 카르텔의 유형에는 생산카르텔, 판매카르텔, 구매카르텔 등이 있다.

② 트러스트

트러스트(trust)는 개별기업들의 연합형태인 카르텔과는 대조적으로 다수의 개별기업들이 각기 독립성을 상실하고 자본적으로 결합한 기업합체형 기업집중이다. 트러스트의 주된 목적은 여러 개별기업들의 출자를 결합하여 대자본을 형성함으로써 그 자본력에 의해 시장을 지배하려는 데 있다.

이 같은 트러스트는 넓은 의미로 두 가지 유형으로 구분될 수 있는데, 그 하나는 법률적 독립성을 상실한 다수의 개별기업들이 합병함으로써 하나의 새로운 기업이 성립되는 경우이며, 다른 하나는 트러스트(신탁)란 용어의 뜻이 재산의 소유권은 양도하지 않으면서 그 재산의 적극적 활용을 타인에게 위임하는 의미인 것처럼 법률적으로는 독립성을 유지하지만 재산의 관리권에 대한 위임을 통해 실질적인 독립성은 상실하게 되는 경우이다. 전자를 연합형 트러스트(fusion type trust)라 하고, 후자를 콘체른형 트러스트(concern type trust)라고 부른다.

일반적으로 기업들의 연합형태인 카르텔에서 출발하여 기업들의 합체형태인 트러스트로 발전하는 경우가 대부분이므로 트러스트는 카르텔보다 그 결합력이 더 강력하다고 볼 수 있다.

③ 콘체른

콘체른(concern, konzern)은 다수의 기업들이 카르텔처럼 독립성을 유지하면서 단지 주식의 보유나 금융적 차원에서 결합한 기업집중형태를 말한다. 그러나 콘체른이라고 할 때 흔히 주식의 보유에 의한 기업결합만을 의미할 때가 많다. 그리고 이 경우에 개별기업이 독립성을 유지한다고 하지만 주식의 소유에 의해 지배되기 때문에 개별기업들은 사실상 자본적으로는 하나가 된다. 이 같은 콘체른에는 세 가지 유형이 있는데, 첫째는 생산형 콘체른으로서 생산의 합리화나 생산비의 절약을 목적으로 여러 관련기업들이 수직적으로 결합한 형태이다. 둘째로는 판매형 콘체른으로서 거래망의 확보 및 영업비의 절약을 목적으로 거래상의 관련기업들이 결합하는 형태이다. 세 번째 유형은 금융형 콘체른으로서 개별기업들 간의 자체적 결합이 아니라 금융기관이 다수의 기업들을 결합하여 주식의 소유나 자금의 대부를 통해 각 개별기업에 대한 포괄적 지배권을 행사하는 기업결합의 형태를 의미한다.

(3) 특수형 기업집중

① 기업집단

기업집단(enterprise group)은 기술을 중심으로 생산적 측면에서 상호보완적 역할을 하고 있는 기업들이 연합한 '기업들의 생산적 집합체'를 뜻한다. 기업집단의 대표적인 사례로는 콤비나트(Kombinat)가 있는데, 이는 기술적 관점에서 유기적으로 결합된 다수기업들의 집단이다. 이러한 '기업집단'의 가장 큰 특징은 개별 참가기업들이 공장의 지역적 집단화와 지배-종속관계가 아닌 상호보완적 관계의 구축을 통해 독립성을 유지하면서 서로 인접된 장소에 위치하게 되며, 때로는 자본적 결합인 콘체른의 형태를 취할 경우도 있으나 어디까지나 기술적 결합을 기초로 하고 있다는 점이다.

② 콩글로머리트

콩글로머리트(conglomerate)란 합병 · 매수(M&A) 등의 방법에 의한 이종기업 간의 새로운 기업결합형태이다. 이러한 특수형태의 기업집중의 결합방식은 주로 전혀 관련성이 없는 이종기업의 합병이나 매수를 통해 이루어진다. 콩글로머리트의 본질은 다각화 경영에 있다.

③ 조인트 벤처

조인트 벤처(joint venture)는 외국의 선진기술을 효과적으로 도입하거나 자국의 국경을 넘어 타국에 진출하려는 기업들이 자주 이용하는 기업형태로서 관련회사들이 공동출자를 통해 하나의 새로운 회사를 설립하는 경우를 지칭하는 말이다. 따라서 이러한 조인트 벤처를 공동출자회사라고도 한다. 조인트 벤처는 출자와 임원의 수에 있어서 대등한 비율을 원칙으로 하며 도입된 기술을 중심으로 생산과 경영이 수행된다.

(4) 사회적기업과 마을기업

① 사회적기업

사회적기업은 취약계층에게 사회서비스 또는 일자리를 제공하거나 지역사회에 공헌함으로써 지역주민의 삶의 질을 높이는 등 사회적 목적을 추구하면서 재화 및 서비스의 생산 · 판매 등 영업활동을 수행하는 기업으로써 고용노동부장관으로부터 인증을 받은 기업 또는 사람(사회적 기업육성법 제2조)을 의미한다.

② 사회적기업의 인증절차

사회적기업의 인증절차는 먼저, 인증계획공고(고용노동부) → 신청기관 상담 및 컨설팅(통합지원기관) → 인증신청서제출(한국사회적기업진흥원) → 형식적 요건 심사 및 현장실사(진흥원, 통합지원기관) → 중앙정부 및 광역지방자치단체 추천(진흥원 → 부처, 광역자치단체) → 검토보고서 등 제출(진흥원 → 고용노동부) → 인증심사소위원회 사전심사(고용노동부, 진흥지원) → 사회적기업육성 전문위원회 심의(고용노동부) → 고용노동부장관 인증(고용노동부) → 인증서교부(고용노동부) 등의 절차를 거친다.

③ 사회적기업 인증요건

정의	인증요건	주식법률
사회적 목적을	취약계층에게 사회서비스 또는 일자리를 제공하거나 지역사회에 공헌함으로써 지역주민의 삶의 질을 높이는 등 사회적 목적의 실현을 조직의 주된 목적으로 할 것	사회적기업육성법 제8조 제1항 제3호
	사회적 기업으로 인증을 받으려는 자는 다음 각 호의 사항을 적은 정관이나 규약 등을 갖출 것	사회적기업육성법 제8조 제1항 제6,9호
	회계연도별로 배분 가능한 이윤이 발생한 경우에는 ⅔이상을 사회적 목적을 위해 사용할 것	사회적기업육성법 제8조 제1항 제8호
우선적으로 추구하면서	서비스 수혜자, 근로자 등 이해관계가 참여하는 의사결정 구조를 갖출 것	사회적기업육성법 제8조 제1항 제4호
영업활동을 수행하는	유급근로자를 고용하여 재화와 서비스의 생산 · 판매 등 영업활동을 할 것	사회적육성법 제8조 제1항 제2호
	영업활동을 통하여 얻은 수입이 대통령령으로 정하는 기준 이상일 것	사회적육성법 제8조 제1항 제5호
기업 및 조직	민법에 다른 법인 · 조합, 상법에 따른 회사 또는 비영리 민간단체 등 대통령령으로 정하는 조직형태를 갖출 것	사회적기업육성법 제8조 제1항 제1호

④ 예비사회적기업

예비사회적기업은 사회적 목적 실현, 영업활동을 통한 수익창출 등 사회적기업 인증을 위한 최소한의 법적 요건을 갖추고 있으나 수익구조 등 일부 요건을 충족하지 못하고 있는 기업을 지방자치단체장이 지정하여 장차 요건을 보완하는 등 향후 사회적기업 인증이 가능한 기업을 말한다.

i) 목적

- 지역친화적인 사회적기업 발굴을 위하여 광역자치단체의 조례를 근거로 지역특성에 맞는 지역형 예비사회적기업을 지정 · 육성
- 광역지방자치단체장에게 지역사회에서 사회적 목적을 실현하는 기업 중 사회적기업 인증을 위한 최소한의 요건을 충족한 기업을 예비사회적기업으로 지정할 수 있는 권한 부여
- 지역 특성에 맞는 예비사회적기업 모델을 발굴 · 육성하여, 복지 · 환경 · 문화 · 지역개발 등 지역별 전략분야를 중심으로 취약계층 일자리 창출 및 지역주민의 삶의 질 향상 도모

ii) 지정요건

사회적기업육성법 제8조, 제9조 제1항 및 같은 법 시행령 제8조, 제9조, 제10조에 따른 사회적기업 인증요건 중 아래의 요건을 갖춘 기업(사회적기업 인증매뉴얼 참조, 광역자치단체장이 지역특성을 감안하여 요건을 추가로 설정할 수 있음)

iii) 추진체계

사회적기업 육성 · 지원을 위한 조례 및 시행규칙 제 · 개정 등(광역자치단체, 기초자치단체) → 지역형 예비사회적기업 육성계획 수립(광역자치단체) → 지역형 예비사회적기업 지정

공모(광역시자치단체) → 지정신청접수(기초자치단체) → 사회적기업육성 전문위원회 또는 심사위원회 구성(광역자치단체) → 지정심사 및 지정(광역자치단체) → 지역형 예비사회적기업 관리 및 지원(자치단체, 고용노동부, 한국사회적기업진흥원, 사회적기업 지원기관)

ⅳ) 유형

첫째, 사회서비스제공형은 해당조직으로부터 사회서비스를 제공하는 사람 중 취약계층의 비율이 50/100(2013. 12 . 31까지는 30/100)이어야 한다.

둘째, 일자리 제공형은 전체 근로자 중 취약계통의 고용비율이 50/100(2013. 12. 31까지는 30/100)이어야 한다.

셋째, 지역사회 공헌형은 해당조직이 지역에 거주하는 지역취약계층의 고용비율이나 해당조직으로부터 사회서비스를 제공받는 사람 중 지역취약계층의 비율이 20/100 이상이어야 한다.

넷째, 혼합형은 전체근로자 중 취약계층의 공용비율과 전체 서비스 수혜자 중 사회서비스를 제공받는 취약계층의 비율이 각각 30/100(2013 . 12 . 31까지는 20/100) 이상이어야 한다.

다섯째, 기타형은 사회목적의 실현여부를 위의 기준으로 판단하기 곤란한 경우에는 고용노동부 지정 사회적기업 지원기관 등 전문가의 의견을 들어 지역형 예비사회적기업 지정심사위원회에서 판단한다.

⑤ 마을기업

마을기업은 마을 주민이 주도적으로 지역의 각종 자원을 활용한 수익사업을 통해 지역공동체를 활성화하고 지역주민에게 소득 및 일자리를 제공하여 지역발전에 기여하는 마을 단위의 기업. 마을기업은 행정안전부에서 자립형 지역공동체 사업의 하나로 2010년부터 시행에 들어간 제도로, 2011년 3월에 사업명을 마을기업 육성사업으로 변경하여 시행하고 있다.

ⅰ) 배경

외환위기 이후 계속된 고용없는 성장의 구조화, 재정건전화 기조 속에서 새로운 대안 및 blue ocean, 주민 주도로 내실있는 경영을 통해 지역문제와 과제 해결, 자치단체중심으로 지역 거버넌스를 통해 지역특성에 맞는 사업을 육성할 수 있도록 사업 패러다임의 전환에 따라 도입되었다.

ⅱ) 대상사업

첫째, 지역자원 활용형 마을기업으로, 지역특산품 · 자연자원 활용사업, 전통시장 · 상가 활성화사업, 공공부문 위탁사업 등이 대상이 된다.

둘째, 친환경 · 녹색 에너지 마을기업으로, 쓰레기 · 폐기물 및 자원재활용 사업, 자연생태관광 · 자전거 활용 등 녹색에너지 실천사업 등이 대상이 된다.

ⅲ) 지원내용

첫째, 지원기간은 특별한 문제가 발생되지 않는 한 최장 2년(1 + 1) 동안 지원된다.

둘째, 지원내용은 2년간 8천만 원 이내(1년차 5천만 원 + 2년차 3천만 원)이며, 교육 및 컨설팅에 대한 지원도 이루어진다.

셋째, 사업규모는 410개 마을기업 육성지원(신규지정 260개, 재선정 150개)을 목표로 하고 있다.

넷째, 사업예산 200억 원(국비 100억 원, 지방비 100억 원)이다.

iv) 사업 수행단체

첫째, 민법이 따른 법인, 영농조합, 협동조합, 상법에 따른 회사 등 조직형태가 법인인 자를 대상으로 한다.

둘째, 지역주민이 5인 이상이 출자하여 참여하여야 하며, 지역주민 비율이 70%가 넘어야 한다(지역범위는 군의 경우는 '면'을 기준으로, 구의 경우는 거주지 또는 직장주소가 '구'를 기준으로 함).

셋째, 특정 1인과 그 특수관계인의 지분의 합이 50%를 넘지 않아야 한다.

〈특수관계인〉

* 당해 개인과 친족관계에 있는 자
* 당해 개인과 그 친족이 50% 이상을 출자하고 있는 법인
* 당해 개인과 그 친족이 이사의 과반수이거나 출연금의 50% 이상을 출연하고 그 중 1인이 설립자로 되어 있는 비영리법인

마을기업과 사회적 기업의 비교

구분	마을기업	사회적 기업
조직형태	민법에 따른 법인, 영농조합, 협동조합, 상법에 따른 회사 등 법인체	민법상 법인 · 조합, 상법상회사, 비영리단체
사업목표	마을 단위의 안정적 일자리 창출, 지역공동체 활성화 및 지역발전	취약계층을 위한 사회서비스 및 일자리 제공
사업주체	사업화가 가능한 지역특화자원 발굴 · 활용	사회적 사업가 중심의 취약계층 고용
지역성	지역공동체를 죽심으로 한 지역 단위사업	지역개념이 없음
지원내용	2년간 최대 8천만 원 사업비 지원, 교육 및 컨설팅제공	취약계층에 최대 5년간 지원(예비 사회적기업 2년, 사회적기업 3년), 기타(경영컨설팅, 사업개발비)지원
요건	- 법인 지역주민 5인 이상 출자하여 참여, 비율 70% 이상 특정 1인과 그 특수관계인의 지분의 합이 50% 미만 - 선정심사기준 공동체구성 및 사업계획의 적절성 재정의 건전성 및 자부담(총사업비의 10% 이상 자부담) 자립경영 및 지속적인 수익창출 가능성, 안정적인 일자리 창출	- 법인, 조합, 주식회사, 비영리 민간단체 등 - 유급근로자 채용 - 취약계층 고용 등 - 민주적 의사결정 - 수입 > 노무비의 30% - 정관, 규약보유 - 이윤의 ⅔ 이상 사회환원

(5) 협동조합

① 협동조합

협동조합은 재화 또는 용역의 구매 · 생산 · 판매 · 제공 등을 협동으로 영위함으로써 조합원의 권익을 향상하고 지역사회에 공헌하고자 하는 사업조직을 의미한다.

② 사회적 협동조합

사회적 협동조합은 협동조합 중 지역주민들의 권익 · 복리증진과 관련된 사업을 수행하거나 취약계층에게 사회서비스 또는 일자리를 제공하는 등 영리를 목적으로 하지 아니하는 협동조합을 의미한다.

③ 협동조합의 7대원칙

협동조합의 7대 원칙은 첫째는 자발적이고 개방적인 조합원제도, 둘째는 조합원에 의한 민주적 관리이고, 셋째는 조합원의 경제적 참여, 넷째는 자율과 독립, 다섯째는 교육, 훈련 및 정보제공이고, 여섯째는 협동조합 간의 협동이고 마지막으로는 지역사회에 대한 기여를 꼽을 수 있다.

④ 설립절차

첫째, 협동조합설립절차는 발기인모집(조합원 자격을 갖춘 5인 이상) → 정관작성(목적, 명칭, 조합원 등 14가지 필수항목 기재) → 설립동의자모집 → 창립총회(설립동의자 과반수 출석, ⅔이상 찬성) → **설립신고(시 · 도지사)** → 사무인수인계(발기인 → 이사장) → 출자금납입(조합원 → 이사장) → 설립등기(관할등기소) → 협동조합(법인격부여)의 순으로 진행된다.

둘째, 사회적 협동조합설립절차는 발기인모집(조합원 자격을 갖춘 5인 이상) → 정관작성(목적, 명칭, 조합원 등 14가지 필수항목 기재) → 설립동의자모집 → 창립총회(설립동의자 과반수 출석,⅔이상 찬성) → **설립신고(중앙행정기관의 장)** → 사무인수인계(발기인 → 이사장) → 출자금납입(조합원 → 이상장) → 설립동기(관할등기소) → 협동조합(법인격부여)의 순으로 진행된다.

협동조합과 사회적 협동조합의 비교

구분	협동조합	사회적 협동조합
법인격	(영리)법인	비영리법인
설립	시 · 도지사 신고	관계부처 인가
시업	업종 및 분야 제한 없음	공익사업 40% 이상 수행
경영공시	의무사항이 아님(조합원 수 200인 이상 또는 자기자본 30억 원 이상)	의무사항
법정적립금	잉여금의 10/100 이상 (자기자본의 3배에 이를 때까지)	잉여금의 30/100 이상 (자기자본의 3배에 이를 때까지)
배당	배당가능	배당금지
청산	정관에 따라 잔여재산 처리	비영리법인 · 국고 귀속 등
감독	관련내용 없음(상법 등에서 준용)	필요시, 기획재정부장관(관계부처) 업무상황, 장부, 서류 검사 등/인가요건 위반 시 인가 취소

2. 경영이란 무엇인가?

오늘날 사람들이 보다 풍요롭고 윤택한 삶을 영위하기 위해 필요로 하는 재화는 대부분이 타인들에 의해 생산되고 있다. 따라서 우리의 경제생활은 항상 타인들과의 협상이나 교환에 의해서만 가능해질 수 있다. 이 같은 생산이나 교환 혹은 소비활동에서 공동의 이익을 달성하기 위한 목적으로 사람들 간의 협력적 활동이 이루어지게 되면서 조직이 형성되었다.

이러한 조직을 유지하고 성장시키기 위해서는 조직공동의 목적을 향한 협력적 활동이 효과적이고 능률적으로 수행되고 조정되어야 하는데, 이를 위한 모든 활동을 "경영"이라고 한다. 그러면 과연 경영이란 무엇인지에 대한 구체적 정의와 이에 따른 이해모형을 살펴보기로 하자.

1) 경영의 의미

경영이란 조직이 추구하는 공동의 목표를 달성하기 위해 환경과 상호작용하면서 관리기능을 통해 조직의 자원을 조직의 활동에 효과적이고 능률적으로 투입하고, 통합하며, 조정하는 일련의 반복적 과정이라고 정의할 수 있다. 경영은 man + age + ment의 세 가지 단어가 결합된 용어로서, 나이가 먹어가면서 이해하고 습득하게 되는 조직운영에 관한 지혜라는 의미를 가지고 있다. 즉 경영이라는 학문은 나이가 들기 전에라도 교육을 통해 간접적인 경험을 함으로써 경륜을 쌓는다는 의미를 갖는다고 할 수 있다. 좁은 범위로는 경영이란 설정된 목표를 달성하기 위해 필요한 자원을 획득하고 다루는 일련의 행동으로 정의하고 있다. 리터리(J. Litterer, 1978)는 사회적 기능에 중점을 두어 경영을 다음과 같이 정의하고 있는데, 경영이란 어떤 일이 이루어지도록 하는 사회적 기능이다. 이는 우리가 원하지 않는 상황이나 조건을 우리가 원하는 상태로 바꾸는 것이다. 경영은 목표를 설정하고 사람과 자원의 통합을 통해 그 목표를 달성하도록 함으로써 그와 같은 일을 가능하게 해주는 것이다라고 정의하고 있다.[5]

경영에 대한 이 같은 정의에 기초하여, 경영의 구체적 내용을 다음과 같은 몇 가지 핵심요소들로 나누어 파악할 수 있다.

① (기업)조직의 목표, 즉 기대되는 경영성과는 무엇인가?
② 조직의 활동무대가 되는 경영환경은 무엇인가?
③ 자원을 조직활동에 투입 · 조정 · 통합하는 관리기능은 무엇인가?
④ 조직의 목표 혹은 성과를 달성하기 위해 조직이 수행하는 조직활동은 무엇인가 등이다.

2) 경영시스템의 이해

경영을 구성하는 이상의 핵심 요소들은 [그림 1-2]와 같이 시스템 모형을 통해 그 관련성이 쉽게 설명될 수 있다. 이러한 경영시스템 모형에 나타나 있는 것처럼, 기업조직은 내 · 외부환경으로부터 투입된 제 자원을 관리기능과 조직활동을 통한 변환과정을 거쳐 다양한 형태의 경영성과

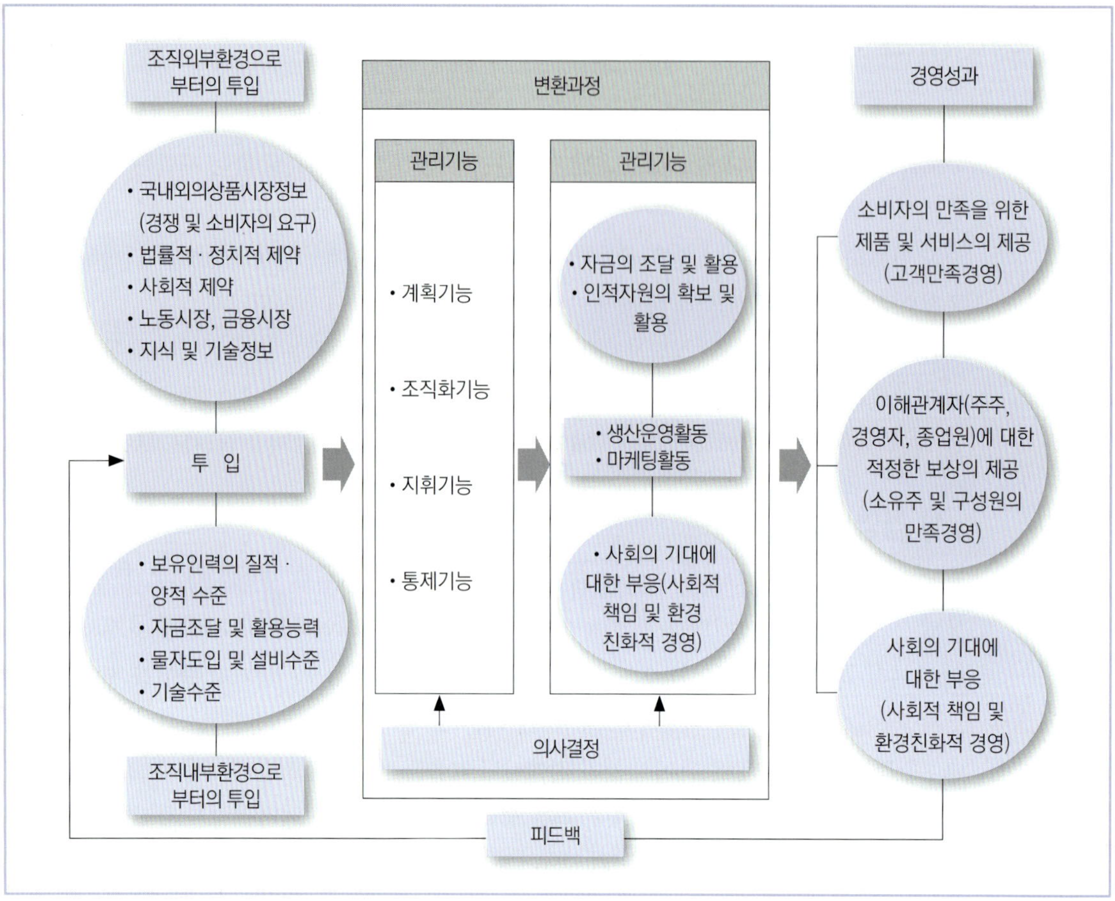

[그림 1-2] 경영시스템의 이해모형

를 산출하게 되며, 이러한 경영과정은 경영성과에 대한 피드백을 통해 순환적으로 반복된다. 이와 같이 일련의 경영과정을 거치면서 기업조직을 둘러싼 환경과 지속적으로 상호작용하는 시스템을 경영학에서는 개방체계 혹은 개방시스템(open system)이라고 부른다.

경영시스템 모형에서, 시스템 안으로 투입(inputs)된 자원은 조직의 내부환경으로부터 투입된 인적 자원, 재무적 자원, 물적 자원, 정보적 자원과 조직의 외부환경으로부터 투입된 시장 · 정치 · 사회 · 경제 · 기술적 측면의 환경적 정보들이다. 변환과정(transformation process)은 관리기능(혹은 관리과정)과 조직활동으로 이루어져 있고, 관리기능은 의사결정을 바탕으로 한 계획수립, 조직화, 지휘(리더십을 통한 지휘, 동기유발을 통한 지휘, 의사소통을 통한 지휘) 및 통제의 기능으로 구성된다. 또한 조직활동의 생산활동과 마케팅활동은 조직의 기본적 활동이며 인적 자원의 확보 및 활용, 경영자금의 조달 및 활용, 경영정보의 수집 및 활용, 회계정보의 산출 및 활용은 조직의 기본적 활동인 생산 및 마케팅활동을 돕는 지원적 활동이다.

끝으로, 경영활동의 산출(outputs)이라 할 수 있는 경영성과는 크게 세 가지 부분으로 요약된다. 첫째, 제품 및 서비스의 제공을 통한 소비자(고객)의 만족도(고객만족 경영성과), 둘째, 이해관계자(주주, 거래업체 및 공급업체, 경영자, 종업원 등)에 대한 적절한 보상의 제공 정도(이해관계

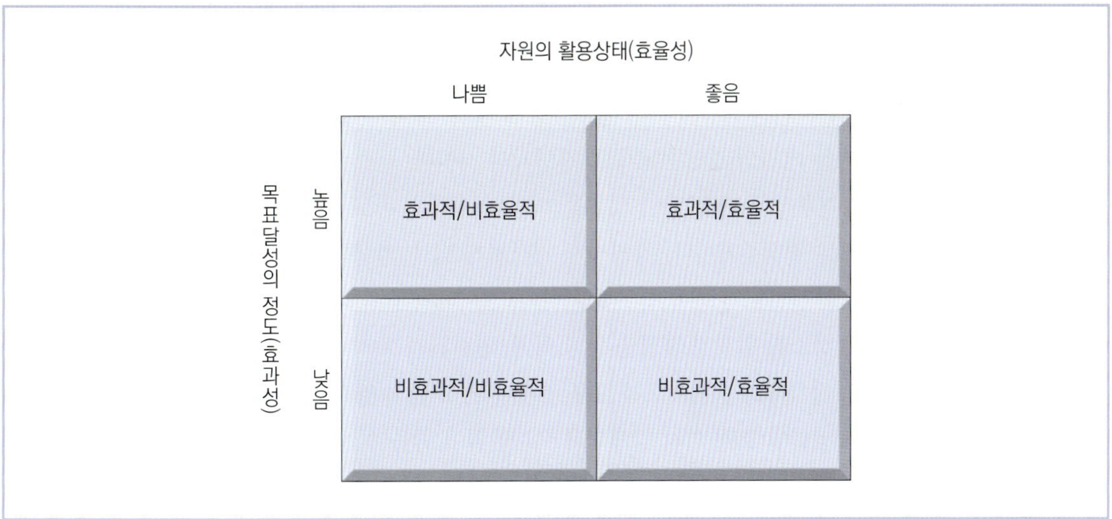

[그림 1-3] 경영성과의 개념적 측정기준

자만족 경영성과), 셋째로, 사회의 기대에 대한 부응 정도(사회적 책임경영성과) 등이 그것이다.

이상에서 우리는 경영에 대한 구체적 정의를 살펴보았고, 이를 토대로 경영시스템을 이해하기 위한 모형을 제시하였다. 경영시스템 모형이 시사하는 바와 같이, 기업조직은 목표를 달성하기 위해 자원을 투입 · 통합 · 조정하면서 과업을 수행해 가는 조직시스템이며, 과업수행의 결과인 경영성과는 효과성(effectiveness)과 효율성(efficiency)이라는 두 가지 측면에 의해 파악 · 측정된다. 여기서 효과성이란 조직목표의 달성 정도를 의미하며, 효율성이란 능률을 의미하는 것으로 자원의 활용상태를 말하며, 산출(outputs)을 투입(inputs)으로 나눈 값으로 측정된다.

3. 경영자는 누구이며, 무엇을 하는가?

모든 경영자는 제 자원을 활용하여 조직의 목표를 효과적이며 능률적으로 달성함으로써 최대의 이윤이나 잉여(surplus) 혹은 가치를 창출하기 위해 노력한다. 여기에서는 기업조직의 활동방향을 설정하고 지휘 · 관리하는 경영자의 역할은 무엇이며 그들에게 요구되는 책임과 관리기술은 무엇인지에 대하여 살펴보기로 하자.

1) 경영자의 의미

경영자는 경영의 주체이다. 즉, 경영의 본질은 조직체를 관리하고 통솔하여 조직이 추구하는 일정한 목표를 성취할 수 있도록 조직구성원들의 활동의 방향과 노력을 지도하는 것인데, 이 같은 경영관리활동을 수행하는 주체를 경영자라고 할 수 있다. 또한 기업은 여러 사람들로 구성된 사회적 단위(social unit)이며 일정한 목표를 달성하기 위해 형성된 조직이라는 점에서, 경영자는 다른 구성원들을 통하여 조직의 목표달성을 위한 과업들을 수행하는 사람이라고도 말할 수 있다. 보다 구체적으로 말해, 기업이 추구하는 목표를 달성하기 위해 생산, 마케팅, 인사, 재무, 회계, 정보 등과 관련된 활동을 의사결정을 통해 계획, 조직화, 지휘, 통제 등의 기능을 수행함으로써 추진해 가는 기업의 경영주체가 곧 경영자인 것이다.

기업의 성격형성에 가장 많이 영향을 미치는 사람은 바로 경영자인데, 경영자는 기업조직의 특성을 만드는 결정주체이다. 경영자가 지나치게 남을 의심하는 성격이라면 그 회사의 분위기는 사찰, 감독, 눈치보기 등이 최우선일 것이고, 지나치게 완벽주의자라면 조직의 분위기는 하나에서 열까지 사소한 일까지 간섭을 할 것이며, 인간관계는 지배와 복종만이 있고 모든 활동은 사전에 정해진 절차대로 움직이도록 요구할 것이다. 또한 경영자가 열등의식과 무기력, 그리고 죄책감에 빠져 있다면 조직 역시 침체되고 무사안일이 판을 치게 될 것이다. 이처럼 경영자가 어떤 스타일이냐에 따라 조직구성원들의 생각이나 행동은 큰 영향을 받게 되므로 경영자의 리더십스타일이 조직성격을 결정하는 데 크게 영향을 미친다는 점에서 경영자의 영향력을 간과해서는 안 될 것이다.

기업을 운영하는 경영자에게는 경영마인드(business mind)가 필요한데, 경영마인드란 경영자가 기업의 목표를 달성하기 위해 최소한의 자원을 활용하여 효과를 극대화하려는 자세를 의미한다. 기업을 경영한 결과는 산출(outcome)로 나타나는데, 산출량에서 투입량을 빼면 수익이 되는데 이 수익성이 높을수록 효율적인 기업이 되며 경영자의 경영능력도 그것으로 평가받는다. 항상 비용과 수익을 견주어 이익을 내려는 노력이 경영마인드라면 오늘날 경영마인드의 핵심은 고객중심 사고이다. 최종적으로 제품이나 서비스의 사용선택은 고객에 의해서 결정되며, 고객으로부터 평가를 받기 때문에 어떤 기업이 효율적인지 아닌지는 그 조직의 산출물을 사용하는 고객이 가장 잘 알고 취사선택하기 때문에 경영마인드가 고객중심 마인드로 바뀌어야 하는 이유가 여기에 있다.

2) 경영자의 유형

이러한 경영자는 분류기준에 따라 다양하게 구분될 수 있다. 직위나 계층에 따라 분류하면 최고경영자, 중간관리자, 하위관리자로 분류되며, 기능에 따라 분류하면 일선관리자(line manager), 스태프관리자(staff manager), 기능부서관리자(functional manager), 전반관리자(general manager) 등으로 분류될 수 있다. 이들 경영자들은 계획수립, 조직화, 지휘, 통제 등의 핵심적 관리기능을 수행하며, 소속된 계층이나 직위에 따라 해당 경영자가 각 관리기능을 위해 소비하는 시간의 양이 각기 다르게 나타난다. 계층에 따라 경영자들이 관리기능의 수행에 할애하고 있는 시간의 비중은 [그림 1-4]와 같이 조사되었다.

한편, 경영자는 소유와 경영의 분리라는 관점에서 다음과 같은 세 가지 유형으로 구분되기도 한다.

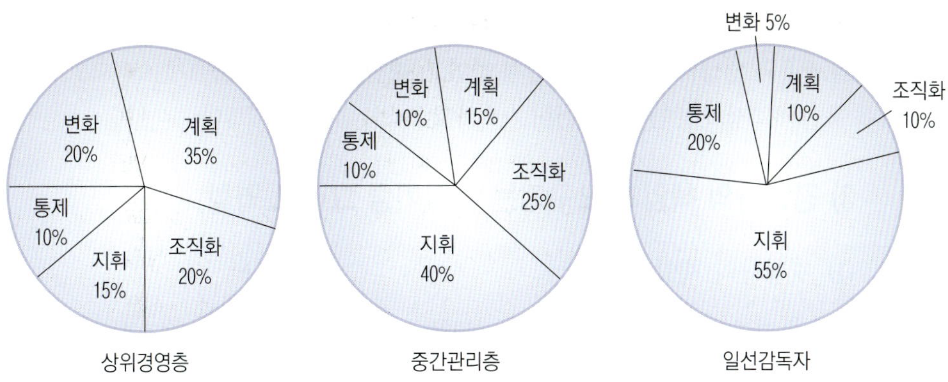

출처: A.D. Szilagyi, Jr., Management and Performance, Goodyear Publishing Co., Inc., Santa Monica, Ca., 1981.

[그림 1-4] 계층에 따른 관리자의 관리기능 할애시간의 비중

① 소유경영자

산업화 초기에는 기업조직의 규모가 작고 생산방법이 단순하였기 때문에 개인이 자본의 출자와 경영활동을 겸하는 경우가 대부분이었는데, 이러한 경우의 경영자를 소유경영자라고 한다. 이들 소유경영자는 자본의 조달과 운용뿐만 아니라 위험부담, 의사결정, 지휘, 통제 등의 기능을 모두 담당하였으며, 따라서 투자자의 역할과 경영자의 전문기능이 분화되지 않은 상태라고 볼 수 있다. 이와 같은 유형의 경영자는 오늘날에도 중소기업과 같은 비교적 소규모 기업에서 찾아볼 수 있으며, 경우에 따라서는 규모가 큰 기업일지라도 개인이 자본의 대부분을 출자하고 동시에 경영자로서 그 기업의 경영에 직접 참여하고 있다면 그 사람도 소유경영자라 할 수 있다.

② 고용경영자

생산방식이 점차 복잡해지고 기업의 규모가 커짐에 따라, 경영활동의 내용도 생산과 판매의 기본활동을 벗어나 더욱 다양하게 되었다. 이로 인해 종래의 소유경영자만의 능력으로 모든 경영활동을 담당할 수 없게 되어짐에 따라, 다른 사람을 고용하여 경영관리기능의 일부를 분담시키지 않을 수 없게 되었다. 이와 같이 경영주의 위탁에 의해 그 대리인으로서 일부 전문적 경영관리기능을 수행함으로써 경영주의 이익을 대변하는 사람을 고용경영자라고 한다.

③ 전문경영자[6]

전문경영자는 경영규모의 확대와 함께 복잡하고 첨단화된 생산수단의 관리와 다양화된 생산요소의 효율적 결합, 그리고 격변하는 환경에의 창조적 적응 및 장기적인 경영예측의 필요성 등 경영환경의 복잡화와 경영기능의 다변화로 인한 전문화된 경영직능의 적절한 수행을 위해 단지 출자자라는 개인적 자격만으로는 이를 감당할 수 없게 되었고, 이에 따라 경영관리에 대한 전문적 지식과 능력을 갖춘 전문경영자가 필요하게 된 배경에서 나타나게 되었다.

특히, 주식회사제도의 발전과 더불어 주식이 광범위하게 분산되고, 주주총회가 형식적인 의결

기관화되어 실질적으로 경영자의 의사가 기업조직의 기본적 방침을 결정하게 됨에 따라 전문적 경영능력과 지식을 가진 전문경영자가 등장하게 되었다. 이와 같이 전문경영자의 등장은 기업조직의 소유와 경영의 분리를 가능하게 하였고, 오늘날 많은 기업들에게 요구되고 있는 경영활동을 통한 사회성과 공익성의 실현이 가속화될 수 있는 계기가 되었다.

3) 경영자의 책임과 요구되는 관리기술 그리고 역할

(1) 경영자의 책임

선구적 경영학자인 버나드(C.I. Barnard)[7]는 조직론적 관점에서 경영자의 책임이나 역할에 대해 설명하면서, 경영자란 조직이 추구하는 공통의 목표를 설정하고 이를 세분화하여 모든 구성원에게 전달하며, 구성원들의 목표지향적인 여러 활동을 조정함으로써 조직목적 달성의 두 가지 판단요건인 효과성과 효율성을 높이는 책임을 수행하는 사람이라고 하였다.

이 같은 책임을 수행하기 위해, 원칙적으로 소유와 경영이 분리된 오늘날의 기업형태에서는 의사결정권이 전문적 경영능력을 소유한 전문경영자에게 위임되는 경우가 많다. 그러나 소유경영자나 고용경영자는 물론 전문경영자들 역시 그들의 합법적인 권한이 소유주나 주주로부터 오는 것이기 때문에 모든 경영자는 소유주나 주주의 이익을 대변하고 그들에 대하여 선량한 대리인으로서 경영활동의 성과에 대해 책임을 져야 한다.

한편 경영자가 의사결정을 할 때는 소유주나 주주 이외에 종업원이나 소비자 혹은 정부 및 사회의 이익도 언제나 고려에 넣지 않으면 안 된다. 이들 이해집단의 이익을 무시할 경우, 기업조직은 결과적으로 조직존립의 바탕을 잃어버리기 때문이다. 따라서 경영자는 의사결정의 과정에서 모든 이해집단의 이익을 균형화시켜야 한다.

(2) 경영자의 관리기술

경영자가 성공적으로 경영의 목표를 달성하기 위해서는 경영자에게 요구되는 관리기술을 습득하여 이를 효과적으로 발휘할 수 있어야 한다. 이 같은 관리기술에는 전문적 혹은 사무적 기술(technical skill), 인간관계적 기술(human skill), 개념적 혹은 통합적 기술(conceptual skill) 및 진단

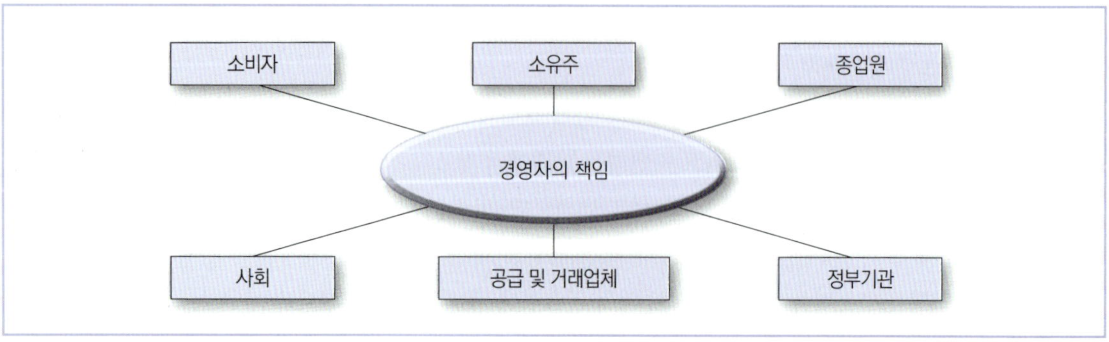

[그림 1-5] 경영자의 책임

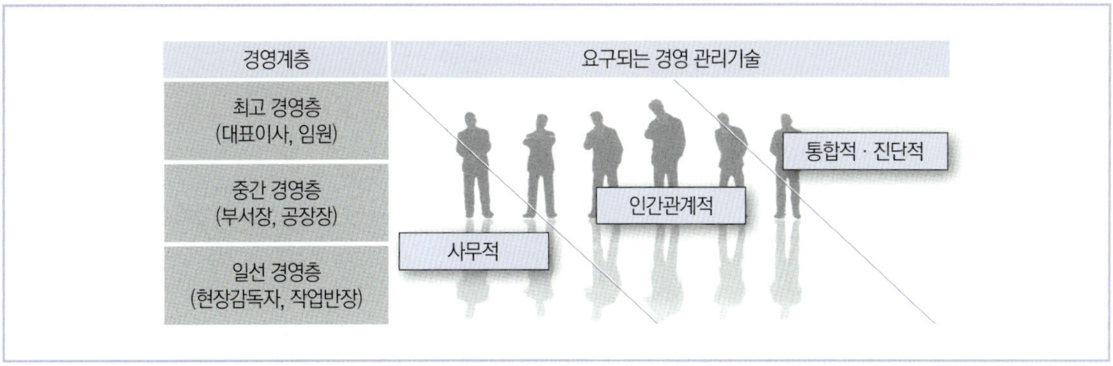

[그림 1-6] 관리기술의 믹스

적 기술(diagnostic skill) 등이 포함된다.[8] 전문적(사무적) 기술이란 업무수행에 필요한 전문적 지식이나 과업수행상의 도구, 기법, 절차 등을 활용하는 능력으로써 자신이 맡은 업무를 계획하고 조직하며 평가할 수 있는 기능적 능력을 뜻한다. 인간관계적 기술은 종업원을 선발하고 동기를 부여하며 리더십을 통해 영향력을 행사하는 등의 대인관계 능력을 의미한다. 개념적(통합적) 기술은 여러 다양한 조직활동들을 전반적 시각에서 통합 · 조정함으로써 조직의 전체적 상황을 파악하고 환경적 변화에 대응하는 능력을 말한다. 끝으로, 진단적 기술은 조직 내부적으로 가진 문제점의 소재를 파악하여 그 정확한 원인을 신속하게 찾아 대처할 수 있는 능력을 의미한다.

그런데 이 같은 네 가지 관리기술들은 경영자가 속해 있는 계층에 따라 그 중요성에 차이가 있다. 즉, 관리계층을 따라 하위계층으로 내려갈수록 전문적(사무적) 기술의 중요성이 더 높아지는 반면에, 계층을 따라 상위계층으로 올라갈수록 통합적(개념적) 기술과 진단적 기술의 중요성이 더 높아진다. 하위계층의 경영자들은 구체적인 작업상황에서 과업수행상의 일상적인 활동과 문제점을 감독하고 처리해 나가야 하기 때문에 현장업무에 대한 전문적(사무적) 기술이 더욱 필요한 반면, 상위계층의 경영자들은 조직전체적 관점에서 조직의 성장과 성과달성에 중대한 영향을 미치게 될 장기적이고 전향적이며 광범위한 의사결정을 해야 하기 때문에 통합적(개념적) 기술과 진단적 기술이 더욱 요구되는 것이다. 이같은 관리기술의 믹스(skill mix)는 [그림 1-6]과 같이 단순화하여 설명될 수 있다.

(3) 경영자의 역할

일반적으로 경영자는 하위구성원들의 리더로서, 조직의 대변자로서, 그리고 의사결정자로서의 역할을 수행한다고 이해되고 있다. 그러나 민츠버그(Mintzberg)는 최고경영자의 다양한 활동들을 분석한 결과를 토대로 경영자의 핵심적 역할을 10가지로 파악 · 제시하였는데, 이는 [그림 1-7]과 같이 요약될 수 있다.

민츠버그(Mintzberg)는 관리활동을 세 가지의 기본적 범주로 구분하여 첫째 범주인 대인간활동(interpersonal behavior)으로 우두머리(figurehead) 역할, 리더(leader) 역할, 연락자(liaison) 역할 등을 강조하고 있으며, 관리활동의 두 번째 범주인 정보처리활동(information processing behavior)으로는 정보탐색자(monitor) 역할, 정보보급자(disseminator) 역할, 대변자(spokesman) 역할 등

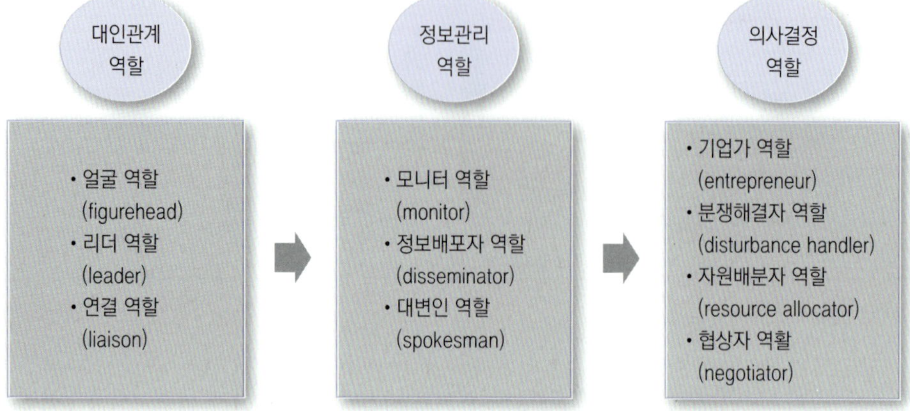

자료: H. Mintzberg(1989), "*Mintzberg on Management*: Inside Our Strange World of Organizations", London: The Free Press.

[그림 1-7] 경영자의 핵심역할

을 포함시키고 있고, 마지막으로 세 번째 범주인 의사결정활동(decision-making behavior)으로는 기업가(entrepreneur) 역할, 분쟁해결사(disturbance handler) 역할, 자원배분자(resource allocator) 역할, 그리고 협상자(negotiator) 역할 등을 포함시키고 있다.

그에 따르면, 경영자의 역할은 대인간의 역할들에서 시작하여, 정보처리의 역할들로 역할이 확대되며, 그 다음에 의사결정의 역할을 수행하는 순차적인 순환관계를 갖는다. 또한 이러한 역할들은 서로 중복되는 영역들이 많고 상호관련성이 높으며 상호보완적인 특성을 가진다.

이외에도 경영자의 또다른 역할을 살펴보면, 먼저 혁신가의 역할을 꼽을 수 있다. 슘페터(J. Schumpeter)는 자본주의의 발전은 창조적 파괴를 통해 이루어진다고 했는데, 이러한 창조적 파괴가 바로 혁신(innovation)과 관련이 있다고 보고 있다. 경영자는 단순히 기업의 운영뿐만 아니라 주주로부터 위탁받은 자본을 가지고 불확실한 환경 속에서도 위험부담을 감수하면서 새로운 사업을 만들어내는 역할을 해야 하기 때문에 혁신가의 역할을 한다고 볼 수 있다. 신규사업을 전개하는 것도 중요하지만 계속해 오던 사업의 변화와 개선도 포함하므로 경영자에게는 혁신가의 역할이 절대적으로 요구되고 있다. 다음으로는 환경관리자의 역할인데, 오늘날 모든 기업은 환경에 대해 개방시스템(open system)으로 존재하므로, 경영자는 조직내부요소와 외부의 환경요소들을 연결해 주는 연결자(liaison)역할 또는 대변자역할을 하면서 환경과 교류하기도 하지만, 기업과 관련된 여러 환경요소들(주주, 소비자, 노조, 지역사회, 협력업체 등)이 이해관계를 놓고 충돌할 때 경영자는 이를 조절해 주는 역할도 담당하여야 한다. 또다른 경영자의 역할은 동기부여자 역할인데, 경영자는 인사시스템, 보상, 교육, 승진 등과 같은 제도에 대한 운영권을 갖고 있으므로 경영자가 이러한 인적자원관리 제도를 어떻게 운영하느냐 운영하느냐에 따라 조직구성원들의 동기부여가 결정되기 때문에 경영자의 동기부여자 역할이 강조되는 것이다. 마지막으로 통합관리자 역할인데, 경영이란 기업의 업무를 계획하고 조직하고 지휘하고 통제하는 과정이므로, 경영자는 이러한 경영활동을 항상 전체적이고 통합적인 관점에서 지휘자의 역할을 하여야 한다.

〈 핵심 경영이야기 〉

비뚤어진 기업관 바로잡아야

영리추구가 경영의 목적이라는 점에서 기업은 정부나 종교조직 등 비영리조직과 구별된다. 이윤을 내지 못하는 기업은 망한다. 기업이 시장에서 살아남으려면 무엇보다 소비자가 원하는 양질의 상품을 싼값에 생산할 수 있어야 한다. 그러기 위해서는 우수한 근로자가 필요하다. 우수한 근로자를 확보하려면 높은 임금을 주는 등 근로조건이 좋아야 한다.

따라서 기업의 이익은 소비자나 근로자의 이익과 충돌하는 것이 아니라 병행한다. 기업이 이윤을 내기 위해 노력할수록 소비자는 더 질 좋고 값싼 상품을 사용할 수 있다. 직원들의 봉급과 주주들에게 돌아가는 배당금도 커진다. 일자리도 늘어나고, 세금을 많이 내서 국가발전에 큰 공헌을 한다. 사회 전체적으로는 부가 쌓인다.

흔히 기업의 사회적 책임의 하나는 이윤의 사회환원이라고 한다. 하지만 기업은 이처럼 이윤을 추구하는 과정에서 자연스럽게 사회에 선을 베풀고 있는 것이다.

그런데 우리나라 사람들의 절반 정도는 기업에 대한 감정이 좋지 않다. 이윤을 극대화하려는 기업의 노력이 국민복지증진에 보탬이 된다는 인식도 중국이나 일본보다 부족하다. 문제는 이익지상주의다. 기업이 세금도 법대로 내고, 환경오염도 시키지 않으며, 소비자와 주주에게 정직하다면 국민이 나쁜 감정을 가질 리 없다. 그동안 우리기업들이 올바른 정도경영을 하지 못했기 때문에 반기업정서가 생긴 것이다. 기업에 대한 국민의 감정이 좋지 않을수록 나라 전체의 손실도 커진다.

〈 중앙일보, 2003년 5월 20일 〉

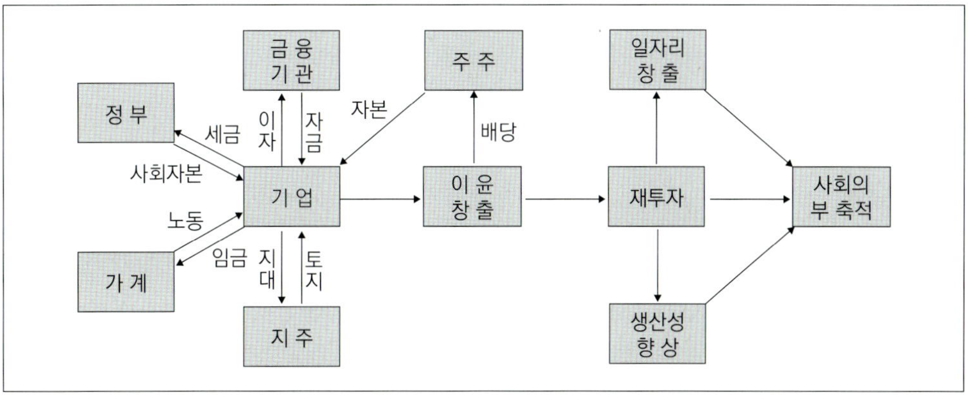

기업활동과 사회적 부(富)의 축적과정

연습문제

1. “기업”이라는 단어를 생각했을 때 여러분의 머리에 떠오르는 5가지 긍정적인 측면과 부정적인 측면을 이야기해 보자.
2. 최근 신문이나 경제전문잡지 등에 소개된 기업들 가운데 여러분이 가장 모범적이라고 생각하는 3개 기업의 특징적 장점을 찾아 기업별로 나누어 설명해 보자.
3. 졸업 후 여러분이 입사하고 싶은 회사는 어떤 기업인지에 대해 옆자리의 동료와 이야기해 보자. 또한 여러분이 창업하고 싶은 기업의 모습도 대화를 통해 구체적으로 생각해 보자.
4. 여러분이 생각하는 경영자로서의 고 정주영 전 현대그룹 명예회장의 자질과 능력에 대해 동료들에게 3분간 발표해 보자.
5. 주위에 여러분과 친분관계가 있는 경영자나 관리자를 만나 그들이 기업이나 조직에서 일상적으로 수행하는 경영자 혹은 관리자로서의 역할에 대하여 듣고 간략하게 정리해 보자.

사례

기술담당 부사장인 L씨는 날마다 많은 의사결정을 해야만 하는 처지에 있다. 그런데 어제는 다음과 같은 내용의 조치를 취하였다.

(1) 신제품개발을 위한 기술부의 2개년 계획을 완성하였다.

(2) 기술부의 조직재편성안(restructuring plan)을 승인하였는데, 그 개편내용은 기술부 내의 ‘과’ 제도를 없애고 업무수행과정별 팀제로 개편하여 각 팀장에게 의사결정권한을 대폭 위양하는 것이었다.

(3) 현재 생산되고 있는 제품의 개선방법을 제안하였던 두 사람의 기사에게 현금보너스와 표창장을 수여하여 그들의 공로를 치하하였다.

(4) 신제품에 관하여 기술부의 직원들과 담화를 나누었으며, 그들에게 기업확장에 있어서 기술부의 역할을 설명하였다.

(5) 직속부하들의 지난 6개월 간의 업무성적을 평가하였는데 두 사람은 뛰어나게 훌륭하였고, 두 사람은 만족할 정도로 좋은 편이었으며, 한 사람은 평균 이하의 성적이었다.

문제

앞에서와 같은 L씨의 조치로 미루어 보아 그는 어떤 관리기능을 수행하였는가? L씨가 하나의 관리기능이 아닌 여러 관리기능을 수행하였다면 그것은 어떤 관리기능들인지 설명하라.

인터넷 사례

국내 혹은 외국의 선도적 기업의 성장과정을 이해할 수 있는 설명자료를 인터넷이나 혹은 신문 · 전문잡지 등을 통해 찾아 그 특징을 알아보자.

시뮬레이션 〉 상자만들기

활동내용

5~8명으로 구성된 여러 개의 소집단을 형성한다. 그리하여 각 소집단이 한 사람의 리더를 선출하도록 하고 각 소집단에 다음과 같은 '상자만들기' 작업을 부여한다.

"여러 소집단은 집단별로 마치 상품을 제조하듯이 종이상자를 만들어야 합니다. 여기에 쓰이는 재료는 종이뿐이며, 풀이나 접착제는 사용할 수 없습니다. 상자모형은 아래의 설계도면과 완성된 모형을 참조하십시오."

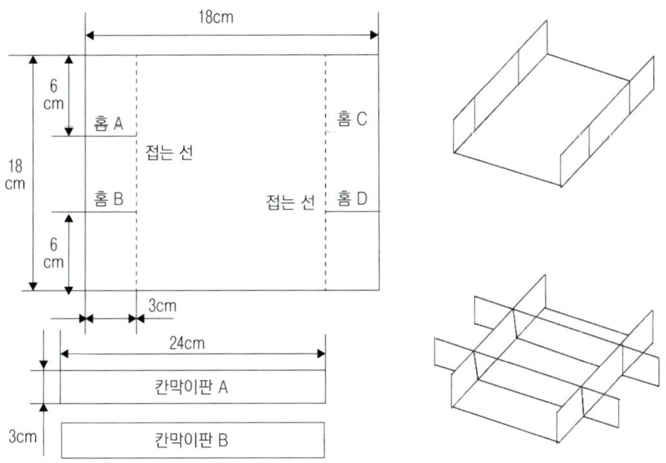

이렇게 이야기한 후 각 소집단에 15분의 시간을 주어 종이상자를 만들기 위한 준비시간으로 활용하도록 한다. 이 때 각 소집단의 리더는 생산계획을 수립하는 책임을 지게 되며 모든 구성원이 이 같은 준비과정에 참여한다. 그리고 나서는 각 집단에게 15분을 주어 실제로 종이상자를 생산하게 한다. 시간이 다 지난 후 각 집단은 완성된 종이상자를 제출하도록 하고 규격에 맞지 않고 잘못 만들어진 상자는 골라내어 불량품으로 폐기처분한다. 그리하여 가장 많이 만든 소집단이 우승을 하게 된다.

토의문제

(1) 각 집단별로 그 집단구성원들이 모두 모여 계획기간과 생산기간을 분석해 보고 그 기간에 수행되었던 관리기능이 어떤 것이었던가를 확인해 본다. 그리고 그 관리기능은 어떻게 누구에 의해서 수행되었던가를 알아본다.

(2) 위와 같은 토의가 각 집단에서 이루어지고 난 다음 각 리더들로 하여금 모든 학생들 앞에서 자기 집단의 토의내용을 보고하게 한다. 그리고 그 집단의 업무수행방법의 차이점이 집단성과에 어떻게 영향을 미쳤는지를 알아본다.

(3) 그리고 각 집단의 조직구성을 분석해 본다. 특히, 리더가 선출된 과정을 알아본다. 그리고 각 집단이 어떻게 하면 더 효과적일 수 있는가를 알아본다.

미주

1. 한희영 저,『경영학원론』, 법문사, 1980, p. 258.
2. 김원수 편저,『체계경영학사전』, 법문사, 1993, p. 122.
3. 김원수 편저, 전게서 p. 128.
4. 김원수 편저, 전게서 p. 129.
5. J. Litterer, *An Introduction of Management*, New York : John Wiley & Sons Inc., 1978. 김원수 편저, 전게서 pp. 336-364.
6. 김원수 편저, 전게서 pp. 336-364.
7. C.I. Barnard, *The Functions of the Executive, Cambridge*, Mass., Harvard University Press, 1938, p. 4, 82.
8. A.D. Szilagyi, Jr., *Management and Performance*, Goodyear Publishing Co. Inc., Santa Monica, Cal., 1981, p. 29.

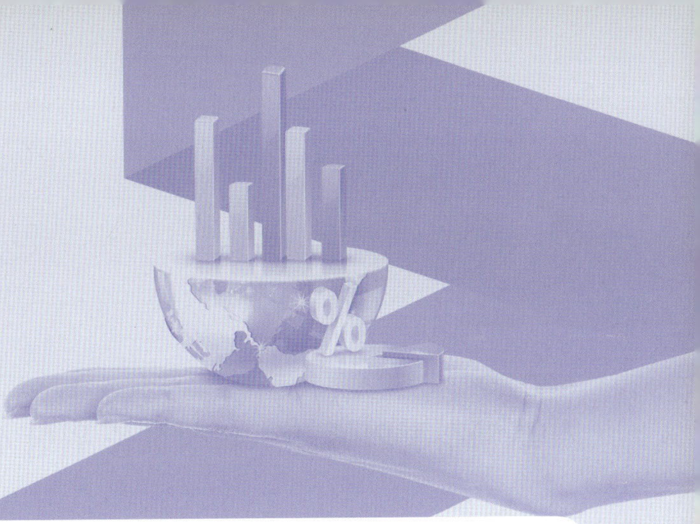

제2장 | 경영학의 본질과 발전

이 장에서는 학문으로서의 경영학의 성격과 경영학의 발전과정을 시대적 단계별로 나누어 핵심 관점들을 설명하고 있다. 먼저 경영학의 정의와 학문적 특성, 그리고 경영학의 연구대상에 대한 논의가 있고, 미국 경영학의 발전과정을 중심으로 현대적 의미의 경영학이 발전해 온 단계별 핵심원리들을 소개하고 있다.

특히, 사회과학으로서의 경영학의 성격을 알아보고, 경영학의 학문적 특성은 무엇인지에 대해 살펴보며, 이어서 경영학의 발전단계를 고전학파, 행동과학파, 관리과학파, 그리고 현대적 접근법으로 구분하여 경영의 원리원칙을 중심으로 그 특징을 소개하고 있다.

이 장을 읽어가는 동안 이것만은 이해하시기 바랍니다.

1. 경영학이란 무엇인가?
2. 경영학의 학문적 특징은 무엇인가?
3. 경영학의 연구대상은 무엇인가?
4. 경영학의 발전단계는 어떻게 나누어지는가?
5. 발전단계별로 경영의 핵심원리는 어떻게 변화해 왔는가?
6. 현대 경영학의 대표적 접근법은 무엇이며 그 특징은 무엇인가?

기업 新성장의 조건- 新성장을 위한 4대 자본

저성장 상황에 맞는 새로운 혁신 정책과 새로운 가치창출이 필요한 시점이다. 이 대목에서 우리는 新성장을 자본의 관점에서 바라볼 필요가 있다. 자본이란 전통적인 경제적 자본과 함께 경제적 자본의 성장에 밑거름이 되는 인적 자본, 사회적 자본, 심리적 자본을 가리킨다. 이 4대 자본은 국가와 기업에 공히 적용되는 자본으로, 이 핵심가치에 충실했을 때 국가와 기업은 비로소 新성장의 길을 찾았다고 할 수 있다.

산업 초기의 신성장 동력은 전통적인 '경제적 자본', 즉 재정과 유형 자산 같은 전통적 경제 자본에 의해 주도되었고 이후 지식과 문화 같은 정신적 요소가 추가되었다. 하지만 여전히 신성장의 동력에 있어 전통적 의미의 경제적 자본의 중요성은 간과할 수 없는 요소이다. 이를 기반으로 인적 자본과 사회적 자본, 심리적 자본이 결합됐을 때 시너지 효과가 일어날 수 있기 때문이다. 부존자원이 부족한 한국이 고성장 시대를 이끌 수 있었던 배경에 고도화된 '인적 자본'이 있었음은 주지의 사실이다. 그런데 저성장 시대에 접어든 지금 인적 자본을 강조하는 건 왜일까.

저성장이 장기화될 것이란 분석 속엔 저출산과 그에 따른 고령화 현상이 자리를 잡고 있다. 인적 자본은 근로자수와 그들이 체화한 지식(질)과 경험의 곱으로 표현된다. 따라서 저출산으로 근로자수가 줄어들거나 정체된다고 하더라도 지식의 양이 증가하면 인적 자본의 크기는 오히려 증가할 수도 있다. 그동안 우리는 교육 기회의 확대에 전력을 다했고 이제 70%가 넘는 학생들이 대학에 진학하는 시대를 살고 있다. 따라서 인구가 감소하더라도 높은 질의 교육을 받은 인적 자원으로 그 폐해를 막을 수 있어야 한다. 그런데 왜 우리는 저출산과 고령화로 인적 자원이 고갈되고 있다는 걱정을 해야 하는 것일까. 핵심은 일자리 창출을 막는 저성장과 양적확대를 따라가지 못하는 교육의 질적 수준의 하락에 있다. 결국 인구증가의 감소 혹은 인구의 감소를 상쇄할 만큼 교육의 질이 향상되지 못한 것이 전체 인적 자원의 성장 기여를 낮춘 원인이라는 뜻이다. 따라서 우리는 교육의 질적저하를 막을 수 있는 혁신적 정책에 몰두해야 한다.

저성장 시대는 인적 자본과 더불어 신뢰와 네트워크로 구성된 '사회적 자본'에 대한 점검의 기회도 제공한다. 한 국가의 경제가 발전할수록 서비스 산업의 비중은 높아지며 서비스 산업 경쟁력제고를 위해서는 사회적 자본의 축적이 필수적이다. 고객과 서비스 제공자 사이의 신뢰, 네트워크, 규범 등의 사회적 자본은 서비스 산업활성화의 기반이기 때문이다. 하지만 한국은 경제성장의 외형에 비해 낮은 사회적 자본 수준이 산업 경쟁력에 부정적 영향을 미쳐왔다. 금융 서비스의 경우만 봐도 그렇다. 낮은 사회적 자본으로 인해 신용보다는 담보 위주의 금융 거래에 의존해

오고 있는 것만 봐도 알 수 있다. 이렇게 낮은 사회적 자본의 확충을 위해서는 공적 기관에 대한 신뢰도 제고, 법제도의 안정성과 예측 가능한 행정, 기업의 준법 및 윤리경영 등이 선결되어야 한다.

현대경제연구원에 따르면 한국의 사회적 자본 수준은 32개 경제협력개발기구(OECD)국가 가운데 꼴찌 수준이다. OECD와 국제사회조사프로그램(ISSP),유럽사회조사(ESS) 등이 발표한 OECD국가의 각종 사회 지표를 활용해 자체 사회자본지수를 산출한 결과 한국은 5.07로 OECD 32개국 가운데 최하위권인 29위로 나타났다. 한국은 사적 사회적 자본(5.4)과 공적 사회적 자본(4.75)이 모두 취약했는데, 특히 공적 신뢰나 공적 배려 부문의 신뢰도가 떨어져 공적 사회적 자본 지수가 유독 낮게 나타났다. 정부나 사법 시스템 등 국가의 공적시스템에 대한 국민의 신뢰가 절대적으로 부족한 상황이라는 뜻이다. 그런가 하면 OECD는 2013년 보고서에서 한국의 전체 국부 가운데 40%를 '보이지 않는 자본'이 깎아먹고 있다고 분석하기도 했다. 보이지 않는 자본은 사회 신뢰도를 반영하는 사회적 자본과 사회 제도의 수준 등을 포괄하는 무형의 자산이다. 조사 대상 13개국 중 보이지 않는 자본이 '마이너스'를 기록한 국가는 한국이 유일했다.

OECD는 이 보고서에서 눈에 보이는 생산 자본과 자연자본, 해외 자산과 함께 눈에 보이지 않는 인적 자본과 사회적 자본 등을 계량화해 13개국의 국부를 측정했는데, 그 결과 한국의 국민 1인당 국부는 24만 8,180달러였다. 1인당 국부는 1인당 국내총생산(GDP)의 대략 20배 정도로 추산된다. 한국의 1인당 국부 가운데 생산 자본은 5만 8,636달러, 자연 자본은 2,487달러, 인적 자본은 28만 8,887달러로 조사됐으며, 순 해외 자산은 마이너스 3,252달러로 집계됐다. 문제가 되는 한국의 보이지 않는 자본은 마이너스 9만 8,578달러로 측정됐다. 전체 국부의 39.7%에 해당하는 부뷰이 마이너스인 것이다.

저성장 시대를 통과해 신성장을 이루기 위해선 앞서 살펴본 것처럼 유형의 자산과 너불어 인적 자본과 사회 자본 같은 무형 자본에 주목해야 한다. 여기에 마지막으로 추가할 자본이 있다. 바로 '심리적 자본(Psychological Capital: PsyCap)'이다. 네브레스카주립대의 석좌교수이자 조직행동론 분야의 권위자인 프레드 루탄스 교수에 따르면 심리적 자본이란 개인의 심리적 강점을 바탕으로 목표를 달성하고 성과를 향상할 수 있는 긍정적 심리 상태를 의미한다. 심리적 자본은 다시, 도전적 업무에 대해 성공할 수 있다는 자기 효능감 또는 자신감과 현재와 미래의 성공에 대한 낙관주의, 목표를 향해 인내하고 필요한 경우 성공을 위해 다른 방법을 선택하는 희망, 문제와 역경으로 인해 고통 받을 때 목표를 달성하기 위해 지탱하고 회복 또는 극복하는 능력인 복원력이란 4개의 하위 개념을 갖는다.

지속적 저성장은 피할 수 없는 상황일 수 있다. 중요한 것은 이런 새로운 패러다임에 걸맞은 태도와 자세를 취해야 한다는 데 있다. 인적 자본을 확충하기 위한 질 높은 교육을 위한 혁신, 사회적 자본과 국가적 신뢰도를 향상하기 위한 각고의 노력에 불황을 극복할 수 있는 심리적 자본으로서 긍정 마인드의 확산 등을 위한 전 국민적 공감대 형성이 필요하다.

〈Chief Executive, KMAC, 2015. 1. pp. 82-83〉

1. 경영학이란 무엇인가?: 학문적 성격과 연구대상

우리들의 생활주변에는 다양한 형태의 조직들이 있으나 그 조직들의 공통적인 특성은 ① 자원(resource), ② 과업(task), ③ 목표(goals or desired results) 등을 가지고 있다는 점이다. 그래서 경영학을 이러한 자원, 과업, 목표와 관련된 것으로 생각하여 흔히 단순하게 정의하여 "일정한 조직목표의 달성을 위해 자원과 과업을 통합하는 과정이다(the management is the process of integrating resources and tasks toward the achievement of stated organizational goals)"라고 말하기도 한다. 그러나 경영학의 학문적 성격규명은 그렇게 간단하지 않다.

경영학은 인간의 사회적 현상을 연구하는 사회과학의 한 분야이다. 우리가 살고 있는 사회는 개체로서의 많은 개인과 집단 및 조직들로 구성되어 있는데 경영학은 조직을 그 연구대상으로 한다. 그런데 이 같은 조직을 학교, 교회, 병원, 고아원, 관청 등과 같은 '비영리조직'과 기업과 은행 등과 같은 '영리조직'으로 나눈다면, 경영학은 영리조직인 기업조직을 그 주된 연구대상으로 한다. 그러나 경영학의 광의의 연구대상은 우리 사회의 모든 유형의 조직이 될 수 있다. 따라서 경영학은 기업조직의 제 현상을 기술하고, 설명하고, 예측하는 것을 목적으로 하는 이론과학일 뿐만 아니라, 기업경영의 현장실무를 위한 규범적 방향을 제시해야 하는 '실천과학 내지는 응용과학'이다. 다시 말해서, 경영학은 기업조직의 경영에 관한 단순한 지식을 전달하는 학문 이상의 것으로서 그 지식이 항상 실제경영에 응용될 수 있어야 하며, 기업경영을 바람직한 방향으로 나아가도록 하는 지침의 역할을 할 수 있어야 한다는 말이다.

그러나 경영이론이 경영상의 모든 문제해결을 위한 완전한 처방이나 해답을 제시해 줄 수는 없다. 실제 기업경영에는 어떤 원칙이나 이론으로 설명될 수 없는 부분도 있기 때문이다. 따라서 기업조직에 대한 성공적인 경영을 위해서는 경영에 관한 이론적 지식을 습득하는 것은 물론, 경영자로서의 다양한 경험과 경험을 통한 직관도 필요한 것이다. 이와 같은 이유로 경영학은 과학이지만 동시에 기술(art)이기도 하다.

요약컨대, 경영학의 주된 연구대상은 기업조직이며, 그 학문적 성격은 이론과학인 동시에 응용과학이고, 과학(science)인 동시에 기술(art)인 것이다.[1)]

2. 경영학은 어떻게 발전해 왔는가?

현대적 의미의 경영학의 발달은 크게 미국의 경영관리학과 독일의 경영경제학에서 찾아볼 수 있으며, 이 밖에 일본, 영국, 프랑스 및 스위스에서도 현대적 의미의 경영학이 발전되어 왔다. 그러나 이하에서는 미국 경영관리학의 발전을 중심으로 서술해 가기로 한다. 오늘날의 주된 경영학의 접근법들이 미국을 중심으로 발전되고 있기 때문이다.

미국의 경영관리학은 테일러(F.W. Taylor) 이후 약 1세기의 역사를 가지고 있다. 경영관리학의 발전에 공헌한 초기의 경영자들은 그들의 관리상의 경험을 서술하고 그러한 경험들을 기본적인 원칙으로 일반화하려고 시도하였던 경영관리의 실무자들이었다. 그 이후에 보다 과학적이고 학문적인 연구를 시도한 많은 학자들이 나타나게 되었는데, 이들 학자들 중에는 공학, 심리학, 수학, 정치학, 경제학, 철학 등의 학문영역에서 훈련받은 학자들도 많았다. 이들이 경영학이론을 학문적으로 체계화하였다.

그 결과, 실무자들과 다양한 학자들의 관점을 기반으로 하는 이러한 두 가지 경영관점을 중심으로 여러 경영학파들(schools of management thought)이 생겨나게 되었다. 어떤 학자는 이 같은 학파를 3분류하기도 하고 다른 학자는 7분류하기도 하지만,[2] 여기에서는 3분류를 택하여 이들 세 가지 학파에 대해 설명하고, 이어서 현대적인 경영학의 접근법으로 등장하고 있는 시스템적 접근법(systems approach)과 상황적 접근법(contingency approach)을 설명하기로 한다.

1) 고전학파

대량생산이라는 시대적 요구에 따라 발생한 산업혁명은 보다 정교한 관리적 접근방식의 필요성을 증대시켰다. 즉, 새로운 제조기술의 개발로 대규모 공장들이 연이어 출현함에 따라, 모든 자원들을 통합 · 조정해 가기가 그만큼 어려워져 관리상의 문제점이 노출되고 있었기 때문이다.

산업혁명초기를 중심으로 하는 경영학의 고전학파는 크게 두 줄기로 나뉘어 지는데, 그 하나는 '과학적 관리'에 근거를 두면서 작업자나 개인의 직무에 관리의 초점을 맞춘 직무관리(management of jobs)에 대한 강조이며, 다른 하나는 '관리이론'에 근거를 두면서 조직 전체에 관리의 초점을 맞춘 조직관리(management of organization)에 대한 강조이다. 이와 같은 조직관리론에는 페이욜(Fayol)의 조직관리론과 베버(Weber)의 관료제조직론 등이 있다.

(1) 과학적 관리론

과학적 관리이론은 직무에 대한 관리를 강조한 것으로서 20세기 초에 물적자원과 인적자원의 능률적인 활용을 통한 제조상의 생산성을 개선해 보려는 노력에서 비롯된 것이었다. 합리적이고 체계적인 생산과 관리방식에 대한 경험이 부족했던 산업혁명 초반의 많은 제조공장들은 적절한 작업절차의 설정, 직무간의 경계설정 및 원자재의 흐름상의 문제점 등에서 비롯된 여러 어려움을 겪고 있었다. 이들 분야의 문제해결에 공헌한 사람들은 주로 능률(efficiency)에 관심을 가진 엔지니어와 과학자들이었다. 이 같은 능률에 대한 관심은 기계설계, 공장배치, 작업방법 등과 관련된 여러 가지 기법의 개발을 초래하였다. 이들 '과학적 관리'에 대한 공헌자들 가운데, 특히 공장의 기사였던 테일러(Frederick Taylor, 1856~1915)는 과학적 관리의 아버지(the father of scientific management)로 불리고 있다.

수년간의 실제공장경험을 통해 정립된 테일러의 '직무관리'에 대한 생각은 관리자는 직무수행상의 생산성을 높일 수 있는 최선의 한 가지 작업방법(one best way)을 찾아내기 위해 과학적으로 작업을 연구해야 한다는 것이었다. 이 같은 테일러의 과학적 관리법의 원칙과 이념은 〈표

과학적 관리법의 원칙	과학적 관리법의 기본이념
• 시간과 동작연구를 통한 효율적 직무의 재설계(job redesign) • 작업자들의 동기유발을 위한 차별적 성과급제(piece-rate system)의 도입 • 직능별 직장제도(functional foremanship)의 도입 : 분업화를 통한 직무전문화 · 직무단순화의 강조 및 직능별 전문가인 직장에 의한 감독제실시 • 과학적인 작업자선발 · 훈련제도의 도입	• 고용주와 종업원의 공동번영은 생산성의 극대화를 통해 성취될 수 있으며, 생산성의 개선은 보다 능률적인 직무설계에서 온다. • 업무수행에 대한 작업자들의 정신적 자세는 능률적인 작업방법의 활용과 그에 따른 차별적인 성과급의 제공에서 온다. • 과학적 관리의 핵심은 관리자와 작업자간의 협동에 있다. 관계자들 모두의 협동적 노력을 통해 사회의 개선이 가능해진다. • 능력과 동기수준에 대한 보다 합리적인 평가를 통해 일할 수 있는 능력과 의지를 보유한 사람을 확보해야 한다.

〈표 2-1〉 과학적 관리법의 원칙과 이념

2-1〉과 같이 요약될 수 있다.

과학적 관리에 대한 테일러의 '아이디어'는 많은 경영자들에 의해 수용되었고, 이러한 '아이디어'는 계속하여 후속 연구자들에 의해 확대되어 갔다. 이들 후속 연구자 중에 보다 혁혁한 업적을 남긴 공헌자로는 길브레스(Frank B. and Lillian M. Gilbreth, 1869~1924, 1878~1972) 부부, 간트(Harry L. Gantt, 1861~1919), 에머슨(Harrington Emerson) 등이 있다. 길브레스 부부는 '동작과 피로(motion and fatigue)'의 연구를 통해 작업단순화(work simplification)를 강조하였으며, 간트는 '작업의 일정계획과 통제'를 연구하여 오늘날에도 활용하고 있는 '간트 차트'—한쪽 축에는 계획된 작업과 완성된 작업을 표시하고, 다른 쪽 축에는 소요된 시간을 표시하여 양자의 관계를 나타내는 도표—를 창안하였다. 또한 간트는 테일러의 순수한 성과급과는 달리 각 직무에 표준작업량 및 표준임금을 설정하고 표준을 초과하였을 때 보너스를 지급하는 형식의 보상시스템인 과업보너스시스템(task bonus system) 역시 개발하였다. 그리고 에머슨은 '능률의 원리(principle of efficiency)'를 개발하였으며, 오늘날 거의 모든 조직에서 찾아볼 수 있는 '라인-스태프'의 개념과 '조직 전체를 위해 측정가능한 목표가 명시되어야 한다.'는 점을 강력하게 주장하였다.

그러나 과학적 관리법에 대한 비판의 소리도 높다. 우선 작업과정에서 나타나는 작업자들 간의 인간관계와 비공식집단활동 등의 사회적 관계의 영향을 반영하지 않았고, 또한 작업자들이 보이는 상위계층욕구를 중시하지 않았다는 것이다. 그리고 작업자들간의 정서와 심리상태에 있어서의 차이를 인정하지 않았으며 종업원들의 아이디어 제출이나 제안을 고무하지 않았다는 것이다.

(2) 관리이론

대규모 기업조직의 출현에 따라 관리자들은 개별직무의 능률보다는 '전체 조직의 관리'에 더 큰 관심을 갖게 되었다. 이 같은 상황에서 나타난 것이 소위 관리이론(administrative theory)이다. 관리이론에서는 관리 혹은 경영을 관리자가 수행하는 관리기능(managerial functions)으로 설명하고 있다. 특히 관리이론에서는 목표달성을 위한 제 자원의 조정을 강조한다.

관 리 원 칙	과학적 관리법의 기본이념
(1) 분업의 원칙	• 경제학자들은 이것을 전문화의 원칙이라고 부른다. 그러나 지나친 분업 및 전문화는 때론 관리상의 많은 부작용을 낳고 있어 비판을 받고 있으나, 분업의 원칙 그 자체를 부정하는 것은 아니다.
(2) 권한-책임의 원칙	• 조직구성원 각자의 효과적 직무수행을 위해서는 책임, 권한, 어카운터빌리티(accountability; 업무수행결과에 대한 책임 혹은 최종책임)가 서로 대응되어야 한다는 원칙이다.
(3) 기율(紀律)의 원칙	• 규칙을 준수하고 그에 따라 일을 처리하고 노력해야 한다는 것이며, 잘못된 업무수행에 대한 처벌은 유능하고 공정한 감독 여부와 결부되어야 한다.
(4) 명령일원화의 원칙	• 하위자는 한 사람의 상위자로부터 명령과 지시를 받아야 한다는 원칙이다. 페이욜은 이 원칙이 지켜지지 않으면 권한이 약화되고 규율이 위태롭게 되며, 명령이 왜곡되어 관리의 안정성이 위협받게 된다고 하였다.
(5) 지휘일원화의 원칙	• 동일한 목적을 위한 활동은 단일의 상사와 계획하에 지휘되어야 한다는 원칙이다.
(6) 개인이익은 공동이익에 종속되어야 한다는 원칙	• 조직의 이익이 개인의 이익에 선행되어야 한다는 원칙이다. 그러나 오늘날에는 조직의 이익과 개인의 이익이 양립할 수 있도록 하는 것이 필요하다.
(7) 종업원보상의 원칙	• 급여의 결정 및 그 지급방법은 공정해야 한다는 원칙이다. 최상의 급여체계를 위해서는 시간급, 직무급, 성과급, 상여금제도, 이익분배제도 및 기타의 방법들이 활용되어야 한다.
(8) 집권화의 원칙	• 조직의 각 부문을 총괄할 수 있는 중심점이 있어야 한다는 원칙이다. 대규모 조직에서는 분권조직이 필요하다. 그러나 분권(decentralization)이란 의미는 어떤 의사결정권한이 낮은 계층으로 위양되는 것을 의미하는 것이지, 전체를 총괄하는 본부가 있어야 한다는 말을 부정하는 것은 아니다.
(9) 계층연쇄의 원칙	• 모든 조직에는 일선감독자로부터 최고관리층에 이르기까지 일련의 권한의 흐름을 나타내는 계층의 연쇄(scalar chain)가 있다. 따라서 조직계층의 모든 구성원들 간의 연결을 위해서는 명확하고 단절되지 않은 계층의 연쇄가 유지되어야 한다는 원칙이다.
(10) 질서의 원칙	• 조직내의 모든 물적자원과 인적자원이 적재적소에 배치 · 배분되어야 한다는 원칙이다.
(11) 공정의 원칙	• 관리자가 하위자를 다룰 때 사랑과 정의를 적절히 조화함으로써 종업원의 충성심을 불러일으킬 수 있고, 종업원의 헌신을 끌어낼 수 있다는 원칙이다.
(12) 고용안정의 원칙	• 능률은 안정된 노동력에 의해서 증진될 수 있다는 원칙이다. 그래서 최고경영자는 관리자들을 중심으로 종업원들이 장기적으로 조직에 헌신 · 봉사할 수 있게 해야 한다.
(13) 창의력발휘의 원칙	• 성공을 위해서는 창의력발휘에 의한 계획이 선행되어야 한다는 원칙이다. 그래서 종업원들에게 실행계획을 스스로 개발하고 그것을 실천할 수 있는 자율성이 주어져야 한다.
(14) 단결의 원칙	• 페이욜은 "단결이 곧 힘이다"라고 말하고 있다. 그는 조직은 하나의 팀으로서 기능해야 하고 따라서 팀원은 최상의 조직성과를 위해서 협력해야 하며, 팀워크(teamwork)를 이루기 위해서는 효과적인 의사소통의 중요성이 강조된다고 주장하고 있다.

〈표 2-2〉 페이욜의 관리원칙

학자마다 '관리기능'에 상이한 기능들을 포함시키고 있지만 대개 공통적으로 포함되는 관리기능은 계획(planning), 조직화(organizing), 통제(controlling) 등의 세 가지 핵심기능들이다.

초기 관리이론의 창시자 중 한 사람은 관리과정에 새로운 시각을 제시했던 프랑스의 페이욜(Henri Fayol, 1841~1925)이다. 그는 기업조직의 활동을 '관리활동'과 '작업활동'으로 대별하고, 중요한 관리활동으로 계획수립, 조직화, 지휘(commanding), 조정, 통제 등을 포함시켰으며, 작업활동으로는 기술(technical), 영업(commercial), 재무(financial), 안전(security), 회계(accounting)

등을 포함시켰다. 그리고 그는 이와 같은 관리활동을 수행하기 위해서는 〈표 2-2〉와 같은 14가지의 관리원칙이 필요하다고 강조하였다.

한편, 페이욜은 이러한 관리원칙을 제시하면서 그 자신도 이 원칙들이 보편타당성이 있는 것으로 보지 않고(관리원칙의 보편타당성은 도저히 검증될 수 없다고 하여 후일 많은 비판의 대상이 되었으나 페이욜 자신은 보편타당성을 주장하지 않고) 오히려 원칙의 적용은 그 조직이 처한 상황에 따라 달라져야 함을 강조함으로써 오늘날의 상황적합이론적인 사고와 맥을 같이하고 있다. 따라서, 이 원칙들이 관리현상의 설명, 예측, 통제를 가능하게 하는 과학적인 지식체계가 되려면 실증성과 예측성이 있는 원칙의 체계로 승화되어야 할 것이다.

(3) 관료제 조직론

조직을 하나의 전체시스템으로 보는 관료제 조직론(bureaucratic organization)은 19세기말 독일학자 베버(Max Weber, 1864~1920)에 의해 제시되었다. 19세기말 당시 유럽의 많은 조직들은 사적이고 가족중심적으로 경영되고 있었다. 이러한 관리관행의 역기능적 결과로, 조직의 모든 자원이 조직사명이나 조직목표의 달성을 위해서보다는 소수 개인의 욕망실현을 위해 활용되었다. 이에 대해, 베버는 조직이란 사적인 욕망을 위해 즉흥적으로 관리되어서는 아니되며, 합리적 기반 위에서 관리되어야 한다고 주장하였다. 이 같은 합리성을 추구하는 조직관리시스템을 관료제(bureaucracy)라 부르고, 그 특성을 다음과 같이 제시하였다.

① 분업

개인의 직무를 단순하고 일상적이며 명확히 규정된 과업들로 세분화한다.

② 명확한 권한계층

직위나 직책상의 계층을 가진 다계층의 공식구조를 형성하고 각 하위직책은 상위직책의 감독과 통제하에 있도록 한다.

③ 고도의 공식화

획일성이나 통일성을 확보하고 직무담당자의 행동을 규제하기 위해 공식적인 규칙이나 절차를 따르도록 한다.

④ 비개인적 특성

구성원 개인의 성격특성이나 개인적 기호가 개재되지 않도록 보상 혹은 강제력을 균등하게 적용하고 모든 사람에게 예외 없이 공평하게 비개인적으로 적용한다.

⑤ 업적 혹은 자료에 근거한 채용결정

선발이나 승진결정은 기술적 자질, 능력 및 업적에 근거하여 결정한다.

⑥ 종업원 경력의 통로

구성원들이 조직에서 일정한 경력통로를 따라 승진해 가도록 해야 한다. 그리고 이 같은 경력상의 직무에 충실하면 그 대가로 종업원들은 정년까지 고용을 보장받는 종신재직권(tenure)을 가져야 한다.

⑦ 성원의 조직생활과 개인사생활의 명확한 구분

조직활동의 합리적 · 비개인적 수행을 방해하지 않도록 하기 위해 사적인 요구, 관심, 이익 등이 조직활동과 완전히 분리되어야 한다.

베버는 조직이 합리적 권한에 기초하여 경영되어야만 더욱 능률적이고 변화에 잘 적응할 수 있다고 믿었다. 오늘날 조직에서 관료제란 용어는 부정적인 의미로 받아들여지고 있어서 관료제 조직하면 끝없는 규칙과 많은 서류작업, 인간적 배려가 결여된 규칙과 절차의 중시 등을 떠올리게 한다. 그러나 규칙의 엄격한 적용이나 관료제의 여러 절차는 종업원에 대한 표준화된 대우를 가능하게 하고 모든 구성원들의 입지가 관리자의 주관성에 의해 좌우되지 않고 규정에 의해 공정하게 이루어지도록 함으로써 구성원들에게는 안정적 근무가 보장되고, 조직은 능률적이 된다는 주장이다.

2) 행동과학파

고전학파에서는 분업을 통한 전문화된 직무설계, 차별적 성과급의 도입, 관리기능의 적절한 활용 등이 이루어지면 생산성이 증가할 것으로 가정하였다. 앞에서도 언급한 바와 같이 테일러의 과학적 관리에서는 인간을 수동적이고 합리적으로 행동하는 경제적 존재(economic man)로 보고 경제적 유인(economic incentives)을 통해 동기를 부여하려고 하였다. 그러나 이러한 공식적이고 인간을 기계화하는 관리방식은 사회적 욕구와 성장욕구 등 종업원들의 다른 중요한 욕구를 간과하게 하였으며 이들에게 인간적 소외감을 야기하였다. 즉, 과학적 관리방식의 적용을 통해 인간이 생산공정의 일부분 혹은 기계의 부속물로 전락하게 된 것이다. 그리하여 과학적 관리는 종업원의 상위욕구에 대한 불만과 종업원의 의욕저하를 초래하였으며, 결과적으로 작업능률이 떨어져 생산성 증대를 실현하는데 실패하였다.

그리하여 과학적 관리에 대한 반발적 논리로서 인간관계론이 등장하게 되었으며, 이러한 인간관계론은 뒤이어 발전된 조직행동이론과 더불어 경영학의 행동과학파를 형성하였다. 고전적 접근법인 과학적 관리는 작업자의 직무에 초점을 둔 반면, 행동과학적 접근법은 직무를 수행하는 사람에 초점을 두고 있다. 이하에서는 행동과학파의 주된 내용인 인간관계론과 조직행동이론에 대하여 서술해 보기로 한다.

(1) 인간관계론

인간관계론은 과학적 관리의 지배적 논리인 '능률성'이나 '비용'의 논리와는 달리 인간의 본질을 사회적 존재(social man)로 보고 인간의 태도나 감정을 중시하는 '감정'의 논리를 핵심논리로 삼았으며 '호손실험'을 계기로 활발하게 전개되었다.

메이요(Elton Mayo)가 이끄는 하버드대학교 연구팀에 의해 1927년부터 1932년까지 미국의 Western Electric사의 일리노이주 소재의 호손(Hawthorne)공장에서 아래와 같은 인간행동에 관한 일련의 실험들을 수행해졌다. 이 연구를 호손연구라고 한다.

• 제1차 : 조명실험	조명의 변화가 작업자의 생산성에 미치는 영향을 알아보기 위한 실험
• 제2차 : 계전기 조립실험	그 밖의 작업과 관련된 요인들이 작업자의 생산성에 미치는 영향을 알아보려는 실험. 작업과 관련된 요인으로는 임금의 지급방법, 휴게시간의 길이, 주당 근무일수의 단축 및 여타 작업조건의 변화 등을 포함
• 제3차 : 면접실험	작업자의 태도를 알아보기 위해 광범한 개별면접을 실시
• 제4차 : 배선관찰실험	관찰과 설문을 통해 작업장에서의 지속적 성과증대에 영향을 미치는 다양한 사회적 요인을 분석

이상과 같은 연구결과를 면밀하게 분석한 후, 그들은 다음과 같은 결론을 얻게 되었다. 즉, 생산성의 변화에 영향을 미친 것은 작업자들의 심리적 반응(a series of psychological reactions by the participating workers)이라는 것이다. 다시 말해, 실험집단이나 통제집단의 작업자들 모두가 선발을 통해 특별한 주목의 대상이 됨으로 해서, 그들이 어떤 자부심을 느끼거나 혹은 자기들이 조직에 중요한 존재라는 생각을 갖게 됨으로써 그들을 동기화하여 성과가 높아졌으며, 더욱이 실험연구의 과정에서 관리자들의 관리행동의 유형(supervisory style)이 지시적인 유형에서 보다 온정적인 유형으로 달라진 것이 작용하여 높아진 성과를 보이게 되었다는 것이다.

또한 메이요는 작업장의 사회적 환경, 특히 비공식 작업집단이 작업자의 생산성에 크게 영향을 미친다고 하였다. 따라서 관리자는 작업자의 '인정을 받고 싶은 욕구'와 '사회적 욕구의 충족'의 중요성을 인식해야 하며, 작업자들은 관리자의 통제활동보다는 작업집단의 압력에 의해 더 많은 영향을 받는다는 사실을 알아야 한다고 주장하였다. 결국, 인간은 경제적 수단에 의해서만 동기유발되는 것이 아니라 여러 가지 다양한 욕구에 의해서 동기유발된다는 것이다. 이와 같은 호손연구는 경영학의 발전에 중대한 영향을 미쳤으며, '인간적 요인'을 소홀히 하였던 과학적 관리의 한계를 지적한 직접적 계기가 되었다.

(2) 조직시스템론

버나드(Chester Barnard, 1886~1961)와 맥그리거(Douglas McGregor) 역시 인간관계론의 발전에 큰 기여를 하였다. 특히, New Jersey Bell사의 사장이었던 버나드는 자신의 관리경험과 사회학과 철학 등에 관한 광범위한 독서를 바탕으로 조직경영자의 직무를 분석한 『경영자의 기능(The Functions of the Executive)』을 출판하였으며, 이 저서는 오늘날 경영학의 고전으로 읽혀지고 있다.

버나드에 의하면 인간은 혼자의 노력으로 달성할 수 없는 목표를 달성하기 위해 조직을 형성한다는 것이다 '조직이란 의도적으로 조정된 두 사람 이상의 활동시스템(a system of consciously coordinated activities of two or more persons)'이라는 조직에 대한 그의 정의에는 협동적 노력이 근간을 이루고 있다. 그래서 그의 주장의 요점은 조직의 목표와 조직구성원의 목표가 균형을 유지할 때에만 기업조직이 효과적으로 운영 · 존속될 수 있다는 것이었다.[3] 그리고 버나드는 기업조직의 기본적 요소로서 ① 협동시스템(a system of cooperation), ② 공동목표(common purpose), ③ 능률과 효과성(efficiency and effectiveness)을 들고 있으며, '협동'과 '동기유발'은 유인(inducement)과 공헌(contribution)간의 균형에서 온다고 주장하였다.

(3) X이론과 Y이론

맥그리거는 그의 저서『기업의 인간적 측면(The Human Side of Enterprise)』에서 인간의 본성을 설명한 소위 X이론과 Y이론의 가정을 제시하였다. X이론의 가정에 따르면, 인간이란 원래 게으르며 일하기를 싫어하고 책임 지기를 회피하려 들며 지시를 받거나 금전적 유인이 있어야 일을 하기 때문에 의사결정권을 소수의 관리자에게 집중시키고 많은 규칙을 만들며 부하를 철저히 감시 · 감독하는 것이 필요하다고 본다. 따라서, 이런 본성을 지닌 인간들을 관리하기 위해 통제기능을 강조하는 조직을 만들게 된다는 것이다. 반면, Y이론은 인간의 본성에 대해 보다 긍정적인 견해를 갖는다. 즉, 인간은 일하는 것을 자연스럽게 여기고 자신에게 특별히 불이익이 돌아오지 않는 한 책임을 감수하며 적절한 동기가 주어지면 적극적으로 조직의 활동에 협력하기 때문에 통제할 필요가 없다는 견해이다. 따라서 인간의 본성에 대해 이 같은 긍정적인 생각을 북돋워주고 상호 협력하는 분위기를 조성하는 형태로 조직을 구성해야 한다는 이론이다. 이처럼 맥그리거의 Y이론이 관리의 방식으로서 보다 바람직하다고 보고 구성원들을 통제하기보다는 자발적으로 협력하도록 유도할 것을 강조하였다. 그러나 Y이론이 경영학계를 풍미하던 시대에 미국의 생산성은 오히려 지지부진하였던 경험 또한 간과해서는 안 될 것이다.

이와 함께, 맥그리거는 기업조직을 효과적으로 경영하기 위해서는 다음과 같은 5가지의 문제를 필히 고려할 것을 주장하였다.[4)]

① 많은 의사결정권한을 하위계층의 작업자들에게 위양한다.
② 작업자의 직무가 보다 덜 일상적이고 덜 지루하도록 한다.
③ 각 작업자의 직무에서 책임수준을 증대시킨다.
④ 조직 내 정보의 자유로운 흐름과 의사소통을 개선한다.
⑤ 사람은 단지 금전적 요인에 의해서만 동기유발되는 것이 아니라 여러 심리적 욕구에 의해 동기유발된다는 사실을 인식해야 한다.

어떤 의미에서 맥그리거의 공헌은 메이요의 공헌보다 더 중요한 것이었다. 즉, 메이요의 연구는 호손공장 하나를 대상으로 한 연구에 불과했으나 맥그리거의 이론은 모든 관리자들에게 관리이념의 변화를 촉구하고 있기 때문이다.

(4) 조직행동론

기업조직 내의 작업자의 작업행동에 대한 선구적인 연구를 시도했던 인간관계론에 뒤이어 심리학, 사회학, 인류학, 정치학 등과 같은 사회과학분야에서 치밀하게 훈련된 연구자들이 보다 정교한 연구방법으로 경영에 있어서의 인적자원의 문제를 조사하기 시작하였다. 이러한 연구자들의 연구업적을 토대로 하여 조직행동론(organizational behavior)이 형성되었으며 특히 동기유발, 리더십, 집단행동, 집단간의 행동, 직무설계 등과 같은 연구는 주목할 만하다.[5] 이 같은 조직행동론의 특징을 요약 · 정리하면 다음과 같다.[6]

① 조직 내의 인간의 행동과 성과를 설명하고 예측하는 데 있어서 과학적 방법을 활용한다(a foundation built on the scientific methods).

② 조직 내의 인간의 행동과 성과를 이해하기 위해 여러 가지의 행동과학분야의 개념, 이론, 모델 등을 차용하고 있기 때문에 학제적 연구를 실시한다(an interdisciplinary orientation taken from the social sciences).

③ 조직행동론은 분석수준으로서 개인수준, 집단수준, 조직의 전체수준을 심층분석하고, 각 수준은 동등한 중요성을 가지며 과학적으로 연구된다(a level of analysis that includes a focus on the individual, groups, and the organization).

④ 조직행동론은 관리자들을 위해 보편적으로 적용될 수 있는 처방을 가지고 있지 않고, 그 대신 상황에 따라 그리고 관련된 사람에 따라 거기에 적합한 행동계획을 개발하도록 고무한다. 즉, 상황적합적이다(contingency orientation, suggesting that there is no universally accepted theory or approach to the study of people in organization).

⑤ 조직행동론의 지식은 조직의 경영실무자들에 의해 응용될 수 있다. 그러므로 이론, 연구내용, 모델 등은 관리실무자들이 이해할 수 있는 용어로 의사소통될 필요가 있다(an important concern for application).

3) 관리과학파

제2차 세계대전 직후 경영에 대한 새로운 접근법이 나타났다. 보다 정교하고 수학적인 모델에 기초를 둔 과학적인 접근방법을 이용하여 조직 내의 작업문제와 인간관계문제를 해결하려고 하였다. 이 같은 접근방법을 관리과학파(management science school)라고 부른다.

이 같은 '관리과학파'가 나타나게 된 배경은 제2차 세계대전 중 군대에서 행해졌던 중요한 프로젝트연구자들이 군사전략이나 군수물자 수송문제의 해결에 계량적 방법의 적용가능성을 연구하기 시작한 데서 비롯되었다. 그 같은 연구프로젝트 중에는 폭탄투하의 정확성을 증진시키는 방법, 적의 잠수함 위치를 탐색하는 절차개발, 공급물자 및 장비를 필요한 장소에 수송하는 최선의 방법 등의 연구들이 포함되었다. 이 같은 연구프로젝트의 대부분은 공학, 수학, 통계학, 경제학, 심리학, 정치학 등 다방면의 학문영역에서 선발된 학자들로 구성된 학제적 연구팀에 의해 수행되었다. 그리하여 전쟁이 끝나고 난 후 많은 사람들이 전시 중에 새로이 개발된 방법들이 산업분야에 적용될 수 있는 가능성을 인식하기에 이르렀다. 그래서 이 같은 관리과학적 방법들은 생산관리분야에 신속히 적용되어 원자재흐름의 문제, 품질관리문제, 재고관리문제, 새로운 제조과정 등에 적용되었던 것이 초보적인 발전단계였다. 그 이후 관리과학은 보다 광범위한 기능분야에 적용되어 '운영관리(operations management)'라 불리게 된 것이 다음 단계의 발전이었다. 지금은 경영계획모델, 모의의사결정활동 등의 여러 영역에서 널리 적용되고 있는 실정이다. 이러한 '관리과학적 접근법'은 적절한 관리적 의사결정을 위한 포맷(format for proper managerial decision making)의 제시, 수학적 모형의 제시, 컴퓨터의 응용 등의 특성을 갖는다.[7]

관리과학이 경영실무에 많은 영향을 미친 것은 사실이지만 거기에도 역시 한계점이 있다. 첫째, 관리기술(managerial skills)의 관점에서 볼 때 관리과학적 접근법은 전문적 기술이나 통합적 기술의 습득에는 도움이 되나 인간관계적 기술은 효과적으로 다루지 못하고 있다. 둘째, 관리기능(managerial functions)의 관점에서 볼 때 '관리과학적 접근법'이 계획과 통제활동에는 많이 적용되고 있으나 조직화, 동기부여, 충원, 지휘기능에는 많이 적용되지 못하고 있다. 셋째, 관리자의 역할(managerial roles)의 관점에서 볼 때 관리과학적 접근법은 의사결정의 역할을 지나치게 강조하기 때문에 인간관계적 역할과 정보관리 역할을 소홀히 하고 있다. 그리고 관리과학적 접근법의 수학적 모델은 가변성이 많은 현실과 거리가 있기 때문에 경영문제가 복잡할수록 관리과학기법의 활용은 더 큰 한계를 나타낸다.

4) 경영학의 현대적 접근법

1950년대 이후부터 본격적으로 시작된 기업조직의 외부환경과 내부환경의 변화는 경영에 대한 새로운 접근법의 출현을 가져오게 한 계기가 되었다. 조직규모의 확대, 제품의 다양화, 기술의 발전, 컴퓨터의 활용, 커뮤니케이션 및 운송수단의 빠른 발전과 같은 환경의 급속한 변화는 경영자들로 하여금 조직을 환경과 단절된 폐쇄체계가 아닌 환경과 부단히 상호작용하는 개방체계로 보게 하였다. 더욱이 이러한 급속한 환경변화는 그에 대한 예측을 어렵게 하였을 뿐만 아니라 고전학파, 행동과학파, 관리과학파 등이 제시한 경영원리나 접근법이 일관성 있게 효과를 발휘하지 못하고 있다는 것을 경험하게 하였다.

이러한 배경에서 출현한 것이 바로 '경영학의 현대적 접근법'인 것이다. 이 같은 '현대적 접근법'은 고전학파의 관리기능과 행동과학파의 협동과 인본주의, 그리고 관리과학파의 경쟁적 전략 등 앞에서 설명한 세 가지 학파의 주요 관리원칙들을 취사선택하여 절충하고 있다는 점에서 하나의 독립된 학파로 인정받지 못하고 있기도 하지만 경영의 시스템적 접근법(management systems approach)이나 상황적합적 접근법(contingency approach)이라는 이름하에 많은 연구업적이 쏟아져 나오고 있는 것 또한 현실이다.[8]

(1) 시스템적 접근법

경영에 대한 시스템적 접근법은 경영에 대한 현대적 접근법이다. 시스템은 기본적으로 하나의 실체(entity)이다. 병원, 도시, 은행, 기업조직 등과 같은 실체는 상호 의존적인 부분(interdependent parts)과 목적(purpose)을 가지고 있다. 그래서 시스템은 다음과 같이 정의된다. 즉, "시스템이란 상호 연결되어 있고 의존적인 많은 부분들로 구성된 복잡한 전체이며, 복잡하거나 통일된 하나의 전체를 형성하는 사물이나 부분의 결합 내지는 결합체이다."

기업조직을 하나의 시스템으로 보게 되면 조직 내의 많은 부분들과 부서, 하위시스템이 상호

관련되어 있고 그 같은 상호 관련된 부분들 모두가 조직목표달성에 공헌해야 한다는 것을 쉽게 이해할 수가 있다.

Churchman의 주장에 따르면 모든 시스템은 네 가지 기본특성을 가지고 있다고 한다.

첫째, 모든 시스템은 특정한 환경내에서 활동을 전개하고 있다. 기업조직시스템은 고객, 소비자, 경쟁업체, 노동조합, 정부 등으로 구성된 환경 속에서 경영활동을 하고 있는 것이다. 이러한 환경은 경영활동에 영향을 미치는 매우 중요한 것이며 기업조직이 임의대로 통제할 수 없는 것이다.

둘째, 모든 시스템은 요소(elements) 내지는 구성요소(components) 혹은 하위시스템으로 구성된다. 이러한 구성요소들은 시스템의 기본적인 부분(parts)이다. 기업조직에서는 기본적인 부분으로 생산, 재무, 인사, 마케팅과 같은 부서들이 있을 수 있다.

셋째, 모든 시스템의 하위시스템은 상호 관련성을 가지고 있다. 이 같은 하위시스템 간의 상호 관련성은 시스템적 접근법의 주요한 특성을 이룬다. 이는 관리자가 나머지 하위시스템에 영향을 주지 않고 어느 한 하위시스템을 변화시킬 수 없다는 것을 의미하기 때문이다. 기업조직의 경우 생산, 재무, 인사, 마케팅활동들은 상호 관련 속에서 이해되지 않으면 안 된다.

끝으로 모든 시스템은 목적을 가진다. 따라서 목적의 달성 정도를 기준으로 조직의 노력과 하위시스템의 노력을 평가할 수 있게 된다. 시스템의 목적 내지 목표는 조직성과나 하위시스템을 평가하는 표준이나 기준이 되기 때문이다.

시스템은 가장 간단한 형태로서 투입(inputs), 변환과정(transformation process), 산출(outputs) 간의 상호작용으로 표시된다.

이 같은 투입, 변환과정, 산출 간의 관계는 모든 시스템에서 볼 수 있는 현상이다. 컴퓨터의 경우, 데이터나 자료가 키보드나 스캐너 등을 통해 투입(입력)되면 중앙처리장치(CPU)를 거친 후 모니터나 프린터를 통해 결과가 산출(출력)된다. 인간의 경우는 음식이 투입되면 소화과정을 거치면서 육체적 활동에너지 및 정신적 노력이라는 산출이 나온다. 기업조직의 경우에도 자원이 투입되어 제품 혹은 서비스가 산출되어 나온다. 여기서 컴퓨터시스템의 중앙처리장치 혹은 인간

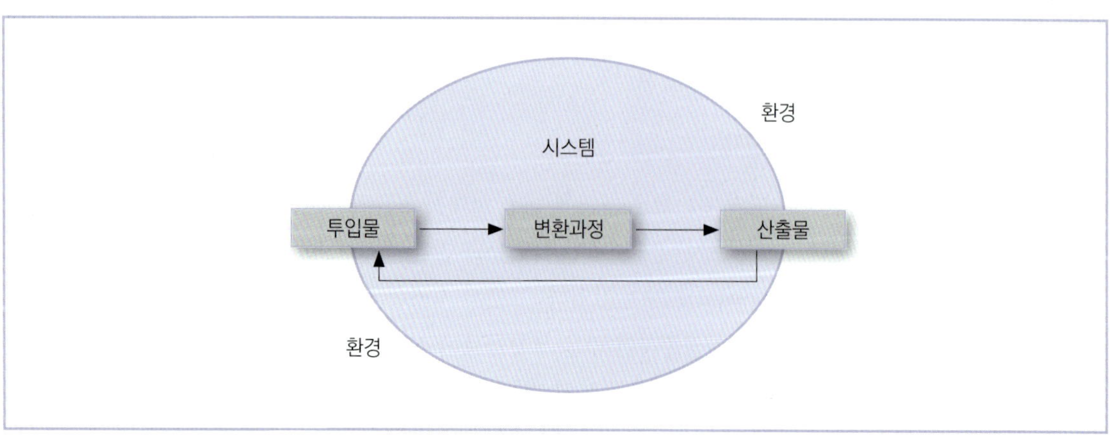

[그림 2-1] 기업조직시스템의 기본형태

시스템의 소화기능과 같이 투입을 산출로 바꾸는 과정을 변환과정이라고 한다.

특히, 기업조직시스템에 있어서 변환과정은 기업조직활동의 관리과정으로 볼 수 있다. 투입이 외부환경으로부터 기업조직시스템 내부로 들어오고 변환과정을 거쳐 산출된 산출물은 외부환경으로 나가게 된다. 이와 같이 외부환경과 상호작용하는 시스템을 개방시스템이라 하고, 외부환경과의 상호작용 없이 차단된 시스템을 폐쇄시스템이라 부른다.

(2) 상황적합적 접근법

경영에 대한 상황적합적 접근법(contingency approach)은 실무관리자와 학계연구자, 그리고 경영상담자들의 실무적 경험을 바탕으로 나타났으며, 시스템개념을 기초로 발전하였다.

고전학파의 주장과 원리를 엄격하게 적용하였을 때 어떤 상황에서는 높은 성과를 얻을 수 있었는데 다른 상황에서는 그렇지 못하게 된 이유는 무엇인가? 어떤 집단에서는 Y이론적인 관리기법이 효과적인 결과를 낳게 하는데 나른 집단에서는 왜 비효과적인가? 왜 수리적 계획모형이 한 제품에 대해서는 효과적으로 적용되는 반면, 다른 제품에 대해서는 덜 효과적인가? 이 같은 물음에 대한 반응으로 나타나게 된 것이 상황적합적 접근법이며, 조직과 환경 그리고 하위시스템과 하위환경간의 적합관계가 이루어져야 조직의 효과성이 높아진다는 것이다. 그래서 상황적합적 접근법은 여러 가지 관리기법, 관리유형, 관리기능의 효과가 상황의 특별한 여건에 따라 달라진다는 것을 의미하며, 더 나아가 경영의 모든 상황에 적용될 수 있는 한 가지 최선의 방법이란 존재하지 않는다는 것을 의미하기도 한다.

상황적합적 접근법의 주된 결정요인은 조직 내외의 환경이다. 즉, 경제, 사회, 정치, 기술적 외부환경과 기술수준, 과업유형, 구성원의 특성과 같은 내부환경에 따라 그 내 · 외적 환경에 적합한 경영이 이루어져야 성과를 기대할 수 있다는 주장이다. 이와 같은 관계를 그림으로 나타내면 [그림 2-2]와 같다.

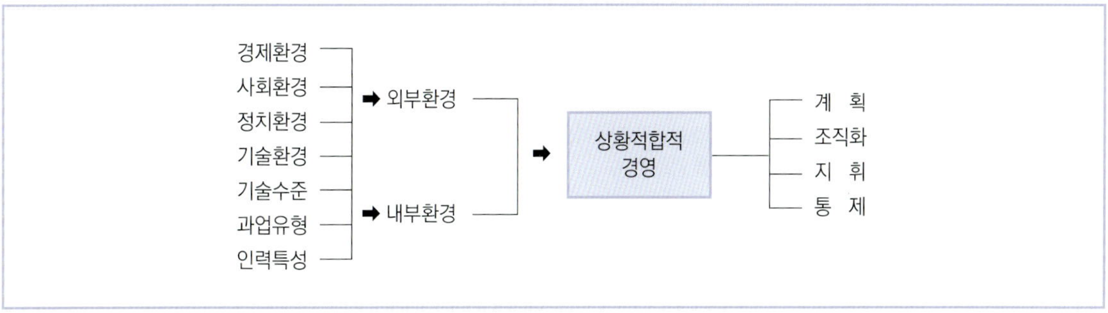

[그림 2-2] 상황적합적 접근법

연습문제

1. 여러분이 대학에서 경영학을 전공하거나 혹은 경영학원론 과목을 수강하게 된 동기와 이유를 말해보자.
2. 경영학을 공부한 사람과 그렇지 않은 사람과의 가장 큰 차이점은 무엇이라고 생각되는가?
3. 산업혁명이나 인터넷 혹은 IMF외환위기는 경영학의 발전에 어떠한 영향을 미쳤다고 생각하는지 각각에 대해 이야기해 보자.
4. 인간의 본성을 설명한 X이론과 Y이론 중 어느 이론이 여러분 자신을 보다 가깝게 설명한다고 생각하는지 그리고 그 이유는 무엇인지 말해보자.
5. 경영학의 최근동향을 경제신문이나 전문잡지 혹은 인터넷 등에 소개된 전문가나 학자의 글을 찾아내어 정리하고 5가지 핵심동향을 나름대로 찾아내보자.

사례

K종합상사의 인사관리부서의 훈련담당부장인 P씨는 최근 경영자들을 위한 경영교양강좌에 경영학의 발전에 관한 강의를 포함시키기로 결정하였다. 이에 따라, P부장은 다음의 표와 같이 경영학파의 모든 접근법을 요약 · 정리하였다. 그런데 각 접근법에서 강조하고 있는 관리기술과 관리자의 역할이 무엇인가를 아울러 설명하려고 한다. 다음 표의 빈 칸에 요구되는 경영자의 관리기술과 역할을 기입하라.

경영학파	기본적 기능	강조되는 관리기술	강조되는 역할
■ 고전학파 ① 과학적 관리법 ② 관리이론	• 직무의 단순화와 전문화(분업화)를 통해 직무를 보다 능률적으로 설계한다. 시간과 동작연구를 통해 최선의 작업방법을 찾는다. • 계획수립, 조직화, 지휘, 통제 등의 관리기능 및 조정활동을 강조한다.		
■ 행동과학파 ① 인간관계론 ② 조직행동론	• 직무에 대한 개인의 심리적 반응은 물론 감정의 논리가 작용하는 직무상의 사회적 여건을 강조한다. • 직무, 감독자, 집단구조, 관리행동 등 종업원의 직무수행 행동에 미치는 영향요인들의 탐구를 강조한다.		
■ 관리과학파	• 관리적 의사결정에 도움이 될 수 있는 수리적 모델을 개발 · 활용한다.		
■ 상황적합적 접근법	• 언제 어디에나 적용될 수 있는 일반원칙이란 없다. 따라서 관리방법의 선택은 상황조건에 따라 달라져야 한다.		

인터넷 사례

우리나라에 경영학이라는 학문이 도입된 역사적 배경과 발전과정을 인터넷검색을 통해 살펴보고, 인터넷의 활용이 경영학의 발전에 어떠한 공헌을 하였다고 생각되는지 소집단을 구성하여 학우들과 의견을 나누어보자.

미주

1. 한희영 저, 『경영학원론』, 법문사, 1980, pp. 34-42.

2. H. Koontz and C. O'Donnell, *Management: A System and Contingency Analysis of Managerial Functions*, McGraw-Hill Co., New York, 1976.

3. C.I. Barnard, *The Functions of the Executive*, Harvard University Press, Boston, 1938.

4. D. McGregor, *The Human Side of Enterprise*, McGraw-Hill Co., New York, 1960.

5. L.L. Cummings, "towards Organization Behavior", *Academy of Management Review*, Jan. 1978, pp. 90-98.

6. A.D. Szilagyi, Jr., *Management and Performance*, Goodyear Publishing Co. Inc., Santa Monica, Cal., 1981, pp. 74-75.

7. H.M. Wagner, *Principle of Management Science*, Prentice-Hall Inc., Englewood Cliffs, N. J., 1976, p. 5.

8. A.D. Szilagyi, Jr., *Management and Performance*, Goodyear Publishing Co. Inc., Santa Monica, Cal., 1981, pp. 58-59.

제3장 | 경영성과

경영활동의 기본목표는 경영의 성과 혹은 효과성을 최대화하는 것이다. 그러나 이러한 경영의 성과나 효과성은 아름다움에 대한 여러 관점들이 존재하는 것처럼 이해당사자의 입장에 따라 그 해석이 달라질 수 있다. 조직에 대해 이해관계를 가지고 있는 집단들은 나름대로의 기준에 따라 경영성과를 달리 평가하기 때문이다. 이 장에서는 이러한 관계를 보다 더 구체적으로 알아보기 위해 경영성과와 이해관계자들간의 관계를 중심으로 경영성과의 다양한 기준과 특성들을 소개하고 있다.

이 장을 읽어가는 동안 이것만은 이해하시기 바랍니다.

1. 경영성과의 의미는 무엇인가?
2. 경영성과의 구체적 기준은 무엇인가?
3. 효과성과 효율성(능률성)의 개념적 차이는 무엇인가?
4. 기업조직의 이해관계자는 어떻게 구분되는가?
5. 기업의 사회적 책임에 대한 두 가지 대립된 견해는 무엇인가?

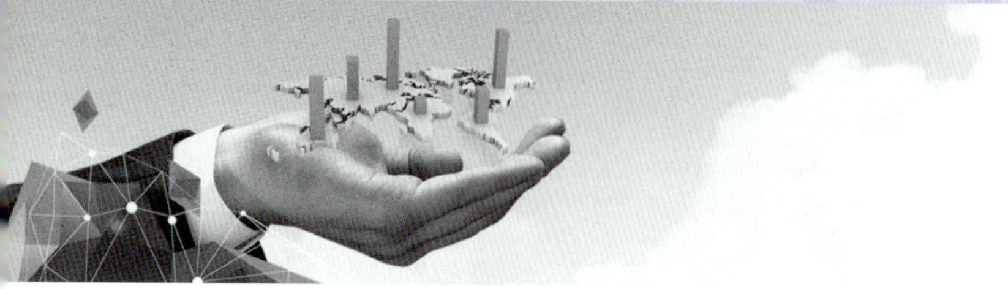

제3장 사례 >

하이얼과 홀푸드마켓의 혁신 DNA

최근 중국기업들이 글로벌 시장에서 빠른 속도로 추격자에서 선도자로 혁신하면서 중국화 바람이 불고 있다. 또한 많은 국가들의 강소 도시가 차별화된 경쟁력으로 새로운 비즈니스 생태계를 구축하고 있다. 이러한 거대한 변화 속에서 우리 기업들이 나아가야 할 방향은 무엇일까. 2014년 11월 21일 KMA가 주최한 최고경영자조찬회에서 김병열 하이얼코리아 대표이사와 모종린 연세대 교수가 전한 혁신기업의 DNA를 통해 경영 인사이트를 얻어보자.

금융위기 이후 미국이 주도한 글로벌화 추세는 사라지고 지역주의로 회귀하는 모습이 나타나고 있다. 특히 아시아는 제조, 유통, 관광 등 모든 분야에서 빠른 속도로 중국 중심으로 재편되는 중국화 바람이 불고 있다. 이제 한국은 중국기업의 미래 전략을 읽는 촉(觸)으로 거인의 어깨 위에서 글로벌 시장을 바라봐야 한다. 특히 세계적 가전 기업인 하이얼의 경쟁력과 글로벌 전략은 한국기업들에게 시사하는 바가 크다.

이노베이션 No.1 하이얼

13년 연속 '중국에서 가장 가치 있는 브랜드' 1위, 뉴스위크 선정 올해 '글로벌 10대 혁신 기업'에 유일하게 들어간 하이얼은 가전제품을 주력으로 생산하는 중국 기업이다. 1984년 장루이민 회장이 당시 도산 위기에 있던 칭다오가전의 공장장으로 발령받아 혁신을 추구하면서 하이얼 신화가 시작됐다. 1991년까지 냉장고만 생산하다가 1992년부터 냉동고와 공기정화기, 세탁기, 텔레비전을 생산하며 본격적인 가전제품 회사로 자리잡았고, 같은 해 12월 현재의 사명으로 변경했다. 이후 2012년 보스턴컨설팅그룹이 선정한 '글로벌 혁신 기업' 8위, 유로모니터 선정 백색가전 세계 판매 5년 연속 1위 등 글로벌 시장에서 두각을 나타내고 있다.

현재 전 세계 24곳에 공업 단지가 설립되어 있으며 미국, 일본, 유럽, 중국, 뉴질랜드 등 전 세계 5곳에서 R&D센터를 운영 중이다. 지난해 기준으로 매출액 294억 달러(성장률 15%), 순이익 18억 달러(성장률 20%)로 매출이 크게 확대되면서 수익 경영을 하고 있는데 최근 5년간 이익 성장률은 35%로 매출 성장률의 2배 수준이다.

하이얼의 성공 이끈 5가지 전략

하이얼이 중국을 대표하는 기업으로 성장하기까지 총 5단계의 전략을 거쳐 혁신을 도모해 왔다. 첫 번째는 '명품화'다. 중국에 시대적으로 개혁 개방의 바람이 불었다. 하지만 동종 업계는 계획경제 이래로 양적인 목표관리를 해왔고 품질보다는 생산목표를 완수하는 데 중점을 두었기 때문에 제품의 불량률이 높았다. 하이얼의 전신인 칭다오가전 역시 부실 생산으로 인해 존폐 위기에 놓여 있었다. 하지만 장 회장은 "하지 말든가, 할 거라면 최고가 돼라"는 의식 개혁을 추진하면서 새로운 변혁을 시작했다. 1984년 장 회장은 직원들에게 불량품에 대한 경각심을 심어 주기 위해 당시 일반 근로자의 10개월 임금에 해당하는 고가의 냉장고를 78대나 해머로 부수는 퍼포먼스를 진행했다. 고객에게 최고의 품질만 제공해야 한다는 의미였다.

두 번째는 '제품 다각화'다. 냉장고 단일 제품만으로는 고객을 만족시킬 수 없다는 전제하에 세탁기, 에어컨 공장들을 인수하면서 종합 가전업체로 발돋움했다. 당시 국가가 할당한 제품을 중심으로 관성적으로만 생산, 판매했던 다른 기업들과는 달리 하이얼은 새로운 생존과 성장을 위한 전략을 수립했고, 마침내 종합 가전업체로 발전할 수 있었다. 하이얼은 독자적인 관리 방식인 OEC(overall every control and clear)를 도입해 품질관리에 주력했다. 매일 1%씩 생산량을 늘리는 것을 목표로 76일간 76%의 생산을 늘린 사례도 있다.

세 번째는 '국제화'다. 1998년부터 2005년까지는 중국 내수가 급속도로 팽창하는 시기였다. 타 기업들이 성장하는 중국 내수시장에 안주해 있을 무렵 하이얼은 세계로 나가기 위한 3단계 전략을 추진했다. 1단계는 '고 아웃(Go Out)'으로, 일단 나가라는 것이다. 장 회장은 모든 것을 준비하고 시장에 대응하려면 영원히 못할 수도 있기 때문에 과감하게 나가라고 강조했다. 특히 가장 어려운 시장부터 공략했는데 이는 가장 어려운 지역에 진출해 그 시장의 고객으로부터 인정받을 때 글로벌 시장에서 살아남을 수 있다고 생각했기 때문이다. 2단계는 '고 인투(Go Into)'로 진입한 시장에서 배우는 과정 속에서 생존하는 방법을 찾는 과정이다. 각 시장마다 특성이 다르기 때문에 보통 5~10년 간 적자를 내기 일쑤였지만 그럼에도 불구하고 지속적인 글로벌 전략을 펼쳤고, 현재는 미국, 유럽, 일본 등에서 나름의 성과를 내고 있다. 3단계는 '고 업(Go Up)'이다. 시장에 진입해 생존을 했으면 그 다음엔 브랜드를 높여야 한다. 하이얼은 이를 위해 1999년 하이얼대학을 설립하고 전 세계에 연구개발, 제조, 마케팅 삼위일체 R&D센터를 구축했다. '마켓 체인 매니지먼트(market chain management)'로 불리는 하이얼의 해외 시장공략 사례는 스위스 로잔경영대학원 사례로 소개되기도 했다.

네 번째는 '글로벌'이다. 중국 기업들이 가격 경쟁력을 바탕으로 성장전략을 펼칠 때, 하이얼은 글로벌 고객을 대상으로 개별화된 고객 니즈에 적극적으로 대응하는 전략을 구사했다. 또 경쟁력을 보완할 수 있는 기업들을 인수합병하거나 철저한 현지화 전략을 통해 속도경영을 추진했다. 이 과정에서 조직 운영도 변경했다. 대부분의 기업들이 정삼각형 조직 구조인데 반해 하이얼은 역삼각형 구조로 고객 접점에 있는 직원들에게 최대한의 권한을 부여해 고객에게 능동적으로 신속하게 대응할 수 있도록 했다. 또한 글로벌한 하이얼의 브랜드 전략을 위해 2008년 베이징 올림픽 공식 백색가전 스폰서 참여, 2011년 일본 산요전기주식회사 인수, 2012년 뉴질랜드 가전회사 피셔앤페이켈 인수 등을 진행했다. 최근에는 부동산, 금융 등으로 사업 다각화를 추진하고 있다.

미래는 '네트워킹'에 달려 있다

마지막 전략은 2012년부터 지금까지 추진되고 있는 '네트워크화'다. 제3차 산업혁명이라고 할 수 있는 디지털 혁명이 시작되면서 고객 및 마케팅의 네트워크화가 향후 기업의 존폐를 좌우할 것이다. 중국에서도 최근 온라인 쇼핑, 해외 직구가 핫 이슈로 떠오르고 있어 모든 기업들이 온라인에 대한 대응 전략을 고심하고 있다. 하이얼도 네트워킹 시대에 대응하기 위해 단일 제품을 벗어나 솔루션 전략으로 전체 방향을 변경하고 있다.

에어컨의 경우 하나의 단일 제품에서 원격 조정, 복합 기능 등을 포함하는 등 향후에는 플랫폼 자체를 솔루션으로 운영할 계획이다. 이를 위해 각각의 개별 R&D, 영업, 마케팅, 판매 등을 통합해 TFT중심으로 재편하는 전략을 진행 중이다. 무인 공장화, 자동화 등을 통해 공장 효율화도 추진하고 있다. 또한 마케팅망 플랫폼을 통해 오프라인 체험점의 인프라를 바탕으로 고객에게 최상의 서비스를 제공하고자 온라인과 오프라인을 통합하는 O2O(Online To Offline)전략을 추진하고 있다.

하이얼의 강점으로 꼽히는 RRS(Ri Ri Shun)는 중국 내 자사 제품을 유통하는 물류망, 서비스망, 배송 설치 등의 네트워크로서 새로운 성장 동력으로 꼽히고 있다. 하이얼의 RRS플랫폼은 최상의 개성화된 맞춤 제작 체험을 제공할 수 있도록 6000여 개의 서비스 지점, 8만여 명의 서비스 엔지니어, 120만 데이터베이스를 갖추고 전국 품질 지도의 실시간 업데이트 서비스를 제공하고 있다. 이를 통해 하이얼은 다른 기업들, 협력 업체 그리고 해외 거래선까지 연결하는 네트워크를 개방하는 창조 혁신 생태계를 갖추고 있다. "전 세계가 바로 연구개발 현장이며, 전 세계의 자원을 네트워킹한다"는 것이 바로 경쟁력을 극대화하는 하이얼의 전략이다.

하이얼코리아는 세계 최대 시장인 중국 진출의 판매 인프라 확보를 지원하는 전략적 파트너 역할을 하는 것이 한국에서 기업시민으로서의 사회적 책임이라고 생각한다. 중국 진출을 희망하고 있는 우수한 제품력을 가진 한국의 중소기업이 하이얼의 중국 내 RRS플랫폼을 통해 유통과 물류, 서비스 인프라를 활용할 수 있도록 지원할 것이다.

하이얼코리아는 글로벌 하이얼의 해외 법인이 아닌 한국의 건강한 중소기업으로 성장하는 것이 국내 비즈니스의 성공이라고 인식하고 있다. 글로벌 브랜드로서의 위상을 한국 시장에서 공고히 하는 것이 비전이라면 중국과 한국을 연결하는 교두보 역할을 담당하는 것이 하이얼코리아의 사명이자 사회적 책임이다.

[글로벌 대기업을 키운 세계의 작은 도시 이야기]

시애틀의 스타벅스, 포틀랜드의 나이키, 알름훌트의 이케아까지 글로벌 기업의 요람이 된 강소도시는 대도시와 확연히 다른 라이프스타일과 매력을 가지고 있다. 대도시의 정체성을 따라가지 않고 차별화된 생태계를 구축하기 위해 노력한 세계 강소도시는 대한민국의 도시정책뿐 아니라 창조경제의 방향성을 제시한다.

큰 기업을 성장시킨 작은 도시들

작은 도시, 큰 기업의 특징을 'E-LOG'라고 부른다. 라이프스타일(lifestyle)과 개방적 문화(openness), 세계화(globalization)를 통합하고 추진한 기업가정신(entrepreneurship)이 있다는 의미이다. 도시문화의 정체성은 곧 글로벌 기업의 비즈니스 모델이 된다. 각 특징별로 살펴보면 첫째, 라이프스타일은 고유의 도시문화이자 정체성이다. 도시마다 소비형태, 가치관, 관심사, 라이프스타일이 다르다. 차별화된 도시 라이프스타일로 인해 다른 도시에서는 살 수 없는 수요가 생기고 이러한 수요를 충족하기 위한 기업들이 생겨난다. 개성 있는 도시에서는 도시에 대한 차별성 인식과 자부심이 강하기 때문에 중심 도시 기업과의 경쟁 심리가 있고 지역기업 육성과 지원이 활발해 작은 도시이지만 글로벌 대기업으로 성장하는 원동력이 될 수 있다.

둘째, 인재와 문화에 개방적인 특성을 가지고 있다. 뉴욕출신의 스타벅스 경영인 하워드 슐츠는 시애틀에서, 가고시마가 고향인 교세라의 이나모리 가즈오는 교토에서 기업을 일으켰다. 또 구글 본사가 있는 팔로알토는 전 세계에서 온 인재가 억만장자를 꿈꾸는 곳이며 홀푸드마켓을 탄생시킨 오스틴은 창업의 도시로 기업과 인재가 몰리는 곳이다.

셋째는 세계화이다. 네슬레의 총 매출에서 스위스 시장의 비중은 5%밖에 안 된다. 스위스 시장이 별로 중요하지 않다는 의미이다. 그럼에도 네슬레의 본사는 스위스의 브베라는 작은 도시에 있다. 언젠가 네슬레 부사장을 만나 그 이유를 물었더니 다음과 같이 말했다. "우리에게 스위스 시장이 중요하면 취리히로 본사를 옮길 수도 있겠지요. 그러나 우리는 세계 시장에서 경쟁하는 회사입니다. 국제공항에 가까운 도시면 본사가 있을 도시로서 충분합니다."

넷째, 기업가정신이다. 스타벅스를 성장시킨 하워드 슐츠, 이케아 창업자 잉바르 캄프라드, 오스틴 하이테크 산업의 아버지 조지 코즈메스키, 교세라 창업자 이나모리 가즈오, 이들의 공통점은 새로운 비즈니스 모델을 창출한 개척자라는 것이다. 기업가정신으로 무장한 선구자들이 있었기에 작은 도시에서 글로벌 기업이 탄생할 수 있는 토대가 만들어졌다.

시애틀과 스타벅스

스타벅스는 시애틀다운 회사이다. 시애틀은 비와 커피의 도시이다. 춥고 비가 많이 오는 기후 탓에 카페에서 여유를 즐기는 문화가 형성되어 있다. 카페문화를 파는 스타벅스는 1971년 스타벅스 티 앤 스파이스 창업, 1985년 일 지오날레 창업, 1987년 스타벅스 인수와 재창업을 통해 글로벌 커피 브랜드로 성장했다. 시애틀의 카페문화가 새로운 비즈니스 모델의 모태가 됐고, 이를 통해 새로운 커피 산업을 개척할 수 있었던 것이다.

포틀랜드와 나이키

나이키 역시 포틀랜드다운 기업이다. 포틀랜드는 생활 스포츠가 일상화되어 있는 도시로 대부분의 지역 주민들이 자전거, 등산, 조깅을 즐기다 보니 자연스럽게 아웃도어 회사들이 많이 성장했다. 오리건대학의 육상 코치였던 빌 보워만이 선수들을 위해 좋은 운동화를 만들기 위해 창업한 것이 바로 나이키였다. 아웃도어 문화의 중심지 포틀랜드는 자유로움, 새로움, 진보적, 독립적 문화가 있는 도시이다. 이 곳에서 스포츠 문화를 파는 나이키는 스포츠의 일상화 추구와 나이키 프리라인을 통해 글로벌 스포츠 브랜드로 성장할 수 있었다. 지역 환경에 적합할 뿐만 아니라 새로움과 자유로움을 추구하는 포틀랜드의 이미지와 나이키라는 기업문화가 일치해 성공한 사례다.

팔로알토와 구글

도전과 혁신의 도시 팔로알토는 이단과 저항의 문화, 격식 없는 캘리포니아 무화, 실리콘밸리 벤처문화로 유명하다. 구글은 이러한 도시 문화를 바탕으로 일하면서 놀고 놀면서 일하는 새로운 일 문화, 도전과 혁신의 창업 문화, 이상을 추구하는 기업문화를 통해 글로벌 네트워크 브랜드로 성장할 수 있었다. 실리콘밸리는 격식 없는 조직문화를 가지고 있고, 전통적으로 대기업과 경쟁해 무너뜨리는 기술, 개인을 해방하는 기술을 개발하는 문화가 있다. 이러한 문화를 토대로 하이테크, 벤처산업이 육성될 수 있었다.

오스틴과 홀푸드마켓

텍사스 하면 '스테이크', '카우보이', '멕시코 음식'이 떠오를 것이다. 이렇게 기름진 음식 문화가 있는 텍사스에서 어떻게 유기농 식품 회사가 성장할 수 있었을까. 오스틴은 히피 문화와 저항문화, 텍사스 전통의 강한 독립심을 바탕으로 하는 웰빙 도시로 텍사스에서도 가장 아름답고 삶의 질을 추구하는 오아이스 같은 도시이다. 이러한 도시 문화를 기반으로 홀푸드마켓은 자연주의 히피들을 상대로 사업을 시작해 글로벌 슈퍼마켓 브랜드로 성장할 수 있었다.

〈Chief Executive, KMAC, 2014. 12. pp. 72-75〉

1. 경영성과란 무엇인가?: 의미와 기준

기업은 조직의 목표를 달성하기 위해 자원을 조달하고 활용하면서 요구되는 과업을 수행해 가는 조직체이다. 따라서 기업조직에서 과업수행의 결과인 성과를 강조한다는 것은 당연한 일이다.

개념상 경영성과는 효과성과 효율성(능률성)이라는 두 가지 측면에서 파악될 수 있다. 효과성은 조직목표의 달성 정도를 의미하며, 효율성이란 '산출'을 '투입'으로 나눈 값을 의미한다. 모든 경영자는 효과적이고 능률적으로 관리기능을 수행해야 하며, 이러한 합리적 경영의 결과로 얻어진 경영성과는 성과창출의 과정에 참가한 주주, 경영자, 종업원 등 모든 이해집단들에게 공정하게 배분되어야 한다.

그런데 이 같은 경영성과의 기준에는 효과성과 능률성 이외에도 생산성, 이익, 품질, 성장, 성원의 징칙률, 내부성원 및 외부고객의 만족수준, 동기유발, 기술혁신, 적응성 등 다양한 잣대들이 사용될 수 있다. 그리고 이 같은 성과기준은 분석수준(level of analysis)에 따라서도 개인(개별 종업원)수준의 성과, 집단(부서)수준의 성과, 조직수준의 성과 및 사회적 수준에서의 성과 등으로 구분하여 분석될 수 있다. 또한 이들 성과기준은 측정방법에 따라서 이익이나 생산성과 같이 객관적이고 계량적(정량적)인 성과측정과 동기유발이나 만족수준과 같이 주관적이고 질적(정성적)인 성과측정으로 구분될 수 있으며, 성과의 초점에 따라서는 유지적 성과(maintenance), 개선적 성과(improvement), 개발적 성과(development) 등으로 구분될 수도 있다. 끝으로 이들 성과기준은 시간차원에 따라서 단기성과, 중기성과, 장기성과로 구분되기도 한다.

한편, 본서에서는 조직의 경영성과를 포괄적으로 다음과 같은 세 가지로 요약하기로 한다.

① 소비자 및 고객의 만족을 위한 제품 및 서비스의 제공(고객만족경영)
② 주주, 관리자 및 종업원 등의 이해관계자에 대한 적절한 보상의 제공(이해관계자의 만족경영)
③ 사회의 기대에 대한 부응(사회적 책임 및 환경친화적 경영)

2. 경영성과의 판단기준은 무엇인가?

기업조직은 조직 내외의 다양한 환경적 이해집단들과 끊임없이 상호작용을 하며 경영성과를 창출해 나간다. 이들 이해집단은 전형적으로 소비자, 종업원, 관리자, 투자자(주주), 공급업체, 거래업체, 금융기관, 정부기관, 지역사회 및 그 밖의 특별한 이해당사자를 의미한다.[1] 그런데 이들 이해집단들은 해당조직에 대하여 각기 다른 이해관계를 가지고 있기 때문에 조직의 경영성과를 판단하는 기준 역시 각기 다르다. [그림 3-1]에서 보는 바와 같이 다중의 이해관계자들과 그

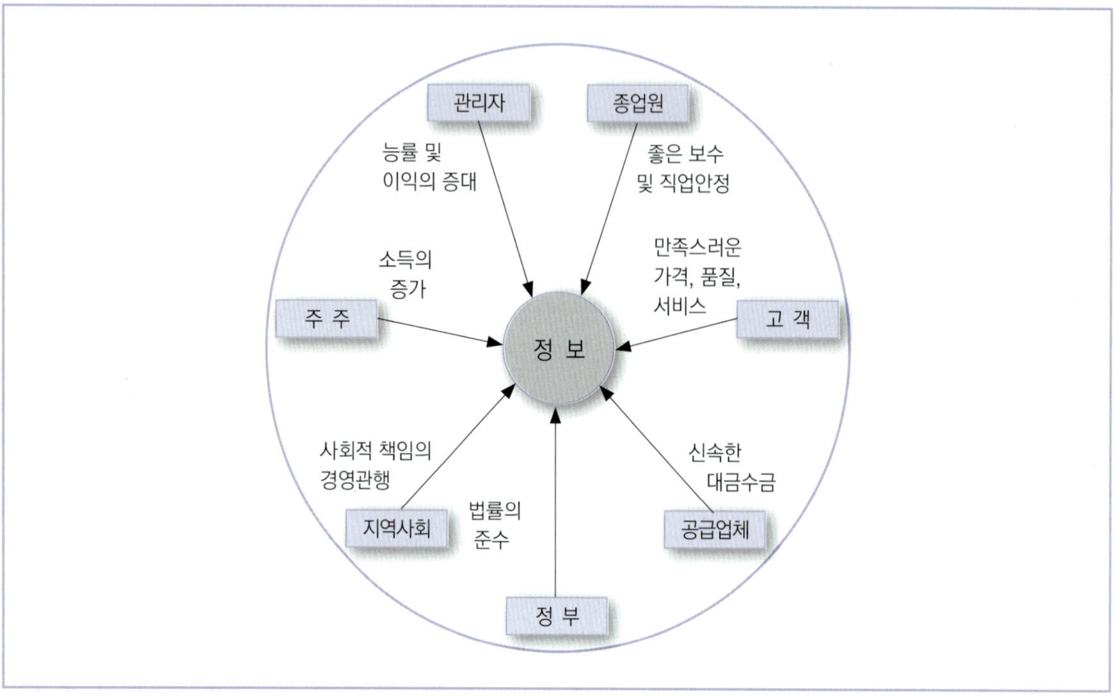

[그림 3-1] 경영성과와 이해관계집단의 판단기준

들이 갖고 있는 다중의 경영성과 판단기준으로 인해 경영자들은 이해관계자에 따라 각기 다른 경영성과의 판단기준을 강조하여야 하는 것이다.

① 재무적 성과

조직의 경영성과 혹은 효과성을 측정하기 위한 가장 일반적인 기준으로 재무적 성과를 들 수 있다. 이익을 추구하는 영리조직의 경우는 더욱 그렇다. 대규모 다국적기업을 대상으로 한 조사에 의하면, 1960년대말에는 이들 기업들이 추구했던 지배적인 재무적 목표는 시장점유율을 극대화하는 것이었고, 1970년대 중반에는 주당수익률이었으며, 1980년대 초에는 자기자본이율이 지배적인 재무적 성과목표였다. 그리고 1990년 이래로 현재까지는 현금흐름(cash flow)이 가장 일반적인 재무성과의 측정치가 되고 있다. 이 같은 추세는 차입경영으로 인한 자기자본비율이 낮고 현금흐름의 잘못된 관리로 인해 도산을 경험하고 있는 우리나라의 많은 대기업들에게는 타산지석이 되어야 할 것이다.

경영성과의 측정기준은 시간의 경과에 따라 변해오고 있지만, 기업의 경우 아직도 그들이 경영을 어느 정도로 잘하고 있는가를 측정하는 기준으로서 재무적 성과측정에 크게 의존하고 있다. 재무적 성과는 성원들에 대한 보상, 사회적 책임, 대고객서비스 등과 깊은 관계가 있기 때문이다.

② 생산성

생산성 기준은 조직경영의 능률성 측정과 동일한 개념의 측정이다. 조직이 주어진 투입으로부터 얻어진 산출량이 많으면 많을수록 그 조직은 생산성이 더욱더 높아지기 때문이다. 1980년대 일본의 도요타자동차회사의 종업원 1인당 연간 자동차생산대수는 57.7대였으나 미국 포드사의 종업원 1인당 연간 자동차생산대수는 16.1대였다.[2] 개별 종업원당 자동차생산대수가 훨씬 많은 도요타가 더 높은 생산성을 유지하고 있어서 미국 자동차시장에서 경쟁력을 유지할 수 있었던 것이다.

③ 성 장

1960년대 조직효과성의 측정치로서 가장 널리 활용되었던 기준은 종업원수의 확대였다. 즉, 조직이 채용하는 사원의 수가 많을수록 사람들은 그 조직이 성공적으로 경영되고 있다고 믿었다. 그러나 오늘날에 와서는 현재의 인력을 그대로 유지하면서, 혹은 적은 인력으로 더 많은 생산과 판매고를 달성하는 조직을 효과적이라고 본다. 이제 종업원수의 성장은 더 이상 경영성과의 측정치로 생각되지 않고 있으며 판매량의 증가, 총수익의 증가, 순이익의 증가 등이 보다 널리 활용되고 있는 성과지표가 되었다.

④ 고객만족

대부분의 제품 및 서비스에 대한 경쟁이 더욱 치열해짐에 따라 고객만족을 기반으로 한 경영활동에는 모든 기업조직이 예외일 수가 없게 되었다. 더욱이 기존의 고객을 유지하는 데 소요되는 비용보다 새로운 고객을 끌어들이는 데 소요되는 비용이 훨씬 더 크다는 사실이 여러 연구들에 의해 입증됨에 따라, 기업조직들은 기존의 고객과 접촉하고 있는 종업원들의 훈련에 상당한 비용을 지출하거나 수신자부담전화를 개설하여 고객들의 불평사항을 적극적으로 처리하는 등 전향적인 애프터서비스를 통해 고객만족도의 향상에 노력하고 있다. 높은 고객만족이 곧 조직의 재무적 성과목표의 달성으로 이어진다는 보장은 없지만, 고객이 불만족하여 자기들의 욕구충족을 위해 경쟁관계에 있는 다른 조직을 찾게 된다면, 그 조직의 장기적인 경쟁력은 시련을 겪게 될 것이다.

⑤ 품 질

품질에 대한 관심은 고객만족과 밀접한 관계가 있다. 그러나 품질을 통한 경영성과는 조직 내부의 경영활동이나 작업과정은 물론 고객의 판단을 모두 포괄하는 개념이다. 그래서 품질의 추구는 지급계정의 처리과정에서 불필요한 단계를 제거하거나 재고비용을 절감하거나 혹은 생산현장의 마룻바닥을 깨끗이 유지하는 것 등은 물론, 외부고객의 만족을 유지하는 것을 의미하기도 한다. 저렴하면서 우수한 상품 및 서비스를 제공하고, 청결하며 산뜻한 디자인의 제품을 제공하기 위한 기업의 노력도 품질을 추구하는 경영의 전형적인 모습이라 할 수 있다.

⑥ 유연성(flexibility)

유연한 조직은 자원을 필요에 따라 어느 한 활동에서 다른 활동으로 신속하고 용이하게 이동할 수 있는 시스템을 가지고 있는 조직이다. 세계화에 따른 무한경쟁과 급속한 경영환경의 변화 속에서 많은 조직의 생존이 변화에 대한 조직의 신속한 적응능력에 의해 결정되고 있다. 최근 경쟁에서 앞서나가고 있는 선도적 기업조직들은 변화에 신속하게 적응할 수 있도록 설계된 유연한 내부시스템을 가지고 있으며, 또한 환경변화에 유연하게 적응할 수 있는 인력을 선발하여 훈련시키고 있는 조직들이다.

⑦ 종업원의 성장과 만족

조직의 핵심구성요소는 종업원들이다. 그러나 불행하게도 많은 조직들이 그 같은 사실을 인식하지 못하고 있다. 특히, 최근 들어 경제가 어려워지면서 많은 종업원들이 해고를 당하고 남은 종업원들도 고용불안을 느끼게 됨에 따라 조직에 대한 그들의 충성과 헌신성이 저하되고 있다. 많은 조직에서 이러한 현상을 단순히 유연성과 생산성을 증대시키기 위해 지불해야만 하는 대가로 치부하고 있다. 그러나 중요한 것은 조직의 성장과 함께 자신들도 성장하게 된다는 종업원의 의식과 함께 직무수행시스템 및 보상시스템 등 조직시스템에 만족하는 구성원들에 의해 성공적인 기업조직이 만들어지며 그것이 고객만족경영으로 이어진다는 사실이다.

⑧ 사회적 수용

조직은 지역사회의 필요한 일원이 되어야 한다. 그렇지 않으면 정부기관, 소비자단체, 환경보호단체, 비판적인 언론 등 이해관계집단들에 의해 곤경에 처하게 될 것이다. 아카오카 이사오 교수에 따르면, '훌륭한 조직'은 끊임없는 개선과 능률증진을 통해 경제적 성과를 높일 뿐 아니라 조직 내외의 인간에 대한 관심과 사회적인 수용을 확보하고 환경친화적인 경영을 하는 기업이다.

지금까지 우리는 조직의 경영성과 혹은 효과성에 대하여 개괄적으로 살펴보았다. 이하에서는 앞서 제시되었던 세 가지의 포괄적 기준에 따라 경영성과의 의미와 특성을 구체적으로 살펴보기로 한다.

1) 소비자만족을 위한 제품과 서비스제공(고객만족경영)

기업조직이 소비자가 원하는 적절한 품질의 제품을 적절한 가격에 생산할 수 없으면, 그 기업은 결국 경쟁력을 상실하고 말 것이다. 왜냐하면 기업의 제품이나 서비스에 대한 구매 여부는 소비자의 선택에 의해 결정되기 때문이다. 따라서 자본주의 경제체제에서는 "소비자는 왕이다"라고 하며, 기업은 잠재적인 소비자를 확인하여 구매를 설득해야 하는 것이다.

본절에서는 먼저 기업조직이 그들의 잠재적인 소비자를 어떻게 확인하고 또 제품이나 서비스를 소비자들에게 어떻게 구매설득을 하는가를 살펴보고, 그 다음으로 소비자들이 제품구매를 전후해서 기업조직에 미칠 수 있는 영향력이 무엇인가에 대하여 살펴보고자 한다.

(1) 소비자시장

우리는 모두 소비자들이다. 돈을 소비하는 방법에는 차이가 있을지 모르나 제품이나 서비스를 구매한다는 사실에 있어서는 모두가 동일하다. 반면, 기업은 유지 · 성장하기 위해서 소비자들이 원하는 제품이나 서비스를 생산 · 판매하고, 이러한 경영활동을 지속하기 위해서 필요한 이윤을 창출할 수 있어야 한다. 이를 위해, 기업은 우선 어떤 특정한 욕구를 가진 소비자들을 확인하고,

그들로 하여금 생산된 제품이나 서비스를 구매하도록 설득해야 한다. 그러면 이와 같은 일을 보다 효과적으로 수행하는 데는 무엇이 선행되어야 하는가? 다시 말해, 소비자들의 구매의사결정에 영향을 미치는 요인은 무엇인가를 설명해 보기로 한다.

① 욕구충족

모든 소비자들은 그들의 욕구를 충족시키기 위하여 제품이나 서비스를 구매한다. 예를 들어, 소비자들은 배고픔이라는 생리적 욕구를 충족시키기 위해서 식품을 구매하고, 안전에 대한 욕구를 충족시키기 위해 화재보험에 가입하기도 한다. 그리고 상당수의 소비자들은 사교활동을 위해서도 자신들의 돈을 기꺼이 소비한다. 그리고 때로는 고가의 자동차를 구입하여 자신들을 남에게 과시함으로써 존경욕구의 충족을 시도하기도 한다.

제품이나 서비스를 구매하는 것이 인간의 욕구를 충족시키는 유일한 방법은 아니지만, 그래도 그것은 대부분의 사람들에게 있어 욕구충족의 중요한 수단이 된다. 그러므로 소비자의 욕구가 무엇인가를 확인하고 그들의 욕구에 맞는 제품과 서비스를 제공하는 것은 기업조직의 본질적 과업이 아닐 수 없다.

② 욕구충족의 다양성

소비자의 욕구를 확인하고 그들의 욕구에 맞춰 나가는 활동은 많은 어려움이 동반된다. 왜냐하면 소비자들의 다양한 욕구를 충족하는 방법이 사람에 따라 각양각색이기 때문이다. 예를 들어, 배고픔은 식당의 음식에 의해서 충족될 수도 있고 집에서 요리한 음식에 의해서도 충족될 수 있다. 그리고 사회적 욕구는 라이온스클럽이나 로타리클럽에 가입하든지 혹은 동창회모임에 가는 것에 의해 충족될 수도 있다. 그러므로 소비자들의 충족되지 않은 욕구를 확인하여 그 욕구충족을 위해 최선의 길이 될 수 있는 제품이나 서비스를 제공하는 일은 관리자에게 끊임없는 도전이 되는 것이다.

그러면 이 같은 일을 효과적으로 수행하기 위하여 관리자가 일반적으로 수행해야 할 과업은 무엇일까? 우선, 관리자는 소비자들을 '공통적 특성'별로 집단화하는 작업부터 시작해야 한다.

(2) 소비자의 특성별 집단화

이와 같이 모든 소비자가 동일한 방법으로 자신들의 욕구를 충족하지 않기 때문에, 개별 소비자의 욕구충족방법을 모두 파악한다는 것은 거의 불가능한 일이 아닐 수 없다. 따라서 관리자는 공통적 특성을 가진 소비자들을 집단화하여 그들의 욕구를 충족시킬 수 있는 제품과 서비스를 제공하려고 계획한다. 그런데 이 같은 공통적 특성을 가진 소비자들을 서로 묶는 작업은 곧 시장세분화(market segmentation)를 의미하는 것으로서 이를 몇몇 공통적 특성을 중심으로 살펴보면 다음과 같다.

① 연령

많은 제품들이 어떤 특정한 나이, 즉 연령층을 대상으로 하고 있다. 전체 인구 중에 차지하는 어떤 특정한 연령층의 비율이 변화함에 따라 그에 따른 제품이나 서비스의 판매기회도 달라진다. 예를 들어 60세 이상의 노령 인구가 증가하고 있다면, 이러한 변화는 마케팅활동에 어떤 영향을 미치게 될 것인가? 실제로 최근 들어 출산율이 감소하고 있는데, 이는 유아 혹은 아동용품의 판매에 어떤 부정적 영향을 미치게 될 것인지 등에 관한 문제이다.

② 소득수준

소비자들의 수입수준 역시 무엇을 어느 정도 구매할 것인가에 대한 구매결정에 영향을 미친다. 우리나라의 경우, 지난 IMF경제위기 이후 중산층이 감소하면서 빈부의 격차가 현저하게 나타나고 있다. 따라서 고소득층이 차지하는 비율도 급증할 것이므로 그들의 구매행동양식도 달라지게 될 것이다. 이렇게 달라진 구매행동양식을 면밀히 관찰하고 연구함으로써 기업은 자사제품이나 서비스의 판매전략을 보다 효과적으로 수립할 수 있게 될 것이다.

③ 사회계층

사람들의 사교적 취향은 매우 다양하다. 이는 기본적으로 소득이나 취미의 차이 때문이다. 따라서 사회적 계층에 따라 소비패턴이나 구매패턴은 다르게 나타난다. 다시 말해, 소비자들의 소득수준이 같을지라도 소속된 사회계층이 다를 경우, 그들의 소비성향과 구매행동양식이 다르게 나타날 수 있다는 것이다. 그러므로 기업은 소비자를 사회계층별로 분류 · 확인하여 그 집단의 제품에 대한 공통된 취향이나 특성을 찾아 그에 맞는 제품이나 서비스를 개발하고 판매해야 한다.

④ 준거집단

개인은 가족으로서 가정에 소속하며, 종업원으로서 회사에 소속하고, 조합원으로서 노동조합에 소속한다. 그리고 때로는 사교클럽의 회원이 되기도 하고, 몇몇 비공식집단의 구성원이 되기도 한다. 또한 실제로 소속하고 있지는 않을지라도 소속하고 싶은 이상적인 집단에 심리적으로 소속하기도 한다. 그런데 개인은 자기 자신을 이러한 집단과 관련시켜 자신의 행동을 이들 집단의 가치에 준거시키려 한다. 이와 같이 개인이 어떤 집단성원들의 행동양식을 모방적으로 추종하는 경우 그 집단을 준거집단이라고 한다.[3] 그리하여 이 같은 준거집단은 소비자의 구매의사결정에도 영향을 미치게 된다. 예를 들어, 대학생의 경우, 다른 학생들이 즐겨 구매한 것을 자신도 따라 구매한다든지 같은 클럽회원들이 구매한 것을 자기도 따라 구매하는 경우이다. 그리고 가정까지도 준거집단으로서 가족의 구매행동에 영향을 미친다. 가족들 사이에 어떤 표준이 설정되어 있으면 그것이 곧 구매결정에 영향을 미치기 때문이다.

지금까지 우리는 구매결정에 영향을 미치는 집단적 특성을 살펴보았다. 그러나 그 외에도 지역적 차이라든지 종교적 요인이 구매행동에 영향을 미치기도 한다.

(3) 구매의 개인적 동기

위에서 설명된 바와 같이 집단적 특성이 개인의 구매결정에 영향을 미치기는 하지만, 집단구성원 각자의 개인적 특성도 그 개인의 구매의사결정에 영향을 미친다. 가령 나이, 소득수준 및 사회계층에 의해 묶여진 집단내에도 그 성원의 개인차 때문에 구매패턴이 다르게 나타나는 경우를 볼 수가 있다. 그러면 개인의 구매의사결정에 영향을 미치는 개인적 특성에 대하여 살펴보자.

① 합리적 구매

모든 개인은 구매의사결정에서 합리적 구매(rational buying)를 시도한다. 그래서 제품이나 서비스의 구매에 필요한 비용이 그 제품이나 서비스의 구매결정에 영향을 미치게 되는 것이다. 다시 말해, 구매자는 그 제품이나 서비스에서 얻게 될 만족과 비용을 대비해 보고 나서 구매 여부를 결정한다는 말이다. 따라서, 지불될 비용이 얻어질 만족보다 크다고 생각하게 되면 그 개인은 제품의 구매를 포기할 것이다.

그 다음으로 합리적 구매에서 문제가 되는 것은 품질이다. 제품에 투입된 원재료의 질이나, 그 제품의 내구성 및 예상수명 등이 합리적 구매에 있어서 고려의 대상이 된다는 말이다. 예를 들어, 자동차타이어의 경우에 내구성이 강하다든지 파열이나 펑크로부터 안전하다든지 하는 품질을 통해 소비자의 합리적 구매동기에 소구함으로써 보다 잘 판매되는 경우이다. 더욱이 오늘날 활성화되고 있는 소비자보호운동은 기업들로 하여금 합리적 구매동기에 의해 구매행동이 이루어지도록 하는데 보다 큰 촉매역할을 하고 있다. 소비자들이 합리적 구매를 하기 위해 해당제품에 대한 보다 사실적인 정보를 요구함에 따라 기업들도 이에 맞추어 나가고 있는 것이다.

② 구매습관

구매습관이란 소비자가 상품을 구매하는 방법, 시간 및 장소가 일정한 패턴을 형성하여 그 패턴에 따라 반복적 구매를 행하는 성향을 말하며, 소비자의 구매의사결정에 많은 영향을 미친다.[4]

사람은 어떤 특정한 상표의 제품만을 구매하기도 하며, 또 어떤 특정한 식당에서만 음식을 사먹기도 한다. 그리고 많은 사람은 이전부터 늘 다니던 단골 이발소에서 이발을 하곤 한다. 그가 과거에 그 제품이나 서비스에서 만족을 느꼈기 때문에 계속적인 만족을 기대하여 그 같은 행동을 하게 되며, 따라서 구매행동은 거의 자동적으로 일어나게 되는 것이다.

실제로 구매습관은 구매결정을 보다 간편하게 한다. 만약 구매자가 어떤 것을 구매할 때마다 대체상품의 장단점을 재고하고 또 재고하여 구매를 결정해야 한다면 아마 그 구매자는 날마다 상품을 구매하는 데 많은 시간을 빼앗길 것이다. 그러나 과거에 그를 만족시켰던 제품이나 서비스를 습관적으로 구매함으로써 이러한 구매습관은 구매결정을 보다 간편하게 만드는 것이다. 이런 점에서, 기업들은 소비자가 자신들의 제품이나 서비스사용에서 경험한 만족 그 자체에 광고의 초점을 맞춤으로써 그들의 제품이나 서비스의 판매를 늘리려 한다.

③ 충동적 구매

제품은 실용적 가치 때문만이 아니라 때때로 상징적 가치 때문에 구매되는 경우가 있다. 향수비누는 그 향수비누가 발하는 미의 상징 때문에 부녀자들에 의해 구매된다. 그리고 남자는 자신의 남자다움을 과시하기 위하여 빠른 스포츠카를 구매하기도 한다. 그래서 이 같은 구매동기를 제2의 구매동기(secondary buying motives)라고 부르기도 한다.

소비자행동연구의 결과에 의하면, 이 같은 구매동기의 대부분은 무의식적인 것이라고 한다.

많은 사람들은 실제적인 유용성 때문에 특정한 제품을 구매한다고 스스로 말하지만, 실제로 그 제품을 구매하는 데는 깊고 복잡한 다른 이유가 있는 경우를 종종 보게 된다. 즉, 사람들은 어떤 제품이나 서비스의 실용적 가치 이외에 다른 이유 때문에 그것을 구매하는 경우가 많은데, 바로 소비자의 제2의 구매동기가 구매결정에 영향을 미치는 것이다.

그래서 상품광고는 때때로 그 상품의 상징적 특성을 강조한다. 예를 들어, 남자의복광고의 경우 ㅇㅇ스웨터와 ㅇㅇ바지를 입으면 여자들의 눈에 더 매력적으로 보인다는 의미의 광고라든지 기업의 성공은 ㅇㅇ상표의 신사복과 관계가 있다는 등의 광고를 하게 되는 것이다.

④ 사회적 압력

우리는 종종 주위의 다른 사람들이 어떤 상품이나 서비스를 구매하여 쓰고 있기 때문에 이를 모방하여 우리 자신도 같은 상품이나 서비스를 구매하는 경우가 많다. 예를 들어, 많은 소비자들은 패션이 바뀔 때마다 현재 입는 옷이 낡기도 전에 새로이 유행하는 스타일의 옷을 구입하려고 한다. 이 같은 사회적 압력은 주로 앞서 제시된 집단영향력의 결과이기도 하다. 즉, 연령집단(age group), 사회계층(social group), 준거집단(reference group) 및 소득계층 등이 이러한 사회적 압력의 내용을 결정하는 것이다.

지금까지 우리는 구매의사결정에 영향을 미치는 여러 가지 요인에 대하여 살펴보았다. 그러면 이러한 여러 요인들 가운데 어떤 요인이 구체적으로 구매결정에 영향을 미치는 것일까? 그리고 정확히 어떤 요인들이 사람들로 하여금 특정제품을 구매하도록 하는지를 확인해 내는 방법은 없는 것일까? 이런 의문에 대한 해답을 찾는 것은 매우 어렵다. 대개의 경우, 인간의 구매 및 선택행동은 합리적 구매, 구매습관, 충동적 구매 및 사회적 압력 등 앞서 제시된 여러 가지 요인들의 결합작용에 의해 영향을 받기 때문이다.

따라서 관리자는 이러한 구매동기에 관한 꾸준한 연구와 조사활동을 통해 소비자의 구매동기를 정확히 이해하고 이를 충족시킴으로써 효과적인 판매활동을 전개할 수 있게 되는 것이다.

(4) 기업에 대한 소비자들의 비판

지금까지 우리는 기업조직이 소비자의 구매동기를 탐구하고, 그 구매동기에 맞추기 위하여 그들의 제품이나 서비스를 생산 · 판매한다고 보았다. 이와 같은 관점에서 보면 정말로 '소비자는 왕'인 것이다. 그래서 만약 대다수의 소비자들이 특정 제품이나 서비스를 구매하지 않기로 정한다면, 그 제품이나 서비스는 시장에서 밀려나고 말 것이다.

그러나 소비자가 실제로 이와 같은 '기업의 생산과 판매활동'을 얼마나 통제할 수 있을 것인가? 오늘날 많은 사람들은 소비자들이 '기업의 생산 · 판매활동'을 통제하기는커녕, 도리어 이용당하고 있다고 생각한다. 그리고 많은 소비대중은 기업이 소비자를 교묘히 조종하여 현명한 선택의 기회를 박탈하는 경우까지 있다고 생각한다. 기업에 대한 소비자들의 이러한 견해는 근래 들어 꾸준히 일반화되고 있으며, 그 결과로 소비자보호운동 혹은 소비자주의라는 새로운 용어들까지 만들어지게 되었다. 그러면 좀더 구체적으로 소비자보호운동에서는 기업활동의 어떤 분야에 대하여 비판을 가하고 있는지에 대하여 알아보기로 하자.

① 오도하는 광고

소비자주의(consumerism), 즉 소비자보호운동의 기본적인 공격표적은 기업의 오도하는 광고활동이다. 실제, 많은 광고들이 질이 낮고 고압적이며, 판매되고 있는 제품이나 서비스의 사실적 정보를 거의 외면하고 있다고 비판받고 있다. 때로는 소비자들의 제2의 구매동기를 자극하기 위해 특정제품을 사용하면 이성에게 인기가 있다는 식의 광고는 하면서도 그 제품의 실용적 가치에 대한 광고에는 거의 관심을 두지 않는 경우도 있다. 또 어떤 경우에는 실제로 입증되지도 않는 주장을 입증된 것처럼 합리적으로 위장하는 경우도 있다. 이와 같은 경우의 좋은 사례는 미국의 해열진통제의 광고경쟁에서 볼 수 있다.

"진통제 의약품업계의 주장들은 거의 갈피를 잡을 수 없을 정도이다. 미국 바이엘 아스피린(aspirin)같은 진통제에 소비된 금액은 매년 약 5억 달러에 달하고 있다. 그런데 그 중에서 광고비용으로 나간 금액은 1억 달러에 육박하고 있다. 바이엘(Bayer)은 진통의 속도나 강도에 있어서 어느 제약보다 우수하며, 다른 제품에 비해 50%나 강력하다고 주장한다. 그런데 다른 경쟁회사에서는 동일한 광고매체에 광고하기를 액서드린(Excedrin)이야말로 바이엘의 '아스피린'보다 50% 강력하다고 주장한다. 그리고 버퍼린(Bufferin)을 판매하고 있는 회사에서는 '버퍼린'이야말로 다른 유사품보다 진통의 강도나 속도에 있어서 2배의 효과가 있다고 TV에 광고하고 있었다. 그리고 또 아나신(Anacin)을 판매하고 있는 회사는 '아나신'이야말로 의사들이 추천하는 최강의 진통제라고 자랑한다. 여기에서 누군가가 거짓말을 하고 있는 것이다. 결국, ETC(the Federal Trade Commission which regulates advertising)는 같은 양의 진통제를 사용하는 한 모든 진통제는 그 효과가 동일하다고 발표하기에 이르렀다."[5)]

그러면 이와 같은 소비자들의 비판에 대하여 기업들은 어떻게 반응하고 있는가? 최근 들어, 많은 광고들이 실지로 입증되지 않은 내용들은 가급적 광고내용에 싣지 않는 경향을 보이고 있으며, 오히려 타제품과의 비교나 소비자에게 그 제품에 대한 보다 세밀한 정보를 알리는 데 광고의 중점을 두고 있다. 그리고 부실광고를 규제하기 위하여 한국방송윤리위원회가 심의과정을 통하여 광고주인 기업에 대하여 광고의 정정을 지시하기도 하며, 오도된 광고에 대하여 시정조치를 취하도록 하고 있다.

또한 오늘날 높아진 소비자들의 교육수준으로 인해, 광고내용에 아무런 근거가 없는 경우 그 내용을 그대로 받아들이려 하지 않는다. 그러므로 오늘의 소비자들은 기업의 광고에서뿐만 아니라, 기업운영의 다른 측면에 있어서도 기업으로부터 전보다 더 높은 수준의 소비자지향적 활동을 기대한다.

② 제품진부화

이는 제품구식화라고도 하는데, 제품의 기능이나 품질이 빨리 나빠져서 더 이상 사용할 수 없게 된 물리적 진부화와 기능이나 품질면에서는 아직 사용할 수 있을지라도 새로운 스타일과 디자인 혹은 보다 우수한 기능의 신제품이 출현함으로써 사용하지 않게 된 경제적 진부화의 두 가지로 구분된다.[6]

그런데 이 같은 물리적 진부화나 경제적 진부화가 기업에 의해 의도적으로 계획되고 있는데 대하여 비판이 가해지고 있다. 즉, 특정 제품은 지나치게 빨리 진부화되거나 소모되도록 제조되고 있으며, 유행의 변화속도 또한 너무 빠르다는 비판의 소리가 높으며, 이러한 현상들이 기업에 의해 의도적으로 자행되고 있다는 주장이다. 전형적인 예를 들면, 자동차산업의 경우에 자동차의 모델변경이 거의 매년 이루어지고 있으며, 전년도모델을 최신모델의 자동차와 교환할 것을 강력하게 권유하기도 한다. 그러나 이들 신형자동차는 외형적 변경만이 이루어졌을 뿐 그 기능이나 품질에서는 거의 개선이 이루어지지 않는 경우가 많다. 또한 많은 운전자들이 자동차의 수명이 너무 짧다고 불평을 하고 있다.

그런데 이 같은 의도적인 제품진부화에 대해서는 찬반양론이 있다. 찬성론은 신제품을 찾는 사람들에게 구매의 기회를 제공하는 반면, 신제품을 살 여유가 없는 사람들에겐 구제품을 염가로 제공함으로써 그들에게도 구매기회를 주어 전체적인 생활수준을 높일 수 있으며, 또 계획된 의도적 진부화는 신제품의 출현을 촉진하여 새로운 기술 및 산업개발을 가능케 함으로써 새로운 직업이 생겨나고, 원재료나 신기계의 수요를 창출하므로 이것을 오히려 계획적 진보라고 말하기도 한다.[7]

반면에 많은 소비자들은 이를 반대하고 있으며, 유행을 타지 않는 제품스타일을 요구하고 있고, 제품수명이 길고 우수한 품질의 제품을 기대하고 있다. 이에 따라 오늘날 자동차산업의 경우 모델변경의 주기가 과거보다 감소하고 있으며, 오히려 성능이나 안전도의 개선에 보다 많은 중점을 두고 있다.

③ 위험하고 불량한 제품

소비자보호운동가들은 일부 기업들이 구매자나 사용자의 안전이나 혹은 심지어 생명에까지도 위협할 수 있는 제품을 생산 · 판매하고 있다고 주장한다. 예를 들자면 어린이 장난감의 경우 제품의 뾰족한 부분 때문에 상처를 입게 된다든지, 수중용품인 튜브의 경우 불량한 품질로 인해 수영 도중에 공기가 새어나와 생명의 위험을 겪게 하는 경우 등이다.

실제, 상당수의 제품들이 '안전도기준'에 미달하고 있는 것이 사실이다. 그래서 오늘날 세계의 소비자보호운동에서는 불량제품을 제조하는 업체를 상대로 피해자들의 집단소송이 보장되는 제도적 장치를 마련해야 한다는 꾸준한 주장이 제기되고 있다. 여기서 말하는 집단소송이란 불량상품에 의해 피해를 입은 일련의 소비자들을 대표하는 일인의 대표자에 의한 소송을 가능토록 하자는 것으로서 피해자인 소비자들의 법적 보호를 강화시키려는 것이다.

④ 지나치게 많은 제품종류

앞서 언급한 바와 같이 어떤 제품들은 위험하거나 혹은 불량한 제품들인가 하면, 또 어떤 제품들은 유사한 상품의 수가 너무 많아 선택에 많은 어려움을 겪는다. 이런 문제 역시 소비자보호운동가들이 제기한 '기업들에 대한 비판'이다. 예를 들어, 미국의 경우에 자동차 타이어의 상표가 무려 1,000개 정도가 되어 그 중 어느 특정한 하나를 선택하는데 소비자들이 상당한 어려움을 겪는다는 것이다. 그리고 이와 같이 지나치게 많은 상표와 상품등급은 광고비를 높여 결국 제품가격의 상승을 초래하게 된다.

그러면 이 같은 유사상품의 사태로 인한 문제점들의 해결책은 무엇인가? 부분적인 해결책으로는 구매자들에게 그 제품에 대한 보다 정확하고 풍부한 정보를 제공하는 것이다. 예를 들어, 제품의 포장관련 법률을 제정하여 분명하고 정확한 성분 및 품질표시 등 제품에 대한 정확한 정보를 표기하게 함으로써 소비자들로 하여금 타제품과 보다 쉽게 비교할 수 있도록 해야 할 것이다. 물론 우리나라에서도 불공정경쟁방지법, 공정거래법 및 상표법 같은 관련법률을 통해 이러한 문제들을 다루고 있으나, 독립법의 제정을 통해서 이러한 문제의 총체적 해결이 시도되어야 할 것이다.

⑤ 판매된 제품에 대한 책임회피

일부 기업들은 제품보증(product guarantees)을 외면한 채, 제품의 생산과 판매에만 열중하고 있다는 비난을 받는다. 그리고 소비자들은 제품에 대한 그들의 불만에 대하여 기업이 무책임하게 반응한다고 느끼고 있으며, 심지어 유명상표의 제품을 취급하는 판매업소에서도 불량제품에 대한 서비스의 외면이 종종 발생하고 있다. 이 같은 문제를 해결하기 위하여 일부 선도기업에서는 조직 내부에 특별부서를 설치하고 소비자들의 자사제품에 대한 불평을 처리하도록 하고 있으며, 우리나라의 경우에도 애프터서비스에 관심이 높은 회사에서는 거리에 관계없이 제품에 대한 소비자의 불만과 시정요구사항을 신속히 접수하기 위해 전용전화를 가설 · 운영하고 있다.

⑥ 저소득층이 더 비싸게 구매하는 유통체제

"가난한 사람들이 더 비싸게 산다"고 하는 말이 때로는 사실인 것 같다. 대개 저소득층지역이나 벽지에 있는 시장의 상품가격이 상대적으로 고가인 경우가 있기 때문이다. 그러면 왜 저소득층 사람들이 더 비싼 값으로 상품을 구매하게 되는 것인가? 거기에는 몇 가지 이유들이 있다.[8]

첫째, 기동성의 결여 때문이다. 대개 저소득층의 사람들은 멀리 이동할 자가용차가 없고 또 그들의 주거지역을 벗어나 다른 지역에서 구매하지 않는다고 한다.[9]

둘째, 저소득층의 대부분은 대규모 백화점이나 할인판매점에서 신용판매(credit sales)의 혜택을 받을 수 없기 때문이다. 물론 그들이 사는 지역의 상인들은 그들에게 신용판매혜택을 제공하겠지만, 인접상점의 상품가격은 대규모 백화점이나 할인판매점의 가격보다 고가인 경우가 많다.

셋째, 저소득층은 자신들의 주거지역에 인접한 상점이나 시장에 보다 친숙하기 때문에 인근 지역시장이나 상점에서 상품을 구매하게 된다는 것이다.

(5) 소비자의 비판에 대한 기업의 반응

앞에서 우리는 기업에 대한 소비자들의 비판에 대하여 살펴보았다. 그러면 이 같은 비판 혹은 불평은 어느 정도의 영향력을 미치는 것일까? 그동안 기업들은 반응하기를 그런 불평이나 비판은 아주 극소수의 사람들로부터 나온다고 주장하였다. 그러나 최근 들어 기업들은 어느 정도의 잘못과 그에 대한 시정의 필요성을 인정하기 시작하고 있으며, 따라서 소비자보호를 위해서 기업 자체적으로도 근본적인 보호대책을 마련해야 한다고 말하고 있다. 아무튼 기업이 소비자를 보호하기 위해 행동한다는 것은 소비자의 불평을 처리하는 데 있어서 적극적인 행동 내지는 조치를 취해야 한다는 것을 의미하는데, 그러한 적극적인 행동 내지 조치로는 다음과 같은 접근이 선행되어야 한다.

첫째, 서비스의 개선을 들 수 있다. 많은 기업들이 소비자에 대하여 전보다 개선된 서비스를 제공하고 있다. 앞에서도 언급한 대로, 대소비자서비스를 위한 특별사무소의 설치 및 전용전화의 가설을 통하여 잘못된 대소비자봉사에 대한 반응을 수집해 보려고 하는 노력과 판매 후 서비스제도의 강화 등이 이를 입증하고 있다.

둘째, 대소비자서비스를 위한 종업원 및 판매원의 훈련을 들 수 있다. 이와 같은 훈련내용에는 해당제품의 사용에서 얻을 수 없는 효용을 구매자에게 약속해서는 안 된다는 내용도 포함될 것이다.

셋째, 광고나 선전내용에 사실성이 강화된 점을 들 수 있다. 앞에서도 언급한 바와 같이 오늘날 많은 기업들은 그들의 제품에 대한 사실적 내용을 광고나 혹은 제품설명서에 명기하고 있으며, 가격내용, 안전도, 성능 및 내구성에 대한 자세한 내용을 중점적으로 설명하고 있는 것을 볼 수 있다.

넷째, 제품가격의 저렴화에 힘쓰고 있으며, 특히 가격표시에 있어서 계량단위당 가격을 표시함으로써 소비자들이 스스로 가격을 비교할 수 있도록 유도하고 있다.

2) 소유주와 구성원을 위한 보상(주주와 종업원만족경영)

현대사회에서는 많은 사람들이 주로 자신의 일이나 혹은 그 밖에 가정 및 사회활동을 통해 삶의 만족을 추구한다. 따라서 우리의 삶의 만족은 크게 보아 직장내 활동과 직장외 활동의 결합에 의해서 얻어질 수 있는 것이라고 말할 수 있다.

그런데 우리의 '삶의 만족'의 주된 원천은 자신의 일을 통해 얻는 보상이다. 그러므로 '직무에서 오는 보상'이야말로 모든 종업원에게 중대한 목표가 되는 것이다. 더욱이 종업원들이 자신들의 직무상의 노동에 대한 중요한 대가로 받는 급여는 구매력의 확보라는 경제적 측면뿐만 아니

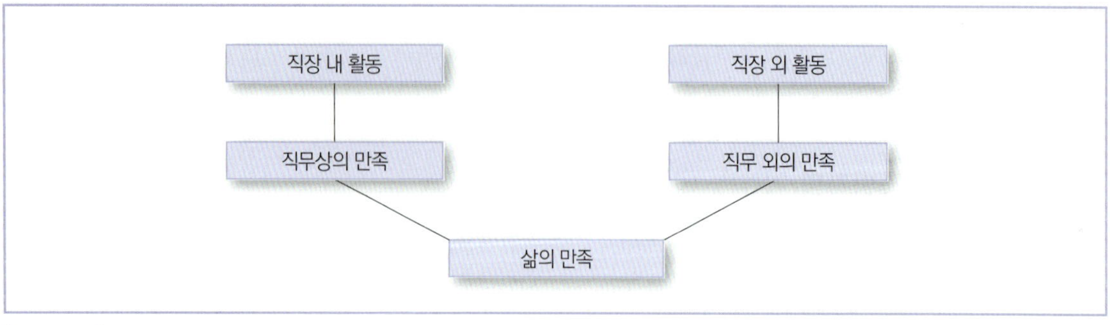

[그림 3-2] 삶의 만족추구

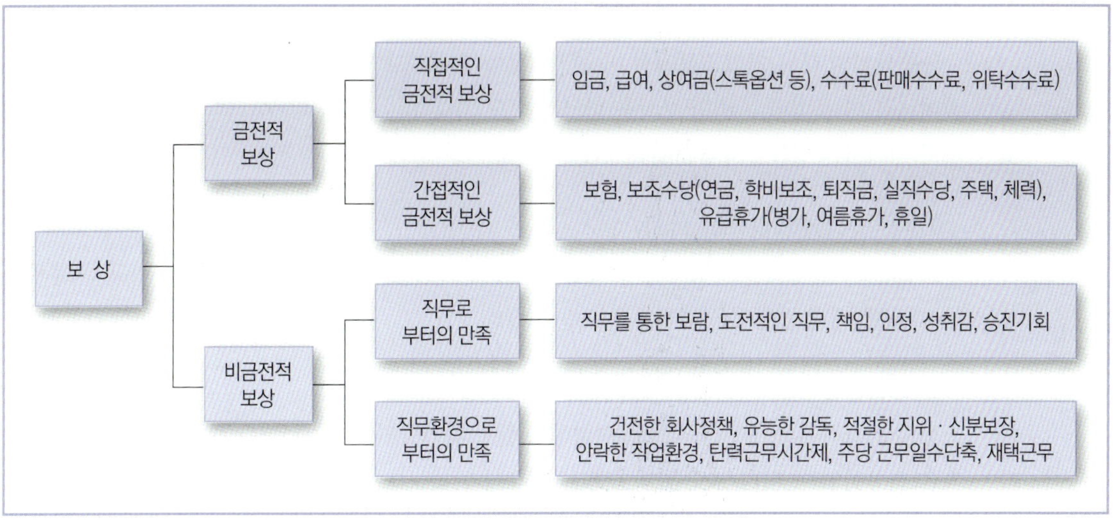

[그림 3-3] 보상체계의 구성내용

라, 직장 이외에서의 인정 내지는 사회적 지위를 표상하는 심리적 측면에서도 매우 중요한 것이다. 특히 종업원들은 그들이 받는 급여수준을 그들의 가치에 대한 계량적 측정치로 받아들이기 때문에 그들의 급여수준의 결정은 항상 공정성원리에 근거해야 한다. 만일 그렇지 않으면 인지의 부조화(cognitive dissonance)가 발생하게 되고, 결국 종업원들은 불만족, 비협조, 결근 및 이직 등을 통하여 인지부조화에서 생기는 긴장(tension)을 해소하려고 하기 때문이다.

(1) 조직구성원에 대한 보상과 보상유형

보상(compensation)이란 조직 내의 개인이나 집단이 노동의 대가로 받게 되는 모든 유형의 보수(reward)를 말한다. 조직의 전체적인 보상시스템의 구성내용은 [그림 3-3]에 잘 나타나 있다. 직접적인 금전적 보상(direct financial compensation)은 개인이나 집단이 임금(wages), 급여(salaries), 상여금(incentives) 및 수수료(commissions)의 형태로 받는 금전보상으로 구성되어 있다. 그리고 간접적인 금전적 보상에는 직접적인 금전적 보상에 포함되지 않은 모든 금전적 보상이 포함된다. 그림에 제시된 바와 같이 이러한 보상에는 다양한 보험, 보조수당 및 유급휴가수당 등이 있다.

그리고 비금전적 보상(nonfinancial compensation)은 개인이 직무 그 자체나 혹은 심리적 · 물리적 작업환경으로부터 얻게 되는 만족으로 이루어진다.

(2) 보상의 공정성

공정성이란 구성원들이 공정하게 대우받고 있다는 지각이다. 따라서 보상은 모든 당사자에게 공정해야 하고 또 공정하다고 지각되어야 한다. 조직성원들의 만족은 그들의 공정성에 대한 지각에 의해 크게 영향을 받기 때문이다. 그런데 이 같은 공정성에는 4가지 유형이 있다. 즉, 외적 공정성, 내적 공정성, 종업원공정성, 팀공정성 등이 그것이다.

① 외적 공정성(external equity)

동종산업의 다른 기업조직에서 비슷한 직무를 수행하고 있는 작업자가 받고 있는 보상과 비교하여 자신이 동일한 수준의 보상을 받고 있다고 지각하는 경우이다. 이러한 외적 공정성을 유지하기 위해서는 임금조사(compensation survey)를 실시해야 한다.

② 내적 공정성(internal equity)

동일한 조직 내에서 작업자들이 직무의 상대적 가치에 따라 보상을 받는 경우이다. 직무평가는 이 같은 내적 공정성을 결정하는 수단이 된다.

③ 종업원공정성(employee equity)

동일한 조직에서 유사한 직무를 수행하고 있는 개인들이 그 자신의 특수한 요인(업적수준이나 혹은 연공서열)에 따라 보상을 받고 있는 경우이다.

④ 팀공정성(team equity)

생산성이 높은 팀이 생산성이 낮은 팀보다 더 많은 보상을 받을 때 나타난다. 팀공정성을 위해서는 업적평가(인사고과)가 이루어져야 한다.

위의 4가지 공정성이 확보되지 않으면 조직 내에 심각한 사기저하의 문제가 발생하여 구성원은 불만을 갖게 되고 직무수행에 최선의 노력을 기울이지 않을 것이며 결국에는 조직을 떠나게 될 것이다.

(3) 소유주를 위한 보상

관리자나 종업원과 함께 기업의 소유주에게도 역시 만족할 만한 보상이 이루어져야 한다. 주식회사의 경우, 소유주는 곧 주주이다. 그리고 이들 소유주에게 돌아가는 보상은 주식배당금(stock dividends)이라고 불린다. 그리고 이 주식배당금의 지급 여부는 주기적으로 열리는 기업의 이사회에 의해 결정된다. 배당금은 기업에 따라 매 6개월 혹은 대개의 경우 매년 1회 지급된다.

그러나 회사가 일정한 영업기간 동안 이윤을 창출하지 못하였을 경우에는 주식배당금이 투자자인 주주들에게 지급되지 않으며, 때로는 회사가 상당한 성과를 올려 이윤을 창출하였을 경우에도 배당금의 지급이 시행되지 않는 경우가 있다. 이는 회사가 미래에 보다 큰 이윤을 창출할 목적으로 현재의 이윤을 신공장건설이나 기타 유망한 산업에 투자하는 경우이다.

이 같은 주식배당금지급에 의한 보상 이외에 주주는 주식가격의 증가에 의해서도 보상을 받을 수 있다. 만약 회사의 경영활동이 활발하여 타사에 비해 많은 이윤을 창출하고 아울러 안전성장이 지속되고 있다면 주식시장에서의 주식가격은 상승하게 될 것이고, 따라서 소유주인 주주 역시 그가 원하는 이익수준에서 그의 소유주식을 매각하여 적절한 보상을 얻게 될 것이다. 그러나 회사의 주식가격이 하락하는 경우도 있다. 이렇게 되면 소유주인 주주는 손실을 입게 된다. 그래서 많은 소유주들은 회사의 능률적인 경영활동은 물론 회사의 배당정책(dividend policy) 등에 깊은 관심을 나타내고 있는 것이다. 따라서 관리자는 회사의 배당정책에서 다음과 같은 사항을 고려해야 한다.

① 출자주주에 대한 보상제공
② 기업경영과 관련된 모든 이해관계자에게 상당한 영향이 있다는 사실
③ 성장발전을 고려하여 내부유보를 통한 자본축적 및 자기금융
④ 기업의 대외신용의 유지
⑤ 배당의 평준화 및 안정화정책을 위한 일반산업의 평균배당률, 동일산업의 평균배당률 및 금리 등에 대한 고려 등이다.

3) 사회적 책임(사회 및 환경친화적 경영)

근래 들어, 많은 사람들이 기업의 경영목표가 단지 '경제적 이윤추구와 소비자에 대한 봉사'에 국한되는가에 대하여 의문을 제기하고 있다. 그리고 어떤 집단에서는 기업조직은 진정한 의미의 기업성공을 가능하게 하는 것이 무엇인가를 고려하여 그것을 그들의 의사결정에 반영할 수 있어야 한다고 주장하고 있다.

예를 들어, 대규모 공장에서 나오는 매연에 의해 오염된 공기나 혹은 오염된 자연환경 속에서 생활하는 대부분의 소비자들이나 주주들은 기업제품이나 서비스에서 창출되는 만족이나 이익에 못지않게 숨쉴 수 있는 신선한 공기나 깨끗한 자연환경을 중요하게 생각할 것이다. 그리고 많은 종업원들이 경제적 안정 못지않게, 노동시간과 작업조건의 개선을 요구하고 있다. 이와 같이 현대의 사회에서는 많은 이해집단들이 경영목표나 의사결정에 영향력을 행사해야 한다고 느끼고 있으며, 점차로 구체적인 영향력을 행사하고 있다. 이것은 소유주들에 대한 이윤배분과 소비자에 대한 봉사라는 본질적 목표 외에, 기업경영의 목표가 보다 다양해지고 경영자의 직무 또한 훨씬 더 복잡해졌다는 것을 의미한다. 전통적 경영목표보다 광범위해진 현대적 경영목표의 주요 내용은 다음과 같이 요약될 수 있다.

① 주주들에 대한 이익배당
② 대소비사봉사
③ 종업원들의 경제적 안정 및 직장생활의 질 향상
④ 지역사회 및 일반사회에 대한 봉사
⑤ 정부규제의 준수
⑥ 윤리적 기업행동

이상의 경영목표들은 경영자가 행하는 모든 의사결정과정에서 고려의 대상이 되어야 할 중요한 요인들이다. 그런데 이러한 기업조직의 다양화된 목표는 상호 상충적 관계에 있기 때문에 의사결정과정엔 항상 어려움이 따르는 것이다.

(1) 기업의 사회적 책임에 대한 도전

기업의 사회적 책임에 대해 기본적으로 동의하지 않는 사람들이 있다. 그들은 기업이란 낮은 가격에 우수한 품질의 제품을 제공함으로써 소비자의 욕구를 충족시키며, 거기서 얻은 이윤을

소유주인 주주들에게 배당하는 '경제적 목표'에 충실해야 하며, 이를 통해 기업과 사회 쌍방이 이득을 얻게 된다는 것이다. 또한 주주들이 기업에 투자를 한 것은 경제적 이익을 목표로 한 것이지 사회적 활동을 하도록 투자한 것이 아니므로, 기업조직이 사회적 책임을 수행하기 위해 비용을 지출한다면 그것은 주주들의 재산을 오용하는 것이라고 주장한다. 그리고 사회적 책임은 정부의 역할이며, 기업은 경제적 문제에만 전념해야 한다는 것이다.

그러면 기업의 '경제적 목표'와 '사회적 책임'을 양립시킬 수 있는 방법은 무엇일까? 그 방법은 기업과 이해집단 쌍방이 이익의 중요성을 인정하고, 단기적 이익인지 혹은 장기적 이익인지를 고려하여 이를 의사결정에 반영하는 것이다.

그러나 기업들 중에는 일시적인 이익달성을 위해 장기적인 이익목표의 추구를 포기하는 경우가 빈번하다. 예를 들어, 외양만 그럴 듯한 조잡한 제품을 대량생산 · 판매함으로써 소비자들을 속여 단기적 이익을 창출할 수 있다. 그러나 이로 인해 회사의 평판은 손상을 입게 되고, 장기적 이익 역시 타격을 입게 될 것이다. 그리고 이와 같은 이유로 인해, 대다수의 현직 종업원을 그대로 유지할 것이냐 아니면 그들을 해고하고 '훈련된 종업원'들을 새로이 고용할 것이냐를 결정하게 된다. 물론 현직 종업원을 유지하는 것이 단기적으로는 보다 많은 비용이 소요될지 모르나, 장기적으로는 총비용이 보다 적어지게 될 것이다. 왜냐하면 기업은 본질적으로 사회를 구성하는 일원으로서 많은 이해집단들과의 상호작용 속에서 기업활동을 수행해야 하기 때문이다. 요컨대 오늘날의 기업은 그 존립과 성장의 지속을 위해 다른 이해집단의 이해를 도외시하거나 혹은 기업의 일방적인 이익만을 강요함이 없이, 모든 이해집단의 이해를 조화적으로 조정하고 통합해 나가야 하기 때문이다.

(2) 경영윤리의 규약과 사회적 책임을 위한 지침

경영윤리의 규약(codes of ethics for businessmen)은 경영자가 사회적 책임을 수행하는 데 있어서 하나의 지침이 될 수 있다. 모든 경영자에게 일률적으로 적용되는 단일한 '경영윤리의 규약'이 개발된 것은 아니지만, 많은 선도적 기업들이 '경영윤리의 규약'을 만들어놓고 거기에 따라서 기업행동을 수행하고 있다. 그러면 이와 같은 경영윤리의 규약이 기업의 사회적 책임을 수행하는 지침으로서 충분한 역할을 하기 위해서는 어떻게 개선되어야 할까?

첫째, 경영윤리의 규약은 그 자체가 너무 개괄적이고 일반적인 성격을 띠고 있어서 종종 해석상의 의미가 애매하다. 그래서 어떤 특정한 시점에 있어서의 구체적인 상황에 적용하기가 매우 어렵다. 그러므로 경영윤리의 규약이 모든 경우의 상황에 지침이 될 수 있으려면 이 같은 문제점을 극복할 수 있어야 한다.

둘째, 경영윤리규약의 또 다른 문제점은 옳고 그름의 구분이 불명확하다는 것이다. 다시 말해, 이 경영윤리의 규약에 따르면서도 대부분의 경영의사결정이 옳은 것과 그른 것 간에 명확한 선택을 하지 않고 있다는 말이다. 물론 모든 경영자들이 그릇된 행동을 고의로 선택하려고 하지는 않겠지만, 우리는 그들의 불분명한 의사결정을 흔히 경험하게 된다. 그러므로 경영윤리의 규약이 경영행동의 지침으로서 성공적인 역할을 하기 위해서는 그의 포괄성 혹은 일반성과 함께 불명확성 역시 극복할 수 있어야 하며, 이를 위해서는 특히 최고경영층의 적극적인 지원이 따라야 한다.

그러면 기업이 사회적 책임을 수행하기 위한 구체적인 의사결정의 지침은 무엇인가? 다시 말해, 그 결정이 정말로 사회적 책임에 저촉되는지의 여부를 측정할 수 있는 판단기준은 무엇인가? 사실 우리는 기업의 이윤을 측정하는 방법은 매우 잘 알고 있지만, 그 의사결정이 정말로 기업의 사회적 책임에 합당한지의 여부를 측정할 수 있는 방법은 잘 알지 못한다.

현대사회는 매우 동태적이어서 항상 변화하고 있다. 따라서 기업이나 사회를 위해 현재의 시점에서 최선의 결정이 가까운 미래에는 최선이 아닌 경우가 허다하다. 이 때문에 경영자의 과업수행이 더욱 어려워지고 있으며, 그때그때의 상황판단에 의존하여 사회적 책임의 적합성 여부를 결정하는 것이 오히려 보다 현실적인 방법이 될 수 있다. 그렇다면 그 결정이 사회적 책임을 수행하는 데 저촉이 되는지의 여부를 판단할 수 있게 해주는 방법은 무엇일까? 이러한 판단을 위한 몇 가지의 지침들에 대하여 살펴보기로 한다.

① 어느 집단이 그 결정에 의해 영향을 받게 될 것인가

경영자의 결정에 의해 사회의 모든 집단이 영향을 받지는 않는다. 그러므로 '그 결정에 수반되는 기업행동'에 의해 주로 영향을 받게 될 집단이 '기업의 사회적 책임'을 실천하려는 경영자의 관심대상이 되는 것이다. 예를 들어, 인근에 있는 하천의 오염을 막기 위한 투자결정에 의해 가장 영향을 받게 될 집단은 지역사회와 주주 두 개의 집단이 될 것이다. 그래서 주주들은 새로운 오염처리시설에 소요되는 투자의 일부를 부담하게 되고, 지역사회는 그 하천으로부터 깨끗한 물을 얻게 될 것이다.

② 결정이 각 집단에 어느 정도의 영향을 미치게 될 것인가

다음으로 관리자는 그 결정에 대한 각 집단의 이해관계가 어느 정도일 것인가를 측정해야 한다. 앞의 사례에서 지역사회는 하천이 청결하지 않는 한 적절한 용수의 공급을 받지 못하게 될 것이고, 주주들은 일정기간 동안 배당이 감소하거나 받지 못하게 될 것이다. 이 같은 이해관계로 미루어보아 지역사회가 결과적으로 더 큰 이해관계를 가지게 된다는 것을 알 수 있다.

③ 결정의 장기적 결과는 무엇인가

새로운 오물처리시설을 갖추기로 한 결정의 결과로 강물은 청결하게 될 것이고, 그리고 그 지역사회에서의 회사의 이미지는 개선되어 매우 호의적인 것이 될 것이다. 따라서 그 기업은 앞으로도 그 지역사회의 계속적인 지지와 성원 속에서 기업활동을 전개할 가능성이 그만큼 커질 것이며, 결과적으로 주주들의 이익도 장기적 안목에서 볼 때 그만큼 증대될 수 있을 것이다.

④ 이해집단에게 최선이 될 수 있는 결정은 무엇인가

위의 사례에서 경영자가 새로운 오물처리시설을 갖추기로 결정을 내렸다면, 그것은 관계된 모든 집단의 이해관계를 고려하여 그것이 최선의 것이라고 판단되었기 때문이다. 물론 이와 같은 사례는 매우 단순한 경우이지만, 기업의 사회적 책임에 대한 의사결정과정을 잘 설명해 주고 있다. 그러나 동일한 정보가 주어지더라도 다른 두 사람의 경영자가 내리는 결정은 각기 다를 수 있다. 왜냐하면 그들의 가치판단의 기준이 서로 다르기 때문이다.

이상에서 우리는 그 결정이 기업의 사회적 책임에 저촉되는지의 여부를 판단하는 지침으로서의 몇 가지 기준들을 살펴보았다. 이러한 기준들이 정확한 측정을 보장하지는 않는다고 할지라도 모든 의사결정을 기업의 사회적 책임이라는 관점에서 볼 수 있게 하는 좋은 지침이 될 수 있을 것이다.

(3) 지역사회협의기구를 통한 사회적 책임의 강화

어떠한 의사결정에 의해 어느 집단이 어느 정도의 영향을 받게 되는가를 측정하고, 그 결정의 영향력의 범위가 무엇인가를 알아보는 과정에서 기업은 가능한 한 많은 이해집단과 의사소통을 할 수 있는 체제를 갖추어야 한다. 즉, 연차주주총회에서 주주들의 소리도 들을 수 있어야 하고, 소비자나 고객들의 소리도 들을 수 있어야 하며, 종업원들도 노조를 통해 혹은 개인 및 소집단의 자격으로 회사에 대하여 필요한 요구와 제안을 할 수 있어야 한다. 그리고 정부도 기업의 활동을 규제할 수 있는 역량을 가져야 한다. 그런데 놀라운 사실은 대부분 기업들의 경우, 그들의 기업활동의 실질적인 무대인 지역사회와의 바람직한 의사소통이 거의 이루어지지 않고 있다는 것이다.

예를 들어, 많은 공장이나 계열회사를 가지고 있는 기업에서는 관리자들이 대개 약 2년 정도 한 곳에서 근무를 하다가 다른 공장이나 산하업체로 이동하거나 다른 부서의 관리자로 전근되기 때문에 관리자들이 그 지역사회의 일원이라는 생각을 갖지 못하게 되고, 자신들의 의사결정 때문에 야기되는 지역사회의 문제점에 대해서도 이해가 부족하게 되는 경우가 많다. 따라서 지역사회가 심각한 위협이나 위기감을 느끼는 기업행동을 하면서도 지역사회가 그 문제를 제기해 올 때까지 그 사실조차 파악하지 못하게 되는 것이다. 이로 인해, 결국 회사나 지역사회 어느 쪽도 상대방의 입장을 이해하기 어렵게 되는 것이다.

이 같은 문제를 위한 한 가지 해결책은 회사와 지역사회와의 협의기구(community council)를 설치하는 것이다. 그리하여 회사의 대표와 지역사회의 각계각층을 대표하는 주민들이 주기적으로 회합하고, 그 회합을 통해 지역사회에 영향을 미치게 될 회사의 운영계획을 지역사회의 대표들에게 전달하고, 그 내용을 주민들에게 주지시켜 그에 따른 의문을 제기하도록 한다. 이렇게 되면 회사나 지역사회대표 쌍방이 상대방의 입장이나 견해를 충분히 이해할 수 있게 되고, 더 나아가 어느 일방의 입장이나 쌍방의 입장을 변경하는 데까지 이를 정도로 충분한 의견교환이 이루어질 수 있게 된다.

그리고 이러한 협의기구는 자문적인 성격을 띠기는 하지만, 지역사회와 회사 간에 흔히 발생할 수 있는 오해와 불화를 사전에 방지하는데 상당한 역할을 함으로써 문제의 악화 이전에 많은 쟁점을 해결하는데 직접적인 도움이 될 수 있다.

연습문제

1. 최근에 여러분이 특정한 상품이나 서비스를 구매하거나 혹은 이용하게 된 동기와 이유를 말해 보자.
2. 유통체제에서 가난한 사람이 더 비싸게 구매한다는 말의 의미를 사례 등을 통해 설명해 보자.
3. 소비자보호운동의 최근동향을 경제신문이나 인터넷 등을 통해 조사해 보고 핵심적 동향을 나름대로 발표해 보자.
4. 경영자가 사회적 책임의식을 갖고 의사결정을 하는데 도움이 될 수 있는 지침들에 대해 말해 보자.
5. 기업의 사회적 책임을 모범적으로 실천하고 있는 기업을 조사해 보고, 그 기업에 대한 급우나 가족들의 평가와 이미지는 어떠했는지에 대해 이야기해 보자.

사례

K&C사 중부공장의 총무부장은 지역사회의 각계각층을 대표하고 있는 대표자집단인 소위 '지역사회정화위원회'와 회담을 가졌다. 그런데 이 '지역사회정화위원회'의 위원들은 한결같이 공장에서 방출되고 있는 공기오염물질의 유출을 즉각 중지시켜 줄 것을 강력하게 요구하고 나섰다. 이 회담 석상에서 총무부장은 오염물질의 유출방지를 위한 점진적이고 단계적인 회사의 계획을 열심히 설명하였으나 납득이 되지 않았고, 결국 더 연구해 보자는 약속과 함께 일주일 후에 다시 모이기로 하고 산회(散會)되었다. 정화위원회의 위원들이 회의장을 나가고 난 직후 총무부장은 서울 본사에 있는 생산담당 부사장에게 전화를 걸어 일어난 사실을 보고하고 있었다.

"지역사회정화위원회는 이 지역사회의 각계각층의 대표들로 구성되었기 때문에 그 힘이 막강한 것 같고 그 당당한 자세로 보아 오염물질의 유출방지를 위한 즉각적인 조치를 취하지 않으면 안 될 것 같습니다."

"이보시오 총무부장, 우리는 지금 오염물질의 방출을 계속 줄여가고 있는 중 아닙니까? 만약 그들의 요구대로 한다면 아직도 튼튼하고 성능이 우수한 현재의 기계설비를 하룻밤 사이에 폐기물로 처리하고 공해의 염려가 없는 새로운 설비에 당장 거액의 투자를 해야 한다는 말인데, 그렇게 되면 어떻게 되겠소. 그러잖아도 운영자금난에 쪼들리고 있는데 말이오. 그리고 새로운 설비에 대한 투자문제를 사장도 원하지 않고 있으며 이사회도 받아들이지 않을 것이오. 극단적으로 그 지역사회정화위원회가 소송을 제기한다면 우리는 그 공장의 문을 닫아야 하는 문제를 고려하게 될 것이오. 그렇게 되면 그 지역사회의 많은 사람들이 실직을 하게 될 것이고……. 아무튼 이 문제를 사장님께 보고하겠으나 쉽게 해결이 나지 않을 것 같소. 그러니 다음주에 정화위원회와 다시 회합할 때 지금 내가 한 이야기 내용을 그대로 설명해 주시오."

"예, 알겠습니다. 그렇게 해보겠습니다."

문제

(1) 여러분이 이 회사의 사장이라고 가정하고 사회적 책임의식을 가지고 내릴 수 있는 최선의 의사결정이 무엇이겠는가? 그 의사결정의 내용을 설명해 보라.
(2) 이 '지역사회정화위원회'와의 의견대립을 어떠한 방법으로 미리 예방할 수 있었겠는가?

인터넷 사례

기업의 사회적 책임을 성실히 실천하고 있는 우리나라의 대표적 기업들과 외국의 대표적 기업들을 인터넷을 통해 찾아보고, 이들 기업들이 가지는 공통된 특징과 차이점을 알아보자.

시뮬레이션 〉 기업의 사회적 책임

활동내용

6명의 학생을 선정하여 3명은 그 지역사회의 제지공장을 대표하는 관리자로 하고, 3명은 그 지역사회를 대표하는 '환경보호위원회'의 위원들이 되게 한다. 그리하여 '환경보호위원회'는 회사 측 대표들에게 지역사회의 환경오염(공기오염, 수질오염)에 결정적인 역할을 하고 있는 오염물질의 방출을 중지할 것을 강력하게 요구하게 하고, 회사 측 대표들은 비용문제, 물자절약운동 및 고용에 미치는 영향을 들어서 반대는 아니지만 지연시키는 설득을 펴도록 한다.

이 때 각 집단에게 20분의 준비시간을 갖도록 하여 토론내용을 준비하게 하고 학생 전체 앞에서 한 사람의 대표자가 자기 측을 대표하여 자신들의 주장을 발표하도록 한다. 그리고 상대 측 대표자들이나 일반학생들의 의문이 있으면 질문을 하도록 허용한다.

토의문제

(1) 어느 측 대표들의 주장이 더 합리적이라고 생각하는가? 그리고 그렇게 생각하는 이유는 무엇인가?
(2) 양쪽의 주장들 가운데 동의할 수 있는 내용들이 있다면 그것은 무엇인가?
(3) 이 논쟁을 해결해야 할 입장에 있다면 당신은 어떤 해결책을 제시해 보겠는가?

미주

1. T, Donaldson and L. E. Preston, "The Stakeholder Theory of Corporation: Concepts, Evidence and Implications," *Academy of Management Review*, Jan. 1995, pp. 65-91.
2. T. Moore, "make-or-Break Time for General motors," *Fortune*, Feb. 15, 1988, p. 35.
3. 김원수 편저, 『체계경영학사전』, 법문사, 1993, p. 928.
4. 김원수 편저, 전게서, p. 750.
5. S. S. Baker, "Is Advertising Truth, Half Truth of Less," in *Norman Kangun* (ed.), *Society and Marketing*, Harper and Row, New York, 1972, p. 105.
6. 김원수 편저, 전게서, p. 773.
7. 김원수 편저, 전게서, pp. 773-774.
8. "The High Price of Being poor," *Changing Times*, The Kiplinger Magazine, Aug., 1968, p. 40.
9. H. G. Hicks and C. R. Gullett, *Modern Business Management*, McGraw- Hill, New York, 1974, p. 365.

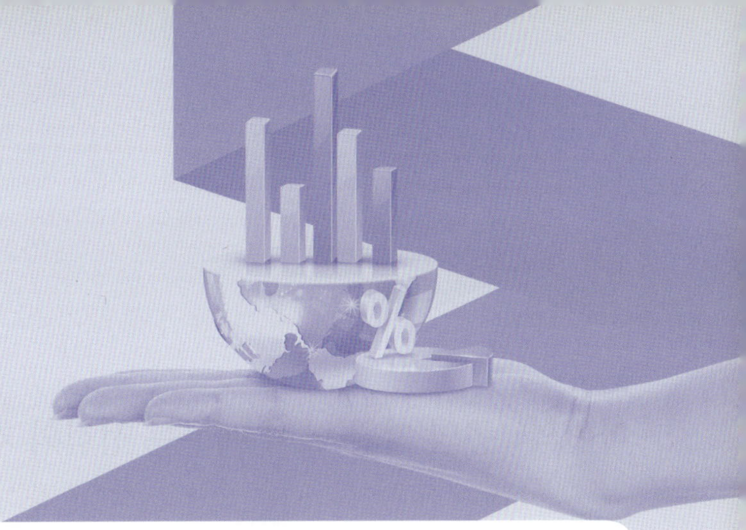

제4장 | 경영환경과 변화

개방시스템 하에서 기업조직의 모든 활동은 외부환경과의 끊임없는 상호작용 속에서 이루어지기 때문에 기업조직의 생존과 성장은 환경변화에 대한 기업조직의 적응과 도전에 달려 있다. 환경변화는 기업조직의 생존에 위협이 되기도 하고 성장을 위한 기회를 제공하기도 한다. 이 장에서는 기업경영을 위해 경영자가 이해하고 주목해야 할 기업환경의 의미와 환경변화의 주된 흐름을 P.E.S.T모형을 중심으로 설명하고, 외부환경변화를 이해하기 위한 외부환경의 기본적 차원을 소개하고 있다

이 장을 읽어가는 동안 이것만은 이해하시기 바랍니다.

1. 외부환경의 의미와 중요성은 무엇인가?
2. 기업경영에 영향을 미치는 정치적 환경은 무엇인가?
3. 기업경영에 영향을 미치는 경제적 환경은 무엇인가?
4. 기업경영에 영향을 미치는 사회적 환경은 무엇인가?
5. 기업경영에 영향을 미치는 기술적 환경은 무엇인가?
6. 외부환경을 분류하고 분석하기 위한 두 가지 기본차원은 무엇인가?

제4장 사례 >

다윈의 '종의 기원'에서 배우는 선점의 기술

다윈의 '종의 기원'은 2000년 동안 서구 사회를 지배해 온 플라톤의 이데아 사상, 즉 하느님의 나라는 영원하며 자연과 인간은 하느님에 의해 창조되었다는 사상을 허물고 인류의 역사를 하루아침에 뒤바꿔 버린 혁명으로 평가된다. 그것은 비글호라는 배를 타는 데에서 시작했다. 도전 혹은 승자의 길은 떠나지 않으면 이루어지지 않는 것이 아닐까. 1858년 6월 18일 아침, 찰스 다윈은 얇은 소포 꾸러미를 받았다. 주소의 필체가 알프레드 러셀 윌리스의 것임을 확인한 다윈은 금세 호기심이 동했다. 다윈은 1년 전쯤 윌리스에게 말레이의 가금류 가죽을 구해 달라고 부탁을 해두었다. 그런데 막상 내용물을 열어본 다윈은 글을 읽는 순간 하늘이 무너지는 것 같았다.

"종을 구성하는 모든 개체들 중에서 수적으로 가장 열세이고 가장 빈약한 변이들로 이루어진 집단이 제일 먼저 고통을 받는데 곧 멸종하리라는 점은 확실하다. (중략) 우수한 변이는 생존에 이로운 환경이 되면 급속도로 수를 불려 멸종한 종과 변종이 사라진 자리를 대신하게 될 것이다. 그러면 한때의 변이가 종을 대체하면서 환경에 더 잘 적응하고 더 건강한 형태가 될 것이다." 다윈은 경악을 금치 못했다. 이토록 놀라운 우연의 일치는 처음이었다. 만약 윌리스가 1842년에 작성한 자신의 원고를 보았다 해도 이보다 더 뛰어난 글을 쓸 수는 없었을 것이다. 윌리스는 다윈에게 논문 내용이 흥미롭다면 지리학자인 찰스 라이엘 경에게 전해주었으면 좋겠다고 부탁했다. 다윈의 명예가 바람 앞의 등불처럼 위태로웠다. 다윈은 라이엘에게 편지를 보냈다. "그렇게 되면 제 연구의 독창성은 얼마나 독창적이냐를 떠나서 완전히 박살이 나겠지요." 이때 천만다행으로 절망한 다윈을 라이엘이 구해준다. 라이엘은 윌리스의 논문만을 발표하는 것은 공평하지 못하다고 생각하고 지금까지 다윈의 노력이 세상에 알려지도록 힘을 빌려주었다. 결국 윌리스의 논문과 다윈의 '에세이'에서 발췌한 것은 '린네학회 회보'에 나란히 공동 논문으로서 발표되었다. 수세에 몰린 다윈이 극적으로 패자 부활한 셈이다.

밀운불우, 그러나 기회를 놓치지 마라

찰스 다윈은 22살 때부터 5년 동안 비글호에서 항해 여행을 하며 동식물과 인간에 대해 관찰했다. 귀국 이듬해인 1837년부터 진화론 연구를 시작해 1842년에 '에세이(시론)' 형태로 완성했다. 그것은 35쪽의 짧은 것으로 2년 뒤인 1844년 230쪽으로 완성되었다. 다윈이 자신의 글을 완성해 놓고 발표하지 않은 것은 유럽 사회를 휩쓸고 있던 종교재판의 공포 때문이었다. 그는 당시 '창조론'에 반기를 든 갈릴레이가 당한 종교적 탄압을 떠올렸다.

그런데 그때 윌리스가 논문을 보내온 것. 종교재판의 공포로 인해 다윈은 '우물쭈물하다 내 이럴 줄 알았다'라는 조지 버나드 쇼의 묘비명의 주인공이 될 뻔했다. 이후 다윈은 1858년 7월 초부터 자신의 진화론을 담은 '자연선택'의 초록을 서둘러 만들기 시작했다. 그는 "13개월 10일 동안 중노동을 했다"고 기록할 정도로 이 작업에 매달렸다. 때를 기다리다 경쟁자에게 연구 성과를 모두 날릴 뻔한 다윈은 극적으로 생존 경쟁에서 살아남았고, 50살이 저물던 1859년 11월에 불후의 명저가 된 '종의 기원'을 출간했다. 결국 비슷한 시기에 비슷한 연구를 했던 월리스는 경쟁자에 묻혔고 다윈이 '승자 독식'을 했다. 다윈의 표현대로 하면 동종의 생존 경쟁에서 월리스를 이긴 것이다.

편지로 끊임없이 교류하고 정보를 수집

다윈이 시골의 은자처럼 고립되어 살았던 것은 아니다. 그에게 집은 거대한 축이었다. 그는 이 축을 중심으로 온 세상과 과학 교류를 맺을 네트워크를 구축했다. 다윈은 매일같이 온갖 사람들에게 편지를 썼다. 그렇게 주고받은 편지로 진화 이론을 다각적으로 검토하고 연구했다. 편지로 전 세계에 걸쳐 조사를 진행하며 자신의 주장을 전하고 그 주장이 보편적으로 적용될 수 있도록 노력했다. 그에게는 편지 교류야말로 가장 기초적인 연구 도구였다. '종의 기원'이 출간되자 다윈은 한술 더 떠 편지를 통해 자신의 주장을 대중에 알리기 시작했다. 홍보 도구로 편지를 활용한 것이다.

다윈이 주고받은 편지들 중에서 지금까지 전 세계의 도서관에 보관되어 있는 것만 헤도 1만 4,000통이 넘는다. 절친했던 그의 과학자 친구들은 길고 짧은 편지로 다윈을 지지하고 도와주었다. 다윈의 인생은 편지로 굴러갔다고 해도 과언이 아니다. 그의 가족도 마찬가지였다. 50년 후 다윈의 손녀는 당시를 이렇게 회상했다. "편지를 쓰자, 편지를 써./훌륭한 충고를 받으면 더 잘 살 수 있다네. /아버지,어머니,형제들아/우리 모두 서로에게 충고를 하자." 이처럼 다윈의 과학 연구에서 가장 눈에 띄는 대목은 바로 체계적으로 편지를 활용한 서신 왕래이다. 다윈은 신사이자 과학 저술가로서의 위치를 십분 활용해 편지로 자신이 필요한 것들을 얻었다. "귀하에게 큰 폐를 끼치지 않는다면"이나 "여간 성가신 부탁을 받은 게 아니라고 여기시리라 생각합니다" 등의 문구를 즐겨 썼다. 부탁을 들어달라는 일종의 '애교'라고 할까. 역설적으로 다윈의 편지 열정이 어쩌면 다윈을 살려냈다고 할 수 있지 않을까. 다윈이 평소 그토록 지인들에게 편지를 보내지 않고 은둔자처럼 살았다면 그가 20년 동안 진화론 연구를 해왔다고 해도 아무도 믿지 않았을 테니까 말이다. 더욱이 그가 월리스의 연구를 접한 것도 편지를 통해서였다.

가장 잘 '선택된' 자가 살아남는다

다윈은 '종은 변화한다'는 명확한 기본 개념을 제시하고 이를 통해 자신의 논점을 수립했다. 그리스도교의 창조론자들은 오랫동안 역사가 인간에게만 있고 자연에는 없다고 여겨왔다. 이런 관념 속에서 종이 변화할 공간은 없다. 세상에는 셀 수 없이 많은 생물 종이 존재한다. 성서에는 하느님이 몇 종의 생물을 창조했는지 나와 있지 않다. 여기에 다윈은 도전장을 던진다.

"오늘날 우리가 보는 다양한 생물 종은 다른 종이 변화한 것이다. 종은 항상 이 종에서 다른 종으로 변화한다." 예컨대 두 종의 청개구리는 외형이 흡사하면서도 사소한 부분에서 다른 점이 발견되기도 하는데 그 까닭은 그 중 한 종이 다른 종으로부터 변화했기 때문이다.

종이 변한다는 가설을 검증하기 위해 그가 내세운 게 '자연선택'과 '자웅 선택'의 개념이다. 자연은 엄격한 '생존 투쟁(경쟁)'의 장소이고, 이 투쟁 속에서 이겨 살아남는 것은 유리한 변이를 가진 개체이다. 이렇게 생존 경쟁에서 적자, 즉 이긴 자가 생존하고 그 다음 세대에서도 적자가 생존해 가는 형태로 선택이 이루어진다. 다윈은 이것을 '자연 선택'이라고 했다.

재배 식물이나 사육 가축이 인간에 의한 '인위 선택'으로 새로운 품종이 만들어지듯 '자연 선택'에 의해서도 변종이 생긴다. 뿐만 아니라 변이가 축적되고 결국 그것은 종으로서 확립된다. 특히 다윈은 "생존 경쟁은 자연과의 경쟁이나 다른 종과의 경쟁이 아니라 같은 종끼리의 경쟁"이라고 강조한다. 종은 오직 극단적인 상황에서만 대자연의 조건과 경쟁한다는 것이다. 사막이나 극지방은 어떤 개체도 생존하기 어렵다. 나머지 다른 자연환경에서는 단일 개체가 비교적 수월하게 생존할 수 있다. 사슴의 생존 경쟁에서 가장 치열한 경쟁은 호랑이가 아니라 다른 사슴이다. 그 이유를 동류의 개체가 똑같은 생존 조건을 가지고 있기 때문이라고 밝힌다.

다윈은 나아가 생존 경쟁에 의존성이라는 요소를 도입하고 '지속가능한 생존'이 가장 중요하고 성공적인 생존이라고 강조한다. "생존 경쟁이라는 말이 하나의 생물이 다른 생물에 의존한다는 것, 개체가 사는 일뿐 아니라 자손을 남기는 일에 성공한다는 것(이것이 더욱 중요한 일이다)을 내포하고 있으며, 넓은 의미에서 또 비유적인 의미로도 쓰인다는 점을 미리 말해두겠다." 예컨대 "사막에 돋아 있는 한 포기의 식물도 생존하기 위해 건조한 기후와 투쟁한다고 말할 수 있으나, 이것을 적절하게 말한다면 습기에 의존한다고 해야 할 것이다"라고 다윈은 설명한다.

강한 인간보다 사회적인 인간이 이긴다

그런데 다윈에게서 생존 경쟁의 적자는 가장 강한 자나 폭력적인 자가 아니라는 점에 유념해야 한다. 애완견도 난폭할수록 인간에 의해 인위 선택되는 것은 아니다. 자연에서도 자웅 선택이 이루어지는 새들의 구애 경쟁에서 난폭한 새가 암컷의 선택을 받는 게 아니다. 상대가 원하는, 즉 상대가 바라는 '조건'에 가장 잘 적응하는 자가 적자가 된다.

다윈은 인간에게도 동물의 종의 진화를 그대로 적용한다. 인간은 특별히 만들어진 것으로 보는 그리스도교 사상에 반해, 다윈은 인간을 동물로 보고 동물의 법칙을 적용해 인간의 유래에 대한 설을 여기서부터 전개한다. 동물은 다산으로 혹독한 생존 투쟁에 노출되어 자연 선택이 작용한 결과 유리한 변이가 보존되고 유해한 것은 제거되어 마침내 신종이 형성되었다는 진화이론을 그는 당시로서는 대담하게도 인간에게 적용했다. 이렇게 해서 '종의 기원'의 후속으로 나온 게 또 다른 명저인 '인간의 유래'이다. 그런데 다윈은 '인간의 유래'에서 인간은 배려와 이타심, 자기희생이 강한 종이 더 생존 경쟁에서 유리한 입지를 차지한다고 주장한다.

구성원의 추리력과 앞을 내다보는 능력이 발달해 만약 자신이 동료를 구하면 그 답례로 구조를 받게 됨을 배우는 것, 그리고 자선 행위를 하는 것이 습성이 되고 유전적이 된다는 것이다. "이렇게 해서 점차 도덕적 행위가 쌓여 서서히 몸에 배어서 용기 있고 동정심이 많으며 충실한 구성원을 많이 가지고 언제나 서로 위험을 바로 경고하고 서로 돕고 지키는 부족은 그렇지 않은 부족과의 싸움에서 승리해 사회적 자질, 도덕적 자질이 높은 인간이 늘고 퍼져 간다. 집단 생존 투쟁의 승리이다." 이는 애덤 스미스가 '보이지 않는 손'의 개념을 정립할 때 인간의 도덕 감정과 경험의 중요성을 강조한 인간관계 영향을 받은 것이다. 흔히 생존 경쟁을 떠올리면 힘세고 무자비한 인간이 적자생존할 것이라 생각하는데 다윈은 이러한 통념을 전복했다.

수백 년을 이어온 명문가가 여기에 해당할 것이다. 이기적인 수전노가 아무리 재산을 많이 가지고 있다고 해도 이웃들에게 베풀면서 사회적 관계 능력이 높은 사람에게는 생존 경쟁에서 낙오될 수밖에 없다. 실제로 졸부나 강포한 자가 늘 이기고 또 세대를 이어 지속되는 경우는 거의 볼 수 없다. 하버드대의 진화심리학자 스티븐 핑커가 쓴 '우리 본성의 선한 천사'에서는 인류의 역사를 통해서 폭력은 감소해 왔다고 강조한다. 인류는 갈수록 폭력적이기보다 그 반대였다는 것이다. 말하자면 핑커의 책은 다윈의 각주인 셈이다.

〈Chief Executive, KMAC, 2014. 10. pp. 68-70〉

1. 기업의 경영환경의 의미는 무엇인가?

기업조직에 영향을 미치는 경영환경과 환경변화에 대한 분석은 경영활동과 계획과정의 전제 조건이 된다. 환경에 대한 분석에서 얻어진 자료가 경영활동의 실제계획수립에 필요한 주된 입력정보가 되기 때문이다.

본장에서는 경영과 환경분석간의 관계를 네 가지 단계로 설명하기로 하겠다. 첫째, 조직의 외부환경의 구성요소(일반환경과 과업환경)들을 보다 자세히 살펴보고, 둘째, 조직의 내부적 환경을 조직자원의 관점에서 조명해 보며, 셋째, 외부환경의 요구 및 사업의 기회와 내부자원의 강점 및 약점을 통합적으로 접목시키는 관리자의 활동을 논의한다. 그리고 마지막으로 조직환경에 대한 적응 및 영향에 대해 간략하게 설명할 것이다.

1) 기업의 외부환경

조직의 유형에 관계없이 모든 조직은 외부환경과 부단히 상호작용을 하며, 특히 기업조직의 경우 외부환경과의 효과적인 상호작용관계를 유지하지 못하면 그 기업은 경영활동의 무대에서 사라지게 된다. 기업조직에 직접적으로 영향을 미치는 주된 외부환경적 이해집단으로는 공급업체, 고객 혹은 소비자, 경쟁업체, 정부기관 등을 들 수 있다. 그러나 이들 이해집단들과의 상호작용의 정도는 그 기업의 특성에 따라 다르다. 이와 같은 외부환경을 외부환경의 구성요소와 환경분석의 제 차원 등 두 가지 관점에서 살펴보기로 하자.

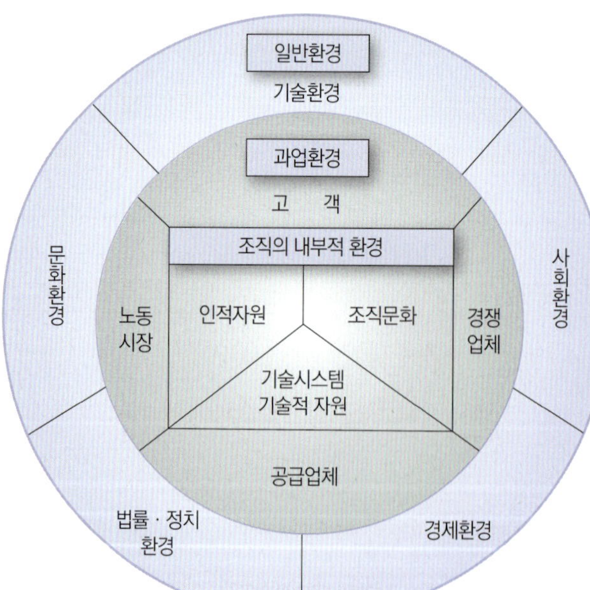

[그림 4-1] 조직의 외부환경(일반환경, 과업환경)과 조직의 내부환경

(1) 외부환경의 구성요소

많은 외부세력들이 기업조직의 경영활동에 영향을 미치고 있으며 기업조직은 이들에 대응하여 경영활동을 조정해 나간다. 이 같은 많은 외부환경의 구성요소들은 네 가지 유형으로 구분될 수 있는데 정치적(political) 환경, 경제적(economic) 환경, 사회 · 문화적(sociocultural) 환경, 기술적(technical) 환경 등이 그것이다. 그런데 이러한 각각의 환경요소는 그 기업조직의 특성에 따라 각기 다르게 영향을 미친다. 예를 들어, 기술환경은 컴퓨터산업체의 경우 매우 중요하지만 가구제조업체의 경우에는 컴퓨터산업체만큼 결정적인 영향을 미치지는 않는다. 그리고 시점에 따라서 어떤 특정한 환경요소의 변화는 다른 환경요소의 변화보다 더 중요한 영향을 미친다. 예를 들어, 자동차의 소비수요가 감소하면 즉각적인 반응으로서 생산공정의 재조정 및 종업원들의 감축 등이 초래되지만, 정부가 연료절약형 자동차를 생산하도록 규제하는 것과 같은 정치적 환경의 변화는 앞의 경우와는 달리 장기적인 대응을 필요로 한다.

이와 같은 외부환경의 요소들을 보다 구체적으로 설명하기에 앞서 어느 에너지회사의 경우를 들어 네 가지의 환경요소를 분석해 보면 〈표 4-1〉과 같다.[1)]

① 정치적 환경

기업의 성장발전은 국민경제의 성장에 기여하고, 고용기회를 증대시키며, 신제품이나 유용한 제품의 개발보급과 같은 긍정적인 측면이 있는 반면, 기업조직의 활동은 공해유발, 매점매석, 허위광고, 독과점의 폐해 등 사회에 바람직하지 못한 결과를 초래하는 부정적인 측면도 있다. 그래서 정부는 조세감면, 금융지원, 중소기업육성 등 기업활동을 촉진 · 보호하고 기업의 자율성을 보장해 주기도 하지만, 반면에 자유경쟁질서의 파괴, 공공이익의 침해 등과 같은 기업활동의 부정적 결과를 방지하기 위해 기업조직의 활동에 대해 여러 가지 규제를 가하게 된다. 즉, 상법, 세법, 공해방지법, 독과점규제법, 공정거래법, 품질의 규제법 등과 같은 법률을 제정하고 행정명령을 통해 기업조직의 활동에 영향을 미친다.

또한 기업은 국회나 정부에 대해 로비활동 등을 통해 정치환경에 대해 영향을 미치기도 한다. 이와 같이 기업은 정치적 이해집단으로서의 정부와 밀접한 관계 속에서 상호작용을 하는 것이다.

구성요소		예(에너지회사의 경우)
정치적 환경	사회의 일반적인 정치분위기, 정부의 규제와 보호, 새로운 법률의 제정	외국정부의 규제 및 국유화정책, OPEC, 입출항 금지, 거래국의 분쟁상태
경제적 환경	경제체계, 경기변동, 경제정책, 공급업자, 투자자, 소비자, 경쟁업자	생산원가 상승, 환율의 변화, 금리의 변화, 고객욕구의 변화와 다양성
사회 · 문화적 환경	사회 · 문화적 가치의 변화	자연자원의 파괴, 공해에 대한 사회의 관심, 환경보호에 대한 소비자의 태도
기술적 환경	기술혁신, 기술이전	태양열, 핵연료와 같은 대체에너지원의 개발

〈표 4-1〉 외부환경의 구성요소

② 경제적 환경

자유기업제도를 바탕으로 하는 시장경제체제 하에서는 기업조직은 소비자의 욕구를 충족시킬 수 있는 제품을 생산 · 판매해야 한다. 이를 위해 기업은 원재료 공급자의 확보, 종업원의 확보, 고객의 확보, 투자자를 통한 자금조달, 경쟁업체에 대응하기 위한 전략수립 등의 활동이 필요하다. 따라서 원재료시장, 노동시장, 소비자시장, 금융시장 등은 기업조직의 경제적 환경을 형성한다. 그리고 이 같은 시장 이외에도 산업구조, 재정정책, 금융정책, 경제여건, 인플레 등의 요인도 경제환경의 구성요인이 되고 있다. 즉, 개별기업의 생산, 재무, 인사, 마케팅 등과 같은 경영활동들은 이러한 경제환경의 변화에 직접적인 영향을 받는다.

③ 사회 · 문화적 환경

사회 · 문화적 환경이란 기업조직의 활동영역인 사회의 관습 및 문화, 인구통계학적인 변인, 사회구성원의 가치관 등을 포함하는데, 기업조직의 활동에 지대한 영향을 미친다. 특히, 이러한 사회 · 문화적 환경은 나라마다 다르기 때문에 다국적기업의 경우 매우 중요한 환경이 된다.

인구의 연령별 구성, 교육수준, 소득수준, 지리적 이동 등 인구통계학적인 변인들의 변화는 사업의 기회, 구매양식, 고용기회 등에 중요한 영향을 미친다. 그리고 소비자의 욕구, 기호, 취미, 생활방식 등은 소비자의 구매행동에 영향을 미치기 때문에 마케팅계획이나 제품계획 등에 이를 반영해야 한다. 또한 직업이나 일에 대한 종업원들의 태도 및 신념은 종업원의 직무수행 행동에 영향을 미친다. 실제로, 한국이나 일본, 미국, 유럽 등의 문화, 가치관, 관습, 전통 등의 차이는 국가마다 각기 다른 관리시스템이 창출되는 데 영향을 미친다.

그러면 문화적 차이라고 할 때 문화란 무엇을 의미하는가? 문화는 여러 가지로 정의되고 있으나 기본적으로 문화란 한 사회의 경제적 · 사회적 · 정치적 · 교육적 · 법률적 태도 및 신념과 관련된 개괄적 개념으로 이해되고 있다. 최근에 와서 이러한 문화가 경영에 미치는 영향에 대한 연구가 활발하게 진행되고 있으며, 이는 비교경영학연구의 중요성이 인식되는 계기가 되었다.

④ 기술적 환경

경영의 관점에서 볼 때 기술적 환경의 변화는 매우 빠를 뿐만 아니라 기업조직에 중대한 영향을 미친다. 경영자는 기술환경의 두 가지 요소에 특히 관심을 기울여야 한다. 즉, 기술혁신의 과정(the process of innovation)과 기술이전의 과정(the process of technology transfer)이 그것이다. 전자는 새로운 기술, 새로운 제조과정 · 방법 및 제품을 개발하기 위한 기초과학에 있어서의 연구노력을 의미한다. 많은 조직에서 이 같은 과정을 담당하고 있는 부서를 연구개발(R & D)부서라고 부른다. 그리고 후자는 새로운 과학적인 연구결과가 유용한 제품생산에 적용되는 것을 의미한다.[2)] 이 같은 기술이전현상은 산업 내에서 또는 산업 간에 일어난다. 최근 컴퓨터산업의 기술이 다른 산업분야에 이전되고 있는 현상은 산업 간에 일어나고 있는 기술이전의 사례이다.

이 같은 기술환경의 요인들은 경영자에게 적어도 두 가지의 시사점을 제시하고 있다. 첫째는 새로운 기술의 영향으로 제품진부화(product obsolescence)와 경쟁이 증가한다. 그리고 새로운 기술의 등장으로 신제품이 쏟아져 나오고 따라서 새로운 사업기회도 증가한다. 둘째는 기술변화에 대한 정교한 감시 및 예측기법의 필요성이 증대된다는 것이다. 따라서 경영자는 경쟁적 지위를 계속적으로 유지하기 위해 산업 내외에서의 기술발전을 감시하고 예측하기 위한 통합적 기술과 진단적 기술을 개발해가야 한다.

(2) 외부환경의 구성차원

기업조직의 외부환경에 대한 이상과 같은 설명을 기초로 경영환경을 두 가지 차원으로 분류해 볼 수 있다. 〈표 4-2〉와 [그림 4-2]에서 볼 수 있는 바와 같이 이 환경의 두 핵심차원은 '변화의 정도(degree of change)'와 '복잡성의 정도(degree of complexity)'이다.[3)]

변화의 정도 →

복잡성의 정도 ↑	안정적 환경	동태적 환경
복잡한 환경	• 안정적이고 예측가능한 환경 • 제품의 종류는 많다. • 고객, 공급업자, 경쟁자의 수가 많다. • 정교한 지식의 필요성이 높다.	• 동태적이고 예측불가능한 환경 • 제품의 종류는 많다. • 고객, 공급업자, 경쟁자의 수가 많다. • 정교한 지식의 필요성이 높다.
단순한 환경	• 안정적이고 예측가능한 환경 • 제품의 종류는 적다. • 고객, 공급업자, 경쟁자의 수가 적다. • 정교한 지식의 필요성이 낮다.	• 동태적이고 예측불가능한 환경 • 제품의 종류는 적다. • 고객, 공급업자, 경쟁자의 수기 적디. • 정교한 지식의 필요성이 낮다.

〈표 4-2〉 환경의 두 차원

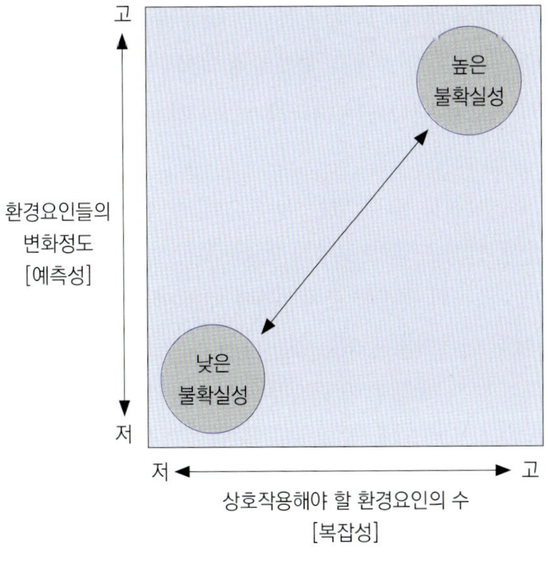

[그림 4-2] 외부환경과 불확실성에 관한 Duncan 모형

변화의 정도는 환경요소들이 안정적인지 아니면 동태적 상태에 있는지의 정도를 나타내는 차원이다. 환경이 안정적이면 특정한 환경적 상황이 시간의 경과에 따라 거의 일정하게 반복되기 때문에 경영자는 미래를 예측할 수 있다. 그러나 환경적 상황의 변화가 빈번하고 심하면 미래에 대한 예측력이 낮아진다.

환경 내의 다양한 요인들이 환경을 안정적이거나 혹은 동태적이 되게 한다. 예측불허의 경제상태의 변화, 급속한 소비자의 기호와 수요에 대한 변화, 불안정한 정부(정국), 다양한 이해집단들의 영향력 증대, 급격히 변화하는 기술 등이 그것이다. 여기서 동태적이란 의미는 환경적 요인들이 날씨처럼 변화무쌍하다는 뜻이 아니라, 동태적 환경이란 경영자가 과거의 패턴이나 추세로부터 앞을 예측하기 힘든 환경을 뜻한다.

복잡성의 정도는 기업조직 환경의 '단순성-복잡성의 연속체'를 나타내는 차원이다. 두 가지 요인이 조직환경의 복잡성의 정도에 영향을 미친다. 첫 번째 요인은 기업조직이 상호작용해야 할 환경적 이해집단의 수 혹은 다양성이다. 많은 수의 소비자, 많은 수의 공급업체, 많은 수의 경쟁업체 등이 그것이다. 그리고 두 번째 요인은 환경이 매우 복잡하기 때문에 그 환경이 조직으로 하여금 제품이나 소비자 등에 대해 많은 정교한 지식을 가지고 있을 필요성을 높이는 정도이다. 그래서 목장경영자의 환경은 단순하다. 왜냐하면 생산된 우유를 협동조합이나 슈퍼마켓에 공급만 하면 되기 때문에 상호작용하는 집단의 수에 있어서나 환경에 대한 정교한 지식의 필요성이 낮기 때문이다. 그러나 창업 중인 벤처기업의 경영자는 환경 내의 다양한 집단들과 상호작용해야 하고, 여러 분야에 걸친 정교한 지식을 필요로 하기 때문에 그 벤처기업은 매우 동태적이고 복잡한 환경에 처해 있다고 볼 수 있다.

(3) 외부환경의 분석

경제 · 정치 · 사회 · 기술적 환경 등은 현대 기업조직의 활동에 결정적인 영향을 미치기 때문에 통제가 불가능한 환경에 대해서는 창조적으로 적응해 가야 할 뿐만 아니라 이들 환경변화에 대처하기 위해 경영자는 기업의 환경을 정확하게 파악 · 분석하고 최대한 예측할 수 있어야 한다. 특히, 경영활동이 국경을 넘나드는 다국적기업인 경우에 환경의 복잡성에서 오는 문제는 더욱 중요하다.

〈표 4-2〉와 [그림 4-2]에서도 볼 수 있는 바와 같이, 두 환경적 차원이 결합하여 환경의 불확실성을 결정한다. 환경이 '안정-단순'으로부터 '동태-복잡'으로 변화해감에 따라 환경에 대한 구체적인 정보가 결여되고, 조직의 특정한 조치결과에 대한 예측력이 감소하게 되어 경영의사결정은 고도의 불확실성 하에서 이루어지게 되는 것이다.

한편, [그림 4-3]에서 보는 바와 같이 환경분석은 경영의 효과성에 매우 중요한 일련의 요인들을 파악할 수 있도록 해주기 때문에 큰 의미를 가진다. 그러한 중요한 요인들은 사업의 기회(opportunities)요인, 위협(threats)요인, 그리고 제약요인(constraints)이다.

환경분석을 통해서 우리는 기업조직이 제공할 수 있는 제품이나 서비스의 사업기회를 식별할 수 있다. 예를 들어, 1970년대의 에너지위기(석유파동)는 조직으로 하여금 새로운 유형의 연료를

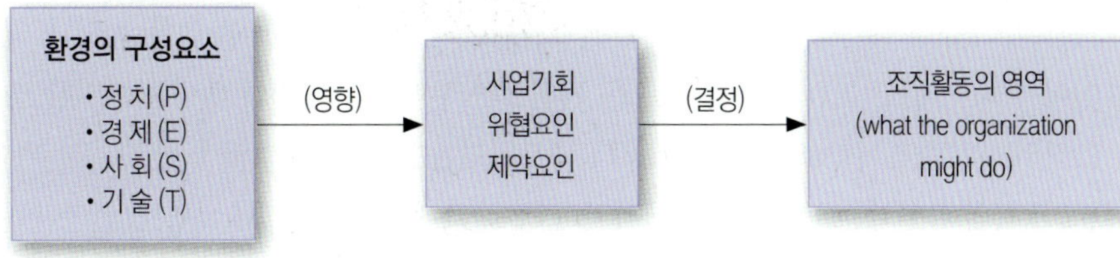

[그림 4-3] 외부환경의 분석 PEST 모형

개발할 수 있는 기회를 제공하였을 뿐만 아니라 전기자동차의 개발, 알콜연료의 대중화 등 연료의 능률적인 활용방법을 탐구하도록 하였다. 그리고 또 환경분석을 통해 우리는 기업조직의 효과성에 대한 위협요인들을 식별할 수 있다. 예를 들어, 미국의 재봉회사인 Singer사는 환경분석의 결과, 많은 여성들이 전일노동을 필요로 하는 직장을 갖게 됨에 따라 재봉틀의 수요가 감소될 것(위협요인)이라는 사실을 예측하게 되었던 것이다.

그리고 또 환경분석을 통해 우리는 기업조직의 경영활동에 대한 제약요인을 식별하게 된다. 앞에서도 언급한 바와 같이 기업조직의 활동은 정부의 규제, 문화적 규범, 한정된 자본, 현존하는 기술의 한계 및 그 밖의 요인들에 의해 제약을 받게 된다.

환경분석을 통해 파악된 사업의 기회, 위협요인, 제약요인 등을 결합하여 미래의 경영활동을 위한 기반(what the organization might do)을 설정하게 된다.

환경분석에 관한 지금까지의 설명을 요약하여 [그림 4-3]과 같다.

2) 기업조직의 내부환경

제품이나 서비스를 생산 · 판매할 수 있는 외부환경적 기회는 조직의 활동영역과 존속의 기반

기업조직의 자원	자원의 내용
재정적 자원	• 자금조달능력(주식발행, 사채발행, 유보이익, 운전자금) • 재무자원의 배분능력(예산편성의 과정, 수익성이 가장 높은 부문에 재무자원을 배분하고 있는가의 여부) • 재무자원의 통제능력(컴퓨터에 의한 재무구조의 모델 활용)
물적자원	• 우수한 공장설비(제조공장의 능률성, 연구 및 실험시설, 창고 및 기계설비) • 공장의 입지(시장접근성, 원재료 공급, 노동력 공급의 용이성, 수송수단의 활용성) • 원자재 확보(원자재 공급의 장기적 계약 등)
인적자원	• 전문인력(제조, 공급 및 과학분야의 전문지식을 갖춘 인력을 확보하고 있는 정도 : 과학자, 기술, 생산 및 품질관리전문가, 컴퓨터시스템전문가 등) • 관리인력(유능한 관리자의 확보 등)
정보 및 기술적 자원	• 시스템(품질관리모델, 보상시스템, 유통시스템, 정보시스템, 이익분배제도 등) • 기술능력(특허, 고품질의 제품생산, 소비자의 상표충성도 등)

〈표 4-3〉 기업조직의 자원

을 제공해 준다. 그러나 조직이 환경적인 기회를 이용하여 구체적인 경영활동으로 들어가기 위해서는 기업조직은 경영활동을 수행하여 일정한 목적을 달성할 수 있는 능력과 역량을 가지고 있어야 하는데, 이러한 능력과 역량은 기업조직의 자원과 관련이 있다. 이러한 조직의 자원을 조직의 내부환경이라고 부른다. 조직의 내부환경은 그 조직이 무엇을 할 수 있는가를 결정해 준다. 조직의 자원에는 〈표 4-3〉에 제시된 바와 같이 재정적 자원, 물적자원, 인적자원, 정보 및 기술적 자원 등이 있다.

기업조직의 내부환경을 구성하는 조직의 자원을 평가하여 기업조직의 강점과 약점을 파악한 뒤 경영자의 가치시스템(value system)에 따라 기업조직이 무엇을 할 수 있는가를 결정하게 된다.

3) 외부환경과 내부환경분석을 통한 전략수립

경영전략이란 "조직목표의 달성을 위해 조직활동의 내용과 방향을 결정하기 위한 지침이 될 수 있는 포괄적이고 통합적인 틀이다." 라고 정의할 수 있다.[4] 따라서 전략계획은 제품이나 시장과 같이 기업조직의 활동영역을 결정하는 전략적 의사결정인 것이다. 그런데 이 같은 전략수립은 앞서 설명한 기업조직의 외부환경과 내부환경의 조화를 통해 이루어진다.

기업조직이 외부환경을 분석하고 예측하여 경영활동의 기회와 위협요인 및 제약요인 등을 식별하고 나면 기업조직의 활동가능영역을 찾아낼 수 있게 되며, 이어서 기업의 내부환경을 분석하고 평가함으로써 기업조직의 강점과 약점을 식별할 수 있게 된다. 그리하여 기업조직은 강점을 살릴 수 있고 약점을 보완할 수 있는 기회를 선택하고 위협을 피할 수 있는 전략적 대안을 선택하고 이러한 대안들을 분석 · 평가하여 하나의 전략을 결정하게 된다. 즉, 제품, 시장, 수직적 통합(vertical integration), 합병(M&A), 퇴각(retreat) 등과 같은 기업조직의 행동방향을 결정하는 것이다. 그런데 이 같은 경영전략설정과정의 전반적인 단계에서 경영자의 가치관이 크게 영향을 미친다.

이러한 과정을 통해 전략이 결정되면, 이를 근거로 전략의 구체적 실천계획이 수립된다. 이러한 관계를 그림으로 나타내면 [그림 4-4]와 같다.

4) 조직의 환경에 대한 적응과 영향관계

기업조직의 여러 환경적 요인들은 조직관리에 불확실성을 초래한다. 따라서 조직은 이러한 불확실성의 상황을 극복하기 위해 환경에 적응하든지 아니면 환경에 영향을 미쳐야 한다. 다시 말

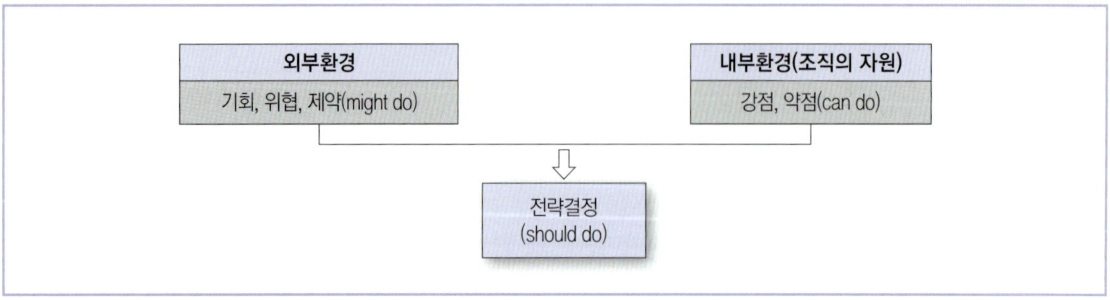

[그림 4-4] 외부환경과 내부환경의 적합모형

해, 경영자는 환경의 불확실성을 효과적으로 관리해야 한다는 것이다.

여기서 불확실성이란 관리자가 환경을 이해하고, 환경의 요구와 변화를 예측하기 위한 충분한 정보를 가지지 못한 상황을 의미한다. 불확실성에 영향을 미치는 환경적 특성은 조직에 영향을 미치는 환경적 요인이나 환경적 이해집단의 수(the number of environmental factors)와 이러한 요인들이 변화하는 정도(the extend to which those factors change)이다. 이 같은 고도의 환경적 불확실성에 대처하기 위한 두 가지의 기본적인 전략은 ① 조직이 환경변화에 적응하는 것과 ② 환경에 영향을 미쳐 조직과 양립하는 것이다.

(1) 환경에 대한 적응

만약 조직이 경쟁업체, 고객, 공급업체, 정부규제 등과 관련된 불확실성을 직면하고 있다면 이러한 환경변화에 적응하기 위한 몇 가지 전략을 활용할 수 있다. 경계역할(boundary-spanning roles), 계획과 예측, 유연한 조직구조, 합병 및 조인트 벤처 등이 그것이다.

① 경계역할의 증대

경계역할이란 조직을 외부환경의 핵심적인 요인과 연결하고 소성하는 역할이다. 이러한 역할의 담당자(boundary spanners)는 조직을 위해 두 가지 목적을 수행한다. 그 하나는 환경 내의 변화에 대한 정보를 조사하여 수집 · 처리하는 것이고, 다른 하나는 환경에 대하여 조직의 이익을 대변하는 것이다. 예를 들어, 마케팅부서나 구매부서는 고객이나 공급업체와의 관계를 위해 시장조사를 통해 정보를 수집하고 처리하며, 고객과의 접촉이나 거래를 통해 조직의 이익을 대변한다.

② 미래의 예측 및 계획

미래의 환경변화에 대한 예측 및 계획은 모든 조직의 기본적 활동이다. 환경의 불확실성이 높아지면 조직은 전략기능을 강화하고 추세분석 및 계량적 경제모형 등을 활용하여 미래를 보다 정확히 예측하려고 한다.

③ 유연한 조직구조

조직구조 역시 환경의 변화에 효과적으로 반응할 수 있도록 편성되어야 한다. 연구에 의하면 조직이 환경변화에 의한 불확실성을 경험하거나 조직혁신이 요구될 때에는 유연한 조직구조가 가장 효과적이라고 한다. 이러한 유연한 조직구조를 유기적 조직구조(organic structure)라고 부르기도 한다. 유기적 조직구조의 특성은 정보의 자유로운 흐름, 규칙과 규제의 최소화, 팀워크의 고무, 의사결정권의 분권화, 권한의 위양 등이다.

④ 합병 및 조인트벤처

다른 회사나 경쟁회사와의 합병이나 조인트벤처(joint venture)도 불확실성을 줄이는 한 가지 방법이다. 합병이란 경쟁력강화를 위해 두 개 이상의 회사가 하나의 회사로 흡수 · 통합하는 것이다. 그리고 조인트벤처는 두 조직 이상에 의한 전략적 제휴나 합작기업형태를 의미한다.

(2) 환경에 대한 영향

환경의 불확실성을 다루는 또 하나의 전략은 문제를 야기하는 환경요소들을 변화시키기 위해 영향력을 행사하는 것이다. 이 경우에 널리 활용하고 있는 기법은 광고 및 홍보활동, 정치적 활동, 동업자협회의 활동 등이다.

① 광고 및 홍보활동

광고는 기업의 제품에 대한 수요를 창출하기 위한 매우 강력한 수단이며, 고객에 대한 불확실성을 줄이는 중요한 방법이 되고 있다. 홍보활동도 광고와 마찬가지로 회사에 대한 일반대중이나 소비자의 이미지를 높이는 데 영향을 미친다.

② 정치적 활동

정치적 활동(political activity)이란 정부의 입법이나 규제의 제정에 영향을 미치려는 조직활동이다. 기업들 가운데 로비스트를 통해 자신들의 조직활동에 장애가 되는 규제를 풀거나 혹은 제정하지 못하도록 정부기관에 영향을 행사하는 활동 등이 여기에 속한다.

③ 동업자협회의 활동

대부분의 기업조직들은 자신들의 이익을 보호하기 위해 전국경제인연합회 등과 같은 동업자협회(trade association)를 결성한다. 이러한 동업자협회를 통해 자금 및 인력을 결집하고 외부적 환경에 영향을 미치려 한다.

연습문제

1. 다음과 같은 환경적 이해집단들에 대하여 기업이 어떻게 영향을 미치고 있으며, 또 이들 이해집단들에 의하여 기업은 어떻게 영향을 받고 있는지 설명해 보자.
   ① 소비자　② 정부　③ 거래처　④ 종업원
   ⑤ 지역사회　⑥ 금융기관　⑦ 공급업자　⑧ 주주
2. 중국의 경제적 급성장이 우리나라의 경제에 미치는 영향을 기회요소와 위협요소를 중심으로 이야기해 보자.
3. 여러분이 최근에 인터넷 게임방을 학교근처에 창업하였다고 가정하고, 창업에 따른 외부환경을 구성요소와 두 가지 핵심차원에 따라 분석해 보자.
4. 잘 알고 지내는 경영자나 여러분 부모님과의 대화를 통해 현재와 비교하여 1970~80년대의 기업경영을 위한 환경은 어떻게 달랐는지 알아보자.
5. 환경변화에 대한 올바른 예측을 통해 성공을 이룬 기업이나 경영자 혹은 창업자의 사례를 인터넷이나 경제신문 등을 통해 조사하여 발표해 보자.

사례

다음 표는 우리에게 친숙한 우리나라의 대표적 기업들의 외부환경을 소비자 혹은 주식을 투자한 주주의 입장에서 파악하기 위해 그 환경이 제공하고 있는 사업기회, 위협요인, 제약요인을 판단해 보도록 하기 위한 것이다.
최근에 보도된 해당기업과 관련산입에 대한 신문 혹은 뉴스내용 등을 기초로 각 기업들의 환경을 고려하면서 표의 빈칸에 각 요인에 대한 적절한 분석내용을 정리해 보자.

환경 / 기업조직	외부환경이 제공하는 기회요인	외부환경이 제공하는 위협요인	제약요인
삼성전자			
GM대우자동차			
대북 경협을 주도하는 현대아산			
LG홈쇼핑			

인터넷 사례

인터넷검색을 통해 북한의 기업경영환경을 살펴보고, 우리기업이 북한의 경제특구에 진출했을 때 예상되는 긍정적인 측면과 부정적인 측면을 중소기업, 대기업 그리고 경제전반의 차원으로 구분하여 분석해 보자.

시뮬레이션 〉 조직과 이해집단

활동내용

7명으로 구성된 여러 개의 소집단을 구성한다. 각 소집단에서 한 사람의 대표자를 선정한다. 그리고 회사를 대표하는 관리자들을 임명하여 하나의 회사를 만든다. 구성된 각 소집단이 지역사회, 종업원, 정부기관, 주주, 소비자, 교육기관 및 공급업자 등을 대표하게 한다. 그리고 회사를 대표하는 관리자들 중에서 한 사람을 임명하여 기업조직을 대표하여 기업을 변호하게 한다. 그리하여 각 소집단의 대표자들은 그들이 대표하고 있는 각 이해자집단들이 실제로 기업 측에 요구하게 될 것이라고 생각되는 내용의 요구조건을 기업경영자 측에 제시한다. 그 같은 요구조건의 제시가 모두 끝나고 나면 경영자측을 대표하는 한 사람이 그 같은 요구조건을 어떻게 이행할 것인가를 설명하고 또 그 같은 요구조건을 이행할 수 없다면 그 이유를 설명한다.

토의문제

(1) 서로 다른 소집단의 요구조건들 간에 상호모순은 없었는가? 있었다면 그 같은 상호모순이 관리자 측의 요구조건 이행에 어떤 영향을 미칠 수 있는가?

(2) 기업의 관리목표인 수익의 증대는 이와 같은 요구조건들의 이행과 어떻게 양립할 수 있는가?

(3) 상호 영향관계에 있는 그 밖의 이해자집단을 생각해 보라. 그들의 주요한 관심사는 무엇이겠는가?

쉼터

화가와 의사

한 화가가 자신의 그림이 전시된 화랑의 주인에게 사람들의 반응을 물었다. 화랑 주인은 "반가운 소식도 있고 그렇지 않은 소식도 있어요"라고 답했다.
"우선 좋은 소식입니다. 어떤 신사가 당신 작품에 관해 문의하더니, 당신이 죽고 나면 그림값이 오를 것 같으냐고 묻더군요. 값이 오를 거라고 했더니 열다섯 폭을 몽땅 샀어요"라고 덧붙였다.
"그래요?"라며 화가는 감탄했다
"그럼 나쁜 소식은 뭔데요?"
화랑 주인 왈,
"그 사람은 당신을 봐주고 있는 의사랍니다"

미주

1. A.D. Szilagyi, Jr., *Management and Performance*, Goodyear Publishing Co. Inc., Santa Monica, Cal., 1981, p. 97.
2. J.M. Uttrerback, "Innovation in Industry and Diffusion of Technology," *Science*, Feb. 1974, pp. 20-26.
3. H. Mintzberg, *The Structuring of Organizations*, Prentice-Hall inc., Englewood Cliffs, N. J., 1979, p. 286.
4. A.D. Szilagyi, Jr., *Management and Performance*, Goodyear Publishing Co. Inc., Santa Monica, C 1981, p. 175.

위대한 리더가 되고자 하는 사람은 자신의 최고 능력을 발휘하여 섬길 수 있는 능력을 개발해야 합니다.
"아무든지 첫째가 되고자 하면 … 뭇사람을 섬기는 자가 되어야 하리라."」 ―마가복음 9장 35절

2부 관리과정

개요 >

경영학이란 조직이 일정한 목표를 달성하기 위해 환경과 상호작용하면서 관리기능을 통해 조직의 자원을 조직의 활동에 효과적이고 능률적으로 투입 · 통합 · 조정하는 과정을 연구하는 학문이다. 제2부에서는 경영자가 수행하는 다섯 가지의 기본적 관리기능 내지는 관리과정에 관하여 다루고자 한다. 이러한 관리기능은 의사결정으로부터 시작하여 계획과 전략, 조직화, 지휘(리더십을 통한 지휘, 동기부여를 통한 지휘, 의사소통을 통한 지휘), 그리고, 통제로 구성되어 있다. 전통적으로 경영학에서는 관리기능을 조직의 자원을 투입 · 통합 · 조정하는 변환과정의 하나로서 다루어왔다. 이러한 관리기능은 급격히 변하는 환경에 기업이 적응하고 경쟁에서 살아남기 위해 조직활동을 효과적이고 능률적으로 수행할 수 있도록 도움을 주는 기능들이다.

먼저 제5장에서는 의사결정, 제6장에서는 계획과 전략, 제7장에서는 조직화, 제8장에서는 지휘, 그리고 제9장에서는 통제에 관하여 살펴보고자 한다.

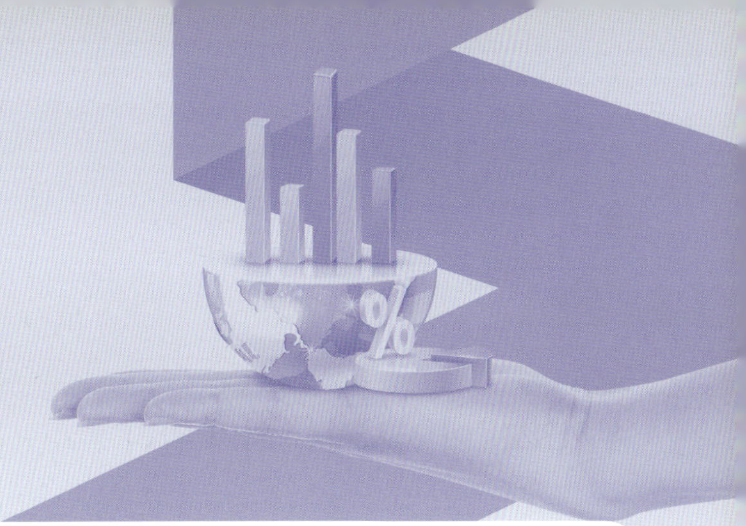

제5장 | 의사결정

경영자가 수행하는 4가지 기본적인 관리기능 내지는 관리과정(계획화, 조직화, 지휘, 통제)에서 모든 경영자들은 의사결정을 하게 된다. 즉, 정보를 수집하고 그것을 기초로 하여 결정을 내리고 이를 실행한다. 이들 4가지 관리기능 모두가 경영자들로 하여금 의사결정을 하도록 요구하기 때문이다. 따라서 본장에서는 이러한 의사결정의 기본개념과 의사결정유형, 의사결정의 상황, 의사결정의 단계, 의사결정의 모형, 그리고 집단의사결정에 대하여 설명하고 있다. 그리고 연습과제와 사례연구를 통하여 응용학습의 기회를 마련하였다.

이 장을 읽어가는 동안 이것만은 이해하시기 바랍니다.

1. 의사결정이란 무엇인가?
2. 의사결정의 유형은 무엇인가?
3. 의사결정의 상황에는 어떤 것들이 있는가?
4. 의사결정은 어떤 단계를 거쳐 이루어지는가?
5. 집단의사결정 기법은 어떤 것들이 있는가?

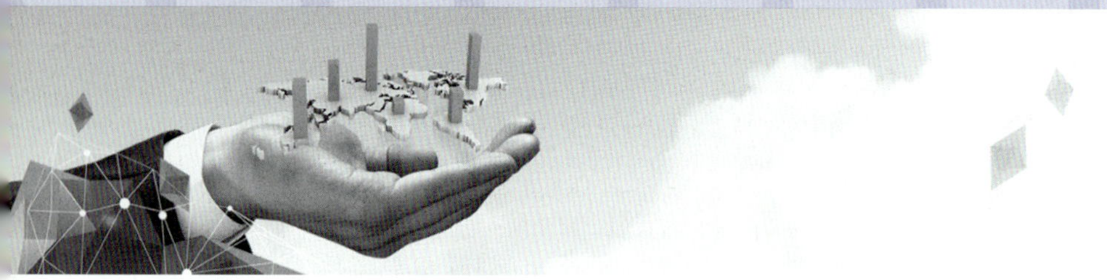

제5장 사례 >

'무한도전'이 시사하는 위기 관리

최고의 인기를 구가하고 있는 TV 프로그램 '무한도전'이 탄탄대로만 걸어온 것은 아니다. 여느 프로그램처럼 '무한도전' 또한 끊임없이 위기에 직면했다. 하지만 위기 앞에 쓰러진 경쟁자들과 달리 '무한도전'은 고정 시청자를 확보하고 10년 동안 꾸준한 인기를 누리고 있다. 어떻게 '무한도전'은 '무모한 도전'에 성공했을까. 2015년 1월 4일 KMA가 주최한 리더스모닝포럼을 통해 김태호 PD가 말하는 '무한도전'의 성공 전략을 들어보자. 대체로 고만고만한 인지도에 그다지 특출한 외모도 없는 6명의 개그맨이 있었다. 인기 아이돌 멤버가 출연하던 경쟁사 프로그램에 비교하면 시작부터가 말 그대로 '무(모)한 도전'이었다. 하지만 방영 10주년을 앞둔 지금 '무한도전'은 단순한 90분짜리 예능이 아닌 한 방송사의 대표 브랜드로 자리매김했다.

위기에 대한 인식이 성장의 계기를 만든다

'무한도전'은 2005년 프로그램이 처음 만들어지고 두 달 만에 바닥 시청률이라는 위기를 맞는다. 다른 공중파 방송이 기본 15% 시청률을 확보한 데 반해 기껏해야 4%, 많으면 4.5%를 웃도는 수준이었다. 인기가 많은 사람도, 외모가 특출한 사람도 없었던 것이 한 원인이었겠지만 결정적으로 방송이 재미없는 것이 문제였다.

'어떻게 하면 더 재미있는 프로그램을 만들 수 있을까.' 시작은 아주 단순한 질문에서 출발했다. 문제는 출연자가 아니었다. 촬영장의 분위기는 방송과 반대로 훨씬 재미있었다. 질문은 제작자에게 돌아왔다. 촬영장의 재미와 분위기를 방송에 그대로 담아내는 건 오롯이 제작자의 몫이었다.

1명이 아닌 6명이 만드는 '무한도전'

'무한도전만의 재미와 분위기를 방송에 그대로 담아내기 위해서 제작자가 어떻게 해야 할까.' 위기에 대한 작은 질문이 '무한도전'에 대한 새로운 시도로 이어졌다. 변화를 위해서는 기획에서 편집에 이르는 모든 과정에 대한 재검토가 필요했다. 기획 단계부터 바꿨다. 제작진은 가장 먼저 출연진이 원하는 바를 프로그램을 수렴했다. 출연진은 '게스트를 띄워주기보다는 출연자 스스로가 중심이 되는' 방송을 요구했다. 지금이야 이러한 개념이 익숙해졌지만 당시에 게스트를 포기하는 것은 시청률에 대한 도박이었다.

촬영방식의 변화도 이어졌다. 말소리가 겹치는, 소위 '오디오 물림' 현상을 피하기 위해 출연자는 본인이 원해도 마음대로 말할 수 없었다. 비슷한 시기에 방송된 MBC '브레인 서바이벌'처럼 진행자가 모든 발언 기회를 쥐고 나머지 출연자에게 말할 수 있는 기회를 주고 있었다. 또 기존의 제작방식에서 '무한도전'을 촬영하는 데 할당된 카메라는 2대뿐이었다. MC, 그리고 MC와 대화하는 나머지 출연자에게 각각 한 대면 충분했기 때문이다. 하지만 모든 멤버를 프로그램의 주인공으로 끌고 가기 위해서는 2대의 카메라로 부족했다. 가장 먼저 바뀐 것은 카메라의 수였다. 지금처럼 출연자 간 자유로운 대화가 가능해진 대신 이를 촬영할 수 있도록 한 멤버당 카메라를 하나씩 배치하고 전경을 찍기 위한 카메라까지 포함해 총 8대로 늘렸다.

편집은 당연히 더 어려워졌다. 편집해야 할 영상의 분량이 4배로 늘어나고 그만큼의 시간도 더 들어갔다. 프로그램의 재미는 얻었지만 출연자끼리 말소리가 섞여 잘 들리지 않는 문제를 보완해야 했다. 자막은 편집과정에서 프로그램의 전달력 문제를 해결한 일등공신이었다. 지금도 '무한도전'은 자막만 봐도 무슨 내용인지 이해할 수 있을 만큼 촘촘한 자막으로 유명하다.

하지만 '무한도전'이 자막을 통해 큰 반향을 얻은 이유는 자막의 양 때문이 아니다. 시청자들의 피드백을 예상해 적는 새로운 형식의 자막을 시도했다는 데 있다. 지금까지의 자막이 철저히 프로그램의 의노반을 상소하고 세작자의 입장만 나열하던 것과 달리 자막에 대한 공감대가 새로운 재미를 만들어낼 수 있었다.

살아남기 위해서는 이유가 필요하다

기업에게 소비자가 있다면 방송에겐 시청자가 있다. 기업은 어떻게 상품을 만들어야 소비자가 이 물건을 살까에 대해 고민한다. 마찬가지로 지난 10년 동안의 '무한도전'은 '시청자가 어떻게 하면 이 프로그램을 재미있게 볼까'에 대한 고민의 과정이었다.

토요일 저녁의 수많은 유혹 대신 '무한도전'을 꼭 봐야 하는 이유를 제작진은 어떻게 만들 수 있었을까. 핵심은 매주 도전하는 새로운 아이디어에 있었다. 새로운 제작방식은 새로운 내용으로 채워졌다. 매 여름마다 경기도 인근 폐교에 가서 공포 체험을 하거나 괌 또는 사이판을 가서 줄다리기 물놀이를 하는 식의 예능 클리셰가 '무한도전'에는 없었다. 애초에 게스트가 없는 프로그램이었기 때문이다. 게스트가 아닌 새로운 이유가 필요했다.

'무한도전'의 색깔이 다른 프로그램과 명확히 달리질 수 있었던 계기가 바로 여기에 있다. 게스트를 섭외하는 데 들일 시간은 고스란히 매주 프로그램의 아이디어를 기획하는 데 투자했다. 참신한 아이디어에 대한 기대감은 예능 방송의 새로운 포지션을 열 수 있었다.

'새로운 아이디어' 발굴을 위한 3가지 포인트

김태호 PD가 소개한 '무한도전'의 '새로운 아이디어'에는 세 가지 특징이 있다. 첫 번째로 단발성 프로그램보다는 장기적인 프로젝트의 기획비중이 높아졌다. 두 번째는 프로그램의 위기상황을 숨기지 않고 정면 돌파를 선택했다. 마지막으로 소재보다는 내용과 정체성에 더 큰 비중을 두었다.

Point 1 : 장기 프로젝트 : 보여줘야 믿는다

하이엔드 시장은 공산품이 아니라 오히려 수제품의 영역이다. 하지만 막상 수제품이 무조건 공산품보다 품질이 뛰어난 것만은 아니다. 단순히 품질보다는 수제의 희소성과 정교함, 제작자 등이 복합적으로 작용한다.

예능 프로그램과 연예인에게 항상 따라다니는 소위 '딴따라 이미지' 뒤에는 몇 마디 농담 따먹기로 공산품처럼 방송을 쉽게 찍어내고 쉽게 돈을 번다는 인식이 있었다. 오명을 벗기 위해서는 예능 프로그램이 노력 없이 금방 만들어진다는 굴레를 깨고 하이엔드 수제품이 되어야 했다. '지금보다 훨씬 더 많이 노력하자' 그리고 '기획부터 촬영까지 일련의 눈물겨운 과정을 보여주자'는 새로운 취지로 '무한도전'은 장기적인 프로젝트를 기획했다.

결과는 예상외로 많은 변화를 가져왔다. 먼저 시청자의 반응이 달라졌다. 하지만 이를 몸소 느낀 출연자의 태도는 더 많이 바뀌었다. 방송인의 기본 급여 단위인 일당과 무관하게 출연진은 프로그램의 발전을 위해 자발적으로 노력하고 시간을 투자하기 시작했다. '무한도전'6명이 '국민 희극배우'라는 PD의 프레임을 받아들이는 순간이었다.

Point 2 : 돌발 상황, 위기가 바로 기회이다.

2009년 소위 '리얼 버라이어티'를 표방한 모 예능의 대본이 공개되며 조작 논란에 휩싸였다. 리얼리티 형식에서 오는 재미의 한계를 보완하려 노력한 점은 누구나 이해했다. 하지만 그로 인해 시청자가 등을 돌리는 것 또한 프로그램이 감수해야 할 몫이었다. 프로그램이 스스로의 정체성을 포기하는 것은 시장에서 스스로의 포지션을 포기하는 것이나 마찬가지이다. 설사 그 정체성 때문에 위기가 닥친다 해도 해결책은 스스로를 포기하는 것이 아니라 자신의 상황에서 보여줄 수 있는 새로운 가치를 찾는 것이다.

가령 멤버들이 다치거나 출연자가 녹화를 할 수 없는 상황이 일어났을 때 보통은 어떻게든 실수를 감추고 넘어가는 것이 일반적이다. 실수를 인정하는 것은 관객에게 프로그램의 치부를 공개하는 것이나 다름없기 때문이다. 대본이나 인위적 조작을 최대한 배제한 '리얼 버라이어티' 장르의 '무한도전'은 다른 프로그램에 비해 리스크가 훨씬 컸다. 실제로 한번은 수 개월의 준비 기간과 수백 명의 인력을 투입한 대규모 프로젝트를 기획한 적이 있었다. 하지만 본격적인 촬영이 시작된 지 10여분 만에 한 출연자의 예상치 못한 행동으로 스토리가 허무하게 끝나버렸다.

그대로 프로젝트를 끝내면 손실을 감수해야 했지만 '무한도전'은 이미 벌어진 돌발 상황에 대해 숨기는 대신 방송을 내보냈다. 프로그램의 전체 내용은 제작자의 관점에서 예상하지 못한 황당한 해프닝으로 각색되었다. 돌발 상황을 숨기고 넘어갈 수도 있었을 것이다. 시청자가 실수를 잘 모르고 넘어갈 수도 있었을 것이다. 하지만 벼룩을 잡기 위해 집을 다 태워 먹을 수는 없었다.

2주 분량의 특집 프로그램이 갖는 단기적 손실을 피하는 것보다 더 중요한 것은 프로그램을 관통하는 '리얼리티'를 지키는 것이었다. 시청자를 제작자의 프레임에 놓고 돌발 상황에 대해 보여주면 위기는 프로그램의 결점이 아닌 새로운 재밌는 상황으로 해석될 수 있었다.

Point 3 : 가장 중요한 것은 정체성이다.

기업에게는 광고가 중요하다. 마찬가지로 방송 프로그램에도 그들을 광고해 줄 '게스트'가 필요하다. 하지만 게스트 같은 소재가 시청자를 잡아둘 수 있는 시간은 대개 기껏해야 15분을 넘지 못하는 반면 알찬 내용은 시청자를 방송이 끝날 때까지 붙잡아 둘 수 있다. 생존을 위해 필요한 것은 산소 호흡기가 아니라 스스로 숨을 쉴 수 있는 힘을 기르는 데 있다.

슈퍼스타를 섭외하는 것은 프로그램의 시청률을 직접적으로 끌어올릴 수 있는 매력적인 소재다. 하지만 제작자는 좋은 소재가 프로그램의 정체성과 어울리지 못하면 이를 과감히 버릴 수 있어야 한다. 한 번은 '무한도전' 팀이 '가장 관객이 모이기 힘든 시간대에 서울 한강 중심에서 가요제를 펼치면 얼마나 올까'에 대한 궁금증으로 가요제를 기획한 적이 있다. 공교롭게도 미국의 팝스타 레이디 가가의 내한 일정이 겹쳐 섭외에도 성공했고, 예정대로라면 레이디 가가 한 사람만으로도 큰 홍보를 할 수 있는 상황이었다. 그런데 문제는 레이디 가가가 프로그램의 콘셉트를 이해하지 못하고 좋은 음향 장비와 공연 장소, 시간대 변경을 요구한 데서 불거졌다. 아쉽지만 제작진은 레이디 가가의 출연을 고사했다.

좋은 소재를 포기하는 것이 쉬운 결정은 아니다. 방송제작자이든 기업이든 놓치고 싶지 않은 소재가 당연히 있기 마련이다. 하지만 프로그램의 콘셉트를 담보로 눈앞의 손실에 연연하는 것은 전체를 더 큰 위험에 빠뜨릴 수 있다.

'무한도전' 이 시사하는 '혁신' 의 전략

방영 10년, '무한도전'은 MBC '강력 추천 토요일'의 코너로 시작해 걸작 예능 프로그램의 자리에 올랐다. 일각에서는 연기만큼이나 무성한 위기론을 주장하지만 위기야말로 '무한도전'을 지금의 자리에 있게 한 일등 공신이다. 위기에 대처하는 '무한도전'의 방식은 '무한도전'이 할 수 있는 범위 안에서의 변화로 정의할 수 있을 것이다.

변화가 중요한 시대이다. 바꾸고 더 나은 것을 내놓지 않으면 살아남을 수 없게 되었다. 하지만 새로운 브랜드를 만들지언정 이미 정해진 브랜드의 속성을 포기할 수는 없다. 중요한 것은 브랜드의 속성에서 발견되지 않은 새로운 가치를 창출하는 것이다. 이를 위해 '무한도전'은 달력, 가요제, 콘서트, 기획 전시 등 프로그램 내에서 개발된 콘텐츠와 브랜드에 대해 지속적으로 관리 및 재가공해 시청자들에게 '무한도전'을 각인하고 있다. 그리고 향후에는 예능 프로그램이라는 현재 패러다임을 넘어 시트콤, 라디오 등 다양한 방식으로 콘텐츠를 개발하고 발전해 나갈 계획이다.

닫혀 가는 경제의 성장판을 다시 살릴 '혁신'에 대한 기대감이 기업을 아무리 곤혹스럽게 해도 정체성의 뿌리마저 흔드는 위험한 변화는 기업을 더욱 악화일로에 빠뜨릴 수 있다. '무한도전'이 '무한도전'으로서 보여줄 수 있는 변화에 주목했듯 기업도 자사의 브랜드가 그 자체로서 보여줄 수 있는 변화에 주목해야 할 때이다.

〈자료 : Chief Executive, KMAC, 2015년 2월, pp. 82-85〉

1. 의사결정이란?

의사결정은 경영관리의 핵심적 측면이라는 것이 널리 인정되고 있다. 많은 관리자들이나 학자들이 의사결정을 기업조직경영에서 가장 중요한 요소라는 사실을 그들의 경험과 연구를 통해 입증하고 있다. 그렇다면 의사결정의 본질적 내용은 무엇인가? 우선 결정(decision)내용이란 문제해결을 위한 여러 가지 대안적 해결책 중의 하나이다. 그리고 문제해결에서 문제(problem)란 바람직한 상태와 현재의 실제적인 상태 간의 차이(the difference between a desired situation and the actual situation)를 말한다. 그래서 의사결정이란 문제해결을 위한 여러 대안적 해결책 중에서 가장 적절한 해결책을 선택하는 과정이다(Decision making is the process of choosing among alternative courses of action to resolve a problem). 또 어떤 학자는 의사결정이란 조직경영의 상황에서 문제점이나 기회(problems and opportunities)를 찾아내어 그것을 해결하는 과정이라고 말하고 있다.[1]

2. 의사결정의 유형

경영관리자들은 여러 가지 유형의 의사결정을 한다. 어떤 제품을 어느 정도로 많이 생산할 것인가? 제품가격은 얼마로 할 것인가? 어떤 수준의 종업원을 얼마나 많이 선발할 것인가? 그리고 의사결정의 범위는 단순한 의사결정에서 복잡한 결정에 이르기까지, 그리고 일상적인 의사결정에서 특수한 결정에 이르기까지 다양하다. 그러나 일반적으로 모든 의사결정을 프로그램화된 의사결정(programmed decision)과 비프로그램화된 의사결정(nonprogrammed decision)으로 분류한다.

(1) 프로그램화된 의사결정

프로그램화된 의사결정은 일상적이고 좀 구조화되어 있으며 반복적으로 일어나는 문제를 해결하기 위한 의사결정이다. 이 같은 상황에서는 관리자가 미래에 유사한 문제가 발생할 때 적용할 수 있도록 절차나 규칙을 개발한다. 예를 들어, 원자재의 재고량이 일정수준 이하로 떨어질 때 재주문하는 결정에서 선적 및 운송기간 등을 고려하여 주문절차를 미리 결정하고 미래에도 반복 적용될 수 있게 하는 결정이 이에 해당된다. 그리고 어떤 직무수행에 필요한 기술수준이나 자격요건을 결정하는 일도 이에 속한다. 기업조직에서 일상적인 절차나 기본적인 운영상의 의사결정은 많은 부분이 프로그램화된 의사결정이다.

(2) 비프로그램화된 의사결정

비프로그램화된 의사결정은 특수하고 비교적 비구조화되어 있으며 윤곽이나 한계가 애매한 성질의 문제로서 조직에 중요한 결과를 초래하게 될 문제를 해결하기 위한 의사결정이다. 이 같은 상황에서는 문제해결을 위한 어떤 표준적인 절차나 규칙이 존재하지 않는다. 왜냐하면 그 같은 문제가 이전에 일어난 적이 없고 결정이 복잡하고 불확실할 뿐만 아니라 조직에 중요한 결과를 초래하므로 조직은 그 문제의 특수성에 적합한 의사결정을 해야 하기 때문이다. 예를 들어, 대부분의 전략계획은 비프로그램화된 의사결정이다. 불확실성이 높고 결정이 복잡하기 때문이다. 그리고 새로운 공장설립을 위한 결정, 신제품 및 새로운 서비스의 개발결정, 새로운 지역시장의 진입, 본사의 다른 도시로의 이전, 다른 회사와의 전략적 제휴, 영업확장을 위한 투자결정, 새로운 직위의 신설 등에 관한 의사결정들이 이에 해당된다.

3. 의사결정의 모형

다음에서는 의사결정에 관한 이해를 더욱 깊이 하기 위해 경영학이론에서 일반적으로 인정받고 있는 두 가지의 의사결정모형인 고전모형(classical model)과 관리모형(administrative model)에 대하여 간략한 설명을 해보기로 한다.

(1) 고전모형

의사결정의 고전모형은 관리자가 의사결정을 어떻게 해야 한다는 것을 제시하고 있는 규범적 접근법(prescriptive approach)이다. 그리고 이 모형은 합리적 모형(rational model)이라고 부르기도 한다. 따라서 이 모형은 경제적 가정에 근거하고 있으며 관리자는 지극히 논리적이고 합리적이어서 조직에 최선의 이익이 되는 의사결정을 한다고 가정한다.

고전모형은 다음과 같은 가정에 의해 특징지워지고 있다.

① 관리자는 의사결정에 관한 완전한 정보를 가지고 있다. 그래서 확실성의 상황하에서 의사결정을 한다.
② 문제점은 속속들이 분명하게 밝혀질 수 있고 의사결정자는 가능한 모든 대안을 찾을 수 있고, 그 대안의 실천결과에 대해 알고 있다.
③ 계량적 기법과 합리적 및 논리적 사고를 통해서 의사결정자는 모든 대안을 평가하여 최적의 대안을 선택한다. 즉, 문제에 대한 최선의 해결책을 제시함으로써 의사결정의 효과를 극대화시킬 수 있게 된다.

고전모형은 규범적이다. 다시 말해서, 의사결정자가 어떻게 의사결정을 해야 하는가를 설명하고 있는 모형이다. 그래서 이 모형은 의사결정자가 이상적인 최선의 의사결정을 하도록 하는 어떤 지침을 제공하고 있다. 그러나 이 고전모형은 지나치게 비현실적이고 시간이 소요되어 현실적인 경영상황에 적용하기가 어렵다.

(2) 관리모형

고전모형과는 대조적으로 의사결정의 관리모형은 관리자가 실제로 어떻게 의사결정을 하고 있는가에 대한 현상을 제시하고 있는 실증적 모형(descriptive model)이다. 조직모형, 신고전모형, 행동모형으로도 불리는 이 관리모형(the administrative model)은 경제학자인 사이먼(Herbert A. Simon)의 연구에 근거를 두고 있다. 사이먼은 사람이 반드시 논리적 사고와 합리성을 가지고 의사결정을 하는 것은 아니라는 사실을 인정하고, 관리모형을 대표하는 두 가지 개념인 제한적 합리성(bounded rationality)의 개념과 만족(satisficing)의 개념을 제시하고 있다.

제한적 합리성이란 사람의 합리성에는 한계가 있다는 의미이다. 사람은 자신의 가치관, 자신의 기술, 불완전한 정보 등에 의해 제약을 받기 때문에 인간의 합리성이란 제한적이라는 것이다. 사실 사람은 완벽하게 합리적인 의사결정을 하는 데 필요한 모든 정보를 수집하거나 처리할 수는 없다. 이는 시간제약, 자원의 제약 및 능력의 제약 때문이다. 사실 관리자들은 시간의 제약 때문에 그리고 복잡한 문제에 관한 불완전한 정보처리의 능력 때문에 대안이나 대안의 결과에 대한 부분적인 지식과 불완전한 정보만을 가지고 의사결정을 하게 된다. 그래서 관리자들은 의사결정의 전과정에서 만족의 개념을 적용하게 된다.

만족의 개념은 관리자가 더 나은 대안적 해결책이 비록 존재하고 있을지라도 첫 번째로 접하게 된 만족스러운 대안(the first satisfactory alternative)을 선택하여 실천하게 되는 경향이 있다는 것을 제시해 주고 있는 것이다.

의사결정의 관리모형은 다음과 같은 기본적 가정에 근거하고 있다.

① 관리자는 의사결정이나 의사결정상황에 관한 불완전한 정보를 가지고 있다. 그래서 위험과 불확실성의 상황하에서 의사결정을 한다.

② 문제점은 속속들이 분명하게 밝혀질 수 없고, 의사결정자는 가능한 대안적 해결책이나 그 결과에 대해 한정된 정보나 지식 및 자원만을 가지고 있을 뿐이다.

③ 의사결정자는 대안을 탐색하다가 첫 번째 접하게 되는 만족스런 대안을 선택하고 만다.

관리모형은 관리자들이 실제로 어떻게 의사결정을 하고 있는가를 정확하게 설명하고 있는 실증적 모형이다. 특히, 비프로그램화된 의사결정이나 위험과 불확실성의 상황에서의 의사결정을 잘 대변하고 있다.

4. 의사결정의 상황

그것이 완벽하고 이상적인 의사결정상황이라면 관리자가 의사결정에 필요한 모든 정보를 가지고 있는 경우이다. 그러나 대부분의 의사결정상황은 불완전하고 애매한 정보에 의존하는 경우가 많다. 따라서 이러한 상황은 의사결정에 영향을 미친다. 일반적으로 말해서, 의사결정에 영향을 미치는 네 가지의 상황요인이 존재한다고 한다. 확실성(certainty), 위험(risk), 불확실성(uncertainty) 및 모호성(ambiguity) 등이 그것이다.

(1) 확실성의 상황

확실성의 상황은 의사결정자가 문제의 내용, 그 문제의 대안적 해결책 그리고 각 대안적 해결책의 예상되는 결과에 대해 충분한 정보를 가지고 있는 상황이다. 예를 들어보면, 어떤 회사에서 향후 5년간 매년 4천만 원의 비용절감을 위해 새로운 장비도입에 1억 원을 투자하기로 결정하려고 할 경우, 관리자가 투자액의 40%의 투자수익 발생을 계산할 수 있고 다른 장비의 구입에서 오는 비용절감액은 3천만 원으로 계산되었다고 한다면 이 경우는 확실성을 가지고 관리자가 1억 원의 투자결정을 할 수 있는 확실성의 상황이 될 것이다. 그러나 확실성의 상황하에서의 의사결정의 예는 흔하지 않다. 우리의 삶의 상황과 마찬가지로 경영상황은 불확실성으로 가득 차 있기 때문이다. 가격조건이나 신용조건 및 서비스조건이 매우 좋은 공급업체로부터의 원자재 재주문의 경우처럼 확실한 상황같이 보이지만 갑작스러운 운송상의 사고 등으로 인하여 불확실한 상황이 될 수 있기 때문이다.

(2) 위험의 상황

위험의 의사결정상황은 의사결정자가 불완전하지만 신뢰할 만한 정보를 근거로 의사결정을 해야 하는 상황이다. 위험의 상황하에서는 의사결정자가 대안적 해결책에 따른 미래의 결과를 확실히 알지 못한다. 그러나 관리자는 각 대안적 해결책의 결과에 대한 확률(성공확률과 실패확률)을 계산할 수 있는 충분한 정보를 가지고 있다. 그래서 관리자는 성공의 확률이 가장 높은 대안적 해결책을 선택할 수 있게 된다. 이 위험의 상황은 확실성의 연속체(on the certainty continuum)상의 확실성과 불확실성 사이에 놓이게 된다.

(3) 불확실성의 상황

불확실성의 상황은 문제의 성질, 대안적 해결책, 각 대안적 해결책의 결과에 대한 실제적 정보를 거의 가지고 있지 못하거나 전혀 가지고 있지 않은 경우에 존재하는 상황이다. 불확실성의 상황하에서는 의사결정자가 각 대안적 해결책의 결과에 대한 확률을 계산할 수 있는 충분한 정보를 가지고 있지 않다. 실제로 의사결정자에게 거의 정보가 없기 때문에 의사결정자가 문제의 내용을 분명히 규명할 수도 없고 대안적 해결책을 찾을 수도 없으며 각 대안적 해결책의 예상되는 결과에 대한 예측도 불가능하게 된다.

이 같은 불확실성하의 의사결정은 오늘날의 경영상황에서 흔히 있는 현상이다. 따라서 경영자들은 대안적 해결책을 찾아내기 위해 논리적 사고, 독창력, 판단력, 경험 등을 활용하게 되고 가능한 한 신빙성있는 적절한 정보를 많이 수집하려고 노력한다. 현대의 격변적 상황에서는 날마다 불확실성의 상황에 직면하게 되기 때문에 효과적인 의사결정을 위해 관리자는 창의적인 방법 등을 동원하여 그 같은 불확실성을 극복할 수 있어야 한다.

(4) 모호성의 상황

모호성의 상황은 가장 어려운 의사결정상황이다. 모호성의 상황은 달성해야 할 목표와 해결해야 할 문제가 불명확하고 대안적 해결책을 찾기가 어렵고 대안을 찾았을지라도 각 대안의 결과를 예측하기 위한 정보의 활용이 불가능한 상황을 의미한다.[2] 이 같은 모호성상황의 예로서 다음과 같은 예를 들 수 있을 것이다. 강의 담당교수가 학생들에게 주제도 연구방향도 연구지침도 전혀 주지 않고 연구보고서의 제출을 요구할 때 학생들이 느끼게 되는 상황이 바로 모호성의 상황이다. 일반적으로 이 같은 모호성상황하에서의 의사결정을 '사악한 의사결정(wicked decision problem)'이라고 부른다. 모호성상황의 경우 관리자는 달성해야 할 목표, 대안적 해결책, 급속하게 변화하고 있는 환경, 어렴풋한 정보, 의사결정요소들 간의 불명확한 관련성들 사이에서 갈등을 느끼게 되는 상황이다.

5. 의사결정의 단계

모든 의사결정은 그 결정이 어떤 상황하에서 이루어지든 간에 6가지 단계로 이루어진다. 즉, ① 문제의 발견 및 확인, ② 진단 및 원인분석, ③ 대안적 해결책의 개발, ④ 각 대안의 평가 및 최적대안의 선택, ⑤ 선택된 대안의 실천, ⑥ 평가 및 피드백 등이 그것이다.

(1) 문제의 발견 및 확인

의사결정과정의 첫 번째 단계는 문제의 발견 및 확인이다. 경영관리자가 관리기능의 수행과정에서 당면하게 되는 의사결정의 필요성은 문제점이나 기회라는 형태(in the form of either a problem or an opportunity)로 나타난다. 문제점은 조직의 업적이 이미 설정된 목표치에 미달하고 있을 때 나타나고, 기회는 조직업적이 현재의 업적수준을 능가할 가능성이 엿보일 때 나타난다. 따라서 첫 번째 단계인 문제의 발견 및 확인은 의사결정과정에서 가장 중요한 부분이다.

문제확인의 과정에서 관리자는 문제의 징후(symptom of a problem)와 문제 그 자체를 혼돈해서는 안 된다. 징후는 문제가 존재할 가능성에 대한 신호에 불과하기 때문이다. 예를 들어, 어떤 부서에서 높은 수준의 결근율은 문제의 징후이지 문제 그 자체는 아니다. 그러나 징후도 매우 중요하다. 징후는 관리자에게 문제가 존재할 가능성을 알려주기 때문이다. 그래서 경영관리자는 조직의 외부환경과 내부환경의 정보를 수집하고 또 조직 내외에서 수집된 정보의 분석을 통해 문제가 정확히 무엇인가를 찾아 확인해야 한다.

(2) 진단 및 원인분석

일단 문제점이나 기회의 가능성이 확인되고 나면 상황에 대한 이해가 강조되어야 한다. 문제의 저변 및 의사결정상황의 저변에 깔린 원인을 분석하기 위한 노력이 곧 진단(diagnosis)이다.

문제의 원인을 깊이 있게 탐색하는 노력없이 곧바로 대안적 해결책의 개발단계로 넘어가는 것은 관리자가 범하기 쉬운 오류이다.

(3) 대안적 해결책의 개발

의사결정과정의 세 번째 단계는 문제에 대한 대안적 해결책(alternative solutions)을 개발하는 단계이다. 이 단계는 현재의 상황과 바람직한 상황간의 차이를 줄이거나 제거하기 위한 활동이 무엇인가를 찾아내는 단계이다. 이 단계가 효과적으로 수행되기 위해서는 의사결정자가 창의적인 대안을 마련할 수 있도록 충분한 시간이 주어져야 하며 창의적인 대안을 창출하는 과정에서 관계 당사자들은 다른 사람들의 아이디어를 비판하지 않고 인내력을 가지고 기다려야 한다.

흔히 대안적 해결책의 개발에 대한 중요성이 거기에 소요되는 시간과 노력 때문에 간과되어 버리는 경향이 있다. 빠른 해결(신속한 처리)을 추구한 나머지 두 개 이상의 대안을 개발하지 못하고 이 단계를 쉽게 넘어가 버리므로 효과적인 해결책을 고안해 낼 수 있는 기회가 그만큼 줄어들게 된다.

(4) 대안의 평가 및 최석대안의 선택

대안이 고안되고 대안의 목록이 작성되고 나면 각 대안을 평가하는 힘든 작업이 시작된다. 대안을 평가하는 데에는 여러 가지 방법이 있다. 각 대안의 찬 · 반 양론을 전개하여 평가하는 방법, 각 대안에 대한 비용/편익분석(cost/benefit analysis)방법, 각 대안의 요인별 충족능력을 비교하는 방법 등 다양하다.[3] 어떤 평가방법을 사용하든지, 의사결정자가 각 대안적 해결책을 3가지 기준에 의해 평가하게 되는데 그것이 바로 이 네 번째 단계이다. 여기에서 말하는 3가지 평가기준이란 ① 실행가능성기준(feasibility), ② 효과성기준(effectiveness; 그 대안이 문제를 해결할 수 있을 것인가), ③ 결과의 중요성기준(consequences; 그 대안의 실행결과로 인해 조직에 미치게 될 재무적 또는 비재무적 영향의 중요성) 등이다. 이 같은 평가가 이루어지고 나면 이어서 최적의 대안이 선택된다.

(5) 대안의 실천

선택된 대안의 추상적인 개념을 현실화시키는 과정이 바로 대안의 실천단계이다. 대안의 실천은 의사결정의 과정에서 매우 중요한 단계이다. 아무리 훌륭한 대안이라도 적절하게 실천되지 않으면 문제를 해결할 수 없기 때문이다. 실천단계에서 문제가 발생하게 되면 아무리 좋은 아이디어도 헛된 것이 되고 말 것이다. 흔히 관리자들은 필요한 자원이나 에너지, 능력, 지식, 리더십 기술, 동기유발 등이 결여되어 대안의 실천을 그르치는 결과를 초래하기도 한다. 의사결정의 성공적인 실천은 성원들의 결정내용에 대한 수용 여부와 그 같은 결정이 잘 실천될 수 있도록 열심히 노력하려는 헌신성에 달려 있다. 그러므로 그 같은 의사결정에 의해 영향을 받게 될 성원들을 다른 단계에는 물론 실천단계에 참여시켜야 한다.

(6) 평가 및 피드백

의사결정과정의 마지막 단계는 의사결정의 효과성에 대한 평가의 단계이다. 의사결정과정의 첫 번째 단계에서 확인되었던 문제가 해결되었는가? 그렇지 않다면 최적의 대안이 실천된 후 첫 단계에서 확인된 문제의 상태보다는 훨씬 개선된 상태에 접근하고 있는가? 만약 실천된 의사결정이 문제해결을 하지 못하고 있다면 관리자는 그 같은 실패의 원인을 규명해야 한다.

6. 집단의사결정

오늘날 많은 조직에서 대부분의 의사결정이 개인단독에 의하기보다는 기본적으로 집단에 의해 이루어지고 있는 것을 볼 수 있다. 조직 내에서 집단의사결정이 널리 이루어지고 있는 것은 여러 가지 이유 때문이다. 오늘날 복잡하고 동태적인 경영환경은 한 사람이 가지고 있는 것보다 더 다양하고 전문화된 지식을 요구하고 있기 때문이다. 그래서 기업조직은 건실한 경영의사결정에 필요한 충분한 정보와 전문성을 확보하기 위해 집단의사결정에 의존하게 된다. 그리고 집단의사결정이 이루어지고 난 다음에는 그 실행의 성공 여부가 그 결정을 실행에 옮기는 집단성원들의 헌신성(강한 실천의지)에 달려 있다. 그래서 의사결정과정의 전과정에 걸쳐 집단을 참가시키면 그 결정을 더 수용하게 되고 그 결정의 실행에 대한 헌신성을 확보할 수 있게 된다는 것이 연구에 의해 입증되고 있다.

1) 집단의사결정의 기법

집단의사결정에 도움이 되는 몇 가지 기법이 있다. 이하에서는 일반적으로 널리 활용되고 있는 세 가지 기법—브레인스토밍(brainstorming), 노미널집단기법(nominal group technique), 델파이집단기법(Delphi group technique)— 을 소개하기로 한다.

(1) 브레인스토밍

브레인스토밍은 집단성원들이 문제해결을 위해 머리에 떠오르는 아이디어를 즉흥적으로 제안하도록 하는 기법이다. 이 기법의 기본적인 목적은 그 제안된 아이디어의 실천가능성 여부를 떠나 창의적인 대안(아이디어)을 많이 만들어내려는 데에 있다. 전형적인 브레인스토밍은 6~12명으로 구성된 집단이 탁자에 둘러앉아 리더에 의해 설명된 구체적인 문제를 해결하기 위해 모두가 새로운 아이디어를 제출한다. 여기에서는 네 가지 원칙이 엄수되어야 하는데, 그 원칙은 ① 비판엄금의 원칙(아무리 엉뚱한 아이디어라도 서로가 비판하지 않는다), ② 자유분방의 원칙(마음에 떠오르는 것은 무엇이나 제출한다), ③ 질보다 양의 원칙(우수한 해결책보다는 무엇이나 양적으로 많은 아이디어를 생각해 낸다), ④ 결합 및 개선의 추구 등이다. 여기에서 특히 강조되어야 할 것은 브레인스토밍이 실시되고 있는 동안에는 다른 사람의 아이디어에 대한 비판이나 평가가 결코 허용되어서는 안 된다는 것이다. 그렇게 함으로써 혹시 자신의 아이디어가 웃음거리가 되지나 않을까 하는 염려가 줄어들기 때문이다. 브레인스토밍의 기간(보통 15~30분 동안)이 끝나고 난 후에는 평가가 실시된다. 이 기법은 구성원들 간에 열성을 자극하고 아이디어를 짜내려는 경쟁적 분위기를 촉진할 수 있으며, 다른 사람의 아이디어를 변화 및 개선하고, 다른 사람의 아이디어 위에다 자기의 아이디어를 첨가시킬 수 있는 좋은 기회를 제공할 수가 있다. 의사결정과정의 세 번째 단계인 대안적 해결책의 개발을 위해 매우 유용하게 활용되는 기법이다.

(2) 노미널집단기법

매우 상호작용적이고 짜임새 없이 자유분방한 브레인스토밍과는 달리 노미널집단기법에서는 모임의 진행순서가 짜여져 있고 의사결정(해결책을 제안하는)과정에서는 상호간에 의사소통을 하거나 논의를 하는 것을 제한한다. 집단성원들이 전통적인 회의에서와 마찬가지로 회의장에 출석하지만 상호 독립적으로 문제해결을 위한 창의적인 아이디어를 제안하도록 한다.

노미널집단기법은 다음과 같은 단계를 따라 진행된다.

① 성원들이 하나의 집단으로 모여 문제해결을 위한 논의가 시작되기 전에 각 성원들은 독자적으로 그 문제해결에 대한 자기의 아이디어를 종이에 적는다.
② 이 같은 무언의 아이디어창출시간(this silent period)에 뒤이어 각 성원은 집단 전체 앞에 자신의 아이디어를 제출(제시)한다. 이 경우 모든 집단성원들이 차례로 돌아가며 자신의 아이디어를 제시하고 제시된 모든 아이디어는 기록이 되고, 모든 아이디어의 기록이 끝날 때까지는 논의를 하지 않는다.
③ 그리고 나서 집단은 논의를 시작하여 그들의 아이디어의 내용이 무엇인가를 분명히 한다거나 평가를 한다.
④ 그리고 각 성원들은 말없이 독자적으로 그 아이디어들의 서열을 매긴다. 그리하여 종합순위서열이 최고인 아이디어가 최종결정으로 채택된다.

노미널집단기법은 다음과 같은 이유로 매우 유용한 기법이다.

① 모든 집단성원들이 의사결정과정에서 동등한 투입을 할 수 있다.
② 동조의 압력, 자기검열(self-censorship), 몇몇 성원들의 독점적 지배, 적대감, 갈등 등을 피할 수 있게 한다.

(3) 델파이집단기법

앞의 두 기법보다는 더 복잡하고 시간이 소요되는 기법이다. 델파이집단기법에서는 공식적인 회합 없이도 많은 전문가들로부터 전문적 의견을 수집하기 위해 설문지를 사용한다. 브레인스토밍이나 노미널집단기법과는 달리 델파이집단에 참여한 사람들은 대면적인 회합이 결코 없고 또 지역적으로 다른 지역에 살고 있기 때문에 서로간에 얼굴을 보게 될 우려도 없다. 델파이집단기법의 단계는 다음과 같다.

① 해결해야 할 문제가 무엇인지를 그 문제의 내용을 보다 명확히 하여 신중하게 작성된 설문지를 각 성원들에게 발송하고 설문지에 그 문제의 해결책이 될 수 있는 아이디어를 적어 다시 회송해 달라고 요구한다.
② 각 성원들은 독자적으로 그리고 익명으로 첫 번째 설문지를 완성하여 다시 회송한다.
③ 첫 번째 설문의 결과는 진행담당부서에 의해 수집 · 분석 · 정리되어 그것을 다시 각 성원들에게 발송한다.
④ 성원들은 첫 번째 설문의 결과를 검토한 후 자신이 제안한 해결책을 수정하거나 전혀 새로운 해결책을 다시 제시하여 설문서를 회송한다.
⑤ 의견합일에 도달할 때까지 ③단계와 ④단계의 작업을 되풀이한다.

델파이기법은 의사결정의 보조수단으로 효과적인 기법이라는 것이 입증되고 있다. 각 성원들이 익명을 보장받고 자신의 마음에 있는 생각을 거리낌없이 발표할 수 있기 때문이다. 더욱이 이 기법은 전세계의 전문가를 한 곳으로 모이게 하는 데서 오는 비용부담이나 불편 없이 전문적인 의견을 수집할 수 있어서 매우 유익하지만 반복되는 설문지의 발송과 회신 및 분석 · 정리작업으로 인하여 시간의 소모가 많은 것이 결점으로 지적된다.

2) 집단의사결정의 장단점

어떤 기법을 활용하든지 간에 집단의사결정은 개인의사결정과 비교하여 분명한 장단점을 가지고 있다. 연구에 의하면 집단의사결정은 개인의사결정보다 더 위험한 결정을 하는 경향이 있다는 것이다.[4] 수십 건의 개인의사결정과 집단의사결정의 결과를 비교한 연구에 의하면 집단은 평균적인 개인보다 더 높은 질의 결정을 내린다. 그러나 과업이 복잡하고 집단구성이 비교적 낮은 능력의 개인들로 이루어졌을 때에는 특출한 개인이 집단보다 더 나은 업적을 올린다는 것이다.[5] 두 사람의 머리가 한 사람의 머리보다 더 나은가? 이에 대한 대답은 과업의 특성, 집단성원의 능력, 상호작용의 형태 등과 같은 여러 가지의 요인에 달려 있다. 이하에서는 집단의사결정의 장점과 단점에 대하여 논의해 보기로 한다.

(1) 집단의사결정의 장점

집단의사결정은 각기 그 나름대로의 장점을 가지고 있다. 그러나 어느 것도 모든 상황에 알맞는 이상적인 것은 아니다. 다음은 의사결정에 있어서 집단의사결정이 개인의사결정보다 더 유익한 점을 열거한 것이다.

① 보다 완벽한 정보와 지식

두 사람의 머리가 한 사람의 머리보다 낫다는 말이 있다. 한 사람의 개인보다는 집단에 더 많은 정보가 있는 것이 전형적이다. 그래서 집단은 의사결정에 보다 다양한 정보를 제공할 수 있다.

② 해결책에 대한 수용가능성의 증진

의사결정에 의해 영향을 받게 될 사람들이나 그 결정을 실행하는 데 있어서 주역을 할 사람들이 그 결정과정에 참가할 수 있게 되면 그 결정을 수용하도록 고무하게 된다.

③ 합법성의 증대

우리 사회는 민주적 방법을 조장하고 있다. 집단의사결정과정은 민주적 이상과 일치되는 것이다. 그래서 집단의사결정은 한 개인에 의한 결정보다 더 합법적인 것으로 지각된다.

(2) 집단의사결정의 단점

① 시간의 소비

집단회의를 소집하는 데는 시간이 소요된다. 집단이 일단 소집되어 상호작용을 하게 되면 그것이 종종 비능률적인 경우가 있다. 그리하여 결과적으로 개인이 의사결정을 하는 경우보다 해결책에 도달하는 데 더 많은 시간이 소요된다.

② 동조의 압력

집단에는 사회적 압력(social pressure)이 있다. 집단성원들의 대부분이 그 결정을 수용하고자 하는 열망이 있고, 그 결정이 집단에 중요한 것으로 생각하는 경우 그것이 의견의 불일치를 억누르게 되는 결과를 초래할 수 있다. 그래서 그것이 성원들 간의 동조를 고무시키게 된다.

③ 책임소재의 불분명

의사결정의 책임은 집단성원들이 분담한다. 그러면 최종결과에 대하여 누가 실제로 책임을 질 것인가? 개인의사결정에 있어서는 의사결정의 책임소재가 분명하다. 그러나 집단의사결정에 있어서는 단일성원의 책임성은 그만큼 더 명확성이 없어진다.

연습문제

1. 의사결정의 중요성을 설명해 보자.
2. 여러분은 매일 어떤 문제를 가지고 의사결정하는지 생각해 보자.
3. 여러분이 아르바이트를 선택할 때, 의사결정과정을 설명하여 보자.
4. 동료들과 함께 의사결정을 할 때 대안의 개발이 잘되는가? 그렇지 않다면 그 이유가 무엇인가 생각해 보자.
5. 집단의사결정의 기법들과 본 교재에서 소개되지 않은 다른 기법들을 찾아 설명해 보자.

인터넷 사례

최근 일본의 SONY가 경쟁관계에 있는 한국의 삼성전자(주)를 LCD TV부문의 파트너로 선택하여 합작회사의 설립을 결정하였다. SONY가 삼성전자(주)를 전략적 파트너로 의사결정하게 된 배경을 인터넷을 통하여 조사하여 토론해 보자.

시뮬레이션 〉 의사결정방법

활동내용

지금 귀하는 요트를 타고 남태평양을 항해하다가 사고를 당해 표류하고 있는 처지에 있다. 순풍에 잔잔한 파도를 가르며 잘 나가고 있던 요트에서 갑자기 원인불명의 화재가 발생하여 요트내부가 거의 전소되었고, 이제는 귀하와 몇 명의 생존자들만이 고무로 만든 구명뗏목(노가 달린 뗏목)에 의지하여 표류하고 있다. 현위치와 방향은 정확하지 않지만 예측컨대 도달할 수 있는 섬에서 적어도 약 1,000마일 정도 멀리 떨어져 있다. 어떻게 하면 그 같은 조난에서 구조를 받을 수 있을까 궁리하던 중 한 사람이 주머니에서 1달러 지폐 5장과 성냥 한 갑을 꺼내며 각자의 소지품을 다 털어보자고 제의하였다. 그래서 15가지의 물건들이 모아졌다. 다음은 그들의 생존을 위해 사용될 수 있는 15가지의 품목을 열거한 것이다.

품목	A	B	C
1. 육분의 자			
2. 면도용 거울			
3. 5갤런의 물			
4. 모기장			
5. 비상용 식량			
6. 태평양지도			
7. 물에 뜨는 방석			
8. 2갤런이 든 기름과 가스			
9. 소형 트랜지스터라디오			
10. 상어를 퇴치하는 약			

11. 20제곱피트의 검은색 플라스틱			
12. 알콜도수 20도의 럼주 1쿼터가 든 술통			
13. 15피트의 나일론 끈			
14. 24개의 초콜릿바			
15. 고기 잡는 그물			

과업지시 1

각 팀의 구성원 각자가 개별적으로 의사결정을 하라. 즉, 위의 15가지 품목 중에서 어느 것이 남태평양상의 조난에서 구조를 받아 생존하는 데 가장 중요한 물품인지 그 중요도의 순서대로 1부터 15까지 A란의 ______위에 숫자를 적어 넣어라. 가장 중요하다고 생각되는 품목이 1이다.

과업지시 2

팀구성원의 개별적인 결정이 끝났으면 집단별로 집단토의를 통해 15가지 품목 중 어느 것이 가장 중요한지를 결정하여 B란의 ______위에 1부터 15까지의 숫사를 넣어라.

과업지시 3

팀장이나 혹은 집단대표가 나와서 그렇게 결정한 과정 및 이유를 설명하라.

쉼터

교수님의 말씀대로…

어떤 문과교수가 학생들에게 소설을 지어오라고 했다.
그리고 귀족적 요소와 성적 요소를 꼭 포함하라고 했다.
며칠 뒤 어느 학생의 소설 제목이 〈공주님이 임신했다〉였다.
제목만으로 너무 화가 난 교수.
다시 SF적 요소도 첨가하라고 했다.
그러자 그 학생의 소설 제목은 〈별나라 공주님이 임신했다〉였다.
정말 열 받은 교수.
다시 미스테리적 요소도 첨가하라고 했다.
그러자 그 학생의 소설 제목은
〈별나라 공주님이 임신했다. 누구의 아이일까?〉였다.
참다못한 교수, 히든카드로 종교적 요소도 참가하라고 했다.
며칠 뒤 그 학생의 소설을 받아본 교수는 거품을 물고 기절했다.
그 학생의 소설 제목은…
〈별나라 공주님이 임신했다. oh! my God! 누구의 아이일까?〉
교수님 말씀대로…

미주

1. Ronald A. Howard, "Decision Analysis: Practice and Promise," *Management Science* 34, 1988, pp. 679–695.
2. Michael Masuch and Perry Lapotin, "Beyond Garbage Can: An A1 Model of Organizational Choice," *Administrative Science Quarterly 34*, 1989, pp. 38–67.
3. Arthur Sondak, "How to Answer the Question, 'What should I do?'," *Supervisory Management 37*, December 1992, pp. 4–5.
4. K.J. Radford, *Managerial Decision Making*, Reston, VA: Reston Publishing Company, Inc., 1975, p. 202.
5. Gayle W. Hill, "Group versus Individual Performance: Are N+1 Heads Better Than One?," *Psychological Bulletin 91*, May 1982, pp. 517–539.

제6장 | 계획과 전략

경영활동 가운데 계획은 필수적이며 경영활동의 시작이다. 이러한 계획은 조직목표를 달성하기 위해 조직이 수행해야 할 일과 그 순서와 방법을 결정하는 것이다. 그리고 전략은 계획에 의해 수립된 조직의 목표를 잘 달성하기 위해 조직활동의 내용이나 방향을 결정하는 선택이다. 이러한 계획과 전략기능은 다른 관리기능(조직화, 지휘, 통제)에 영향을 미치므로 매우 중요하다. 따라서 본장에서는 이러한 계획과 전략의 기본개념과 계획의 과정, 전략의 모형, 계획의 제차원, 그리고 계획과 인간행동의 관계에 대하여 설명하고 있다. 그리고 연습과제와 사례연구를 통하여 응용학습의 기회를 마련하였다.

이 장을 읽어가는 동안 이것만은 이해하시기 바랍니다.

1. 계획과 전략의 기본개념은 무엇인가?
2. 조직목표의 중요성은 무엇인가?
3. 계획은 어떤 과정을 거쳐 이루어지는가?
4. 전략모형에는 어떤 것들이 있는가?
5. 계획의 제차원에는 어떤 것들이 있는가?
6. 계획과 인간행동은 어떤 관계에 있는가?

제6장 사례 >

조선 4대 전쟁에서 배우는 위기 극복의 리더십

역사적으로 강대국과 신흥대국 사이에서 위기를 겪어왔던 한반도. 임진왜란, 병자호란, 청일전쟁, 러일전쟁 등 조선의 500년 역사 속에서 치러진 4대 전쟁을 통해 역사에서 배우는 위기 극복의 리더십이 필요한 시점이다. KMA가 주최한 리더스모닝포럼에서 한명기 명지대 교수가 전한 G2 시대에 미래를 대비하는 혜안과 지혜를 살펴보자.

세계적으로 정치적 격변기, 불확실성이 장기화되고 있는 상시 위기경영의 시대가 도래했다. 세계 경제의 중심 미국, 무서운 속도로 성장하며 G2로 부상한 중국, 군국주의의 부활을 꿈꾸는 일본 그리고 이런 강대국 사이에 샌드위치처럼 끼어 있는 대한민국의 현실은 마치 1637년의 병자호란을 연상케 한다. 이와 같은 동북아 정세 상황 속에서 글로벌 경쟁력을 높이기 위한 전략과 리더십이 가장 중요한 과제로 대두되고 있다. 임진왜란, 병자호란, 청일전쟁, 러일전쟁 등 조선의 500년 역사 속에서 치러진 4대 전쟁을 통해 급변하는 G2 시대에 글로벌 경쟁력을 선도해 나갈 비법은 무엇인지 찾아본다.

병자호란은 아직 끝나지 않았다?

최근 국제 정치를 표현하는 단어 중에 단연 'G2'가 키워드로 꼽힌다. 1945년 이후 사실상 전 세계를 주도해 온 나라는 바로 미국이었다. 그러나 최근 셧다운 사태에서도 엿볼 수 있듯이 미국의 재정 능력에 빨간불이 들어오기 시작했다. 동아시아 지역에서 중국이 급속도로 성장하고 있고, 예상치 못했던 우크라이나 사태까지 벌어진 시점에 앞으로 10년 동안의 국방비를 포함한 예산을 1조 달러가량 감축하기로 합의한 것이다. 복잡한 난제들에 대응해야 하는 상황에서 기본적으로 국방비를 늘려야 최강대국으로서의 위치를 유지할 수 있는데 현실은 그렇지 못하다. 많은 미래학자들이 예측하듯이 중국이 얼마나 빠른 시간 안에 미국이 갖고 있는 위상으로 성장할지 알 수 없지만 적어도 미국이 일방적으로 지배하던 시스템이 끝나가고 있는 것은 사실이다.

이렇게 'G2'라는 새로운 환경을 맞이해 미국, 중국과 떼려야 뗄 수 없는 한국의 입장에서는 국제 정세의 근본적인 역할 관계의 변화에 주목해야 한다. 특히 우리가 당면하고 있는 문제점을 해결하는 과정에서 그 해결의 실마리에 대한 지혜를 얻어내는 것은 역사가 해야 할 몫이다. 지난 500년 동안 일어났던 4차례의 전쟁은 조선의 국제 관계를 여실히 보여주고 있다.

조선시대 우리 조상들은 한반도가 처해 있는 지정학적 위치를 어떻게 생각했을까. 대표적인 표현은 바로 '복배수적(腹背受敵)'이다. 배와 등, 양쪽에서 적이 몰려오고 있다는 뜻이다.

지금까지 역사적 흐름을 주도했던 한족, 몽골족, 여진족, 거란족은 분명히 한민족보다 군사적 역량 측면에서 뛰어났다. 따라서 우리나라 역대 왕조 지도자들은 무엇보다 정면에 위치한 중국 대륙으로부터 밀려오는 외적 압력을 어떻게 밀어낼 것인지가 국가 안보를 위한 첫 번째 과제였다. 동시에 배후에 있는 일본에 있는 압력을 생각해야 하는 것이 우리나라의 지정학적 위치였다. 사방에 온통 적이 둘러싼 형국인 것이다.

이런 한반도에서 일정한 법칙성이 만들어진다. 패권국이 약화되는 조짐을 보이고 신흥 강국이 도전하는 상황이 벌어지게 되면 한반도는 항상 위기를 맞이했다. 특히 지난 500년 동안 일어난 4차례의 전쟁은 한반도와는 상관없이 주변의 힘의 교체, 파워시프트(power shift) 속에서 일어났다.

14세기 원·명 교체기와 홍건적의 고려 침략

1368년 몽골족이 세운 국가인 원나라가 멸망하고 명나라로 교체되는 '원 · 명 교체기'는 그 첫 번째 파워시프트라고 할 수 있다. 원나라를 건국한 몽골족이 중국 대륙을 완전히 차지한 건 1279년. 유목민족이었던 몽골족은 당시 한족의 농경문화를 이해하지 못했다. 남송을 정복해서 다 죽이고 논과 집을 몰수해 초원을 조성하자는 황당한 주장까지 나오곤 했다. 그때 참모 중 하나인 거란족 출신 야율초제는 가장 원대한 비전과 실천 가능한 대안을 제시한 인물로, 세금 정책을 제안한다. 중국의 강남 지방에 있는 농민들을 다독거려서 수공업제품을 생산하게 하고 몽골족은 베이징에 가만히 앉아서 강남 지방으로부터 세금을 걷어 편하게 살자는 것이다.

계속되는 원정과 사치품에 찌든 귀족 그리고 정치적인 분쟁까지 심해지면서 몽골족은 늘어나는 새정 수요분을 증세하는 방법으로 유지해 나갔다. 그러나 처음에는 양처럼 순했던 한족들도 14세기 중반이 되자 굶어 죽느니 몽골족에 대항하겠다면서 양쯔강 이남 곳곳에서 한족 빈민을 중심으로 도적떼로 나타나기 시작했다. 그 중에 대표적인 반란이 홍건적의 난이다. 원나라 정권이 군사력을 총동원해 1378년 강남 지역을 진압하고 홍건적의 일부는 강남을 탈출해 만주까지 수천km를 도망가게 된다. 10만~20만 명에 이르는 홍건적이 만주에 갔을 때는 먹을 것이 없었다. 그래서 압록강을 건너 1358년, 1361년 두 차례에 걸쳐 고려를 쳐들어오게 된다.

당시 고려를 통치하던 공민왕 정권은 홍건적을 막아낼 능력이 없었다. 원나라가 이미 고려의 군사력을 대폭 약화시켰기 때문이다. 결국 개성이 홍건적에 함락당하고 공민왕은 안동까지 피신하게 된다. 초토화된 고려 말의 혼란기에 최영과 이성계 두 장수가 병력을 총동원해서 물리쳤고, 이성계가 위화도 회군을 계기로 조선을 새롭게 건국하게 된다. 원 · 명 교체, 홍건적 침입을 통해 조선 개창으로 이어지는 과정은 중국대륙내부의 변동과 맞물려 설명이 된다. 한족인 홍건적이 자기 본토에서 수천km나 떨어져 있는 고려에 쳐들어 온 이유는 바로 중국 대륙에서 벌어지고 있던 원과 명의 교체파동이 한반도로 밀려왔기 때문이다. 그런데 홍건적 침입 당시만 해도 새로운 왕조를 건국할 정도로 유연하게 대응했으나 16세기 후반, 일본이 굴기할 때부터는 그 대응 능력이 현저하게 떨어지게 된다.

16세기 일본 굴기와 임진왜란

두 번째 파워시프트는 1550년부터 16세기 후반에 걸쳐서 급속도로 힘이 커진 '일본의 굴기'이다. 1492년 스페인 콜럼버스의 대항해, 1498년 포르투갈 바스코 다 가마의 인도 발견 등 유럽의 대항해 시대는 일본을 자극한다. 게다가 후추 등의 향료가 귀했던 유럽에서는 앞다투어 인도를 차지하려고 했고, 이러한 과정에서 포르투갈 사람을 통해 일본에 '조총' 이라는 서양식 신무기가 전래된다. 당시 세계 경제 결제대금이자 교역 수단인 은 생산량 세계 2위였던 일본은 1543년 조총이 개발되고 군사력의 성장과 경제력의 확장이 맞물리면서 16세기 후반 통일을 이룬다. 도요

토미 히데요시는 어마어마한 군사력과 경제력으로 명나라에 대한 도전장을 내밀었고, 조선에 길을 내어달라는 협박을 하게 된다.

그러나 그 어떤 나라보다 열렬하게 중국을 섬기던 조선은 당연히 제안을 거부했고, 이로 인해 임진왜란이 일어난다. 일본의 힘이 갑자기 커지면서 대륙을 향해 뻗어나가는 과정에서 애꿎게 한반도가 희생양이 된 사건이다. 임진왜란이 일어나자 명나라 입장에서는 자신들이 일본의 최종 공격 목표였기 때문에 조선을 도울 수밖에 없었다. 만약 일본이 한반도를 장악하면 일본군이 압록강을 건너 만주로 들어올 것이고 베이징까지 진격해 올 것이기 때문이다. 그래서 10만 명의 명나라 군대가 8년 3개월 간 조선에 주둔하며 일본군의 침략을 저지했다. 하지만 이 과정에서 명나라 3년치 세입에 해당하는 1,200만 냥의 전비를 소모했고, 이로 인해 국가 재정이 휘청거리게 된다. 명나라는 양쯔강 이남 지역의 증세 조치를 통해 해결하려고 했지만 가혹한 증세로 인해 국민들의 반란과 저항이 전국적으로 일어나게 된다.

17세기 명·청 교체와 병자호란

세 번째 파워시프트는 임진왜란 이후 재정악화로 인해 명나라의 세력이 약화되는 가운데 청나라로 패권이 이동하는 '명 · 청 교체기'이다. 중국 만주에서는 여진족을 이끄는 누루하치가 급속히 성장해 청나라를 세운다. 그리고 임진왜란이 끝나고 이제 한반도에 평화가 올 것이라는 기대와는 반대로 청나라가 명나라에 도전하는 상황이 벌어진다. 이때 명나라는 오랑캐로써 오랑캐를 다스리는 '이이제이' 정책을 구상해 조선을 끌어들여 청나라를 막아내려는 시도를 한다. 이때 성리학을 유일한 학문으로 인정하던 조선은 명분과 의리를 가장 중요시했고 중화에 대한 존경심이 높았기 때문에 오랑캐인 만주족, 여진족이 아닌 명나라 편을 들 수밖에 없었다.

그래서 닥친 전쟁이 바로 병자호란이다. 명 · 청 교체라는 국제 질서의 변동기에 병자호란이 일어난 건 이미 임진왜란 때부터 예정되어 있었다. 한반도의 의사와는 관계없이 주변의 역학관계 변화가 그대로 한반도에 몰려온 것이다. 병자호란 당시 조선 국왕 인조는 남한산성에 들어가 45일간 항전하다 결국 삼전도에서 치욕스러운 항복을 하게 된다. 병자호란을 겪은 후에도 지배층의 시선은 여전히 바뀌지 않았다. 효종은 청나라에 복수하기 위해 북벌을 강력하게 추진했다. 하지만 이미 경제력이나 군사력에서 청나라에 뒤처져 있었다. '오랑캐에게 항복했다'는 치욕 때문에 조선의 지식인들은 외부 세계에 대해 더욱 소극적이고 수동적으로 인식하게 된다. 이로 인해 19세기에 서양 제국이 몰려올 때 제대로 볼 수 있는 관점이 없었던 것이다.

한편 고립무원의 상태로 있던 명나라는 7년 뒤에 망하고 만주족의 청나라가 1644년부터 1911년까지 중국 대륙을 차지하면서 동아시아의 패권 국가로 등장한다. 1937년부터 1800년대 초반까지는 청나라가 지배하는 세상이었다.

19세기 아편전쟁과 청일전쟁

네 번째 파워시프트는 일본이 청나라를 이기는 '청 · 일 역전'이다. 19세기 초반 근대적인 군사 시스템을 갖추는 데 한발 늦은 청나라는 1840년 아편전쟁으로 근대적 해군 시설이 없다는 심각한 아킬레스건을 드러내 보이게 된다. 이렇게 동아시아 최강국이던 청나라가 영국에 한방에 당한 장면을 보고 가장 쇼크를 받은 나라는 바로 일본이었다. 일본은 메이지유신을 통해 막부 정권을 무너뜨리고 중앙집권 체제로 나라를 정비하고 영국과 프로이센을 벤치마킹하면서 50년 동안 힘을 키웠고, 그 결과 1894년 청일전쟁에서 청나라를 이기게 된다. 당시 청나라 권력의 핵심은 만주족 출신 서태후와 외교 · 국방을 담당하는 한족 출신의 이홍장이었다.

청나라는 정원, 진원이라는 2척의 함대를 가지고 있었는데 7,000톤이나 되는 규모였지만 막상 전쟁이 시작된 후 4,300톤밖에 안 되는 일본 함대에 맥없이 무너졌다. 청나라 내부 세력 간의 분열, 즉 이홍장이 따로 준비한 해군 예산을 실권자인 서태후가 베이징에 이화원을 만드는 데 쓰느라 7,000톤짜리 함대에 대포가 3발밖에 없는 웃지 못할 광경이 벌어진 것이다.

이러한 청일전쟁의 여파는 한반도를 비껴가지 않았다. 1894년 봄, 전봉준을 중심으로 동학농민운동이 일어나자 농민군조차 진압할 능력이 없던 조선 정부는 청나라 군대의 힘을 빌려 진압할 계획을 세운다. 이에 청나라 군대가 산둥반도를 출발해 아산을 향해 오던 중 일본 함대가 청나라 함대를 기습 공격함으로써 청일전쟁이 발발한다. 우리나라의 내부 모순을 해결하려고 일어났던 저항, 이를 제대로 진압을 못한 정권이 외세를 불러들이면서 엉뚱하게 청일전쟁이 일어났고 그 후 조선은 일본의 식민지로 전락하는 비운을 맞게 된다.

한반도의 자존과 번영, 동아시아 평화를 위해

이렇게 4가지의 사례를 통해 한반도 주변에 기존 패권이 무너지고 신흥강국이 떠오르면 한반도에 항상 위기가 닥쳤다는 점에 주목할 필요가 있다. 현재시점으로 돌아와 'G2'라는 구도는 단지 대결 구도라기보다는 국제 정치적으로나 경제적으로 서로 보완해야 되는 측면이 많기 때문에 단순히 미국과 중국이 대결의 길로 갈 것이라는 보장은 없다.

그런데 지금의 한국의 지정학적 위상은 어떠한가. 한 · 중 무역의 총액은 한일 무역과 한 · 미 무역의 총합을 이미 넘어선 지 오래 전이고, 중국과의 무역에서 해마다 500억 달러 이상의 무역 흑자를 보고 있다. 대일 무역적자 300억 달러는 상쇄하면서 한국의 경상수지를 흑자로 유지하고 있는 것이다. 심각하게 말하면 이미 오늘날 한국은 중국 경제의 궤도 속으로 깊숙이 들어와 있다. 그런데 정치적으로는 미국과 일본 중심의 동맹 체제 속에 있기 때문에 미 · 중 패권 교체 사이에서 일본 문제라는 골치 아픈 변수가 있다.

만약에 일본이 센카쿠열도로 중국과 국지적인 분쟁이라도 벌이게 되면 아마 미국이 이 문제를 좌시하지만은 않을 것이고, 미국이 일본 편을 들기라도 하면 미국과 동맹 관계에 있는 우리나라는 또 한 번 원하지 않는 전쟁에 내몰릴 수 있다. 또 다른 큰 변수이다.

과거 500년의 조선과 동아시아 정세를 중심으로 한 역사적 사실은 21세기를 살아가는 한반도에 의미하는 바가 크다. 앞으로 우리가 맞이하고 있는 국제 정치 힘의 역학관계 변화 속에서 여전히 한반도가 번영을 유지하면서 살아남으려면 3가지의 과제를 해결해야 한다.

첫째, 중국과 일본에 맞설 '새로운 무언가'를 창출해야 한다. 무서운 속도로 성장하는 중국과 고도의 기술력을 갖춘 일본 사이에서 살아남으려면 기존의 것과는 차별화되는 새로운 무언가를 창조할 수 있는 역량이 있어야 한다.

둘째, 동아시아 지렛대 마련을 위해 내부 통합과 역량의 제고가 절실하다. 분열된 한국 사회를 통합해야 주변의 강대국 사이에서 지렛대 역할을 해나갈 수 있다.

셋째, 궁극적으로 한반도의 약체성을 극복해야 한다. 수많은 역사 속에서 주변국에 비해 약했던 한반도의 약체성을 극복하면서 동아시아에서 목표로 하는 '균형자' 역할을 할 수 있는 그날이 곧 올 것이다.

〈Chief Executive, KMAC, 2014. 6. pp. 76-79〉

기업조직은 제품 및 서비스를 생산 · 공급하기에 앞서 계획을 수립할 수 있어야 한다. 어떤 행동이 취해지기 위해서는 계획이 선행되어야 하기 때문이다. 사실 기업조직이 이렇다 할 계획 없이도 어느 정도의 기업활동은 가능하겠지만, 장기적으로는 성공을 거두지 못하게 될 것이다. 방향감각이 없는 조직은 오래가지 않아 넘어지게 마련이다. 즉, "가고 있는 방향을 모르면 어느 길이든지 좋다(Any road is all right if you don't know where you are going)"는 옛말이 바로 이를 두고 한 말이다. 그래서 계획이란 조직이 가야 할 바른 길이 무엇인가를 결정하는 과정인 것이다.

조직관리의 관점에서 보다 더 구체적으로 말해 보면 계획기능(planning function)이란 ① 조직이 달성해야 할 목적 및 목표를 설정하는 것이고, ② 이들 목적이나 목표를 달성하기 위한 방법을 결정하는 두 가지의 과업을 수행하는 기능이다.

1. 계획의 정의와 중요성

계획은 우리의 일상생활은 물론 모든 집단, 모든 조직활동에 중요한 영향을 미친다. 생활계획, 휴가계획, 진로계획 등은 물론 작업집단의 작업일정계획, 최고경영자의 5개년 이익계획, 국가의 경제개발 5개년계획 등은 모두가 개인이나 집단 및 조직의 목표를 달성하기 위한 방법을 모색 · 설정하는 과정이기 때문이다.

1) 계획의 정의

일반적으로 조직에서의 계획을 정의하여 말하기를 "계획이란 조직목표를 달성하기 위해 관리자들에 의해 사용되는 일련의 정책, 절차, 방법을 설정하는 것이다(Organizational planning is the set of policies, procedures, and methods used by managers to achieve their stated goals)"라고 말하고 있다.

이러한 계획의 의미를 분명히 하기 위해서는 조직계획의 정의에 대한 다음과 같은 네 가지 측면을 모두 고려해야 한다.[1)]

① 계획은 하나의 과정이다

계획이란 외부환경과 내부환경을 분석하는 일부터 시작하여 목표를 설정하고 목표를 달성하기 위한 전략을 수립하며, 전략실천을 위한 세부계획을 작성하는 데까지 이르는 하나의 과정인 것이다.

② 계획은 관리철학이다

계획기능은 하나의 관리기능이기는 하지만, 관리자에 따라 계획기능의 중요성을 각기 다르게 평가한다. 그래서 계획기능의 중요성을 매우 높이 평가하는 관리자들은 계획이 그들의 관리업적에 중대한 영향을 미치는 것으로 생각한 나머지 계획 속에 관리자 자신의 경영이념이나 미래의 구상 등 모든 것을 투입하게 된다.

③ 계획은 현재 결정의 미래결과에 대한 영향을 다룬다

이는 곧 계획이란 어떤 특정한 결정(계획)에서 기인된 일련의 인과관계(cause-and-effect relationship)를 확인하는 노력이란 의미이다. 그리하여 계획의 결과가 관리자들이 의도한 바대로 되지 않으면 관리자들은 결정을 변경하든지 다른 대안을 개발할 수 있다.

④ 계획은 여러 가지 하부계획들로 구성된다

실제로 계획은 시간기준, 노력의 초점 및 관리계층 등과 같은 특성에 따라 구분되는 여러 가지 계획들로 구성된 복합개념이며, 목표, 전략, 정책, 기능을 포괄하는 통합적 구조인 것이다.

2) 계획의 중요성

위와 같은 계획에 대한 일반적인 설명을 넘어서 조직계획의 중요성을 열거하면 다음과 같다.

① 계획은 관리자들이나 조직으로 하여금 미래를 수용하기보다는 미래에 영향을 미치도록 한다. 다시 말해서, 계획은 관리자들이 변화에 대처해 가는 데 도움이 된다는 말이다.
② 계획은 조직과 그 성원들의 업적을 개선하게 한다. 많은 실증연구자들의 연구보고에 의하면 공식적으로 계획활동을 하고 있는 조직들이 계획활동이 없거나, 비공식적으로 계획활동을 하고 있는 조직들보다 훨씬 더 높은 업적을 보이고 있음을 강력하게 주장하고 있다.
③ 계획은 통제기능과 밀접하게 관련된다. 목표가 일단 설정되면, 계획을 통해 그 같은 목표달성을 위해 제자원이 배분되고 계획이 추진된다. 통제는 그러한 계획추진의 진도가 어느 정도인가를 평가하기 위해 있는 것이다.

2. 계획과정

[그림 6-1]은 조직의 전체적인 계획과정의 틀을 보이고 있다. 이 그림이 보이고 있는 바와 같이 계획과정은 5단계과정으로 이루어져 있음을 알 수 있다. 제1단계는 계획과정의 전제(premises)가 되는 단계로서 조직의 외부적 환경과 내부적 환경을 분석하여 조직목표를 설정하는 단계이다. 제2단계는 조직전략의 핵심적 측면에 초점을 맞추는 단계이며, 제3단계는 계획과정의 핵심단계이며, 이 단계에서 목표나 전략목표의 달성을 위한 중요한 계획, 정책, 절차, 예산, 규칙 등이 설정된다. 제4단계는 제3단계의 내용을 실천하는 단계이며, 이 단계에서는 조직의 설계 및 통제시스템의 설정 등이 필요하다. 마지막으로 제5단계는 계획의 실천을 검토 · 평가하여 피드백하는 단계이다. 이하에서는 제1단계, 제2단계와 제3단계에 대하여 중점적으로 논의해 보기로 한다.

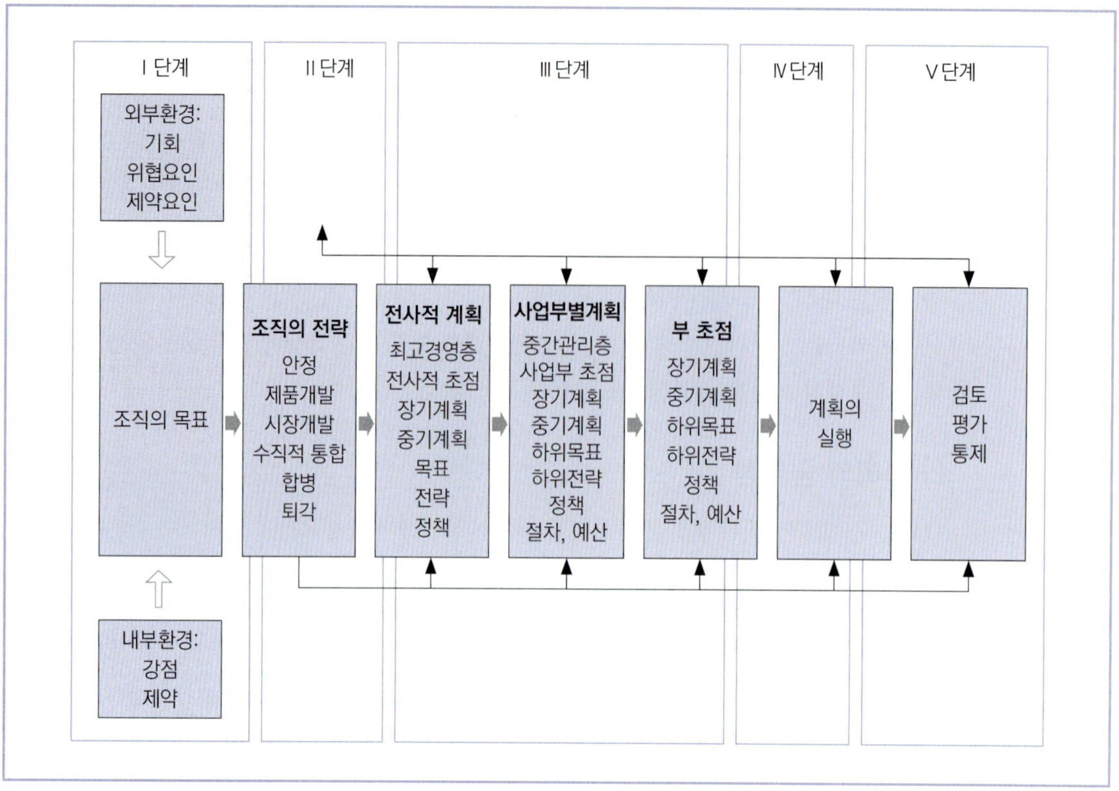

[그림 6-1] 조직계획의 과정

1) 목표설정

조직의 목표는 조직의 계속적인 존속과 발전을 위해 중요한 기능을 담당한다. 조직목표가 현실성 있게 설정 · 실행되었을 경우 그것이 곧 조직의 효과성과 계속적인 성장으로 이어지지만, 그 조직의 목표가 현실성이 없이 설정되고 잘못 실행되었을 경우에 업적수준의 저하는 물론 조직의 계속적인 존속에 위협이 되는 것이다.

그리고 이러한 목표는 조직의 방향(direction)과 노력의 초점(focus of effort) 및 지속성(persistence; 목표가 달성될 때까지 계속적으로 노력해야 한다는 지속성)을 제공해 주기 때문에 목표의 설정은 매우 중요한 것이다.

(1) 조직목표의 정의

조직목표란 조직이 실현하려고 하는 바람직한 상태(desired states of affairs) 내지는 달성하려고 하는 성과(preferred results)를 설정하는 것이다. 조직목표를 이와 같이 정의하고 보면 목표와 관리간의 관계에 있어서 두 가지 요인이 작용하고 있음을 보게 된다. 첫째, 조직목표는 조직 내의 주요 관리자들에 의해 영향을 받는다는 것이다. 다른 표현으로는, 관리자의 열망(the aspiration of management)이 그 조직이 지향(도달)하려고 하는 목표의 설정에 지대한 영향을 미치게 된다는 말이다.

만약 어떤 자동차 생산업체가 2004년까지 미주시장에 연간 100만 대의 자동차 수출을 조직목표로 설정하였다면 그 목표에는 그 조직의 최고경영자 내지는 주요 경영진들의 열망이 반영된 것이다. 둘째, 조직목표는 그 조직이 달성하려고 하는 최종성과로 표현된다. 시장점유율 25%, 원가절감률 15%, 판매신장률 30%, 투자수익률 15% 달성 등과 같은 최종도달점을 나타내고 있다는 말이다.

(2) 조직목표의 중요성

목표설정은 앞에서 언급된 목표설정의 중요성 이외에도 다음과 같은 4가지 이유 때문에 조직경영에 매우 중요하다.

① 목표는 조직 내의 개인이나 집단 노력의 방향에 지침(guidance to the direction of efforts of individuals and groups in an organization)을 제공해 준다.
② 목표는 계획의 수립과 조직활동의 조직화에 영향을 미친다.
③ 목표설정은 조직성원들로 하여금 고도로 능률적이고 효과적으로 과업을 수행할 수 있도록 동기화할 수 있는 기반을 제공한다. 일단 목표가 설정되면 행동이 방향이 설정되고 목표달성을 위한 노력이 발휘되기 때문이다.
④ 목표는 조직활동을 평가하고 통제할 수 있는 기반(the basis for evaluating and controlling the activities of the organization)을 제공한다.

이와 같이 목표는 계획, 조직화, 지휘, 동기유발, 통제 등의 기반을 제공함으로써 관리과정의 전반에 걸쳐 중요한 역할을 하게 되고, 목표가 없이는 조직의 제활동이 방향감각을 상실하게 되므로 관리자들은 계속적으로 목표설정의 과정에 관여하게 된다. 이 같은 '목표와 관리'와의 관련성을 [그림 6-2]와 같이 나타낼 수 있다.

(3) 목표의 평가기준

그러면 일단 설정된 목표가 잘 짜여진 훌륭한 목표인지 아니면 그렇지 못한 목표인지를 어떻

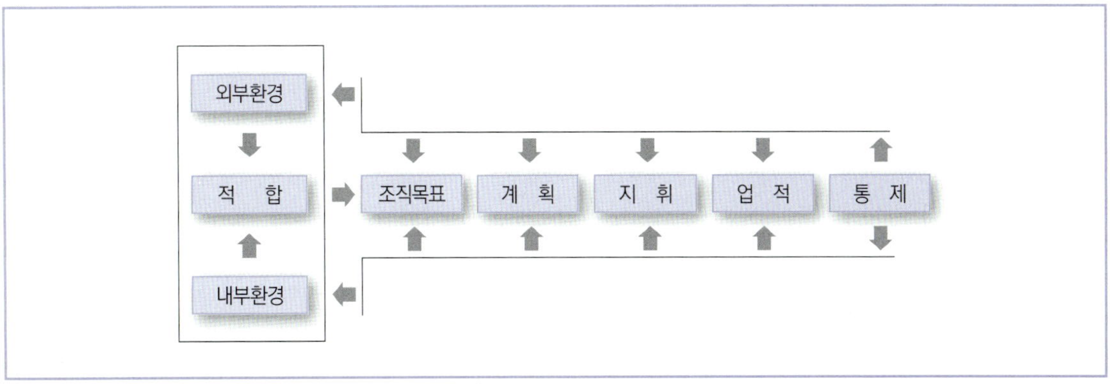

[그림 6-2] 목표와 관리 간의 관계

게 구분할 수 있을 것인가? 다음과 같은 세 가지의 기준을 설정하여 목표를 평가해 볼 수 있다.

① 명확성과 구체성

실현하려고 하는 바람직한 상태 및 달성하려고 하는 성과인 목표는 명확(clarity)해야 하고, 구체적(specificity)이어야 한다. 그렇지 않으면 혼동과 갈등이 초래되기 때문이다.

② 시간기준

모든 목표는 예상되는 목표달성의 시기(timing)가 언제인가를 밝혀야 한다.

③ 곤란성과 달성가능성(difficulty and achievability)

목표는 성원들의 적극적인 노력을 자극할 수 있을 정도로 상당히 어려운 것이어야 하며, 그러면서도 조직의 능력으로 달성가능한 것이어야 한다.

(4) 목표의 유형

조직에는 달성하려고 하는 업적기준 및 성과기준이 많이 있으며, 그에 따라 여러 가지 유형의 목표가 있다.

① 수익성 목표

수익성(profitability) 목표는 영리조직의 경우 순익(net income), 주당수익률(earning-per-share), 투자수익률(ROI: return on investment) 등으로 표현되며, 비영리조직의 경우는 예산상의 비용수준을 유지하는 것을 목표로 설정한다.

② 생산성 목표

생산성(productivity) 목표는 일반적으로 매단위 투입 및 각 종업원당 산출의 수준으로 표시한다.

③ 시장 목표

시장(market) 목표는 여러 가지 방법으로 표시된다. 예를 들어, A제품의 시장점유율을 20%까지 증대시킨다든지, 또는 연간 상품판매의 신장률을 몇 %로 한다든지 또는 신제품의 시장출하를 어느 정도로 유지한다든지 하는 식으로 표현된다.

④ 자원 목표

조직은 자원기준의 변화를 목표로 설정할 수 있다. 즉, 회사의 장기부채를 3년 이내에 50억 원 수준으로 유지한다든지, 6개월 내에 외상매출금의 회수기간을 30일로 낮춘다든지 하는 등의 목표이다. 그 밖에도 생산능력, 재고능력, 결근율 및 이직률, 사고율 등의 변화를 목표로 설정할 수 있다.

⑤ 개혁 목표

많은 조직에서 조직의 성장과 존속발전은 신제품개발에 달려 있다고 생각한 나머지 '향후 5년 이내에 새로운 제조공정의 개발', '유류 1리터당 100킬로미터를 주행할 수 있는 자동차엔진의 개발', 'R&D 비용의 20% 인상' 등과 같은 목표를 설정한다.

⑥ 사회적 책임목표

오늘날 많은 조직에서 관리자들은 조직의 사회적 역할을 깊이 인식한 나머지 종업원들의 직장 생활의 질(quality of working life)의 문제, 공해문제, 환경의 오염문제 등에 대한 목표를 설정하기도 한다.

2) 조직전략

(1) 전략의 정의

조직의 전략을 정의해 보면 다음과 같다. 즉, 전략이란 목표달성을 위해 수행해야 할 조직활동의 내용이나 방향을 결정짓는 선택(활동영역의 선택을 포함)에 지침이 되는 포괄적이고 통합적인 틀이다(We define strategy as a comprehensive and integrated framework that guides those choices that determine the nature and direction of the organization's activities toward goal achievement). 조직의 전략을 이와 같이 정의하게 되면 전략에는 다음과 같은 세 가지의 요소가 들어 있음을 알 수 있다.

① 전략은 어떤 특정한 활동의 선택(a choice of particular actions or activities)이다.[2]
② 전략은 방향을 제시하는 것이다.
③ 조직이 하나 이상의 전략을 설정할 경우에는 그 같은 전략들은 하나의 전략의 틀 속에 통합되어야 한다.

그래서 전략이란 포괄적인 활동의 주요 방향을 설정하고 조직활동을 위한 자원배분의 지침이 된다. 요컨대, 전략이란 경쟁적 환경 속에서 조직이 나아가려고 의도하는 방향을 설정하는 것이라고 말할 수 있다. 이와 같은 전략의 결정은 그 조직의 '강점과 약점'을 외부환경 내의 '기회 또는 위협'과 적합시키기 위한 의사결정에 의해 이루어진다. 그리고 전략은 조직이 그의 환경과 절충해 나가기 위한 수단이 되는 것이다.

(2) 전략의 수준

전략개념은 조직의 여러 계층에 적용될 수 있어야 한다.[3] [그림 6-3]은 전략개념이 적용될 수 있는 세 계층을 보이고 있다. 전사적 전략(corporate strategy), 사업부전략(business strategy), 기능부서의 전략(functional strategy) 등이 그것이다. 그리고 전략개념이 적용될 수 있는 또 하나의 계층이 있는데 그것이 곧 제도적 전략(institutional strategy)이란 것이다.

① 전사적 전략

전사적 전략이란 조직 전체로서의 조직전략이다. 이 전사적 수준의 전략에서는 조직 전체의 나아갈 방향 및 이를 위한 자원의 배분을 위해 다음과 같은 질문에 대한 해답이 전제가 된다. 즉,

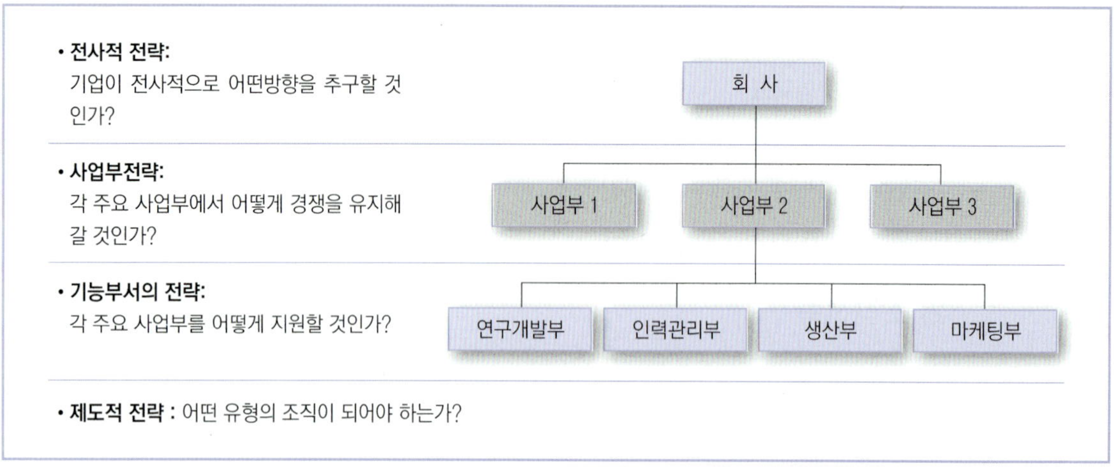

[그림 6-3] 네 가지 수준의 조직전략

"우리의 사업내용은 무엇인가?", "우리의 고객은 누구이며 고객이 원하는 바는 무엇인가?", 그리고 "고객은 우리의 제품을 어느 정도의 가격에 어느 정도의 양을 구매할 것인가?" 등에 대한 질문이 그것이다. 다양한 제품계열을 가지고 있고 다양한 서비스사업부를 가진 M형조직(M-form organization)에서의 전사적 수준의 전략은 대개 회사가 경쟁력을 확보하여 진출해 보려는 사업영역을 결정한다. 이와 같은 결정의 전형적인 것으로는 타사업체의 취득을 위한 자원활용, 새로운 사업개발, 사업축소, 합작사업 등에 관한 결정이다.

② 사업부전략

사업부전략이란 단일사업부, 즉 상대적으로 자율적인 운영권을 가지고 경영을 하는 전략사업단위(SBU: strategic business unit)의 전략을 의미한다. 사업부전략의 선택은 전형적으로 다음과 같은 질문에 대한 대답이 전제가 된다. 즉, "이 같은 특정한 사업영역에서 우리가 어떻게 경쟁력을 확보 · 유지해 갈 것인가?"에 대한 질문이 그것이다. 그리고 이와 같은 사업부전략의 전형적인 결정은 제품-서비스믹스, 시설의 위치선정, 제조기술의 선택에 관한 결정이다.

③ 기능부서의 전략

기능부서의 전략이란 사업운영상의 구체적인 기능영역 내에서 제활동의 방향을 유도하기 위한 전략이다. 앞의 [그림 6-3]에서 보는 바와 같이 이 회사의 기본적인 기능영역은 마케팅, 제조, 인사 및 연구개발기능이다. 이와 같은 기능전략의 선택은 다음과 같은 질문에 대한 해답을 전제로 한다. 즉, "사업의 필요에 부응하기 위해 기능상의 전문성을 어떻게 가장 효과적으로 적용할 수 있을 것인가?"에 대한 해답이 그것이다.

④ 제도적 전략

제도적 전략이란 위에서 설명한 모든 전략수준에 영향을 미치고 또 모든 전략수준을 포괄하는 전략을 말한다. 제도적 전략수준에서는 그 조직 전체에 정체성(identity)과 특이성을 부여하는 핵심적인 가치체계 및 신념체계를 구성한다. 그리고 제도적 전략수준에서는 다음과 같은 질문에 대한 해답을 전제로 한다. 즉, "우리의 기업조직을 어떤 유형의 조직이 되게 할 것인가?"에 대한 해답을 전제로 한다. 이 전략수준에서는 대개의 경우 위에서 설명한 세 가지 전략을 수행하는 과정에서 "인간존중 제일주의를 추구하고 소비대중의 만족을 추구한다"는 식의 결정을 하고 있다.

(3) 전략의 유형

앞에서 제시한 각 전략수준에서 조직이 선택할 수 있는 전략유형은 다양하다. 조직이 활용가능하고 다양한 전략을 분류하는 방법으로 다음과 같은 네 가지의 기준이 제시되고 있는데 성장전략(strategy of growth), 축소전략(strategy of retrenchment), 안정전략(strategy of stability), 결합전략(strategy of combination) 등이 그것이다.[4)]

이하에서는 이 같은 네 가지 기준에 따라 분류된 여러 가지 전략을 제시해 보기로 한다.

① 성장전략

성장전략은 현재의 운영규모의 확장을 추구하는 전략이다. 성장은 기업의 장기적인 존속을 위해 필요하고 또 성장을 조직의 효과성과 동일시하기 때문에 성장전략은 매우 널리 채택되고 있는 전략이다. 그러나 이와 같은 성장전략을 추구하는 데는 여러 가지 방법이 있을 수 있는데, 그 같은 방법을 범주화하면 두 가지로 축약할 수 있다.

그 첫째 범주는 조직의 특성을 변경함이 없이 성장을 추구하는 전략들로서 여기에는 4가지 전략이 포함된다. 두 번째 범주의 성장전략은 타기업의 취득 또는 새로운 사업단위의 신설을 통해 조직의 복잡성을 추가함으로써 조직의 특성을 변경시켜 성장을 추구하는 전략으로 5가지 전략들이 있다.

첫 번째 범주에 속하는 성장전략에는 다음의 4가지가 있다.

㉠ **집중전략(concentration) :** 이 전략은 어떤 단일제품이나 단일서비스, 단일기술 및 단일시장에 초점을 맞추어 경영노력을 집중하는 전략이다. 이렇게 함으로써 한 가지 일에 능숙할 수 있고 집중된 전문성과 견고한 명성을 통해 성장을 도모하려는 전략이다.

㉡ **시장개발전략(market development) :** 이 전략은 현재의 제품이나 서비스를 새로운 시장에서의 판매를 추구하는 전략이다. 그리고 이 전략은 새로운 고객집단을 끌어들이고 해외시장 같은 새로운 판매지역을 추가하여 시장을 확대함으로써 성장을 추구하려는 전략이다.

㉢ **제품개발전략(product development) :** 이 전략은 연구개발(R&D)을 통해 현재의 상품과 관련된 상품영역 내에서의 새로운 제품이나 서비스를 개발하거나 현재의 제품을 변형하는 전략이다. 이렇게 함으로써 기존고객에 대한 판매를 늘리고 새로운 고객을 끌어들임으로써 성장을 도모하려는 전략이다.

㉣ **혁신전략(innovation) :** 이 전략은 전적으로 새로운 제품이나 서비스를 개발 · 생산하거나 기존제품의 생산기술을 진부화시켜 계속적인 개혁을 통해 기존고객이 한 단계 높은 품질의 제품구매를 하도록 고무하고 새로운 고객을 끌어들임으로써 성장을 추구하려는 전략이다.

두 번째 범주에 속하는 성장전략에는 다음의 5가지 유형이 있다.

㉠ **수평적 통합전략(horizontal integration) :** 이 전략은 동일산업 내의 다른 조직을 흡수함으로써 기업을 확장하려는 전략이다. 이 같은 전략에서는 전형적으로 경쟁업체를 흡수합병하게 된다.

㉡ **수직적 통합전략(vertical integration) :** 이 전략은 그 기업조직에 자원을 공급하고 있는 회사를 취득하거나 자사제품을 공급하고 있는 업체를 취득함으로써 영업활동을 확대하여 불확실성을 극복하려는 전략이다. 예를 들어, 영화제작사가 영화상영을 위한 극장을 소유하는 것은 일종의 수직적 통합이다. 그리고 철강회사가 자사에 화력발전을 위한 석탄공급을 위해 석탄광산업체를 취득하는 경우도 수직적 통합의 예이다.

㉢ **합작사업경영(joint venturing) :** 이 전략은 하나 혹은 그 이상의 조직과의 협동을 통해서 경영활동을 확대하려는 전략이다. 이와 같은 전략을 통해서 자사의 단독적인 능력으로 성취할 수 없는 사업목표를 달성할 수 있게 된다. 이러한 합작경영전략은 국제경영이나 다국적 기업에서 흔히 볼 수 있는 전략이다.

㉣ **집중적 다각화전략(concentric diversification) :** 이 전략은 자사제품과 관련성이 있는 제품이나 서비스를 취급하고 있는 사업체를 취득하거나 그 같은 제품이나 서비스를 생산 · 판매할 새로운 사업체를 창설하여 영업활동을 확장하려는 전략이다. 예를 들어, 한국 코카콜라사의 경우 과일주스회사를 취득하여 기업성장을 도모하려는 경우이다. 이와 같은 코카콜라사는 원래의 사업영역인 음료수 제조 · 판매사업에 계속 남아 있으면서 과일주스 제조 · 판매라는 새로운 제품계열을 추가하게 되는 것이다.

㉤ **콩글로머리트 다각화전략(conglomerate diversification) :** 이 전략은 자사의 제품과 전혀 관련성이 없는 제품이나 서비스를 생산 · 판매하는 사업체를 취득하거나 그 같은 제품이나 서비스를 생산 · 판매할 새로운 사업체를 창설하여 경영활동을 확장하려는 전략이다. 이 같은 전략으로 인해 M형조직이 탄생하게 된다. 그리고 이러한 전략을 채용하고 있는 기업조직은 가전제품, 항공기제작, 조선공업, 건설업 등과 같은 광범한 영역의 사업체를 사고팔고 하는 사업체의 거래를 하는 것이 보통이다.

② 축소전략

축소전략은 운영상의 능률을 통한 업적의 개선을 위해 조업을 단축하거나 생산을 축소하는 성영전략이다. 이 전략은 최근 미국과 같은 나라에서 흔히 나타나고 있지만 성장전략보다는 널리 채용되고 있지 못한 전략이다. 축소전략을 추구한다는 것은 적어도 표면상으로는 과거의 실패를 인정할 수 있어야 한다. 그래서 최근까지만 해도 축소전략은 관리자들이 마지못해 최후로 취하게 되는 전략으로 생각되었다. 그러나 오늘날에 와서는 이 전략은 산업계에서 새롭게 그 정당성을 인정받게 되었다. 이하에서는 이와 같은 축소전략의 기본적인 3가지 유형을 검토해 보기로 한다.

㉠ **방향전환전략(turnaround) :** 이 전략은 경영상의 문제점을 해결하고 운영상의 능률을 제고하기 위해 인건비와 그 밖의 경비를 절감한다든지 조직을 재편성(restructuring)한다든지 또

는 운영을 합리화(간소화)하려는 전략이다. 이러한 전략의 실행결과는 상당수의 인력감축으로 나타난다.

ⓒ **부분매각전략(divestiture)** : 이 전략은 비용절감이나 운영상의 능률을 개선하기 위해 조직의 일부를 매각하고 그 조직 특유의 강점을 살릴 수 있는 활동만을 집중적으로 시도하려는 전략이다.

ⓒ **해산(청산)전략(liquidation)** : 이 전략은 회사의 자산을 완전매각하거나 파산선언을 함으로써 경영활동을 중단하는 전략이다.

③ 안정 및 결합전략

위에서 설명한 두 가지 유형의 전략 이외에 또 다른 두 가지 유형의 전략은 안정전략과 결합전략(stability and combination strategies)이다.

안정전략은 현재의 경영활동을 그대로 유지하려는 전략이다. 이 안정전략은 조직이 현재의 경영환경 속에서 이미 성과를 올리고 있을 경우에 활용되는 전략이며, 또 의사결정자가 저위험을 중요시하거나 다른 전략의 실현 후 새로운 전략의 실현을 위한 적응을 위해 일정한 시간이 필요할 때도 안정전략이 활용된다.

그리고 결합전략은 하나 이상의 다른 전략을 동시에 채용하는 전략이다. 일반적으로 이 결합전략은 M형조직에서 각 사업부가 각기 다른 전략을 채용하고 있는 경우이다. 어떤 사업부는 성장전략을, 다른 사업부는 안정전략을, 또 다른 사업부는 축소전략을 채용하고 있는 경우이다. 격변적이고 고도로 경쟁적인 경영환경 속에서 경영활동을 하고 있는 복잡한 조직에서 흔히 볼 수 있는 전략유형이다.

(4) 전략계획의 과정

조직의 전략계획의 과정을 이해하기 위해 여러 가지 목표와 전략과의 관계를 그림으로 나타내

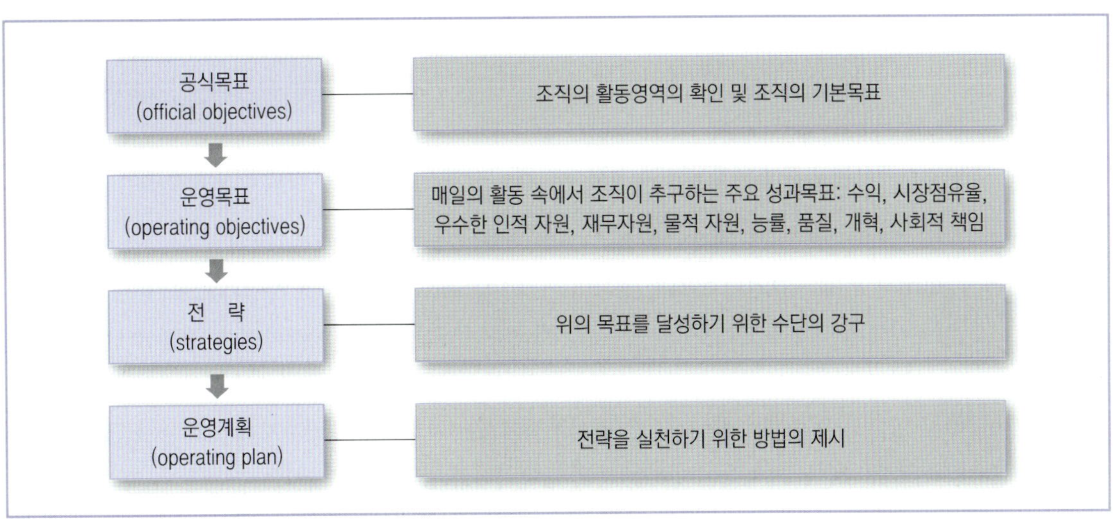

[그림 6-4] 조직목표, 전략, 운영계획 간의 관계

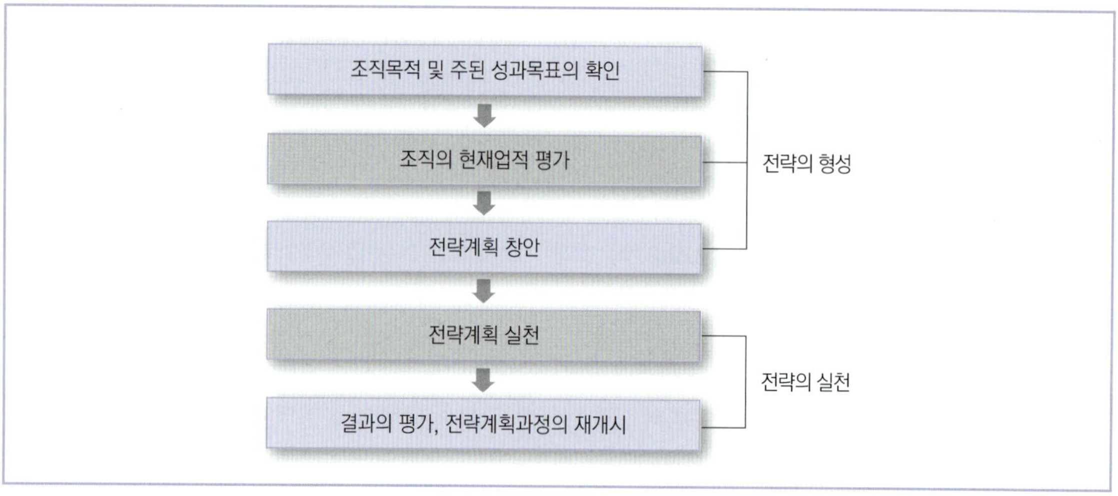

[그림 6-5] 전략계획과정의 주된 요소: 전략형성과 전략실천

보면 [그림 6-4]와 같이 나타낼 수 있다.

그리고 [그림 6-4]보다 더 세밀하게 전략계획의 과정을 그림으로 나타내면 [그림 6-5]와 같이 나타내 보일 수 있다. [그림 6-4]에서 보는 바와 같이 전략, 운영목표, 공식목표간의 관계는 논리적으로 선형적 관계이다. 우수한 전략은 운영목표의 달성을 촉진하고, 운영목표의 달성은 공식목표의 달성에 이바지하기 때문이다.

(5) 전략형성

전략계획과정의 첫 번째 단계인 전략형성(strategy formulation)의 성공 여부는 관리자의 정확한 분석 및 평가능력 [그림 6-6]에 제시된 내용의 분석 및 평가능력)에 달려 있다. 이와 같은 분석 및 평가의 대상은 ① 조직의 사명 및 목적의 분석(the analysis of the organization's mission and purpose), ② 조직의 가치체계 및 조직문화의 분석(the analysis of the organization's values and corporate culture), ③ 조직의 내부적 강점과 약점의 분석(the analysis of organization's internal strengths and weakness), ④ 조직환경 내의 기회 및 위험의 분석(the analysis of opportunities and threats in the organization's environment) 등이다.

이하에서는 이들 전략형성의 네 가지 요소의 각각에 대하여 좀 더 자세한 설명을 해보기로 한다.

① 조직사명의 분석: 조직의 목적

앞에서 우리는 조직의 목적이 조직의 가장 기본적 구성요소라고 하였다. 그리고 조직의 목적을 조직의 공식목적(official objectives)의 개념과 동일한 것으로 이해하였다. 실제에 있어서 조직은 조직의 사명을 명시한 문서(the written mission statements) 속에서 그들의 공식적 목적을 표명하고 있는 경우가 많은데, 그 같은 공식목적에서는 조직의 이해당사자들에 대한 조직의 역할을 밝히고 또 그러한 역할을 수행하는 방법을 제시하고 있는 경우가 많다.

그런데 전략계획과정은 이와 같은 조직의 사명을 분석하는 일부터 시작한다. 이러한 '사명의

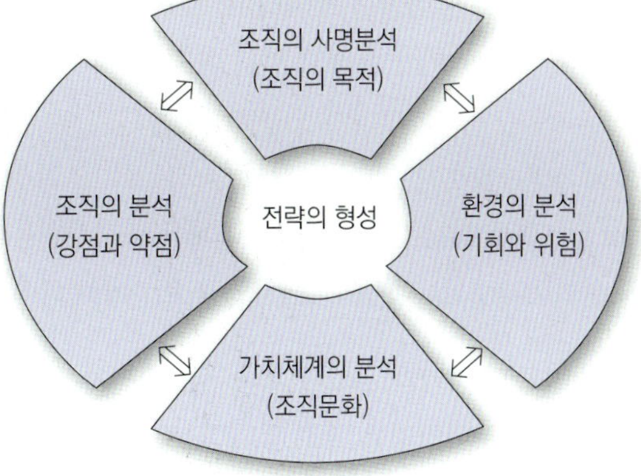

[그림 6-6] 전략형성의 네 가지 요소

분석'단계에서는 이미 적절치 못한 조직의 사명을 다시 변경하는 경우도 있고, 명문화된 조직의 사명이 없는 경우 조직의 사명을 새로이 규정하기도 한다. 조직의 사명이나 조직의 목적은 조직의 사업영역을 규정하고 또 다른 조직(특히, 경쟁업체)과 구별되는 점을 분명하게 밝힌다. 그래서 잘 짜여진 조직의 사명은 전략형성에 도움이 된다. 왜냐하면 계획을 '가장 중요한 조직목적' 달성과 일치시킬 수 있기 때문이다.

그리고 조직의 사명은 이해관계자들이 조직의 정체성에 대한 명확한 이해를 갖게 한다. 여기에서 조직의 이해관계자들이란 외부환경의 요소들, 주주, 공급업체, 거래업체, 지역사회의 여러 집단들로서 이들은 조직과 직접 관련을 맺고 있으며 조직의 영업활동에 의해 영향을 받는다. 그래서 이와 같은 전략구성요소의 분석(strategic constituencies analysis)을 통해서 조직은 외부의 이해관계자의 이해관계를 조직의 전략계획에 반영하게 된다. 사실 어떤 전략이든 간에 바람직한 전략이냐의 여부는 그것이 전략구성요소, 즉 이해관계자들의 이익에 어느 정도로 기여하느냐에 달려 있다. 미국 NCR사의 경우 조직의 사명을 다음과 같이 제시하고 있다.[5]

"우리는 성실과 신의에 의한 영업활동을 기반으로 우리의 모든 이해관계자들과 상호 유익하고 지속적인 관계의 구축을 우리의 신념으로 한다."

그리고 경영학 연구자들도 '조직의 사명이나 조직목적에 대한 명확한 의식'과 '조직의 업적' 간에 어떤 관계가 있는가에 대해 점점 더 많은 연구를 실시하고 있다. 그래서 조직의 전략은 조직의 기본적 사명과 조직의 전반적 목적달성을 지향하도록 해야 한다.

② 가치체계의 분석: 조직의 문화

어떤 개인이든지 그 개인의 의사결정과 행동은 항상 부분적으로 그의 가치관(values)—무엇이 옳고 무엇이 적절하지 못한 것인가에 대한 명료한 신념—에 의해 영향을 받는다. 조직문화(corporate culture)란 전체조직에 널리 퍼진 현저하고 지배적인 가치체계이다. 이러한 조직문화에 의해 관리자들과 조직성원들의 가치관이 영향을 받게 되고 그들의 행동은 공통적인 방향을 지향하게 된다. 그리고 이 조직문화는 다음과 같은 두 가지의 유익을 가져다준다. 첫째, 분명하고 강한 조직문화는 그 조직에 특성을 부여하고, 조직의 정체성이 반영된 조직사명을 뒷받침한다. 둘째, 조직문화, 즉 성원들이 공유하고 있는 가치관은 조직 내의 행동을 통일된 방향으로 지향하게 한다.

딜과 케네디(Deal & Kennedy)는 그들의 저서『조직문화: 조직생활 속의 의식과 관례(Corporate Culture: The Rites and Rituals of Corporate Life)』에서 조직성원들이 공유하고 있는 가치관의 중요성과 강한 조직문화(strong corporate culture)의 중요성에 대하여 다음과 같이 말하고 있다.[6)]

"만약 종업원들이 그들의 회사가 무엇을 위해 존재하는가를 알고 있다면, 그리고 그들이 떠받들고 있는 기준적 가치가 무엇인지를 알고 있다면, 그들은 그 같은 기준을 뒷받침할 수 있는 의사결정을 할 가능성이 훨씬 더 높아질 것이다. 그리고 또 그들이 자신들은 조직의 중요한 일부분이라고 느끼게 될 가능성이 훨씬 더 클 것이다. 그리하면 그들은 조직생활에서 의미를 느끼게 될 것이고 그 때문에 더욱 동기화될 것이다."

그리고 딜과 케네디는 지적하기를 조직문화는 IBM사의 경우처럼 그 조직의 창설자의 영향력에 의해 영향을 받는다는 것이다. 그리고 조직문화를 뒷받침하고 구체화하고 강화하는 것으로 의식, 의례, 조직 내의 설화, 전해 내려온 이야기(myths), 상징, 그리고 영웅담 등을 들고 있다.

이와 같은 조직의 가치관 및 조직문화의 검토는 전략형성의 과정에 있어서 필수적인 초기단계의 작업이다. 조직문화가 조직사명 및 조직목적을 뒷받침할 수 있기 때문이다. 그래서 조직의 전략과 목적은 조직 내에 널리 파급되어 있는 지배적인 가치체계 및 조직문화와 일치되어야 한다.

③ 조직의 분석: 조직의 강점과 약점

전략계획의 과정에서 세 번째와 네 번째의 분석 · 평가대상은 조직의 분석과 환경의 분석으로서 소위 말하는 SWOT분석(an analysis of organizational strength, weakness, as well as environmental opportunities and threats)이다.[7)] 이 같은 SWOT분석을 통해서 조직과 그 환경에 대한 현실적인 이해가 가능해진다. 그리고 또 이 같은 SWOT분석은 조직의 약점과 환경의 위협요소를 최소화하면서 조직의 강점과 환경의 기회를 극대화하는 전략형성에 도움이 되며, 앞에서 논술한 조직의 사명 및 목적의 분석결과와 조직의 가치체계의 분석결과도 여기에 추가되어 고려된다.

[그림 6-7]에서 보는 바와 같이 SWOT분석은 조직의 내부적 평가인 조직의 강점과 약점의 분석부터 시작한다. 이 분석은 전략(전사적 전략, 사업부전략 및 기능부서의 전략)의 현실적 기반을 제공한다. 그리고 이 분석에서는 많은 수의 요인들이 고려되어야 하는데 그 같은 요인에는 판매, 마케팅, 제조, 금융, 인적 자원 등과 같은 조직의 기능적 측면의 능력(the functional capabilities of the organization)과 연구개발활동 등이 포함된다. 그리고 측정 · 평가는 다음과 같은 조직의 자원과 운영을 대상으로 이루어진다.

㉠ **인적 자원 :** 적정인원의 우수한 기술인력과 유능한 관리자의 활용가능성은 어느 정도인가?

㉡ **물적 · 재무적 자원 :** 조직의 시설, 장비, 물자 및 자금 등과 같은 자원은 어느 정도로 활용가능한가?

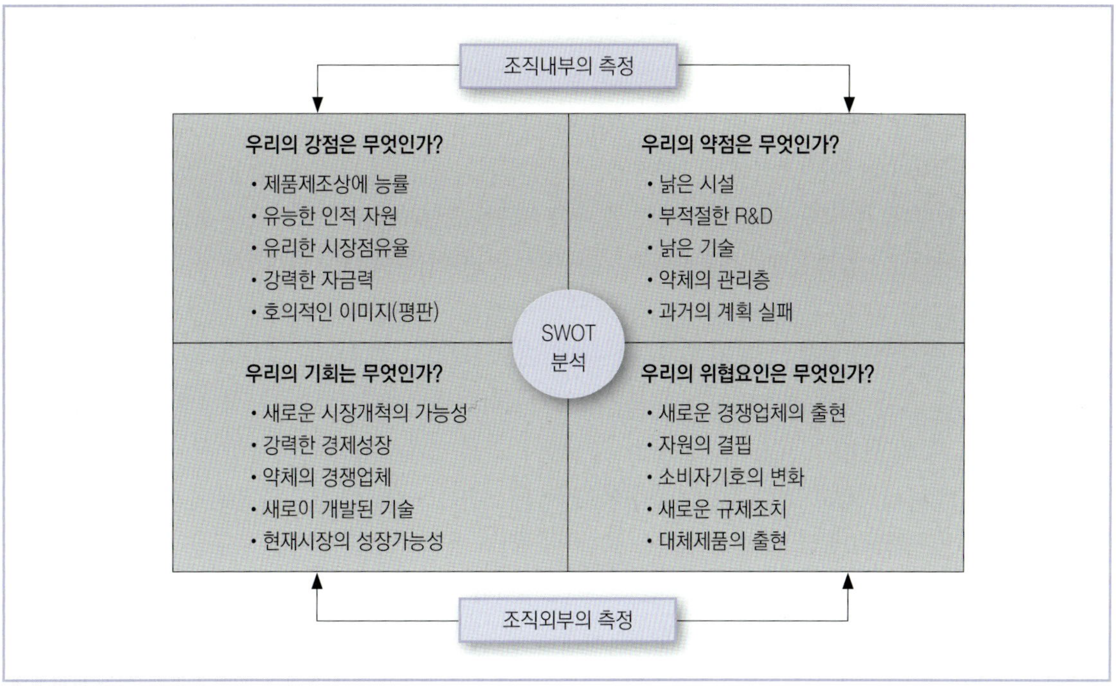

[그림 6-7] SWOT분석: 조직의 강섬과 약점 및 환경의 기회와 위협의 측정

ⓒ **기술 :** 조직의 선진기술의 활용가능성 및 기술개선의 가능성, 미래의 기술개발가능성은 어떠한가?

ⓔ **정보 :** 조직이 어떤 특정한 제품에 대한 전문적인 지식, 경쟁업체가 활용할 수 없는 노하우(know-how) 등 전략적 우위를 확보할 수 있게 하는 정보를 가지고 있는가?

ⓜ **시스템 :** 조직이 어느 정도로 적절한 시스템의 지원을 받고 있는가? 즉, 정보처리시스템, 품질관리시스템, 자원흐름 및 유지시스템, 신제품개발시스템, 제품 및 서비스 유통시스템의 지원을 받고 있는가?

전략계획과정의 이와 같은 단계에서의 주된 목적은 그 조직의 특유한 강점, 즉 경쟁업체에 대해 우위를 확보하게 하는 그 조직 특유의 역량(distinctive competencies)을 확인하는 데 있다. [그림 6-7]에서도 보는 바와 같이 그 조직 특유의 강점의 원천 중에는 다음과 같은 것들이 강조되고 있다. 즉, 활용가능한 기술, 인적 자원의 유능성, 제조상의 능률, 관리능력, 재무상의 강점 등이 그것이다. 그리고 그 조직의 약점의 원천은 부적절한 기술, 유능한 인력의 결여, 불리한 시장지위, 연구 · 개발활동의 결여 및 그 밖에 경영능력과 고도의 업적을 올릴 수 있는 능력을 약화시키는 요인들이다.

어떤 전략이든지 간에 그 전략이 성공하려면 내부적으로 그 전략을 실천할 수 있는 능력을 갖추고 있어야 한다. 따라서 조직의 전략은 조직의 내부적 강점의 기반 위에 설정되어야 하고 조직의 약점을 최소화해야 할 것이다.

④ 환경의 분석: 사업의 기회와 위협요인

SWOT분석의 두 번째 부분은 [그림 6-7]의 아래쪽에 표시되어 있다. 그것은 곧 환경분석으로서 환경 내에서 사업활동의 기회와 위협요인(environmental opportunities and threats)을 찾아내려는 것이다. 사실 조직의 외부환경에는 조직과 관리자들이 대처해야 할 동태적이고 복잡한 요소가 있다. 본서의 여러 곳에서 환경에 대한 언급을 하고 있지만 여기에서는 경영전략과 관련하여 여러 가지 환경적 조건들(요소들)이 전략형성과 전략실천에 어떤 시사점을 제공하는가를 검토해 보기로 한다.

㉠ **안정적 환경 :** 안정적 환경은 보다 더 프로그램화된 전략을 낳게 한다. 환경의 변화가 거의 없을 경우, 전략은 보다 더 세밀하고 구체적으로 절차화할 수 있다. 안정적 환경에서는 조직의 필요(organization's needs)가 상당한 시간의 경과와 함께 거의 변함없이 일정하기 때문이다. 그리고 그 같은 프로그램화된 전략의 실천은 보다 정밀하고 엄밀한 통제하에 있게 된다.

㉡ **동태적 환경 :** 동태적 환경은 보다 유연하고 융통성 있는 전략을 요구한다. 환경의 변화가 심할 경우 프로그램화된 전략으로는 조직이 새로운 환경에 효과적으로 적응할 수 없게 되기 때문이다. 그래서 변화하는 환경의 요소들에 대한 효과적인 대응을 위해서 전략에 융통성이 반영되어야 하고 환경의 변화에 따라 신축적으로 대응해야 한다.

㉢ **불확실한 환경 :** 불확실한 환경은 돌발사태대응전략(contingency strategies)을 요구한다. 환경이 극도로 예측불가능한 경우, 융통성 있는 전략으로써 대응하기가 어렵기 때문에 다른 유형의 전략적 도전이 요구되는 것이다. 그래서 이러한 경우에는 여러 가지 전략을 미리 형성(설정)해 놓고 돌발적인 환경변화가 발생할 경우 거기에 알맞는 전략을 실천할 준비를 갖추게 된다.

그래서 조직의 전략과 목적은 조직의 외부적 환경 내의 사업기회 또는 위협요인과 일치되어야 한다.

(6) 전략계획의 모형

전략계획과정에서 활용가능한 전략계획모형은 다양하다. 특히, 조직전체 수준의 전략이나 사업부 전략계획과정에 활용할 수 있는 전략모형은 여러 가지이다.

이와 같은 여러 가지 전략계획모형의 이해는 관리자들이나 전략계획 담당자들에게 전략계획에 대한 하나의 지침을 제공할 것이기 때문에 이하에서는 주요한 모형인 보스턴경영자문그룹(Boston Consulting Group)의 포트폴리오모형(portfolio model)과 포터(Porter)의 경쟁모형(competitive model)에 대하여 설명해 보기로 한다.

① 포트폴리오모형

[그림 6-8]은 포트폴리오계획모형(the portfolio planning model)을 잘 요약하고 있다. 이 모형은 보스턴경영자문그룹(Boston Consulting Group)에 의해 개발된 것으로서 BCG매트릭스(BCG matrix)라고 불리기도 한다. 이 모형에 의하면 전략형성은 시장성장률(market growth rate)과 시장

고 ↑ 제품의 시장성장률 ↓ 저

'미지수(question mark)'	'별(stars)'
• 성장하고 있는 산업에서의 취약한 경쟁적 지위 • 추천할 만한 전략 : 성장전략 또는 축소전략 • 긍정적인 방향전환전략 실천을 위해 자원을 배분하거나, 전망이 좋지 않으면 퇴각한다.	• 성장하고 있는 산업에서의 지배적인 경쟁적 지위 • 추천할 만한 전략 : 성장전략 • 시장예측에 기초하여 자원을 추가배분하고 사업을 더 널리 확대한다.
'개(dogs)'	**'현금젖소(cash cows)'**
• 저성장 환경 내에서의 취약한 경쟁적 지위 • 추천할 만한 전략 : 축소전략 • 조직의 일부를 매각하거나, 자원의 고갈을 방지하기 위해 사업을 해산한다.	• 저성장 환경 내에서의 지배적인 경쟁적 지위 • 추천할 만한 전략 : 안정전략 및 완만한 성장전략 • 자원투자를 최소로 유지하면서 강력한 현금유동성의 강점을 유지한다.

저 ← → 고

제품의 시장점유율(경쟁적 지위)

[그림 6-8] 전략계획의 포트폴리오모형(BCG 매트릭스 내의 대안적 전략)

점유율(market share)을 기반으로 하여 설정되어야 한다는 것이다.[8)]

이 포트폴리오전략은 사업활동이 다각화되어 있거나 제품계열이 다각화되어 있는 기업경영의 경우에 유용한 전략계획모형이다. 사업활동이 다각화되어 있는 경우 관리자는 조직의 전체적인 목표를 가장 효과적으로 달성하기 위해 어떤 '포트폴리오'에 어떻게 자원배분을 할 것인가에 대해 의사결정을 내려야 한다. 그러나 그 같은 의사결정이란 매우 어려운 경우가 많다. 그렇게 많은 제품이나 시장을 다 이해하고 관리한다는 것은 쉬운 일이 아니기 때문이다. 그래서 그같이 다각화된 경영활동의 전략적 관리를 촉진하기 위해서 'BCG 매트릭스'가 개발된 것이다.

[그림 6-8]에서도 보이고 있는 바와 같이 포트폴리오전략계획은 일종의 SWOT분석의 독특한 방법이다. 조직의 제품이 갖고 있는 시장점유율과 시장성장률을 비교하여 다음과 같은 네 가지 유형의 상황(사업기회 및 위협요인)으로 분류하고 거기에 따른 전략을 제시하고 있기 때문이다.

㉠ **별(stars) :** 제품의 시장점유율이 높고 시장(사업)성장률이 높은 경우이다. 그래서 이 경우에는 확대되고 있는 제품시장에서의 높은 시장점유율을 통해 높은 수익을 올리게 된다. 이 경우에 선호될 수 있는 전략은 성장전략으로서 추가적인 투자를 권고하고 있다.

㉡ **현금젖소(cash cows) :** 제품의 시장점유율은 높으나 시장의 성장률은 낮은 경우이다. 이 경우는 안정적이고 완만하게 성장하고 있는 제품시장에서의 높은 시장점유율을 갖고 있기 때문에 수익성이 높을 뿐만 아니라, 강한 현금유동성(strong cash flow)을 확보하게 된다. 여기에서 선호되는 전략은 안정전략이나 또는 현금의 유동성을 다른 사업활동에 활용할 수 있는 완만한 성장전략이다.

㉢ **미지수(question marks) :** 제품의 시장점유율은 낮고 시장(사업)의 성장성은 높은 경우이다. 이 경우는 많은 수익은 창출되지 않고 급속하게 성장하고 있는 시장에서 경쟁을 하고 있는 경우이다. 여기에서 선호되는 전략은 성장전략이다. 그러나 추가적인 투자가 시장점유율의

개선을 가져오게 될지 어떨지 모르므로 위험이 뒤따른다. 대부분의 유망한 '미지수'들은 성장전략으로 대응하지만 어떤 '미지수'들은 축소전략으로 대응하기도 한다.

㉣ **개(dogs) :** 제품의 시장점유율도 낮고 시장(사업)의 성장률도 낮은 경우이다. 그래서 이 경우는 많은 수익도 없고 미래에 개선의 가능성이 거의 없게 된다. 이 경우 선호될 수 있는 전략은 부분매각에 의한 축소전략이다.

비록 이 모형이 복잡한 의사결정상황을 지나치게 단순화시키고는 있지만 유용한 전략계획모형임에는 틀림이 없다. 그러나 이 모형의 주된 유용성 여부는 'BCG 매트릭스'를 사용하는 관리자의 능력, 즉 다양한 사업이나 제품의 상대적 강점이나 약점의 명확한 파악을 위해 주의를 기울일 수 있는 관리자의 능력에 달려 있는 것이다.

② 경쟁전략모형

널리 활용되고 있는 또 하나의 전략계획모형은 포터(Michael Porter)에 의해 개발된 경쟁전략모형이다.[9] 이 모형은 조직의 외부환경 내의 경쟁업체(현재의 경쟁업체 또는 미래의 잠재적인 경쟁업체)에 초점을 맞추고 있다. 이와 같은 경쟁적 환경 내의 기본요소는 [그림 6-9]에 잘 표시되어 있다.

[그림 6-9]에서 보는 바와 같이 경쟁전략모형에서 말하는 경쟁적 환경 내의 기본요소는 신참업체의 위협(the threat of new entrants), 공급업체의 거래능력(bargaining power of suppliers), 구매자의 거래능력(bargaining power of buyer), 대체제품 및 서비스의 위협(threat of substitute products or services), 그리고 동종사업체 간의 유리한 경쟁적 위치(jockeying for position among industry firms) 등이다.

포터의 주장은 이러한 요인들이 산업경쟁의 상태를 좌우하기 때문에 효과적인 전략형성을 위해 이 요소들이 적절하게 고려되어야 한다는 것이다. 그리고 포터는 '포트폴리오모형'이 전략수립자들을 부당한 다각화전략으로 빠져들게 했다고 비판하면서 '경쟁전략모형'이야말로 보다 우수한 전략선택을 가능하게 한다고 말하고 있다. 그의 관점에 의하면 앞에서 언급한 바 있는 SWOT분석은 조직환경 내의 경쟁요소를 검토하는 일부터 시작되어야 한다는 것이다. 그렇게 함으로써 조직은 조직의 강점과 약점을 측정하기 위한 준거의 틀을 얻게 된다. 그리고 나서 조직은

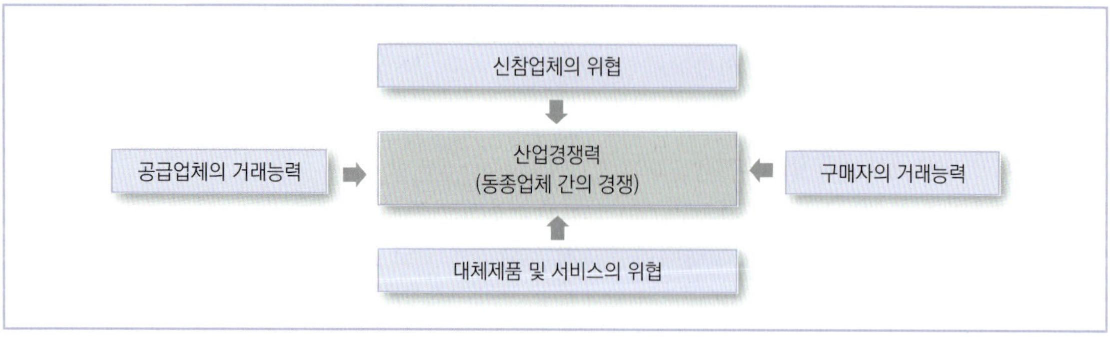

[그림 6-9] 산업의 경쟁력에 영향을 미치는 요소들

경쟁업체에 대해 상대적으로 전략적 우위를 제공하는 것이 무엇이냐에 따라 전략이 선택되어야 한다는 것이다. 포터는 전략의 우위를 확보하기 위해 경쟁적 환경 내에서 조직이 추구할 수 있는 세 가지 포괄적인 전략을 제시하고 있는데, 차별화전략, 원가리더십전략, 집중화전략 등이 그것이다.

㉠ **차별화(differentiation)전략** : 조직의 제품이나 서비스가 경쟁업체의 그것들과 확연히 구분될 수 있도록 그 조직제품의 '독특성'을 만들어가자는 전략이다. 이 전략의 목적은 조직제품에 충성도가 강한 소비자집단을 개발하고 다른 경쟁업체들의 제품에는 흥미를 잃게 하자는 것이다.

㉡ **원가리더십(cost leadership)전략** : 생산, 유통 및 그 밖의 조직시스템상의 능률향상을 통해 경쟁업체들보다 저원가를 확보하자는 전략이다. 이 전략의 목적은 산업평균 이상의 이익을 올릴 수 있는 기반을 확보하자는 데 있다.

㉢ **집중화(focus)전략** : 어떤 특정 소비자집단, 지역시장, 제품계열 등과 같은 어느 특정한 시장영역에 집중적으로 경영활동을 전개해 나가자는 전략이다. 이 전략의 목적은 조직의 자원과 전문성의 집중적인 투입을 통해 표적시장에 더 나은 서비스를 제공하자는 데 있다.

3. 조직계획의 제차원

모든 관리자들이 계획기능을 담당하고 있지만 조직의 계획은 여러 가지 차원에 따라 다양하다. 조직의 계획을 분류할 수 있는 차원들은 다음 [그림 6-10]에서 보는 바와 같이 ① 유형(type), ② 시간기준(time frame), ③ 요소(elements), ④ 반복성(repetitiveness), ⑤ 초점(focus) 등이다.

(1) 유형차원에 의한 계획의 구분

[그림 6-10]에서 볼 수 있는 바와 같이 모든 조직에는 세 가지 유형의 계획이 있음을 알 수 있다. 전사적 계획(corporate plan), 사업부 및 사업별 계획(divisional or business plan), 단위별 및 기능별 계획(unit or functional plan) 등이 그것이다.

(2) 시간기준에 의한 계획의 구분

조직계획의 두 번째 차원은 계획의 기간(the length of the planning horizon)에 의한 구분이다. 여기에는 장기계획, 중기계획, 단기계획이 있다.

장기계획(long-range planning)은 조직의 기술 및 경쟁, 그리고 자원의 배분 등에 관련된 계획으로서 산업이나 조직에 따라 그 기간이 다양(5년, 10년, 15년)하다. 조직이 장기계획을 수립하는 데 있어서 유의할 점은 첫째, 장기계획은 조직의 목적 및 전략과 일치되어야 하고, 둘째, 계획

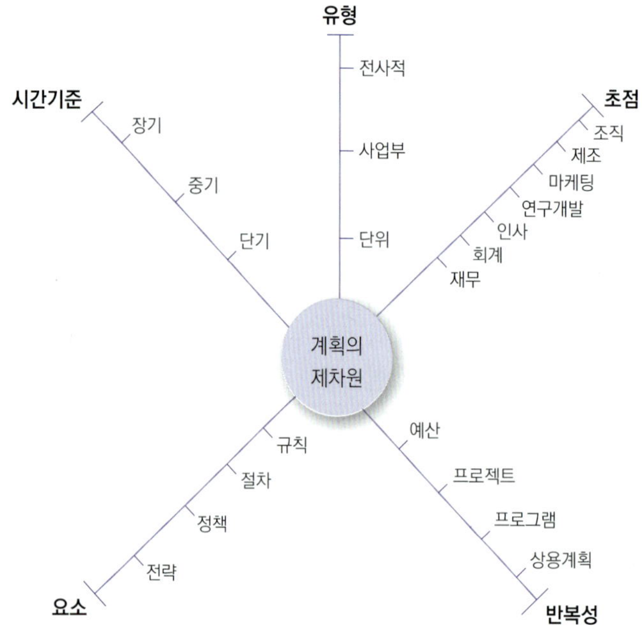

자료 : G.A.Steiner, *Top Management Planning*, New York: Macmilan, 1969, p. 12.

[그림 6-10] 조직계획의 제차원

기간의 중간중간에 재검토할 수 있는 기회가 제공되어야 하며, 셋째, 계획기간이 길면 길수록 계획의 구체성이 없게 되므로 목표의 수용범위(acceptable range of goal)가 표시되어야 한다. 마지막으로 동태적 환경하에서의 장기계획은 불확실성이 따르게 되므로 계획에 융통성이 부여되어야 한다.

(3) 내용에 의한 계획의 구분

조직계획은 여러 가지 다양한 요소(내용)로 구성되어 있다. 일반적으로 거론되고 있는 계획의 구성내용에는 전략, 정책, 절차, 규칙 등이 있다.

① 전략

전략은 앞에서도 논의하였지만, 목적을 달성하기 위한 조직의 활동영역을 선택하는 것과 관련되며 영향의 범위가 가장 광범하다.

② 정책

정책(policies)은 전략보다는 영향의 범위가 넓지 못하지만 의사결정에 있어서 상용적인 지침(standing guideline)을 제공한다. 그리고 이 정책은 조직의 전략에서 도출되며, 의사결정의 준용기준으로 작용한다. 그래서 정책은 조직성원의 행동범위를 제약하기도 한다. 이러한 조직의 정책에는 제품정책, 마케팅정책, 재무정책, 인사정책, 구매정책 등이 있다.

③ 절차

정책과는 달리 절차(procedure)는 정확하게 무엇을 어떻게 해야 한다는 것을 명시하고 있다. 그래서 절차는 개인이 문제해결에서 사용할 수 있는 개별적인 판단의 범위를 축소시킨다. 그러므로 절차는 정책보다 더 좁고 구체적인 행동지침이라고 할 수 있다.

어떤 통일적인 행동이 요구될 때는 언제, 어디서나 절차가 필요하게 된다. 그래서 절차란 어떤 것을 어떻게 해야 할 것이냐에 대한 단계적인 지시(a step-by-step instruction)인 것이다.

④ 규칙

규칙은 해야 할 것과 해서는 안 될 것에 대한 구체적인 지시이다. 규칙을 개발하고 규칙을 통해서 말하려고 하는 것은 조직구성원들에게 용인될 수 있는 행동의 범주(the boundaries of acceptable behavior)가 정확하게 무엇이라는 것을 알리려는 데 그 목적이 있다. 이 규칙을 무시하는 경우에는 처벌이 뒤따르게 된다.

(4) 반복성에 의한 계획의 구분

계획의 사용빈도에 따라서 계획의 유형이 달라지게 된다. 그래서 조직목표를 기반으로 하여 조직은 상용계획(standing plan)과 단일계획(single use plan)을 개발한다.[10] 상용계획은 정책(policies), 절차(procedures) 및 규칙(rules) 등을 낳게 하고, 단일계획은 예산안(budget)과 프로젝트 및 프로그램(projects and programs)을 낳게 한다.

(5) 초점에 의한 계획의 구분

[그림 6-10]에 나타나 있는 바와 같이 조직계획의 초점은 그 계획에 의해 영향을 받게 되는 조직의 기능에 있게 된다. 그 같은 기능에는 생산, 마케팅, 인사, 재무, 조직 전체 등이 있다.

지금까지 논의된 조직계획의 제차원을 요약하면 〈표 6-1〉과 같다.

기준 / 조직계층	유형	시간	초점	요소	반복성
최고 경영층	전사적 계획	장기계획	조직전체	전사적: 전략 정책	전사적: 상용계획 프로젝트, 프로그램, 예산
중간 경영층	사업부별 계획	장기계획	사업부	사업부: 전략 정책 절차	사업부: 상용계획 프로젝트, 프로그램, 예산
일선 감독층	단위별 계획	단기계획	단위, 기능부서	단위: 정책 절차 규칙	단위: 상용계획 프로젝트, 프로그램, 예산

〈표 6-1〉 조직계획의 제차원

4. 계획과 인간행동

계량적인 용어로 표현된 계획은 인간이 그 계획을 따라 정상적 · 합리적으로 행동하게 될 것이라는 가정(assumption) 위에 수립된 것이다. 다시 말해서, 인간행동에 영향을 미치는 정서나 감정, 그리고 비계획된 행동(nonplanned behavior)은 무시된다는 말이다. 그러므로 계획문제를 논함에 있어서 인간적 측면, 즉 인간행동의 문제를 고려하지 않으면 안 된다.

그러면 어떻게 해야 개인이나 집단이 기꺼이 따를 수 있는 계획을 수립할 수 있을 것이며, 더 나아가서 그 계획이 실천과정에서 종업원의 지지를 받을 수 있고 조직에 최선이 될 수 있는 계획이 되도록 하려면 어떻게 해야 할 것인가? 이와 같은 문제를 해결하기 위해서 관리자가 계획의 인간적 측면을 개선하기 위한 몇 가지 방법을 제시해 보기로 한다.

(1) 계획의 이유 및 배경의 설명

구성원들이 계획, 목표 및 정책 등이 설정되게 된 배경이나 이유를 알고 있으면 그들은 그 계획이나 목표에 대하여 훨씬 더 호의적인 반응을 보인다. 사실 그 계획이 왜 수립되었는가를 알지도 못한 사람이 그 계획 실천에 열중하기를 기대할 수는 없는 것이다. 그래서 종업원이 그 계획의 배경에 대하여 더 많이 알면 알수록 그 계획을 효과적으로 실천할 수 있는 가능성이 그만큼 더 높아진다.

(2) 계획과정에 구성원의 참여

어떤 방법으로든지 종업원들이 계획과정에 참여하게 되면 다음과 같은 두 가지 이점이 있다. 첫째, 계획에 대한 구성원들의 지지도가 증가한다. 둘째, 구성원들로부터 계획을 위한 많은 아이디어를 얻어낼 수 있다.

그러나 여기에서 유의할 것은 종업원을 계획과정에 참여시킨다고 해서 반드시 종업원들의 뜻대로 계획되어진다는 것을 뜻하는 것은 아니다. 종업원들이 바라는 것이 조직 전체의 관점에서 반드시 최선의 것이 될 수 없는 경우가 얼마든지 있는 것이다. 그러므로 상황에 따라 계획과정에서 관리자의 주도적인 역할이 요청되기도 하고, 종업원의 주도적인 역할이 요청되기도 한다. 그러나 최종결정의 책임은 최고경영자에게 있는 경우가 많다.

연습문제

1. 계획의 중요성과 계획의 과정을 설명하여 보라.
2. 조직계획의 제차원을 설명하여 보라.
3. 계획이 모든 구성원들의 호의적 반응을 얻기 위해서 관리자가 취할 수 있는 두 가지 행동이 무엇인가?
4. 전략이란 무엇인가를 간단히 정의해 보라.
5. 여러분 개인의 계획을 세우고 SWOT분석을 통한 전략을 수립하여 보라.
6. 포트폴리오 모형에 대해서 설명해 보자.
7. 포터의 경쟁 모형에 대해서 설명해 보자.

사례 1

"도대체 왜 일들이 계획대로 되지 않고 있는지를 이해할 수가 없어" 하고 기술담당 상무가 불평을 털어놓았다. "그리고 우리가 이 신형모델을 개발하는 데 많은 시간과 주의를 기울였고, 또 추호의 결점도 없는 것으로 판명이 되었어. 그런데 생산부 사람들은 왜 계획대로 그것을 실천하려 하지 않는 거지?" "그 이유는 두 가지이지요" 하고 옆에 있던 생산부장이 대답하였다. "첫째, 생산부 사람들은 왜 그것을 그렇게 해야만 하는지를 모르고 있습니다. 그리고 둘째, 그 계획 속에 포함된 설계작성의 필요성에 대해서도 전혀 의미가 없는 것으로 알고 있습니다." "보시오, 생산부장 제발 우리를 믿어주시오. 이 계획을 수립할 때 처음부터 끝까지 온갖 주의를 다 기울였습니다. 그 모든 내용을 여러분들에게 설명하면 혼동만을 야기시킬 뿐입니다. 그리고 또 우리는 그럴 시간이 없습니다."

문제

(1) 기술담당 상무는 계획의 어떤 측면을 간과하였는가?
(2) 이 경우 기술의 복잡성과 시간이 없다는 이유가 자기주장의 정당성을 확보할 수 있도록 해주는가?
(3) 기술부와 생산부간의 협동적 노력을 증진시킬 수 있는 방안을 제시해 보라.

사례 2[11] 〉 조직전략

세미컨닥터사는 많은 전자회사 가운데 하나이다. 이 회사는 과거에는 상당히 성공적인 기업으로 군림해 왔으나 이제 일본기업과 경쟁하게 되어 있어서 위협을 의식하고 있다. 사장인 J씨는 이 전자산업에서 성공하기 위한 관건의 하나는 첨단기술면에서 혁신적인 기업이 되는 것이라는 사실을 깨닫게 되었다. 그래서 그는 경영컨설턴트인 L씨에게 자기 회사가 성공적인 첨단기술기업이 될 수 있을지의 여부를 분석해 달라고 요청하였다.

컨설턴트인 L씨가 제출한 분석결과는 다음과 같은 내용이었다. 즉, 이 회사의 목표는 대부분이

1년을 내다보고 있는 것들이어서 전략도 그 기간에 맞춰 실시하기에 적합하도록 수립되어 있다는 것이다. 관리자들은 장기적으로 보아 유익한 활동인데도 그 활동에 대해서 보상받지 못하고 있었다. 그보다는 상여금지급기준이 단기목표의 달성에 기반을 두고 있었다. 관리자들은 일반적으로 말해서 '난관을 헤쳐나가는(fire fighting)' 사람들이지만 사전에 문제가 발생하지 못하도록 하는 노력은 별로 눈에 띄지 않는다. 집단적 노력이 없이 각 관리자는 자신에게 맡겨진 과업(task)에만 신경을 쓴다. 관리자들은 내부활동에 거의 관심을 집중하며 외부환경에 거의 주의를 기울이지 않고 있다.

사장은 주의깊게 컨설턴트의 위와 같은 보고를 들었다. 사실, 이러한 내용들은 사장이 그 조직에 대해 갖고 있던 느낌을 확인시켜 준 셈이었다. 그러나 중요한 것은 이제 이러한 문제점들을 극복하기 위해 어떤 조치가 행해져야 하는가 하는 점이었다.

① 이러한 상황에서 외부환경을 평가하는 데 어떤 요소들을 고려해야 하는가?
② 이러한 상황에서 어떤 전략적 계획과 목표를 개발해야 하겠는가? 이 회사의 사명을 세워보라.
③ 관리자들이 장기적인 목표를 향해 함께 협조해서 일하도록 장려하기 위해 무엇을 해야 하겠는가?

인터넷 사례

최근 삼성그룹의 이건희 회장이 준비된 경영이 재계의 주요 화두로 등장하고 있다. 오늘날 삼성그룹의 성공을 이끌어 온 준비경영의 내용이 어떤 것인지를 찾아 토론해 보자.

시뮬레이션 〉 계획활동

활동내용

약 여섯 사람으로 구성된 소집단들을 형성한다. 그리고 각 집단에 한 사람의 리더를 임명하여 그 집단의 계획활동을 하도록 한다. 그러나 집단구성원 모두가 다음의 활동에 참가하여야 한다.

즉, 각 집단은 이 책의 제1장부터 제5장까지의 내용을 체계적으로 전체 앞에서 발표할 수 있는 자세한 계획을 작성한다. 이 때 고려해야 할 점은 소요시간, 학생들의 흥미유발 및 참여, 시험방법 및 시기 등이다. 그리고 본장에서 배운 목표설정과 상용계획 및 단일계획의 개념을 활용한다. 이와 같은 활동을 30분 동안 하게 하고, 각 집단의 계획을 전체 학생 앞에서 발표하게 한다.

토의문제

(1) 각 집단의 계획을 평가해 본다. 목표가 분명한가? 상용계획과 단일계획을 세웠는가? 각 계획의 성과를 어떻게 측정할 수 있는가에 대한 내용도 계획에 포함되어 있는가?
(2) 가장 잘된 계획 하나를 선정하여 그 계획이 잘 짜여진 이유를 설명한다.

쉼터

학교에서 자는 법…

1. 뒤척임파
간간이 몸을 뒤척여 준다. 처음에는 깊이 잠들지 못하겠지만 습관이 되면 알아서 몸이 움직인다.

2. 범생인 척 파
한 손에는 펜을 잡고 한 손으로는 이마를 짚고 잔다. 게다가 수학문제집을 펴고 자면 완벽!!

3. 장비파
아주 극소수 선택된(?) 자들만이 가능한 필살기 잠자기… 눈을 뜨고 잔다.

4. 동정파
엎드리면 선생님들이 화낸다. 최대한 불쌍한 포즈로 잠이 와서 어쩔 수 없다는 듯이 잔다.

5. 끔찍파
두 눈덩이에 눈을 그리고 잔다. (대단하군…)

6. 교대파
한쪽 눈씩 번갈아가며 잔다.

미주

1. G.A. Steiner, *Comprehensive Managerial Planning*, Oxford, Ohio: Planning Executive Institute, 1972, p. 4.
2. B.B. Tregoe and J. W. Zimmerman, “Strategic Thinking: Key to Corporate Survival,” *Management Review*, February 1979, p. 9.
3. Thomas N. Peters and Robert H. Waterman, Jr., *In Search of Excellence: Lessons from America's Best-run Companies*, Harper&Row, New York, 1982.
4. William F. Glueck, *Business Policy: Strategy Formulation and Management Action*, 2nd Edition, McGraw-Hill Co., New York, 1976.
5. NCR사의 광고, *The Wall Street Journal*, November 23, 1987, pp. 9-12.
6. Terrence E. Deal & Allen A. Kennedy, *Corporate Cultures: The Rites and Rituals of Corporate Life*, Addison-Wesley, Reading, MA, 1982, p. 22.
7. Arthur A. Thompson and A. J. Strickland Ⅲ, *Strategic Management: Concepts and Cases*, Business Publications, Plano, TX, 1984.
8. Richard A. Bettis & William K. Hall, “The Business Portfolio Approach-Where It Falls Down in Practice,” Long Range Planning, Vol. 16, 1983, pp. 95-104.
9. Michael E. Porter, *Competitive Strategy : Techniques for Analyzing Industries and Competitors*, The Free Press, New York, 1980.
10. William H. Newman, *Administrative Action*, 2nd ed., Prentice-Hall, Inc., Englewood Cliffs, N. J., 1963, pp. 29-54.
11. 김세영 역, 『경영관리』, 연합출판사, 1989, pp. 171-172.

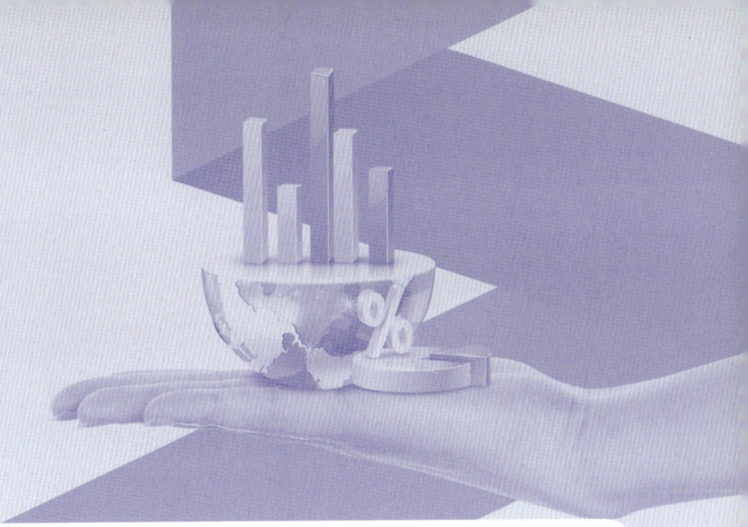

제7장 | 조직화

조직화는 계획에서 설정된 목표가 달성되노록 하기 위한 실친과정의 첫 부분이며 조직구조를 설계하는 활동과 관련된 기능이다. 기업은 조직화를 통하여 개인 각자의 분산된 노력에 의해 성취할 수 있는 것보다 더 많은 것을 얻기 위해 노력한다. 따라서 본장에서는 조직화의 개념과 조직구조의 영향요인, 조직구조의 구성요소인 전문화(분화)와 조정(통합)에 대해 설명하였다. 그리고 연습과제와 사례연구를 통하여 응용의 기회를 마련하였다.

이 장을 읽어가는 동안 이것만은 이해하시기 바랍니다.

1. 조직화란 무엇인가?
2. 조직구조에 영향을 미치는 요인들은 무엇인가?
3. 조직구조의 구성요소는 어떤 것들이 있는가?
4. 사업부별 부문화 유형에는 어떤 것들이 있는가?
5. 수직적 조정과 수평적 조정은 무엇인가?

제7장 사례 >

'수출 1위' 질주 – 호황은 계속될까

'한국경제의 효자 업종.' 반도체 산업에 쏟아지는 기대감이다. 최근 업계에선 20년 만에 호황이 왔다고 입을 모은다. '치킨게임'에서 살아남은 승자들은 사상 최대 실적을 내고 있다. 전 산업군에서 빠르게 추격하는 중국이 쉽게 넘볼 수 없는 산업이 메모리 반도체다.

올해 실적 전망도 긍정적이다. 하지만 호황 이면에는 웃을 수만은 없는 반도체 편중 현상과 불투명한 미래가 존재하고 있다. 새해를 맞아 한국 경제를 이끌고 있는 주력 산업의 오늘과 내일을 진단해 본다. 첫째 순서, 반도체 산업이다.

반도체는 한국 경제의 수출 견인차 역할을 했다. 단일 품목으로 연간 수출 규모 600억 달러를 돌파한 유일한 주인공이다. 최근 2년 연속 수출 1위로, 전체 수출의 10.2%를 차지한다. '중국의 추격'과 '엔저 영향' 폭풍 가운데 반도체의 약진은 더욱 주목 받는다. 석유화학 · 조선해양 · 철강 · 정유 · 스마트폰 · 자동차 등 세계시장 점유율이 중국에 역전당한 사이 반도체는 비교적 여유를 누리고 있다.

한국 메모리 반도체의 양대 산맥인 삼성전자와 SK하이닉스는 최대 실적을 내고 있다. 삼성전자가 1월 8일 발표한 4분기 실적에서 영업이익 5조 원대의 회복의 일등 공신은 반도체였다. 전체 영업이익의 절반 정도를 반도체 담당 부품(DS) 부문에서 올렸다. SK하이닉스는 지난해 최대 실적에 이어 증시에서도 매우 우수한 성적을 거둔 우등생이었다. 지난해 11월에는 현대차를 제치고 시가총액 2위로 올라서기도 했다. 증권가에서는 지난해에 이어 올해에도 사상 최대의 실적을 무난히 달성할 것이라는 전망을 내놓는다.

2015년 올해 시장 전망 또한 밝다. 산업통상자원부에 따르면 올해 국내 반도체 수출액은 사상 최고치를 기록했던 지난해보다 4.4% 늘어난 642억 달러에 달할 것으로 예상된다. 디램익스체인지에 따르면 세계 메모리 반도체 시장 규모는 D램이 지난해 대비 16% 상승한 60조3,000억 원, 낸드플래시는 12% 상승한 30조7,000억 원에 이를 것으로 보인다. 사상 최대다. 전승우 LG경제연구원 선임연구원은 "스마트폰과 태블릿 시장의 확대, 개인용 컴퓨터의 윈도우 OS 교체, 사물인터넷 확대에 따른 데이터센터 증설에 따라 D램 수요가 증가한게 반도체 호황의 요인"이라고 말했다.

무엇보다 공급 시장 측면에서 호황 요인을 살펴볼 수 있다. 반도체는 큰 틀에서 메모리 반도체와 시스템 LSI 반도체로 구분된다. 다시 메모리 반도체는 크게 D램과 낸드플레시 두 개 분문으로 나뉜다. 세계 D램 반도체 시장은 1990년대 공급과잉과 가격 폭락을 거치며 하나 둘 사라졌다. 히타치 · 후지쯔 등 일본 회사들이 철수했고 급기야 2013년 엘피다가 마이크론에 넘어갔다. '치킨게임'을 거친 D램 시장은 삼성전자 · SK하이닉스 · 마이크론 등 3개 업체로 재편됐다. 삼성전자와 SK하이닉스가 D램 시장의 약 70%(지난해 3분기 기준 삼성전자 42%, SK하이닉스 27%)를 점유하고 있다. 세계 1, 2위가 한국 기업으로 사실상 독주 체제다. 낸드플래시 시장은 세계적으로 삼성전자 · 도시바 · 샌디스크 · 마이크론 · SK하이닉스 · 인텔 등 5개 업체가 차지하고 있다. 이곳에서도 한국 기업이 50% 가까이 점유한다.

한국 반도체의 높은 시장점유율 배경에는 기술 격차가 자리하고 있다. 메모리 반도체 특징은 경기에 민감한 사이클 산업이라는 것이다. 이를 극복하기 위한 국내 업체 전략이 '초격차'였다. 시장이 줄어드는 만큼 앞선 공정 기술 투자 등으로 시장점유율을 늘리면서 대비하는 전략이다. 삼성전자와 SK하이닉스가 잇따라 세계 최초 D램 기술을 선보이며 기술 격차를 벌렸다. 삼성전자는 신기술 20나노(1나노는 10억 분의 1m) 공정을 기반으로 모바일 D램 시장에서 가장 앞서 있다. 해외 경쟁자들은 25~29나노로 뒤쳐져 있다.

메모리 반도체의 경쟁력은 곧 '미세 공정'으로 설명된다. 원가를 절감하기 위해서는 반도체 칩을 작게 만드는 게 관건이다. 시링크(Shrink) 기술을 통해 칩을 작게 만들면 용량이 늘어나기 때문이다. 같은 가격이면 시장에서는 용량이 더 큰 쪽을 선호하기 때문에 시장점유율을 키울 수 있다. 이 때문에 메모리 반도체 기술로서는 누가 먼저 더 작게 만드느냐가 주도권을 잡는 '키'로 통하며 곧 '수익성'으로 이어진다. 만약 기술 경쟁에서 밀리면 가격을 낮춰 팔면서 이익이 떨어지게 되고 심하면 적자를 면치 못해 도태된다. 업체들이 이익이 나면 끊임없이 재투자를 통해 미세 공정 전환을 하는 게 이 사업의 특징이다. SK하이닉스는 현재 호황에 힘입어 이천시에 새로운 D램 공장인 M14 라인 건설에 한창이다. 삼성전자는 화성 17라인에 메모리 라인을 증설하고 있다.

승자는 점유율뿐만 아니라 높은 영업이익률을 자랑한다. 메모리 반도체 사업 비중이 절대적인 SK하이닉스의 지난해 3분기 영업이익률은 30%였다. 삼성전자도 메모리 사업만 떼어놓고 보면 역시 30% 수준을 유지한다.

그러면 지금과 같은 '초호황'이 계속 유지될 것인지에 관심이 쏠린다. 김영찬 신한금융투자 애널리스트는 "세 개 업체가 공격적인 투자를 하지 않고 있어 내년까지 안정적인 성장세가 이어질 것"이라며 "미세 공정은 장비 성능이 뒷받침될 때 가능한 일인데, 기술적 한계에 봉착해 미세화가 더 힘들어진 상황이기 때문에 향후 2~3년간은 이 추세를 유지할 것으로 본다"고 말했다. 이미 공급 시장에서 치킨게임이 사라진 상태로, 향후 미세공정 경쟁이 가열되지 않더라도 남은 업체가 충분히 이익을 내면서 영위할 수 있다는 얘기다.

특히 메모리 반도체 중에서도 모바일 D램과 낸드플래시의 솔리드스테이트드라이브(SSD) 시장이 각광받는 분야다. 디램익스체인지에 따르면 모바일 D램은 작년 대비 30% 성장한 24조1,000억 원 규모가 예상된다. 모바일 램은 D램의 한 분야로 휴대전화에 사용되는 반도체다. 저가폰을 비롯해 전 세계 스마트폰 판매가 증가하면서 수요가 늘고 있는데, 특히 전력 소모가 적은 저전력 D램 수요 중심으로 증가하고 있다. 에너지 소모가 적기 때문에 한 번 충전으로 스마트폰 배터리 사용 시간을 늘릴 수 있는 게 장점이다. 업계에서는 차세대 모바일 D램으로 불리는 저전력(LP) DDR(Double Date Rate) 4 시장이 올해 본격적으로 개화될 것으로 전망된다. 지난해 하반기부터

점유율이 잡히기 시작한 LP DDR 4는 올해 시장점유율을 14% 높일 수 있을 것으로 추정된다. 삼성전자와 SK하이닉스는 모바일 D램의 최강자로, 가장 많은 투자를 하고 있는 분야 중 하나다. 현재 20나노 초반대 개발이 한창이다.

낸드플래시에도 유망 분야가 있다. 낸드플래시는 크게 일반 낸드플래시와 SSD로 구분되는데, SSD가 차세대 메모리 반도체로 꼽힌다. SSD는 쉽게 얘기하면 기존 노트북의 하드디스크를 대체하는 카드다. 16GB, 32GB, 64GB 등 칩으로 만들어지며 그 안에 여러 개의 낸드플래시가 들어있다. 노트북, 모바일 기기, 기업용 서버 수요가 증가하고 있다. 박재근 한양대 융합전자공학부 석학교수는 "SSD를 사용하면 속도도 빠르고 열 발생을 줄일 수 있어 기업에서도 중요한 데이터는 SSD에 저장하려고 한다"며 "낸드플래시 시장, 특히 SSD 시장이 매우 밝고 삼성전자와 SK하이닉스가 시장을 주도해 장악할 것"이라고 전망했다.

SSD는 고가로 판매되는 '고부가가치' 사업이다. D램과 같이 원가를 절감하는 게 관건인데, SSD원가절감 기술은 '적층'에 있다. 기존 두 개 데이터를 하나의 셀에 넣었다면, 세 개 데이터를 하나의 셀에 넣는 3차원 방식 상용화로 수익성에 긍정적인 영향을 미칠 것으로 전망된다. 삼성전자는 SSD분야에 가장 먼저 진입해 기술에 앞서 있는 상태다. 지난해 말 3비트 3차원 공법으로 만든 V랜드 SSD제품을 개발해 출시했다. 메모리 내 집적 공간을 아파트 구조처럼 여러 층으로 쌓아 전기신호를 더 많이 저장할 수 있는 장점이 있다. 중국 시안 공장에서 3차원 V랜드를 월 4만 장(웨이퍼 기준) 정도 생산하고 있는데, 조만간 10만 장으로 끌어올리는 게 목표다. SK하이닉스도 3차원 구조를 적용해 적층 단수를 높인 트리플레벨셀(TLC) 낸드플래시 기술을 개발했다. 새로운 TLC 낸드플래시를 장착한 SSD를 본격 양산하고 수요처를 확산하는 게 올해 중점 과제다. 낸드플래시에서 삼성전자는 1위, SK하이닉스는 4위를 점유하고 있다. SK하이닉스는 올해 반도체 도약 키워드를 낸드플래시로 정하고 사업 약진에 박차를 가할 계획이다. 낸드플래시 세계 2위 도시바는 SSD 개발 및 양산을 발표했지만 아직 구체적인 윤곽이 나오지는 않고 있다.

낸드플래시, '적층 기술'로 원가절감

이와 같이 한국이 최고 강자로 있는 메모리 반도체는 아직 후발주자가 따라잡기 어려운 분야로 꼽힌다. 대표적인 장치산업으로, 공장 한 라인에 5조~10조 원 정도의 자금이 소요되는데다 적자생존 방식으로 이후에도 끊임없는 투자 및 공정 전환이 필요해 진입 장벽이 높은 산업이다. 기술 격차를 따라잡기도 쉽지 않은 상황이다. 하지만 일각에서는 메모리 반도체 분야에서도 중국은 위협적인 존재라는 시각이 존재한다. 중국이 세계 반도체 수요 절반 이상을 소비하는 시장인데다가 공급의 불균형 해소와 자급을 위해 뛰고 있다. 아직 시스템 반도체 분야에 한해 투자를 하고 있지만 중국 정부의 결단이 내려지면 메모리 분야 진출도 머지않았다는 전망이다. 중국은 특히 소프트웨어 인력이 한국보다 강하다. 한 업계 관계자는 "삼성전자와 SK하이닉스가 중국 시안과 충칭에 반도체 공장을 운영하고 있는데 철저하게 기술을 보호하겠지만 반도체의 핵심인 자본과 인력이 중국에 충분하기 때문에 메모리도 10년 후에는 어찌 될지 모르는 일"이라고 말했다.

메모리 업계의 진짜 고민은 향후 먹을거리에 있다. 이미 시장점유율은 과점 형태를 띠고 있다. 치킨게임 종료와 함께 시장점유율 싸움도 어느 정도 막을 내렸다. 지금부터는 '고부가가치'와 '비용 절감' 두 마리 토끼를 잡아야 한다. 기업들이 메모리 반도체 중에서도 저전력 모바일 D램, SSD를 차세대 분야로 선정하고 드라이브를 거는 이유다. 이와 함께 스마트폰 이후의 차세대 시장에 대비해야 하는 상황이다. 최근 급부상하는 사물인터넷(IoT), 웨어러블, 자동차 전자장치, 전력 반도체(PMIC) 등이 유력한 후보군이다. 반도체는 '등뼈'로 불릴 만큼 모든 정보기술(IT)산업의 핵심 부품으로 쓰인다. 이미 글로벌 반도체 기업들은 사물인터넷 시대에 대비하고 있다. 세계 최대 반도체 기업 인텔은 본사 차원에서 전담 조직을 가동 중이다. 한국은 미래 경쟁력 확보에서 뒤처져 있는 상황이다. 현재 호황에 취해서는 안 된다는 지적이 나오는 배경이다.

한국 반도체 산업은 현재 미국에 이어 세계 2위다. 하지만 전문가들은 국내 반도체 산업 생태계에 구조적 문제를 지적한다. 메모리 반도체, 특히 D램 편중 현상이 심하기 때문이다. 국내 반도체 산업에서 삼성전자와 SK하이닉스가 차지하는 비중은 95%가 넘는다. 둘 중 어느 곳 하나만 삐걱대면 전체 반도체산업이 흔들릴 수 있다. 이 때문에 '반쪽자리 호황', '찜찜한 호황'이란 지적이 나온다. 주대영 산업 연구원 연구위원은 "현재 호황은 시장이 크게 좋아서라기보다는 공급조절에 따른 것으로 전체 시장을 놓고 보면 웃을 수만은 없는 노릇"이라고 말했다.

시장이 더 크고 안정적인 시스템 반도체는 성장이 매우 더딘 수준이다. 퀄컴 · 인텔 등 외국 기업에 의존도가 심화되고 있다. 전체 반도체 시장에서 메모리 반도체는 약 20%, 시스템 반도체는 80% 규모를 가지고 있다. 시스템 반도체 경쟁력 없이는 미래 경쟁력을 논할 수 없는 상황이다. 삼성전자가 시스템 LSI에 14나노 핀펫(FinFET) 공정 양산을 시작해 애플의 새로운 애플리케이션 프로세서(AP) A9 양산을 시작한 것은 긍정적인 변화다. AP는 휴대전화의 '두뇌'에 해당하는 칩으로 컴퓨터의 CPU와 같은 역할을 한다.

하지만 산업 생태계에서 반도체 설계 분야인 팹리스 기업이 거의 전무한 점이 가장 취약점으로 꼽힌다. 이미 감가상각된 공장을 파운드리 서비스(위탁 생산)에 활용하는 게 중요한데, 유휴 공장이 있어도 설계를 할 만한 팹리스 기업이 없어 활용 분야가 매우 적다. 현재의 소품종 대량생산에서 다품종 소량생산 체제로 변화해야 한다는 게 전문가들의 조언이다.

가장 심각한 문제는 인력이다. 메모리 반도체의 차세대 분야, 시스템 반도체의 팹리스 분야 등은 '소프트웨어' 인력이 절실하다. 박재근 한양대 석학교수는 "메모리도 1등을 지속하기 위해서는 인력을 양성해야 하고 시스템 반도체 쪽은 턱없이 부족한 상황인데, 5년 전부터 국가 연구 · 개발(R&D)사업이 없다 보니 반도체 전공 교수들이 타 전공으로 이동하고 있다"며 "연구 인력이 배출이 안 되고 있고 업계에서는 인력 부족 현상이 벌써 부메랑이 돼 돌아오고 있다"고 말했다. 한국전자통신연구원(ETRI) 자료에 따르면 2013~2017년 동안 국내 시스템 반도체 부문에서 부족할 것으로 예상되는 석 · 박사급 인력은 6,400명이다. 공급률이 30%가 채 안 된다. 주대영 산업연구원 연구위원은 "삼성전자는 우수 R&D 인력으로 중국 칭화대와 베이징대 졸업생들을 채용하고 SK하이닉스는 아예 미국에 R&D 공장을 지었다"며 "이런 식으로 가다가는 아차 하는 순간에 외국에 시장을 빼앗길 것"이라고 우려했다.

또한 산업통상자원부 사업이 번번이 기획재정부 예비타당성 조사에서 가로막힌 데 대해 "산업통상자원부와 기획재정부가 관점이 다르고 지원 정책에 엇박자를 내고 있는 현실이 안타깝다"고 말했다. 최첨단 공장이 중국을 중심으로 가동된다는 것에도 우려의 시선이 제기된다. 반도체가 한국 주력 산업의 버팀목 역할을 할 것으로 기대되지만 정작 수출과 일자리 창출에서 한국경제에 도움이 안 되는 상황이라는 지적이다. 이 밖에 시스템 반도체의 지식재산권도 미래 경쟁력 차원에서 꼭 갖춰야 할 요인으로 꼽힌다.

〈한경BUSINESS, 한국경제신문, 2015. 1. 21. pp. 48-51〉

"현대산업사회에서는 압도적인 대다수가 조직의 성원으로서 조직의 업무에 종사하고 거기에서 얻어진 수입으로 생활을 영위해 간다. 그리고 그들은 자신들의 행복이나 성공을 조직 내에서 찾으며 그들이 종사하는 조직 내의 직위에 의해 사회적 지위가 결정되기도 한다."

피터 드럭커(P. Drucker)의 이러한 말은 현대사회에 있어서의 조직의 중요성을 극명하게 설명하고 있다. 그래서 조직사회에 있어서 관리는 중요한 사회적 기능인 것이며, 따라서 조직은 그 사회적 목적을 위해 효과적으로 관리되어야 한다.

그러면 조직이란 무엇인가? 이와 같은 기본적인 의문에 대한 해답으로부터 본장의 논의를 시작해 보기로 한다.

조직이란 일반적으로 말해서 사회를 위해 재화 및 서비스를 산출하는 기구이며, 관리자와 그 밖의 종업원들이 자신들의 노력을 투하하고 삶의 보람을 찾는 생활의 장이기도 하다. 그러나 이러한 조직을 보다 구체적으로 정의하면 다음과 같다. 즉, "조직이란 어떤 공동목적을 달성하기 위해 분업을 통해 함께 일하는 사람들의 집합체이다." 그런데 이러한 정의는 네 가지의 요소로 구성되어 있음을 볼 수 있다. ① 사람들의 집합체(collection of people), ② 분업(division of labor), ③ 공동노력(working together), ④ 공동목표(common purpose) 등이 그것이다.

조직의 존재이유가 바로 사람들의 집합, 즉 개인 각자의 분산된 노력에 의해 성취할 수 있는 것보다 더 많은 것을 성취하기 위해 사람들의 노력을 결집시키려는 데 있다. 이것을 우리는 시너지효과(synergy effect)라 부른다. 즉, 전체는 개별적 부분들의 합보다 더 크다는 원리인 것이다. 그리고 조직은 이와 같은 '시너지효과'를 얻기 위해 분업, 즉 과업이 각 개인이나 각 집단에 의해 전문적으로 수행될 수 있도록 세분되어야 한다. 이러한 노동의 세분화과정을 전문화(specialization)라 부른다.

그리고 조직이 '시너지'를 달성하기 위해서는 공동노력, 즉 많은 사람들의 세분화되고 전문화된 활동이 조정(coordination)되어야 한다. 만약 조직성원들의 제 활동(공동노력)의 조정이 이루어지지 않으면, 조직의 전체적인 과업목적의 성취가 불가능하게 될 것이다. 마지막으로 조직이 사람들의 집합체로서 시너지효과를 얻기 위해 과업이 분업을 통해 전문화되고 전문화된 과업활동들이 조정되어야 한다면 거기에는 반드시 공동목적이 있어야 한다. 조정은 도달해야 할 방향이 필요하고 방향이 없으면 활동이 시작될 수 없기 때문이다.

1. 조직화기능

조직화기능(organizing)은 계획기능 다음으로 수행되는 관리기능이다. 일단 계획이 수립되면 그 계획이 효과적으로 실천되도록 하기 위해 인적 자원과 물적 자원이 조직화되어야 한다. 여기서 말하는 '조직화'란 용어는 앞에서 서술한 '조직'이란 용어와 구분되어야 한다.

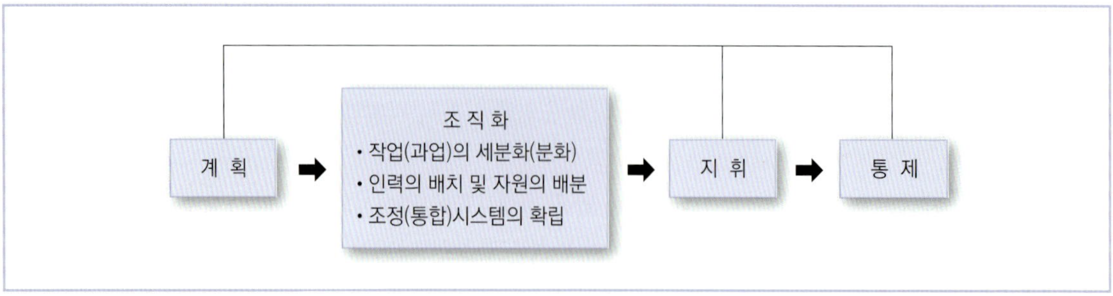

[그림 7-1] 조직화기능

조직이란 관리자의 조직화 노력에 의해 얻어진 결과이며, 조직화란 계획과정에서 설정된 목표를 달성하기 위해 과업을 관리가능한 단위별로 세분화하고 그 세분된 과업활동의 '조정시스템'을 만드는 작업이기 때문이다.

[그림 7-1]은 이 같은 조직화기능의 주된 내용을 잘 설명하고 있다. 그림에서 보는 바와 같이 조직화는 계획이 업적성과로 이어지도록 하는 중간작업인 것이다. 즉, 과업의 효과적인 수행을 위해 과업내용을 분화하여 구체적으로 규정하고 인력의 배치 및 자원을 배분하며, 조정시스템을 확립하는 작업이다. 조직화를 위해서는 다음과 같은 두 가지의 기본적인 문제에 초점을 맞추는 것이 필요하다.

① 작업노력을 분업의 형태로 어떻게 전문화시킬 것인가? 다시 말해서, 조직의 다양한 구성요소들을 일정한 기준에 따라 어떻게 분화(differentiation)시킬 것인가?
② 분화된 작업노력을 어떻게 조정할 것인가? 다시 말해서, 조직의 다양한 구성요소들의 활동이 공동목표를 지향하도록 어떻게 통합(integration)시킬 것인가?

이와 같은 두 가지 문제는 보기에 따라 단순하게 보일지 모르나 두 문제 사이에는 복잡한 역동성(dynamics)이 작용한다. 공동목표가 달성되려면 과업의 분화가 필요하고 과업의 분화는 곧 통합의 필요를 전제로 한다. 따라서 분화의 정도가 증가함에 따라 통합의 노력은 그만큼 더 어려워진다. 그래서 분화와 통합을 어떻게 균형화시킬 것인가의 문제는 관 리자들에게 있어서 계속적인 도전이 되고 있다.

2. 조직구조

조직구조란 분화(differentiation)와 통합(integration)을 위한 공식적인 작업관계의 시스템(the formal system of working relationship)이다. 그리고 우리는 주위에서 조직을 바꿔야 한다는 말을 자주 듣는다. 그 말은 곧 생산성을 높이기 위해 조직을 재편성(restructuring)하고, 또 조직의 구조를 변경해야 한다는 것을 의미한다. 그래서 관리자는 경영환경의 변화 속에서 계속해서 조직구조를 개선하기 위한 방법을 모색해야 할 것이다.

1) 조직도표와 공식조직

우리는 조직도표(organization chart)를 통해서 조직구조의 개념을 가장 잘 파악할 수 있다. 조직도표는 조직 내의 작업 및 직위 간의 기본적 관계를 표시하고 있는 도표일 뿐만 아니라 다음과 같은 정보를 제공해 주고 있기 때문이다.

① 분 업

조직도표상에 나타난 각 부분(네모꼴)은 과업이 할당된 직위(the position to which work is assigned)를 나타낸다.

② 작업의 유형

조직도표는 각 직위에 할당된 직무의 성질 및 직위의 명칭을 말해준다.

③ 상사와 부하의 관계

조직도표상의 각 직위 간을 연결하고 있는 선은 권한계층(the hierarchy of authority)상의 누가 누구에게 업무상의 보고책임을 지는가를 표시하고 있다.

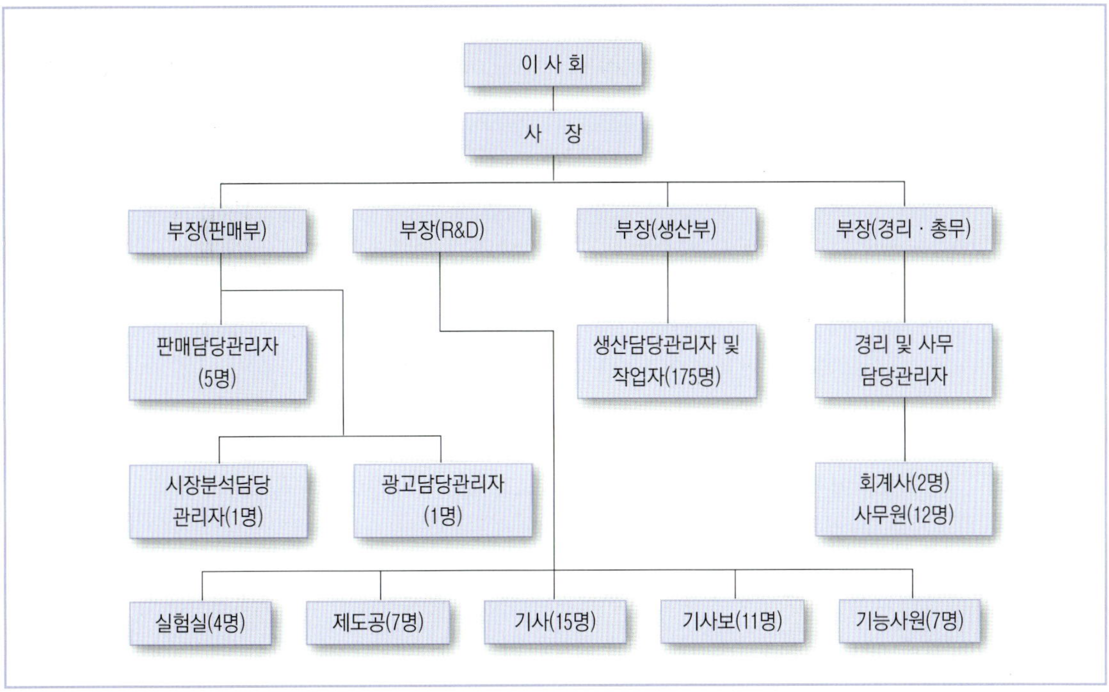

[그림 7-2] 조직도표의 예시

④ 의사소통의 통로

조직도표상의 각 부분을 잇는 선은 조직 전체에 유통되는 정보의 흐름을 위한 공식적인 통로를 나타내고 있다.

⑤ 하위집단 및 구성

조직도표는 여러 직위들이 결합되어 있는 여러 하위집단을 보이고 있고, 그 같은 여러 직위로 구성된 하위집단이 누구의 관리통제하에 있게 되는가를 보여준다. 이러한 하위집단에는 부(部), 과(課) 등의 명칭이 붙는다.

⑥ 관리의 계층

마지막으로 조직도표는 작업현장으로부터 권한계층상의 최고위층에 이르기까지 몇 개의 계층이 있는가를 보여준다.

요컨대, 조직도표는 조직의 다양한 구성요소, 기본적인 분업, 공식적인 권한 및 의사소통통로의 연결을 표시하고 있다. 그래서 이와 같은 조직도표는 조직의 공식구조(formal structure)를 나타내고 있는 것으로 이해되고 있으며, 그것이 곧 이상적 형태의 조직구조로서 조직이 의도하고 있는 공식적 기능을 보이고 있는 것이다.

그러나 조직도표는 조직의 정태적인 모형에 불과하고 조직 전체를 나타내는 것은 아니다.

2) 비공식조직

전형적으로 모든 공식구조 뒤에는 비공식구조(informal structure)가 자생하게 되며, 이러한 비공식구조는 작업활동에 중대한 영향을 미친다. 비공식구조는 공식조직 내의 작업상황에서 조직구성원들의 상호 대면적 접촉을 통해 자생적으로 형성된 집단이다. 그러므로 비공식조직은 공식조직의 특성을 갖추고 있지 못한 조직이다.

아지리스(Argyris)는 공식조직과 비공식조직의 차이점을 다음과 같이 4가지로 설명하고 있다.[1)]

① 대인간의 관계

공식조직에서는 구성원 간의 관계가 사전에 규정되어 있지만 비공식조직에서의 상호관계는 주로 그들의 욕구나 필요에 의존한다.

② 리더십

공식조직에서는 리더가 임명되나 비공식조직에서는 리더가 자연적으로 부상하거나 선출된다.

③ 행동의 통제

공식조직에서는 상벌을 통해서 구성원의 행동을 통제하나 비공식조직에서는 상벌이 아닌 욕구충족(need fulfillment)을 가지고 구성원을 통제한다.

④ 의존성

리더가 상벌을 줄 수 있는 권력을 가지고 있기 때문에 공식조직의 하위자들은 비공식조직의 구성원보다 더 의존적이다.

관리자들이 비공식조직에 관심을 가지게 되는 이유는 비공식조직이 구성원의 지각과 행동에 영향을 미칠 뿐만 아니라, 조직목표의 달성에도 영향을 미치기 때문이다.

따라서 관리자들은 비공식조직에 대해서도 공식조직 못지않게 관심을 가져야 할 것이다.

3. 조직구조에 영향을 미치는 요인

현대관리론은 조직구조를 상황적합적 관점(contingency perspective)에서 연구하고 있다. 이 상황적합적 관점의 목적은 관리자가 여러 가지 상황의 요구에 가장 잘 적합되는 조직구조를 편성하도록 하는 데 있다. 조직구조가 상황적 도전에 잘 적합될 때에야 비로소 조직이 업적목표를 성취하기 위한 준비를 갖추게 되는 것으로 생각하기 때문이다. 상황적합적 관점에 의하면, 조직구조에 영향을 미치는 요인에는 적어도 다섯 가지 요인이 있다고 한다. 환경(environment), 전략(strategy), 기술(technology), 조직성원(people), 규모(size) 등이 그것이다. 이와 같은 요인들과 조직구조간의 관계를 다음과 같이 제시해 볼 수 있다.

① 조직구조는 외부환경에 적합되어야 한다. 조직의 외부환경은 그 구성요소의 복잡성, 변화성 및 불확실성의 정도에 따라 조직에 각기 다른 도전을 제공하기 때문에 어떤 유형의 환경에 적합한 조직구조라도 다른 유형의 환경에는 적합하지 않은 경우가 있다.

② 조직구조는 경영전략에 후속되어야 한다. 조직구조는 조직의 전체적인 목적과 그것을 달성하기 위한 전략과 일치되어야 하고 또 조직목표와 전략을 지원해야 한다.

③ 조직구조는 조직의 기본적 기술에 적합되어야 한다. 자동차의 대량생산기술은 원유를 정제하는 기술과는 다른 별개의 구조적 지원(structural support)을 필요로 하며, 마찬가지로 종합병원의 응급실의 의료서비스업무는 은행의 일상적인 서비스업무와는 다른 별개의 조직구조를 요구한다.

④ 조직구조는 조직성원들의 특성에 적합한 것이어야 한다. 조직성원들은 그들의 기술수준, 흥미와 관심, 욕구, 성격 등에 있어서 다양하다. 성원들의 작업노력을 위한 지원을 극대화하기 위해 이와 같은 개인적 차이는 조직구조에 의해 수용될 수 있어야 한다.

⑤ 조직구조는 조직규모에 적합되어야 한다. 조직은 그 규모가 성장해감에 따라 그 성원, 기술, 기능 및 환경이 달라지고 더욱더 복잡해지는 경향이 있다. 이러한 규모의 압력에 따른 복잡성은 또 다른 구조적 조정의 필요를 요구하게 된다.

4. 조직구조의 구성요소

효과적이고 능률적인 조직구조를 편성하려고 할 때 관리자는 두 가지 작업을 적절히 해야 한다. 그 두 가지 작업이란 전문화(specialization), 즉 분화와 조정(coordination)이다. [그림 7-3]은 이와 같은 두 가지의 관계를 잘 설명해 주고 있다.

1) 전문화(분화)

전문화란 조직의 다양한 과업들이 분업화되는 과정을 의미한다. 관리자들은 이 같은 전문화를 위해서 직무설계(job design)와 부문화(departmentation)의 방법을 동원한다. 직무설계에 의한 전문화는 구체적인 작업을 작업자 개인이나 작업집단에 배정하는 것을 의미한다. 다시 말해서, 조직의 과업을 세분하여 그 과업의 특성(과업의 내용, 과업이 요구하는 과업담당자의 능력)을 파악하고 그 과업특성과 적합될 수 있는 개인이나 집단에 그 과업을 배정(할당)하는 과정을 말한다.

그리고 부문화에 의한 전문화란 세분화되고 설계된 한 직무를 어떤 기준에 의해 유사한 것끼리 묶어 작업단위 및 작업군(群)을 형성하고 그것을 일정한 관리자의 관리 · 통제하에 둠으로써 관리단위화하는 것을 말한다.

그런데 이 부문화의 방법은 여러 가지 선택이 가능하다.[2] 일반적으로 널리 선택되고 있는 부문화의 방법으로는 기능별 부문화(functional departmentation), 사업부별 부문화(divisional departmentation), 그리고 행렬형태(matrix form) 등이 있다.

(1) 기능별 부문화

기능별 부문화란 동일하거나 상호 밀접하게 관련된 활동 및 기능을 수행하는 성원 및 작업단위들을 별개의 부서로 관리단위화하는 것을 말한다. 이 같은 기능별 구조는 기업조직에서 흔히 볼 수 있는 구조이다. [그림 7-4]는 기업조직의 기능별 구조를 나타내 보이고 있다.

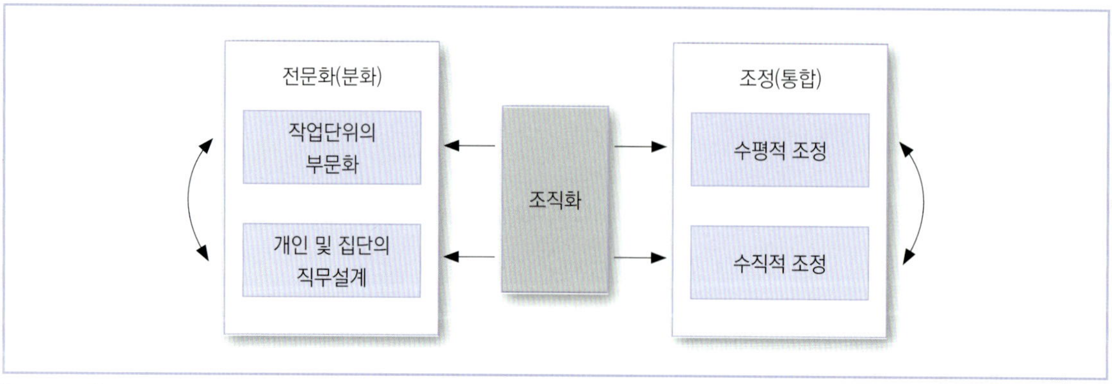

[그림 7-3] 조직화의 주된 활동인 전문화와 조정의 주된 내용

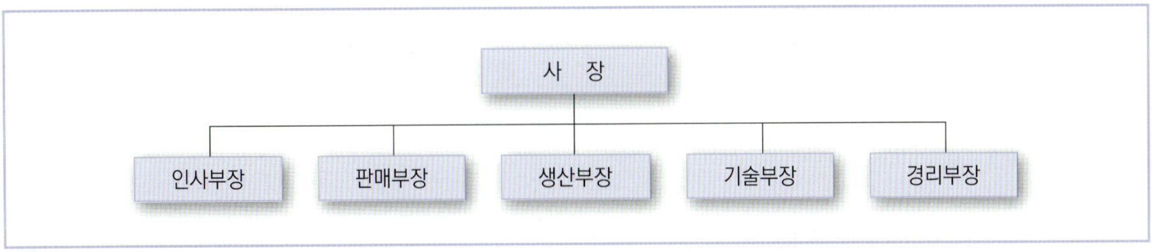

[그림 7-4] 기능별 조직구조

장 점	단 점
• 과업할당과 기술훈련경험을 일치시킬 수 있다. • 심도 있는 기술훈련 및 기술개발을 지원할 수 있다. • 감독자에게 요구되는 기술적 요구가 감소된다. • 기능별 규모의 경제를 이룩할 수 있다. • 고도의 기술적 문제해결을 가능하게 한다. • 기술직 경력의 경로를 제공한다.	• 제품 및 서비스 전체에 대한 총체적 책임의식이 결여되기 쉽다. • 기능부서 간의 의사소통이 와해되기 쉽다. • 기능부서마다 자기중심적인 편협한 관점을 갖게 된다. • 지나친 전문화현상이 나타나기 쉬우며, 조직목표 전체를 보지 못하고, 조직목표에 대한 측면적(제한된) 시각을 갖는다. • 기능부서 간의 조정문제가 지나치게 많이 상부에 회부된다 • 환경변화에 대한 대응이 신속하지 못하다.

〈표 7-1〉 기능별 부문화의 장단점

이러한 조직구조에서는 모든 생산기능(생산직능)이 생산부장의 관리 · 통제 밑에 있으며, 또 모든 판매활동은 판매부장의 책임하에 있다. 이와 같은 기능구조는 안정된 경영환경이나 전략에 가장 적절한 조직구조이다. 그리고 이 기능구조는 소규모 기업 또는 단지 몇 개의 제품 및 서비스를 산출하고 있는 덜 복잡한 기업조직에 알맞은 조직구조이다. 기능구조의 장단점은 〈표 7-1〉에 요약되어 있다.

(2) 사업부별 부문화

사업부별 부문화는 제품(product), 고객(customer), 지역(territory), 시간(time) 및 프로젝트(project) 등을 기준으로 한 부문화를 말한다.

사업부구조(divisional structure)는 급성장전략과 성장전략 및 다각화전략을 추구하는 기업, 그리고 서로 관련성이 적은 별개의 제품라인을 가진 기업조직에 유용한 구조이다. 이 같은 사업부별 조직구조는 경영상의 애로와 기회가 빈번하게 교차하는 동태적인 경영환경의 도전에 대한 대응에 역점을 두기 위한 조직구조이다. 사실 동태적 경영환경에 대응하는 데는 기능별 구조가 부적합하다는 것을 미국 AT&T사의 경우를 통해서도 알 수 있다. AT&T사는 처음 컴퓨터사업의 제활동을 기능별 구조로 부문화하였으나 조정문제에 부딪혀 어려움에 처하게 되었다. 그리고 컴퓨터사업의 경영환경, 즉 격심한 경쟁, 새로운 기술의 등장, 소비자욕구의 다양화 등 동태적인 환경에 대응하는 데 어려움을 겪게 되었다. 그리하여 현재는 사업부별 구조를 편성하여 환경변

유형	초 점	실례
제품별	생산된 제품 및 서비스	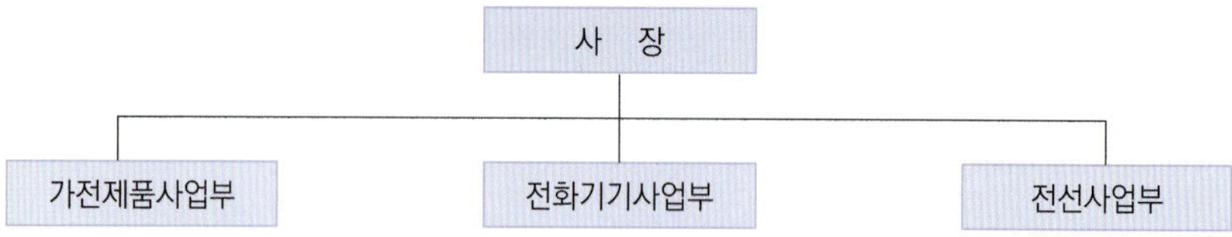
지역별	사업 활동 지역	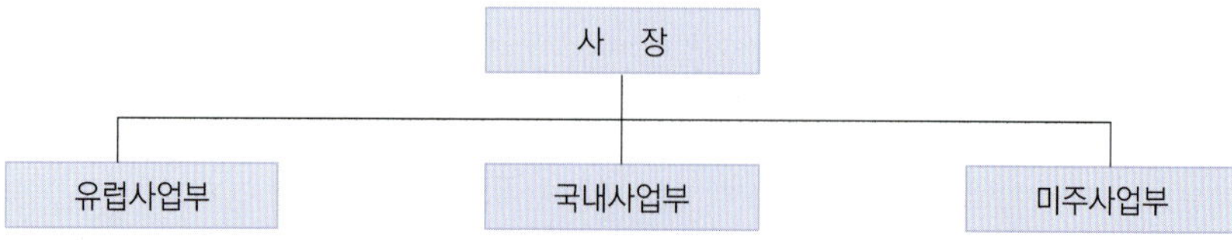
고객별	고객 및 소비자	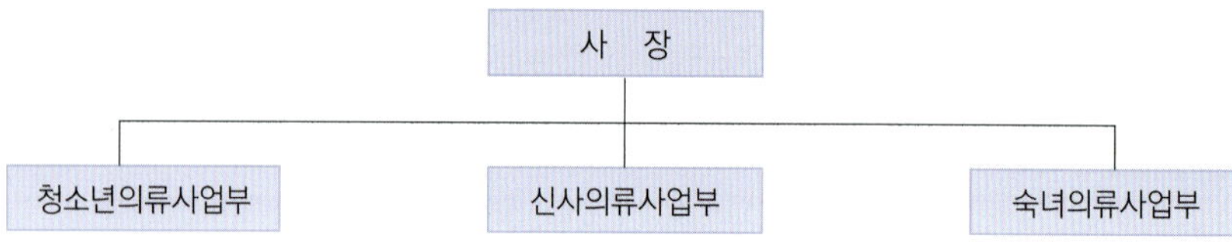
시간별	교대 근무조	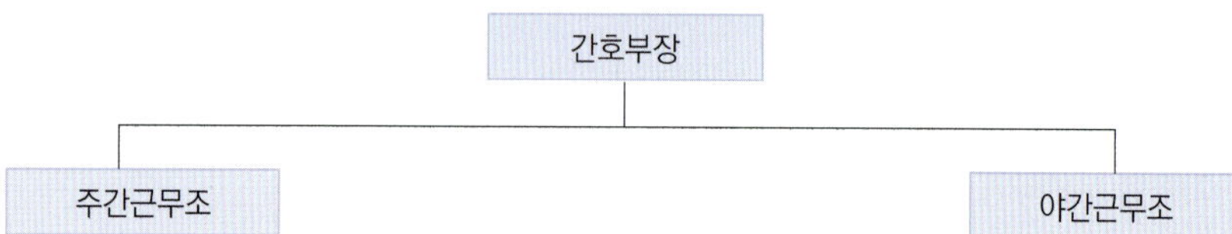
프로젝트별	기술 혁신 및 환경 변화에 대응하기 위한 특별 사업	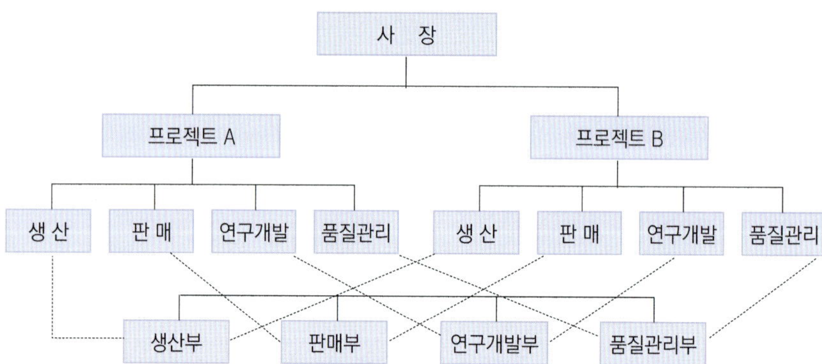(……은 프로젝트팀 성원들과 원래 소속한 기능부서와의 관계를 나타낸다.)

[그림 7-5] 사업부별(제품별, 지역별, 고객별, 시간별, 프로젝트별) 부문화의 예시

화에 신속하게 대응해 가고 있다.

[그림 7-5]는 여러 가지 유형의 사업부별 부문화를 예시하고 있다. 각 유형은 그 편성기준, 즉 제품, 지역, 고객, 시간 및 프로젝트에 의해 달라지는데 각 유형에 대하여 간략한 설명을 붙이면 다음과 같다.

장　　점	단　　점
• 환경변화에 대한 대응 및 적응이 용이하다. • 기능부서들 간의 조정이 개선된다. • 공동과업에 대한 전문기능적 노력을 집중시킬 수 있다. • 새로운 사업부를 추가함으로써 성장을 촉진시킬 수 있다.	• 심도 있는 기술적 전문성이 계속 충분히 개발되지 못한다. • 조직목표보다는 사업부의 목표를 지나치게 강조한다. • 사업부들 간에 노력의 중복이 일어난다. • 사업부들 간에 불건전한 경쟁이 초래된다.

〈표 7-2〉 사업부별 부문화의 장단점

① 제품별 부문화

어떤 단일제품 및 서비스와 관련된 직무나 활동들을 결합하여 편성한 조직구조이다. 이 같은 제품사업부(product division)는 대규모 조직에서 흔히 찾아볼 수 있다. 예를 들어, IBM사의 경우에, 정보제품사업부(the information products division)는 컴퓨터, 프린터, 복사기 및 그와 관련된 제품을 세계시장에 공급하고 있다. 이러한 제품구조(product structure)는 제품라인에 대한 관리책임을 명확히 하고, 비용, 이익, 문제점 및 사업성공의 원인과 책임이 그 제품의 관리본부에 귀속된다. 이렇게 함으로써 그 제품에 대한 관리자의 외부적 책임(accountability)이 명백해지고 관리자로 하여금 시장의 요구와 소비자기호의 변화에 신속한 대응을 하도록 한다.

② 지역별 부문화

어떤 특정지역에서 수행되는 경영활동을 결합시켜 관리단위화하는 조직구조이다. 예를 들어, IBM사는 국내의 각 지역 및 범세계의 각 지역을 망라한 지역별 부문화구조를 가지고 있다. 즉, 이 회사는 미국 내에 두 개의 마케팅사업부—North-Central과 South-West—를 두고 있으며, 범세계적 영업활동을 위해서는 세계무역회사(World Trade Corporation)를 두어 아시아 · 태평양지역과 유럽, 중동, 아프리카지역에 두 개의 사업부를 설치하여 마케팅활동을 하고 있다.

이 지역구조(territorial structure)는 매우 일반적인 구조이며, 특히 다국적기업에서 많이 볼 수 있는 조직구조이다. 이러한 지역별 조직구조는 조직으로 하여금 그 특정지역 특유의 특성이나 요구에 대응할 수 있게 하고, 또 그에 따른 제품이나 서비스의 적절한 차별화를 가능하게 한다.

③ 고객별 부문화

고객별 부문화(customer departmentation)란 어느 특정한 고객 및 소비자계층을 대상으로 하는 경영활동을 결합시켜 하나의 관리단위로 편성하는 것을 말한다. 많은 기업조직에서 이 같은 고객별 부문화 현상을 볼 수 있는데, 특히 은행에서 일반고객과 사업경영을 하는 고객을 분리하여 각 고객집단의 금융서비스에 대한 요구에 대응하기 위해 고객별 부문화를 시행하고 있다. 이 부문화구조는 각계각층 고객집단의 특유한 요구에 대응하기 위한 전문성의 개발을 가능하게 한다는 데 그 장점이 있다.

④ 시간별 부문화

시간별 부문화(time departmentation)란 동일교대근무조(the same work shift)에서 수행되는 제 작업 활동을 결합하여 별개의 관리단위로 편성하는 것을 말한다. 이 시간별 부문화는 하루 24시간 가동하는 공장이나 병원에서 세 번의 근무교대가 실시될 경우에 나타나는 현상이다.

병원의 예를 들면, 주 7일 동안 매일 24시간 의료활동이 계속되기 때문에 간호사를 비롯하여 그 밖의 직원들이 낮근무, 저녁근무, 심야근무 등의 각 교대근무조로 조직화되고 각 근무조별로 관리 · 통제시스템이 편성된다. 이 밖에도 호텔, 식당, 항공사 등 많은 서비스산업체에서도 역시 시간별 부문화가 활용된다.

⑤ 프로젝트별 부문화

기업조직이 급격한 기술혁신과 기업환경의 동태적(dynamic)인 변화에 적응하면서 존속발전해 가기 위해서는 전통적인 기능별 조직, 즉 정태적 조직구조(static organization)가 부적합하다는 것을 알게 되었다. 이러한 이유 때문에 생겨난 것이 소위 사업별 조직 혹은 프로젝트별 조직이다. 앞에서도 지적한 바와 같이 기업환경의 동태적 변화에 대처해 나가기 위해 기업조직이 신제품개발, 신공장건설 및 대형 플랜트(plant)수출 등과 같은 특정한 사업 내지 목표를 달성하기 위하여 특수임무반(task force)과 같은 임시적 조직편제가 프로젝트조직(project organization)이며, 이를 태스크 그룹(task group), 혹은 태스크 팀(task team)이라고 부르기도 한다.

이 프로젝트조직은 프로젝트관리자(project manager)에 의해 대표되며, 그 프로젝트관리자가 그 프로젝트의 전체적인 성공 여부에 책임을 지게 된다. 그리고 이 프로젝트팀은 여러 가지 기능부서(functional department)에서 차출된 사람들로 구성된다. 예를 들어, 그 프로젝트가 새로운 트랜지스터의 개발과 판매라면, 프로젝트조직의 구성원들은 연구개발부서, 생산부서, 품질관리부서, 마케팅부서에서 차출된다는 말이다.

(3) 행렬조직

부문화의 세 번째 형태는 행렬부문화(matrix departmentation) 혹은 행렬조직(matrix organization)이다.

프로젝트조직구조가 기능별 조직구조에 첨가될 때 그 결과로 생겨난 것이 행렬조직이다. 그러므로 행렬조직은 프로젝트조직과 기능별 조직을 합친 조직구조이다. 그래서 때로는 이 행렬조직을 혼동하여 프로젝트조직이라고 부르기도 한다. 앞에서도 이야기한 바와 같이 프로젝트팀이란 완성해야 할 프로젝트가 생기면 거기에 필요한 사람을 각 기능부서에서 선발 · 편성하였다가 그 프로젝트가 완성되면 다른 프로젝트에 배치하든지 아니면 원래 소속된 부서로 복귀하게 되어 있지만, 행렬조직의 경우에는 기능별 조직의 각 기능부서에 소속되어 있으면서 프로젝트의 요청에 따라 그 프로젝트팀의 구성원이 되어 일하게 된다. 이와 같은 행렬조직구조의 모형을 잘 나타내고 있는 [그림 7-6]에서 볼 수 있는 바와 같이 조직 내의 개인은 종적 계열로 이루어진 원래의 기능별 조직의 일원임과 동시에 횡적 혹은 사행계열(diagonal)로 이루어진 프로젝트팀의 일원이 되어 업무를 수행한다.

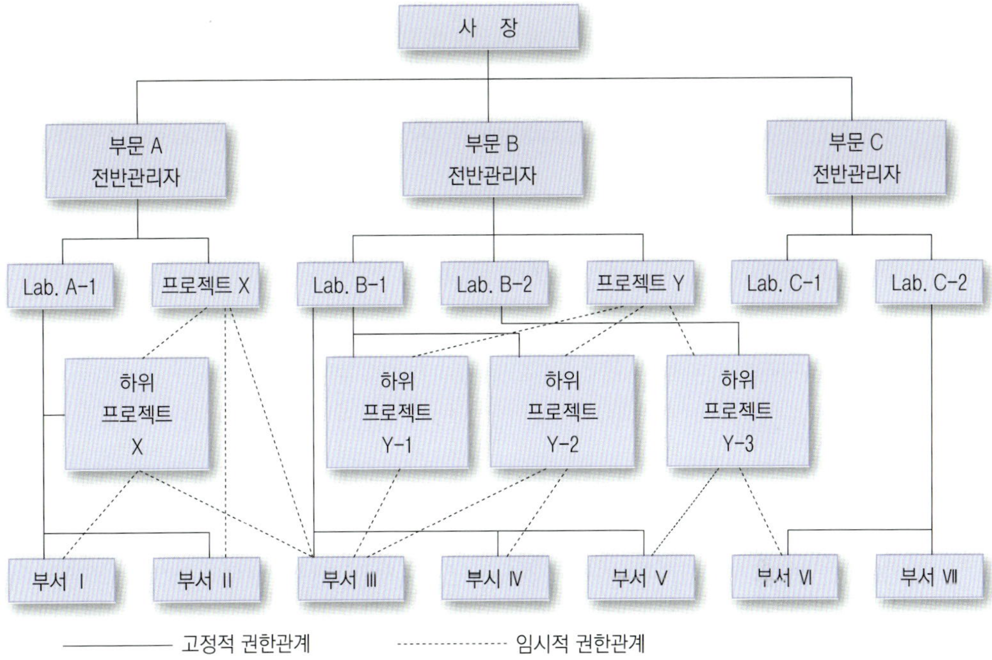

행렬조직구조에는 고정적 권한관계와 임시적 권한관계로 짜여져 있다. 이들 두 권한 간에는 고유한 갈등이 존재한다. 그러나 조직개발(OD), 즉 행동과학에서 개발한 제 기술의 혼합적 활용을 통해서 양자간에 의사소통의 통로를 개방함으로써 야기되는 어려움을 최소화하는 것을 이념으로 하고 있다.

이 행렬조직구조에서는 프로젝트 Y에 관한 한 프로젝트 Y의 관리자가 부서 Ⅲ, Ⅳ, Ⅴ, Ⅵ의 보스(boss)가 된다. 그리고 Lab. B-1, B-2의 관리자들은 그의 Lab.에서 인력을 빌려주어 하위프로젝트의 관리자들이 되게 하며, 그 하위프로젝트관리자들은 프로젝트 Y의 관리자에게 보고의무를 지며, 프로젝트 Y의 관리자는 전문가를 모든 부서(자기가 속한 부문이 아닌 부서 Ⅲ, Ⅳ)에서 뽑아온다. 부서 Ⅲ의 기술자의 경우를 보면, 그는 한꺼번에 여러 개의 프로젝트팀에서 일을 하게 되어 있다. 따라서 그는 여러 명의 보스(Y-1, Y-2, X)를 갖는다.

자료 : *Business Week*, March 20, 1971.

[그림 7-6] 행렬조직구조

2) 조정(통합)

일단 전문화(분화)가 이루어지고 나면 조직 전체의 목적을 달성하기 위해 '분업이나 전문화에 의해 세분화되어 분화된 여러 작업단위'를 통합하는 조치가 취해져야 한다. 이 같은 통합을 위해 조정이 필요하게 되는데, 조정이란 곧 전문화되어 분화된 개인(집단)의 작업활동을 상호 연결시켜 조직의 공동목표를 지향하도록 하는 노력인 것이다. 이와 같은 조정활동을 위해서는 조직의 구성요소들간에 적절한 의사소통이 이루어져야 하고 서로간의 활동을 이해해야 하며, 작업의 흐름 속에서 협동적인 작업이 이루어지도록 해야 한다. 그런데 이 조정에는 두 가지 차원이 있다. 즉, 수직적 조정차원(vertical coordination dimension)과 수평적 조정차원(horizontal coordination dimension)이 그것이다.

(1) 수직적 조정

조직목표가 효과적으로 달성되려면 부문화에 의해 수평적으로 분화된 모든 활동이 적절하게 조정되어야 한다. 다양하게 분화된 제활동을 조화롭게 기능하도록 통합된 전체를 형성해 가야 하기 때문이다. 그런데 이와 같은 조정활동을 뒷받침하는 기반은 권한(authority)이다. 이러한 권한은 권한계층을 형성한다.

수직적 조정(vertical coordination)이란 바로 이와 같은 권한의 계층을 활용하여 분화되고 전문화된 조직의 제요소를 통합하는 과정이다. 그리고 이 수직적 조정에는 네 가지의 기본적 요소(방법)가 있는데 ① 명령의 연쇄(chain of command), ② 관리의 범위(span of control), ② 권한위양(delegation), ④ 집권화-분권화(centralization-decentralization) 등이 그것이다.

① 명령의 연쇄

다음 [그림 7-7]은 다섯 계층으로 된 조직도표의 일부를 예시하고 있다. 각 계층을 연결하는 실선이 명령의 연쇄를 나타내고 있다. 즉, 각 계층을 수직적으로 연결하는 공식적인 권한의 연결선이 곧 명령의 연쇄이다. 여기에서 말하는 공식적인 연결이란 권한과 책임 및 외부적 책임(accountability)에 의한 연결을 의미한다. 그런데 이 같은 명령의 연쇄와 관련된 고전적 관리원칙이 있다. 계층연쇄의 원칙(scalar principle)과 명령일원화의 원칙(unity-of-command principle) 등이 그것이다.

계층연쇄의 원칙이란 조직에는 모든 계층의 모든 사람을 연결하는 '명백하고 단절 없는 명령의 연쇄'가 있어야 한다는 원칙이다. 그리고 명령일원화의 원칙이란 앞에서도 설명한 바와 같이 조직의 각 성원은 단지 한 사람의 상위자에게만 보고할 의무를 가져야 한다는 원칙이다.

그러나 [그림 7-7]이 보이고 있는 것처럼 상위계층의 관리자가 직속하위자를 뛰어넘어 하위자에게 명령을 하게 되면 명령일원화의 원칙을 위배하게 된다. 지시나 명령을 하달할 때 공식적인 명령의 연쇄를 따르지 않게 되면 하위자들을 혼란과 갈등에 빠뜨리게 되고, 직속상사의 권한이 손상을 입게 된다.

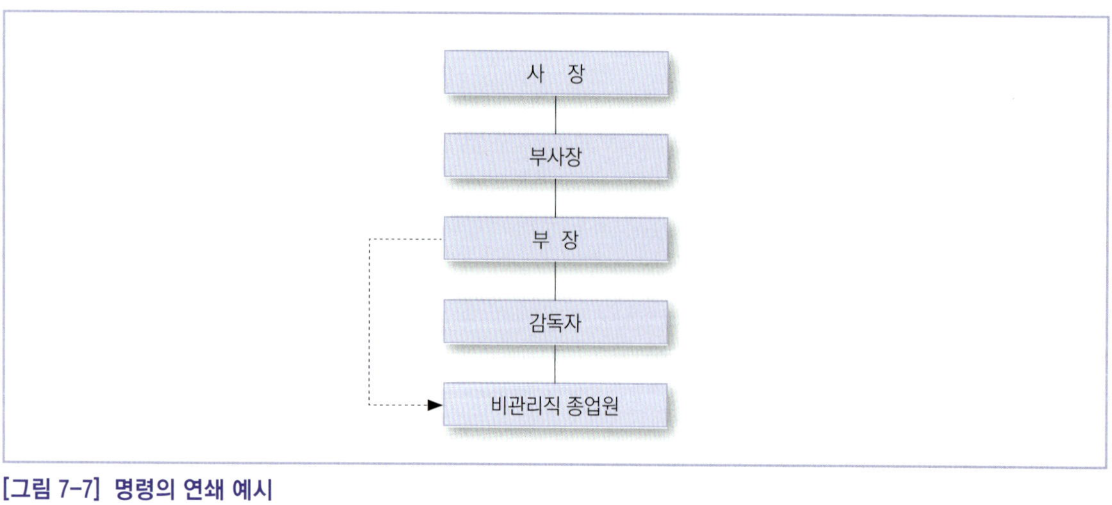

[그림 7-7] 명령의 연쇄 예시

② 관리의 범위

관리의 범위(span of management)는 위에서 이야기한 조직구조의 설계와 밀접한 관계가 있는 개념이다. 한 사람의 관리자가 가장 효과적으로 관리할 수 있는 종업원의 수(the number of subordinates)는 몇 명이어야 하는가? 이와 같은 질문에 대한 해답의 내용에 따라 조직구조의 모양이 달라진다. 한 사람의 관리자가 단지 몇 사람밖에 관리할 수 없으면 관리범위가 좁아져서 다계층조직(tall organization)을 형성하게 되고, 만약 한 사람의 관리자가 여러 사람을 관리하게 되면 관리범위가 넓어져서 소계층조직(flat organization)을 낳기 때문이다.

사실 한 사람의 관리자가 효과적으로 관리할 수 있는 종업원 및 활동의 수에는 제한이 있다. 하위자들과 그들의 활동을 관리할 수 있는 관리자의 능력은 시간, 지식, 정력, 성격, 흥미 및 기타 다른 능력 등에 의해 제약을 받기 때문이다. 그리고 조직이 성장함에 따라 조직 내의 제관계가 복잡화되어 한 사람의 관리자가 효과적으로 관리할 수 있는 관리의 범위에는 한계가 있게 마련이다. 이와 같이 관리자가 효과적으로 관리할 수 있는 종업원의 수와 활동의 수에는 한계가 있다는 원칙이 곧 관리의 범위라는 개념으로 표현된다.

이와 같은 관리범위의 문제는 관리자에게 하위자들의 일을 통세하고 조정할 수 있을 뿐 아니라 창의력을 발휘할 수 있는 시간적 여유가 있어야 한다는 점이다. 고전적인 관리문헌에 의하면 가장 이상적인 관리범위는 3~7명이라고 한다. 그러나 관리범위는 상황에 따라 유동적인 것으로서 극단적인 경우를 보면 로마 가톨릭 교황은 750명의 주교를 거느리고 있으며, 또 어떤 백화점의 가전제품수선부서에서는 125명의 직원이 한 사람의 관리 밑에 있으며, 제너럴일렉트릭사에서는 약 200명의 연구직원들이 한 사람의 관리자에게 보고하도록 되어 있고, 미국의 시어즈(Sears)사도 넓은 감독범위로 유명하다.[3)]

③ 권한위양

모든 관리자는 "무슨 일을 어느 정도로 자신이 하고 또 무슨 일을 어느 정도로 부하들에게 위양(할당)하여 수행하도록 하느냐"에 대한 의사결정을 해야 한다. 이러한 문제가 곧 권한위양의 문제이다. 권한위양이란 과업을 다른 사람(부하)들에게 할당하고 위임(entrusting)하는 과정을 말한다. 그런데 이 권한위양의 과정에는 위양을 받는 사람이 과업수행에서 창의력을 발휘하고 자신들의 능력과 기술을 발휘할 수 있도록 권한을 부여하는 일(empowering)이 포함된다.

그런데 이 같은 권한위양을 통한 수직적 조정의 기반(the foundation of vertical coordination through delegation)은 책임, 권한 및 권력, '어카운터빌리티'이다.

㉠ 권한

권한(authority)은 어느 조직구조에나 존재하는 것으로서 조직을 결합시키는 아교풀 같은 역할을 하는 것이라고 한다. 이러한 권한이란 어떤 일을 하는 데 필요한 권리이다(Authority is the right to do something). 조직관리의 관점에서 보면 권한이란 관리자가 조직목표를 달성하기 위하여 하위자에게 어떤 일을 하도록 요구할 수 있는 권리(right)인 것이다. 데이비스와 필리(Davis and Filley)에 의하면 "권한이란 기본적으로 결정을 내리고 명령을 내릴 수 있는 권리로 구성되어 있다."[4]고 말하고 있다. 그러므로 기업조직에 있어서의 관리자의 권한은 다음과 같은 일을 할 수 있는 권리라고 말할 수 있다. 즉, ① 일정한 범위 내에서의 의사결정, ② 하위자에 대한 과업할당, ③ 하위자에게 만족스러운 업무수행을 요구할 수 있는 권리 등이다.

㉡ 권력 혹은 영향력

권력은 때때로 권한과 혼동되는 경우가 있다. 이 두 개념은 서로 불가분의 관계에 있지만 권한과 권력은 구별된다. 권한이 어떤 일을 실행할 수 있는 권리라면, 권력은 그 일을 실행할 수 있는 능력(ability)이기 때문이다. 허시와 블랜차드(Hersey and Blanchard)에 의하면 권력이란 다른 사람의 행동에 영향을 미치는 힘이라고 말하고 있다.[5] 다시 말해서, 관리자의 역할을 수행하는 데 있어서 하위자들로 하여금 관리자의 지시대로 행동할 수 있게 하는 능력인 것이다.

㉢ 책임

책임이란 과연 무엇인가? 책임은 어떤 일을 수행하는 데 대한 의무이다(responsibility is the obligation to do something). 다시 말해서, 책임이란 조직 내에서 조직의 과업, 기능 및 할당받은 일을 수행해야 한다는 임무(duty)이다. 힉스(H. G. Hicks)에 의하면 책임이란 그가 수행해야 할 과업에 대하여 가지게 되는 의무감으로서 그 과업을 수행하겠다고 동의할 때 이미 그 의무감이 그 개인의 내부에서 발생한다고 한다.[6] 다시 말해서, 자기가 맡은 일의 성실한 수행에 대해 스스로 책임을 져야 한다는 생각이라고 할 수 있다. 만약 그 개인이 할당받은 그 업무에 대해 책임을 지고 싶지 않으면 그 일을 거절해야 한다. 그러나 그의 부당한 거절은 그 상위자로부터의 징계를 초래하게 할 수도 있다.

㉣ 어카운터빌리티

자신에 대한 개인적인 책임감(personal responsibility to oneself) 이외에도 모든 조직구성원은 상위자(higher authorities)에 대해서도 그 업무수행결과에 대해 책임을 져야 한다. 이것이 바로 '어카운터빌리티'이다. 그래서 어카운터빌리티는 직무수행에 대한 보고의무 내지는 업무수행의 최종책임인 것이다.

작업자는 그의 업무수행에 대하여 그의 감독자에게 책임을 져야 하며 그 감독자는 그의 부서의 장에게, 그 부서의 장은 그 조직의 최고관리자에게 책임을 져야 한다. 그리고 궁극에 가서는 소유경영자들이나 혹은 전문경영자들은 주주들에 대하여 그들 회사의 업무수행결과에 대한 책임을 지게 된다.

㉤ 권한, 권력, 책임, '어카운터빌리티'의 균형

기업조직이 내부적으로 안정된 균형상태를 유지하려면 권한, 권력, 책임 및 '어카운터빌리티'가 모든 직위에서 서로 동일하게 균형이 이루어져야 한다. 이들 넷 사이에 균형이 깨어지면 조직 내에 여러 가지 문제가 발생한다.

그 직위의 권한이 권력보다 많을 경우, 그 권한을 행사하여 직무를 수행하도록 할 때 권력, 즉 보상과 처벌을 충분히 활용할 수 없기 때문에 관리자는 그 직무를 효과적으로 수행하게 할 수 없게 된다. 그리고 권한과 권력이 일치하여 균형이 유지된다고 해도 그 권한과 권력은 책임 및 '어카운터빌리티'와 조화를 이루어야 한다. 그렇지 않으면 직무수행자가 직무수행상의 오류를 범하게 될 경우 그 책임을 다른 사람에게 전가하게 될 것이고, 그로 인하여 조직에는 걷잡을 수 없는 무질서한 상황이 초래될 것이다.

④ 집권화—분권화

수직적 조정(vertical coordination)의 네 번째 방법은 집권화-분권화이다. "의사결정을 위한 모든 권한을 조직의 최고위층에 집중시킬 것인가, 아니면 광범한 권한위양을 통해서 관리상의 의사결정권을 조직의 모든 계층에 분산시킬 것인가?"에 대한 문제가 바로 집권화-분권화의 문제이다. 집권화-분권화에 대한 관리원칙은 없다. 그러나 어느 쪽이 최선인가에 대한 논쟁은 있다.

분권화가 자유민주사회의 가치와 일치하기 때문에 모든 조직이 분권화되어야 한다고 생각하는 사람들이 있는가 하면, 모든 의사결정은 조직성과에 지대한 영향을 미치기 때문에 조직의 고위층의 책임있는 사람들이 의사결정을 해야 하고 의사결정권을 다른 사람들의 손에 넘길 수 없다고 느끼는 사람들도 있다.

그러나 집권화-분권화의 문제는 어느 한쪽을 선택하느냐의 문제가 아니다. 두 가지 모두가 상황에 따라 적절할 수 있기 때문에, 현실적인 관리상황에서는 두 가지를 어떻게 조합하는지가 문제이다.

(2) 수평적 조정

수평적 조정(horizontal coordination)은 조직의 제활동이 횡적으로 통합되는 과정이다. 이러한 횡적 조정의 방법에는 각 기능부서에서 차출하여 구성된 문제해결팀(functional team), 특수임무반(task forces), 연락관(liaison personnel), 라인-스태프(line-staff) 및 위원회조직(committee)의 운영 등 여러 가지 방법이 있으나 여기에서는 라인-스태프와 위원회조직에 대하여 설명해 보기로 한다.

① 라인과 스태프 관계

아마도 라인과 스태프의 개념만큼 널리 입에 오르내리는 개념도 없을 것이다. 왜냐하면 관리현장에서 라인과 스태프의 역할이나 상호관계에 대한 이해의 결여로 인해 의사소통이 두절되고 공개적인 충돌이 일어나는 경우가 많기 때문이다.

그러면 라인은 무엇이고 스태프는 무엇인가? 라인이란 조직목표달성에 직접적인 책임을 지고 있는 사람을 지칭하는 것이고, 스태프란 라인 이외의 사람들로서 라인의 일을 위하여 조언을 제공하는 사람들이다. 그러므로 일반적으로 각 부서의 운영에 관한 직접적인 의사결정책임을 지는 사람을 라인이라고 할 수 있으며, 그의 의사결정에 조언하고 협조하는 사람을 스태프라고 부른다.

그러나 이러한 구별에도 불구하고 관리현장에서 양자간의 갈등이 심각하게 되는 경우가 많으므로 관리자는 조직구조를 설계할 때 라인과 스태프의 한계를 명백하게 할 뿐만 아니라 이를 조정하기 위한 노력을 계속하여야 한다. 라인과 스태프의 갈등현상을 이해하기 위해 멕그리거(D. McGregor)의 말을 인용하면 다음과 같다.

"라인관리자들은 스태프를 효과적인 경영을 위해서 원조하고 협조해 주는 사람이라고 생각하기보다 오히려 부담스러운 존재라고 생각한다. …… 즉, 스태프는 경영 전체의 번영과 관계없는 좁은 전문분야에만 열중하고 있다고 생각하며, 스태프의 권고에 대하여 일반적으로 비실제적이고 지나치게 규격화된 관료적 절차에 얽매어 있다고 생각한다. 한편, 스태프도 라인에 대해서 편견을 가지고 있다. 즉, 라인관리자는 자기들의 권한과 독립성을 유지하는 데에만 관심을 기울이고, 스태프가 가지는 전문적인 권력과 스태프의 노력에 의하여 얻어진 성과에 대한 진가를 인정하려고 하지 않으며, 근본적으로 라인은 모든 변화와 개선에 대하여 저항하려고 한다."[7]

② 위원회조직

대규모 조직의 경우, 부문간의 협조와 조정을 확보하고 전사적인 관점에서 의사결정을 하기 위해 기존의 조직 위에 설치되는 조직기구가 위원회조직이다. 그러므로 위원회(committees)란 어떤 특정한 문제의 해결을 위해 조언, 조정 및 의사결정을 하기 위해 계획적으로 구성된 집단이라고 말할 수 있다.

이러한 위원회조직이 주는 잠재적인 유익은 창의력 발휘, 의사소통의 촉진, 능력의 결합, 동기부여의 효과, 조정, 그리고 조언 등이다. 반면에 위원회 조직이 잘못 운영될 경우 비용의 문제, 타협의 위험, 우유부단, 융화의 저해, 그리고 책임의 분산 등의 단점이 나타난다.

지금까지의 조직화기능에 관한 설명은 조직구조에 관한 기초적이고 평이한 내용을 서술하였다. 그러나 앞에서도 언급한 바와 같이 조직구조의 설계에 상황변인을 고려해 넣지 않고는 그 효과성을 기대하기가 어렵다. 그래서 조직구조의 설계는 조직의 환경, 전략, 기술유형에 따라 달라져야 한다고 주장되고 있다.

연습문제

1. 여러분이 관심을 가지는 기업을 택하여 '조직의 도표'를 그리고 설명하여 보자.
2. '조직도표'를 가지고 설명할 수 없는 부분이 무엇인지를 이야기해 보자.
3. 조직화기능에서의 분화와 통합의 관계를 설명해 보자.
4. '기능별 조직', '제품별 조직', '지역별 조직'들을 설명해 보고 이에 해당하는 기업들을 찾아 그림으로 그려보자.
5. 정부 산하의 각종 위원회 가운데 하나를 선택하여 평가하여 보자.

사례

"내가 여러분을 불러 모이게 한 것은 요즘 조정(coordination) 및 협동의 문제가 매우 어려워지고 있기 때문입니다."라고, 판매, 생산, 기술, 재무, 인사담당 부사장들이 모인 석상에서 사장이 말을 꺼냈다.

"지금 우리는 여섯 개의 제품계열을 생산하여 전국을 대상으로 판매하는 것은 물론 동남아 및 미주시장까지 영업을 확장해 가고 있는데, 여러분들 사이의 조정 및 협동문제를 해결하는 일에 나의 모든 시간을 할애하고 있으니 말이오." 하고 사장은 조직구조를 변형해야 된다는 것을 암시하고 있었다.

"글쎄올시다. 현재의 조직형태를 가지고 지금까지 계속 잘해왔으니 앞으로는 각 부서 간에 불협화음이 없이 잘 협동해 가면 되겠지요." 하고 재무담당 부사장이 반응을 보였다.

"물론 잘 알고 있습니다. 재무담당 부사장은 최선을 다해 일해 왔고 지난 5년간 우리는 많은 성장을 해왔습니다. 아마 이 시점에서 우리 조직은 새로운 모습으로 개편되어야 할 것 같습니다. 어떤 조직구조가 더욱 효과적일지에 대하여 좋은 의견들을 제시해 보십시오." 하고 사장의 말은 계속되었다.

문제

(1) 이 회사의 현재의 조직도표를 위에서부터 두 계층만 그려보라. 그리고 그 조직구조는 어떤 유형의 조직구조인가를 말해보라.
(2) 위의 상황으로 보아 이 회사의 가장 바람직한 조직구조를 도시하고 이 회사의 사장에게 조언하고 싶은 내용을 서식화하여 보라.

인터넷 사례

삼성그룹은 구조조정본부를 통하여 경쟁력강화를 위해 상시 구조조정을 실시하고 있다. 최근 삼성그룹의 구조조정본부에서 실시한 조직혁신방안이 어떤 것이 있는지를 인터넷을 통하여 찾아 토론해 보자.

시뮬레이션 〉 비공식리더

활동내용

5~7명으로 된 소집단들을 구성한다. 그리고 각 집단으로 하여금 15분 동안 다음과 같은 문제에 대하여 토의하도록 한다. 즉, '소비자가 제품가격이나 품질에 미치는 영향'에 대하여 토론을 하게 하고, 15분이 지나면 다음의 토의문제를 가지고 전체 학생들과 이야기한다.

토의문제

(1) 각 집단에서 토의 도중에 영향력이 가장 강한 사람이 누구였는가? 왜 그가 그렇게 영향력이 있었는가(여기에서는 자기의 생각을 분명하게 표현할 수 있는 능력, 협동성, 다른 사람을 설득할 수 있는 능력 등이 고려될 수 있다)? 만약 화제가 바뀐다고 해도 그 사람이 똑같은 영향력을 가질 수 있다고 생각하는가? 그렇다면 왜 그런가? 그렇지 않다면 그 이유는 무엇인가?

(2) 공식조직에서 리더를 선출하기 위한 한 가지 방법으로 위와 같은 시뮬레이션 연습을 해보는 것이 유용하다고 생각되는가?

쉼터

다시 보는 남자의 일생

- 5세-엄마를 따라 목욕탕에 갔다. 아빠가 몹시 부러워했다. 눈코 뜰 새 없이 바쁜 하루였다.
- 10세-부모님이 자꾸 내 일에 간섭한다. 나도 이젠 다 컸는데 내가 쥐약으로 이를 닦든, 치약으로 쥐를 잡든 간섭 좀 안 했으면 좋겠다.
- 17세-아버지 담배를 훔쳐 피웠다. 뿌연 연기 속에 뜨거운 혈육의 정을 느꼈다.
- 30대-직장 동료와 점심 먹고, 나올 때 구두끈을 두 번 묶었다. 4,000원이 굳어 마누라 스타킹을 샀다.
- 40대-자꾸 이마가 넓어진다. 놀리는 친구와 머리끄덩이 잡아당기며 싸웠다. 당연히 이겼다.
- 50대-담배가 하나씩 없어진다. 아들놈 같다. 물증은 없고 심증만 있다. 싸가지없는 놈.
- 60대-김영감과 당구 치러 갔다. 큐걸이가 자꾸 떨려 계속 히로다. 결국은 물렸다. 그냥 장기나 둘 걸…
- 70대-머리칼이 몇 올 안 남았다. 전엔 번호를 붙여줬는데 오늘은 한올 한올 모두 이름을 지어주었다.

미주

1. Chris Argyris, *Leadership and Interpersonal Behavior*, Holt, Rinehart and Winston Inc., New York, 1961, p. 331.
2. Henry Mintzberg, *The Structuring of Organization*, pp. 276–304. in James Brian Quinn, Henry Mintzberg and Robert M. James C. eds., Prentice–Hall Inc., Englewood Cliffs, N. J., 1988.
3. Herbert G.Hicks and C. Ray Gullett, *The Management of Organization*, McGraw–Hill KoGakusha, Tokyo, 1974, p. 337.
4. R. C. Davis and A. C. Filley, *Principles of Management*, Alexander Hamilton Institute, New York, 1963, p. 16.
5. 김남현 역, 『조직행동의 관리』, 경문사, 1984.
6. Herbert G. Hicks and C. Ray Gullett, *Modern Business Management*, McGraw–Hill Book Co., New York, 1974, p. 137.
7. 김남현 · 조봉진 공역, 『국제경영전략』, 계명대학교 출판부, 1977, p. 42.

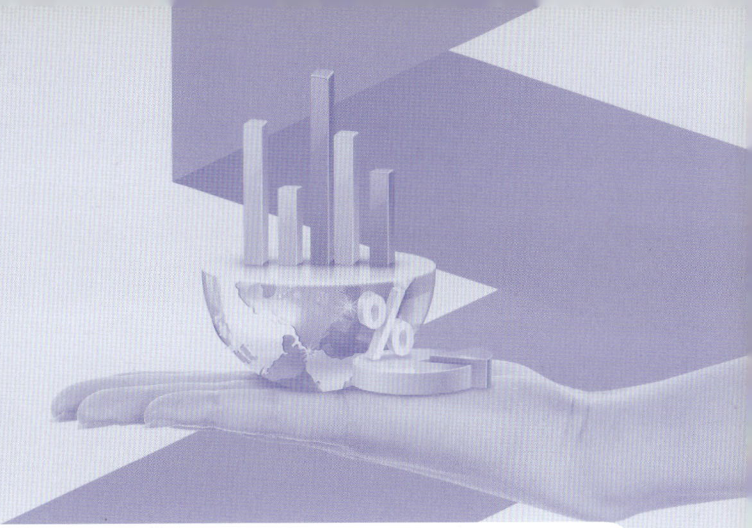

제8장 | 지휘

기업조직이 목표를 세워 계획을 수립하고 이를 수행하기 위한 조직화활동이 효과적으로 이루어지려면 이를 수행할 수 있는 지휘활동이 요구된다. 지휘(leading)란 경영자가 조직의 목표를 달성하기 위해 구성원들의 열정과 헌신적 노력을 이끌어내는 활동을 말한다. 즉, 기업목표를 달성하기 위해 종업원들의 동기를 유발하고 이끄는 활동이다. 또한 최고경영자가 비전 제시와 함께 종업원들의 노력을 조직의 목표달성을 위한 방향으로 결집시킬 수 있을 때 효과적인 지휘가 이루어진다.

지휘활동을 효과적으로 수행하기 위하여 경영자가 해야 할 일은 리더십, 동기부여, 의사소통이다. 따라서 본장에서는 리더십, 동기부여, 그리고 의사소통을 통한 지휘에 대하여 다루고자 한다. 그리고 연습과제와 사례연구를 통하여 응용학습의 기회를 마련하였다.

이 장을 읽어가는 동안 이것만은 이해하시기 바랍니다.

1. 리더십이론의 변천과정은 무엇인가?
2. 현대적 리더십접근법은 무엇인가?
3. 동기부여의 이론에는 어떤 것들이 있는가?
4. 의사소통의 제요소와 장애요인에는 어떤 것들이 있는가?
5. 효과적인 의사소통의 지침은 무엇인가?

제8장 사례 >

오케스트라처럼 경영하라

기업은 오케스트라와 닮아 있다. 각기 다른 개성을 가진 단원들이 모여 아름다운 하모니를 만들어 내듯, 기업도 각기 다른 역량을 지닌 직원들이 소통하며 공동의 목표를 향해가야만 성과를 창출할 수 있다. 2014년 9월 17일 KMA가 개최한 '수지향(水知饗)' 강연에서 서희태 밀레니엄 심포니 오케스트라 감독으로부터 오케스트라를 통해 배우는 세상을 이끌어갈 지혜와 통찰력을 들어봤다.

오케스트라를 이야기할 때 항상 앞에 붙는 수식어가 있다. 바로 '심포니(Symphony)' 또는 '필하모닉(Philharmonic)'이다. 세계 최고로 꼽는 비엔나 필하모닉 오케스트라, 베를린 심포니 오케스트라, 그리고 보스턴 필하모니 오케스트라처럼 오케스트라 앞에는 늘 심포니 또는 필하모닉이 붙는다. 그렇다면 왜 이러한 단어를 쓰는 것일까. 이유는 이 단어가 오케스트라가 무엇이고, 무엇을 하는 조직인지를 정확하게 이야기하고 있기 때문이다. 심포니에서 '심(Sym)'은 '함께한다'라는 뜻을 갖고 있고 '포니(Phony)'는 '소리'라는 의미이다. 여러 가지 소리가 함께 어우러져서 하모니를 만들어내는 것, 이것이 바로 심포니다.

필하모닉은 '사랑하다'는 의미의 그리스어 '필레인(Philein)'에 유래된 '필(Phil)'과 여러 가지 음정들과 화음, 또 화음이 서로 어우러지는 '조화'를 말하는 '하모니(Harmony)'의 합성어이다. 즉 필하모닉은 여러 가지 음정이 하모니를 이루어 서로 사랑하는 것처럼 엉켜지는 것을 말한다.

하모니를 만드는 것은 단 한명의 지휘자

오케스트라의 기원은 중세 시대이나 최근의 오케스트라 모습은 고전주의 시대에 만들어졌다. 음악사에서 1750~1820년까지를 고전주의라고 하는데, 이 고전주의 음악의 가장 중요한 도시가 비엔나 또는 독일식 발음으로 빈이라는 곳이다. 이 도시에서 활동했던 세 명의 작곡가, 하이든과 모차르트, 베토벤의 음악이 바로 고전주의 음악이다. 이 고전주의를 영어로 이야기하면 바로 '클래식'이다. 클래식 작곡가 중에서도 베토벤은 '교향곡의 왕'이라고 불린다. 그는 9곡의 교향곡을 작곡했는데, 베토벤의 교향곡을 들으면 대부분의 사람들은 '웅장하다'라는 느낌을 받게 된다. 왜 웅장한 것일까.

베토벤 이전에는 그런 음악이 없었기 때문이다. 그 이전의 음악들은 단조롭고 섬세한 반면 베토벤 시대에 와서 교향곡은 복잡하고 치밀하게 작곡이 되었다. 그래서 그를 '음악의 성인'이라는 뜻에서 '악성'이라고 부르며 '교향곡의 왕'이라 칭한다. 그런데 베토벤 교향곡의 원곡도 과연 웅장할까.

오케스트라의 규모 혹은 크기를 이야기할 때 '관 편성'이라는 용어를 사용하는데 플루트, 오보에, 클라리넷, 바순의 네 가지 목관악기가 그 기준이다. 흔히 이 악기들이 각 2대씩 있는 것을 2관 편성이라고 하며, 베토벤의 교향곡은 모든 곡이 2관 편성으로 작곡되었다. 2관 편성으로 오케스트라를 구성하면 약 50인조가 된다. 그런데 50명의 오케스트라가 2,500석이 넘는 예술의전당 콘서트홀이나 약 3,000석 규모의 세종문화회관 대극장에서 연주를 하면 과연 웅장한 음악이 만들어질까. 아니다. 그렇다면 왜 베토벤의 교향곡을 들으면 웅장하다고 느끼는 것일까. 그 이유는 과거 베토벤 시대의 극장 규모가 지금보다 훨씬 작고 카펫이 아닌 대리석 바닥이었기 때문이다. 하지만 현대에는 공연장 규모가 어마어마해졌다.

오늘날 가장 큰 공연장인 런던의 로열 알버트 홀은 6,000석에 달한다. 50명의 2관 편성으로 공연을 해서는 도저히 웅장한 음악이 나오지 않는다. 그래서 칼라일이라는 지휘자가 베를린 필하모닉 오케스트라를 맡으면서 더블 편성을 써 2관을 4관으로 연주하도록 했다. 이렇게 50명이 할 것을 100명이 연주해서 웅장한 음악으로 재탄생된 것을 우리는 녹음을 통해서 듣는다. 그래서 '베토벤은 웅장하다'라는 느낌을 받는다. 서울시향도 더블 편성을 사용한다. 이 교향곡의 규모는 현대에 오면서 더욱 확대되어 12~14관의 대편성도 생겨났다. 극단적으로는 말러의 '1,000인의 교향곡'이라는 것도 있다.

말러는 1910년 자신이 작곡한 교향곡 제8번을 1,030명의 연주자, 합창단과 함께 공연했다. 심지어 일본에서는 수만 명의 연주자와 합창단이 베토벤의 교향곡 제9번 '합창'을 대규모 스타디움에서 공연하기도 했다. 1,000인의 교향곡은 어마어마한 감동을 준다. 그러나 이러한 대규모 오케스트라의 음악뿐 아니라 소규모의 공연도 사람을 감동시킬 수 있다. 여기서 중요한 것은 과거 중세 시대에 수십 명의 연주자가 공연하든, 현대에 1,000여 명의 연주자가 공연하든, 단 한 사람의 지휘자가 오케스트라를 이끌며 화음을 만든다는 것이다. 경영자 한 사람이 크고 작은 기업을 이끌 듯이 말이다.

오케스트라는 중용을 실천하는 조직

오케스트라에 사용되는 현악기, 목관악기, 금관악기, 타악기 등 수많은 악기들은 그 소리가 다르다. 소리의 양과 질감, 음은 물론 소리를 만들어내는 방법이나 악기의 재료, 연주하는 방법까지 모두 다르다. 그런데 그 각기 다름을 잘 살려서 오케스트라가 연주를 하며 만들어내는 소리는 너무나 아름답다. 이를 위해 오케스트라의 지휘는 각 악기의 개성을 인정한다. 트럼펫에게 플루트의 소리를 내라고 해서는 안 된다. 트럼펫은 트럼펫 특유의 강렬하고 멋진 힘찬 소리가 나야 하며, 심벌즈는 폭발하는 소리를, 첼로는 온화하고 따뜻한 소리를 내야 하는 것이다.

오케스트라는 중용을 실천하는 조직이다. 여기서 중용이란 평균을 말하는 것이 아니다. 정 가운데에 있는 것이 아니라 양극단을 포용하는 것이다. 즉 각자의 개성을 인정하는 것에서 오케스트라 소통이 시작이 된다. 피아노 협주곡에서는 피아노가 가장 중요하지만, 때에 따라서 피아니스트는 다른 악기가 연주하는 멜로디에 맞춰 소리를 낮추고 반주를 한다. 피아니스트는 이때 자신을 내려놓아야 한다. 그렇지 않고 계속 자신의 소리만 강조한다면 오케스트라의 멜로디는 관객에게 들리지 않는다. 실패한 공연이 되고 마는 것이다.

라흐마니노프의 피아노 협주곡 제2번 2악장에서는 짧은 오케스트라의 전주 이후 피아니스트가 아르페지오라고 하는 분산화음을 연주하다가 점점 소리를 줄인다. 이어 플루트가 멜로디를 연주하고 다시 클라리넷으로 옮겨간다. 피아노는 멜로디 연주가 아닌 반주를 한다. 이때 각 악기가 연주하는 멜로디를 조율하는 역할을 하는 것이 바로 지휘자이다. 어느 부분에서는 피아노가, 어느 부분에서는 플루트가, 어느 부분에서는 클라리넷이 멜로디를 이끌 수 있도록 밸런스를 맞춰준다. 이는 기업에서의 경영자 역할과 마찬가지다.

경영자는 뛰어난 직원이라고 해서 무조건 그에게 모든 일을 맡기지 않는다. 때로는 다른 파트를 돕는 역할을 하도록 시킨다. 그런 밸런싱을 하는 사람이 바로 경영자이고, 그 소통을 이뤄 내는 방식이 바로 오케스트라 소통이다.

악장의 역할에 주목하라

오케스트라는 서로를 이기는 것이 아니라 함께 연주하는, 즉 '사운딩 투게더(Sounding Together)'가 중요하다. 이를 위해서는 단원들이 좋은 귀를 가져야 한다. 기업에서도 직원들이 서로의 이야기를 들을 수 있는 좋은 귀를 갖게 하는 것이 필요하고, 이를 위해서는 경영자가 먼저 열린 귀를 갖고 있어야 한다. 말하는 것이 아니라 듣는 것이 중요하다. 오케스트라 지휘자는 연주의 옳고 그름을 지적하기보다 단원들의 소리를 먼저 듣는다. 여기에 오케스트라 소통의 첫 번째 비법이 있다. 바로 악장에 대한 대우를 잘하는 것이다.

악장을 이탈리아어로는 '스팔라 도케스트라(Spalla dorchestra)'라고 하는데, 직역하면 '오케스트라의 어깨'이다. 오케스트라를 책임지는 어깨의 역할을 악장이 하는 것이다. 악장에게 지휘자 전용 드레스룸을 따로 주는 것만 봐도 알 수 있듯, 오케스트라에서 악장은 매우 중요하다. 이러한 악장의 역할 중 가장 중요한 것이 바로 단원 전체를 대표해 그들의 요구사항을 듣고 지휘자에게 전달하는 것이다. 악장의 역할은 이 외에도 많다. 앙상블을 이끄는 리더십이 필요하며, 협연자가 되어서 협주곡을 연주할 수 있을 정도의 좋은 기량이 필요하다. 지휘자가 등장할 때 오케스트라가 일어나고 연주가 끝난 후 단원들이 퇴장하는 것을 결정하는 사람 역시 악장이다. 이는 연주 자체와 관계되지는 않지만 오케스트라의 운영을 위해 매우 중요한 일들이다.

이러한 악장의 역할을 하는 것이 기업에서는 중간관리자다. 경영자는 직접 모든 중요한 일을 하는 것이 아니라 중간관리자에게 권한을 위임하고 잘 챙길 줄 알아야 한다. 오케스트라 소통의 두 번째 비법은 칭찬이다. 칭찬은 공개적으로, 구체적으로, 즉시 해야 하며, 많이 하면 많이 할수록 좋다. 아름다운 왈츠를 연주하지만 그만큼 몰두하고 집중하기 때문에 단원들의 얼굴은 굳어 있다. 그러나 칭찬, 즉 커튼콜을 받고 지휘자가 단원들을 일으켜 세울 때 그들의 표정은 완전히 달라진다.

때로는 절대음감을 포기하라

세 번째는 실수를 묵인할 줄 아는 것이다. 연주 중 실수를 가장 먼저 알아차리는 사람은 바로 실수를 한 본인이다. 이때 지휘자가 그것을 지적하면 연주자는 더 당황할 수밖에 없고 결국 관객에게도 그 실수가 전달된다. 이는 서로가 서로를 비난하고, 자기가 만든 상품의 흠을 지적하는 셈이다. 그래서 지휘자는 연주 중 실수한 단원을 바라보지 않는 훈련을 한다. 오케스트라는 배려와 소통이 몸에 배어 있는 조직이다. 심지어 한 악기가 솔로 파트를 연주하면 솔리스트가 전적으로 돋보이도록 다른 단원들은 악보도 소리 내어 넘기지 않는다. 개인적으로 모두 친한 것은 아니지만, 단원들은 무대에 올라가서는 공동의 목표인 좋은 연주를 만들기 위해 배려가 필요하다는 것을 서로가 감각적으로 알고 있다.

네 번째 비법은 때로 절대음감을 포기하는 것이다. 절대음감을 가진 사람이 음악적으로 뛰어날 가능성은 있지만, 그것 자체가 훌륭한 음악가를 만드는 기준은 아니다. 오히려 음정이 치중하다 조율이 잘 안 된 악기로는 연주를 망치기도 한다. 오히려 음악가에게 요구되는 것은 고도로 훈련된 상대음감이다. 독일의 하겐극장에서 상임 지휘자를 뽑는 오디션이 열렸다. 일반적으로 오스트리아나 독일의 극장은 거의 매일 연주를 하기 때문에 상임 지휘자가 여러 명인데, 이들이 오디션에서 함께할 동료 지휘자를 심사한다. 그런데 극장장이 시스템을 바꾸어서 단원들에게도 투표권을 주도록 했다. 처음 오디션을 본 지휘자는 절대음감을 가진 듯 완벽한 화음을 이끌어냈다. 동료 지휘자들은 모두 좋은 평가를 내렸다. 다음 사람은 지휘력은 좀 떨어졌으나 좋은 성격으로 단원들에게 호감을 샀다. 투표 결과 동료 지휘자에게 만점을 받았던 첫 번째 지휘자는 80명의 단원들로부터 단 4표밖에 얻지 못했다. 반면 동료 지휘자에게 1표도 받지 못했던 엉성한 지휘자는 단원들로부터 80%의 표를 얻어냈다. 결국 극장은 오디션 자체를 무산하고 아무도 뽑지 않았다.

사실 오케스트라의 단원은 굉장히 피곤한 자리다. 시작부터 끝까지 지휘자를 보고 있어야 한다. 기업에서 직원들이 하루 종일 회장을 바로 보고 업무를 본다고 생각해 보라. 그래서 대충 웬만한 지휘자가 오길 바란다. 불편한 진실이지만, 그래서 지휘자에게는 절대음감도 포기하는 중용이 필요하다.

줄이 끊어져도 협연은 계속된다

다섯 번째는 금기와 터부를 없애는 것이다. 오케스트라에는 금기와 터부가 많다. 무대 위에서는 휘파람을 불면 안 된다. 과거 공연에서는 휘파람을 불면 무대가 전환되었기 때문이다. 오늘날에는 자동화되어 상관이 없지만 여전히 휘파람은 금기로 남아 있다. 사실 이러한 금기와 터부는 책임을 전가하기 위한 것이다. 한 소프라노 가수가 노래가 잘 안 되자 공연이 끝난 후 무대에서 누군가 휘파람을 불었다며 질책했을 것이다. 당연히 지휘자나 협연자가 아닌 말단의 합창 단원 또는 오케스트라 제일 끝자리의 누군가에게다. 우리 사회에도 아직 이런 것이 많다. 책임을 남에게 전가하지 않는 오케스트라, 회사가 되어야 한다.

여섯 번째는 위기 대처법을 공유하는 것이다. 오케스트라는 공연 중 바이올린 협연자의 줄이 터져도 연주를 중단하지 않는다. 대신 줄이 터진 협연자의 바이올린을 악장이 받아 들고, 악장은 다시 뒷사람에게, 그는 또 다음 사람에게 전달한다. 맨 끝에 남아서 마지막에 바이올린을 전달받은 단원은 조용히 무대 뒤로 가서 줄을 교체한 후 다음 악장이 시작되기 전 다시 협연자에게 바이올린을 넘겨준다. 기업에서도 위기상황을 자주 만나게 된다. 그러나 위기가 왔을 때 어떻게 극복할 것인지 대책을 세워놓고 있음에도 불구하고 그 매뉴얼을 전체가 공유하지 못하는 경우가 많다. 위기 대처법을 반복해서 시험하고 직원 한 사람 한 사람에게 몸에 배도록 가르치는 것이 중요하다.

일곱 번째 비법은 적절한 휴식이다. 뉴욕 메트로폴리탄 오케스트라에는 막간에 포커를 즐기는 전통이 1940년대부터 내려오고 있다. 휴식의 중요성을 알고, 쉴 때는 마음껏 쉬도록 하는 것이다.

여덟 번째는 소수에 대한 존중이다. 여성 단원의 비율이 40%가 넘으면 앙상블이 좋아진다는 말이 있다. 그러나 사실 이는 과거 유럽에서 여성 단원 비율이 적어서 생긴 말이다. 우리나라는 여성 단원이 70%를 넘기에 이 말 자체가 적용되지 않는다. 결국 40%가 넘지 않으면 소수 집단에 불이익이 돌아갈 수 있기 때문에 소수 집단을 잘 돌보라는 의미로 해석 할 수 있다.

다른 생각이 새로운 세상을 연다

베를린 필하모닉 오케스트라와 정명훈 지휘자의 서울시향, 서희태 감독의 밀레니엄 심포니 오케스트라가 한날한시에 공연을 하고 티켓 값도 같다면 어디로 가겠는가. 애초부터 경쟁이 되지 않는 사회 속에서 그냥 죽을 수는 없다. 그래서 서희태 감독이 고안한 것이 관객과 오케스트라가 함께 즐겁게 놀 수 있는 '놀라운 콘서트'이다.

단테는 '돌체 스틸 노보(Dolce Still Novo)'라 했다. 새로운 세상을 열 때는 달콤하고 새로운 스타일이 필요하다. 하지만 새로운 것은 아무나 쉽게 하지 못한다. 사실 단원들이 처음부터 동참한 것은 아니었다. 그들은 주어진 연주만 하면 되기 때문이다. 하지만 지휘자는 다르다. 베를린 필하모닉, 서울시향과 다른 연주를 해야만 경쟁에서 살아남을 수 있다. 그래서 6개월 동안 단원들을 설득했다. 세종문화회관에서 첫 번째 공연을 하던 날 놀라운 일이 발생했다. 커튼콜에서 관객 모두가 일어나 박수를 치며 함께 즐거워하는 모습을 보인 것이다.

공연 후 다섯 명의 여자 단원들이 연주 때 입은 색색의 드레스 그대로 옷도 갈아입지 않고 지휘자의 방문을 두르렸다. 공연이 끝나면 누가 먼저 집에 가나 경쟁이라도 하듯 사라지던 그들이 감동에 겨워 지휘자와 사진을 함께 찍기 위해 찾아온 것이다. 생각만 다르게 하면 새로운 세상이 열린다.

〈Chief Executive, KMAC, 2014. 10, pp. 64-67〉

1. 리더십을 통한 지휘

1) 리더십의 정의

오늘날 기업조직의 성공에 영향을 미치는 요인으로서 리더십만큼 중요한 것도 없을 것이다. 그래서 조직이 처한 상황의 변화에 따라 리더십의 개념은 계속하여 발전되어 왔다. 리더십에 관한 이론과 연구를 모두 검토해 보면 세 가지 측면이 강조되고 있음을 보게 된다. 사람(people), 영향력(influence), 집단이나 조직의 목표(goal) 등이 그것이다. 리더십은 사람들 사이에서 일어나는 현상이고 거기에는 영향력이 작용하며, 그 같은 영향력은 목표달성을 위해 행사되기 때문이다.[1] 그래서 리더십이란 목표달성을 위해 성원들에게 영향을 미치는 능력(the ability to influence people toward the attainment of goals)이라고 정의할 수 있다. 이 같은 정의가 시사하는 바와 같이 리더란 집단이나 조직의 목표달성과정에서 다른 사람들의 행동에 영향을 미치는 것과 관련된 활동을 수행하는 사람이다. 그래서 리더십은 사람과 사람 사이에서 일어나는 상호적인 성질의 것이고, 단순한 관리상의 서류작업이나 문제해결활동과는 구별되는 활동, 즉 다른 사람들의 행동에 영향을 미쳐 조직목표를 달성하는 역동적 과정이다.

2) 리더십과 관리

최근에 와서 리더십과 관리의 차이점에 관한 논의가 많아졌다. 관리와 리더십 모두 조직의 성공에 매우 중요하다. 관리자의 영향력(management power)은 조직구조(organizational structure)에서 나오기 때문에 조직구조 안에서의 질서유지, 문제해결, 계획과 통제 등을 촉진시키는 힘이고, 반면에 리더의 영향력(leadership power)은 리더의 개인적 원천(personal resources), 즉 리더 개인의 가치관, 인격, 전문적 지식 등에서 나오기 때문에 조직의 비전설정, 창의력 발휘, 조직의 변화(혁신) 등을 촉진하게 된다.

따라서 리더와 관리자의 주된 차이점은 권력의 원천 내지는 권력의 기반(sources of power or power bases)과 관계가 있다. 권력의 원천이란 리더가 종업원의 행동을 변화시키기 위해 영향을 미치는 과정에서 활용하는 수단으로서, 다음과 같은 다섯 가지의 전형적인 권력의 원천이 존재한다.

(1) 지위권력

전통적으로 관리자의 영향력(권력)은 조직으로부터 나온다. 종업원의 행동에 영향을 미치기 위해 보상을 활용하고 처벌을 활용할 때 그 같은 보상과 처벌할 수 있는 힘이 조직 내의 지위에서 나오기 때문이다. 합법적 권력과 보상적 권력 및 강제적 권력은 모두 이 같은 지위권력에 해당된다.

① 합법적 권력

조직 내의 공식적인 관리직위(formal management position)에서 오는 영향력(권력)과 그 직위에 부여된 권한(authority)을 합법적 권력이라 부른다. 예를 들어, 일단 관리자로 선발이 되어 관리직위에 앉게 되면 대부분의 작업자들은 작업활동과 관련하여 그 관리자의 지시나 명령에 따를 의무가 있다고 생각한다. 따라서 하위자들은 이 같은 권력의 원천을 합법적인 것으로 수용하고, 또 그것은 그들이 관리자의 지휘에 따르는 이유이기도 하다.

② 보상적 권력

보상적 권력은 관리자가 다른 사람들에게 보상을 줄 수 있는 권한에서 나온다. 관리자는 임금인상이나 임금인상을 위한 추천, 승진이나 승진을 위한 추천 등과 같은 공식적인 보상을 활용하기도 하고, 칭찬을 하거나, 관심을 보이거나, 인정을 해주는 것 등과 같은 비공식적인 보상을 활용하여 하위자의 행동에 영향을 미치기도 한다.

③ 강제적 권력

보상적 권력의 반대개념으로서 강제적 권력은 처벌할 수 있는 권한이나 처벌을 명령할 수 있는 권한을 가리키는 말이다. 관리자가 종업원을 해고나 강등시킬 때 그리고 질책하거나 기회를 박탈할 때 그는 강제적 권력을 활용하고 있는 것이다.

(2) 개인권력

지위권력이 외부적인 원천에서 오는 것과는 대조적으로 개인권력(personal power)은 리더 개인의 전문적 지식이나 성격특성과 같은 내부적 원천에서 나온다. 이 같은 개인권력은 리더가 리더십을 발휘하는 데 활용하는 수단이 된다. 이 경우 하위자들은 그들의 상사에 대한 존경심, 경외심 그리고 그 리더의 기발한 아이디어나 미래에 대한 확고한 신념 때문에 상사의 지시나 명령을 따르게 된다. 이 같은 개인권력에는 전문적 권력과 준거적 권력이 있다.

① 전문적 권력

하위자들이 수행하고 있는 업무와 관련된 전문적 지식이나 기술 및 정보에서 나오는 권력을 리더의 전문적 권력(expert power)이라고 부른다. 리더가 참으로 그 분야의 전문가일 때 하위자들은 그의 탁월한 지식과 능력 때문에 리더의 권고나 지시를 수용하고 거기에 따라 행동하게 된다.

② 준거적 권력

준거적 권력(referent power)은 리더의 성격특성, 즉 하위자들이 본받고 싶어하고 존경의 대상이고 경외의 대상이 될 만한 성격특성(인격)에서 나오는 영향력(권력)을 의미한다. 만약 그 작업자의 상사가 자기를 대하는 인격적인 자세를 존경하기 때문에 그의 지시나 명령에 따르고 있다면, 그 리더의 영향력은 준거적 권력에 의존하고 있는 것이다. 그래서 준거적 권력은 그 리더의 공식적인 직책이나 지위에서보다는 개인적인 성격특성에서 나오는 것이고, 이 같은 성격특성은 후반부에서 설명하게 될 카리스마적 리더십(charismatic leadership)에 잘 나타나 있다.

이 같은 전문적 권력이나 준거적 권력에 대한 하위자들의 반응은 일반적으로 헌신성(commitment)으로 나타난다.[2] 여기에서 헌신성이란 하위자들이 리더의 견해와 관점을 공유하고 열정적으로 그 리더의 지시를 이행하는 것을 의미한다. 이 같은 헌신성은 리더의 목표가 바람직한 방향으로의 변화와 혁신에 있을 때 더욱 중요하다. 변화는 위험과 불확실성을 수반하기 때문이다. 헌신성은 변화의 두려움을 극복하는 데 도움이 된다.

3) 리더십이론의 변천과정

(1) 특성이론

리더십 특성에 관한 연구는 1904년부터 1948년까지 약 100여 건의 연구가 이루어졌다. 이들 연구의 접근방법은 리더와 비리더를 비교하고 또 유능한 리더와 그렇지 못한 리더를 비교하여 신체적 특성, 성격, 능력 및 사회적 특성에 있어서의 차이가 있는가를 발견하려는 노력이었다. 그리고 어떤 연구들은 이들 특성과 리더십 효과성 간의 관계를 분석하기도 하였다. 이 같은 연구에서 나타난 리더와 비리더 간의 차이를 낳게 한 특성, 즉 리더십 효과성과 관계가 있는 특성은 〈표 8-1〉과 같이 나타났다.[3)]

(2) 리더십 행동이론

리더십 연구에서 또 하나의 다른 시각은 리더십의 효과성을 결정하는 것은 리더의 특성이 아니라 리더의 행동스타일이라는 시각이다. 다시 말해서, 리더의 행동스타일을 관찰하여 어떤 행동스타일(behavior style)이 리더십 효과성과 관계가 있고, 또 어떤 행동스타일이 리더십의 실패와 관계가 있는가를 찾아내어 적절한 훈련을 통해 리더가 바람직한 행동스타일을 터득하게 하여 실행에 옮김으로써 리더십 효과성을 높일 수 있게 해야 한다는 시각이다. 이에 관한 연구프로그램이 미국의 오하이오(Ohio)주립대학교, 미시간(Michigan)대학교, 텍사스(Texas)대학교를 중심으로 진행되었다.

① 오하이오대학의 리더십 연구

1940년대에 시작된 미국 오하이오주립대학교의 리더십 연구의 초점은 집단 및 조직목표의 달성에 도움이 되는 리더십 행동이 무엇인가를 확인해 내는 것이었다. 다시 말해서, 리더행동을 조사하여 어떤 행동이 집단의 과업수행성과(task performance)와 성원의 직무만족(job satisfaction)에 어떤 영향을 미치는가에 대한 연구였다. 이 같은 연구를 통하여 두 개의 독립된 행동차원이 발견되었는데 구조주도(initiating structure)와 배려(consideration)가 그것이다.

지능 및 능력	성격 특성	작업과 관련된 특성	사회적 특성
단호한 판단력	다른 사람의 욕구에 대한 민감성	성취욕구	협동성
리더십 상황과 관련된 지식	창의성 · 독창성	책임감	사교성, 대인간의 기술
언어의 유창성	성실성 · 자신감	과업지향성	임기응변의 재능

〈표 8-1〉 리더십 효과성과 관계가 있는 리더의 특성

이 두 개의 리더행동의 차원은 유사한 행동들을 범주화(categorizing)한 것으로서, 앞에서 언급한 구조주도는 하위자들을 지시하는 행동, 하위자들의 작업상의 역할을 명백히 하는 행동, 계획 및 조정하는 행동, 문제의 해결, 업무성적이 불량한 작업자를 책망하는 행동, 보다 우수한 업무수행을 하도록 독려하는 행동 등을 범주화한 것이며 이 같은 행동들은 집단목표의 달성을 위한 인적 자원과 물적 자원의 유효한 활용에 도움이 되는 과업지향적인 행동들이다. 그리고 배려(consideration)는 하위자에 대한 리더의 지원적인 행동, 하위자들과 상담, 우정 및 인정이 담긴 행동, 하위자들의 이익을 대변하는 행동, 하위자들과의 개방적인 의사소통, 하위자들의 공헌도에 따른 인정 및 보상 등과 같은 행동의 목록들(behavior items)을 범주화한 것이며, 이 같은 행동들은 하위자들과의 좋은 관계를 형성 · 유지하는 데 유용한 관계성 지향적인 행동들(relationship oriented behaviors)이다.[4)]

이와 같은 초기의 연구를 기초로 하여 리더행동의 유형을 측정하기 위한 세 가지 설문지(questionnaires)가 개발되었는데, 하위자나 동료 및 상위자에 의해 작성되는 LBDQ(leader behavior description questionnaires), 리더 자신에 의해 작성되는 LOQ(leader opinion questionnaire), 그리고 위의 LBDQ를 확대하여 개발한 LBDQ-XII가 그것이다. 일반적으로 리더행동의 유형을 측정하는 데 있어서 LBDQ를 사용하는 이유는 LBDQ가 하위자, 동료 및 상위자들의 눈에 비친 리더의 행동을 반영하기 때문이다.

LBDQ의 점수에 의한 리더십 유형의 판정은 다음 [그림 8-1]에서 보는 바와 같이, 관리자 1은 높은 구조주도(high structure)와 높은 배려(high consideration)의 행동유형을 가지고 있는 리더이고, 관리자 2는 낮은 배려(low consideration)와 높은 구조주도(high structure)의 행동유형을 가지고 있는 리더인 것으로 판정한다.

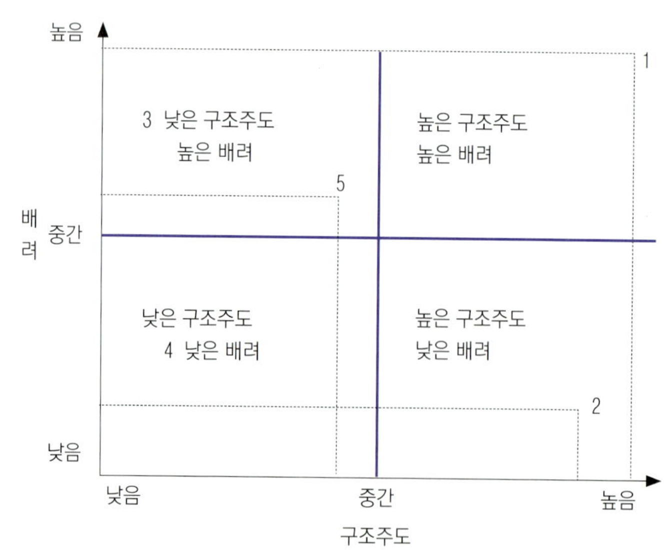

[그림 8-1] LBDQ점수에 의한 리더행동의 판정례

② 미시간대학의 리더십 연구

리더 행동이론의 주된 연구는 오하이오주립대학교의 리더십 연구와 함께 미시간대학교 사회연구소(Institute for Social Research)의 리더십 연구이다. 오하이오주립대학교의 리더십 연구와 거의 비슷한 시기에 연구되었던 이 미시간대학교의 리더십 연구는 리더의 행동과 집단과정(group processes) 및 집단성과 간의 관계를 확인하는 작업이었으나, 오하이오주립대학교의 리더십 연구와 마찬가지로 이 연구의 주된 목적도 어떤 유형의 리더행동이 집단의 유효성과 성원의 만족을 낳게 하는가를 발견하는 데 있었다. 그리하여 결과적으로 두 개의 리더십 유형이 확인되었던 바 직무중심적 리더십 유형(job-centered leadership style)과 종업원중심적 리더십 유형(employee-centered leadership style)이 그것이다.[5)]

여기에서 말하는 직무중심적 리더십 유형과 종업원 중심적 리더십 유형은 오하이오주립대학교 리더십 연구의 구조주도(initiating structure) 및 배려(consideration)의 리더 행동차원과 유사한 내용이다.[6)]

③ 리더십 그리드

미국 텍사스대학교의 블레이크(Blake)와 마우튼(Mouton)은 리더십 그리드(leadership grid)라고 하는 두 차원 리더십이론을 제시하였는데 그것은 오하이오주립대학교와 미시간대학교의 연구에 근거를 두고 있는 이론이다. 모형의 두 차원과 거기에 따른 다섯 가지의 주된 리더십 스타일이

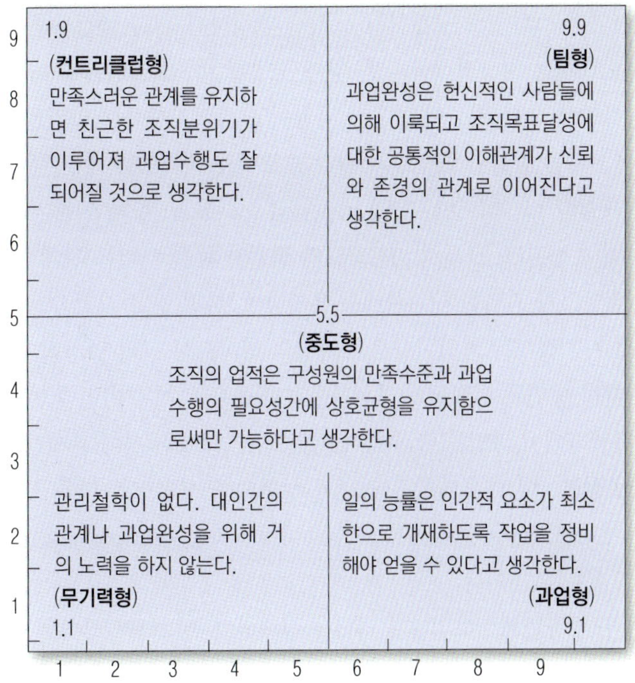

[그림 8-2] 리더십 그리드

[그림 8-2]에 표시되어 있다. 그리드(grid)상의 종축은 종업원 중심(concern for people)차원이고, 횡축은 생산중심(concern for production)차원이다. 그리고 각 차원은 1부터 9점 척도로 되어 있으며, 1점은 각 차원에 대한 낮은 관심을 의미하고 9점은 각 차원에 대한 높은 관심을 의미한다.

따라서 리더십 그리드에서는 9.9형 리더십, 즉 팀형 리더십 스타일(leadership style)이 가장 바람직한 리더십 스타일이라고 주장한다.[7]

(3) 리더십 상황적합이론

앞에서 설명한 리더십 스타일이론은 언제 어디에나 적용될 수 있는 것이 아니고 리더십 상황에 따라 효과적일 수도 있고 비효과적일 수도 있는 것을 전제로 리더십 스타일과 리더십 상황 간의 관계를 설명하려고 시도한 몇 가지의 리더십 상황이론이 개발되었다. 이 같은 이론을 리더십 상황적합이론(contingency approaches to leadership)이라 부른다.

① 피들러의 상황적합이론

이 이론에 의하면 리더십의 효과성(리더십 발휘의 성공적 결과)은 리더십 스타일과 리더십 상황 간의 적합에 의해 이루어진다는 것이다.[8] 이 이론의 기본적 생각은 매우 단순하다. 리더는 리더십 성공을 위해 자신의 리더십 스타일을 측정하여 가장 유리한 상황과 적합시키라는 것이다. 이하에서는 이 이론에서 말하는 리더십 스타일과 그 측정, 그리고 리더십 상황의 유리성, 마지막으로 리더십 스타일과 리더십 상황 간의 적합관계에 대하여 설명해 보기로 한다.

㉠ **리더십 스타일 :** 피들러의 리더십 상황적합모형은 리더십 스타일을 관계성 지향적 스타일과 과업지향적 스타일로 구분하고 그것을 측정하기 위한 측정도구를 제시하고 있다. 여기서 말하는 관계성 지향적 스타일은 앞에서 말한 바 있는 인간에 대한 배려(consideration)에서처럼 사람에 대한 관심이 높은 스타일이고 과업지향적 스타일은 구조주도(initiating structure)에서처럼 과업완성에 주된 관심을 보이는 리더이다. 이 같은 리더십 스타일의 측정은 그가 개발한 LPC척도(the least preferred coworker; 함께 일하기가 가장 싫은 동료작업자)에 의해 측정된다. 그래서 LPC척도의 점수가 높은 리더는 관계성 지향적 스타일의 리더로서 하위자들과 긴밀한 대인관계를 유지하며, 사려 깊고 지원적인 행동을 한다. 그리고 낮은 LPC점수의 리더는 과업지향적 스타일의 리더로서 그의 일차적 동인은 과업목표의 달성이고 이차적 동인은 친화동기(하위자들과의 좋은 관계유지)인데, 이 같은 친화동기는 집단이 자기통제하에서 과업을 잘 수행하고 있고 과업목표달성에 문제가 없는 경우에 유발된다.

㉡ **리더십 상황 :** 이 이론에서는 리더십 상황의 구성요소로 다음 3가지를 제시하고 있다. ⓐ 리더-부하관계(leader-member relation), ⓑ 과업구조(task structure), ⓒ 지위권력(position power) 등이 그것이다.

ⓐ **리더-부하관계 :** 하위자가 리더를 신뢰하고 존경하며 리더를 신임하게 될 때 리더-부하관계는 매우 좋고 하위자가 리더에 대한 불신과 신임의 정도가 낮을 때 리더-부하관계는 나쁜 것으로 측정한다. 그래서 리더-부하관계가 좋으면 상황유리성이 높고 리더-부

하관계가 나쁘면 상황의 유리성이 낮다고 본다.

ⓑ **과업구조** : 예를 들어, 조립작업자의 과업처럼 일상적이고 구체화된 과업은 구조화의 정도가 높고, 연구개발업무나 전략계획의 수립업무 등과 같이 창의적인 노력을 필요로 하는 과업은 구조화의 정도가 낮은 과업이다. 그래서 과업구조의 정도가 높으면 유리한 상황이고, 과업구조의 정도가 낮으면 불리한 상황으로 본다.

ⓒ **지위권력** : 지위권력은 리더의 하위자에 대한 공식적 권한의 정도를 의미한다. 리더가 하위자의 과업을 계획하고 지휘하며 평가하는 권한을 가지고 있을 때, 그리고 하위자들을 보상하고 처벌할 수 있는 권한을 가지고 있을 때 그 리더의 지위권력은 높다. 그러나 리더의 하위자에 대한 권한이 거의 없어서 하위자를 평가하거나 보상을 할 수 없다면 그 리더의 지위권력은 낮다고 할 수 있다. 따라서 리더의 지위권력이 높을 때 리더십 상황은 유리하고, 지위권력이 낮을 때 리더십 상황은 불리한 것으로 본다.

이 같은 3가지의 상황적 특성을 조합하면 8가지의 리더십 상황이 나타난다. [그림 8-3]에 표시되어 있는 바와 같이 상황 I 은 리더에게 가장 유리한 상황이다. 왜냐하면 리더-부하관계가 좋고 과업구조는 높으며 지위권력은 강하기 때문이다. 그러나 상황Ⅷ은 리더에게 가장 불리한 상황이다. 리더-부하관계가 나쁘고 과업구조는 낮으며 지위권력은 약하기 때문이다. 그 밖의 리더십 상황은 중간 정도로 유리한 상황을 나타내고 있다.

ⓒ **리더십 스타일과 리더십 상황 간의 적합** : 피들러는 리더십 스타일과 리더십 상황(상황의 유리성) 및 집단업적 간의 관계를 검증하는 연구에서 과업지향적 리더에게 가장 적합한 리더십 상황은 가장 유리하거나 가장 불리한 리더십 상황이라는 것을 발견하였다[그림 8-3]. 그

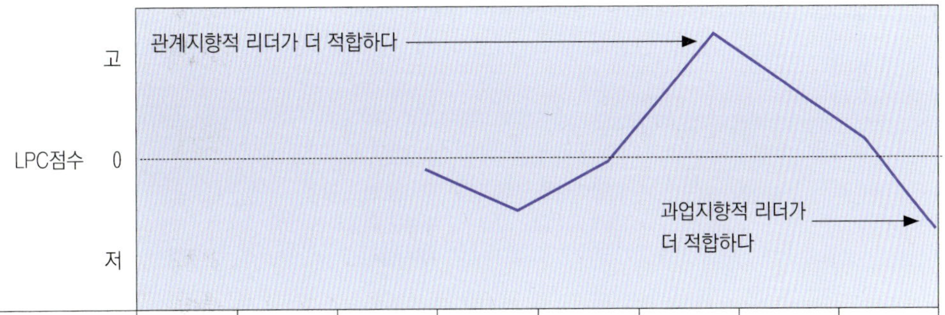

리더-부하관계	좋음	좋음	좋음	좋음	나쁨	나쁨	나쁨	나쁨
과업구조	구조화		비구조화		구조화		비구조화	
지위권력	강함	약함	강함	약함	강함	약함	강함	약함
	I	II	III	IV	V	VI	VII	VIII

자료: "The Effects of Leadership Training and Experience: A Contingency Model Interpretation," by Fred E. Fiedler Published in Administrative Science Quarterly, Vol. 17, No. 4.

[그림 8-3] 리더십 상황의 분류 그리고 리더십 스타일과 상황 간의 적합

리고 관계성 지향적 리더는 중간 정도로 유리한 리더십 상황에 가장 적합하다는 것을 발견하였다.

이 같은 피들러의 리더십 상황적합이론을 리더십 현장에 적용하기 위해서는 두 가지를 분명히 해야 한다. 첫째, 리더는 자신의 리더십 스타일이 과업지향적인지 아니면 관계성지향적인지를 먼저 확인해야 한다. 둘째, 리더는 자신의 리더십 상황을 진단하여 리더-부하관계, 과업구조의 정도, 지위권력을 측정하여 상황이 유리한지 불리한지의 여부를 파악하여야 하고 그것을 자신의 리더십 스타일과 적합시켜야 한다.

② 허시와 블랜차드의 리더십 상황이론

리더십 상황이론(the situational theory of leadership)은 앞에서 설명한 리더십 행동이론을 확대한 것이다. 그러나 리더십 행동이론과 색다른 점은 리더가 자신이 취할 적절한 리더십 행동을 결정하는 데 있어서 종업원의 특성에 초점을 맞추어 결정해야 한다는 주장이다. 허시와 블랜차드는 업무수행능력(task ability)과 업무수행의 자발성(willingness to take the responsibility for the work)을 성숙수준의 측정기준으로 보고, 하위자들의 성숙수준에 따라 리더십 행동을 달리해야

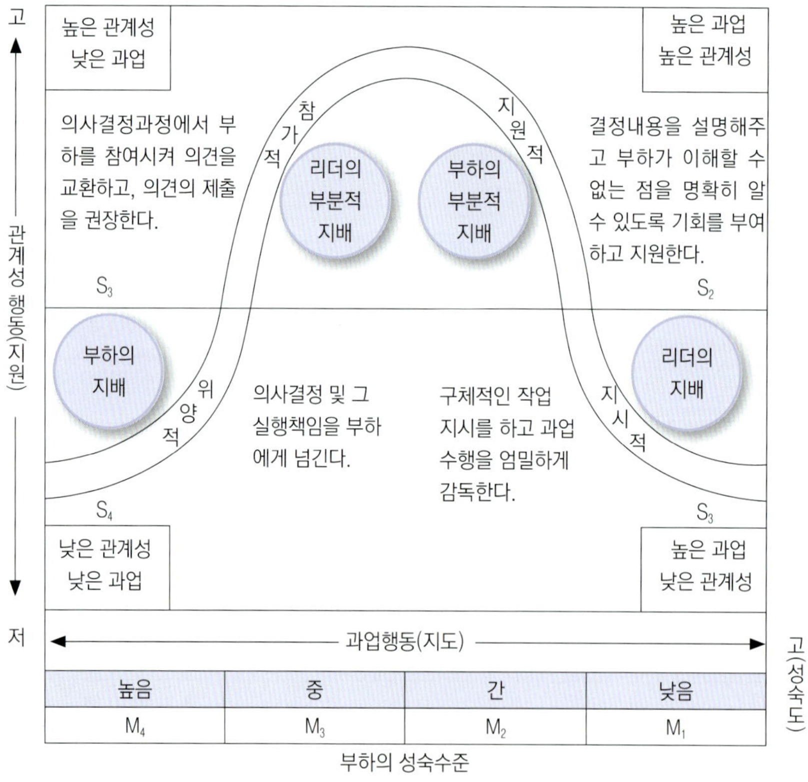

[그림 8-4] 부하의 성숙수준과 리더십 유형

한다는 것이다.

리더십행동 스타일과 부하의 성숙수준간의 관계는 [그림 8-4]에 나타나 있다. 이 그림의 윗부분은 과업행동(task behavior)과 관계성 행동 혹은 지원적 행동(relationship behavior or supportive behavior)의 조합으로 이루어진 리더 행동스타일을 보이고 있다. 여기에서 제시하고 있는 리더 행동스타일은 네 가지로서 지시적 스타일(telling, S1), 설득적 내지는 지원적 스타일(selling, S2), 참가적 스타일(participating, S3), 위양적 스타일(delegating, S4) 등이다. 이 같은 리더 행동스타일 각각은 [그림 8-4]의 아랫부분에 표시된 하위자(follower)의 성숙수준과 적합된다. M1은 낮은 성숙수준을 나타내고 S1과 적합되며 M4는 높은 성숙수준을 나타내고 S4와 적합된다. M2와 M3은 중간 정도의 성숙수준을 나타내고 S2와 S3와 적합된다.

그러면 이 이론에서 말하는 하위자의 성숙수준은 무엇을 의미하는 것인가? 성숙수준의 측정기준은 업무수행능력(task ability)과 업무수행의 자발성(willingness to take the responsibility for the work)이다. 업무수행능력도 없고 자발성도 없는 종업원은 성숙수준이 M1이고 업무수행능력도 있고 자발성도 있는 종업원의 경우는 M4라는 말이다. 그리고 업무수행능력이나 자발성 중 어느 하나가 결여된 경우는 성숙수준이 M2나 M3가 될 것이다.

4) 현대적 리더십 접근법

앞에서 논술한 바와 같이 리더십은 특성이론, 행동이론 그리고 상황이론으로 구분되어 연구되어 왔으나, 최근에는 급변하는 조직환경에 적극 대응하고 리더십을 통한 조직성과를 높이기 위하여 리더십을 지금까지와는 다른 관점에서 연구하는 경향이 두드러지게 나타나고 있다. 특히, 카리스마적 리더십(charismatic leadership), 슈퍼 리더십(super leadership), 서번트 리더십(servant leadership) 등이 여기에 속한다. 다음에서는 이들 이론에 대해 간략한 설명을 해보기로 한다.

(1) 카리스마적 리더십

'charisma'라는 말은 그리스어로 재능 · 천부적인 능력(gift)이란 의미인데, 그 후 창조주가 주신 재능이란 뜻으로 쓰였으며, 경이적(예외적)인 업적의 수행을 가능하게 하는 것으로 인식되어 왔다. 카리스마적 리더십(charismatic leadership) 개념의 개척자는 베버(Max Weber)이며, 그는 하위자들은 그들의 리더가 다른 사람들이 갖고 있지 못한 천부적인 특성을 갖고 있다고 느끼게 될 때 그 리더는 카리스마적 리더이며, 카리스마적 리더십을 발휘할 수 있다고 하였다. 이와 같이 카리스마적 리더는 자신의 특성에서 나오는 힘과 하위자들이 리더와 동일시하고자 하는 과정을 통해 하위자들에게 심오하고 기대한 것 이상의 영향력을 행사하여 높은 성과를 가져오게 한다.

카리스마적 리더십에 대한 연구는 1970년대 중반 이후에 본격적으로 이루어져 왔는데, 여러 연구에서 일반적으로 제시되고 있는 카리스마적 리더의 특성으로서는 확고한 신념, 기존질서의 재편, 변화지향적인 비전의 제시, 개인권력의 활용을 선호, 자신감 있는 커뮤니케이션, 위험부담, 부하의 권한확대(empowerment)를 통한 동기부여 등이 있다.

(2) 거래적 리더십과 변혁적 리더십

베스(Bass)의 거래적 리더십(transactional leadership)은 리더와 하위자 간에 일어나는 일련의 교환과 거래관계에 근거하고 있다. 거래적 리더십에서 리더는 하위자들에게 그들의 과업(목표)이 무엇인지를 알려주고 그 과업(목표)을 달성했을 경우 어떠한 보상을 받게 되는지를 명확히 해주며, 거래적 리더는 하위자가 과업을 수행함에 있어서 특별하고 예외적인 일이 발생하는 경우를 제외하고는 개입하지 않는다. 즉, 거래적 리더십이란 리더가 원하는 것과 하위자들이 원하는 보상이 교환(거래)되고, 하위자들의 과업수행시 예외적인 사항에 대해서만 리더가 개입함으로써 영향력을 발휘하는 리더십을 말한다.

베스는 지금까지의 전통적인 리더십이론들은 주로 거래적 리더십이론에 근거하고 있다고 주장하고 이러한 리더십 이론으로서는 지속적이고 만족할 만한 영향력을 확보할 수 없다는 비판적 관점에서 변혁적 리더십(transformational leadership) 개념을 제시하였다.

변혁적 리더십은 리더의 카리스마적 특성에 하위자들을 이끌리게 하여 그들의 이해관계를 초월하게 하고, 하위자들에게 비전을 제시하여 그 비전달성을 위해 함께 협력할 것을 호소한다. 비전달성을 위해서는 점진적인 변화가 아닌 혁신적 변화를 필요로 하기 때문에 하위자들의 가치관과 태도를 변화시켜 기존의 사고의 틀에서 벗어나도록 한다. 또한 변혁적 리더십은 소외감을 느끼는 하위자들을 개별적으로 보살펴 줌으로써 리더가 하위자들의 개인적 성장을 지원한다.

사실 카리스마적 리더십과 변혁적 리더십을 구별하기가 어렵지만 카리스마를 변혁적 리더십의 한 요소로 보는 것이 타당하다고 본다.

(3) 비전적 리더십

비전이란 조직의 구성원들이 경영자와 함께 추구하고자 하는 미래상 내지 실현하고자 하는 꿈을 말한다. 비전적 리더십(visionary leadership)은 구성원들과 경영자들이 함께 명확한 비전을 설정하여 구성원 모두가 인지하도록 하고 일상적인 업무를 추진하는 과정에서 그 같은 비전을 지향하고 성취하도록 동기를 부여하는 것을 말한다.

이 리더십은 다음과 같은 다섯 가지 원리, 즉 "① 구성원들이 혁신지향적이 되도록 하고 아이디어 맨(idea man)을 적극 지원하여 구성원 모두가 개척자가 되도록 하라. ② 성원들이 비전을 공유하도록 열정을 갖고 고무하라. ③ 팀구성원들이 동료를 지원하고 협동정신을 갖도록 하라. ④ 구성원들이 보고 배울 수 있는 모델을 구축하라(솔선수범하라). ⑤ 구성원들이 과업에 애정과 마음을 쏟아 과업을 성취하게 하라"를 제시하고 있다.

(4) 슈퍼 리더십

슈퍼 리더십(super leadership) 이론은 하위자들이 자기 자신을 스스로 관리하고 통제할 수 있는 힘과 기술을 갖도록 하는 데 초점을 두고 있다. 슈퍼 리더란 하위자들 자신이 스스로를 지도해 갈 수 있도록 하위자를 지도하는 사람을 말한다. 이 때 슈퍼 리더는 하위자들에게 본보기가 되는 모델이 되어야 하며, 하위자들이 스스로 자신들의 목표를 설정하고 이를 추진하도록 유도함으로써 자율적 리더십(self leadership)의 개발이 촉진되도록 해야 한다. 슈퍼 리더십은 하위자 자신이 자신에 대한 최대의 비판자이며 보상 주체가 되도록 하는 데 그 목적이 있다. 그러나 하위자들이 높은 성장욕구를 갖고 있지 않은 경우에는 이 이론을 적용하는 데 한계가 있을 것으로 본다.

(5) 서번트 리더십

서번트 리더십(servant leadership)이란 섬기는 자세를 가진 봉사자로서의 역할을 먼저 생각하는 리더십을 말한다. 이 같은 리더는 리더로서 다른 사람을 지도해야 한다는 것을 먼저 생각하는 일반적인 리더와는 대조적이다. 서번트 리더는 부하들의 욕구를 충족시키기 위해 섬기는 자세로 봉사한다. 부하들의 욕구가 무엇인가를 파악하고 그 같은 욕구를 충족시키기 위해 그들이 어떤 직무를 어떻게 수행해야 하는지를 친절하게 안내하고 협조하는 역할을 수행한다. 서번트 리더십에서는 과업(일)은 구성원들을 개발하기 위해 존재한다는 것을 가정하고 있다. 서번트 리더의 역할은 하위자들의 목표와 욕구를 충족시키고 그것을 바탕으로 더 큰 목적이나 사명을 실현시키기 위해 노력한다. 서번트 리더십의 궁극적 목적은 과업달성을 통해 욕구를 충족하게 하고 조직의 사명이나 목표를 위해 하위자들을 헌신하도록 하는 데 있다. 이 서번트 리더십은 하위자들의 창조성을 최대한 개발하고 완전한 헌신과 학습을 자연적으로 유도하기 때문에 학습조직에 유용하다.

조직에서 상위계층의 리더는 서번트 리더십(섬기는 리더십)을 하위계층의 종업원은 자율적 리더십(self-managed leadership)을 갖도록 하는 것이 이상적일 것이다.

2. 동기부여를 통한 지휘

1) 동기부여의 개념

관리상황과 관계된 다음과 같은 두 가지 사항을 가정해 보자.

① 작업수행에 적절한 능력을 가진 종업원을 보유하고 있다.
② 종업원들은 그들의 직무를 잘 수행하는 데 필요한 모든 지원(support)을 받고 있다.

이와 같은 관리상황에서 우리는 종업원들이 고도의 업적을 올릴 수 있을 것이라고 예측할 수 있는가? 이 질문에 '그렇다'고 대답할 수 있다면 관리자의 직무는 아마 매우 단순한 것이 될 것이다. 종업원들의 높은 업적을 확보하기 위해서 능력있는 종업원을 선발하고 그들에게 필요한 자원의 지원(necessary resources support)을 제공만 하면 되기 때문이다.

그러나 관리자의 직무는 그렇게 단순하지만은 않다. 능력이 있고 필요한 지원을 받고 있는 종업원이라도 업무수행활동에 자신의 노력(effort)을 기꺼이 투하하지 않으면 고도의 업적(perfor-

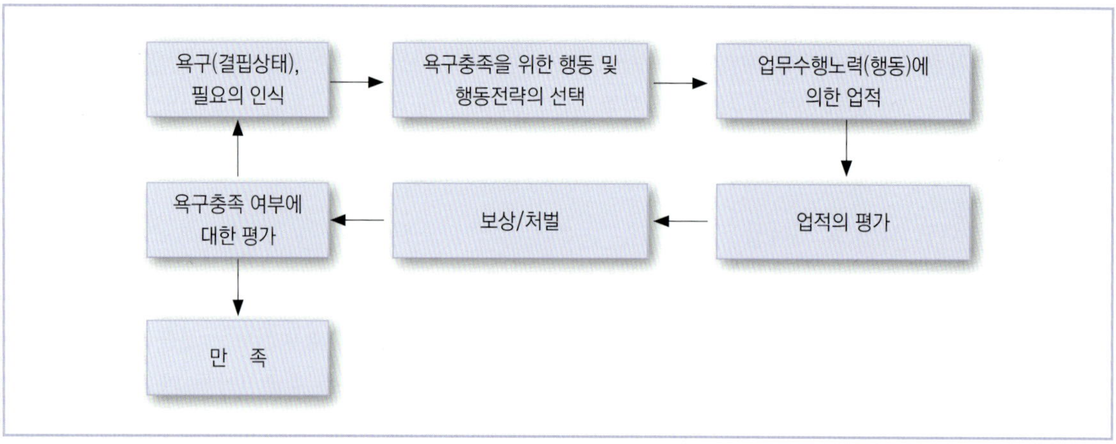

[그림 8-5] 조직 내에서의 기본적 동기부여모형

mance)을 기대할 수 없기 때문이다.

이 같은 내용을 다음과 같은 등식으로 표시할 수 있다.

종업원의 업적 = 능력 × 지원 × 노력

이 등식에 의하면 업적은 종업원의 능력과 필요한 지원, 그리고 종업원의 자발적 노력에 의해 결정된다.

조직에서 동기부여의 문제란 바로 이 같은 종업원의 자발적인 노력과 관련된 문제이다. 그러면 동기부여란 무엇인가? 일반적으로 경영학 문헌에서는 작업동기부여(motivation to work)란 작업노력의 수준, 방향 및 지속성을 결정하는 개인 내부의 힘(Forces within the individual account for the level, direction, and persistence of effort expended at work)이라고 정의하고 있으며, 또 동기부여란 어떤 목표를 지향하도록 행동을 유발, 규제, 유지시켜 나가는 것(Motivation refers to the arousal, the regulation, and the maintenance of behavior toward some goals)이라고 말하기도 한다.

이 같은 동기부여의 일반적 설명을 조직내의 관리실무적 관점에서 모형화해 보면 [그림 8-5]와 같이 나타낼 수 있을 것이다. 즉, 개인은 욕구가 결핍되면 그 욕구를 충족시킬 수 있는 방안을 모색하게 되고 그 결과 하나의 행동방안이 선택되어 업무수행노력을 하게 된다. 그 다음 일정시간이 지나 업적을 평가하고 이것을 바탕으로 보상과 처벌이 주어진다. 그리고 개인은 선택된 행동이 자신의 욕구를 얼마나 만족시켰는가를 평가한다. 만약 [그림 8-5]와 같은 동기부여의 사이클(cycle)이 자신의 욕구를 만족시켰다면 욕구만족 또는 균형상태가 나타나고, 그 욕구가 불만족한 상태로 남아 있다면 동기부여사이클은 다른 행동의 선택가능성을 가지고 반복한다.

2) 동기부여의 이론

대체로 경영학 문헌에서는 다양한 동기부여이론들을 크게 두 개의 범주로 분류한다. 그 하나는 내용이론(content theory)으로서 "인간의 행동을 유발하고 활성화시키는 것이 무엇(what)인가?"에 초점을 두는 이론이다. 이 이론에서는 인간의 욕구 내지는 동인이 인간을 행동하도록 하는 요인이라고 가정한다. 욕구계층이론과 이요인(二要因)이론은 이 같은 내용이론에 속한다. 그리고 동기부여이론의 다른 또 하나의 범주는 과정이론(process theory)으로서 인간의 행동을 유발시키고 활성시키는 요인이 인간의 욕구라면 "그 같은 욕구를 충족시키기 위해 여러 가지 행동과 행동전략을 어떻게(how) 선택하는가?"에 초점을 두는 이론이다. 기대이론과 목표이론 등은 이 같은 과정이론의 범주에 속하는 이론들이다.

(1) 욕구계층이론

매슬로우(Abraham Maslow)는 욕구를 설명하는 데 도움이 되는 아주 흥미있는 이론적 틀을 개발하였다. 매슬로우에 의하면 [그림 8-6]에서 보는 바와 같이 인간의 욕구는 계층을 이루고 있다는 것이다.[9]

① 생리적 욕구

생리적 욕구는 계층의 제일 높은 곳에 놓여져 있는데, 이는 생리적 욕구가 어느 정도 만족될 때까지는 이 욕구의 강도가 가장 강하기 때문이다. 그것은 의식주에 대한 욕구이고 인간의 생명을 유지해 가기 위한 기본적인 욕구이다. 이러한 기본적인 욕구가 인체를 충분히 움직이는 데 필요한 정도까지 충족되지 않는 한 인간활동의 대부분은 이 계층의 욕구를 충족하기 위한 것이 될 것이고, 여타의 욕구계층을 위해서는 거의 동기화되지 않을 것이다.

② 안전욕구

안전욕구는 기본적으로 신체적 위험에 대한 공포로부터 벗어나려는 욕구이고, 또 기본적인 생리적 욕구를 충족시키지 못하게 되는 위험으로부터 해방되려는 욕구이다. 다시 말하면, 생명의 안전, 직업보장, 위협과 공포로부터의 안전함 등과 같은 자기보존에 대한 욕구이다. 그래서 대부분의 기업조직들은 종업원들에게 안전한 작업환경을 제공하려고 하며 건강보험, 상해보험, 퇴직

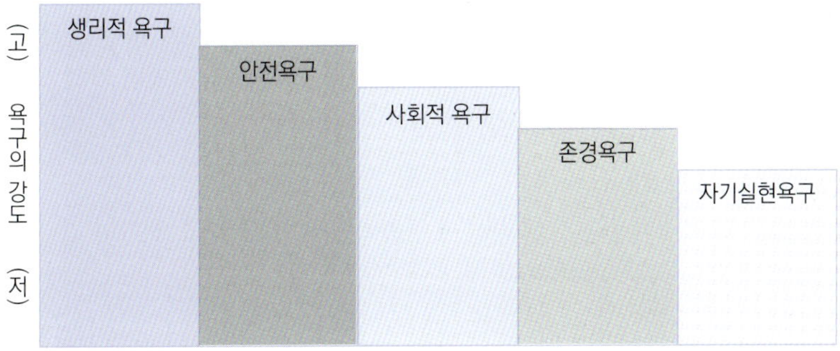

[그림 8-6] 매슬로우의 욕구계층

연금 등과 같은 제도를 마련하고 있다. 그리고 종업원들은 노동조합을 통해 고용안정(employment security)을 보장받으려고 노력한다.

③ 사회적 욕구

인간은 본래 사회적 동물이기 때문에 인간에게는 여러 가지 집단에 소속하고 싶고 어떤 집단의 일원이 되고 싶은 욕구가 있다. 그리고 사회적인 욕구가 강해지면 소속하고 있는 상황 속에서 다른 사람들과 의미있는 사회적 관계를 가지려고 노력한다. 종업원들이 비공식조직에 가담하는 것은 그들의 사회적 욕구를 만족시키기 위한 자연적인 발로인 것이다. 때때로 사람들은 이와 같은 사회적 욕구를 충족시키기 위하여 다른 욕구의 충족을 포기하기까지 하는 경우도 있다.

④ 존경욕구

사회적 욕구가 만족되기 시작하면 일반적으로 사람은 단지 집단의 일원이 된 것만으로 만족하지 않고 존경의 욕구, 즉 자존이나 또는 다른 사람으로부터 존경과 인정을 받고 싶어한다. 대부분의 사람들은 현실적으로 다른 사람들로부터의 존경과 인정을 받으려는 욕구, 즉 자신을 높이 평가하고자 하는 욕구를 가지고 있다. 이와 같은 존경의 욕구가 만족되면 자신감, 위신, 권력, 지배 등의 감정이 생겨나고 자신은 유용한 인물이고 주위에 대해 영향력을 가지고 있다고 느끼기 시작한다.

⑤ 자기실현욕구

자기실현(self-actualization)욕구란 자기의 잠재능력을 극대화하려고 하는 욕구이다. 매슬로우가 표현하고 있는 바와 같이 "사람은 자기가 가진 능력을 최고도로 발휘할 수 있는 존재가 되어야 한다." 그래서 자기실현욕구란 자기가 가진 잠재가능성을 능력껏 발휘하고 싶어 하는 욕구이다.

그러나 사람은 누구나 자기의 모든 능력을 극대화시킬 수는 없는 것이기 때문에 자기실현의 욕구는 항상 부분적으로 불만족상태에 있게 된다. 따라서 다른 욕구와 달리 계속적으로 충족시켜야 한다.

이러한 매슬로우의 욕구계층이론은 경영자들에게 처음으로 인간의 욕구에 대해서 체계적으로 인식할 수 있게 해주었으며, 종업원의 하위욕구를 어느 정도 충족시켜 준 후에도 지속적으로 동기부여의 효과를 얻기 위해서는 고차적 욕구를 충족시켜 줄 수 있는 방안의 중요성을 제시했다는 점에서 그 의미가 매우 크다. 그러나 매슬로우 이론에 대한 여러 가지 조사결과는 욕구계층의 정확성에 대하여 의문을 제기하고 있으며, 그의 이론이 실증적인 조사의 결과들과 불일치하는 점이 많다.

매슬로우의 욕구계층과 그에 따른 욕구충족의 요인들은 〈표 8-2〉와 같다.

욕구계층	일반적 요인	구체적 요인
자기실현욕구	• 성장 · 발전 • 성취 • 승진	• 도전전인 직무 • 창의력 발휘 • 조직내의 승진 • 작업상의 성취
자존욕구	• 인정 • 지위 · 신분 • 자존	• 직무명칭 • 업적에 따른 급여의 인상 • 동료 및 상사의 인정 • 작업 자체의 흥미 • 책임
사회적 욕구	• 사교(교제) • 애정 • 우정	• 감독의 질 • 작업집단의 우호관계 • 전문직의 우호관계
안전욕구	• 안전 • 고용안정 • 안락한 생활	• 안전한 작업환경 • 부가적 급여 • 임금인상 • 고용안정
생리적 욕구	• 공기 • 음식 • 주거 • 이성(sex)	• 냉 · 온방장치 • 기본생계비 • 구내식당 • 쾌적한 작업환경

〈표 8-2〉 매슬로우의 욕구계층과 그에 따른 욕구충족의 일반적 요인과 구체적 요인

(2) 이요인이론

허즈버그(Frederick Herzberg)는[10] 인간의 동기를 자극하는 상호 독립된 요인들을 크게 위생요인(hygiene factors)과 동기부여요인(motivators)으로 나누어 설명하고 있다. 위생요인은 작업조건이나 환경에 관한 것들로서 불만족을 예방하는 기능을 담당하고 있다. 그리고 동기부여요인은 '일 자체'와 관계가 있으며 직무에 대한 만족을 결정짓는데 영향을 미치는 요인이다.

그러면 여기서 말하는 위생요인과 동기부여요인은 구체적으로 무엇을 의미하는가? [그림 8-7]에서처럼 위생요인은 회사의 정책 및 관리방법, 감독자와의 관계, 작업조건, 대인관계, 급여, 지위, 안정 등 모두 작업환경과 관계있는 것들이며, 동기부여요인은 성취에 대한 인정, 도전적이고 보람있는 일, 책임의 증대, 성장 및 발전 등 모두 작업 자체와 관계된 것들이다.

그러나 위생요인 중의 임금, 감독방법, 지위 및 신분은 그 자체에서 오는 영향력이라든지 기타 부수적으로 파생되는 여러 가지 것들 때문에 종업원들을 동기화시키는 데 매우 중요한 요인으로 작용한다.

허즈버그에 의하면 직무만족을 낳게 하는 요인들은 직무불만족을 낳게 하는 요인들과는 별개의 것이고 구별되는 것이라는 것이다. 그래서 관리자들이 직무불만족을 낳을 수 있는 요인들을

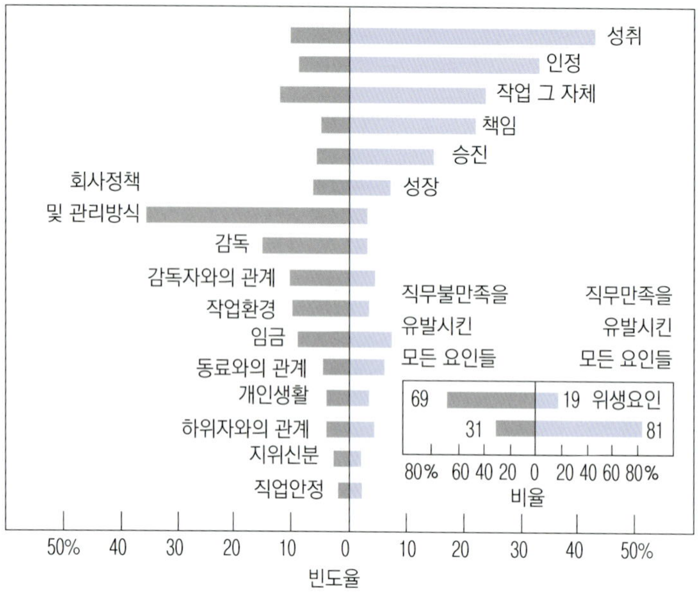

[그림 8-7] 만족요인과 불만족요인의 비교

제거하면 작업장의 평화를 가져올 수 있지만 반드시 동기부여시킬 수는 없다는 것이다. 다시 말해서, 종업원들을 동기부여시킬 수 있다기보다는 종업원들을 유화(宥和)시킬 수 있을 뿐이라는 것이다. 그래서 허즈버그는 회사정책 및 관리방식, 감독, 대인간의 관계, 작업환경, 임금 등을 위생요인이라고 특징지었다. 그러므로 이와 같은 위생요인들이 적절히 갖추어졌을 때 종업원들은 불만족해 하지는 않지만(불만족을 예방할 수는 있지만) 그들을 만족시킬 수는 없다는 것이다. 그래서 우리가 직무상에서 사람들을 동기유발시키기를 원한다면, 성취, 인정, 작업 그 자체, 책임 및 성장 등과 같은 동기부여요인들을 강조해야 한다고 말하고 있다. 이러한 동기부여요인들은 사람들에게 내적 보상(intrinsically rewarding)을 제공하는 요인들이다.

위와 같은 내용을 그림으로 나타내면 [그림 8-8]과 같다.

[그림 8-7]에서도 나타난 바와 같이 허즈버그는 매슬로우의 다섯 가지 욕구계층을 두 가지 계층으로 축약하며 분석하였다. 위생요인, 즉 불만요인들은 매슬로우의 낮은 계층욕구(생리적 욕구, 안전욕구 및 사회적 욕구의 일부)와 유사한 것들이고 불만족을 감소시키는 데만 작용하는 요인들이다. 그리고 동기부여요인, 즉 만족요인들은 매슬로우의 높은 계층욕구(사회적 욕구의 일부, 존경, 자아실현욕구)와 동일한 것들이고, 이들은 직무 자체와 관련된 것으로서 종업원을 동기화시켜 높은 업적을 낳게 한다는 것이다.

[그림 8-9]는 이와 같은 관계를 잘 나타내고 있다. 이요인이론은 많은 행동과학자들과 관리실무자들의 관심의 대상이 되었으며, 이론과 실무를 연결시키는 데 많은 공헌을 하였다. 예를 들어, 어떤 제조공장에서 낮은 노동생산성, 높은 이직률 및 높은 결근율 등과 같은 동기부여문제가

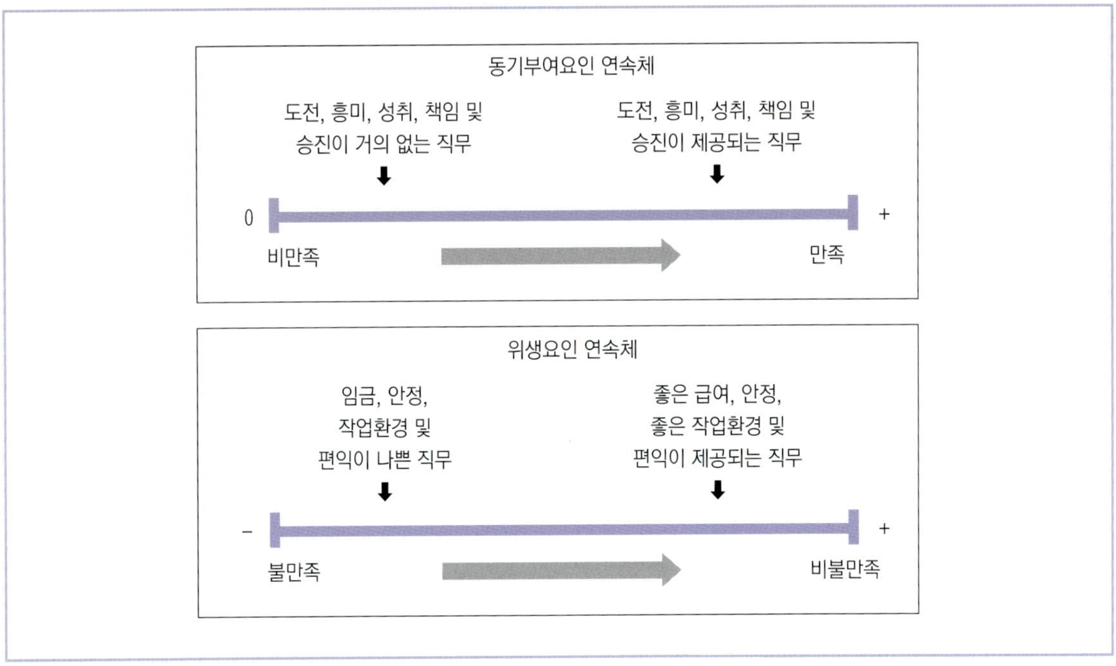

[그림 8-8] 동기부여요인과 위생요인의 이중적 연속체

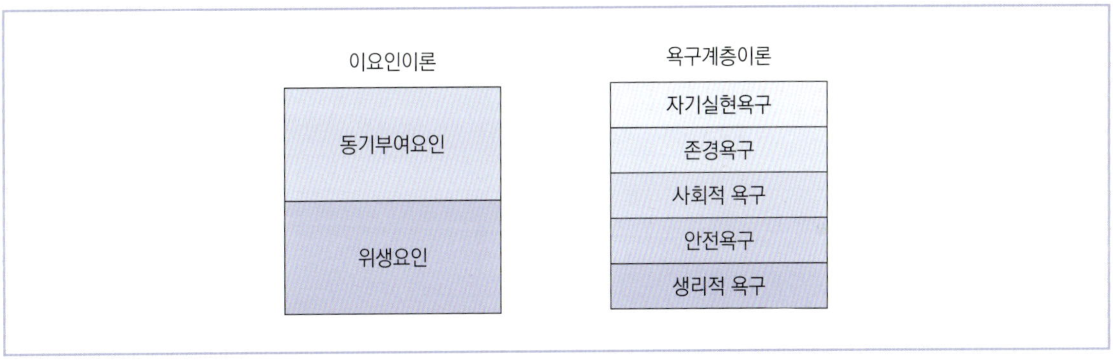

[그림 8-9] 욕구계층이론과 이요인이론의 비교

발생했을 때 임금인상, 작업장 개선, 근무조건 개선 등과 같은 위생요인의 제공만을 시도했던 종전의 방법을 탈피하여 직무 그 자체를 재설계하여 직무충실화한다든지 도전, 책임, 성취감을 경험하게 함으로써 종업원들을 동기부여하려고 시도하게 된 것이다.

그러나 이요인이론은 많은 공헌에도 불구하고 많은 이유로 비판을 받고 있다. 그 중의 하나를 소개하면 이요인이론이 개인차(individual difference)를 고려에 넣지 않고 있다는 비판이다. 다시 말해서, 허즈버그는 모든 종업원들의 작업상황에 대한 반응은 비슷할 것이라고 가정하고 있다는 것이다.

(3) 기대이론

브룸(Vroom)은 작업동기부여의 기대이론(expectancy theory of work motivation)을 소개하여 동기부여이론에 큰 공헌을 하였다.[11] 기대이론에 의하면 인간은 어떤 보상(reward)을 가져다주는 행동을 선택하여 실행한다는 것이다. 특히, 조직 내에서의 개인은 어떤 보상을 얻기 위한 다양한 행동의 전략을 평가하고 바람직한 작업결과나, 가치 있다고 생각되는 보상을 초래할 것이라고 믿는 행동을 선택한다고 주장한다. 만약 종업원이 '매일 열심히 일하는 것이 자신의 임금인상으로 이어질 것'이라고 믿고 있고, 임금인상을 가치 있게 생각하고 있다면 그 종업원은 매일 열심히 일하게 될 것이라는 것이 기대이론의 예측이다.

[그림 8-10]에서 보는 바와 같이 기대모형은 세 가지 변인, 즉 기대(expectancy), 수단성(instrumentality), 보상의 가치(valence) 등으로 구성되어 있다. 이 세 가지 변인은 〈표 8-3〉에서 구체적으로 설명하고 있다.

그리고 [그림 8-10]의 기대모형에서는 이와 같은 세 가지 변인 이외에도 능력과 내 · 외적 보상이 추가되고 있다. 노력과 업적간의 관계는 능력에 의해 조절된다는 것을 나타낸다. 만약 종업원이 필요한 능력을 갖고 있지 않다면 어떠한 노력도 만족할 만한 업적을 올리지 못할 것이다. 그리고 업적에 대한 보상은 외적 보상일 수도 있고 내적 보상일 수도 있다. 외적 보상은 윗사람으로부터 인정을 받는 것처럼 외부로부터 오는 보상을 말하고, 내적 보상은 중요한 과업을 성공적으로 완성시킨 데 대한 자부심 또는 성취감 등처럼 내부로부터 나오는 보상을 말한다.

그래서 기대이론에서는 종업원의 동기부여를 다음과 같은 등식으로 표시하고 있다. 즉,

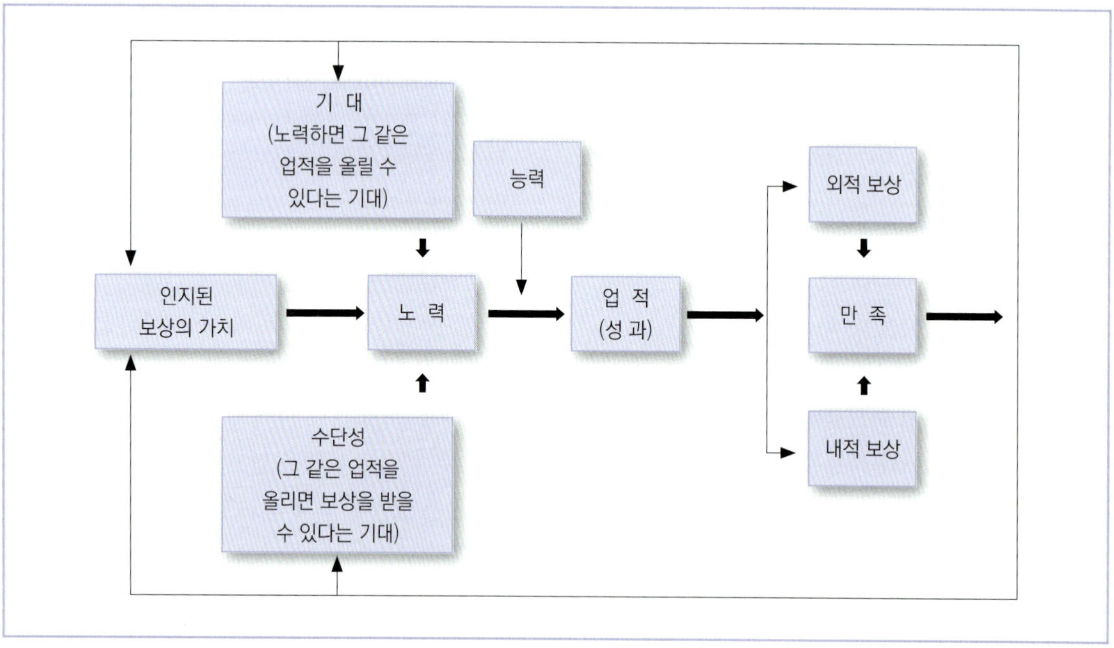

[그림 8-10] 동기부여의 기대이론

세 가지 변인	관리자의 조치	관리적 시사점
① 기대 "내가 나의 능력으로 바람직한 업적수준을 올릴 수 있을 것인가?" $0 \leq E \leq 1$	• 종업원으로 하여금 유능감을 갖도록 한다. 그리고 바람직한 업적수준을 성취할 수 있는 능력을 갖추게 한다.	• 능력있는 종업원의 선발, 능력을 활용하도록 훈련실시. 작업노력에 대한 지원의 제공. 명확하고 적절한 업적목표의 제시
② 수단성 "바람직한 업적수준을 올렸을 때 그 대가로 내가 받게 되는 보상은 무엇인가?" $-1 \leq I \leq 1$	• 종업원이 자신의 업적(업무성과)이 어떤 보상을 가져다줄 것이란 것을 확실히 알도록 한다.	• 업적과 보상 간의 관계에 대한 의사소통(전달). 업적에 연계된 보상시스템의 구성 및 실천
③ 보상의 가치 "업적의 결과로 받게 될 보상은 나에게 어느 정도로 가치 있는 것인가?" $-n \leq V \leq +n$	• 종업원이 업적에 따른 보상이 갖는 다양한 가치를 알도록 한다.	• 종업원의 욕구수준을 확인하여 업적에 따른 보상이 그들의 욕구수준과 적합될 수 있도록 한다.

〈표 8-3〉 기대이론의 관리적 시사점

$$M = E \times I \times V$$

여기에서 M은 동기부여(motivation), E는 기대(expectancy), I는 수단성(instrumentality), V는 보상의 가치(valence)를 말한다.

이 등식은 주요한 관리적 시사점을 제시하고 있다. 관리자가 종업원을 동기부여하기 위해서는 세 가지 요인, 즉 기대, 수단성, 보상의 가치 모두를 극대화시키는 조치를 취해야 한다는 것을 명백하게 제시하고 있기 때문이다. 위 등식의 오른쪽 편에 있는 E, I, V 어느 것이라도 0이나 부적인 값을 취하게 되면 동기부여는 0이 된다는 것이다.

〈표 8-3〉은 기대모형의 실무적 적용을 위한 세 가지 변인과 이에 대한 관리자의 조치 및 관리적 시사점들을 나열하고 있다.

(4) 목표이론

명확하고 바람직한 업적목표로서의 과업목표(task goals)는 기대이론과도 관련되는 것이지만 로크(Edwin Locke)에 의해 개발된 목표이론(goalsetting theory)은 동기부여의 한 이론으로 인정되고 있다. 목표이론의 기본적 전제는 "잘 설정된 과업목표는 동기부여에 중요한 원천을 제공한다"는 것이다. 즉, 잘 설정된 목표(well set task goals)는 사람들로 하여금 그들의 작업에서 행동의 방향(direction)을 제시하며, 작업노력(work effort)을 활성화하는 데 도움이 되고, 목표가 달성될 때까지 노력의 지속(persistent effort)을 고무하기 때문이다. 그러므로 로크의 주장은 과업목표야말로 업적의 기대(performance expectation)를 분명히 해주고 과업피드백의 기반을 제공하며 개인의 작업수행과 직무만족을 제고시킨다는 것이다.

로크와 그의 동료들의 연구에 의해 작업노력, 업적 및 직무만족의 제고가 적절한 목표설정을 통해 달성될 수 있다는 사실이 입증되고 있다.[12] 따라서 관리자는 종업원들의 작업노력과 업적수준을 높이기 위해 종업원들이 올바른 방법으로 올바른 목표를 설정할 수 있도록 해야 한다는 것이다.

이와 같은 목표이론의 주된 내용은 다음과 같다.

① 목표의 구체성

'향후 3개월 동안에 판매실적 6% 신장'이라는 구체적인 목표는 '상당수준의 판매실적증가, 최선을 다해 판매실적을 증가시킨다' 등과 같은 일반적 목표보다 높은 업적을 초래한다는 것이다.

② 목표의 곤란성

어려운 목표가 현실적이고 달성가능한 것으로 이해되는 한 쉬운 목표보다 더 높은 업적으로 이어진다는 것이다.

③ 목표의 수용과 헌신성

사람들이 그 목표를 자신의 목표로 수용하고 또 그 목표는 꼭 달성되어야 한다고 믿고 헌신성(commitment)을 갖게 되면 그 목표달성을 향해 더욱더 열심히 노력하게 되지만, 그 목표가 부적절하게 강요되고 있다고 생각하면 그 목표에 대해 저항하게 되는 경향이 있다는 것이다.

그리고 이 목표이론에서 또 하나의 중요한 내용이 되는 것은 참가(participation)의 문제이다. 목표이론에서 참가는 언제나 높은 업적을 위한 선행조건이 된다고 주장한다. 물론 모든 사람이 다 참가를 원하는 것은 아니고 또 상황이 참가를 허용하지 않을 경우도 있지만, 참가는 목표이론에서 목표의 수용 및 헌신성에 지대한 영향을 미친다.

따라서 관리자는 참가적 방법으로 과업목표를 설정해야 한다. 어떤 목표를 추구해야 하고, 또 그것을 어떻게 달성해야 하는가에 대한 의사결정에 종업원을 참가시켜야 한다.

3) 동기부여 : 계속적인 도전

지금까지의 논술을 통해 볼 때 종업원을 동기부여한다는 것은 쉬운 일이 아니며, 종업원들을 동기부여하여 조직목표를 달성한다는 것은 매우 어려운 일이라고 말하지 않을 수 없다. 왜냐하면 두 사람의 욕구구조는 똑같은 경우가 거의 없기 때문에 어떤 개인이 일정한 상황에서 어떻게 행동하게 될 것이라고 예측한다는 것은 위험스러운 것이기 때문이다.

사실 모든 종업원은 그가 직장에 들어올 때 그의 과거경험을 동시에 가지고 들어온다. 그래서 관리자가 통제할 수 없는 여러 가지의 요인들이 그 종업원의 행동에 영향을 미친다.

만약 그의 어린 시절이 불행한 것이었다면 그것이 그의 행동에 영향을 미치고, 만약 그 종업원이 오늘 아침에 그의 아내와 다툼이 있었다면 그 사실이 그 종업원의 생산성에 영향을 미친다. 더욱이 종업원의 행동은 작업집단의 동료작업자들에 의해 영향을 받는다. 그리고 그 집단도 그 집단 나름의 특성을 가지고 있기 때문에 그 집단구성원의 행동에도 그 나름대로의 영향을 미

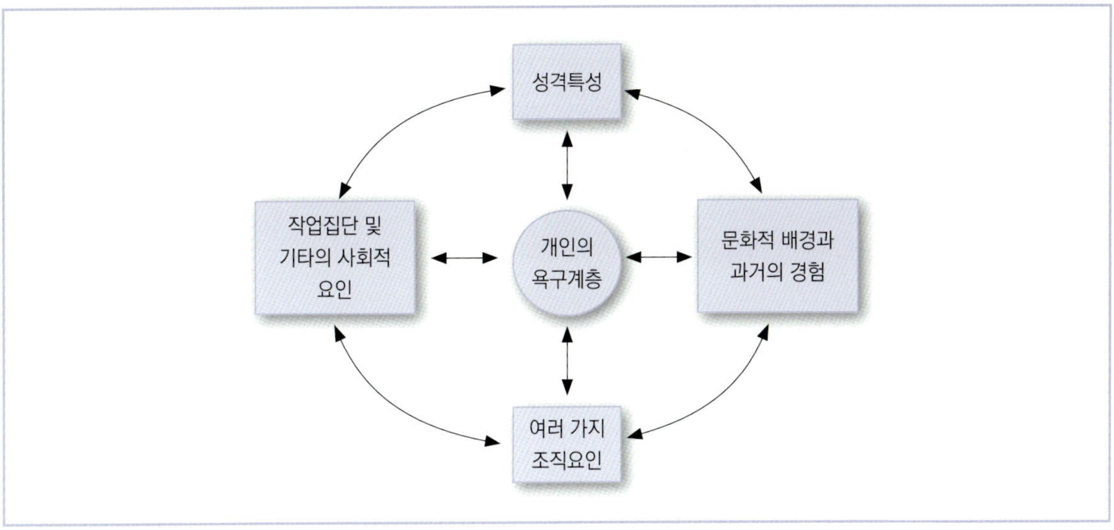

[그림 8-11] 종업원의 행동에 영향을 미치는 요인들

친다.

그리고 문화적 요인까지도 개인이나 집단의 행동에 영향을 미친다. 그러므로 어느 한 나라에서 통용되는 동기부여의 방법이 다른 나라에서는 통용되지 않을 것이기 때문에 나라에 따라 다른 동기부여의 방법이 활용되어야 한다. 예를 들어, 일본에서는 작업자들이 보다 엄격하게 감독받기를 원하며, 한 번 직장에 들어가면 좀처럼 그 직장을 떠나는 일이 없다고 한다. 미국의 경우에는 지역 간의 관습차이가 종업원의 행동에 영향을 미친다. 그래서 남부의 근로자들은 다른 지역의 근로자들만큼 노조활동에 흥미가 없다.

[그림 8-11]은 행동에 영향을 미치는 여러 가지 요인들을 잘 나타내고 있다. 이 그림에서 볼 수 있는 바와 같이 동기부여의 문제는 단순한 해결책이 없는 것이고, 관리자에게 있어서 계속적인 도전이 아닐 수 없다.

3. 의사소통을 통한 지휘

1) 의사소통의 개념

의사소통(communication)은 정보 및 의미가 발신자와 수신자간에 전달되는 과정을 가리키는 말이다. 커뮤니케이션은 '공통' 또는 '공유'를 의미하는 라틴어의 'communis'라는 단어에서 그 어원을 찾을 수 있다. 따라서 커뮤니케이션이라는 말을 문자 그대로 해석하면 '하나 또는 하나 이상의 생물체가 다른 생물체와 지식, 정보, 의견, 신념, 감정 등을 공유 또는 공통화하는 행동'으로 정의할 수 있다.

의사소통이 광범위하게 사용됨에 따라 의사소통에 대한 여러 가지 관점의 차이가 발생하게 되었고, 이는 구조적 관점, 기능적 관점, 의도적 관점으로 크게 나누어진다. 따라서 이러한 세 가지 관점을 모두 종합해 보면 의사소통이란 "대인간에 정보와 메시지를 전달하고 수신해서 공통된 의미를 수립하며, 나아가서는 서로의 행동에 변화를 유발시키는 대인 간의 모든 과정"이라고 정의할 수 있다.

따라서 효과적인 의사소통은 경영자의 모든 업무수행에서 없어서는 안 될 중요한 기능이다.

2) 의사소통의 중요성

조직에서 가장 근원적인 문제점이 무엇이냐고 물으면 아마 십중팔구는 비능률적이고 비효과적인 의사소통문제라고 말할 것이다. 이와 같이 의사소통의 중요성을 강조한 것은 관리자의 의사결정과 문제해결에 필요한 정보수집은 다른 사람과의 의사소통을 통해서만 가능해지기 때문일 것이다. 의사결정이 잘못되었거나 조직이 실패를 경험했을 때, 그 원인을 잘못된 의사소통에 돌리는 경우가 허다하다. 그러므로 관리자의 직무는 의사소통을 그 기반으로 하여 설정된다고 볼 수 있다. 왜냐하면 언급한 바와 같이 의사결정에 중요한 정보의 수집과 의사결정의 결과를 다른 사람들에게 전달하는 것은 의사소통을 통해서만 가능하기 때문이다. 그리고 관리자가 다른 사람들에게 관리자 자신의 의도를 알리고, 영향력 행사를 위한 기반을 조성하는 일도 의사소통을 통해서만 가능하다. 한 마디로 말해서 올바른 의사소통이 없이는 리더십 발휘가 불가능해진다.

실증연구에 의하면 관리자 일과의 약 80%가 구두에 의한 의사소통에 할애된다고 한다.[13]

민츠버그(Mintzberg)의 조사연구대상이었던 최고경영자의 예를 들어 여러 가지 다양한 의사소통활동에 소요된 시간의 비율을 보면 다음과 같다. 즉, 사전에 예정된 회의나 혹은 사전에 예정되지 않은 회의에 69%, 전화에 6%, 경내를 돌아보는 데 3%가 할애되고 있고, 단지 22%만이 책상에 앉아서 일을 처리하는 데 소요된다는 것이다. 이것으로 보아 이들 최고층의 관리자들은 그들 시간의 대부분이 전화 및 다른 사람들과의 대면적 의사소통에 소요되고 있다고 말할 수 있다.

3) 의사소통과정

(1) 의사소통과정의 제요소

의사소통과정의 주된 요소들은 [그림 8-12]에 잘 표시되어 있다. 이 그림에서 보는 바와 같이 발신자(sender)는 전달하려고 의도한 의미(meaning)를 전달내용(message)으로 부호화하고 그 전달내용은 경로(channel)를 통해 수신자(receiver)에게로 전달되고 수신자는 그 전달된 내용을 통해 의미를 지각(perceived meanings)하게 된다. 그리고 수신자로부터 발신자에게 이르는 피드백(feedback)은 전달하려고 의도한 의미가 제대로 전달되어 수신자에 의해 정확하게 지각되고 있는가에 대한 정보의 흐름이다. 이와 같은 의사소통과정을 다른 말로 바꾸어 다음과 같이 표현할 수도 있을 것이다. 즉, 누가(sender), 무엇을(message), 무슨 방법으로(channel), 누구에게(receiver) 전달했는데 그 결과(perceived meanings)가 그렇게 되었는가?

수신자와의 의사소통을 위해 발신자는 자신이 전달하려고 의도한 의미를 어떤 심볼로 변형

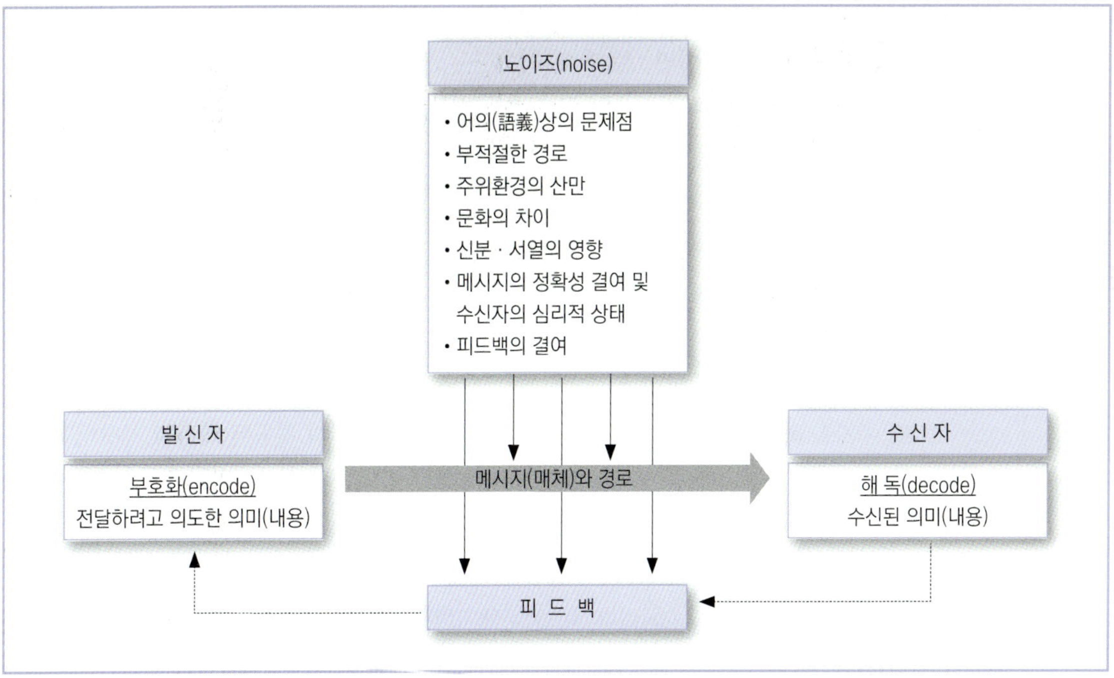

[그림 8-12] 의사소통과정의 제요소

(translating his intended meanings into symbols)해야 한다. 이러한 변형과정을 부호화과정(encoding process)이라고 하는데 그 결과로 전달내용, 즉 메시지가 만들어진다. 그런데 그 같은 메시지는 구두에 의한 것일 수도 있고 문서에 의한 것일 수도 있으며, 그 두 가지를 겸할 경우도 있다. 그리고 수신자는 그 같은 메시지를 전달받아 지각된 의미로 해독하게 된다. 이와 같은 해독의 결과로 얻어지는 지각된 의미(perceived meanings)는 발신자가 전달하려고 의도한 의미와 동일할 수도 있고 동일하지 않을 수도 있다.

(2) 효과적인 의사소통의 장애요인

효과적인 의사소통(effective communication)은 발신자가 전달하려고 의도한 의미와 수신자가 지각한 의미가 일치할 경우에 얻어진다. 바로 이것이 의사소통에 있어서 모든 관리자의 목표인 것이다. 그러나 그 같은 효과적인 의사소통이 반드시 언제나 성취되는 것은 아니다. [그림 8-12]에서 보는 바와 같이 의사소통과정의 효과성을 방해하는 것을 소음(noise)이라 한다. 조직 내에서 효과적 의사소통을 위협하거나 방해하는 소음의 주요 원천은 정보원 자체나 매체 등 의사소통의 네트워크 자체의 문제도 있지만 대부분 발신자나 수신자, 그리고 상황과 관련된 요인으로 구분된다.

① 발신자와 관련된 장애요인

발신자에 의한 장애요인은 의사소통과정에서 발신자에 의해 소음이 개입되어 나타나는 장애현상을 말한다. 여기에는 발신자의 목적의식의 결여, 의사소통 기술의 부족, 대인감수성의 부족,

준거틀의 차이, 정보의 여과 등이 있다.

이러한 장애요인을 설명하면 다음과 같다.

첫째, 의사소통에 대한 목적의식의 결여이다. 발신자가 의사를 전달하려는 명백한 목적이 없을 때 메시지의 내용이 명확하게 나타나지 않는다.

둘째, 의사소통 기술의 부족이다. 발신자가 부적절한 단어의 선택, 문법상의 문제, 서투른 메시지 전달, 서투른 문장력이나 언변 등은 수신자가 메시지를 이해하기 어렵게 한다.

셋째, 대인감수성(sensitivity)의 부족이다. 발신자는 수신자에게 동기부여를 제공하지 못하게 되므로 오히려 의사소통에 역효과를 가져온다. 특히 관리자들은 역지사지(易地思之)의 마음으로 감정이입을 할 필요가 있다.

넷째, 준거틀(frame of reference)의 차이이다. 발신자는 자신의 경험에 비추어 자신의 기준에 의해 사물을 인지하고 이해하기 때문에 똑같은 상황을 놓고도 저마다 해석을 달리한다. 이처럼 준거틀의 차이는 의사소통을 방해하는 가장 일반적인 요소이다. 이 때에는 의사소통상의 상호공통점이 없기 때문에 상호이해하기가 어렵다.

다섯째, 정보의 여과(filtering)이다. 여과는 메시지를 수신자가 긍정적으로 지각할 수 있도록 정보를 조작하는 것이다. 발신자가 고의로 정보를 호의적 또는 비호의적으로 여과하여 수신자가 듣기 좋아하는 메시지만 전달하고 싫어하는 정보는 전달하지 않음으로써 의사소통을 방해하는 요인이다.

② 수신자와 관련된 장애요인

수신자와 관련된 장애요인은 발신자가 보내는 정보를 수신자가 메시지의 내용을 왜곡하여 발생하는 장애현상이다. 여기에는 평가적 경향, 선입관, 선택적 지각, 반응적 피드백의 부족, 그리고 신뢰도의 부족 등이 있다.

이러한 장애요인은 다음과 같다.

첫째, 평가적 경향이다. 수신자가 발신자로부터 메시지를 전부 다 전달받기 이전에 메시지의 전반적인 가치를 평가해 버리는 경향으로, 이는 메시지가 갖는 실제의 의미를 왜곡시켜 버린다.

둘째, 선입관이다. 수신자가 발신자에 대하여 선입관을 가질 때에는 상대방의 말을 건성으로 듣고 성급한 판단을 내리기 쉽다.

셋째, 선택적 청취이다. 수신자들은 자신들의 욕구를 충족시키거나 자신들의 신념과 일치하는 메시지는 받아들이고, 기존의 신념과 갈등을 일으키는 메시지는 거부하거나 왜곡하려는 경향이 있다.

넷째, 반응적 피드백의 부족이다. 수신자는 발신자의 메시지에 대해 무반응이거나 부적절한 반응을 보임으로써 발신자를 실망시킨다. 수신자의 이러한 무반응은 발신자의 메시지에 관심이 없다든지 또는 말하기 싫다는 것을 암시함으로써 적절한 의사소통의 기회를 줄이게 된다.

다섯째, 신뢰도의 결핍(deficiency of reliability)이다. 발신자가 평소에 신뢰도가 부족한 사람인 경우, 수신자는 상대방에 대한 불신과 선입관에 의해 메시지를 신뢰하지 않게 되므로 의사소통에 어려움을 가져온다.

③ 상황과 관련된 장애요인

상황과 관련된 장애요인은 의사소통과정에서 발생된 주변여건에 의해 장애가 유발되는 경우이다. 상황과 관련된 장애요인으로는 어의상의 문제, 정보의 과중, 시간의 압박, 의사소통의 분위기, 그리고 비언어적 메시지 등이다.

첫째, 어의상의 문제(semantic problem)이다. 동일한 단어가 서로 다른 사람들에게 아주 다른 의미를 가질 때 일어나며, 특히 발신자가 매우 추상적인 인용어나 고도의 전문용어를 사용하여 수신자가 그 말뜻을 이해하지 못할 때 효과적인 의사소통은 기대하기 어렵다.

둘째, 정보의 과중(information overload)이다. 수신자가 수용할 수 있는 이상의 과중한 메시지가 전달되면 의사소통의 효과성은 감소된다.

셋째, 시간의 압박이다. 시간의 압박으로 대화가 피상적으로 되어버리는 경우에는 의사소통의 정확성을 저해한다.

넷째, 의사소통의 분위기이다. 평소에 신뢰성과 개방성이 낮은 조직에서는 의사소통의 의도가 부정적으로 왜곡되기 쉽다.

다섯째, 비언어적 메시지이다. 대면적 의사소통에서는 언어적 메시지와 비언어적 메시지를 함께 사용하는데, 언어적 메시지와 비언어적 메시지의 불일치는 의사소통의 효과성을 감소시킨다.

4) 의사소통의 네트워크

조직의사소통(organizational communication)은 조직 내에서 사람들 상호간에 정보가 교환되는 과정을 말한다. 조직구조는 조직 내의 사람이나 집단들 서로간을 공식적으로 연결하는 연결망(network)인 것이다. 그런데 이러한 연결망은 각기 다른 모습을 하고 있는데(성좌형 혹은 원형 등), 이는 조직 내의 과업의 유형에 따라 정보처리의 욕구가 다양하기 때문이다. 그래서 이하에서는 조직이나 집단 내에서 정보가 흐르는 패턴(연결망의 모습), 공식적 경로와 비공식경로, 그리고 정보가 흐르는 방향(하향적 · 상향적 · 횡단적)에 대하여 설명해 보기로 한다.

(1) 의사소통 네트워크의 유형

조직의사소통에 있어서 정보의 흐름을 연결하는 연결망의 모습, 즉 의사소통의 유형(communication pattern)은 무엇인가? 이에 대하여 이하에서는 허시와 블랜차드(Paul Hersey & Kenneth H. Blanchard)의 설명을 소개하려고 한다.[14)]

의사소통의 구조를 편성하는 데 있어서 가장 널리 활용되고 있는 두 가지 방법은 성좌형(star pattern)과 원형(circle pattern)이다.

[그림 8-13]의 화살표는 쌍방적 의사소통의 통로를 나타내고 있다. 원형에서는 각 사람이 자기의 양쪽에 있는 두 사람에게 메시지를 보낼 수 있다. 그리하여 집단은 원형을 따라 도처에서 자유로운 의사소통이 이루어진다. 바꿔 말하면, 이 원형의 의사소통의 구조에서는 어느 한 구성원

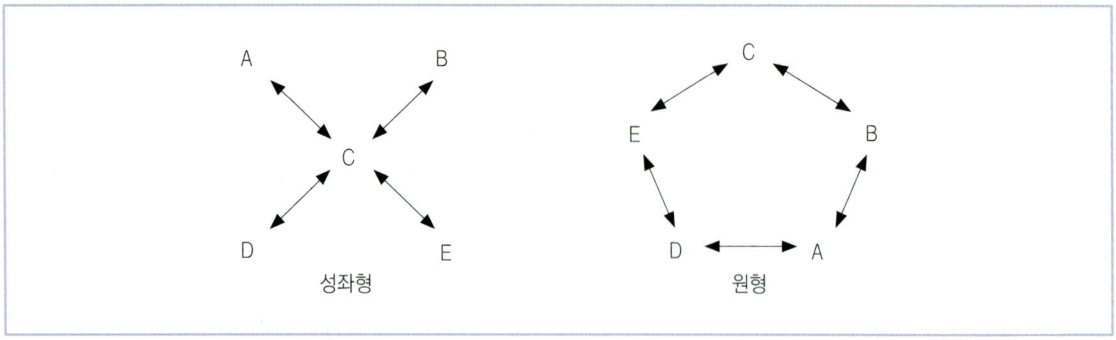

[그림 8-13] 의사소통의 두 가지 패턴

이 다른 구성원의 리더가 되게 하는 유리한 입장을 허용하지 않는다는 말이다.

요컨대, 이것은 의사결정에 모든 구성원이 참가하는 개방적이고 민주적인 조직을 말하고 있는 것이다. 그러나 의사소통의 성좌형에서는 한 개인(C)이 리더의 지위에 한정되어 있다. 여기에서 C는 집단의 다른 네 사람의 구성원들과 의사소통을 할 수 있으나, 구성원들끼리는 서로 의사소통을 할 수가 없게 되어 있다. 이 집단은 C를 우두머리로 하는 독재적 조직구조를 나타내고 있다. 그런데 원형을 갖고 있는 집단이나 성좌형을 갖고 있는 집단은 모두 다 각 부서의 장으로 구성된 집단이며, 각자가 다 자기의 지휘 밑에 부서를 갖고 있다. 그리고 이들 각자는 한 사람의 관리자에 대해 보고책임을 지고 있다.

바꿔 말하면, 이 두 집단에서는 A, B, D 및 E 모두가 각 부서의 장이고, C는 그들의 관리자가 된다. 의사소통유형의 구조는 그 독립성(independence), 안전성(security) 및 책임성에 의해 구성

네트워크의 유형 / 평가기준	 (연쇄형)	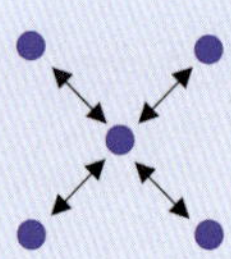 (성좌형, 바퀴형)	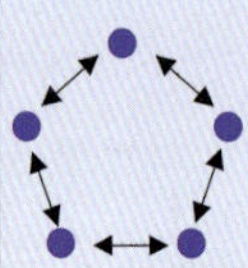 (원형)	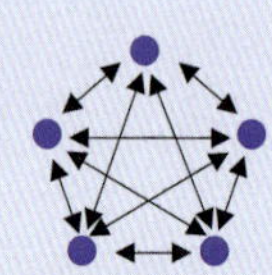 (전경로형)
• 집중도	중간	높음	낮음	매우 낮음
• 신속성	중간	① 빠름(단순과업) ② 느림(복잡한 과업)	느림	빠름
• 정확성	높음	① 높음(단순과업) ② 낮음(복잡한 과업)	낮음	중간
• 리더십의 예측성	중간	매우 높음	낮음	매우 낮음
• 집단성원의 만족	중간	낮음	높음	매우 높음
• 예	명령의 연쇄	4명 하위자의 감독자	태스크포스	비공식 의사소통 (그레이프바인)

〈표 8-4〉 의사소통네트워크의 여러 가지 유형과 그 효과

원들의 느낌과 행동에 영향을 미칠 수 있다. 그리고 이러한 의사소통유형의 구조가 그 신속성(speed), 정확성(accuracy) 및 적응성(adaptability)에 의해 집단의 총체적인 작업능률에 영향을 미칠 수 있다. 요컨대, 의사소통패턴의 구조는 일방으로 구성원들의 생각과 느낌에 영향을 미치고 타방으로는 집단활동의 신속성과 정확성에 영향을 미치고 있다는 말이다.

끝으로 앞에서 설명한 두 가지 '의사소통네트워크(communication networks)'인 '성좌형'과 '원형' 이외에도 여러 가지 형태의 네트워크들이 제시되고 있다. 그 같은 여러 가지 의사소통네트워크를 요약하여 정리해 보면 〈표 8-4〉와 같다.

(2) 의사소통의 공식경로와 비공식경로

공식적인 의사소통경로(formal communication channel)는 조직구조상의 권한계층에 의해 확정된 명령의 연쇄(the chain of command)를 따라 정보가 유통되는 것을 의미한다. 예를 들어, 조직도표(organization chart)가 이를 잘 설명해 주고 있다. 즉, 조직도표상에 조직의 계층을 연결하고 있는 선들은 모두 의사소통의 공식적 경로인 것이다.

그러나 어느 조직에서나 공식적 경로의 배후에 비공식적인 의사소통의 경로(informal communication channel)가 있음을 보게 된다. 이와 같은 비공식경로는 공식경로와 공존하고 있으나 비공식경로가 조직의 권한계층상의 경계를 뛰어넘고, 수직적 명령의 연쇄를 차단한다는 점에서 공식경로와는 다르다.

조직 내의 비공식의사소통경로의 중요성은 한때 인기독서물이었던 『탁월성의 추구(In Search of Excellence)』에서 매우 강조되고 있는데, 피터즈와 워터맨(Peters & Waterman)은 우수기업들은 대개 광대한 비공식의사소통망을 가지고 개방적 의사소통을 하고 있었다고 말하고 있다.[15] 그런데 이러한 비공식의사소통네트워크 내에서 함께 연결되어 있는 사람들의 집단(a group of people linked together in an informal communication network)을 그레이프바인(grapevine: 정보가 유포되는 비밀경로)이라고도 한다.

이 비공식비밀경로는 관리자에 의해서 만들어진 것도 아니며 대부분 관리자의 통제 밑에 있지도 않다. 이와 같은 그레이프바인은 공식적인 경로 뒤에서 비밀리에 오고가는 정보에 대한 종업원들의 호기심의 결과로 생겨나는 것으로서 그 정보의 내용이 아주 정확한 경우도 있으나 사실이 아닌 거짓되고 오도된 유언비어일 수도 있다.

그러면 비공식의사소통네트워크에 대한 관리자의 자세는 무엇이어야 하는가? 먼저 관리자는 이와 같은 그레이프바인은 어느 조직에나 존재하는 현상으로서 그것을 제거할 수 없다는 사실을 이해해야 하고, 또 그것은 공식조직 내의 비공식집단처럼 어느 조직에나 있게 마련인 하나의 자연현상이라는 것을 기정사실로 받아들여야 한다.

그리고 이와 같은 비공식네트워크는 효과적으로 활용하면 조직의 효과적인 관리에 유익이 될 수 있다는 것을 인식해야 한다.

그레이프바인의 장점과 단점을 간결하게 정리하면 〈표 8-5〉와 같이 요약될 수 있을 것이다.

장　　점	단　　점
• 공식경로보다 신속하고 능률적으로 정보가 전달된다. • 그레이프바인 네트워크 내에 속한 사람들의 욕구(안전욕구, 자존욕구) 충족을 가능하게 한다. • 정보의 주고받는 과정에서 대인 간의 접촉을 통해 사회적 만족을 제공한다.	• 부정확한 정보의 유통가능성이 있다. • 비적시적인 정보가 유통되기 쉽다. 시기상조의 정보가 흘러나와 오해를 불러일으키는 경우가 많다. • 비밀경로가 지나치게 활성화되면 공식경로에 혼란을 가져온다.

〈표 8-5〉 그레이프바인(정보가 유포되는 비밀경로)의 장단점

(3) 의사소통의 세 가지 방향

[그림 8-14]에 나타난 바와 같이 조직의사소통의 방향은 세 방향이다. 하향적 의사소통(downward communication), 상향적 의사소통(upward communication), 횡적 의사소통(lateral communication)이 그것이다.

① 하향적 의사소통

하향적 의사소통은 조직계층상의 상위계층에서 하위계층으로 정보가 흐르는 것을 의미한다. 하향적 의사소통은 명령의 일원화와 책임소재를 명확히 할 목적으로 가장 널리 사용하는 지시적 의사소통 형태이다.

카츠와 칸은 하향적 의사소통의 내용으로 구체적인 작업지시, 작업에 대한 이론적 설명, 절차와 관행의 설명, 피드백, 그리고 목표의 주입 등 다섯 가지를 제시하였다.

② 상향적 의사소통

조직이 건전한 조직이 되기 위해서는 정보가 하위자로부터 위쪽으로 전달되는 상향적 의사소통이 필요하게 된다.

사실 이와 같은 상향적 의사소통은 지시나 명령 같은 하향적 의사소통 못지않게 중요하고 또 필요한 의사소통이다. 왜냐하면 상향적 의사소통이 없으면 관리자는 그의 부하들이 그들의 업무를 어느 정도 잘 수행하고 있는가를 효과적으로 측정할 수 없을 뿐만 아니라 조직목표가 달성되고 있는지의 여부를 알 수 없게 되기 때문이다. 사실 조직의 하부계층에서 행해지고 있는 일들이 어떤 것인가에 대한 상향적 정보(보고)야말로 일선감독으로부터 시작하여 최고관리자에 이르기까지 모든 계층에 필수불가결한 것이 아닐 수 없다. 공식경로나 비공식경로를 통하여 종업원들로부터 올라온 불평이나 제안은 관리자에게 있어서 그의 지시나 명령 못지않게 중요하다. 많은 조사연구의 결과에 의하면 이러한 상향적 의사소통은 건전한 조직의 징후(signs of organizational health)라고 한다.

③ 횡적 의사소통

횡적 의사소통(lateral communication)은 권한계층상의 동일계층에서 일하는 사람들 간에 발생

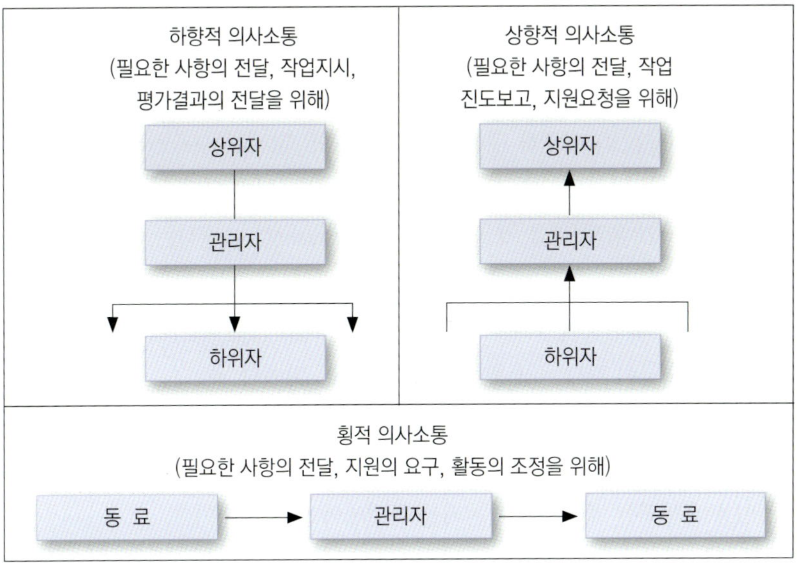

[그림 8-14] 조직의사소통의 방향(하향적 · 상향적 · 횡적)

하는 의사소통으로서 전형적으로 그 대표적인 것이 상이한 단위부서들 간에, 또 상이한 작업집단 간에 이루어지는 의사소통이다. [그림 8-14]가 나타내고 있는 바와 같이 횡적 의사소통의 기능은 필요한 사항을 전달하거나 지원의 요청 및 활동을 조정하는 데 있다. 그리고 공식적으로 횡적 의사소통을 가능하게 하는 공통적인 메커니즘으로는 각기 다른 부서 간의 위원회, 팀구성, 특수임무반(task force), 행렬조직 등을 들 수 있고, 비공식적인 메커니즘으로는 전형적으로 앞에서도 언급한 그레이프바인을 들 수가 있을 것이다.

5) 효과적인 의사소통의 지침

효과적인 의사소통을 한다는 것은 하나의 기술이다. 어떻게 하면 효과적인 의사소통을 실현할 수 있는 것일까? 우선 첫째로 지금까지 논의된 의사소통의 장애요인을 찾아내어 그것을 극복하는 일이다. 그리고 둘째는 적극적인 경청(active listening)을 통해 정확하고 충분한 정보가 자신에게 유입되도록 촉진하는 일이다. 마지막으로 건설적인 피드백 내지는 비판을 제공하는 것이다. 그리고 대인적 기술(interpersonal skills)을 통해 관리자는 조직의사소통의 네트워크 속에 포함된 자신의 책임을 효과적으로 완수할 수 있어야 한다.

(1) 적극적 경청

적극적 경청(active listening)은 로저스(Carl Rogers)의 연구에 의해 일반화된 용어이며 많은 카운슬러들과 심리치료자들에 의해 지지를 받고 있다.[16] 이 개념에 의하면 사람들이 이야기(대화)를 할 때 '무엇인가(something)'를 의사소통(전달)하게 되는데, 그 '무엇인가'는 그가 말하고 있는 내용과 같은 것일 수도 있고 그렇지 않은 것일 수도 있다는 것이다. 그러므로 그가 실제로 진짜 말하고자 하는 내용을 말할 수 있도록 조치를 취해야 한다는 것이다.

그래서 적극적 경청을 위한 다섯 가지 지침을 제시하면 다음과 같다.

① 메시지내용을 듣기 위해 귀를 기울여라(listen for message content) : 메시지의 내용이 정확하게 무엇을 말하고 있는지 알기 위해 귀를 기울여야 한다는 말이다.

② 감정을 알기 위해 귀를 기울여라(listen for feeling) : 말하는 사람이 메시지내용에 대해 어떻게 느끼고 있는가를 확인하려고 노력해야 한다는 말이다.

③ 감정에 대해 반응을 보여라(respond to feelings) : 말하는 사람의 메시지내용은 물론 그의 감정에 수긍이 간다는 반응을 보여야 한다는 말이다.

④ 모든 단서, 언어적 단서와 비언어적 단서에 주목하라(note all cues, verbal and nonverbal) : 언어적 메시지는 물론 비언어적 메시지에 대해서도 민감해야 하고 명백히 해야 할 필요가 있는 혼동되는 메시지가 있는지를 확인해야 한다는 말이다.

⑤ 들은 내용을 자신의 말로 바꾸어 다시 말해주어라(reflect back to the source, in your own words, what you are hearing) : 언어적 또는 비언어적 메시지를 피드백으로서 상대방에게 다시 말해주거나 자신의 말로 바꾸어 말해주면 그 상대방은 더 많은 정보를 가지고 반응한다.

위의 지침들 중에서 마지막 다섯 번째 지침이 적극적 경청기법에서 가장 효과적인 것이다. 그것 때문에 경청자가 성급한 판단을 내리거나 조언을 못하게 된다. 그리고 그것은 상대방으로 하여금 진짜 문제가 되는 것에 대하여 더 많이 말하도록 고무하기 때문이다.

(2) 피드백을 제공하는 방법

피드백(feedback)은 종업원들이 말한 것에 대해 자신이 어떻게 느끼고 또 어떻게 이해하고 있는가를 그들에게 말해주는 과정을 말한다. 관리자들은 정규적으로 다른 사람들에게 피드백을 제공한다. 보통 관리자들은 종업원들의 업적을 평가하여 그 결과를 피드백 해준다. 피드백이 제공되면 그것이 수용되고 건설적으로 활용되어야 하는데, 그렇게 되기 위해서는 피드백을 제공하는 방법을 이해하고 있어야 한다. 피드백 제공의 방법이 좋지 않으면 건설적인 변화를 위한 자극이 되기보다는 분노를 야기시키는 결과를 초래하기 때문이다. 그래서 관리자가 건설적인 피드백제공을 위해서는 다음과 같은 기준이 충족되어야 한다.

① 이해가능해야 한다.

② 수용가능해야 한다.

③ 피드백을 받는 사람의 입장에서 건설적인 변화를 위한 자극이 될 수 있어야 한다.

연습문제

1. 지휘기능을 설명해 보라.
2. 리더의 다섯 가지 권력기반을 열거하고, 본인이 알고 있는 상사(부모, 선배 등)들의 영향력이 주로 어떤 권력기반에 근거하고 있는가 설명하여 보라.
3. 여러분이 알고 있는 리더 중에 현대적 리더십접근법과 관련이 있는 사람들을 찾아보고 있다면 그 이유를 설명하여 보라.
4. 동기부여가 무엇인가를 정의해 보라. 그리고 동기부여와 인간의 욕구는 어떤 관계가 있는가를 설명해 보라.
5. 여러분의 부모와 상사들은 여러분들에게 어떤 욕구를 가장 잘 충족시켜 주고 있는가? 그리고 그 같은 욕구가 여러분을 동기부여시키는데 잠재력을 가지는가 설명하여 보라.
6. 위 문제 5 해답에 기초하여, 여러분의 부모나 상사들이 여러분들을 동기부여하기 위해서는 어떤 욕구계층의 충족을 위해 그 노력을 집중시켜야 하는가? 그리고 그 같은 욕구충족을 위해서 부모나 상사가 취할 수 있는 대책이 무엇인가?
7. 의사소통의 중요성에 대하여 설명하라.
8. 효과적인 의사소통의 장애요인을 설명하고 다른 사람과 의사소통시에 자주 일어나는 본인의 장애요인을 설명하여 보자.
9. 상향적 의사소통의 활성화는 건전한 조직의 징후라고 한다. 상향적 의사소통이 활성화될 수 있는 방안이 무엇인가?

사례 〉 리더십

최근 회사에서 새로운 업무관리시스템을 개발하여 시행하기로 하였다. 부서 책임자인 L은 몇 주 전에 소단위 책임자인 P씨에게 그 같은 계획을 전달하고 새로운 업무관리시스템의 시행을 위한 기초자료를 수집하기 위한 조사서를 제공하고 그것을 그 소단위 부서 직원들에게 나누어주고 작성하게 하여 지난 주말 전까지 제출하도록 하였으나 아직도 미제출상태로 있었다. 오늘 아침 우연히 회사의 주차장에서 P씨와 마주치게 되어 그 서류제출에 대하여 물어보았더니 그는 뜻밖에도 화를 내면서 다음과 같은 반응을 보였다. “그것을 할 시간이 어디 있어요. 지금 하고 있는 일도 제시간 내에 하기 어려운데 어떻게 그 같은 의미없는 정보를 수집할 시간적 여유가 있겠습니까?” 그 같은 반응을 본 L은 P씨에게 오후에 사무실에서 그 문제에 관해 논의해 보자고 말하고 헤어졌다.

자, 이제 L씨인 당신은 오후에 그를 만나서 이 같은 상황을 어떻게 처리해야 할지 몇 가지 대안을 생각하고 있습니다.

1. 그의 태도와 행동으로 보아 당신의 공식적 권한을 발휘하는 것이 적절할 것 같다. 그래서 감독자 직위를 계속 유지하고 싶으면 당장 제출하라고 단호하게 말한다.

2. 새로운 업적관리시스템의 중요성을 설명하고 귀하의 최선의 설득력을 발휘하여 기꺼이 그 작업을 수행해 내도록 설득한다.
3. 그 서류작성이 완성되어 제출될 때까지 그 소집단의 급여인상은 물론 P씨의 급여인상결정이 보류될 것이라고 말해주며, 새로운 제출기간을 설정해 주고 그 때까지 제출하라고 말한다.
4. 업적평가(인사고과)에 대해 설명해 주고 이번 업무도 평가의 대상항목이 된다고 말해준다.
5. 그가 하고 있는 업무의 곤란성을 이해하고 또 시간적 여유가 없다는 것도 이해하지만, 이번 시행하고자 하는 새로운 업적관리시스템은 중요사항이고 최고경영층에서 관심을 갖고 지원하고 있다는 사실을 알게 한다.

문제

이 밖에 다른 대안도 있을 수 있지만 위의 5가지 대안 중에서 하나를 선택한다면 어느 것을 선택할 것인가? 왜 그 같은 대안을 선택했는지 그 이유를 체계적으로 기술해 보라.

시뮬레이션 〉 리더십스타일

다음 문항들은 당신 자신의 두 차원 리더십 스타일을 분석하기 위한 것이다. 각 문항을 주의깊게 읽고 당신 자신이 어떤 집단의 리더일 때 보통 어떻게 행동하는지를 생각해 보라. 그래서 다음 각 문항이 당신 자신의 경우를 가장 잘 말해주고 있는 응답에 O표 해보라. 응답의 내용은 다음과 같다.

A = 항상 그렇다. O = 가끔 그렇다. ? = 때때로 그렇다.
S = 좀처럼 그렇지 않다. N = 전혀 그렇지 않다.

1. 나는 시간을 내어 직무(일)가 어떻게 수행되어야 하는가를 설명해 준다.	A O ? S N
2. 나는 팀내에서 구성원 각자가 어떤 역할을 해야 하는지를 설명해 준다.	A O ? S N
3. 나는 집단의 성원들이 따라야 할 규칙이나 절차를 자세하고 분명하게 알려준다.	A O ? S N
4. 나는 나 자신의 작업활동을 계획하고 조직화한다.	A O ? S N
5. 나는 집단성원들이 자신들의 업무를 어느 정도로 잘하고 있는가를 알려준다.	A O ? S N
6. 나는 성원들에게 기대하고 있는 것이 무엇인가를 알려준다.	A O ? S N
7. 나는 성원들이 과업을 완성하기 위해 통일된 절차를 따라 일하도록 고무한다.	A O ? S N
8. 나는 성원들 앞에서 나 자신의 입장이나 태도를 분명히 밝힌다.	A O ? S N
9. 나는 성원들이 어떤 특정한 과업에 배치하여 그의 전문성을 살려 일하도록 한다.	A O ? S N
10. 나는 성원들이 진단 내에서의 자기의 역할이 무엇인가를 확실히 알게 한다.	A O ? S N
11. 나는 성원들의 과업수행계획을 내 자신이 직접 수립한다.	A O ? S N
12. 나는 성원들이 규칙이나 절차를 따르도록 요구한다.	A O ? S N
13. 나는 성원들이 직무수행에서 보다 즐겁게 일할 수 있도록 하기 위해 노력한다.	A O ? S N
14. 나는 성원들에게 도움이 되는 것이라면 나의 방식을 고집하지 않는다.	A O ? S N
15. 나는 다른 사람들(성원들)의 감정이나 의견을 존중한다.	A O ? S N

16. 나는 다른 사람들(성원들)에 대해 사려 깊게 행동하는 사람이다.	A O ? S N
17. 나는 팀 내에서 서로간에 우호적인 관계를 유지하려고 노력한다.	A O ? S N
18. 나는 성원들이 우리 집단의 성원이 된 것을 기쁘게 생각하도록 하기 위해 노력한다.	A O ? S N
19. 나는 다른 사람들(성원들)을 평등하게 대한다.	A O ? S N
20. 나는 어떤 변화를 시도하려고 할 때 그것을 미리 예고하고 그 같은 변화가 그들에게 어떤 영향을 미치게 될 것인가를 설명해 준다.	A O ? S N
21. 나는 다른 성원들의 복지안녕을 위해 노력한다.	A O ? S N
22. 나는 성원들에게 친절하고 성원들이 가까이하기 쉬운 사람이다.	A O ? S N

※ 채점 및 판정방법

1. 점수 : A = 5점, O = 4점, ? = 3점, S = 2점, N = 1점
2. 문항 1부터 12까지의 점수의 합이 47점 이상이면 당신은 과업지향적 리더이다.
3. 문항 13부터 22까지의 점수의 합이 40점 이상이면 당신은 관계성 지향적 리더이다.

사례 1 〉 동기부여

최근 K&D사에서는 종업원 태도조사(employee attitude survey)를 실시하였다. 태도조사의 내용은 회사의 시책이나 작업조건 등에 관한 설문내용에 응답하는 것이었고 응답자의 응답은 익명으로 되어 있었다. 그 태도조사의 결과에 의하면 대부분의 종업원들이 직장에 대해 안정을 느끼고 있었고, 임금수준이나 부가적 급여에도 만족을 나타내 보이고 있었다. 그리고 관리자들에 대한 태도도 공정하고 예의바르며 사려 깊은 것으로 나타났으며, 대부분의 종업원들이 동료작업자들에 대하여 만족하고 있었다. 사장은 이 같은 조사내용을 검토하면서 생각하기를 이 같이 종업원들의 동기부여를 위해 회사가 잘하고 있는데, 왜 대부분의 부서에서 만족할 만한 수준의 성과를 올리지 못하고 있는가에 대해 의아해 하고 있었다.

문제

(1) 이 회사는 종업원들의 어떤 계층의 욕구를 만족시키고 있는가?

(2) 이 시점에서 사장은 어떤 조치를 취해야 하겠는가? 사장이 취할 수 있는 행동이 무엇이겠는가를 차례로 적어 보라.

사례 2 〉 동기부여

K교수와 학생들이 경영학 강의시간에 '효과적인 동기부여의 방법'에 대하여 토론하고 있었다. 여러 명의 학생들이 나름대로의 의견을 제시하였고 그 의견들에 대하여 토의가 진행되었다. 그런데 나이 많은 B라는 학생이 손을 들고 일어나 누구도 제시하지 않은 새로운 의견을 제시해 보겠다고 말하고서 다음과 같은 내용의 의견을 제시하였다.

"회사가 부가적 급여제도를 폐지하고 임금수준을 낮춘다. 그렇게 되면 종업원들은 생산성 향상에 힘을 기울이든지 아니면 직업도 없이 거리를 방황하든지 둘 중에 하나를 택해야 한다는 것을 깨닫게 된다는 것이다. 자기의 경험으로 미루어 보아 1960년대에는 어떻게 하든지 직장에서 쫓겨나가지 않으려고 노력했기 때문에 그 직장을 지키려는 그 자체가 종업원을 동기화시킬 수 있다는 것이었다."

이 같은 의견을 듣고 있던 K교수는 매우 흥미있는 아이디어라고 말하고는 오늘날의 동기부여이론가들이 B의 의견에 동의할 수 있겠느냐고 물었다. 이 질문에 대하여 B는 대답하기를 매슬로우는 만족되지 않은 욕구가 주요한 동기부여요인(unsatisfied needs are motivators)이라고 말했으며, 자기가 제시한 의견의 내용도 생리적 욕구나 안전욕구를 주요한 동기부여요인으로 만들어야 한다는 내용이기 때문에 타당성이 있다고 주장했다.

문제

(1) B학생의 의견을 나름대로 평가해 보라.

(2) 1960년대의 상황과 현재의 상황은 동기부여의 관점에서 어떤 차이가 있겠는가? 그리고 2000년대의 동기부여상황은 어떤 것이겠는가? B학생의 제안을 우리나라의 현재시점에서 논평해 보라.

사례 3 〉 동기부여

ABC사에서는 최근 직무충실(job enrichment)을 실현하기 위한 프로그램을 소개하면서 사장이 "이번에 이 프로그램을 도입하게 된 목적은 각 종업원의 직무를 보다 흥미있고 도전적인 것이 되도록 하기 위한 것이며, 일정수준 이상의 업무수행성적을 올린 사람은 인정(recognition)을 하겠다는 것입니다"라고 말하였다. 그리하여 그 프로그램이 실시되고 있는 도중에 최근 실시된 임금조사자료(wage survey)가 사장에게 보고되었고, 그 조사자료에는 ABC사의 임금수준이 그 지역사회의 현행임금수준에 미달되고 있다는 사실을 나타내 보이고 있었다. 그러나 사장은 임금인상은 하지 않기로 결정을 내렸는데 이는 새로 도입하여 실천하고 있는 직무충실프로그램이 약간의 저임금수준을 상쇄해 줄 수 있을 것이라고 믿었기 때문이었다.

문제

사장이 취한 조치는 온당한 것인가? 그렇다면 그 이유는 무엇인가? 그리고 그렇지 않다면 그 이유는 무엇인가?

사례 〉 의사소통

장기간의 회의 끝에 A사의 최고경영자인 K씨는 B시에 소재한 공장의 규모를 확장하기로 결정하였다. 그 공장이 확장되면 직종이 현재의 350종에서 450종으로 늘어나게 되어 있었다. 그리고 이에 관한 발표는 이사회의 인준을 받을 때까지 보류하기로 하였다.
그런데 사장과의 회의가 끝난 뒤 인사부장인 L씨가 사무실에 돌아와 오가는 말로 그의 비서에게 아마도 B시에 있는 공장에 인사조정이 있게 될 거라고 이야기하였다. 그런데 그 비서는 그 후 휴게실에서 그의 가장 친한 몇 사람들에게 비밀로 한다는 다짐을 받고 B시의 공장에 조만간 감원선풍이 일게 될 것이라고 이야기해 주었다. 그로부터 일주일이 못되어 B시의 공장종업원들이 공장책임자에게 항의를 하기에 이르렀고, 종업원대표가 찾아와 감원선풍으로부터 종업원들을 보호하기 위해 노동부에 조정신청을 내겠다고 다짐하게 되었다.

문제

(1) 관리자가 이와 같은 상황을 어떻게 처리해야 하는가?
(2) 이 문제가 미래에 재발하지 않도록 하기 위해 어떤 조치를 취해야 하겠는가?

인터넷 사례

우리나라의 재벌기업 중에서 LG그룹이 지주회사체제로 성공적으로 전환하였다. 지주회사로 전환하기 전과 전환하고 난 후 LG그룹이 계열사를 어떻게 지휘하고 있는지를 인터넷을 통해 조사하여 토론해 보자.

시뮬레이션 〉 의사소통게임

활동내용

집단을 모두 타원형으로 앉히고 타원의 한쪽 끝에 한 사람을 따로 구별하여 앉게 한다. 그리고 그 사람에게 간단한 이야기 내용을 들려주고 그 사람으로 하여금 발신자가 되게 하여 그 이야기 내용을 옆 사람에게 정확하게 전달하도록 하고 그 옆 사람은 또 자기의 옆 사람에게 그 이야기 내용을 가능한 한 정확하게 전달하게 하여 마지막 사람에게까지 차례로 돌아가게 한다.
그런데 이 때 주의해야 할 것은 이야기 내용을 메모하여 전달해서는 안 되고 옆 사람에게 이야기 내용을 속삭일 때 다른 사람이 듣도록 해서도 안 된다. 그러나 내용의 일부를 잘못 알아들었을 때는 그 사람에게 다시 물어볼 수는 있다. 이야기의 내용이 마지막 사람에게 전달되면 그 마지막 사람은 일어서서 그 이야기 내용을 전체 앞에 큰 소리로 반복한다. 그리고 나서 진행자가 전달한 원래의 이야기 내용을 발표하고 그 차이점을 비교해 본다.

토의문제

(1) 전달된 원래의 내용과 마지막 내용의 차이는 무엇인가? 어떠한 부분에서 차이가 많이 나타나는가?

(2) 이와 같은 왜곡현상이 발생하게 된 이유는 무엇인가? 이 현상이 조직 내에서도 일어날 수 있는가?

(3) 어떤 방법으로 이 문제를 해결할 수 있겠는가?

미주

1. Gary Yukl, "Managerial Leadership: A Review of Theory and Research," *Journal of Management* 15, 1989, pp. 251-289.

2. Yukl & Taber, 전게서.

3. Bernard M. Bass, *Stogdill's Handbook of Leadership*, New York: Free Press, 1981, pp. 75-76.

4. Fleishman, E. A., "A Leader Behavior Description for Industry," R. M. Stogdill and A. E. Coons(eds.), *Leader Behavior: Its Description and Measurement*, Columbus: Bureau of Business Research, Ohio State University, 1957.

5. Likert, R., *The Human Organization*, New York: Mcgraw-Hill Co., 1967.

6. ① 직무중심적 리더십 유형이란 리더가 엄격하고 세밀한 감독방법을 활용하고, 합법적 권력(legitimate)이나 강제적 권력(coercive power)을 활용하며, 작업진도를 맞추기 위해 부하를 독려하고 부하의 작업성적을 평가하는 행동차원이다. ② 종업원 중심적 리더십 유형이란 하위자에게 권한을 위양하고 종업원의 복지, 욕구, 승진 및 개인적인 성장에 대한 관심을 나타내 보이는 행동차원이다.

7. Robert R., Blake and Jane S. Mouton, *The Managerial Grid*, Houston: Gulf, 1985.

8. Fiedler, F. E., *Theory of Leadership Effectiveness*, MacGraw-Hill, 1967.

9. 김남현 역, 『조직행동의 관리』, 경문사, 1984, pp. 50-55.

10. 김남현 역, 전게서, pp. 93-95.

11. Victor H. Vroom, *Work and Motivation*, Wiley, New York, 1964.

12. Edwin A. Locke & Gary P. Latham, *Goal Setting: A Motivational Technique that Works*, Prentice-Hall Inc., Englewood Cliffs, N.J., 1984.

13. Henry Mintzberg, *The Nature of Managerial Work*, Harper & Row, New York, 1973.

14. 김남현 역, 『조직행동의 관리』, 경문사, 1984, pp. 413-417.

15. Thomas J. Peters and Robert H. Waterman, Jr., *In Search of Excellence*, Harper & Row, New York, 1983.

16. Carl R. Rogers & Richard E. Farson, "Active Listening," Chicago, Industrial Relations Center of the University of Chicago.

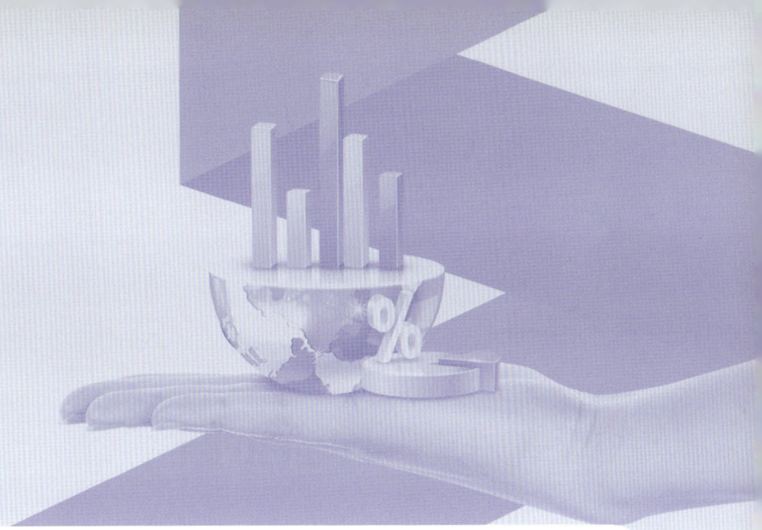

제9장 | 통제

대부분의 기업들이 계획과 실행에는 많은 노력을 기울이면서도 평가에 대해서는 관심을 덜 기울이는 경향이 있다. 조직의 성과가 기준미달일 때 그 원인을 찾아 수정조치를 취하고 그것을 다시 미래의 계획에 반영시키는 과정이 본장의 주제인 통제이다. 따라서 본장에서는 통제의 개념, 통제의 단계, 통제의 유형과 기법, 통제의 전략, 그리고 통제와 종업원의 행동과의 관계를 설명하였다. 그리고 연습과제와 사례연구를 통하여 응용학습의 기회를 마련하였다.

이 장을 읽어가는 동안 이것만은 이해하시기 바랍니다.

1. 통제란 무엇인가?
2. 통제는 어떤 단계를 거쳐 이루어지는가?
3. 통제의 유형에는 어떤 것들이 있는가?
4. 통제의 전략에는 어떤 것들이 있는가?
5. 통제와 종업원의 행동은 어떤 관계를 가지는가?

제9장 사례 >

'인성'을 가르치려고 하지마라

공리주의 가치는 '행복 추구 권리' … 행복해지면 인성은 저절로 좋아진다

도덕적으로 살아간다는 것은 인간이 인격적 주체로 살아가는 바탕이 되는 것이다. 그것은 단순히 의무를 따르거나 규범의 명령을 준수하는 것에 그치지 않는다. 때로는 적법하지만 비인간적인 행위도 있다. 과연 어떤 행동을 하는 것이 올바른 것인지에 대해 끊임없이 성찰하고 갈등하는 것은 어쩌면 인간의 숙명인지도 모른다.

도덕적으로 산다는 것은 그저 온순하게 주어진 의무를 따르고 규범을 준수하는 것이 아니다. 왜 도덕적으로 살아야 하는지, 무엇이 도덕적 삶인지, 내가 살고 있는 세상과 사람들이 어떠한 도덕적 이념으로 살아가야 하는지 등에 대해 끊임없이 물음을 던지는 것이다. 고민하고 갈등하면서 그것을 극복해 가는 과정이다. 따라서 도덕적 선택 앞에서 고민과 갈등을 부담스러워하거나 외면할 게 아니라 진지하게 성찰하고 논의함으로써 보다 나은 자아를 정립해야 한다. 그러므로 윤리적 혹은 도덕적 고민과 갈등은 소중한 보석과도 같은 것이다.

희망 없는 사회가 진짜 문제

최근 병영사고 등을 통해 인성 교육이 강조되고 있다. 군에서 일어나는 사고의 가장 큰 이유로 꼽는 것이 바로 잘못된 병영 문화와 그릇된 인성 때문이라고 한다. 그러나 진단이 잘못되면 처방도 그릇될 수밖에 없다. 그러면 제대로 치료할 수 없다. 군에서 내놓은 대안이라는 게 사병들의 사고가 계급 간의 갈등 때문이라며 이병과 병장을 없애겠다고 한다. 젊은이들이 군에서 사고를 치거나 스스로 목숨을 끊는 것은 병영 문화나 그릇된 인성 때문도, 나약해서도 아니다. 삶의 희망이 도저히 보이지 않기에 극단적 선택을 하는 것이다. 따라서 행복한 삶을 보여주고 그 희망을 실현할 수 있는 사회적 조건을 마련해주면 이 문제는 상당 부분 해소된다. 예전 우리가 더 열악하고 복무 기간도 긴 군대 생활을 견딜 수 있었던 것은 제대 후의 삶이 주는 희망과 믿음 때문이었지 인성이 좋아서도, 계급 간 갈등이 없어서도 아니었다.

아마도 올해부터 병영과 예비군 훈련장은 말할 것도 없이 교육기관 등에서 인성 교육 강연들이 우후죽순으로 증가할 것이다. 도덕적으로 행동한다는 건 주체적이고 자존적으로 살아갈 수 있는 기본적 사회 규범의 수행과 고결한 인격의 수양에서 오는 것이지 인성 교육에서 가르쳐질 게 아니다. 그 도덕조차 고리타분한 방식으로 접근하고 있으니 더더욱 문제다.

공리주의는 분명 매력적인 도덕규범이다. 무엇보다 현대산업사회에서 공리주의만큼 큰 설득력을 갖는 도덕규범을 발견하기는 쉽지 않다. 대부분의 현대 국가들이 공리주의적인 태도를 선택한 것도 그 때문이다. 하지만 공리주의는 치명적인 문제를 안고 있다. 그것은 바로 다수의 횡포에 의한 도덕적 타락을 합리화할 수 있다는 점이다. 우리는 흔히 다수의 이익을 위해 소수의 피해는 어쩔 수 없는 것으로 여기는 경우가 많다. 그것은 어느 정도 타당해 보인다. 그리고 민주주의의 다수결 원칙에도 부합하기 때문이다.

그러나 공리주의는 치명적 약점을 지녔다. 바로 공리적 처벌이다. 대를 위해 소를 희생시키고 그것을 정당화하게 되면 어떻게 본능적으로 강한 사람, 돈 많은 사람, 학식이 있는 사람이 돼야 살아남을 수 있다는 것을 느낀다. 그리고 그것을 획득하기 위해 어떤 방법도 마다하지 않게 된다. 은연중 대부분이 이런 식으로 처리하는 일들이 많다. 하지만 이것은 아주 부도덕한 일이다. 사실 힘세고 돈 많고 배운 게 많은 사람들은 그렇지 않은 사람을 보살펴야 할 도덕적 의무 같은 게 있지 않은가. 그런데도 소수의 약자의 희생을 담보로 다수의 강자가 행복하겠다는 것은 파렴치와 다르지 않다. 이 문제에 대해 가장 예리하게 비판하고 대안을 제안한 이는 바로 존 롤스였다. 그는 기존의 윤리학들이 주로 도덕 혹은 선의 문제에만 집착했을 뿐 정작 그것이 어떻게 작동되고 어떤 구체적 규범을 구성하는지에 대해서는 등한시한 결과 공리적 처벌과 같은 비윤리적인 결과들이 속출하게 됐다고 비판했다. 그는 사회적 규범이 지녀야 할 가장 중요한 덕목은 '공정으로 서의 정의'여야 한다고 주장했다. 공리주의의 문제는 바로 그런 공정성을 확보하지 못했기 때문에 생긴다고 본 것이다. 그래서 롤스는 누구에게나 공정한 결과를 얻기 위해서는 공정한 절차가 마련돼야 한다고 봤다. 심지어 그는 모든 사회적 구성원들은 앞으로 어떻게 될지, 그리고 규범이 자신에게 앞으로 이익이 될지, 손해가 될지 전혀 모르는 상태여야 평등하고 공정한 동의를 얻어낼 수 있다고 봤기 때문에 모든 이가 무지의 장막(the veil of igno-rance) 속에서 선택해야 한다고 주장한다.

우리는 모두 행복할 권리를 가졌다

롤스는 정의란 '정당화될 수 없는 자의적인 불평등이 없는 상태'라고 주장한다. 물론 차등을 무시하고 무조건적인 평등을 주장하는 것은 아니다. 다만 '어떤 차등이 도덕적으로 정당화될 수 있는가'를 따져야 한다는 것이다. 절차에 문제가 없다면 차등이나 불평등은 정당화될 수 있다. 다만 누구나 그런 절차에서 똑같은 자유를 보장받고 정의로울 수 있는 믿음을 제공해야 한다. 롤스는 사회의 모든 가치, 즉 자유와 기회, 소득과 부, 인간적 존엄성 등은 기본적으로 평등하게 배분돼야 하며 그러기 위해서는 공정하고 정의로운 제도가 마련돼야 한다고 본 것이다. 무엇보다 가치의 불평등한 배분은 그 이익이 사회의 최소 수혜자에게 유리한 경우에만 정의로울 수 있다. 달리 말하면 공리주의가 주장한 최대 다수의 최대 행복에서 소외되고 박탈된 소수 약자들에게 우선적으로 그 이익을 분배할 수 있을 때 분배적 정의가 실현될 수 있다고 본 것이다.

다른 사람의 자유와 충돌하지 않는 범위 내에서 누구나 최대한 기본적인 자유에 대한 평등한 권리를 인정하고 보장하는 사회만이 정의로운 사회가 될 수 있다. 이것은 공정한 기회균등의 원리와도 상통하는 것이다. 그것은 사회 경제적 불평등이 그 원천이 되는 모든 일이나 자리에 대한 공평한 기회균등이 주어진 상태에서만 수용할 수 있다는 뜻이다. 그러므로 사회경제적 불평등은 불평등이 가장 불리한 처지에 있는 사람에게도 이익이 될 때에만 정당화 될 수 있다는 주장이다. 이런 주장에 비춰볼 때 과연 지금 한국의 현실이 그렇게 작동되고 있는지 스스로 물어야 한다. 안타깝게도 우리 사회는 갈수록 탐욕과 억압, 그리고 착취의 고형화가 이뤄지고 있다.

모든 사람들에게 똑같은 기회가 주어져 있고 현실적으로 발생하는 불평등도 사회의 혜택을 받지 못하는 사람들에게도 이익이 되고 그 모든 절차가 공정하게 이뤄지며 공개돼 있을 때만 허용될 수 있다는 것은 윤리적 규범이나 사회적 공공선으로서의 정의가 단순히 개인의 문제에 국한될 수 없다는 것을 또렷하게 보여주는 것이다.

언뜻 보면 이것은 정치나 사회의 문제이지 윤리의 문제가 아닌 것처럼 보일지 모른다. 그것은 우리가 대개 윤리라고 하면 개인의 도덕적 신념의 문제이며 동시에 사회적 선에 대한 문제라고 여기기 때문이다. 하지만 롤스는 제도적 보완이나 그에 대한 반성이 없다면 결코 그 사회에서 공공선을 달성하는 것은 어렵다고 봤다. 도덕이나 정의의 가장 핵심적인 가치는 자존감(self-respect)과 확립이다.

공리주의의 진정한 가치는 '누구나 행복을 추구할 권리가 있다'는 데 있다. 귀족과 부자만 쾌락을 추구할 권리가 있는 게 아니라 평민도 빈민도 행복할 권리가 있다. 그걸 실현할 능력이 지금 부족할 뿐 종자가 다른 사람이 아니라는 것이다. 그걸 외면한 채 효용의 원리만 강조하며 최대 다수의 최대 행복만 강조하면 사회가 망가지고 정의도 휴지가 된다.

지금까지의 도덕적 판단은 주로 가정 같은 혈연적 공동체나 학교처럼 비교적 단순한 관계망 속에서 이뤄졌던 것들이다. 그러나 앞으로는 복잡한 사회 속에서 생활하고 성찰하고 판단하면서 행동해야 한다. 그것은 다른 이들의 삶에 대한 배려와 이해를 필요로 하는 것이기도 하다. 또한 다양한 관점을 볼 수 있어야 어떤 행위에 대한 보다 올바른 판단을 내릴 수 있을 뿐만 아니라 그에 대한 대비도 마련할 수 있다. 인성 교육에 답이 있는 게 아니다. 행복해지면 저절로 인성이 좋아진다.

〈한경BUSINESS, 한국경제신문, 2015. 1. 21, pp. 66-67〉

1. 통제의 의의

통제기능은 관리과정의 마지막 부분으로서 ① 업무수행의 성과와 원래의 계획을 비교하고, ② 업무수행의 성과와 원래의 계획 간에 차질이 생겼을 때, 그것을 수정하는 조치를 취하는 것을 말한다. 그러므로 통제란 실제로 되어진 일(what did happen)과 되어져야 할 일(what was supposed to happen) 간의 일치 여부를 검토하는 관리과정으로서 두 일이 일치하지 않을 경우 필요한 조치를 취하는 것이라고 할 수 있다. 이와 같은 통제기능을 그림으로 나타내면 [그림 9-1]과 같이 나타낼 수 있다.

그런데 이 통제기능의 효과적인 수행은 계획을 선행조건으로 한다. 계획이 없이는 무엇이 바람직한 업무수행의 목표이고, 그 업무수행의 기준이 무엇인가에 대한 사전의 이해가 있을 수 없기 때문이며, 업무수행의 바람직한 기준이 무엇인가에 대한 이해가 없이 통제기능을 수행할 수 없기 때문이다. 그러나 어떤 관리자들은 적절한 계획이 없이 조직활동을 통제하려는 경우가 있다. 이는 도저히 있을 수 없는 일이다. 계획과정에서 바람직한 업무수행의 기준을 설정하지 않으면 그 업무수행의 결과가 만족스럽다든지, 아니면 불만족스럽다든지를 평가할 수 있는 준 거가 없기 때문이다.

그리고 어떤 관리자들은 성과의 기준을 미리 설정하지 않고 사후에 성과수준을 검토하고 나서 그것을 가지고 통제를 위한 기준으로 삼고 있는 경우가 있다. 그러나 그 성과수준이 실제적으로 달성가능한 수준 이상의 것일 경우에는 종업원들의 사기와 동기화에 많은 저해를 가져온다. 사후의 성과수준은 관리자에 의해 멋대로 변경될 가능성이 있는 성질의 것이기 때문이다.

그리고 이러한 통제기능은 대부분의 조직상황에서 공통적으로 나타나는 불확실성, 조직활동의 복잡성, 인간능력의 한계, 위양과 분권화 등의 문제들 때문에 그 중요성이 강조되고 있다.

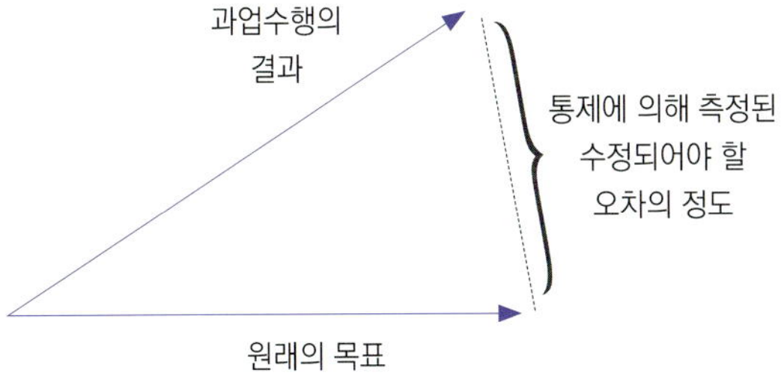

통제(controlling)는 과업수행의 결과를 점검하여 그것을 원래의 목표와 대조하고, 그 둘 사이에 오차가 있을 경우, 수정조치를 취하는 관리과정이다. 그림상의 점선은 통제에 의해 측정된 수정되어야 할 오차의 정도(degree of deviation)를 나타내고 있다.

[그림 9-1] 통제기능의 본질

2. 통제과정의 제단계

통제는 문제의 사전예방, 문제의 수정, 기회의 탐색을 위한 조치들에 강조점을 두게 된다. 통제과정의 순수한 형태는 고전적인 예로서 자동온도조절장치(home thermostat)를 들 수 있다. 우리가 자동온도조절장치의 계기침을 특정한 온도에 맞추어 놓았을 때, 방 안의 실제온도가 그 특정한 온도(목표온도)를 벗어나게 되면 자동온도조절장치는 그 차이온도를 스스로 감지(측정)하여 에어컨이 돌아가도록 수정조치를 취한다. 이와 같은 자동온도조절장치는 일종의 사이버네틱 통제시스템(cybernetic control system)인 것이다. 사이버네틱 통제시스템은 업적의 감시(monitoring performance)와 수정의 능력에 있어서 자체완결적(self-contained)이기 때문이다. 그러나 관리상의 통제에 있어서는 사이버네틱 통제시스템이 거의 불가능하다. 그래서 관리자는 다음과 같은 관리과정의 4가지 단계를 거쳐 통제기능을 수행하게 된다.

① 목표 및 표준의 설정
② 실제업적의 측정
③ 실제업적과 표준과의 비교
④ 필요한 수정조치

이와 같은 관계를 그림으로 나타내면 다음 [그림 9-2]와 같다.

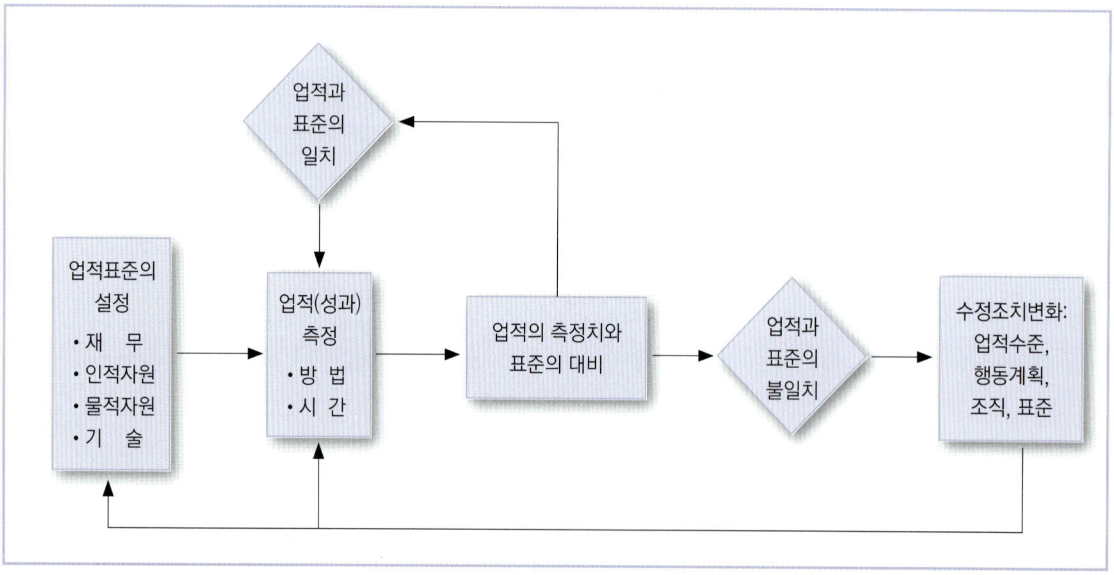

[그림 9-2] 통제과정의 제단계

1) 표준설정

표준설정(setting standards)은 계획기능 속에 포함되기도 하지만 표준설정은 통제활동의 일부이기도 하다. 달성해야 할 업적의 표준이 설정되지 않으면 조직활동을 정확하게 측정 · 평가할 수가 없기 때문이다.

예를 들어, 인사관리를 담당하고 있는 관리자가 자기 부서의 성공적인 업적에 결정적인 영향을 미칠 수 있는 중요한 성공변인(key success variables)들을 찾아내어 그 변인들에 대한 표준을 설정하였는데 그 표준설정의 내용은 다음과 같은 것이었다.

① 회사 전체의 월간 이직률을 1.5% 이하로 한다.
② 회사 전체의 월간 결근율을 2% 이하로 한다.
③ 일선 감독계층에서의 고충처리율(grievance settlement ratio)을 4대 1이 되게 한다.
④ 사고발생률(accident frequency rate)을 작업시간의 백만시간당 7건 이하로 한다.

위의 표준들은 인사관리부서의 활동성과를 측정하는 표준척도(yardstick)가 된다. 이러한 표준은 조직의 내부나 외부의 환경변화 여하에 따라 여러 해 동안 유효할 수도 있고, 단 몇 달간 유효할 수도 있다. 일반적으로 변화가 많으면 많을수록 '중요한 분야'와 그 '표준'의 변경이 그만큼 더 많아지게 마련이다.

그리고 이러한 표준은 매출액 10% 증진 혹은 비용을 1천만 원 이하로 절감 등과 같이 측정가능한 용어로 표시되어야 한다.

2) 활동성과의 측정 및 표준과의 비교

일단 표준설정이 이루어지고 나면 그 다음 절차는 활동성과를 측정하는 일이다. 측정은 활동성과가 설정된 표준에 도달하였는가 아니면 미달하였는가를 보여준다. 다음은 활동성과의 측정방법에는 어떤 것이 있는가를 살펴보자.

① 회계자료

기업조직내의 많은 활동의 내용이 회계처리과정(accounting process)에 의해 기록된다. 보유현금상황, 완제품의 재고상황, 외상매입금 및 외상매출금, 간접비 등에 관한 정보는 모두 회계기록에서 얻어진다. 이 밖에도 회계정보를 통해서 얻을 수 있는 활동성과에 대한 정보는 매우 많다. 관리자가 어떤 회계정보를 활용하여 그 활동성과를 측정할 것인가는 설정된 표준 여하에 달려 있는 것이다.

② 산출총량의 측정

그 회사가 생필품을 생산하든지 보험을 판매하든지 간에 그들의 활동성과를 총량적으로 측정하여 설정된 표준총량과 비교해야 한다. 예를 들어, 1일, 1주일 혹은 1개월에 그 부서에서 산출되는 산출량을 나타내는 생산기록에서 산출총량을 측정하고 그것을 표준총량과 비교하게 된다. 그 밖에 종업원 이직률 및 결근에 대한 보고기록도 총량적 측정에 활용될 수 있다.

③ 품질의 측정

오늘날 산업체에서 품질을 측정하기 위한 많은 기술들이 개발되어 활용되고 있다. 예를 들어, 어떤 회사에서 베어링(bearing)을 생산하고 있다면 그 생산된 베어링의 품질이 일정한 품질표준에 적합한가를 알아보기 위해서 마이크로미터(micrometer)라고 하는 장치를 이용하여 수시로 표본검사를 실시한다. 그리하여 매표본의 검사결과는 관리도(control chart)에 기록된다. 이와 같은 관리도에 나타난 정보가 곧 베어링의 품질표준의 미달 여부를 말해주고 있다.

④ 시간의 측정

모든 활동에는 시간기준이 설정되어 있다. 작업자의 업무수행에 소요되는 시간을 측정하기 위해서 스톱 워치(stop watch)를 사용하는 것은 그 일례이다. 그리고 간트도표(Gantt chart)는 시간측정을 위해 고안된 매우 좋은 도표이다. 이 간트도표는 실제의 생산진도와 미리 설정된 시간표준을 비교함으로써 시간통제를 유효하게 해보자는 데 그 목적이 있다.

⑤ 태도 및 사기의 측정

종업원들의 욕구충족은 조직의 과업성적에 매우 중요한 영향을 미친다. 그들의 욕구충족의 여부는 그들의 태도에 나타나고, 태도는 곧 그들의 업무수행에 연결되기 때문이다. 이와 같은 태도에 대한 간접적인 측정은 고충발생률(grievance rate)이나 이직률 및 결근율 등을 통해서 할 수 있다.

위에서 설명한 여러 가지 방법으로 활동성과가 측정되면 그것을 표준과 대비해 보아야 한다. 수정조치(corrective action)는 통제과정의 마지막 단계이면서 핵심적인 단계인데, 실제업적과 업적표준을 비교 · 측정하지 않으면 수정조치가 이루어질 수 없다.

3) 수정조치

수정조치는 활동성과가 설정된 표준에 미치지 못할 경우에 취해지는 조치이다. 이하에서는 표준미달의 활동성과에 대하여 수정조치를 취하는 몇 가지 점을 알아보기로 하자.

① 표준 및 목표의 수정

때때로 설정된 표준(established standards) 자체가 비현실적인 경우가 있다. 현재의 경영자원이나 기술을 가지고는 그것을 달성할 수 없는 상황인데도 무리한 목표를 설정한 경우가 있기 때문이다. 이 같은 경우에는 다음과 같은 두 가지 문제를 고려해야 한다.

첫째, 목표달성을 뒷받침하는 정책(policies), 절차(procedures) 및 방법(methods)의 적절성을 재검토하여야 한다. 이와 같은 지원계획(supporting plans)이 목표달성의 노력을 저해하는 경우가 있기 때문이다.

둘째, 설정된 표준이나 목표의 수준을 낮추는 문제를 고려해 보아야 한다. 물론 이와 같은 목표수준의 변경결정에는 설정된 목표나 표준이 현재의 조직능력이나 집단능력으로 도저히 달성될 수 없다는 확신이 전제되어야 한다.

② 선발 및 훈련방법의 개선

만약 문제가 기업조직 내의 인적 자원의 자질 때문이라면 관리자는 다음과 같은 두 가지 점에 있어서 수정조치를 할 수 있어야 한다. 종업원 선발방법(selection method)의 개선과 훈련방법(training technique)의 개선이 그것이다.

만약 능력이나 자질이 낮은 사람들이나 그 직무에 흥미가 없는 사람들이 채용된다면 그 직무수행을 위한 적절한 훈련이 어렵게 된다. 이 같은 문제를 해결하기 위해서는 적재적소(the right people for the job)의 선발원칙과 적절한 훈련이 적용되어야 한다.

③ 동기부여의 개선

종업원의 업무수행은 '능력×동기부여'이기 때문에 종업원이 능력을 갖추고 있어야 할 뿐만 아니라, 자기의 능력껏 열심히 일하려고 하는 의지가 있어야 한다. 그러므로 관리자는 고도의 동기부여를 위해 계속적인 노력을 경주해야 한다.

④ 조직 및 직무의 재설계

설정된 목표수준에 미달되는 원인이 조직설계의 잘못과 직무설계의 잘못에 있는 경우도 있다. 이 같은 경우 종업원 A의 업무와 종업원 B의 업무가 중복되어 누구도 그 업무수행의 결과에 책임을 질 수 없게 된다. 또 어떤 경우에는 그 직무수행의 책임 및 어카운터빌리티(accountability)는 가지고 있으나 그 업무를 수행할 권한은 결여되어 있는 경우도 있다. 이 모든 경우는 잘못된 조직화의 징후로 나타나는 현상이다. 그러므로 관리자가 수정조치를 취할 경우 조직을 재편성하는 문제도 고려에 넣어야 한다.

3. 통제의 유형

다음 [그림 9-3]과 같이 통제를 세 가지 유형으로 분류하고 있는 것이 일반적이다. 투입통제(혹은 사전통제; preliminary or feedforward control), 과정통제(process control), 산출통제(혹은 사후조치, 피드백통제; postaction or feedback control) 등이 그것이다.

투입통제(input control)는 작업이 시작되기 전에 실시되는 통제활동으로서, 여기에서는 적절한 방향이 설정되고 있는가, 목표달성을 위해 적절한 자원이 활용가능한가 등의 검토를 통해 일이 시작되기 전에 수정될 수 있도록 표준이나 목표로부터 벗어난 차이를 찾아낸다. 따라서 여기에는 원자재검사, 목표의 재점검, 선발 · 배치의 적정성 여부, 예산요구, 훈련의 필요성 등이 검토된다.

과정통제(process control)는 작업과정에서 무슨 일이 일어나고 있는가에 초점을 맞춘다. 현재 진행되고 있는 운영상의 제활동을 감시하여 일이 올바르게 진행되고 있는가를 확인한다. 그리하여 일이 진행되는 과정에서 수정조치를 취하도록 하는 통제이다. 이와 같은 통제는 불량제품이

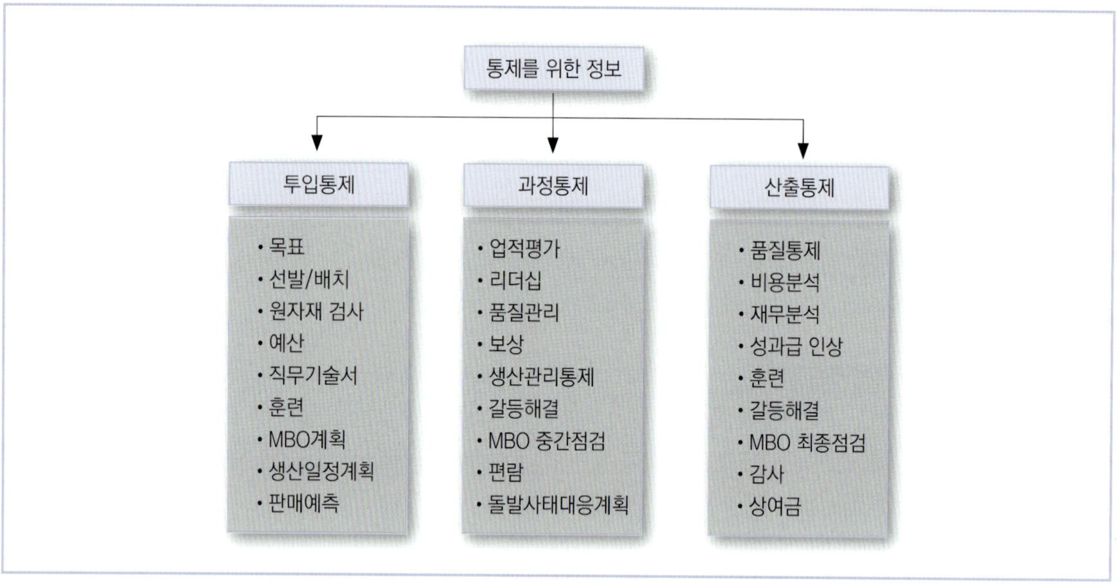

[그림 9-3] 통제의 유형

발생하기 전에 제조과정에서 수정조치를 취하려는 통제방법이다.

산출통제(output control)는 작업이 완성된 후에 실시된다. 그래서 산출통제는 투입통제나 과정통제와는 달리 최종제품이나 서비스를 분석하는 활동에 초점을 맞춘다. 그리고 산출통제는 계획이나 활동의 평가에 사용될 수 있는 피드백정보(feedback information)를 제공해 준다. 그리고 또 산출통제는 자원투입이나 작업흐름의 과정에서 어떤 부분이 변화되어야 최종제품이나 서비스의 개선을 가져오게 될 것인가를 확인하게 함으로써 투입통제와 과정통제에 도움을 준다.

4. 통제의 전략

1) 내적 통제

내적 통제는 곧 자율적 통제(self-control)이다. 따라서 직무상에서 자신의 행동에 대해 자기 스스로가 책임을 지려는 사람들에 의해 수행된다. 맥그리거 Y이론의 관점, 즉 사람은 자신들의 작업활동에서 기꺼이 자율적 통제를 하려고 한다는 주장을 수용하는 통제방법이다.[1] 맥그리거가 지적한 바와 같이 자율적 통제는 직무에 대한 헌신성(committment)이 높은 경우에 가능하다. 따라서 내적 통제전략을 사용하려면 관리자가 종업원들을 업적목표 및 업적표준의 설정과정에 기꺼이 참여시켜야 한다. 그리고 내적 통제전략은 종업원에 대한 관리자의 높은 신뢰도를 요구한다. 종업원들이 그들의 과업을 스스로 잘 수행할 것이라고 신뢰해야 한다는 말이다. 그러나 만약 신뢰가 그 정당성을 입증할 수 없게 되면 대안적 조치가 취해질 수 있다. 그러나 불행하게도 많은 관리자들은 '다른 사람은 신뢰할 수 없다'는 가정을 가지고 출발한다. 이와 같은 가정은 인간성(human nature)에 대한 부정적 견해이며, 종업원의 인격적 성장을 방해한다.

이와 같은 자율적 통제(내적 통제)의 가능성은 고도로 유능한 사람들이 명확한 업적목표를 가지고 있고 적절한 자원의 지원(proper resource support)을 받고 있는 경우에 더욱더 효과적이다. 그리고 또 이 자율적 통제는 개인의 존중, 인간적 배려, 창의력 발휘, 내적 보상의 기회가 많이 허용되는 참가적 조직문화 속에서 더욱더 제고될 수 있다.

2) 외적 통제

외적 통제는 내적 통제를 보완하는 것으로서 조직내의 모든 활동이 공통목표를 지향하도록 하기 위해 관리자가 직접 종업원의 업무활동을 통제하는 전략이다. 이 외적 통제는 여러 가지 방법에 의해 수행된다. 우선 관리자는 종업원들의 작업을 직접 관리 · 감독하기도 하고 바람직한 성과를 위해 필요한 조치를 취함으로써 통제기능을 수행한다. 그리고 이와 같은 외적 통제에는 직무기술(job technology)이 중요한 역할을 한다. 예를 들어, 어떤 직무에서는 컴퓨터기술이 개인의 작업행동과 업적을 통제하는 데 활용되고 있다. '컴퓨터지원 제조시스템(computer assisted manufacturing system)'과 같은 기술집약형 생산시스템내에서는, 특히 기술적 통제(technological control)가 가능하고 업적의 예측까지 가능하게 된다. 그리고 외적 통제는 관리자들이 적절한 관리 · 통제시스템을 개발하여 실천할 때 더욱더 완벽해진다. 정책 및 절차, 조직구조 등도 모두가 종업원의 행동에 바람직한 방향을 제시하는 잠재력을 가지고 있기 때문이다.

내적 전략은 종업원들에게 내적 보상(성취감, 책임감, 성장, 직무충실, 참가 등)을 제공한다. 그리고 외적 전략은 종업원들에게 외적 보상(임금, 지위 · 신분의 상징, 관료적 통제 등)을 제공한다. 그러나 이들 두 가지 전략 사이에는 여러 가지 형태의 결합이 가능할 것이고, 어떤 상황에서나 두 전략의 적절한 결합이 가장 효과적이다.

5. 통제의 제기법

다음에서는 조직 내에서 빈번하게 활용되고 있는 통제기법은 무엇인가를 살펴보기로 하자. 이하에서 서술될 몇 가지의 통제기법은 많은 통제기법들 중의 일부에 지나지 않지만, 일반적으로 빈번하게 사용되는 기법이며, 관리자가 업적을 평가하여 적절한 조치를 취하는 데 매우 유익한 통제기법들이다.

1) 예산통제

예산이란 계획을 재무적인 용어로 표현해 놓은 것이다. 그러면 예산을 세운 목적이 무엇인가? 그것은 기업조직의 많은 활동에 대한 재무적인 표준(financial standards)을 설정하기 위한 것이다. 그리하여 그 업무활동의 결과와 예산 사이에 오차가 생길 때에는 적절한 수정조치가 취해질 수 있게 된다.

예산은 다음 몇 가지 이유 때문에 경영자(관리자)에게 매우 중요하다. 첫째, 예산은 관리자로 하여금 달성가능한 목표, 기본적 계획, 그 목적과 관련된 정책 등을 개발하도록 한다는 점에서 관리자의 계획기능수행에 도움이 된다. 다시 말하면, 예산은 생산기준(산출의 계획량)의 설정을 가능하게 한다는 말이다. 둘째, 예산은 조직성원들간의 책임을 분명히 하는 데 도움이 된다는 점에서 관리자의 조직화기능의 수행에 도움이 된다. 셋째, 예산은 조직활동을 조정하는 데 있어서도 매우 중요하다. 넷째, 예산수립의 과정에서 관리자와 종업원간의 상호작용은 업적과 관련된 제활동을 명확히 하고 통합하는 데 도움이 된다. 다섯째, 예산수립과정에서 어떤 자원을 사용할 것인지를 구체화해야 하기 때문에 예산은 조직전략의 성공적인 실천을 통한 목표달성에 도움이 되며, 이것들은 관리자의 지휘기능의 중요한 부분이다. 마지막으로 예산은 관리자의 통제기능(control function)의 수행에도 도움이 된다. 왜냐하면 예산은 제자원의 효과적 활용을 가능하게 하고, 가치있는 자원의 보존과 주기적인 조직분석을 위한 장치를 설정하는 데 도움을 주기 때문이다.

이와 같이 예산이 모든 관리기능의 수행에 도움이 되는 것 이외에도 다양한 조직활동에 걸쳐 연결되어 있기 때문에 더욱더 중요한 의미를 가진다.

2) 재무분석

예산통제는 기본적으로 투입통제(input control)이다. 예산은 조직활동이 시작되기 전에 수립되는 것이기 때문이다. 그리하여 운영이 일단 시작되고 난 다음에는 관리자들의 관심은 다른 재무적 문제에 쏠리게 된다. 즉, 재무제표(financial statements), 비율분석(ratio analysis), 인적 자원회계(human resources accounting) 등이 그것이다. 재무제표, 비율분석에 대하여는 '제13장 자금의 조달 및 활용'에서 설명하기로 한다.

3) 감사

일반적으로 감사(audit)란 어느 한 집단이 '다른 집단의 과업수행에서 잘못한 점을 찾아내려는 노력'을 의미하는 것으로 이해하고 있다. 사실 감사대상기관의 업무상의 비행을 밝혀내는 것이 감사의 목적이기는 하지만, 그것이 감사의 유일한 목적은 아니다. 감사는 기본적으로 분석, 확인 및 수정을 목적으로 하는 조직활동의 조사활동이기 때문이다. 따라서 감사는 조직의 재무제표의 정직성과 공정성을 검증하는 데 초점을 맞출 수 있다. 사실 이것은 지금까지 감사의 주된 목적이 되고 있다. 그런데 조직 내에는 세 가지 유형의 감사가 실시되고 있다. 외부감사(external audit) 및 내부감사(internal audit)와 경영감사(management audit)가 그것이다. 외부감사와 내부감사는 모두 재무적 자료를 다루며, 경영감사는 다양한 관리실무와 정책을 평가한다.

(1) 외부감사

외부감사는 조직의 재무제표의 독립적 평가이다. 이 외부감사는 공인회계법인에 의해 실시되는 것이 보통이다. 감사인의 업무는 재무제표를 작성하는 것이 아니고, 조직이 자산과 부채를 평가하는 데 있어 일반적으로 인정되는 회계원칙을 따르고 있는가를 검증하는 것이다.

외부감사는 조직에 몇 가지의 장점을 제공한다. 첫째, 공인회계법인은 독립적 조직이므로 그들의 분석은 고도의 객관성을 지니고 있다. 그들은 회계기준에 따라 감사대상기업의 재무상태와 운영을 있는 그대로 보고하도록 되어 있다. 둘째, 회계법인의 공인회계사들은 고도로 숙련된 전문가들이기 때문에, 감사는 조직의 재무적 활동과 관련된 문제점을 진단하는 데 유용하다. 셋째, 외부감사는 재무제표가 표준회계원칙에 따라 작성되었는지를 검증하기 때문에 관계은행과 투자자들이 그 조직에 대한 정확한 정보를 얻을 수 있다.

(2) 내부감사

외부감사와는 별도로 많은 조직들은 자체 인력을 활용하여 지속적으로 내부감사를 실시하고 있다. 내부감사의 목적도 외부감사의 그것과 동일하다. 즉, 내부감사도 조직의 재무제표가 조직의 실제 재무상태를 정확하고 정직하게 반영하고 있는지를 확인 · 검증하는 것이다. 이와 같은 내부감사의 긍정적인 측면으로는 조직 내부의 운영상태를 잘 알고 있는 조직의 내부인이 감사를 하게 되므로 더욱 깊이 있는 분석을 할 수 있다는 점이고, 또 하나는 외부감사가 1년에 1회 실시되는 데 반해, 내부감사는 1년 내내 주기적으로 실시될 수 있어서 문제점이 보다 일찍 발견될 수가 있다는 점이다.

(3) 경영감사

경영감사(management audit)는 전체 조직의 운영에 대한 평가 및 사정과 관련된 감사이다. 물론 경영감사에는 재무자료의 분석도 포함될 수 있지만 경영감사는 재무자료의 분석에 한정되지는 않는다. 경영감사는 조직의 목적, 전략, 계획, 정책, 자원(강점과 약점) 그리고 미래의 기회를 평가한다.

6. 통제와 종업원의 행동

1) 행동에 대한 통제의 영향

만약 종업원들의 행동이 완벽하게 이성적이고 논리적이라면 거기에는 별로 문제될 것이 없다. 그러나 우리가 이미 알고 있는 바와 같이 인간의 행동은 비논리적이고 예측불가능한 측면이 있다. 예를 들어, 사람들은 자기의 행동이 엄격하게 통제받게 되면, 엄격하고 밀접하게 통제받고 있지 않을 때보다 더 불량한 업무수행을 하는 경우가 많다. 그리고 어떤 사람은 관리자가 세밀하게 통제하지 않으면 그것을 자기에 대한 관리자의 무관심으로 받아들이는 경우도 있다. 그러면 어떻게 하면 통제시스템이 종업원의 호의적 지지를 확보하면서 업무활동을 통제할 수 있을 것인가? 이를 위하여 이하에서는 통제에 대한 종업원들의 공통적인 반응에 대하여 살펴보고자 한다.

(1) 작업에 대한 흥미상실

만약 종업원들이 매우 엄격하게 통제되고 있다면, 그러한 엄격하고 밀접한 통제(close control)에 대하여 종업원들은 불쾌하게 여기는 경향이 있다. 그리하여 종업원들은 겨우 해고당하지 않을 정도로 작업활동을 하게 되고, 육체적으로는 직무에 임하고 있어도 정신적으로는 흥미를 잃게 되어 마침내 조직 내부의 많은 직무에서 종업원은 문책을 당하지 않을 정도의 최소한의 능력밖에 발휘하지 않게 된다.

(2) 공개적 혹은 비공개적 적대감

종업원들이 통제에 대하여 불쾌하게 생각하게 되면 공개적으로 불평을 한다든지 지시에 따르지 않든지 하여 공개적으로 저항하려고 하는 경우가 있다. 그리고 어떤 종업원들은 협조적인 체하면서 공개적인 불평 · 불만을 털어놓지는 않으면서도 비공개적으로 조직시스템을 혼란에 빠뜨리는 경우도 있다. 그래서 비공개적인 적대감이 공개적인 적대감보다 더 위험한 것이다. 왜냐하면 적대감정이 겉으로 나타나지 않고 누적되었다가 마지막으로 터져나올 경우 관리자가 감당할 수 없을 정도로 강렬한 것이 되기 때문이다. 그래서 불평 · 불만이나 저항의 원인이 처리되지 않고 오래 지속되면 될수록 그것을 제거하기가 더욱더 어려워진다.

(3) 이직률과 결근율의 증가

많은 사람들은 자기가 싫어하는 통제상황에 대한 반응으로서 그 상황으로부터 멀리 떠나려고 하는 경향이 있다. 작업에서 오는 긴장에 기인하기도 하겠지만, 때때로 종업원들은 몸이 불편하다는 핑계로 결근을 한다든지 아니면 다른 회사로 아주 일자리를 옮기는 경우도 있다. 어느 경우이든 기업조직은 생산실적의 감소, 병가수당의 지급 및 인원보충을 위한 종업원의 선발과 훈련비용 때문에 많은 손실을 입게 된다.

(4) 노조운동

통제에 대한 또 하나의 반응은 노조운동으로 나타난다. 만약 종업원들이 사용자들로부터 지나치게 통제당하고 있다고 느끼게 되면 그들은 강력한 노조를 결성하여 투쟁하게 된다. 종업원들이 노조에 가입한다거나 혹은 노조를 결성하는 유일한 이유가 반드시 통제에 대한 저항은 아니지만 많은 사례에서 주요한 원인이 되고 있음을 볼 수 있다.

(5) 자발적 협조

그렇다고 종업원들이 모든 통제에 대하여 저항만 하는 것은 아니다. 그렇게 된다면 관리자가 종업원들의 업무수행을 측정할 수 없게 될 것이다. 그러므로 관리자는 종업원들이 자발적인 협조적 자세를 가질 수 있게 하는 통제를 계획, 실천하여야 한다.

2) 종업원에게 수용될 수 있는 통제

(1) 개방적 의사소통

사람들은 그들이 이해의 공감대를 갖고 있지 않은 사실에 대하여 훨씬 더 저항하려는 경향이 있다. 그러므로 관리자는 그 통제시스템이 어떠한 것이며, 왜 그렇게 해야만 하는가를 종업원들에게 설명하는 노력을 보여야 한다. 만약 그 통제시스템으로부터 종업원이 유익을 얻을 수 있다면 그 통제시스템은 더욱더 종업원들에게 설명될 수 있어야 한다. 그러나 여기에서 유의할 것은 관리자가 이행 불가능한 약속을 해서는 결코 안 된다는 사실이다.

그리고 관리자는 개방적인 의사소통을 통하여 통제시스템에 대한 솔직한 의견교환이 이루어지도록 해야 하며, 그렇게 함으로써 통제에 대한 종업원들의 많은 저항을 제거할 수가 있을 것이다.

(2) 종업원의 참가

통제를 위한 표준설정의 과정과 업무수행의 측정과정에 종업원을 참가시키는 것이 유익하다. 표준설정의 과정이나 업무수행의 측정과정에 종업원을 참가시켜야 한다는 것은 두 가지 점에서 유익하다. 첫째는 그것이 새로운 통제시스템에 대한 저항을 감소시키고, 둘째는 그것이 관리자로 하여금 유익한 아이디어를 얻을 수 있게 하기 때문이다. 여기에서 유의해야 할 것은 관리자 자신이 신심으로 종업원의 참가를 원치 않을 때는 결코 종업원의 참가를 요구해서는 안 된다는 것이다. 왜냐하면 종업원들은 교묘하게 이용하려는 위장된 참가요구에 대해 더욱 강력한 저항으로 반응하기 때문이다.

(3) 지나치게 많은 통제의 삼가

통제가 지나치게 많게 되면 통제 그 자체가 종업원들에게 많은 중압감을 주게 되어 저항감을 초래하게 된다. 앞에서도 언급한 바와 같이 조직목표의 달성에 결정적인 역할을 하는 업무수행만을 위해 표준을 설정하고 그 같은 업무수행의 성과를 측정해야 한다. 그렇지 않고 너무 많은 업무분야에서 통제를 시행하게 되면 종업원의 사기에 손상을 입힐 뿐이다.

(4) 자율적 통제의 활용

행동과학자들은 말하기를 사람이 타율적 통제(external control)보다 자율적 통제(self-control)에 더 호의적인 반응을 나타내 보인다고 한다. 일단 작업수행의 표준이 설정되면 거기에 따라 수행된 종업원의 업무수행 성적의 결과가 종업원들 자신에 의해 측정될 수 있어야 하고 종업원들 스스로 자기들의 업무수행을 개선해 갈 수 있도록 해야 한다. 관리자들도 역시 종업원의 업무수행성적에 대한 측정을 하게 되지만, 관리자가 수정조치를 취하기 전에 종업원들이 자기 자신의 업무수행에 대해 스스로 수정조치를 취할 수 있는 기회를 가질 수 있도록 해야 한다는 말이다. 종업원들이 자기의 업무수행을 스스로 개선해 갈 수 없을 경우에 한하여 관리자가 수정조치를 취해야 한다.

이러한 자율적 통제는 종업원에게 자주관리의 기회를 부여하여 일하고자 하는 의욕을 강력하게 불러일으키려는 관리방법이다. 이와 같은 관리의 대표적인 예는 목표관리(MBO)와 무결점운동(ZD)이다. 그리고 이와 같은 자율적 통제를 효과적으로 할 수 있게 하려면 종업원을 신뢰하고 그들의 자발적인 노력을 고무할 수 있어야 한다.[2]

미주

1. Douglas McGregor, *The Human Side of Enterprise*, McGraw-Hill Co., New York, 1960.
2. 김원수 편저, 『체계경영학사전』, 법문사, 1993, p. 432, p. 936.

연습문제

1. 통제는 왜 필요한가?
2. 여러분 자신의 계획과 관련하여 계획이 잘 실현되었는지 통제의 단계에 따라 설명하여 보자.
3. 다음 사항에 대한 측정가능한 표준을 설정해 보자.
   ① 매출액의 증진
   ② 종업원 사기의 진작
   ③ 생산활동에서의 불량품의 감소
   ④ 소비자에 대한 서비스의 개선
4. 표준에 미달된 성과에 대하여 관리자가 취할 수 있는 수정조치에는 어떤 것이 있는가?
5. 통제와 종업원의 행동과 관계를 설명해 보자.

사례

"유감스럽게도 김 계장의 업무성적은 만족스럽지 못하여 이번 특별상여금 지급대상에서 제외되었어" 하고 판매과장이 말하였다. 이 말을 듣고 있던 김 계장은 좀 엄숙한 표정으로 판매과장을 쳐다보며 "지난번에 과장님과 제가 같이 앉아 여러 가지 목표를 설정하여 서로 합의하지 않았습니까?" "그래, 그건 나도 알지. 그러나 김 계장이 그 목표를 달성했다고 생각되지 않는데." "그렇지 않습니다, 과장님. 저의 활동목표는 상당한 양의 매출고를 증진시키는 일이고 몇 사람의 새로운 고객을 확보하는 것이며, 또 판매비용을 최소로 유지하는 것이 아니었습니까?"라고 김 계장은 약간 높은 어조로 이야기하였다. "그렇지만 만족할 만한 수준에는 못 미쳤다고 생각돼. 아마 우리는 각자가 다른 표준을 생각하고 있었던 모양이지" 하고 판매과장이 말하였다.

문제

(1) 이와 같은 의견의 불일치를 막을 수 있는 방법은 무엇인가?
(2) 위의 대화에서 적어도 세 가지 분야에 대한 목표설정을 한다면 어떻게 하는 것이 합리적인가?

인터넷 사례

삼원정공(주)의 초관리운동은 조직을 효과적으로 관리하고 통제하는 대표적인 성공사례이다. 삼원정공(주)이 추진하고 있는 초관리운동의 핵심내용이 무엇인지를 인터넷을 통해 찾아 토론해 보자.

『타인을 아는 것은 지식이고, 자기를 아는 것은 지혜이다.』 — 도덕경 33장

3부

경영활동의 이해

개요 >

제3부에서는 기업경영 전체시스템을 구성하고 있는 조직활동에 관하여 다루고자 한다. 전통적으로 경영학에서는 기업조직의 활동을 생산운영활동, 마케팅활동, 인적자원의 확보 및 활용, 자금의 조달 및 활용으로 대별하여 접근해 왔다. 그러나 급격한 정보기술의 발전과 더불어 경영정보시스템의 중요성이 더해가고 있음에 따라 경영정보의 수집 및 활용과 최근 경영학에서 많이 다루고 있는 창업과 벤처경영부문은 별개의 조직활동으로 제4부에서 다루고자 한다.

한편, 기존의 경영학원론 서적들은 이러한 기업조직활동의 관리를 개별적으로 서술하고 있다. 본서에서는 조직활동을 두 가지 활동으로 대별하여 서술하고자 한다. 즉, 기업조직이 생존과 성장의 맥락에서 이익창출을 위해 수행되는 주요 활동과 이러한 주요 활동이 원활하게 이루어질 수 있도록 윤활유역할을 수행하는 지원활동으로 구분하여 서술하고자 한다.

제3부의 주요 활동에는 생산운영활동과 마케팅활동을 포함시켰고, 지원활동에는 인적자원의 확보 및 활용, 자금의 조달 및 활용, 회계정보의 수집 및 활용을 포함시켜 다루었다.

먼저 제10장과 제11장에서는 기업의 이익창출활동인 주요 활동에 관해 살펴보기로 하고, 제12장과 제13장에서는 이를 뒷받침해 주는 지원활동에 관해 살펴보기로 한다.

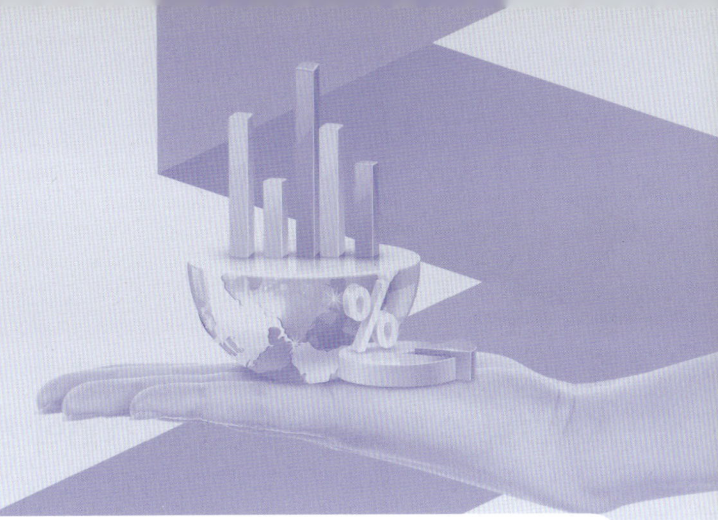

제10장 | 생산운영활동

이 장에서는 경영활동을 이해하는 차원에서 먼저 기업에서 가장 중요한 활동인 생산운영활동에 대한 기초개념과 내용들이 설명되어 있다. 개별 각론부분에서 다루어지겠지만 생산운영활동의 의의, 생산시스템설계와 운영, 미래의 공장과 물자관리에 관련된 주요 생산운영활동, 그리고 생산운영활동의 미래의 방향을 간단하게 설명하고 있다.

이 장을 읽어가는 동안 이것만은 이해하시기 바랍니다.

1. 기업의 조직활동에서 생산운영관리 활동의 의의는 무엇인가?
2. 생산설계활동과 생산운영활동의 내용은 무엇인가?
3. 공장입지의 선정에 고려되어야 할 요인들은 무엇인가?
4. 공장배치에 작용하는 네 가지 요인은 무엇인가?
5. 공정계획이란 무엇이며, 그 목적은 무엇인가?
6. 품질관리란 무엇인가?
7. 생산운영활동의 미래의 방향은 무엇인가?

제10장 사례 >

'6시그마 운동' 신한카드, 3조8,000억 성과

신한카드가 제조업종의 전유물처럼 여겨졌던 '6시그마' 경영 품질 활동을 금융업에 성공적으로 정착시켜 주목받고 있다. 그동안 거둔 유 · 무형의 성과만도 3조8,000억 원에 달하는 것으로 집계됐다. 6시그마는 제품, 서비스, 거래 및 공정과정 전 분야에서 품질을 측정 · 분석하고 향상시켜 궁극적으로 모든 불량을 제거하기 위한 품질 향상 운동이다. 혁신의 관점에서 경영 품질을 개선해 고객을 껴안겠다는 의미다.

2012년 12월 27일 신한카드에 따르면, 지난 2008년부터 경영 품질개선을 위해 6시그마 경영혁신활동을 도입, 5년째 강력하게 추진 중이다. 제조업체에서 시작된 6시그마를 카드업에 도입한 것은 극히 이례적이다. 신한카드 관계자는 "초기에는 프로세스 표준화와 비용절감에 초점을 맞췄지만 2011년부터는 '고객가치창출'로 개념을 확장해 고객의 심리적, 감성적 요구를 충족시키는 데 주안점을 두고 있다"고 말했다.

이에 맞춰 수행한 과제만도 1,000여 개로, 3조8,000억 원이 넘는 성과를 창출해 기염을 토했다. 6시그마 전문인력만도 전 직원의 40%에 달하는 1,000여 명을 양성했다. 신한카드는 직원들이 일상 업무에서 혁신의 관점에서 개선할 문제가 무엇인지를 스스로 찾아낼 능력을 갖췄다는 점을 뜻한다고 의미를 부여했다.

업무에 적용된 혁신성과를 보여주는 사례가 콜센터 업무. 통상 신용카드 사용 때 거래거절이 발생하면 고객이 콜센터로 전화를 하지 않는 한 사유를 알 수 없어 불편함을 느낀다. 하지만 신한카드는 거래거절 사유를 8개로 상세화해 휴대전화 문자메시지로 즉시 전송해 주는 시스템을 구축했다. 고객이 여러 번 문의하는 번거로움을 원천적으로 해결한 것이다.

해외여행을 하는 고객에게 여행서비스를 원스톱으로 안내해 주는 여행 특화 서비스나 모바일 결제방식 개선 등도 직원들의 아이디어에서 나온 것으로 톡톡히 효과를 거두고 있다. 오전 9시~오후 6시인 콜센터 업무시간 이후에 들어오는 고객문의를 위해 상담원 중 일부가 출퇴근 시간을 한 시간 늦추는 '탄력근무제'를 도입한 것도 6시그마 활동의 산물이다.

신한카드 관계자는 "국내 카드시장은 성숙기에 진입해 예전과 같은 큰 성장을 기대하기 어렵기 때문에 고객에게 감성적으로 최적화된 서비스를 제공해야 한다"면서 "고객의 애로사항이 완전히 해소되도록 경영혁신활동을 지속적으로 추진할 것"이라고 말했다.

〈문화일보, 2012, 12, 27.〉

1. 생산운영활동의 의의

생산이란 유형의 재화나 서비스를 만들어내는 과정으로, 특정한 생산요소를 사용하여 경제적 가치를 증가시킴으로써 사용자의 효용을 증가시키는 행위라고 정의할 수 있다. 구체적으로 생산의 범주를 살펴보면, 첫째는 어떤 물질적인 유형의 재화를 창출하는 행위이고, 둘째는 운송을 통하여 위치를 이동하는 행위, 셋째는 재화를 교환하는 행위, 넷째는 재화를 창고에 보관하는 행위, 다섯째는 무형의 재화인 서비스를 창출하는 행위 등을 포함한다.[1]

복잡하고 다양한 생산활동은 그 범위가 넓기 때문에 생산활동이 목표로 하고 있는 생산량과 품질을 달성하기 위해서는 우선적으로 해결해야 할 여러 가지의 문제들이 있다. 이러한 생산활동은 인류역사를 통해 볼 때 사회를 유지하고 존속시키기 위해 끊임없는 활동들이 이루어졌다는 사실을 알 수 있다. 농경사회에서는 자연과 노동에 의존한 생산활동이 진행되었으며, 산업사회에 접어들어서는 기계를 중심으로 한 생산활동이 활발하게 진행되었다. 또한 21세기의 정보화 · 지식화 사회에 있어서는 정보지식의 창출과 지식 생산활동이 활발히 이루어지고 있다. 따라서 인간이 살아가는 사회에서 생산활동은 필수적인 요소일 수밖에 없다. 오늘날 자본주의 사회에서는 이러한 생산활동을 기업조직이 주도적으로 수행하고 있다.

생산활동은 생활필수품을 비롯하여 자동차, 컴퓨터, 전화기 등과 같이 인간이 살아가는데 필수적인 유형의 재화를 만들어내는 제조기업의 생산활동을 비롯하여 서비스기업에서 이루어지는 고객에 대한 무형의 서비스활동을 말한다. 이러한 생산운영활동이 곧 기업의 이익창출활동의 출발점이 된다. 즉, 고객이 원하는 제품을 만들어 판매함으로써 이익을 창출하는 활동으로서 기업활동의 근간이 된다고 할 수 있다.

이러한 생산운영활동은 생산시스템의 생산성을 극대화할 수 있도록 생산활동이나 운영과정을 관리하는 활동이다. 기업은 생산운영활동을 통해 고객이 요구하는 제품(제품의 종류와 품질)을 얼마만큼(생산량), 언제까지(납기), 최저의 비용으로 제공할 수 있는가를 모색하는 기업활동이라고 할 수 있다.

2. 주요 생산운영활동

생산운영활동은 생산시스템의 설계와 생산시스템의 운영활동으로 대별된다.

생산시스템의 설계는 제품생산에 앞서 어떤 제품을 만들어야 하는가와 관련된 제품의 설계, 제품을 생산하기 위한 공장의 입지선정, 제품생산을 효율적으로 수행하기 위한 공정 및 배치설계, 그리고 생산할 제품의 양을 결정하기 위한 수요예측활동 등이 포함된다. 생산시스템의 운영활동은 실제로 제품을 생산하기 위한 전반적인 생산일정계획과 적정의 재고를 유지하기 위한 재고관리, 그리고 생산하는 제품의 적정품질수준을 유지하기 위한 품질관리활동 등이 포함된다.

1) 생산시스템 설계

(1) 제품설계

기업의 생산운영활동은 고객이 원하는 제품을 만들어내기 위한 제품설계에서 시작된다. 어떤 제품을 생산하기 전에는 반드시 고객의 요구에 적합한 제품의 설계가 이루어져야 한다. 제품을 생산하기 전에 먼저 제품의 크기, 모양, 색깔, 구조, 무게, 성능 등과 같은 제품의 특성을 어떻게

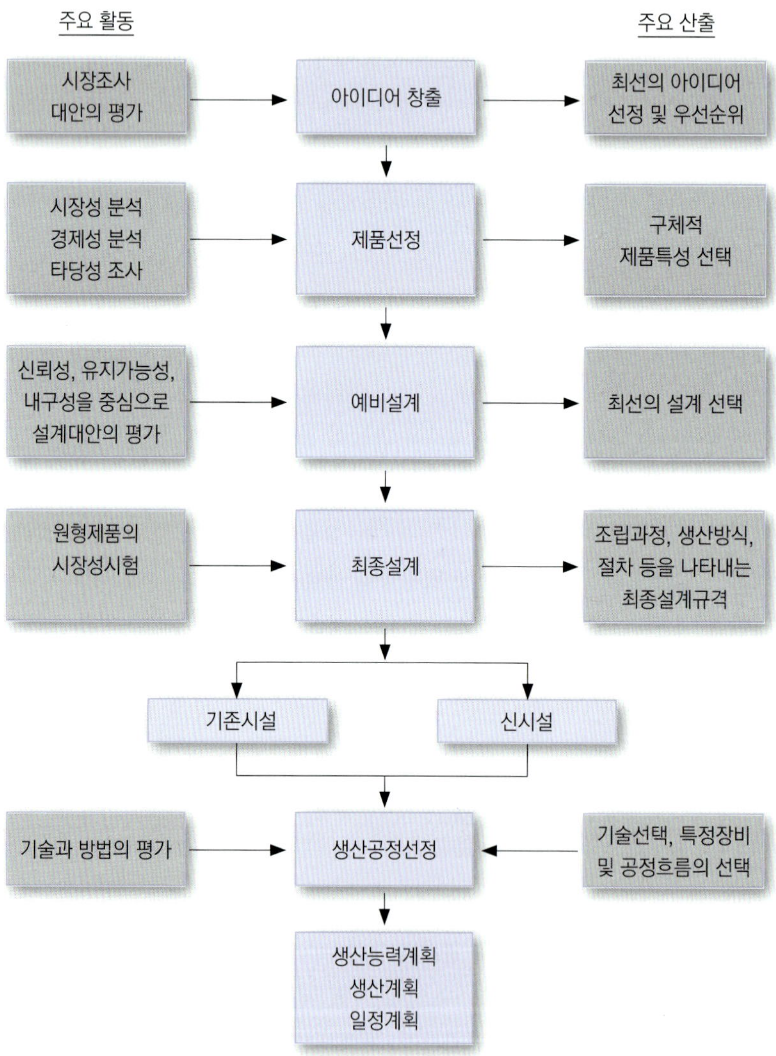

자료: 강금식 저, 『생산 · 운영관리』, 박영사, 1987, p.103.

[그림 10-1] 신제품개발과정

할 것인가에 대한 의사결정을 해야 한다. 그러면 관리자가 제품설계에 대한 의사결정을 어떻게 하면 되는 것일까?

먼저 관리자는 잠재시장(potential market)을 조사하여 소비자가 필요로 하고 있는 것이 무엇인가를 알아야 한다. 그 다음으로 공학으로부터 얻을 수 있는 기술정보(technical information)가 제품설계의 의사결정에 영향을 미친다. 가령, 어떤 제품은 현재의 기술수준으로 생산이 불가능한 경우가 있을 것이고, 또 그 제품의 생산이 현재의 기술수준으로 가능하다고 할지라도 잠재소비자(potential consumers)가 구입할 수 있는 가격수준으로는 도저히 생산해 낼 수 없는 경우도 있을 것이다. 그렇게 되면 기업조직은 그러한 신제품으로부터 이익을 얻을 수 없으므로 관리자는 그 제품의 경제성을 고려하여야 한다.

기업의 제품설계전략은 제품수명주기에 따라 달라지지만 신제품개발과 설계는 [그림 10-1]과 같은 과정을 거쳐 이루어진다. 그래서 제품설계 및 개발에 대한 관리자의 의사결정은 세 가지 주요 요인에 근거하여 이루어지고 있다는 것을 알 수 있다. 첫째는 잠재적인 소비자가 무엇을 원하고 있으며, 둘째는 기술적인 제약이며, 셋째는 이익과 비용, 즉 경제성에 대한 고려이다.

(2) 공장입지선정

어떤 제품을 어떻게 만들어낼 것인가와 같은 제품설계가 끝나면 이러한 제품을 만들 수 있는 공장(factory)을 고려해야 한다. 제품을 생산하기 위한 공장과 관련된 의사결정문제에 있어서는 공장을 어디에 세울 것인가에 대한 공장입지의 선정이 매우 중요하다. 즉, 기업의 이익을 극대화시켜주고 비용을 최소화시켜 주는 최적의 장소에 공장을 입지시키는 문제이다.

최적의 장소에 공장을 입지하기 위해서는 여러 가지 입지요인들이 고려되어야 한다. 공장입지요인들 가운데 기본적으로 가장 중요한 요인들은 원자재, 노동력 및 수송 등의 유용성과 여기에 소요되는 비용으로, 이러한 입지요인들은 장기적으로 생산운영활동의 이익과 비용에 직접적으로 영향을 미치게 된다.[2)]

공장입지선정에서 가장 우선하여 고려해야 할 요인은 제품을 생산하기 위한 원자재이다. 이와 관련된 의사결정의 내용은 공장이 원자재를 조달하기 가까운 곳에 위치해야 하느냐, 그렇지 않으면 최종제품(final product)의 판매시장에 가까운 곳에 위치해야 하느냐 하는 문제이다. 소요되는 원자재가 부패되기 쉽다거나 쉽게 파괴되는 것이라면 공장이 원자재의 원천에 가까운 곳에 위치하는 것이 더 좋고, 반면에 원자재를 공장으로 수송하는 데 소요되는 비용보다 최종제품을 소비시장으로 수송하는 데 소요되는 비용이 더 많을 경우에는 공장이 판매시장에 가까운 곳에 위치시켜야 한다.

노동력은 공장입지를 결정하는 데 영향을 미치는 두 번째로 중요한 요인이다. 노동력과 관련해서는 임금, 노동숙련도, 작업자의 태도 등에 대한 의사결정문제가 대두된다. 임금은 기업의 주요한 비용 중의 하나이기 때문에 저렴한 노동력을 쉽게 확보할 수 있는 곳에 공장을 세우는 것이 바람직하다. 그러나 노동력은 낮은 임금과 상충되는 문제가 발생하게 되는데 이것이 바로 노동의 숙련도이다. 즉, 숙련된 노동력이나 고난이도의 기술이 요구되는 제품을 생산하는 경우에 그

노동의 대가로 지불되는 임금은 높아질 수밖에 없기 때문이다.

셋째로 노동력과 관련해서 고려해야 할 사항은 이직률, 결근율, 일에 대한 흥미 및 일에 대한 몰입도 등과 같은 작업자의 태도이다. 즉, 생산직 종업원의 이직과 결근이 높고, 담당하고 있는 생산작업에 흥미와 몰입의 정도가 낮다면 생산량과 제품의 품질수준에 문제가 발생하게 된다.

그리고 공장입지를 결정할 때 수송문제도 역시 고려되어야 한다. 생산공장에서 원자재와 완제품의 수송하기 위한 운송서비스는 반드시 고려되어야 한다. 수송문제와 관련된 공장입지의 선정은 그 산업의 특수성과 제품의 특성에 가장 유용한 수송방법이 무엇이냐에 따라 결정된다. 오늘날 전산업에 걸쳐 급격히 증가하고 있는 물류비에 있어서 이러한 수송비용이 가장 많은 비중을 차지하고 있다.

이상의 원자재, 시장, 노동력의 공급 및 수송 등의 요인 이외에도 공업용수, 동력, 토지공급가격, 폐기물처리, 기후, 세금 및 정부의 규제 등이 공장입지 선정에 영향을 미칠 수가 있다. 예를 들면, 철강산업의 경우는 막대한 수송비용과 공업용수가 필요하기 때문에 임해지역이 유리한 입지가 되는 것이다.

공장입지의 선정에 관한 최종적인 결정은 매우 어려운 의사결정인데, 공장입지 후보지를 평가하기 위해서는 점수법(rating plan)과 비용분석법(cost analysis) 등이 흔히 사용되어진다.[3]

점수법에서는 고려의 대상이 되는 각 입지요인에 대하여 가중치가 주어진다. 가장 중요하다고 생각되는 요인에 가장 높은 점수가 배정된다. 〈표 10-1〉의 경우는 '원자재산지 접근성'이 가장 중요하다고 생각되어 400점이라는 최고의 가중치를 배정하였다. 그 다음으로 중요도의 순서에 따라 '판매시장 접근성'에 300점, '노동력공급'에 275점이 배정되었다. 이와 같이 하여 공장입지의 여러 후보지를 각 요인에 할당된 가중치에 견주어 점수를 매겨 각 후보지의 총점수를 산출한다. 이렇게 하여 가장 높은 총점을 받은 후보지가 공장입지로 선정된다. 이와 같은 점수법에 의

요 인	가중치	입 지		
		A지역	B지역	C지역
원자재산지 접근성(nearness to raw materials)	400	300	250	150
판매시장 접근성(nearness to market)	300	150	200	250
노동력 공급(labor supply)	375	150	225	175
수송(transportation)	125	125	100	125
공업용수(water supply)	200	100	150	175
동력(power)	200	150	150	100
폐기물처리(waste disposal)	100	50	75	75
지가(land costs)	70	60	50	50
기후(climate)	50	25	40	35
세금 및 정부규제(taxes and laws)	40	35	25	40
기타	40	40	30	35
총 점	1,800	1,185	1,295	1,210

〈표 10-1〉 3개의 입지후보지의 평가를 위한 점수

비 용	입 지		
	A지역	B지역	C지역
수송비:			
원자재	100,000	90,000	85,000
완제품	160,000	165,000	170,000
노동비	200,000	225,000	250,000
동력비:			
동 력	60,000	65,000	65,000
용 수	30,000	28,000	32,000
연 료	60,000	70,000	65,000
간접비:			
집 세	60,000	55,000	64,000
세 금	10,000	12,000	14,000
보 험	5,000	5,000	5,500
기 타	5,000	8,000	8,500
계	690,000	723,000	759,000
건축비:			
토 지	100,000	50,000	75,000
건 물	1,500,000	1,250,000	1,600,000
기 타	40,000	-	-
총 계	1,640,000	1,300,000	1,675,000

〈표 10-2〉 3개의 입지후보지의 비용비교표(단위: 1,000)

해 만들어진 결과는 비용분석을 하는 데 보충자료로 사용되기도 한다.

또한 공장입지의 후보지를 평가하는 방법으로서 비용분석법을 사용하는 경우가 많다. 각 후보지에 공장이 입지하여 공장이 가동될 경우, 각 입지요인과 관련된 비용을 예상하여 각 입지후보를 비교 · 평가하는 방법이다. 이 방법은 〈표 10-2〉에 잘 나타나 있다.

(3) 공정 및 배치 설계

생산해야 할 제품이 결정되고 공장입지가 선정되고 나면, 제품을 만들어내는 생산과정상에서 가동률 향상, 생산속도의 제고, 생산일정 및 제품납기일 등을 고려한 생산공정을 설계하고 공장 내부시설의 배치에 대한 의사결정을 해야 한다.

먼저 생산공정설계는 크게 생산계획, 통제 및 감시활동으로 이루어진다. 생산계획에서는 먼저 어떠한 순서로 작업을 진행하는 것이 최적의 생산방법인가를 결정해야 한다. 이를 바탕으로 각 공정별 작업의 시작과 제품완성 및 납기일을 맞추기 위한 일정계획을 세우게 된다. 다음으로 각 공정별로 필요한 인력과 설비를 조정하는 공급계획을 수립한다. 필요한 원자재 및 반제품의 종류와 양을 결정하는 자재계획과 이를 구매하는 구매계획을 수립하게 된다. 그리고 실제 생산과정이 이러한 생산계획에 따라 진척되고 있는가를 측정, 조정 및 조치, 그리고 통제하는 활동을 수행하게 된다.

일단 생산공정계획이 완료되면 효율적으로 생산작업이 이루어질 수 있도록 생산에 필요한 기계장치 및 설비들을 배치해야 한다. 여기에서 공장시설의 배치(layout)란 제품생산을 위해 가장 효율적인 설비와 인력의 배치를 의미한다. 인적, 물적 자원의 이동을 최소화하고 작업특성에 따라 업무가 원만히 이루어질 수 있게 시설배치가 이루어져야 한다. 공장시설의 배치에서는 전체 가용공간, 공정유형, 공정기술, 기계설비의 구조, 작업특성, 작업흐름, 작업자의 수 등 여러 가지 요소를 종합적으로 고려하여야 한다. 이러한 공장시설의 배치에는 작업흐름의 유형에 따라 제품별 시설배치, 공정별 시설배치, 고정형 시설배치, 혼합형 시설배치, 셀룰러 시설배치 등이 있다. 이러한 설비배치에는 다음과 같은 의사결정 사항이 고려되어야 한다.

- 제조공정의 촉진(facilitate the manufacturing process)
- 운반물취급의 최소화(minimize material handling)
- 배치의 융통성 유지(maintain flexibility of arrangement)
- 설비투자의 억제(hold down investment in equipment)
- 공장면적의 경제적 사용(make economical use of floor area)
- 효과적인 인력활용의 촉진(promote effective utilization of manpower)
- 작업상 편리 및 안전의 도모(provide for employee convenience and safety)[4]

(4) 수요예측

제품설계와 공장입지의 선정, 그리고 공정 및 배치설계가 완료되면 생산량을 결정해야 하는데, 이를 수요예측(forecasting)이라고 한다. 이는 시장에서 언제 얼마만큼의 제품수요가 있는지를 알아보는데서 시작되며, 수요예측은 생산활동에서 매우 중요한 요소이다. 즉, 실제 시장에서의 수요보다 많은 과대수요예측에 의해서 생산이 이루어질 경우 기업은 막대한 제조비용과 재고

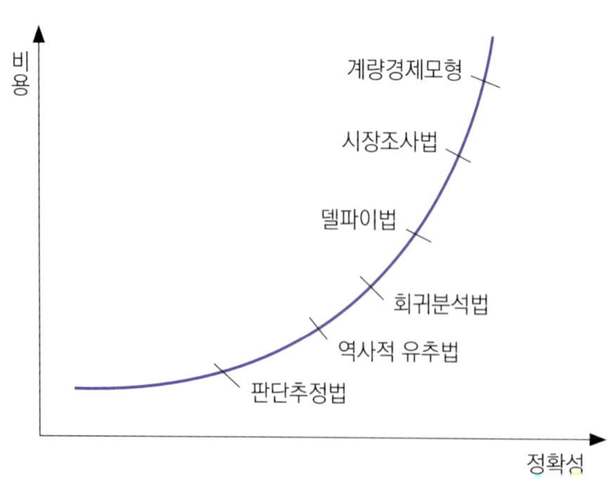

자료: 이병찬 외 3인 저, 『생산운영관리론』, 형설출판사, 1999, p.143.

[그림 10-2] 수요예측의 정확성과 비용간의 상충관계의 예시

비용의 부담을 안게 된다. 또한 시장에서 요구하는 수요보다 적은 과소수요예측의 경우는 고객이 원하는 시기에 원하는 양만큼의 제품을 공급하지 못함으로써 고객의 불만을 불러일으킬 수도 있다. 따라서 정확한 수요예측은 생산운영활동에 있어서 매우 중요하다.

수요를 예측하는 기법은 크게 인간의 주관적인 판단에 의한 정성적인 방법과 과거의 계량화된 객관적인 자료에 의한 정량적인 방법이 있다. 정성적인 방법은 전문가의 판단에 의한 델파이법(delphi method)과 판매원의 의견에 의한 예측 등이 있다. 정량적인 방법으로는 과거기록을 근거로 미래의 수요를 예측하는 시계열예측(time series forecasting)과 수요변화의 원인을 발견하여 이를 기초로 예측하는 인과적 예측(causal model)이 많이 활용된다. 예측기법의 선정은 예측의 정확성과 비용간의 상충관계가 있기 때문에 기업상황을 잘 고려하여 결정해야 한다. 즉, 예측의 정확성을 높이려면 그만큼 비용이 증가하기 때문이다. [그림 10-2]는 이러한 관계를 나타내고 있다.

2) 생산시스템 운영

생산시스템의 설계에 의해 생산할 제품의 설계, 공장입지, 공정 및 배치설계, 그리고 수요예측이 완료되면 제품생산을 하기 위한 생산일정계획, 재고관리, 그리고 품질관리 등의 생산시스템 운영활동을 진행하게 된다.

(1) 생산계획

먼저 생산시스템 운영활동은 수요예측에 기초하여 제품의 품목별 생산수량을 결정해야 한다. 생산수량계획은 총괄생산계획과 일정계획으로 나누어진다.

총괄생산계획은 생산자원의 적정배분과 비용을 최소화하기 위해서 기업이 설정하고 있는 연간계획이나 3개월~1년 정도에 이르는 기간의 모든 제품의 생산계획을 총괄적으로 진행하는 계획을 의미한다. 이러한 총괄생산계획을 수립할 때에는 조업도, 작업자 수, 재고수준, 하청 등의 요인들을 고려해야만 한다. 또한 총괄생산계획은 기업의 정책, 수요예측, 생산능력, 고용수준, 재고관리, 변화에 대한 신축성, 수요에 대한 대응, 지속적인 계획의 점검 및 평가와 연계되어야 한다. 이러한 총괄생산계획은 일반적으로 월별로 생산하고자 하는 제품의 수량을 결정한다.

일정계획은 총괄생산계획을 보다 구체적으로 세분화하여 수립하는 계획이다. 일정계획은 총괄생산계획에 의해 결정된 각각의 납기일에 맞추어 각 작업장 및 기계, 그리고 작업자에게 날짜별로 할당하는 작업일정을 의미한다. 이러한 세부일정계획에는 시간, 작업순서, 작업의 배분, 진척정도 등이 포함된다. 일정계획방법에는 도표 및 상황판을 이용하는 방법, 우선순위에 의한 방법, 수리적 모델기법 등이 있다. 다음 [그림 10-3]은 도표 및 상황판을 이용하는 방법의 대표적인 것으로 간트차트(Gantt chart)를 예시하고 있다.

(2) 재고관리

다수의 기업조직에 있어서 재고자산은 전체 자산의 상당한 부분을 차지할 뿐만 아니라 고객에 대한 서비스와도 밀접한 관련을 가지므로 효과적인 재고관리는 기업조직의 성공에 필수적인 요

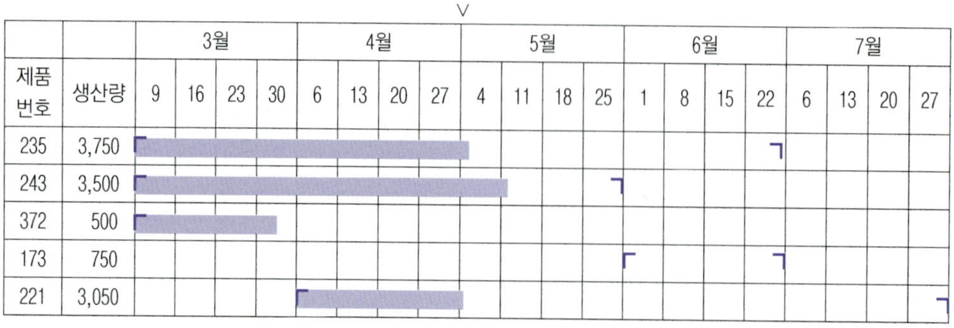

간트차트는 눈으로 일목요연하게 볼 수 있는 생산계획 및 생산통제를 위해 개발된 도표이다. 이 도표에는 작업의 시작 및 작업완성의 예정시간을 알리는 선과 작업의 실적을 나타내는 선이 표시되어 있으므로 계획과 실적을 한 눈으로 비교할 수 있다. 왼쪽의 '┏'표는 작업의 시작을 나타내고 오른쪽 '┓'의 표는 작업의 완성일자를 나타낸다. 그리고 두꺼운 선은 작업의 실적을 나타내며, ∨표는 현시점을 표시한다.

[그림 10-3] 간트차트

소가 된다. 재고(inventory)란 미래의 제조와 판매를 위해 기업이 보유하고 있는 원재료, 재공품, 완제품, 부품, 소모품 등을 총칭하는 것으로서 재고통제를 잘못하면 재고를 과다하게 보유하든지 아니면 부족현상이 발생하게 된다. 재고부족이 발생하면 고객의 상실 또는 불만족과 생산애로 등이 발생하게 되고, 재고의 과다보유는 많은 자금이 재고에 묶이게 됨으로써 보다 유리한 투자기회를 놓치게 할 우려가 있다. 따라서 재고통제의 기본목적은 적시적량의 재고로 고객에 대한 서비스수준을 최대화하는 동시에 비용을 최소화하는 데 있다.

재고자산을 언제, 얼마나 보유하는 것이 바람직한가의 문제는 쉽게 결정될 수 있는 것은 아니다. 소비자의 수요에 즉각 대응하기 위해서는 많은 재고를 보유하는 것이 좋겠지만 그러기 위해서는 많은 비용이 소요된다. 재고관리의 핵심적 기능은 적시에 적정량의 재고를 유지하는 데 있으므로 이 적시적량의 재고유지는 관련된 비용을 최소화한다는 전제 아래 결정되어야 한다. 이것은 결국 1회 주문량과 주문시기를 합리적으로 결정함으로써 효율적으로 달성되며, 따라서 재고의 양은 발주시기와 주문량에 의해 통제될 수 있다.

즉, 재고를 보충할 때 1회 주문량은 얼마로 할 것인가와 보충을 위한 주문은 언제 해야 할 것인가의 문제가 된다. 이에 따라 재고모형은 정기발주모형(fixed-order period model)과 정량발주모형(fixed-order quantity model)으로 구분할 수 있다.

한편, 이러한 재고와 관련해서는 주문비(ordering cost), 재고유지비(holding and carrying cost), 품절비(shortage cost) 등이 발생한다. 이 같은 비용요인을 통제하기 위해 개발된 재고관리기법 중의 하나가 적기생산(JIT)시스템이다. JIT(just-in-time production)란 생산과정에서 요구되는 재고량의 수준을 낮추기 위해 각 생산단계에서 요구되는 자재의 양과 재고수준을 연결시키기 위해 설계된 시스템이다. 즉, 고객의 주문을 생산함에 있어서 적절한 시기에, 적절한 수량만큼 구매 · 생산함으로써 재고비용과 보관비용을 줄이고 생산시간을 줄이자는 무재고관리시스템이다. 이 아이디어는 생산과정에서 필요한 각 부품이 필요할 때에 즉시 생산현장에 도착할 수 있도록(just in time) 하여 과다한 재고에서 오는 비능률과 비용을 줄여보자는 것이다. 재고수준이 낮으면 낮을수록 그 생산시스템은 그만큼 능률적이다. 이러한 JIT는 일본의 도요타자동차에서 처음으로 개발되어 사용되었기 때문에 도요타 생산방식 또는 간반시스템(Kanban system)이라고도 한다. 특히, 이러한 JIT는 자동차, 전기전자, 기계 등의 반복적인 대량생산시스템에 적합하다.

(3) 품질관리

근래에 와서 소비자의 영향력이 증대됨에 따라 제품의 품질은 기업의 이미지와 직접적인 관련을 가지며, 기업의 생산성과 마케팅활동에도 중요한 영향을 미치고 있다. 또한 고객의 욕구를 충족시켜 줄 수 있는 품질의 제품이나 서비스는 기업의 전략적인 목표로 그 중요성이 강조되고 있다. 품질이란 제품이 사용목적을 달성하기 위해 갖추어야 할 모든 성능 · 형상 · 상태 및 조건이라고 할 수 있으며, 품질관리란 소비자의 요구에 알맞은 품질의 제품을 경제적으로 생산할 수 있도록 조직 내의 여러 집단이 일정한 품질수준을 유지 · 개선하도록 하는 관리적 활동을 말한다. 여기서 좋은 품질이란 반드시 모든 면에서 가장 양질의 제품을 의미하는 것은 아니며 품질은 원가와 상충관계(trade-off)에 있게 된다. 따라서 원가를 고려한 알맞은 수준의 품질을 결정해야 하는데 이러한 개념에서 본다면 품질은 표준과 허용한도의 관계로써 나타낼 수 있으며 다음 [그림 10-4]는 이러한 관계를 보여주고 있다.

품질관리는 인류의 역사만큼 오래되었지만 근대적 의미의 품질관리는 공업적 생산의 발전과 그 역사를 같이한다. 즉, 품질관리의 발전은 사후통제인 제품의 검사에서부터 비롯되었다고 볼

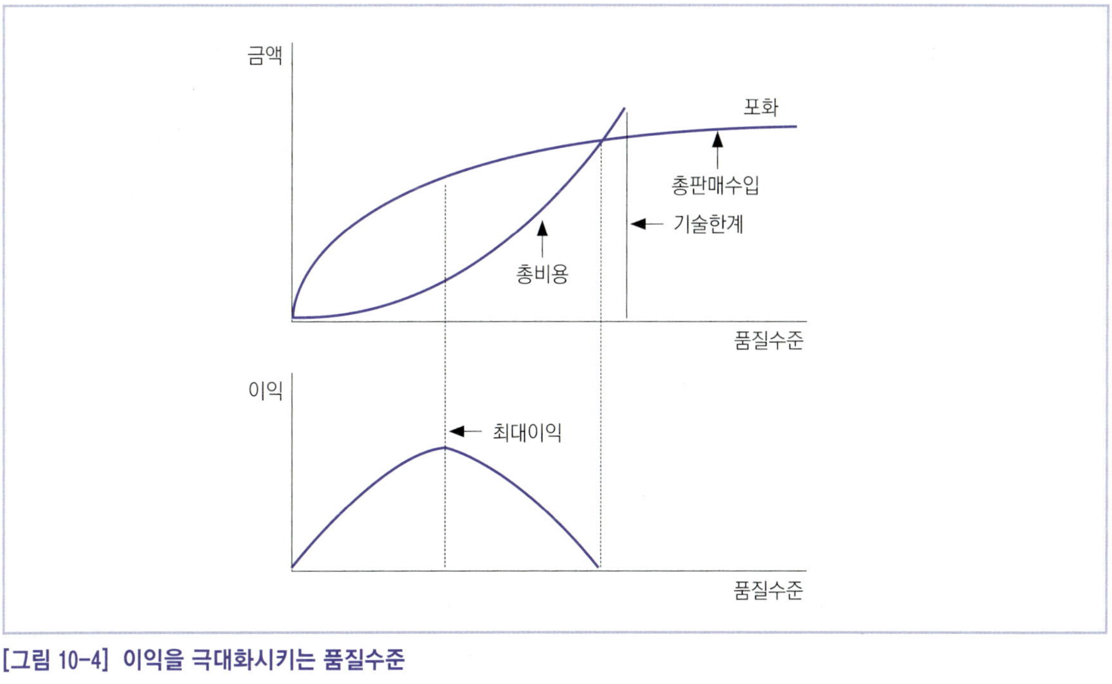

[그림 10-4] 이익을 극대화시키는 품질수준

수 있다. 파이겐바움(A.V. Feigenbaum)은 제품검사로부터 품질관리로 발전하게 되는 과정을 다음과 같은 6단계로 설명하고, 19세기 이후 약 20년을 주기로 변천하였다고 했다. 즉, 일선작업자에 의한 품질관리(19세기말) → 직장(foreman)에 의한 품질관리(20세기초) → 전문검사원에 의한 품질관리(제1차 세계대전) → 통계적 품질관리(1930년 전후) → 전사적 품질관리(제2차 세계대전 이후) → 품질보증(1970년대 이후)의 단계로 발전되어 왔다. 특히, 전사적 품질관리(total quality control; TQC)는 급속한 산업의 발전을 겪으면서 통계적 방법만으로 품질개선 내지는 품질관리를 할 수 없다는 인식하에 기업 내의 모든 조직 및 구성원이 품질에 대해 책임을 지고 그 제품이 고객에 의해 만족스럽게 받아들여질 때까지 품질관리를 위한 활동이 전개되었다. 이와 유사한 맥락에서 ZD(zero defects)운동이나 품질관리분임조(quality control circles)활동이 전개되고 있다. 이러한 활동이 전개된 후부터 제품의 양산보다는 소비자가 구매한 제품이 고장없이 오랫동안 사용되기를 바라게 되었고 신뢰성의 개념이 품질관리영역 안에 수용됨으로써 품질보증의 문제가 대두되었다. 1972년 미국에서 소비자 제품안전법(consumer product safety act)이 제정됨으로써 TQC의 개념에 품질보증의 개념이 추가되어 수용되고 있다.

최근에는 전사적 품질경영(total quality management; TQM)이 품질관리의 중요한 개념으로 등장하고 있는데, 이는 제품이나 서비스의 품질을 관리하고 보증하는 것뿐만 아니라 업무, 직장환경, 종업원의 자질까지도 품질개념에 포함시켜 종합적으로 관리해야 한다는 개념이다. TQM은 1960년대 등장한 TQC에서 발전한 개념으로, TQC에서는 통계학적인 것이 중요했으나 TQM은 통계학적인 것은 물론 조직적이며 관리적인 면에도 많은 비중을 두고 있다. 특히 품질을 개선시키기 위해서는 노동의 질적인 측면도 고려해야 한다는 일본식 품질관리 이론에 영향을 받으면서 발전한 개념이다. TQM은 예전의 경영 · 기술차원에서 실천되던 고객지향적 품질관리활동을 품질관리 책임자뿐만 아니라 마케팅, 엔지니어링, 생산, 노사관계 등 기업의 모든 분야에 확대하여 적용한 것이다. 이에 따라 생산부문의 품질관리만으로는 기업경영이 성공할 수 없고 기업 전체 및 구성원 모두가 품질관리의 실천자가 되어야만 성공한다는 사실을 강조하고 있다. 그러므로 기본적인 정신이나 사고방식을 소홀히 한 채 단순히 지엽적인 제도나 기법에만 매달려서는 TQM이 진정한 효과를 거둘 수가 없다. 오로지 품질을 최우선으로 하는 기업문화를 창조하고 구성원들의 의식을 개혁해야만 기업의 경쟁력을 높일 수 있다.

(4) 벤치마킹

벤치마킹(benchmarking)이란 어느 특정 경영활동분야에서 탁월한 성과를 보여주고 있는 경쟁업체를 찾아 자신과의 성과차이를 확인하고 이를 극복하기 위해 상대의 뛰어난 운영방식을 배우면서 혁신을 추구하는 기법이다. 따라서 품질관리분야의 우수업체를 선정하여 그 회사의 품질관리방식을 배워 자사의 품질관리혁신을 도모하는 방식이다. 많은 국내기업들이 선진 초우량기업의 품질관리 경영방식을 받아들여 혁신을 시도하고 있지만 불행하게도 효과를 보고 있는 기업들은 그리 흔하지 않다. 그 이유는 초우량기업의 경영방식을 복사하려고만 했을 뿐 학습하려는 자세를 갖추지 못했기 때문이다. 자사의 체질과 수준을 정확히 이해하지 않고 남의 것을 그대로 본

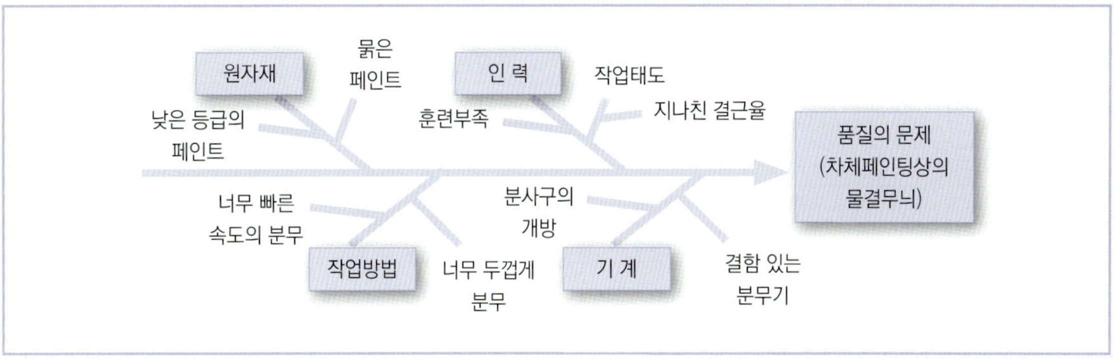

[그림 10-5] 물고기뼈 다이어그램

받는다는 것은 자기 고유의 경영방식마저 무너뜨리는 혼란을 야기시킬 수 있다.

(5) 물고기뼈 다이어그램

품질관리분임조도 품질관리의 개선을 위해 활용된다. [그림 10-5]와 같이 품질관리분임조에서 품질문제를 분석하고 해결하기 위해 물고기뼈 다이어그램(fishbone diagram)을 사용한다. 물고기뼈 다이어그램은 품질문제의 발생원인이 될 만한 네 가지의 주된 원천(4M)인 원자재(material), 인력(manpower), 생산방법(methods), 기계(machines)를 요약하고 있다. 예를 들어, 자동차공장의 페인팅부서에서 차체의 페인팅작업이 잘못되어 차체에 물결무늬가 생겼다고 가정하자. 이 경우 문제의 원천이 어디에 있을까? 묽은 페인팅 때문인가(원자재), 작업자들의 숙련도 때문인가(인력), 아니면 결함 있는 분무기 때문인가(기계), 아니면 페인팅이 너무 두꺼운가(작업방법) 등 하나하나 그 원인을 추적함으로써 품질상의 문제점의 원인을 확인하고 그것을 바로잡기 위한 제안을 하게 된다.

(6) 아웃소싱

아웃소싱(outsourcing)은 외부(out) 자원(source)의 활용이란 의미로, 모든 업무를 자사 내에서 끌어안고 정보를 내부에 축적하는 종래의 경영스타일과는 달리 외부의 전문성과 노하우를 활용하여 직무의 효율화를 도모하는 관리방식이다. 즉, 기업이 경쟁력을 확보하기 위해 핵심사업에만 의존하고 전산, 인사, 디자인, 생산업무 등 부수적인 부문은 아웃소싱에 의존함으로써 자사 제품 및 서비스의 부가가치를 높일 수 있다. 이러한 아웃소싱은 경쟁력이 없는 사업부문을 외부업체에 주문한다고 해서 일명 외주라고 부르기도 한다. 과거의 아웃소싱은 대행 · 외주 등의 비용절감형이 대부분이었지만 최근에는 서비스의 질과 전문성을 보다 중시하고 있어 향후 아웃소싱이 보다 활성화되려면 아웃소싱 기능을 상호보완적으로 결부시키는 새로운 조직모델로써 보다 높은 부가가치 서비스를 산출하는 네트워크체제의 가상기업(virtual corporation)이 많이 출현해야 할 것이다. 아웃소싱의 대부분은 먼저 생산부문에서부터 시작되었다. 특정부품이나 제품을 자사에서 직접 생산할 것인가 아니면 외부에 하청 또는 위탁 생산하게 할 것인가는 생산관리의

아웃소싱 분야	아웃소싱 이유					
	비용절감	외부전문성 활용	신규사업 진출	핵심업무 집중	관리번잡성 회피	인력/조직축소
시설관리분야	78.8			3.0	15.2	3.0
물류분야	60.0	15.0	5.0	15.0		5.0
재무/경리분야	66.7	33.3				
생산분야	81.3		6.3	6.3	6.3	
마케팅분야	50.0	50.0	3.6			
정보시스템분야	35.7	42.9		7.1	3.6	7.1
인사/교육 훈련분야	50.0	50.0				
복지/후생분야	66.7					33.3
총무/홍보분야	16.7	50.0		16.7		16.7
연구개발분야	37.5	62.5				
기 타	75.0		25.0			
계	591	213	31	63	55	47

자료 : 한국경제신문, 2002. 5. 13.

〈표 10-3〉 한국기업의 아웃소싱 이유(단위 : %)

전통적인 문제영역이었다. 하지만 현재의 아웃소싱은 점차 다른 분야로 확산되어 인적자원 · 판매 · 정보시스템 · 연구개발부문 등 경영의 각 영역에서 활발히 확대 · 진행되고 있다.

아웃소싱에는 다양한 형태가 존재하는데, 첫째는 비용절감형 아웃소싱으로 우리나라 기업들이 주로 이용하는 아웃소싱 방식이다. 둘째는 분사형 아웃소싱으로 기업 내의 기능을 분사화시키는 것으로 이익추구(profit-center)형 아웃소싱과 스핀오프(spin-off)형 아웃소싱으로 구별된다. 이익추구형 아웃소싱이란 사내에서는 크게 중요치 않으나 나름대로 전문성을 확보하고 있는 기능을 분사화시킴으로써 외부경쟁에 노출시켜 스스로 수익을 창출할 수 있게 하는 아웃소싱이다. 즉, 분사화된 기업이 모기업에 서비스도 공급하면서 외부기업과도 거래하는 형태이다. 스핀오프형 아웃소싱은 자사가 보유한 일정기술, 공정제품, 역량 등을 분사화하여 비즈니스화함으로써 조직을 슬림화하는 아웃소싱이다. 셋째는 네트워크형 아웃소싱으로, 이는 핵심역량이나 핵심제품 이외의 모든 기능을 아웃소싱하고 이들 공급업체와 수평적 네트워크를 형성하여 시너지효과를 제고시키는 형태로써 복수의 주체가 각각 서로의 경영자원을 공유하고 상호보완적으로 활용하는 아웃소싱이다. 넷째는 핵심역량 자체의 아웃소싱으로, 핵심역량 자체를 외부화시켜 경쟁에 노출시킴으로써 핵심사업의 경쟁력을 더욱 높이려는 아웃소싱이다.[5]

최근 우리나라 기업체에서도 구조조정 등과 맞물려 거의 모든 부문에서 아웃소싱을 하고 있는데, 1996년도에 20조 원에 불과하던 아웃소싱시장이 2001년에는 100조 원에, 관련기업체 수는 90,000개, 종업원 수는 430만 명에 달하는 정도로 규모가 확대되었다. 미국이 1996년 1,000억 달러(130조 원)에서 2001년 3,000억 달러(430조 원) 규모로 시장이 성장하였고, 아웃소싱하는 기업이 미국은 90%, 일본은 77%, 한국은 40% 수준에 이르고 있다. 특히 한국기업의 아웃소싱 이유를 정리하면 〈표 10-3〉과 같다.

3) 미래의 공장

미래의 공장은 실제로 오늘날에도 존재한다. 사실 미래의 공장은 여섯 가지의 기본적 요소로 구성되어 있기 때문이다. 자동화(automation), 로봇(robotics), JIT재고관리, 유연생산시스템(flexible manufacturing system), 컴퓨터지원설계 및 제조(computer-aided design and manufacturing), 컴퓨터통합제조시스템(computer integrated manufacturing) 등이 그것이다. 이 같은 제조방식은 금세기의 가장 큰 생산기술혁명을 가져오고 있으며, 1981년 이래 GM사는 공장과 장비를 현대화하는 데 600억 달러를 투자하여 미래공장의 기초를 다지고 있다.[6] 그리고 이 같은 제조기술의 주된 목적은 신속성과 유연성(speed and flexibility)이며 신속성이야말로 전략적 우위와 열위를 결정짓는 요인이며 경쟁의 주된 기반이 되고 있다.[7]

그 기업이 제조기업이든 서비스기업이든 경쟁우위를 확보하기 위해서는 고객의 욕구를 가장 짧은 시간 내에 충족시킬 수 있어야 한다. 예를 들어, 고도의 개혁적인 섬유업체인 Milliken사는 새로운 기술을 터득하여 고객이 요구하는 제품을 생산하는 데 걸리는 시간을 종래의 3개월에서 단지 하루로 단축시켜서 동종업체에서 가장 경쟁력 있는 회사로 성장하고 있다.[8] 그리고 유아용 제품을 판매하고 있는 어떤 체인점의 소유주는 광범위한 컴퓨터네트워크를 사용하여 어떤 제품이 팔리고 있고 어떤 제품이 팔리고 있지 않은지를 매 분당 파악하고 있으며, 중앙사무실은 하루 영업이 끝나고 2시간 이내에 전국에 걸친 체인점의 영업사항을 보고받을 수 있어서 다른 경쟁업체들보다 더 신속한 의사결정을 하고 있다.

4) 물자관리

기업조직에 의해 구매되고 있는 다양한 물자인 원자재, 반제품, 완제품, 보급품 등에는 특별한 관리가 필요하다. 이 같은 물자들은 합리적으로 구매되어야 할 뿐만 아니라 물리적으로 안전하게, 경제적으로는 효율적으로 취급 및 저장되어야 한다. 그래서 이와 같이 물자의 관리를 주된 업무로 하고 있는 부서가 구매부서(purchasing department)이다.

제조비용의 대부분이 물자비용인 경우에 구매업무는 제조업체나 소매업체의 이익에 지대한 영향을 미친다. 많은 기업조직들은 별도의 구매부서를 두고 조직 내의 각 단위부서가 자체적으로 구매하도록 허용하지 않고 구매업무를 통합하여 중앙집중적으로 하고 있는 경향이 있다. 그렇게 함으로써 대량구매, 구매부서와 사용부서 간의 조정, 표준화된 구매명세서(standardized purchase specification) 등에서 오는 비용절감이 가능하기 때문이다.

그리고 구매업무를 위한 의사결정을 위해 시스템접근법을 채용하고 있는 기업들도 많다. 자금부서, 구매부서, 생산부서, 기술부서의 사람들이 팀을 구성하여 구매할 물자의 목록을 만들고 공동으로 구매계획을 수립한다. 이렇게 하는 목적은 물자를 사용하는 부서가 요구하는 품질수준의 물자를 최선의 구매가격으로 구매하려는 데 있다.

사실 소비재산업에서 구매비용은 총비용의 70%를 차지하고 있다. 자동차사업에서는 80%, PC 산업에서는 80% 이상이다. 이러한 상황에서 경영진이 구매분야를 소홀히 하고 여타 부문의 성과개선에만 집착한다면 그 효과는 한정될 수밖에 없다. 1996년 한국의 20대 재벌과 미국의 Standards and Poor사가 선정한 500대 기업을 비교한 자료에 의하면 제품가격에서 제조원가가 차지하는 비중은 한국이 87%이고, 미국이 67%로 20%의 차이를 보이고 있다.

3. 생산운영활동의 방향

1) 생산정보시스템의 구축

기업 내에 컴퓨터의 보급이 일반화되면서부터 생산운영활동에 컴퓨터를 활용한 CAD(computer-aided design)나 CAM(computer-aided manufacturing), 그리고 컴퓨터통합생산시스템인 CIM(computer-integrated manufacturing)이 보편화되고 있다. 앞으로는 지금보다 더 발전하여 컴퓨터를 활용한 다양한 생산운영활동이 이루어져 효과적이면서도 효율적으로 제품과 서비스를 창출해낼 수 있는 생산정보시스템의 구축과 활용이 기대되어진다.[9]

CAD는 컴퓨터를 이용하여 제품의 설계도면을 작성, 저장하는 시스템을 말한다. 이러한 CAD 시스템은 제품설계자들이 생산성과 품질을 향상시키고, 또 제품표준화와 설계문서화를 개선하고 제조 데이터베이스를 구축하기 위해서 도입하여 운영하고 있는 생산시스템이다.

CAM은 제조부품을 가공 · 조립 · 제작하는 생산장비를 제어하거나 프로그램화하는 컴퓨터지원생산시스템을 말하며, CAM은 생산계획과 통제를 자동화하고 있다. CAM은 CAD보다는 발전속도가 느리지만 꾸준히 발전하고 있고, 최근에는 CAD의 제품설계 기능과 CAM의 생산일정계획 기능을 결합하는 CAD/CAM으로 발전하여 제품설계로부터 제조에 이르기까지 생산의 전 과정을 자동화하는 방안을 모색하고 있다.

또한 CIM은 여러 종류의 컴퓨터시스템들을 결합하여 통합된 생산정보시스템으로 연결하기 위한 컴퓨터응용시스템을 말한다. CIM은 기업의 생산기능에 연계된 모든 작업을 지원하거나 자동화하도록 만들어진 하나의 통합생산정보시스템이다. 최근 CIM은 단지 하나의 장비나 기술로서가 아니라 장비나 기술을 효과적으로 활용하는 하나의 방법으로서 CAD/CAM, 로봇 등을 비롯한 첨단자동화기술이 결합된 통합정보시스템으로 발전하고 있다.

이처럼 컴퓨터의 활용기술을 기업이 보다 적극적으로 활용할 수 있는 생산정보시스템을 도입할 필요성이 있다. 다시 말하면 개별적으로 처리되던 제품설계, 생산제어, 구매나 물류, 재고관리 등의 생산시스템을 통합하여 운영하도록 하는 것이다.

기업이 정보기술의 발달과 컴퓨터의 보급을 활용하여 생산과 관련된 정보들을 종합적으로 관리하면 여러 가지 장점을 얻을 수 있다. 기업의 정보가 공개되어 투명성이 높아지게 되고 발주에서 납품까지 물류단계가 줄어들면서 납품기간이 크게 단축될 수 있다. 이에 따라 업무의 효율성을 높일 수 있으며, 비용도 크게 줄일 수 있다. 또한 제품설계, 생산제어, 구매, 물류, 재고관리 등 모든 부분에 대한 투명성이 확보되어 기업이미지의 제고와 경영능률을 향상시키는 효과도 있다.

이러한 장점들 때문에 통합생산정보시스템을 도입하는 기업들이 점차 증가하는 추세이다. 따라서 미래지향적 기업에서는 제품과 서비스의 창출이 보다 효과적이면서 효율적으로 이루어질 수 있도록 통합생산정보시스템을 갖춰야 할 것이다.

2) 글로벌 생산네트워크의 구축

최근 기업경영에 있어서 정보기술의 활용은 기업경쟁력을 제고하기 위한 필수적인 수단이 되고 있다. 정보기술을 기반으로 한 사업의 성공은 비단 인터넷 등과 같은 정보기술 분야에만 국한된 것이 아니라 전통적인 사업영역에도 폭넓게 적용되고 있다. 예를 들면, 판매시장은 미국에, 조립공장은 중국에, 부품공장은 베트남에 두고 글로벌 경쟁을 벌일 수 있는 것도 전사적 자원관리(enterprise resource planning; ERP)시스템과 같은 정보기술을 이용한 글로벌 생산네트워크의 구축과 활용에 따른 결과이다.[10]

이와 같은 상황에서 기업이 제품의 설계단계에서부터 제조단계에 이르기까지 다양한 고객들의 욕구에 유연하게 대처하기 위해서는 글로벌 생산네트워크를 구축해야 한다. 즉, 고객이 어떤 지역에서 어떤 요구사항을 제시하더라도 빠른 시일 내에 원하는 제품을 원하는 장소에서 받아볼 수 있도록 최적의 생산시스템을 갖춘 글로벌 생산네트워크를 구축해야 한다.

최적의 생산시스템을 위한 글로벌 생산네트워크는 전 세계를 단일시장으로 보고 네트워크를 구축하는 것이다. 이를 위해서는 인적자원, 자본, 원자재, 부품, 기술 및 서비스 등이 각국으로 이동하면서 제품을 생산하고 서비스를 제공하게 된다. 따라서 기업은 글로벌 차원에서 부품이나 재료를 구입하고 이를 가공하는 생산시스템을 구축함으로써 전 세계를 대상으로 경쟁적 우위를 확보하도록 해야 할 것이다.

글로벌 시대에 경쟁의 가장 중요한 요소는 고객의 욕구라고 할 수 있다. 고객들은 원하는 제품을 언제, 어디서나 자유롭게 구입할 수 있기를 원하기 때문에 기업으로서는 고객을 만족시키기 위한 생산시스템을 갖추어야 한다. 따라서 기업이 최적의 생산시스템을 위한 글로벌 생산네트워크를 구축하는 것은 21세기 글로벌경쟁시대에 기업경쟁력을 강화하는 관건이 될 것이다.

3) TQM의 전략적 활용

소비자가 제품이나 서비스를 선택할 때는 가격뿐만 아니라 디자인, 색상, 기능, 그리고 품질 등도 고려하게 되는데, 최근에는 소비가 점차 고급화되면서 제품이나 서비스의 품질이 선택시의 중요한 고려대상이 되는 추세이다. 따라서 기업은 고객의 다양한 욕구를 만족시킬 수 있는 높은 품질의 제품이나 서비스를 생산할 수 있어야 한다.[11]

아무리 고객이 원하는 제품이나 서비스라 할지라도 품질이 떨어지면 고객들은 그 제품이나 서비스를 한 번 정도는 구입할 수 있지만 두 번 다시는 구입하지 않을 것이다. 따라서 기업에게 있어 품질경영은 매우 중요한 문제이며, 항상 품질경영의 초점을 생산자가 아닌 소비자에게 맞춘다는 인식을 가져야 할 것이다.

이러한 품질경영은 단지 제조업에만 국한되는 것은 아니다. 오히려 서비스업에 있어서의 품질경영은 더욱더 중요하다고 할 수 있다. 서비스업에서의 품질은 종업원의 친절도나 맛, 향기 등과 같은 고객의 주관적인 느낌으로 평가되므로 항상 고객의 소리에 귀를 기울일 필요가 있다.[12]

일반적으로 품질은 고객이 제품이나 서비스를 경험해 보고 나서 느끼는 심리적인 측면이 강하므로, 어느 한 부서에서만 품질경영을 고려할 것이 아니라 모든 부서에서 전사적으로, 그리고 종합적으로 고려해야 한다.

다만 이러한 전사적 품질경영도 천편일률적으로 이루어지기보다는 전략적으로 조정할 수 있어야 한다. 그 이유는 기업이 가진 자원과 비용은 한정되어 있으므로 모든 부분에서 품질경영에 대한 노력을 경주하기란 쉽지 않기 때문이다. 따라서 고객과 직접적으로 가장 많이 접촉하는 일선부서에 품질경영활동을 집중시키는 것이 보다 효과적일 것이다. 즉, 기업이 보유한 모든 자원과 비용을 투자해서 막연하고 일률적으로 추진하는 것이 아니라 고객이 만족을 느낄 수 있는 부분에 집중적으로 투자하는 식의 전략적인 품질경영 도입이 필요하다는 것이다. 이처럼 기업은 필요한 부분에 집중적인 품질경영을 시도함으로써 고객을 전략적으로 확보할 수 있을 것이다.

4) 6시그마 경영

전사적 품질경영과 유사한 개념으로 최근 기업들이 많이 관심을 보이고 있는 것은 6시그마 경영(6 sigma management)이다. 6시그마 경영은 1987년 마이클 해리가 창안한 것으로 품질을 획기적으로 향상시키기 위해 통계지식을 활용하는 데에서 출발하였다. 모토로라에서 출발한 이 기법은 TI, ABB, GE, IBM, SONY 등에서 도입하였다.[13]

여기서 시그마(σ)라는 것은 통계학에서 표준편차를 의미하는 것으로 오류가 발생할 확률을 가리키는 용어로, 6시그마는 100만 개당 불량품이 3.4개를, 100PPM은 100만 개당 100개를 목표로 하기 때문에 무려 30배가량의 차이가 나는 수치이다.

6시그마 경영은 100PPM 운동과 같은 단순한 품질개선 활동이 아니라 총체적인 경영혁신 전략이며, 기업문화 자체를 바꾸는 경영혁신 운동으로 제품설계에서 출하까지의 모든 경영활동과정을 대상으로 하고 있다.

연습문제

1. 생산이라는 단어를 생각하면 제일 먼저 떠오르는 내용을 이야기해 보자.
2. 기업의 조직활동에서 생산운영관리 활동이 다른 경영활동에 비해 어느 위치를 차지하는지를 비교하여 설명해 보자.
3. 제조업지수를 가지고 한 국가의 부를 측정하는 수단으로 활용하곤 한다. 생산운영활동은 이러한 제조업지수와 밀접하게 관련되어 있다. 제조업지수가 무엇인지에 대해서 알아보자.
4. 세계적인 철강기업인 우리나라의 POSCO를 대상으로 공장입지의 선정시에 주요하게 고려된 요인들이 무엇인지를 알아보자.
5. 간트차트(Gantt chart)는 무엇인가? 그리고 그것을 활용하는 목적은 무엇인가? 다른 참고서적이나 잘 아는 공장에서 보다 자세한 간트차트를 구득하여 그 특성을 찾아보라.
6. 최근 강조되고 있는 품질경영과 품질관리의 차이점에 대해서 알아보자.

사례

지난 몇 달 동안에 A사는 그의 신제품에 대해 소비자들로부터 많은 불평의 편지를 받았다. 내용인즉 그 신제품의 질이 저급이고 조악품이라는 것이다. 그리하여 이 회사는 그에 대한 대책으로 소비자서비스부서의 기능을 강화하여 그 제품에 대한 소비자의 수선요구에 언제나 응할 수 있도록 하였다.

문제

(1) 이와 같은 문제를 해결하기 위해 그 밖의 다른 해결책을 강구하여 보라.
(2) 수선공의 수를 늘려서 소비자의 수선요구에 응하려고 하는 이 회사의 결정에 동의할 수가 있는가? 있다면 그 이유는 무엇인가? 동의할 수 없다면 그 이유는 무엇인가?

인터넷 사례

각 기업들은 생산과정에서 발생하는 불량률을 대폭 감소시키기 위해서 100PPM, SIGMA 6 운동, TQM 등의 불량률 감소를 위한 여러 가지 품질혁신전략들을 도입하고 있다. 최근 기업들이 많이 사용하고 있는 SIGMA 6 운동이 무엇이며, 어떠한 경제적 효과를 내고 있는지를 인터넷을 통해 알아보자.

시뮬레이션 〉 공장입지의 선정

활동내용

3~5명으로 구성된 소집단을 형성하여 각 집단으로 하여금 지역사회의 공장을 방문하여 그 공장

이 그 지역에 입지하게 된 이유가 무엇인가를 조사하게 한다. 그리고 그들의 공장입지선정을 위한 의사결정에서 무슨 요인들이 크게 영향을 미쳤는가 알아보도록 하여 그 결과를 전체 학생 앞에서 보고하도록 한다.

토의문제

만약 여러분이 여러분의 지역사회에 소재한 상공회의소의 직원이라고 가정하고 여러분의 지역사회가 공장입지로서 유리하다는 점을 내세워 새로 공장입지를 찾고 있는 사업가들에게 제시할 수 있는 공장입지안내서를 작성하여 토의한다. 안내서작성은 조사한 자료를 참고 · 활용하고, 가능하면 산업별로 구분해 작성하도록 한다.

미주

1. 송경수 외 3인, 『최신경영학이해』, 무역경영사, 2002. pp. 447-448.
2. T. Amnne, John A. Ritchey and Oliver S. Hulley, *Manufacturing Organization and Organization*, 2nd ed., Prentice Hall Inc., Englewood Cliffs N. J., 1966, pp. 49-52.
3. T. Amnne, John A. Ritchey and Oliver S. Hulley, *op. cit*., pp. 56-57.
4. James M. Apple, *Plant Layout and Material Handling*, Ronald Press Co., New York, 1963, p. 7.
5. 박흥주, 『한국 신발산업의 전략적 Outsourcing으로 북한진출에 관한 연구』, 동의대학교 박사학위논문, 2001, pp. 10-13.
6. Roger Smith, "The Us Must Do Aas GM Has Done," *Fortune*, February 13, 1989, p. 71.
7. Tom Peters, "Speed Becomes a 'Leading Edge'," *Industry* Week, June 19, 1989, p. 12.
8. *Ibid*.
9. 지호준, 『알기 쉽게 배우는 21세기 경영학』, 법문사, 2001, pp. 301-302.
10. 상게서, p. 303
11. 류태모 외 7인, 『Top을 위한 경영학』, 도서출판 대명, 2003, p. 261.
12. 지호준, 전게서, p. 303.
13. 류태모 외 7인 전게서, pp. 260-261.

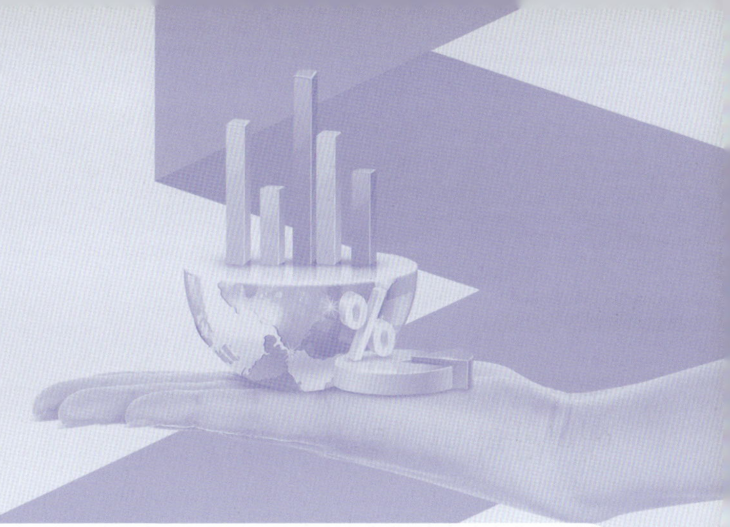

제11장 | 마케팅활동

이 장에서는 생산된 제품을 기업이익으로 환원하기 위해 효과적인 마케팅활동을 하는데 필요한 기초지식을 습득하는 데 있다. 마케팅활동이 무엇이며, 마케팅의 주요 기능에는 어떤 것이 있고, 마케팅믹스활동과 마케팅활동의 방향을 이해하는 데 초점을 두고 있다.

이 장을 읽어가는 동안 이것만은 이해하시기 바랍니다.

1. 기업의 주요 마케팅활동에 대해 알아보자.
2. 마케팅믹스의 네 가지 요소를 열거해 보라.
3. 제품믹스에 대하여 논술하라.
4. 판매촉진의 세 가지 기본요소는 무엇인가?
5. 가격결정의 세 가지 방법은 무엇인가?
6. 물적 유통이란 무엇인가? 그리고 물적 유통의 세 가지 의사결정분야는 각각 어떤 것인가?
7. 마케팅활동의 방향에 대해 설명해 보자.

제11장 사례 >

애니팡의 마케팅믹스

'애니팡'을 마케팅믹스의 기본 축인 4P(제품 · Product, 유통 · Place, 가격 · Price, 촉진 · Promotion)를 통해 들여다보자. 먼저 제품 · 게임의 종류와 규칙을 살펴보자. 애니팡은 동일한 동물 얼굴 3개를 가로나 세로로 배열하는 매우 단순한 게임이다. 과거 PC게임 테트리스를 연상케 한다. 상대방 내지 다른 사람과 함께 즐기는 네트워크 게임이 아니다. 게임 자체는 소셜하지 않다는 얘기다. 페이스북과 연동했던 게임 '팜빌'이나 최근 아이폰 앱 게임분야에서 1위를 차지한 커피전문점 경영 시뮬레이션 게임 '아이러브커피'와는 달리 프로그램과 혼자서 싸운다. 곧 출시될 '애니팡 2.0'버전에선 실시간 대전이라는 요소를 추가할 예정이다.

게임시간은 1분으로 극히 짧다. 모바일 게임의 특성을 최대한 살려 짧게 반복하도록 시간제한을 두었다는 점이 인상적이다. 연속으로 득점하면 점수가 올라가는 콤보(combo)와 레벨이 올라갈수록 아이템이 생기는 기능은 여타 게임과 비슷하다. 게임 1회 사용권인 하트는 8분이 지나야 생성되게 제작되었다. 게이머가 8분을 기다려서 1분 게임을 해야 하니 다른 방법을 찾도록 유도한 것이다.

다음은 유통 부문이다. 이 게임은 스마트폰의 카카오톡이라는 인프라 속에서 작동한다. 국내 스마트폰 사용자 대부분이 다운받아 쓰는 카톡과 연동된다는 건 3,000만 명의 잠재고객을 베이스로 시작한다는 의미를 가진다.

이미 PC용 '애니팡'은 2009년부터 싸이월드에서 서비스되고 있었지만, 크게 주목 받지 못하다가 스마트폰을 만나 날개를 활짝 펴게 된 것이다. 싸이월드를 운영하는 SK커뮤니케이션즈는 모바일 서비스 도입을 과감하게 시도하지 못하는 바람에 대박게임인 '애니팡'을 놓쳤고 SNG(Social Network Game) 시장에서 기회를 잃고 말았다.

'애니팡'을 제작한 이정웅 선데이토즈 대표는 2년 전 카카오톡의 성장에 주목하다가 먼저 소셜 모바일 게임을 제안했다고 한다. 친구관계를 이용한 소셜 게임의 노하우가 카카오톡과 결합하면서 신드롬을 일으킨 셈이다. '애니팡'은 이 잠재고객들에게 '초대', '하트', '주간 순위'라는 프로모션 수단을 통해 강력하게 어필하고 있다. '초대' 기능을 통해 카톡 친구들에게 게임 앱을 소개하고 게임 1회 사용권인 '하트'를 친구들에게 무상으로 선물할 수 있다. 이 하트에는 친구들에게 게임을 하도록 유도하는 부분과 '점잖은 구걸'을 한다는 의미가 동시에 담겨 있다. "선물 줄게, 선물 다오"라는 뜻을 암묵적으로 전해주는 것이다.

또 주간단위로 득점 순위를 내놓는 랭킹표본이 자신의 카톡 친구들이다. 당연히 상위 랭커가 전부 지인일 수밖에 없는 맞춤형 랭킹인 셈이다. 40대 주부가 순위에서 친구에게 뒤질 경우 고득점 자녀에게 게임을 부탁하고 자녀들이 '대리전쟁'을 치르는 등 지인간 랭킹은 경쟁을 부추기고 있다.

이 중 하트는 제품인 게임규칙부터 유통, 프로모션, 가격까지 동시에 고려된 기능이라 할 수 있다. 게임 제작사나 유통사가 아니라 게이머 스스로가 게임을 널리 알리고 게임사용을 유도하도록 설계된 것이다. 이 히트는 하루에 1,000만 명 이용자들이 1억 개 이상 주고받고 있다. 하트는 아이템 판매와 연결된다. 토파즈라는 아이템은 최소 판매단위인 10개당 1,100원이다. 부가세를 제외하면 1,000원. 토파즈 1개는 1회 게임 사용권인 하트 5개와 교환할 수 있다. 즉 토파즈 10개는 하트 50개이고 하트 1개는 20원인 셈이다. 문자 메시지 발송 비용(건당 20원)과 일치시킨 것으로 추정된다.

8분 후 자동생성, 선물, 초대, 레벨업 등으로 게임 사용권인 하트가 생기게 되지만, 이를 못 참는 게이머들은 결국 토파즈를 구매하게 된다. 제작사 선데이토즈는 이 아이템 판매로 월 100억 원에 육박하는 매출을 일으키고 있다.

〈한국일보, 2013. 01. 02.〉

1. 마케팅활동의 의의

앞 장에서 살펴본 기업의 생산운영활동을 통해 창출된 제품은 곧 기업의 이익으로 환원되는 것이 아니다. 생산된 제품은 기업의 효과적인 마케팅활동을 통해 이익으로 돌아온다. 시장에서 수행되는 마케팅활동의 출발점은 소비자가 원하는 제품을 공급하는 데서 시작되며, 이익의 창출은 생산운영활동과 마케팅활동의 조화에 의해서 이루어질 수 있다. 그렇다면 마케팅이란 무엇인가?

1) 마케팅활동의 개념

1948년 미국마케팅협회(the American Marketing Association)에 의하면 마케팅이란 생산자로부터 소비자 혹은 사용자에게 유통되는 재화나 용역의 흐름, 즉 물류관리하는 모든 기업활동의 수행이라고 정의하고 있다. 그러나 오늘날의 현대적 의미의 마케팅은 생산자로부터……라는 생산자 입장에서 본 마케팅이 아니라, 마케팅활동은 소비자로부터 시작하여 소비자로 끝난다는 관점에 기초를 두고 있다. 그래서 마케팅활동이란 먼저 소비자의 욕구(needs)나 제품에 대한 소비자의 기호가 어떤 것인가에 대한 정보를 수집하고 그 정보는 무엇을 생산할 것인가에 대한 의사결정에 사용된다. 그리하여 제품이나 서비스가 생산된 다음에는 마케팅활동을 통하여 그 제품이나 용역이 소비자의 손으로 들어가게 된다.

그래서 마케팅활동은 기업조직과 소비자 사이를 연결하는 다리 역할을 하게 된다. 그러므로 마케팅활동은 단지 재화나 용역을 판매하는 그 이상의 것으로서 소비자의 욕구를 예측하고, 그 욕구를 충족시킬 재화나 용역의 생산을 계획하며, 생산된 재화나 용역의 가격을 결정하고 판촉활동을 전개하며, 더 나아가서 그 재화나 용역에 대한 구매자의 반응을 수집하여 다음 생산계획에 반영하는 등의 제 활동을 포함한다.

이와 같은 현대적 의미의 마케팅을 요약하면, 마케팅이란 ①재화나 용역이 생산자로부터 소비자에게로 유통되는 것을 관리하고, ②소비자의 욕구를 만족시키며, ③기업조직의 목표달성에 공헌하는 것이라고 정의할 수 있다.[1]

그런데 최근에 들어와 마케팅활동을 연구하는 학자들에 의하면 마케팅활동을 [그림 11-1]과 같이 상호간의 교환관계(exchange relationship)로 보아야 한다는 것이다.[2]

코틀러(P. Kotler)에 의하면 인간은 자신이 원하는 제품을 얻기 위해 다음과 같은 4가지 방법 중의 하나를 선택한다고 한다.[3] 즉, ① 자가생산(self production), ② 강탈(coercion), ③ 구걸(begging), ④ 교환(exchange) 등이 그것이다. 그런데 마케팅에서는 그 중에서 네 번째 방법인 교환을 통해서 인간이 욕구 및 필요를 충족시키는 것을 전제로 한다. 이러한 맥락에서 코틀러는 "마케팅이란 어떤 개인이나 집단이 다른 사람 또는 집단과 더불어 제품 및 가치를 창조하고 교환하는 활동을 통해 자신들의 욕구 및 필요를 충족하는 과정에서 발생하는 사회적 및 관리적 과정이다"라고 정의를 내렸다. 여기에서 마케팅의 핵심개념인 교환이란 반대급부를 바라고 다른 사람에게

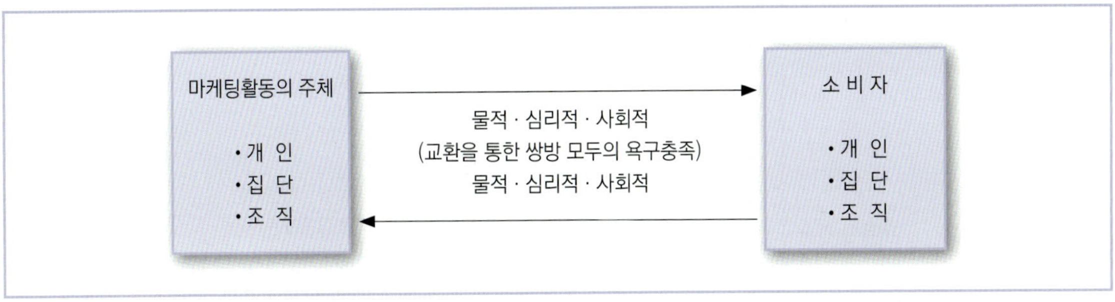

[그림 11-1] 상호관계로서의 마케팅

어떤 것을 제공함으로써 자신이 원하는 제품을 얻는 행동이다.[4)]

이와 같이 교환은 마케팅의 중요한 개념으로서 5가지 조건이 충족될 때 이루어질 수 있다.

① 교환과정에는 적어도 두 당사자가 있다.
② 각 당사자는 상대방에게 가치가 될 수 있는 어떤 것을 가지고 있다.
③ 각 당사자는 서로 의사소통할 수 있고, 가치를 전달할 수 있다.
④ 각 당사자는 가치의 교환을 자유롭게 수용하거나 거절할 수 있다.
⑤ 각 당사자는 다른 당사자와 교환하는 것이 적절하고 바람직하다고 믿는다.

이러한 조건은 교환이 일어날 가능성이 있다는 것이지 실제적인 교환의 발생은 두 당사자 모두가 교환 이전보다 교환 이후에 조금이라도 더 유익하게(또는 적어도 더 나빠지지는 않게) 될 수 있는지의 여부에 달렸다. 교환은 가치의 창조과정(value-creating process)으로 볼 수 있으며, 실제로 두 당사자 모두에게 교환을 하기 이전보다 교환을 함으로써 더 유익해질 수 있어야 한다. 그리고 교환은 하나의 사건(an event)이라기보다는 하나의 과정(a process)으로 보아야 한다. 두 당사자가 협상을 하고 계약을 한다면 이들은 교환과정에 참여한다고 말할 수 있으며, 만약 계약을 했다면 그 계약은 두 사람 간의 가치의 거래(transaction)라는 과정을 통해 이루어지기 때문이다.

2) 마케팅활동의 제기능

상호교환활동으로서 마케팅은 여러 가지 기능을 수행하게 된다. 마케팅기능(marketing functions)에는 구매(buying), 판매(selling), 표준화 및 등급(standardization and grading), 수송(transportation), 보관(storage), 시장정보의 수집(gathering market information), 금융(financing in the market) 및 위험분담(risk taking) 등이 포함된다.

이들 기능들은 그 어느 것 하나도 마케팅활동에서 제거될 수 없으며, 누군가에 의해서 수행되어져야 한다.[5)] 이와 같은 제기능을 내용별로 분류하면 〈표 11-1〉과 같다.

마케팅 기능
- 1. 교환기능
  - ① 구매
  - ② 판매
  - → 인적 분리현상을 해결하기 위한 수급 조절기능
- 2. 물적 유통기능
  - ③ 수송
  - ④ 보관
  - → 물적유통: 장소적 격리제거를 위한 상품이전기능 / 시간적 격리제거를 위한 상품보관기능 / 양적 격리제거를 위한 집합분산기능
- 3. 조성기능
  - ⑤ 시장정보
  - ⑥ 표준화
  - ⑦ 금 융
  - ⑧ 위험분담
  - → 정보의 격리제거기능 / 질적 격리제거기능 / 자금이용상의 격리제거기능

〈표 11-1〉 마케팅활동의 제기능

3) 마케팅관리활동

코틀러는 마케팅관리란 개인 및 조직의 목적을 달성하게 해주는 교환관계를 창조하기 위해 아이디어나 재화 및 서비스 등의 개념화, 가격, 촉진, 유통을 계획하고 관리하는 과정이라고 정의하고 있다.[6] 바고지(R. P. Bagozzi)는 마케팅관리과정을 〈표 11-2〉와 같이 통합된 순서로 보았다.[7]

마케팅관리에 대한 이 두 가지 정의의 공통점은 마케팅관리를 단순한 하나의 사실(fact)이나 사건(event)이 아닌 과정(process)으로 보았다는 점이다. 그런데 관리를 과정으로 보는 데는 두 가지 접근법이 있는데, 하나는 사람중심의 관리과정이고, 다른 하나는 일중심의 관리과정이다. 즉, 쿤츠 등(Koontz, O'Donnel and Weihrich)의 Management란 책은 대표적인 사람중심의 관리과정의 관점에서 쓰여진 책으로, 사람중심의 관리과정은 계획(planning), 조직화(organizing), 충원(staffing), 지휘(leading), 통제(controlling)의 5단계로 되어 있다.[8] 그러나 관리과정을 일중심으로 구성하는 것이 효율적일 수도 있다. 코틀러나 바고지 등은 마케팅의 관리과정을 사람중심보다는 일중심의 접근방법을 채택하였다. 코틀러는 마케팅관리(marketing management)를 분석(analysis), 계획(planning), 실행(implementation) 및 통제(controlling)의 과정으로 보았으며, 바고지는 목표설정, 분석, 계획, 실행 그리고 평가 및 통제의 과정으로 보았다. 즉, 마케팅기회를 분석하고,

- 목표설정(goal setting)
- 분 석(analysis)
- 계 획(planning)
- 실 행(implementation)
- 평가 및 통제(evaluation and control)

〈표 11-2〉 바고지의 마케팅관리과정

표적시장의 조사 및 선정, 마케팅전략의 수립, 마케팅프로그램의 계획, 그리고 마케팅노력의 조직화와 실행 및 통제로 정의하고 있다.[9]

코틀러의 일중심의 마케팅관리과정을 그림으로 나타내면 다음 [그림 11-2]와 같다. 이 그림에서 우리는 마케팅활동의 관리에 관한 개괄적인 내용을 한눈에 볼 수 있다. 그 구체적인 내용은

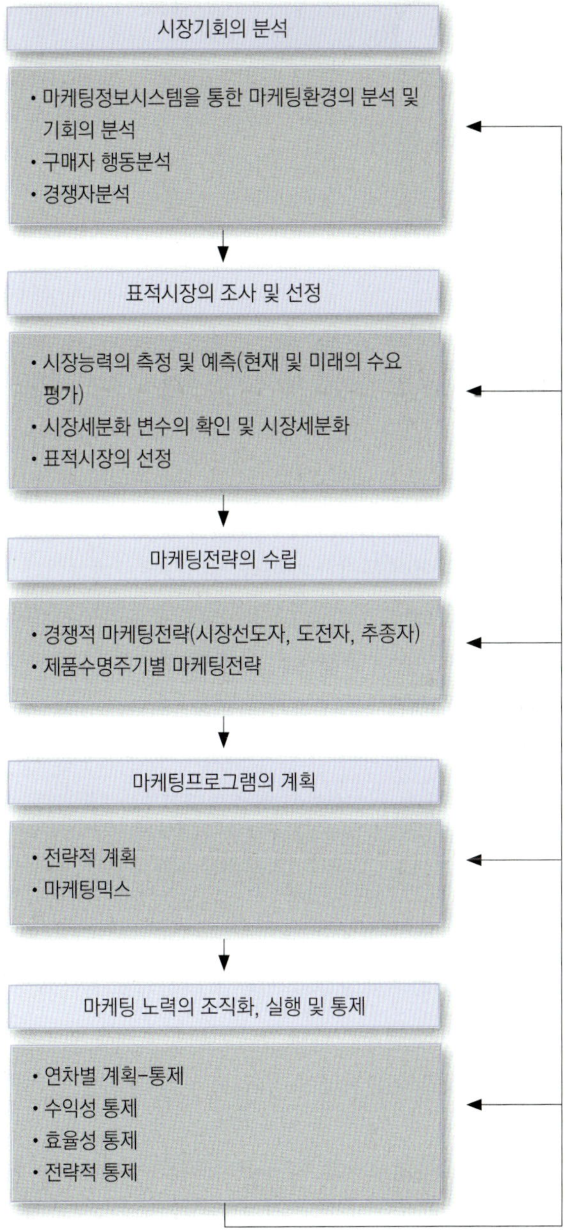

자료: 코틀러의 Marketing Management란 교재의 전체체계를 기초로 저자가 작성하였음.

[그림 11-2] 코틀러의 마케팅활동의 관리과정

앞으로 마케팅원론 또는 마케팅관리론에서 심도 있게 배우게 될 것이므로 여기에서는 마케팅관리자의 주된 활동영역이라고 할 수 있는 두 가지 분야에 대해서만 설명하기로 한다.

첫째는 마케팅 노력을 집중할 수 있는 표적시장을 찾는 것이고, 둘째는 그 표적시장 내에 있는 소비자들의 욕구를 충족시킬 수 있는 마케팅믹스를 설정 · 변경 · 유지해 가는 것이 그것이다.

2. 주요 마케팅활동

1) 표적시장의 선정

관리자는 먼저 기업조직이 그의 마케팅 노력을 집중적으로 전개할 수 있는 바탕으로서의 표적시장(target market)을 확정해야 한다. 그래서 이하에서는 관리자가 어떻게 하면 표적시장을 효과적으로 선정할 수 있는가에 대한 이해를 돕기 위해서 시장이란 무엇인가에 대한 설명과 아울러 표적시장에 대한 두 가지 접근방법에 대하여 살펴보기로 한다.

시장이란 용어는 여러 가지로 정의되고 있어서 그 의미가 논자에 따라 달라진다. 그래서 어떤 사람들은 증권시장, 가축시장과 같은 어떤 구체적인 장소를 가리켜서 시장이라 부르기도 하고, 때로는 어떤 지리적 경계 내의 일정지역을 시장이라고 부르기도 한다. 그리고 어떤 경우에는 시장이란 개념이 공급력과 수요력의 관계를 가리키는 용어일 수도 있다.[10]

여기에서 시장은 어떤 특정한 재화나 서비스를 구매하거나 구매를 권유받을 수 있는 사람들의 집단을 의미한다. 그렇다고 해서 단지 이와 같은 '재화나 서비스를 구매하거나 구매를 권유받을 수 있는 사람들의 집단'이 존재하는 것만으로는 시장이 형성되지 않고, 그 집단 내의 사람들이 구매력을 가지고 있어야 한다. 다시 말해서, 돈이나 신용 또는 교환물과 같은 구매능력(buying power)을 가지고 있어야 하며, 또한 충족되지 못한 욕구를 가지고 있어야 한다. 구매를 권유받을 수 있는 사람들의 집단이 구매력이나 충족되지 않는 욕구를 가지고 있지 않다면 그 집단은 시장이라고 할 수 없다.

이와 같은 시장 내의 사람들의 욕구나 기호는 어떤 제품시장에서는 비슷하기도 하고, 어떤 제품시장에서는 매우 다른 경우가 있다. 만약 어떤 제품에 대한 사람들의 욕구나 기호가 비슷하다면, 그 시장 내의 사람들의 욕구나 기호는 단일제품에 의해 충족될 수 있고, 제품다양화(product diversification)가 거의 필요치 않다. 예를 들어, 식탁용 맛소금의 경우 제품다양화가 거의 이루어지고 있지 않고, 상표와 관계없이 거의 모든 식탁용 맛소금이 거의 똑같은 모양을 하고 있는 것은 이 때문이다.

그러나 소비자들의 여러 가지 다양한 욕구나 기호 때문에 제품시장에 있어서 다수의 제품다양화가 이루어지고 있다. 예를 들어, 필기도구인 펜에 대한 사람들의 욕구나 기호가 다양하기 때문에 펜의 종류도 매우 다양하다. 그래서 우리는 여러 가지 다양한 디자인의 펜들을 볼 수 있으며 그 가격도 다양하다.

그러면 기업조직이 이와 같은 시장에 어떻게 접근할 수 있는가를 살펴보기로 한다.

(1) 전체시장접근방법

관리자가 표적시장에 어떻게 접근할 것인가에 대한 주요한 의사결정에는 일반적으로 두 가지의 방법이 있는데, 그 중의 하나가 전체시장접근방법(total market approach)이다. 마케팅관리자가 어떤 특정시장에 있어서의 모든 사람들의 욕구나 기호가 아주 비슷하다고 믿고 있을 때 이 접근방법을 사용한다. 여기에서 마케팅관리자는 소비자들의 욕구나 기호가 아주 비슷하다고 믿고 있기 때문에 그 특정시장 내의 모든 사람에게 똑같이 적용되는 단일한 마케팅믹스를 개발하여 적용하게 된다.

다음 [그림 11-3]에서 볼 수 있는 바와 같이 왼쪽에 있는 기업조직은 오른쪽에 있는 전체시장을 향하여 단일 마케팅믹스의 전략을 가지고 접근하게 된다. 앞에서도 언급한 바와 같이 전체시장접근법은 기업이 소비자의 욕구나 기호가 비슷한 시장에 마케팅활동을 집중하려고 할 경우에 사용할 수 있는 방법이다. 그러나 그 제품에 대한 소비자의 욕구나 기호가 매우 다양하다면 다른 접근방법이 더 유효하게 된다.

(2) 시장세분화

표적시장에 접근하는 두 번째의 방법은 시장세분화(market segmentation)로서 어떤 제품에 대

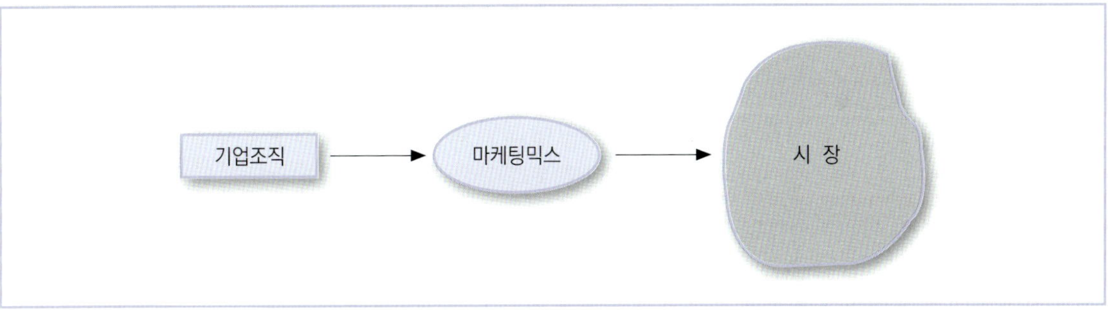

[그림 11-3] 전체시장을 향한 단일마케팅믹스

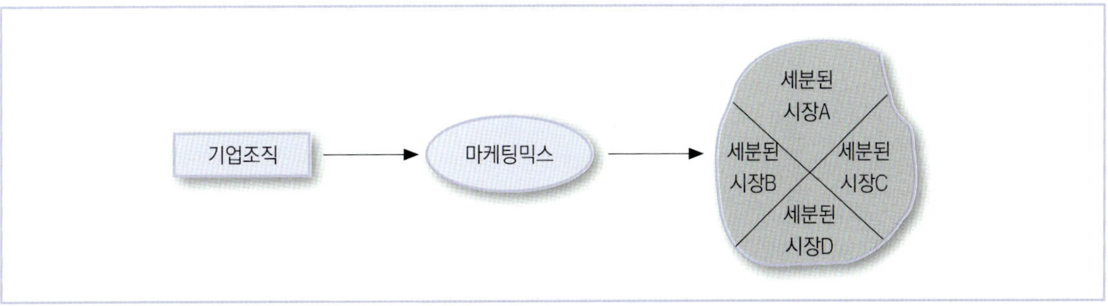

[그림 11-4] 세분화된 시장의 일부분에 대한 마케팅믹스

한 소비자의 욕구나 기호가 다양할 경우에 사용된다. 만약 마케팅관리자가 어떤 제품에 대한 소비자의 욕구나 기호가 다양하다는 것을 발견하게 되면, 전체시장(whole market)을 세분화할 것이다. 이렇게 세분화된 시장들은 몇 가지의 공통된 특성을 가진 사람들로 구성된 집단이다. [그림 11-4]는 이와 같은 시장세분화를 예시하고 있으며, 시장이 네 부분으로 세분화되어 있다.

이와 같이 시장이 여러 부분으로 세분되고 난 다음에는 이들 세분된 각 부분시장들은 다시 분석되어 현재의 제품을 가지고 각 세분된 시장 내의 소비자들의 욕구나 기호를 만족시킬 수 있는지의 여부가 결정되어야 한다. 그리하여 현재의 제품 중에 그 세분된 시장의 소비자들을 만족시킬 만한 제품이 없을 경우에는 마케팅관리자는 그들을 만족시킬 수 있는 정밀한 마케팅믹스를 계획하고 실행하여야 한다. [그림 11-4]에서는 기업조직이 정밀한 마케팅믹스를 개발하여 전체시장이 아닌 하나의 세분된 시장을 향하여 접근하고 있다.

그리고 전체시장을 각 부분으로 세분할 경우, 관리자는 시장의 세분화된 부분들 중에 한 부분만을 대상으로 마케팅믹스의 전략을 수립할 것인가, 아니면 여러 개의 부분을 대상으로 하여 마케팅전략을 수립할 것인가를 결정해야 한다. 이리하여 세분화된 시장의 여러 부분을 대상으로 마케팅 노력을 전개하기로 결정하였다면, 각 세분화된 시장에 적합한 마케팅믹스를 개발하여 그 세분화된 시장에 접근하여야 한다. [그림 11-5]에서도 볼 수 있는 바와 같이 이 기업조직은 두 가지 별개의 마케팅믹스를 개발하여 마케팅 노력을 두 개의 표적시장에 집중시키고 있다.

그런데 이와 같은 시장세분화는 시장조사(marketing research)를 통해서 얻어진 정보를 분석하는 데서부터 시작된다. 그 첫 단계는 시장세분화를 위해 시장의 공통적인 인적 특성(human characteristics)을 찾아내는 일이다. 왜냐하면 시장은 제품특성에 의해서가 아니라 구매자들의 특성에 의하여 세분화되기 때문이다. 즉, 시장세분화를 위한 가장 일반적인 인적 특성은 나이(age), 수입(income), 성별(sex), 가족생활주기(family life cycle) 및 기후(climates) 등이다. 나이에 의해 세분된 시장에 적합한 상품의 수를 생각해 보면 의복, 음료, 식품, 잡지 등은 몇 개의 예에 불과하다. 수입수준은 자동차, 가구 및 의복 등과 같은 제품시장을 세분하는 데 사용되는 특성이다. 그리고 방취제(deodorant), 의복, 청량음료, 담배 등과 같은 제품시장은 성별(sex)을 특성으로 하여 세분된다.

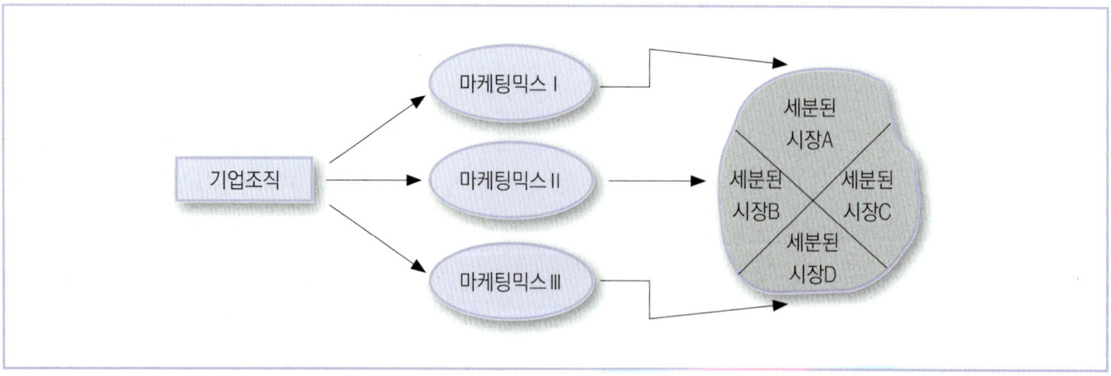

[그림 11-5] 두 개의 세분된 시장에 대한 두 가지의 마케팅믹스

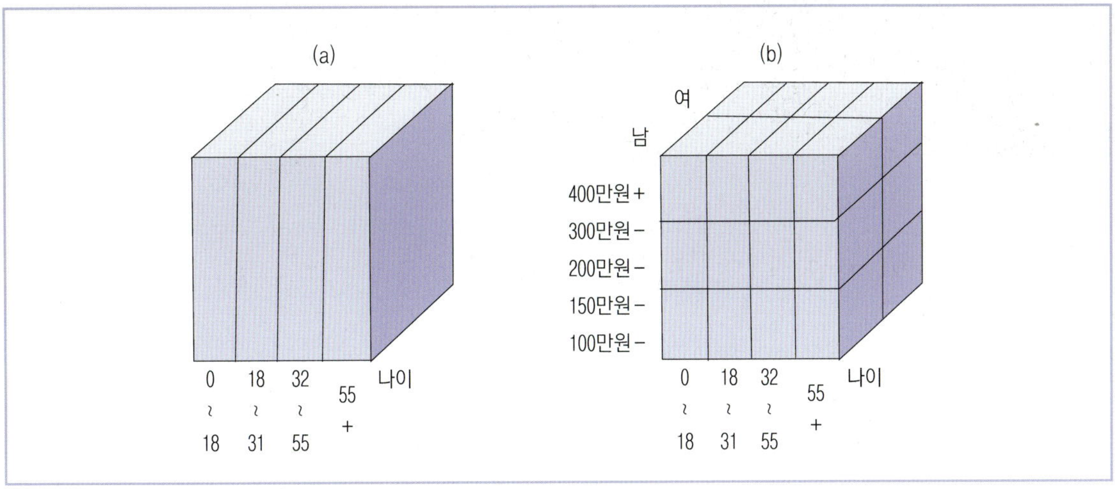

[그림 11-6] 단일특성에 의한 시장세분화와 다수특성에 의한 시장세분화

그리고 마케팅관리자는 하나의 특성만을 가지고 시장을 세분하는 경우도 있으며, 두 개, 세 개 혹은 그 이상의 특성을 가지고 시장을 세분하는 수도 있다. [그림 11-6(a)]는 나이라는 하나의 특성만을 가지고 시장을 세분하는 예시이며, [그림 11-6(b)]는 나이, 수입, 성별이라는 세 개의 특성을 가지고 시장을 세분하는 경우의 예시이다.

이와 같이 시장을 세분화하는 데 사용되는 특성의 수는 여러 가지의 요인(factors), 즉 제품의 유형(the type of product), 조사의 비용(cost of research), 경쟁업체의 행태(the behavior of competitors), 전체시장의 규모(the size of the total market) 등과 같은 요인들에 의해 영향을 받는다. 비록 시장이 일반적으로 하나 이상의 변인 혹은 특성에 의해 세분되기는 하지만 시장을 세분화하는 데 한꺼번에 세 개 이상의 특성을 사용하는 경우는 극히 드물다.

이상과 같이 표적시장에 대한 의사결정을 통해 마케팅관리자는 마케팅 노력을 집중할 수 있는 방향감각을 얻게 되고 마침내는 표적시장을 확정하게 된다. 그 다음에 마케팅관리자가 취해야 할 관리행동은 소비자의 욕구나 기호를 만족시킬 수 있는 '마케팅믹스'를 개발, 변경, 유지하는 것이다.

2) 마케팅믹스의 개발, 변경 및 유지

마케팅믹스(marketing mix)는 마케팅활동의 핵심부분으로서 제품(Product), 가격(Price), 물적유통(Physical distribution of the product), 판매촉진(Promotion)으로 구성되어 있다. 이를 머리글자를 따서 4P's Mix라고도 부른다. 이러한 4P는 마케팅활동의 성패를 좌우할 만큼 매우 중요하기 때문에 마케팅활동의 대부분을 차지하게 된다. 이와 같은 마케팅믹스의 기본적인 네 가지 요소는 [그림 11-7]과 같이 간단하게 나타낼 수 있지만, 마케팅관리자는 마케팅믹스의 각각의 구성요소에 대해 수많은 의사결정을 해야 한다. 이하에서는 이와 같은 구성요소의 각각에 대해 차례로 살펴보기로 하자.

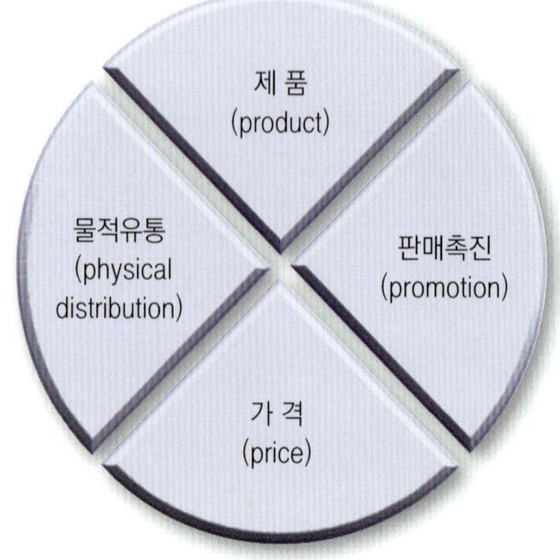

[그림 11-7] 마케팅믹스의 제요소

(1) 제 품

마케팅믹스의 제품요소를 다루는 데 있어서 마케팅관리자는 제품믹스의 구조와 제품수명 및 제품믹스의 변경에 대한 의사결정을 해야 한다.

① 제품믹스

대부분의 기업들은 하나 이상의 제품을 생산하고 있다. 이같이 기업이 판매하기 위해 제조한 일련의 다양한 제품으로 이루어진 제품구성을 제품믹스라고 부른다. 그러므로 제품믹스는 두 가지 이상의 제품으로 구성되어 있다. 그래서 마케팅관리자는 제품믹스에 포함시킬 제품의 유형(the types of products)과 제품의 수(the number of products)에 대한 의사결정을 해야 한다. 그리고 제품믹스에는 깊이와 넓이가 있는데 넓이는 제품믹스 내의 제품계열의 수(the number of product line)를 의미하고, 깊이는 그 제품계열에 포함된 제품의 다양성을 의미한다. 이러한 제품믹스의 넓이와 깊이가 확대 · 심화되면 될수록 소비자의 새로운 욕구와 다양한 기호를 더 효과적으로 충족시킬 수 있게 된다.[11)]

② 제품수명주기

모든 제품은 제품수명의 주기를 가지고 있다. 인간의 일생이 출생, 성장, 사망의 과정을 거치듯이 제품도 시장에 새로 도입되어 판매량이 상승하여 종국에 가서는 시장에서 사라지는 시간적 경과를 가리켜 제품수명주기(product life cycle)라고 한다. 이와 같은 제품수명주기는 보통 [그림 11-8]과 같이 4주기로 구분된다. 즉, 도입기(introduction stage), 성장기(growth stage), 성숙기(maturity stage), 쇠퇴기(decline stage) 등이 그것이다. 그리고 이와 같은 제품수명은 제품마다 각기 다르다. 예를 들어, 어떤 제품은 1년이 채 못 되어 위와 같은 주기를 모두 거치는가 하면, 어떤 제품은 수년이 경과하는 성숙기를 갖기도 한다. 그렇다면 이와 같은 제품수명주기의 장단에 영향을 미치는 요인은 무엇인가? 그것은 소비자기호의 변화(changes in consumer preference), 기술적인 변화(technological changes), 새로운 아이디어에 대한 소비자의 수용 등이다.

③ 제품믹스의 변경 및 유지

모든 제품은 그 나름대로의 제품수명을 가지고 있으므로 소비자의 욕구나 기호의 만족을 위해서 제품믹스는 변함없이 동일해서는 안 되고 수시로 변경되어야 한다. 마케팅관리자는 제품믹스를 변경시키기 위해 현재의 제품을 변형시키든지, 새로운 제품을 도입하든지, 아니면 낡은 제품을 제거하게 된다.

관리자가 현재의 제품을 변형하는 데는 여러 가지 방법이 있다. 첫째로, 보다 내구성이 있고 보다 믿을 수 있는 제품을 제조함으로써 제품의 질을 개선할 수도 있으며, 둘째로 제품을 보다 유용하고, 보다 편리하고, 보다 안전하게 만들기 위해 제품을 다시 디자인함으로써 제품의 특성을 개선할 수도 있으며, 셋째로 제품이 소비자의 감각에 보다 호소력을 가질 수 있도록 그 모양을 변경할 수도 있다.

신제품을 도입함으로써 제품믹스를 변경하려고 할 때에는 먼저 그 신제품에 대한 많은 아이디어를 수집하는 일부터 시작한다. 수집된 여러 제품아이디어들은 제조비용, 판매가능성 및 수익성 등의 기준에 따라 평가되어 그 채택 여부가 결정된다. 이와 같은 평가과정을 거쳐 최종적으로 남은 몇 개의 제품아이디어는 제품개발(product development)단계에 투입되고, 이 제품개발단계에서는 그 제품아이디어가 물적 형태를 갖춘 시제품으로 나타난다. 이와 같이 시제품을 만들어 보는 것은 그 제품아이디어를 이용한 제품생산이 기술적으로 가능한가의 여부를 결정하기 위해서이다. 그리하여 그 제품아이디어를 이용한 제품생산이 기술적으로 가능하다는 것이 결정되면 그 시제품은 시장성 테스트단계(test-market stage)에 들어간다. 시장성테스트단계에서는 소비자

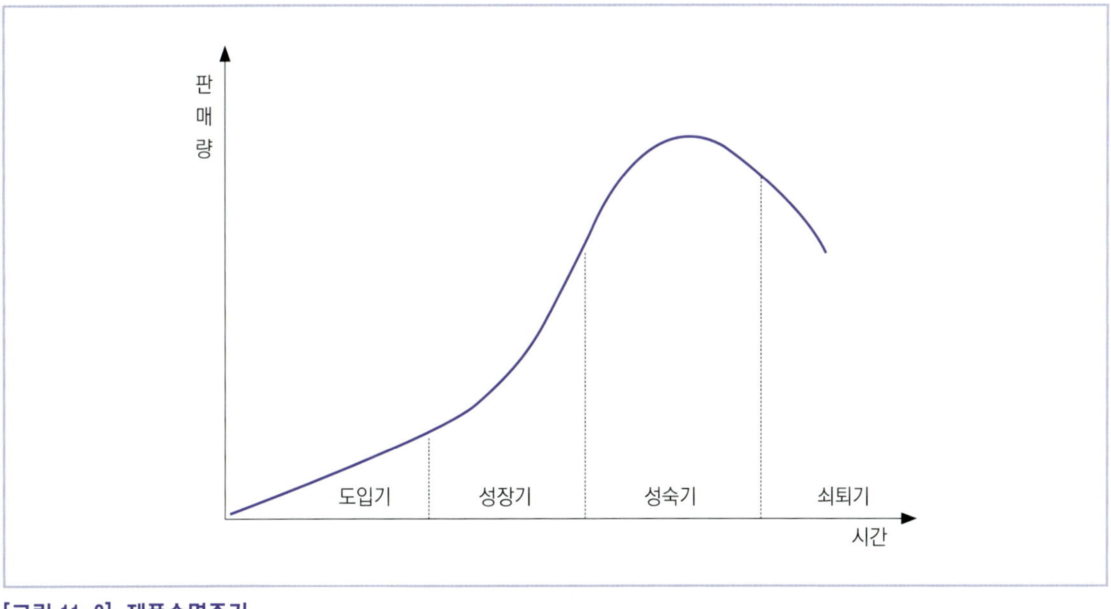

[그림 11-8] 제품수명주기

가 그 제품을 구매하는지의 여부를 알아보기 위해서 그 시장 내의 여러 상점에 진열된다. 시장성 테스트기간에 제품가격이나 광고 등도 테스트된다. 시제품이 시장성 테스트기간에 소비자들에 의해 잘 수용되어지면 기업은 본격적인 제품생산 및 마케팅활동에 들어가게 된다.

한편, 소비자들을 더 이상 만족시킬 수 없는 제품을 제품믹스에서 제거해야 한다. 제품의 제거는 제품이 극도로 이익이 없을 경우에 단행되는 것이 보통이나, 보다 강력한 제품믹스를 위한 방법은 주기적인 제품평가를 실시하는 것이다. 주기적인 제품평가란 그 제품이 매출액, 비용 및 이익에 어떻게 공헌하고 있으며, 또 어떻게 영향을 미치고 있는가를 결정하기 위하여 각 제품을 주기적으로 평가하는 것을 말한다.

지금까지 설명한 제품믹스의 개발이나 변경은 제품에 관한 관리자의 주요한 관심분야가 되어야 하지만, 그 밖에도 관리자가 고려해야 할 제품에 관한 다른 측면이 있다. 즉, 신제품을 도입할 때 관리자는 그 신제품에 어떤 상표(brand name)를 붙여야 할 것인가에 대하여 고려해야 하고, 제품의 포장(the package for the product) 및 적절한 제품서비스(product service) 등에 대한 배려이다.

(2) 가 격

제품의 가격은 마케팅믹스에 있어서 매우 중요한 요소이다. 모든 소비자들은 그들의 구매결정에 있어서 제품가격에 매우 민감하게 반응할 뿐만 아니라, 그들이 가진 돈의 효용을 가능한 확대시키려고 하기 때문이다.

① 가격의 결정

기업이 제품가격을 결정하는 데는 여러 가지 방법이 있다. 그 중에서도 가장 일반적인 방법은 제품원가에 근거하여 판매가격을 결정하는 방법이다. 이 원가가산가격방법(the cost plus pricing method)이 사용될 경우 판매가격(selling price)은 제품원가에 일정 이윤폭을 부가하여 결정한다.

판매가격을 결정하는 두 번째 방법은 될 수 있는 대로 고가로 판매가격을 책정하는 방법이다. 이와 같은 방법을 사용하기 위해서는 시장조사를 통해 소비자들이 그 특정상품에 대해 기꺼이 지불하려고 하는 가격이 어느 정도인가를 먼저 알고 있어야 한다.

가격결정의 세 번째 방법은 투자수익률을 기초로 하는 방법으로서 수익률법이라고도 한다. 이 수익률법이 사용될 경우에는 먼저 최고경영자가 투자액에 대한 몇%의 수익률을 미리 예상한다. 그리하여 예상수익과 예상비용을 감안하여 예상투자수익률의 달성이 가능한 범위 내에서 판매가격이 결정된다.

② 가격정책의 유형

관리자는 판매가격을 결정하는 데 적용할 수 있는 일반적인 가격정책을 수립하게 된다. 이와 같은 가격정책에는 두 가지가 있는데 그 중의 하나는 상층흡수가격정책(skinning pricing policy)이다.

이 정책은 초기고가격정책, 후기저가격정책이라고도 하는 것으로서 제품원가에 비교적 높은 이윤폭을 부가하여 판매가격을 책정한다. 이와 같은 정책을 시행하게 되면 초기에 많은 이윤을 획득하게 된다. 이 상층흡수가격정책은 경쟁업체가 없는 시장에 신제품이 도입되는 초기에 적용하여 가격탄력성이 낮은 고소득층을 흡수하려는 정책으로서 거기에서 얻은 높은 이윤을 가지고 판촉활동을 효과적으로 전개할 수 있고, 소요된 투자비용을 조속히 회수하여 단계적 대규모화를 실현할 수 있다. 그러나 이 정책의 주요한 문제점은 많은 이윤을 획득하고 있는 것을 보게 된 경쟁업체로 하여금 동일제품시장에 뛰어들게 하는 결과를 초래하게 되고, 경쟁업체가 동일제품시장에 뛰어들게 되면 판매가격을 인하시킬 수밖에 없게 된다는 점이다.

그 다음의 가격정책으로는 시장침투가격정책(penetration price policy)이 있는데 이는 초기저가격정책이라고도 한다. 이 가격정책은 제품원가에 약간의 이윤폭을 가산하여 판매가격을 결정하는 정책으로서 단기간 내에 대량시장을 획득하려는 목적으로 사용된다. 이와 같은 가격정책하에서는 제품단위당 이윤폭이 낮기 때문에 경쟁업체의 시장침입을 저지할 수 있는 이점은 있지만, 양산체제에 의한 생산능률을 높여 단위당 생산비를 저하시켜 대규모 이익을 얻을 수 있는 경우라야만 하고, 일용품 또는 대중용품과 같은 가격에 대한 소비자의 반응이 민감한 상품이어야 한다. 따라서 이러한 가격정책을 채택할 경우에는 시장조사나 수요예측을 통해 저가에 의한 대량판매의 가능성을 먼저 타진해야 한다.

이상의 가격요소에 대한 설명 이외에도 판매가격의 결정에 대한 여러 가지 측면을 고려해야 한다. 가령 어떤 특정제품이 제품수명주기의 각 단계를 거쳐감에 따라 언제 어느 정도의 가격변화가 있어야 하는가에 대한 결정이라든지, 기업의 목표와 정책이 가격에 어떠한 영향을 미치고 있는가에 대한 문제 등에 관한 것이다. 그리고 관리자는 제품의 판매가격결정에 관련된 정부의 규제나 법규 등도 고려해야 한다.

(3) 판매촉진

업조직은 그의 제품이나 서비스에 관한 정보를 소비자들에게 알려야 한다. 소비자들이 그 제품에 대한 이해를 갖도록 하여 그 제품에 대한 구매의욕을 불러일으켜야 하기 때문이다. 그래서 판매촉진의 주요한 목적은 소비자들과의 의사소통에 있다. 판매촉진믹스는 광고(advertising), 인적 판매(personal selling), 홍보(publicity) 등과 같은 기본적 요소로 구성되어 있다.

① 광 고

광고는 상품이나 서비스를 구매하도록 하기 위한 유상의 비인적 의사소통으로서 광고주(the sponsor)가 대중통신매체를 통하여 일단의 사람들의 구매행동에 영향을 미칠 목적으로 시각적 내지는 구두의 메시지를 그들에게 전달하는 활동이다. 광고를 비인적 의사소통이라고 하는 것은 의사소통이 대면적 상황(face-to-face)에서 이루어지지 않기 때문이다.

광고에 사용되는 가장 일반적인 대중통신매체는 신문, 라디오, 텔레비전, 잡지, 광고 게시판 등이다. 어떤 유형의 매체를 사용할 것인가에 대한 결정을 내리는 데 있어서 제품의 유형, 표적시장 내의 소비자들의 특성, 다양한 매체의 활용가능성, 광고비에 충당할 수 있는 자금의 양 등의 요인들을 고려해야 한다. 이와 같은 광고는 기업의 대량생산에 따른 대량판매의 필요성 때문에 제품판매를 위한 여러 가지 활동 중에서 매우 중요한 활동이기는 하지만, 광고가 끼치는 나쁜 영향에 대한 비판의 소리도 높다.

② 인적 판매

인적 판매는 판매원이 고객을 직접 찾아가 기업이 판매하고 있는 제품이나 서비스에 대하여 의사소통을 하는 판촉활동이다. 넓은 의미의 인적 판매에는 전화 및 우편을 통한 상품에 대한 메시지의 교환도 포함되나 인적 판매의 중심적인 내용은 판매원이 고객과의 대면적 의사소통을 통해 구매자극이나 수요창조를 도모하는 것이다. 판매촉진방법으로서의 인적 판매는 제품이 비교적 고가일 때, 효과적인 대중통신매체가 없을 때, 고객의 필요나 욕구에 맞추기 위해 제품이 주문에 의해 생산되지 않으면 안 되는 경우에 특히 필요하게 된다. 그리고 이 인적 판매는 고객이 산업구매자일 경우에 더욱 중요한 판촉수단이 된다.

일반적으로 광고가 판촉활동 중에서도 가장 비용이 많이 드는 활동으로 생각하고 있지만, 경우에 따라서는 인적 판매가 가장 값비싼 판촉활동이 되는 수가 있다. 왜냐하면 판매원이 고정급에 의해 보상을 받는 경우가 있는가 하면 그가 판매한 제품의 수량에 대한 몇%의 판매수수료에 의해 보상받기도 하고, 또 어떤 경우에는 고정급과 판매수수료 양쪽에 의해 높은 보상을 받기도 하기 때문이다.

판촉수단으로서 인적 판매를 활용할 경우 관리자는 판매원의 선발 및 승진에 관한 주의 깊은 의사결정을 할 수 있어야 하고, 판매원의 순회방식(the routing of salesmen)이나 판매할당량(sales quotas)의 설정 및 판매원의 유효성(salesmen effectiveness)을 측정해야 한다.

③ 홍 보

홍보는 무상(unpaid)으로 기업 또는 상품에 관한 뉴스를 대중통신매체에 제공하여 게재하거나, 방송하게 하는 판촉활동이다. 홍보가 중요시되는 이유는 비용이 들지 않는다는 이점 때문이기도 하지만, 홍보에 의한 메시지가 광고에 의한 메시지보다 더 많은 신뢰성을 확보하기 때문이다.

지금까지 우리는 마케팅믹스 가운데 판매촉진이라는 요소에 대해 살펴보았다. 관리자가 이 판촉활동에 대한 의사결정을 하려고 할 때에는 광고와 인적 판매 및 홍보가 적절한 균형을 이루어 판매촉진의 효과가 최대가 되도록 해야 한다.

(4) 물적 유통믹스

물적 유통이란 마케팅믹스의 네 번째 요소로서 재화가 공급자로부터 최종소비자에 이르기까지 실체적(physical)으로 유통(flow)되는 과정을 의미하며, 이를 줄여서 물류라고도 한다. 물류는 배송, 수송, 보관, 창고, 정보 등 상품이 적절한 시기에 적절한 양만큼 적절한 장소에서 소비자에게 공급될 수 있도록 하기 위한 제활동을 말한다. 이와 같은 물적 유통은 판매경로의 결정(mar-

구분	유통경로	
1. 소비자용품의 경로	• 생산자가 소비자에게 직접판매하는 경우로서 가장 단순한 유통경로이다. 오늘날 컴퓨터에 의한 전자상거래(EC)를 통해 소비자가 직접 선택하여 소비하는 경우도 직접경로의 경우이다. 그리고 호별 방문판매나 직영소매점, 통신판매에 의한 판매도 이에 속한다.	직접경로
	• 소매점, 백화점, 슈퍼마켓, 연쇄점 등과 같은 대규모 소매점에 판매된 다음 이들을 통해 다시 소비자에게 판매되는 경우 • 도매업자를 거쳐 소매상을 통해 소비자에게 판매되는 경우 • 판매회사나 대리점을 거쳐 도매업자 및 소매상을 통해 소비자에게 판매되는 경우	간접경로
2. 산업용품의 경로	• 수요자에게 직매하는 경우 : 직접경로 • 도매상을 통해 수요자에게 판매되는 경우 : 간접경로	

〈표 11-3〉 제품의 유통경로

keting channel decisions), 수송기관의 선정(selection of transportation), 적정재고의 결정(inventory decision) 등의 의사결정에 의해 관리된다. 그리고 이 같은 제활동을 마케팅 로지스틱스(marketing logistics)라고 부르기도 한다.

① 판매경로의 결정

판매경로는 유통경로라고도 하며, 제품이 생산자로부터 소비자 또는 산업구매자 및 사용자에 이르기까지 통과하게 되는 모든 경유선(route)을 말한다. 그 제품이 소비용품인가 아니면 산업용품인가에 따라 유통경로도 달라지는데 이를 살펴보면 〈표 11-3〉과 같다.[12]

이와 같은 유통경로에 관하여 마케팅관리자는 각 제품의 유통경로상의 중간단계의 수를 어떻게 결정할 것인가? 그리고 각 단계에 있어서 판매자의 수를 어떻게 할 것인가에 대한 결정을 해야 한다. 예를 들어, 소매상을 통하여 판매하기로 결정하였다면 그 시장 내의 모든 상점에서 판매하게 될 것인가, 아니면 몇몇 상점에 국한시켜 판매하게 할 것인가에 대한 결정을 해야 한다.

② 수송기관의 선정

수송기관의 선정은 여러 가지 요인들에 의해 영향을 받는다. 이들 요인에는 거리, 제품의 크기와 무게, 제품손상의 가능성 여부 및 이용가능한 운송기관 등이 포함된다. 이와 같은 요인들을 고려하여 관리자가 수송기관을 선정할 때에는 항상 속도(speed)와 비용(cost)을 고려하지 않으면 안 된다. 특히, 소매상에 의한 주문판매인 경우 판매기회를 놓치지 않기 위해서 비용이 많이 소요되더라도 보다 신속한 수송기관을 택하려는 소매상의 요구가 있기 때문에 수송의 속도는 더욱 문제가 된다.

③ 적정재고의 결정

마케팅관리자는 유통을 위한 상품의 재고를 확보하기 위해 적정량의 적정상품을 적정시기까지 확보하는 데 대한 의사결정을 해야 한다. 적정재고에 관한 의사결정에는 대체로 두 가지의 주요한 분야에 있어서의 의사결정이 이루어져야 한다. 첫째는 주문시기(혹은 생산시기)의 결정이다. 이 주문시기 혹은 생산시기에 대한 결정에는 수요량, 주문시점 및 주문품의 도착시점 사이의 시간경과(혹은 생산개시시점과 제품의 완성시점 사이의 시간경과)와 같은 두 가지의 주요한 요인이 작용한다. 둘째로 주문량(혹은 생산량)에 대한 결정이다. 주문량 혹은 생산량에 대한 결정에는 주문비용 및 보관비가 고려되어야 한다.

3. 마케팅활동의 방향

1) 마케팅정보시스템의 구축과 활용

정보기술의 급속한 발전은 기업경영에서 마케팅활동조차도 급격하게 변화시키고 있다. 인터넷을 통한 전자상거래 활동이 활발해지고 마케팅활동에 있어서도 정보기술을 적극적으로 활용하는 기업이 증가하고 있다. 이제는 컴퓨터 한 대만으로 사이버상에서 자유롭게 마케팅활동을 할 수 있고, 이에 따른 결과도 모두 네트워크상에서 처리할 수 있는 마케팅정보시스템을 구축하고 이를 적극적으로 활용할 수 있어야 한다. 마케팅담당자는 기업내부의 인트라넷(intranet)을 통해 유통정보, 일일판매실적, 거래처실적, 판매정보, 신상품정보, 매장의 제안 및 정보, 정기방문계획 등에 대한 정보를 손쉽게 얻을 수 있어야 효율적인 마케팅활동을 전개할 수 있다. 또한 마케팅 업무관리와 문서작업을 종이 없이 컴퓨터만으로 처리할 수 있어야 보다 쉽게 마케팅활동을 분석할 수 있다. 마케팅환경이 급변하면서 고객의 욕구에 즉각적으로 대응하기 위해서는 기업외부의 엑스트라넷(extranet)도 구축되어야 한다. 이를 통해 마케팅담당자는 전문적 영업정보를 받아 거래처에 제공함으로써 판매촉진을 위한 컨설팅 중심의 마케팅활동을 전개할 수 있다.[13] 이렇게 인트라넷과 엑스트라넷이 연결된 마케팅정보시스템이 구축되어지면 마케팅담당자는 세일즈맨이라는 과거의 단순한 이미지에서 벗어나 전문컨설턴트로 변화하게 된다. 마케팅담당자들은 마케팅정보시스템을 통해서 신상품에 대한 정보를 충분히 숙지할 수 있으므로 거래처의 마케팅활동에 대해 폭넓은 제안을 할 수 있게 된다. 또 마케팅정보시스템의 구축과 활용은 광고판촉물의 배포에 관한 정보, 모범적인 상품진열 사례, 동영상 광고, 이미지 사진 등을 거래처에 직접 확인시켜 줌으로써 거래처의 신뢰도 확보할 수 있다.

2) 고객만족경영의 추구

무한 경쟁시대에서 기업이 유지 · 발전하기 위해서는 지속적으로 경영환경변화에 대응할 수 있는 제품이나 서비스를 개발하는 것이 중요하다. 그러나 최근에는 단순히 제품이나 서비스를 개발하는 것 이상으로 이들 제품이나 서비스를 통해 고객을 만족시키는 것이 더 중요하게 인식되어가고 있다. 즉, 고객만족에 대한 중요성이 커지면서 본격적으로 고객만족을 추구하는 경영전략이 요구되고 있는 것이다.

고객만족 경영이란 제품의 상대적인 품질만족도와 상대적 가격만족도를 포함하는 고객가치를 이용하여 고객만족 전략을 수립하고, 이를 실행하여 성과를 극대화하려는 경영활동을 말한다. 이 때 상대적인 품질의 만족도란 기능, 디자인, 재질 등의 제품 그 자체뿐만 아니라 포장, 배달, A/S 등의 부대서비스까지 포괄하는 것을 의미한다.

이렇게 고객만족 중심의 가치경영이 중요하게 고려되는 이유는 제품이나 서비스에 대해서 만족스러워한 고객은 제품충성도가 높아 재구매의 가능성이 높으며, 의사소통 비용이 적게 들고 마케팅 실패가능성이 낮기 때문이다. 또한 긍정적인 구전효과(mouth to mouth effect)를 야기시켜 기업에게 긍정적인 홍보효과를 가져다 줄 수 있기 때문이다.

아울러 고객만족 경영은 직접적으로 기업의 성과를 예측할 수 있게 해주며 경쟁기업의 동태를 파악할 수 있게 해준다. 따라서 무한경쟁 속에서 기업은 반드시 이러한 고객만족 중심의 경영전략을 수립하고 실행해야 할 것이다.

3) 신마케팅기법을 활용한 경쟁우위 확보

기업의 마케팅믹스 전략이 과거 생산중심에서 판매중심으로, 다시 서비스중심으로 급속히 발전해 가고 있다. 그렇다면 21세기 글로벌 경쟁시대에 적합한 서비스 중심의 마케팅기법은 어떠한 것이 있을까? 여기에는 데이터베이스 마케팅, 다이렉트 마케팅, 관계 마케팅, 맞춤형 마케팅, 그리고 스포츠 마케팅 등의 새로운 마케팅 기법들이 제시되고 있다.

이러한 마케팅기법들은 몇 가지 공통된 특징이 있다. 우선 첫 번째 특징은 고객을 집단이 아니라 개인 단위로까지 세분화한다는 점이다. 이러한 세분화를 통해 개개인의 취향과 특성에 맞는 마케팅 수단을 쓰고자 하는 일 대 일(one-to-one) 속성을 갖게 된다.[14)]

두 번째 특징은 전통적인 마케팅활동의 촉진방법인 방송, 신문 등 매스미디어 대신 인간적인 접촉과 양방향 의사소통이 가능한 뉴 미디어를 동원하고 있다는 점이다. 특히 정보기술의 발달은 21세기 마케팅의 틀에 근본적인 변화를 가져올 것으로 예상되고 있다. 따라서 양방향(two-way) 의사소통을 통한 마케팅이 이루어질 수 있는 다양한 방법을 강구해야 할 것이다. 새롭게 등장하고 있는 첨단 마케팅 기법들을 구체적으로 살펴보면 다음과 같다.

(1) 데이터베이스 마케팅

데이터베이스 마케팅(database marketing)은 원 투 원 마케팅(one to one marketing)이라고도 하는데, 고객에 관한 데이터베이스를 구축하여 필요한 고객에게 필요한 제품을 직접 판매하는 마케팅전략을 말한다. 데이터베이스 마케팅은 정보기술의 발달로 고객에 대한 다양한 정보를 차곡차곡 쌓으면서 가능해졌다. 자기 백화점에서 옷을 구입한 고객에게 생일마다 축하 카드를 보낸다든지, 과거에 어떤 패션을 좋아했다는 점을 파악해 신상품이 들어오면 이를 권유하는 편지를 보내는 것 등은 대표적인 데이터베이스 마케팅이다.

기업은 이른바 데이터베이스 관리시스템(DBMS)이라는 형태로 컴퓨터에 갖가지 정보를 수록해 놓고 고객을 세밀히 관리한다. 고객은 이를 통해 보다 특별한 대접을 받고 있다는 만족감을 느끼게 되는 것이다. 신용카드, 백화점, 보험, 항공사 등에서 특히 위력을 발휘하는 마케팅 기법이라고 할 수 있다. 특히 우수한 고객을 계속 확보하는 것이 비용절감이라는 점을 감안하여 경쟁이 치열해지는 기업에 있어서 중요한 경영수단이 되고 있다.

(2) 다이렉트 마케팅

다이렉트 마케팅(direct marketing)은 전화나 팩스, 우편물 등을 마케팅 도구로 사용한다. 대규모 콜 센터(call center)를 갖춰 놓고 고객에게 제품구입을 권유하거나 각종 불만처리를 하는 텔레마케팅이 대표적이다.

다이렉트 마케팅에서도 고객정보에 대한 데이터베이스 구축은 필수적이다. 고객이 전화를 걸면 간단한 신원확인을 통해 과거의 통화기록과 각종 정보가 컴퓨터 화면에 뜬다. 응답자는 정해진 메뉴얼대로 고객과 상담함으로써 개별적인 서비스가 가능해진다. 이미 상당수 기업이 다이렉트 마케팅으로 탁월한 성과를 거두고 있다.

(3) 관계 마케팅

고객과의 개인적인 접촉을 강조하는 관계 마케팅(relationship marketing)도 주목할 필요가 있다. 이는 단골고객과의 유대관계를 어떻게 하면 지속하고 강화하는가에 초점을 맞춘다. 새로운 고객을 많이 확보하려면 그만큼 많은 마케팅비용을 쓸 수밖에 없지만 단골고객은 소액투자만으로 지속적인 매출을 달성해 주기 때문이다. 따라서 관계 마케팅은 단골고객을 유지하기 위해 집중적인 마케팅활동을 시도하는 것을 의미한다.

(4) 맞춤형 마케팅

소비자의 갖가지 수요를 일일이 맞춰내려는 맞춤형 마케팅(on demand marketing)은 소비자의 주문에 따라 컴퓨터를 생산하는 시스템을 채택하여 단숨에 세계적인 기업으로 성장한 델(Dell) 컴퓨터의 사례가 대표적이다. 소비자를 아예 제품개발 단계에서부터 참여시켜 고객만족을 원천적으로 실현하도록 하는 마케팅 전략이다.

(5) 스포츠 마케팅

스포츠 마케팅(sports marketing)이란 스포츠와 마케팅이 결합한 형태로 스포츠를 통해 직 · 간접적으로 마케팅의 효과를 극대화시키려는 것을 의미한다. 스포츠 마케팅의 형태는 다양하게 나타나고 있다. 스포츠 대회를 후원하는 방법과 가능성 있는 선수를 발굴해 후원하는 방법이 주로 사용되는데 스포츠 마케팅이 성공했을 때의 효과는 실로 엄청나다. 게다가 스포츠는 더 이상 일부 선수들만의 잔치가 아닌 모든 사람들이 함께 보고 느끼고 즐길 수 있는 일상적인 생활 스포츠로 점점 그 범위를 넓혀가고 있다. 따라서 기업들의 스포츠 마케팅에 대한 관심이 커지고 있다. 우리나라에서 스포츠마케팅에 직접적으로 관심을 갖기 시작한 것은 박세리 선수의 LPGA 우승이 기폭제가 되었고, 최근에는 하계 및 동계올림픽에서 삼성이, 월드컵에 현대자동차가 공식 스폰서로 등장하면서 많은 업체들의 관심을 끌고 있다.

(6) 텔레마케팅

텔레마케팅(telemarketing)은 전화나 인터넷 등의 정보통신수단을 이용하여 이루어지는 마케팅활동으로, 소비자에게 직접 전화를 걸어 마케팅활동을 전개하는 방식인데 이는 소비자들의 개별적인 정보를 담고 있는 데이터베이스가 전제되어야 한다. 만약 데이터베이스가 구축되지 않으면 전화번호부를 이용하거나 무작위로 미지의 대상에게 전화를 하게 되므로 마케팅활동의 효율성이 저하된다. 최근에는 이동전화가 발달하면서 문자 메시지나 전화를 통한 텔레마케팅의 활동이 활성화되고 있다. 텔레마케팅이 본격화되면서 텔레마케팅을 전문으로 하는 기업이 탄생하여, 수수료를 받는 형식으로 텔레마케팅을 대신해 주기도 한다.

(7) 인터넷 마케팅

인터넷 마케팅(internet marketing)은 인터넷이라는 수단을 이용하여 전개하는 마케팅으로, 홈페이지나 전자우편을 주로 이용한다. 인터넷 마케팅은 적은 비용으로, 많은 소비자에게, 동시에, 그리고 지속적으로 마케팅활동을 전개할 수 있다. 인터넷 마케팅은 상품에 대한 실물을 확인하기 어렵기 때문에 제품을 구매하는 소비자에게 정확한 정보를 충분히 제공하기 어려운 한계도 있지만, 최근 플래시(동영상) 기술의 발달로 제품에 대한 인지도를 높이거나 소비자가 원하는 정보를 제공하기 위해서 노력하고 있다. 특히 최근 무차별적으로 시행되고 있는 전자메일(e-mail)을 이용한 인터넷 마케팅은 많은 비난을 받고는 있지만, 저렴한 비용으로 소비자에게 상품광고를 제공할 수 있다는 측면에서 활용이 증대되고 있다.

연습문제

1. 마케팅이라는 단어를 생각하면 여러분의 머리에 제일 먼저 떠오르는 긍정적인 의미와 부정적인 의미를 각각 3가지씩 제시하여 보자.
2. 삼성전자, 현대자동차 등과 같은 국내 선도기업이나 IBM, GE, Toyota 등과 같은 국외 선도기업들의 주요 마케팅활동에 관하여 신문기사활용법(NIE)을 통하여 조사하여 보자.
3. 만약에 여러분이 스포츠웨어를 생산 및 판매하는 기업의 경영자라고 가정하고, 표적시장의 선정에 활용되는 두 가지 접근방법을 통해 어느 접근방법을 활용할 것인지를 결정하고 그 이유를 제시해 보자.
4. 마케팅믹스(marketing mix)의 네 가지 요소 이외에 추가로 고려해야 할 요소가 있는지를 알아보고 있다면 어떤 요소이며, 그 이유는 무엇인지를 열거해 보라.
5. 마케팅믹스는 표적시장의 특성에 의해 결정된다는 말은 옳은가? 그렇다면 그 이유는 무엇인가?
6. 판매촉진의 세 가지 기본요소는 무엇이며, 여러분들이 가장 쉽게 사용할 수 있는 판매촉진전략은 어떤 것이 있는가?
7. 마케팅활동의 방향에 대해 설명해 보자.

사례

E사는 스포츠용품을 생산하는 제조업체이다. 테니스 라켓, 골프용품, 등산장비, 낚시도구 등 다양한 제품계열의 생산에 박차를 가하고 있다. 지금까지 E사는 모든 제품을 스포츠용품 전문점을 통해서 판매해 왔다. 많은 운동선수들이나 스포츠 애호가들이 E사 제품을 높이 평가하고 있으며, 그래서 E사 제품은 다른 회사의 제품보다 고가로 판매되고 있다. 그런데 최근 판매담당 부사장이 스포츠용품을 일반백화점이나 시장 및 할인판매점을 통해서도 판매할 수 있도록 계획하고 있다. 판매담당 부사장의 생각으로는 이러한 시장이야말로 E사가 지금까지 소홀히 해온 시장이라고 생각하고 있으며, 이를 위한 마케팅믹스도 달라져야 한다고 생각하고 있다.

문제

달라져야 할 마케팅믹스는 어떤 것이 되어야 하겠는가? 이상적이라고 생각되는 마케팅믹스를 추천해 보라.

인터넷 사례

최근 전자제품 매장에 가면 새로운 개념의 냉장고, 세탁기 등이 진열되어 있다. Zipel, Hauzen, Tromm, Dios 등의 이름으로 다양한 모델이 전시되고 있다. 현재 지펠냉장고에서 실시하고 있는 맞춤형의 마케팅이 무엇이며, 어떤 효과가 있는지를 인터넷을 통해 조사해 보자.

미주

1. C.A. Kirkpatrick and F.A. Russ, *Business, Science Research Associates*, Inc., Chicago, 1974, p. 92.
2. R.P. Bagozzi, *Principle of Marketing Management*, 1986, p. 4.
3. P. Kotler, *Marketing Management: Analysis, Planning, Implementation, and Control*, 6th ed., Englewood Cliffs, N. J., 1968, p. 6.
4. P. Kotler, *op. cit.*, p. 6.
5. F. Jerome McCarthy, *Basic Marketing*, Irwin Homewood, Ill., 1971, p. 13.
6. P. Kotler, *op. cit.*, p. 11.
7. R.P. Bagozzi, op. cit., p. 22.
8. 김세영 역, 『경영관리』, 연합출판사, 1989.
9. P. Kotler, *op. cit.*, p. 66.
10. *Ibid*, p. 13.
11. 김원수, 『체계경영학사전』, 법문사, 1993, p. 774.
12. 상게서, p. 773.
13. 지호준, 『알기 쉽게 배우는 21세기 경영학』, 법문사, 2001, pp. 272- 273.
14. 류태모 외 7인, 『Top을 위한 경영학』, 도서출판 대명, 2003, p. 280.

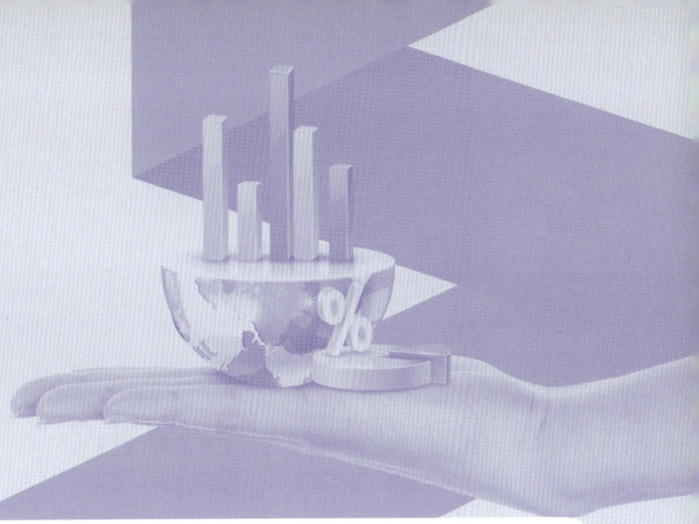

제12장 | 인적자원의 확보 및 활용

이 장에서는 조직을 구성하는 중요한 요소인 인적자원의 관리활동에 대해서 설명하고 있다. 인적자원관리휠동이 무엇이며, 인적지원관리활동의 주요내용에는 어떤 것이 있고, 인적자원관리활동의 방향에 대해서 설명하고 있다. 기업성장의 원동력은 우수한 인적자원을 어떻게 확보하고 유지하느냐에 따라서 달라지는 만큼 인적자원관리활동이 잘 이루어지는 기업이 우량기업으로 성장할 것이다.

이 장을 읽어가는 동안 이것만은 이해하시기 바랍니다.

1. 인적자원관리활동의 의의와 주요 인적자원관리활동은 무엇인가?
2. 인적자원계획과정의 구성내용은 무엇인가?
3. 기업에서 행하는 심리검사의 종류는 어떤 것들이 있는가?
4. 기업에서 행하는 교육훈련의 방법에는 어떤 것들이 있는가?
5. 인적자원관리활동의 미래의 방향은 무엇인가?

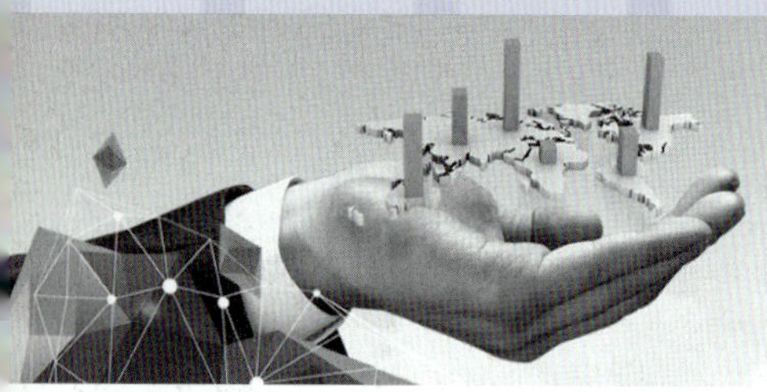

제12장 사례 >

M&A 성공 길잡이 '인적자원관리'

기업이 인수 혹은 합병을 하는 이유는 매출 극대화와 규모의 경제를 위해서다. 대등한 기업끼리의 동등 합병은 위험분산, 비용절감, 시장 점유율 방어 등이 목적이다. 또 압도적인 가입자 확보, 빠른 성장, 현금 유동성, 세금 절약, 과도한 부채 삭감도 합병의 이유에서 제외할 수 없다. 신선하고 재능있고 인정받는 기술로 자신의 경쟁력을 강화하고 싶은 것도 큰 이유 중 하나다.

그러나 컨설팅업체 AT 커니 조사에 따르면 인수 · 합병 4건 가운데 3건은 실패한 사례로 기록된다. 미국의 경우 M&A 대상 가운데 15%만이 성사된다. M&A를 통해 성장에 다가가고, 성공적인 M&A를 달성하기 위한 요건은 무엇일까. IBM GBS, 액센츄어, 삼일PWC, 언스트앤영, 삼정KPMG 등 글로벌 컨설팅 기업은 M&A시 인적자원 관리의 중요성을 첫손에 꼽았다.

통합 이전 리더십 중요

많은 경우 인수 · 합병에 있어서 인적자원과 의사소통의 문제는 우선순위에서 상대적으로 밀려나 있다. 다른 요소를 핵심 요소로 간주하는 반면에 인적자원은 상대적으로 덜 중요하다고 여긴다. 그러나 통합 이전과 이후 마무리까지 인적자원을 제대로 관리하지 못한다면 성공적인 M&A를 달성하기 어렵다.

통합 이전 중요한 것은 통합을 지휘하는 CEO다. 시스코의 M&A팀장인 마이클 볼피는 수십 건에 이르는 인수 · 합병을 성공적으로 성사시키고 마무리해 오늘날의 시스코를 존재하게 했다. 삼일PWC는 "M&A 실패의 한 원인은 이를 진행하는 모든 단계에 집중할 수 있는 리더십 부재에 기인한다"며 "많은 CEO가 잠재적인 문화 차이 등 인적자원 문제를 걸치레로 생각하다가 나중에 중대한 실수를 저지르고 만다"고 경고했다.

통합단계에서 가장 핵심적인 인적자원 문제는 뛰어난 통합 매니저를 선정하는 것이다. 그는 프로젝트 매니저, 의사소통자, 관계 설정자, 팀 리더, 심판관과 조정자 역할을 모두 담당해야 한다. 또 통합 매니저는 M&A로 인해 사람들이 빠져나가는 것을 막아야 한다.

두 번째는 합병기업의 리더를 선발하는 것이다. 합병 주도 기업의 리더십이 부재하거나 분명하지 않으면 합병의 결과는 불확실해질 수밖에 없다. 합병기업의 구조조정은 조기에, 빨리, 그리고 단번에 끝나야 한다.

통합 이후 인력관리도

통합이 성공적으로 이뤄졌으면 다음으로 리더십과 스탭 선발, 구조 창조 및 평가, 기업 간 문화 혼합, 주주 만족 등을 해결해야 한다. 통합이 모양을 갖춰감에 따라 조정, 고착화, 화합의 문제가 대두된다. 이 문제는 상대적으로 동등한 기업끼리의 합병인가, 분리 합병인가, 포괄 인수 합병인가에 따라 다르게 나타난다. 상대적으로 대등한 기업끼리의 합병인 다임러-크라이슬러의 경우 합병계약 성사 이후 크라이슬러그룹 내에 리더십이 여러 번 바뀌는 진통을 겪으면서 2년이 넘어서야 정착됐다.

언스트앤영은 "M&A의 경험이 있는 기업의 사례를 볼 때 인적자원과 관련, 3가지가 중요하다"며 "첫째, 핵심 근로자들과 협상하고, 피합병업체의 고위 간부들이 스톡옵션 행사과정에서 막대한 금액을 챙긴 후 이탈하는 것을 방지해야 한다. 둘째, 합병 후 남아 있는 기존 근로자들에게 보너스를 줘야 한다. 셋째, 근로자 협약을 체결해야 함은 물론, 이메일과 사내 인트라넷을 통해 루머를 차단하고 근로자들에게 지속적으로 정보를 제공해야 한다"고 지적했다.

IBM GBS는 "대다수 M&A 시도는 분명한 목표 부재로 인해 실패하기 쉽다"며 "실패의 요인을 추적하면 대개가 인적자원 문제로 귀결돼 결국 기업들은 인적자원 문제에 더 많은 관심을 기울여야 한다"고 지적했다.

〈전자신문, 2011. 09. 21.〉

1. 인적자원관리활동의 의의

인적자원관리활동이란 기업에 있어서 사람과 관련된 일체의 활동으로, 종업원을 고용하여 교육 훈련시키고 이를 적재적소에 배치하는 활동을 의미한다. 이러한 인적자원관리활동은 인적자원계획의 수립부터 시작하여 모집, 선발, 교육 및 훈련, 업무평가를 통한 보상관리까지를 포함하는 순환과정이라 할 수 있다.

구체적으로 인적자원관리활동 내지는 충원활동의 기본적 목적은 사람과 직무를 적절히 적합시켜 높은 업무수행 성과를 달성하도록 하는 데 있다. 그래서 충원활동(staffing) 내지는 인적자원관리활동에는 다음과 같은 구체적인 활동들이 포함된다. 인적자원계획(human resources planning), 모집(recruitment), 선발(selection), 오리엔테이션(orientation), 훈련 · 개발(training & development), 교체(replacement) 등이 그것이다.

이와 같은 충원과정의 여섯 가지 요소는 앞의 [그림 12-1]처럼 요약될 수 있다.

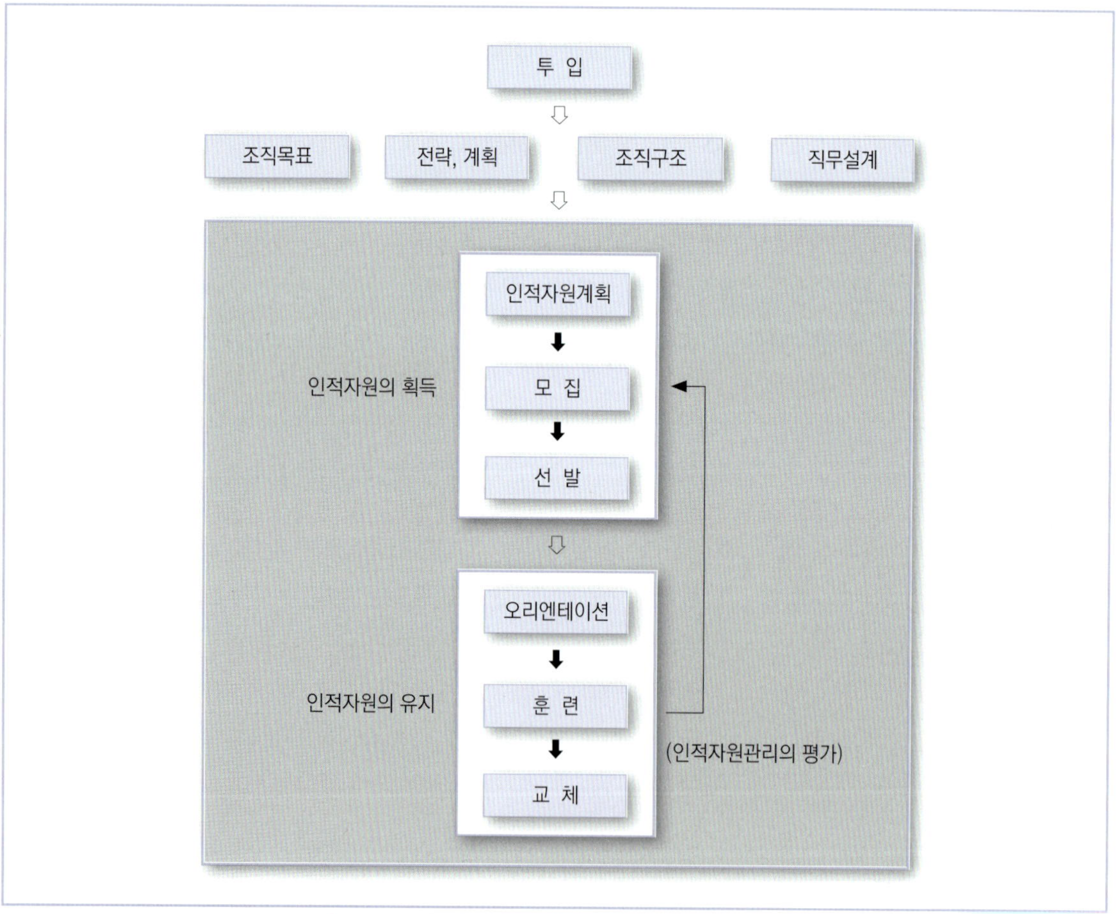

[그림 12-1] 충원과정 내지 인적자원관리의 주된 내용

2. 주요 인적자원관리활동

능력 있고 헌신적인 인력을 모집 · 채용하고 그것을 유지하는 것이 인적자원관리활동의 핵심이다. 조직이 필요로 하는 적절한 인적자원을 확보하지 못한다면, 잘 짜여진 계획과 잘 설계된 조직이 있다 하더라도 조직활동이 활성화되지 못할 것이다. 따라서 모든 조직관리자의 가장 중요한 활동 중의 하나는 높은 업적을 올릴 수 있는 능력 있는 사람들을 충원시키는 일이다.

1) 인적자원계획

인적자원계획은 때때로 인력계획이라고도 하는데, 충원해야 할 필요인력의 질적 수준과 양적 수준을 분석하고, 이들 필요인력을 확보하기 위한 조치들을 확정하는 과정이다. 따라서 인적자원관리의 목적은 조직이 필요한 직무를 수행하는 데 활용가능한 인적자원을 계속 확보하는 데 있다. 그래서 인적자원담당 관리자는 필요한 인력수준(질적 수준과 양적 수준)을 확보 · 유지하기 위해 충원할 인력의 필요수준을 확인하고, 현존인력의 활용가능성을 검토하며, 인력교체의 여부를 결정하는 업무를 담당한다.

효과적인 인적자원계획을 통해 조직은 미래의 인력수요 내지 공급을 미리 예측할 수 있을 뿐만 아니라 그 같은 인력의 수급을 어떻게 조절할 것인가를 결정짓기 때문에 인적자원계획은 매우 중요하다. 다시 말해서, 인적자원계획은 미래에 충원해야 할 인력의 질과 양을 결정하게 하고 또 노동력의 부족과 잉여를 예측하게 하며, 인력의 확보와 유지를 위한 적절한 노력을 가능하게 하기 때문에 인적자원관리계획은 매우 중요하다.

(1) 인적자원계획과정의 구성내용

인적자원계획과정은 [그림 12-2]에 나타난 바와 같이 조직목표와 전략의 검토로부터 시작된다. 조직목표와 조직전략은 필요한 인적자원의 수요와 공급을 예측하는 근거가 되기 때문이다. 그래서 인적자원계획은 조직이 업무를 추진하는 데 활용가능한 적절한 질적 수준의, 그리고 적절한 양의 인력을 확보할 수 있도록 하기 위한 보완적인 전략계획이다. 따라서 성장전략의 경우, 그리고 축소전략의 경우, 인력의 잉여와 인력의 부족을 조절하기 위한 실행계획이 수립된다. 이와 같이 인적자원계획의 중심적 내용은 충원해야 할 인력의 질과 양을 설정하고, 활용가능한 인적자원을 감사 · 예측하는 것이다. 물론 이러한 일을 수행하는 과정은 고용평등법 등과 같은 법률적 환경이나 노조활동 등의 제약을 받게 된다.

앞에서도 언급한 바와 같이 인력계획(manpower planning)은 회사가 조직목표를 달성하기 위해서 적절한 때에 적절한 곳에 적절한 기술을 가진 적절한 수의 인력을 확보하기 위한 계획활동이다. 따라서 이와 같은 인력계획을 위해 관리자는 다음과 같은 두 가지 사항에 대한 의사결정을 할 수 있어야 한다.

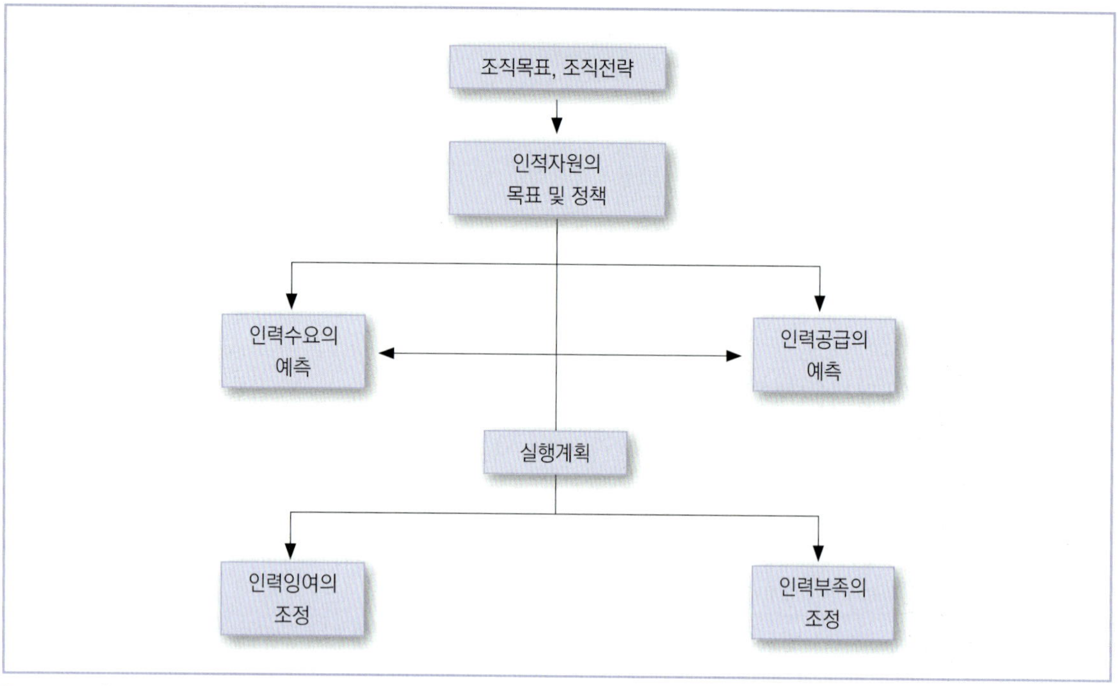

[그림 12-2] 인적자원계획과정의 구성내용

① 필요한 인력의 질적 수준은 어느 정도인가?(What kinds of people do we need?)
② 필요한 인력의 양적 수준은 어느 정도인가?(How many people do we need?)

이하에서는 이와 같은 두 가지 문제에 관해 차례로 살펴보기로 한다.

(2) 필요인력의 질적 수준

필요한 인력의 질적 수준을 결정하기 위해서는 먼저 충원해야 할 직무가 어떤 것인가를 결정해야 한다. 즉, 그 직무가 컴퓨터나 속기에 능숙한 사람을 필요로 하는지, 그 직무가 어떤 특별한 훈련을 받지 않고도 해낼 수 있는 단순직무인지, 또 그 직무가 일정수준의 교육 · 훈련을 받은 사람으로서 풍부한 경험이 있어야 하는 직무인지 등에 대한 구체적인 의사결정을 할 수 있어야 한다.

이와 같은 문제를 체계적으로 해결하기 위해서 많은 기업들이 직무분석(job analysis)을 통하여 직무기술서(job description)를 작성해 놓고 있다. 직무분석이란 조직목표를 달성하기 위해 수행해야 할 업무를 분석하여 그 성질을 명확하게 하는 것이며, 이를 통해 어떠한 종류의 인력 및 인력의 자질이 필요한가를 결정하려는 것이다. 이와 같은 직무분석의 결과는 직무기술서나 직무명세서(job specification)에 기록된다.

직무기술서는 그 직무의 명칭(job title)과 직무개요(job summary) 및 직무내용(job duties)을 밝히는 설명서로서 인력의 자격요건을 밝히는 직무명세서를 포함시키는 경우가 많다. 관리자는 직무기술서를 활용함으로써 인적자원의 질적 수준 결정과 선발과정에 대한 의사결정을 보다 효과적으로 할 수 있게 된다.

(3) 필요인력의 양적 수준

앞에서는 필요인력의 질적 수준의 결정에 관하여 살펴보았다. 그러면 그와 같은 질적 수준을 가진 종업원을 몇 사람 정도 채용할 것인가? 다시 말해서, 조직 전체에 걸친 직무에 요구되는 종업원의 수를 어느 정도의 수준으로 결정할 것인가에 대한 의사결정을 해야 한다는 말이다. 이와 같은 의사결정을 하기 위해서는 다음과 같은 4가지 질문에 대한 해답을 내릴 수 있어야 한다.

① 우리 직장에서 필요로 하고 있는 기술이나 직무의 수요가 증가하고 있는가, 혹은 계속 일정한 수준을 유지하고 있는가, 아니면 감소하고 있는가?
② 각 분야에서 보통의 종업원이 일정한 시간 내에 어느 정도의 일을 수행해낼 수 있는가?
③ 우리 직장의 결근율의 수준은 어느 정도인가?
④ 우리 직장의 이직률의 수준은 어느 정도인가?

지금까지 우리는 인적자원의 양적 수준을 결정하기 위해서 기업조직 내부의 과거나 현재의 상황을 중심으로 이야기해 왔다. 그러나 오늘날과 같은 동태적인 경영환경하에서는 미래에 있어서 지신들의 조직이 필요로 하게 될 인력수요를 예측할 수도 있어야 한다. 이와 같은 인력수요를 예측하는 데는 단순한 추측으로부터 시작하여 통계적 기법이나 수리적 모델 등 다양한 기법들이 활용되고 있다.

(4) 인력의 예측

인력의 예측과정은 미래의 일정시점에서 조직이 새로이 충원할 필요가 있는 인력의 양과 질을 예측하고, 그 같은 적절한 인력의 충원을 예상하는 것이다. 이 경우 조직 내의 인력상황은 물론 조직 외의 노동시장상황의 면밀한 분석이 뒷받침되어야 한다. 다시 말해서, 어떤 유형의 인력이 어느 정도로 필요하게 될 것이며, 현재의 인력으로 그 같은 인력의 필요를 어느 정도 충당할 수 있을 것인가? 그리고 그 둘 사이에 차질이 있다면 그것을 어떻게 해결할 것인가를 알고 있어야 한디는 말이다. 그래서 미래의 예측된 필요인력이 현재의 인력보다 많을 경우에는 활발한 모집전략이 필요할 것이고, 미래의 예측된 필요인력이 현재의 인력보다 적을 경우에는 인력감축의 전략을 수립하게 될 것이다.

그런데 이와 같은 인적자원의 예측에 있어서 하나의 중요한 절차는 현직종업원들의 기술과 업적을 검토하는 것이다. 이러한 절차에는 인적자원의 감사(human resources audit)와 승계계획(succession planning) 등이 있다. 인적자원의 감사란 현직종업원들의 강점과 약점에 대한 체계적인 목록을 작성하는 것으로서 관리자가 승진계획, 경력개발계획, 훈련 · 개발계획 및 교체계획을 수립하는 데 도움이 된다.

인적자원관리에서 세계적으로 모범적인 IBM사의 경우,[1] 각 단위사업부서를 책임맡고 있는 경영자들에게 그 부서 내의 성원들의 잠재능력을 찾아 확인하도록 요구한다. 이들을 미래의 상위 경영자의 선발자원으로 하자는 것이다. 그래서 이들 잠재력이 있는 사람들은 처음 10년 동안 여러 직무에 순환 근무하도록 하여 근무경력의 폭을 넓힐 수 있게 한다.

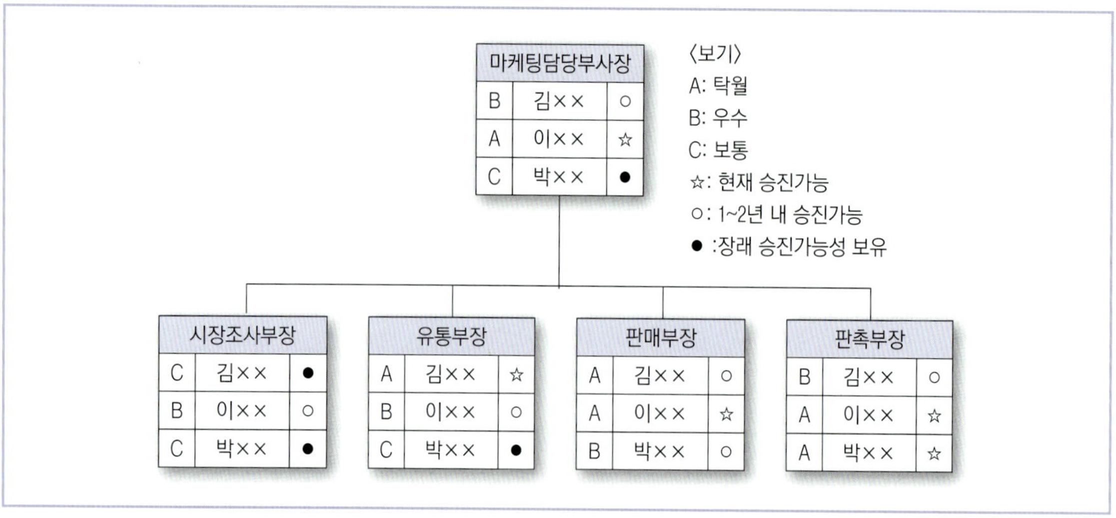

[그림 12-3] 인적자원목록표(인력교체표)

그리고는 매 18~24개월 동안 직무간의 이동근무를 통해 잠재능력을 평가받도록 하고 있으며, 이 경우 직무 간의 이동은 라인직무와 스태프직무 간의 이동이 포함된다.

그리고 승계계획은 최고경영자의 승계로부터 시작하여 주요 관리직의 교체에 이르기까지 매우 중요한 계획으로서 대기업이나 중소기업 모두 똑같이 그 조직의 미래의 방향과 번영에 중대한 영향을 미친다. 일반적으로 승계계획을 위해 [그림 12-3]과 같은 인적자원목록표(human resources inventory chart) 또는 인력교체표(replacement chart)를 만들어 실무에 활용하고 있다.

2) 모집활동

모집활동(recruitment)은 자격을 갖춘 선발대상자들에게 모집을 광고하고, 그들과 예비 접촉하여 응모를 권유하는 일련의 활동을 말한다. 효과적인 모집활동은 직무명세서에 기록된 자격기준에 적합한 능력과 기술을 가진 인재의 선발을 가능하게 해준다. 인적자원계획이 일단 수립되고 나면 거기에 따라 모집활동이 시작된다. 모집활동의 과정에는 보통 세 단계가 있다. ① 모집직종의 광고, ② 응모가능성이 있는 사람들과의 예비접촉, ③ 응모를 권유하기 위한 검토 등이 그것이다.

(1) 모집원천

모집원천은 기본적으로 내부적 모집원천(internal recruitment)과 외부적 모집원천(external recruitment)의 두 가지 범주로 나눌 수 있다. 내부모집은 조직 내의 승진 및 이동을 원하는 유자격의 종업원들을 겨냥하여 직무게시(job posting)하고, 종업원의 개인적 지원을 위하여 공석(job vacancies) 및 충원해야 할 직무에 대한 정보를 공개한다. 이를 위하여 대부분의 기업에서는 사보광고, 게시판광고, 현직종업원의 승진절차 등과 같은 다양한 절차를 마련하고 있다. 내부모집에는 다음과 같은 장점이 있다. 첫째, 모집비용이 절감된다. 둘째, 과거업적을 알 수 있는 종업원들을 대상으로 모집활동을 할 수 있다. 셋째, 조직 내부의 작업환경 및 작업내용에 익숙해 있는 종업원을 모집할 수 있다. 넷째, 내부모집은 종업원들에게 자신들의 책임영역에서 열심히 노력하여 높은 업적을 올리게 되면 자신이 원하는 경력경로를 따라 승진할 수 있는 기회가 열려 있다는 것을 보여주므로 사기진작에 도움이 될 수 있다.

한편, 외부모집은 조직 외부의 모집원천을 대상으로 모집활동을 전개하는 것이다. 외부모집의 방법으로는 구인광고, 직업소개소, 인력은행, 대학방문, 기술훈련소, 현직종업원의 추천, 자발적 지원 등이 활용되고 있다. 외부모집은 참신한 관점이나 시각을 가진 외부인력을 조직 내에 투입함으로써 조직에 새로운 활력을 불어넣을 수 있고, 조직 내에서 찾을 수 없는 작업경험, 전문적 기술을 가진 인력의 공급을 가능하게 해준다는 장점이 있다.

조직이 인적자원의 효과적 확보를 위해서는 인적자원의 내부모집과 외부모집의 방법을 혼합하여 활용함으로써 모집방법의 다양성에서 오는 유익을 얻을 수 있어야 할 것이다.

3) 선발활동

선발(selection)이란 응모자들 중에서 충원해야 할 직무의 자격요건을 갖춘 적격자를 가려내는 과정이다. 이러한 선발과정에는 여러 단계가 있으나, 회사마다 종업원의 선발과정에서 활용하는 선발단계는 그 조직의 특수성에 따라 각기 다르다.

여기에서는 오늘날 산업계에서 널리 공통적으로 사용되고 있는 선발방법에 대해 살펴보고자 한다.

(1) 예비면접

만약 대학교육을 받은 지원자들이나 혹은 경험 있는 숙련공과 같이 어떤 특수분야의 지원자를 대상으로 하지 않는 경우에는 예비면접이 선발과정에서 사용되는 경우가 보통이다. 이와 같은 예비면접은 짧은 시간, 즉 10~15분 내에 끝나는 것으로서 선발을 위해 그 지원자를 더 고려해 볼 필요가 있는지의 여부를 판정하는 데 목적이 있다.

비록 이와 같은 예비면접이 특히 미숙련직무를 위한 선발과정에서 많이 활용되고는 있으나, 그와 같은 짧은 시간의 간단한 면접을 통해 그 사람의 자질과 선발을 위한 계속적인 검토 여부를 정확하게 판정할 수 있을 것인가는 의문시된다. 그리고 고용에 있어서 차별을 금지하는 법률이 제정되면 성별, 나이 및 기타 여러 가지 이유 때문에 고용상의 차별이 금지될 것이므로 이와 같은 예비면접의 활용은 앞으로 점차 줄어들 것이다.

(2) 입사지원서

지원서는 거의 모든 선발과정에서 공통적으로 사용되고 있다. 지원서상의 기재내용은 대개 학력, 경력, 지원하는 직무 및 가족사항 등이다. 그러나 이들 지원서의 기재사항들은 선발과정에서 참고해야 할 자료로서 도움이 되는 것이어야 하고, 성공적인 직무수행과 관련성이 있는 것이어야 하며, 그 지원자가 선발되었을 경우 종업원관리에 참고가 되는 정보를 담고 있어야 한다.

(3) 심리검사

산업체에서 실시되고 있는 대부분의 심리검사는 연필과 검사지만을 사용한다. 피검자들은 일련의 문항으로 되어 있는 검사지를 받아 각 문항에 대한 2개 내지 그 이상의 답 중에서 옳다고 생각하는 것 하나를 골라 답하는 형식을 취하고 있다. 이와 같은 검사는 다음과 같은 몇 가지 범주로 분류된다.

① 적성검사(aptitude tests)

어떤 경우는 지능을 검사하며, 또 어떤 경우는 일정한 기술습득능력(예를 들어, 계산기능)을 검사하기도 한다.

② 작업검사(performance tests)

담당하게 될 작업과 유사한 특성을 갖춘 검사도구를 사용하여 작업능력을 측정한다.

③ 성격검사(personality test)

지배성(dominance), 사교성(sociability) 및 동조성(conformity), 창의성(creativity) 등과 같은 성격특성을 측정한다.

④ 흥미검사(interest test)

여러 가지 작업분야 중에서 어느 특정분야에 흥미가 있는가를 측정한다.

⑤ 퍼포맥스검사(perfomax test)

종업원의 역량뿐만 아니라 배치될 작업환경에 적합한 성격을 갖고 있는지 여부까지를 판별할 수 있는 적성검사법이 개발됐다. 최근 미국에서 개발된 퍼포맥스검사법은 종업원의 작업능력 이외에 인성까지 판별할 수 있도록 구성되어 종업원의 업무성과(performance)를 극대화(maximization)하려는 경영자들로부터 많은 관심을 끌고 있다.

이 적성검사가 개발된 동기는 특정작업에 탁월한 능력을 갖고 있다고 판단되는 사람 가운데 막상 작업환경에 배치해 놓으면 기대했던 성과가 나오지 않는 경우도 많다는 데 있다. 예를 들면, 회계직원을 선발할 때 일반적으로 계산이 빠르고 정확한 직원을 우선적으로 선택하지만 만약 이 사람이 장시간 차분히 앉아서 일하지 못하는 특성을 지닌 사람이라면 제대로 성과가 나오지 않는다는 것이다.

이에 따라 퍼포맥스 인성검사는 특정업무에 필요한 기능적인 역량에다 특정업무에 대한 개인적인 선호도까지 파악할 수 있도록 개발됐다. 즉, 피검사자 입장에서는 퍼포맥스 인성검사가 다른 기존의 검사법과 동일하지만 특정 작업환경에의 적응력에 초점을 둔 심리학적 분석틀을 적용하고 있다는 점이 다르다.

퍼포맥스 인성검사는 기본적으로 사람의 인성을 지배형, 영향형, 후원형, 순응형 등 4가지 종류로 나눈다. 지배형은 결단을 빨리 내리고 일상 업무에 쉽게 싫증을 느끼며, 세부적인 지시에 따라가는 것을 거부한다. 이 인성을 소유한 사람은 실수를 자주하지만 상대를 절대 의심을 하지

유 형	특 징
지배형	결단이 빠르고 세부적인 지시를 싫어한다. 직접 몸으로 부딪치면서 문제를 해결한다.
영향형	외향적이고 남과 어울리기를 좋아한다. 사회조직에 잘 적응하며 다정하다.
후원형	충실하며 전적으로 신뢰할 만하다. 규범을 깨뜨리지 않고 논쟁에 끼지 않는다.
순응형	규칙에 부지런히 매달린다. 섬세하며 완벽성을 추구한다.

〈표 12-1〉 퍼포맥스 인성검사의 분류 유형별 특징

않는 특징을 갖고 있다. 영향형은 외향적이고 재담에 능하며 성공한 사람들과 어울리기 좋아하는 특성을 지닌다. 침대, 부엌, 사무실 등에 자신의 성취를 상징하는 물건들을 걸어놓기 일쑤이다. 매우 활동적이며 다른 사람들로부터 인정을 받아야만 직성이 풀리는 성격으로 세일즈맨으로서 대성공할 가능성이 높다. 후원형은 충실하고 열심히 일하며, 협조적이라는 점이 돋보이는 사람들이다. 창의력과 새로운 것을 시도하려는 의지가 결여되어 있는 게 보통이다. 순응형은 규칙에 충실하다 못해 규칙이 없으면 극단적인 경우 좌절하기까지 하는 사람들의 집단이다.

퍼포맥스 인성검사가 사람의 인성을 네 가지로 분류했지만 하나의 인성분류에 딱 들어맞지 않는 경우도 많다. 다만 직무환경 내에서 그 사람이 어떻게 기능할 것인가를 알아내고, 그 사람이 갖고 있는 우세한 성질이 과연 발전적으로 작용할 수 있는지 여부를 미리 알 수 있다면 조직이 생산성은 극대화될 수 있다고 설명한다.

즉, 계산이 정확하지만 한 곳에 오래 앉아 있기 힘든 사람은 순응형과 영향형의 성격을 갖고 있는데, 회계직 대신 영업직이나 대외교섭을 주로 담당하는 부서에 배치함으로써 자신의 기량을 최대한 발휘할 수 있게 해주는 게 생산성을 최대화할 수 있는 인사배치라는 것이다.

퍼포맥스검사법의 도입은 인적자원의 효율적 배치를 경영방침으로 하고 있는 국내 기업들에 큰 도움이 될 전망이라는 데는 의문의 여지가 없지만, 미국과 한국의 경영환경 차이를 감안할 때 우리 기업의 실정에 맞도록 이를 보완하는 작업도 필요하다.

위와 같은 여러 가지의 검사는 대규모 회사라면 거의 모든 조직에서 공통적으로 실시되고 있다. 이와 같은 검사가 활용되고 있는 것은 그 검사의 결과가 예측력(predictive ability)이 크기 때문이다. 심리검사가 성공적으로 활용되려면 첫째, 그 검사가 어떤 특정의 직무수행과 관련된 예측력이 있을 것, 둘째, 그 검사가 타당성과 신뢰성이 있을 것, 셋째, 검사의 실시는 훈련을 받은 전문가에 의해 실시될 것 등에 유의해야 한다.

(4) 조회 및 배경조사

종업원의 선발과정에서 거의 모든 조직들은 지원자들에게 자신들의 과거에 대해 말해줄 수 있는 사람의 이름을 제시하도록 요구하고 있다.

일반적으로 어떤 사람의 인격이나 성격에 관한 조회는 신뢰할 수 없는 경우가 많다. 왜냐하면 조회문의에 응답하는 사람들이 그 지원자의 과거에 대하여 고의적으로 허위적인 말을 꾸며서 대답하지는 않겠지만, 그들은 보통 나름대로의 편파적인 생각을 가지고 인물을 평가하는 경향이 있기 때문이다.

이와는 대조적으로 그 지원자의 전직 고용주나 상사 혹은 학창시절의 스승에게 조회문의를 하게 되면 그 지원자의 성공적인 직무수행의 가능성을 보다 잘 감지할 수 있게 될 것이다. 그래서 지원자로 하여금 입사지원서에 학력과 전직경력을 기재하게 하고 있다.

조회문의처와 접촉할 경우에는 직접적인 면담을 통해서 접촉하는 것이 좋다. 직접적인 면담접촉이 불가능하면 전화를 통해서 접촉하는 것도 문서를 통해 얻은 정보보다는 더 좋다. 왜냐하면 직접적인 면담접촉이나 전화접촉(face-to-face or telephone contact)은 조회문의의 응답자로부터 전직종업원의 직무수행에 대해 보다 솔직한 정보를 얻을 수 있기 때문이며, 많은 사람들이 다른 사람에 대한 좋지 못하게 평가했다는 말을 기록으로 남기고 싶어하지 않기 때문이다. 더욱이 직접적인 면담접촉이나 전화접촉을 하게 되면 그 사람의 어조나 얼굴표정을 통해서 지원자에 대한 그 사람의 진실된 견해를 보다 잘 감지할 수 있게 된다.

(5) 면 접

지금까지 설명한 선발과정의 제단계를 통해서 정보가 수집되고 나면 뒤이어 면접이 실시된다. 그리하여 면접자(the interviewer)는 그 지원자의 성공적인 직무수행의 잠재력을 보다 실제적으로 평가할 수 있게 된다. 비록 면접 자체가 좀 주관적인 것이기는 하나(면담자가 피면담자에게서 풍기는 개괄적인 인상에 좌우되기 쉽기 때문에), 면접은 선발과정에서 매우 빈번히 사용되는 선발방법이 되고 있으며, 지금도 여전히 가장 중요한 선발방법 중의 하나로 활용되고 있다.

그러나 면접의 기본적인 목적은 다른 선발방법(검사나 지원서)에 의해 측정될 수 없는 질적 요소를 측정하기 위한 것이어야 한다. 심리검사 및 기타 다른 선발방법에 의해 측정될 수 있는 성격특성은 이미 객관적으로 측정되었으므로 면접을 통한 직관이나 관찰에 의해 지원자의 예의바른 몸가짐(social poise)이나 개괄적인 인상 및 외모, 그리고 자기의 의사를 효과적으로 표현할 수 있는 능력 등과 같은 지원자의 특성을 보다 효과적으로 평가하게 된다.

이와 같은 면접의 효과성(the interview's effectiveness)은 면담자를 훈련시킨다든지 혹은 면담시의 질문내용을 적절한 문항으로 정형화시킴으로써 증진될 수가 있다.

(6) 신체검사

신체검사는 선발과정의 최후단계에서 실시되는 것이 보통이다. 여러 단계의 선발과정을 통과한 지원자를 대상으로 신체검사가 실시되기 때문에 경제적일 뿐만 아니라, 채용 당시에 있어서의 종업원의 건강상태에 관한 구체적인 정보를 얻을 수 있다.

4) 오리엔테이션

모집 및 선발과정을 거쳐 신입사원으로서 조직의 일원이 되어 조직생활을 시작하게 될 경우, 신입사원들은 일상적 조직생활에서 어떻게 지내는 것이 유익한가에 대한 요령을 터득해야 할 뿐만 아니라 새로운 생활환경 속에서 무엇이 어떻게 이루어지고 있는가에 대한 친숙한 이해가 필요하게 된다. 그렇게 함으로써 신입사원들이 새로운 작업환경에 잘 적응할 수 있기 때문이다.

그래서 오리엔테이션은 신입사원으로 하여금 자신의 직무, 동료작업자들, 전체 조직의 주요한 측면에 잘 적응할 수 있도록 하기 위한 일련의 활동이다. 이와 같은 오리엔테이션과정에는 조직의 사명, 목적 및 조직문화의 소개, 운영목표 및 직무상의 기대에 대한 설명, 중요한 정책 및 절차의 전달, 조직의 주요 임원들의 소개 등이 포함된다.

이 같은 오리엔테이션의 궁극적인 목적은 종업원을 사회화하는 데 있다. 사회화는 신입사원의 기대, 행동, 태도 등을 조직이 바람직하게 생각하는 방향으로 변화시키는 체계적인 변화과정을 의미한다.[2]

5) 훈련 및 개발

기업조직 내에서 충원해야 할 직위 및 직무가 생겼을 때 적절한 인재를 적소에 배치하는 데는 두 가지 방법이 가능하다. 그 하나는 앞에서 논술한 선발과정을 통해 선발된 기업 외부의 인재를 그곳에 충원하는 것이고, 다른 하나는 기업 내부의 인재들을 훈련 · 개발하여 그들의 능력을 신장시켜 적소에 충원하는 방법이다. 그래서 기업조직에 있어서 훈련 · 개발활동은 매우 중요한 활동이다. 그리고 종업원이 일단 선발되면 그 자질 여하에 관계없이 어떤 형태의 훈련이든 받아야 하기 때문만이 아니라, 오늘날과 같은 동태적인 경영환경하에서는 기술 및 그 밖에 여러 가지 정보가 빠른 속도로 변화하고 있기 때문에 종업원을 위한 훈련 · 개발프로그램은 부단히 연구 · 실천되어야 한다.

훈련이란 조직 내의 직무와 관련된 기술을 습득하거나 개선할 수 있는 학습기회를 제공하는 일련의 활동이다. 직무와 관련된 기술은 두 가지의 일반적 범주로 분류된다. 그 하나는 신입사원이 특정한 직무를 수행하는 데 필요한 기술이고, 다른 하나는 직무담당자들이 시간의 경과와 함께 사회의 기술수준의 변화로 나타나는 추가적인 습득을 필요로 하는 기술이다. 그러므로 전자는 종업원이 입사와 더불어 최초로 받게 되는 기술훈련이며, 후자는 변화하는 직무상의 요구에 따른 기술수준의 향상 및 개선을 위한 훈련이다.

(1) 훈련프로그램의 구성내용

훈련프로그램은 [그림 12-4]와 같이 5단계의 활동으로 구성된다.

① 훈련필요성의 분석 · 측정

바람직한 훈련프로그램은 훈련의 필요성 분석 및 측정으로부터 시작되어야 한다. 조직 전체수준, 집단수준, 직무수준, 그리고 개인수준에서 각각 필요한 훈련의 내용 및 수준은 어떤 것인가에 대한 측정이 선행되어야 한다. 필요한 훈련의 내용과 수준은 조직이나 직무마다 상이하겠지만 일반적으로 공통적인 훈련내용은 전문적 기술(technical skill), 인간관계적 기술(human relation skill), 개념적 기술(conceptual skill), 진단적 기술(diagnostic skill) 등이 있다.[3]

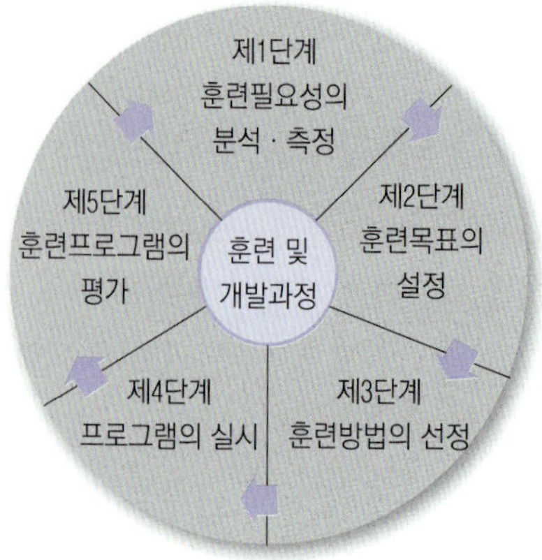

[그림 12-4] 훈련 · 개발과정의 주요한 다섯 단계

② 훈련목표의 설정

제1단계의 훈련필요성의 분석이 이루어지고 나면 그것이 훈련프로그램의 최종목표가 무엇인가를 구체화하는 데 도움이 된다. 이와 같은 훈련목표에는 훈련의 최종성과를 측정하기 위한 기준이 포함되어야 한다.

③ 훈련방법의 선정

훈련의 목적에 따라 거기에 알맞은 훈련방법이 선정된다. 일반적으로 기업에서 실시되고 있는 훈련방법은 다음과 같다.

㉠ **직장내훈련(OJT: on-the-job training) :** 이 훈련기법은 가장 오래되고 가장 공통적으로 활용되고 있는 훈련기법으로서 작업현장훈련이라고도 불린다. 그래서 이 훈련방법은 피훈련자를 작업현장에 배치시켜 감독자나 선임종업원에 의해 지도를 받게 하는 훈련방법이다. 이 훈련방법은 반드시 어떤 경우에나 유효한 것은 아니지만 모든 직무에서 기본적인 훈련방법이 되고 있다. 직장내훈련은 짧은 시간 내에 기술이 습득될 수 있는 경우와 그 시점에서 훈련시킬 만한 충분한 시간이 있을 경우에는 직장내훈련만을 단독으로 실시할 수 있다. 이 훈련방법은 작업현장에서 이루어지기 때문에 쉽사리 직무에 적응할 수 있다는 점과 지도자인 감독자와 종업원간에 친밀한 관계가 이루어질 수 있고, 학습진도를 쉽게 측정할 수 있어서 훈련을 그 피훈련자의 학습진도에 맞출 수 있는 이점이 있으나 훈련의 계획적인 실시가 어렵고, 현장감독자의 훈련능력의 부족, 원재료의 손실이 초래되는 단점도 있다.

㉡ **직장외훈련(OffJT: off-the-job training) :** 직장외훈련은 직장내훈련과는 달리 작업현장을 벗어난 곳에서 이루어지는 훈련을 말한다. 그래서 훈련의 장소는 작업현장이 아닌 조직 내의 어떤 교실이나 훈련시설이 될 수도 있고, 때로는 조직에서 멀리 떨어진 연수원이나 그 밖의 시설에서 훈련이 실시될 수도 있다. 그리고 대학교, 상공회의소 및 그 밖의 전문기관에서 실시하는 훈련도 직장외훈련이다.

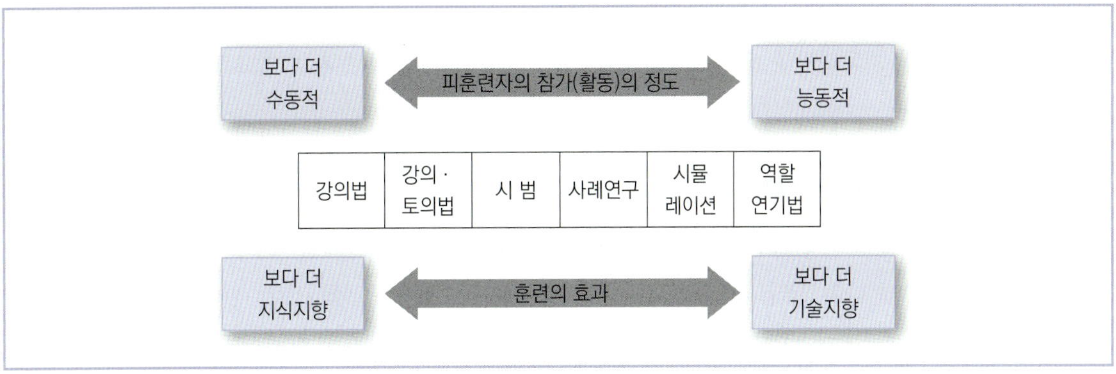

[그림 12-5] 다양한 훈련기법과 그 적용

그 밖의 직장외훈련방법으로는 실습장훈련(vestibule training), 프로그램학습, 사례분석, 컴퓨터시뮬레이션게임, 강의법, 역할연기법 등이 있다.

④ 훈련프로그램의 실시

[그림 12-5]는 직장외훈련방법에 속하는 훈련방법(강의법, 토의법, 시범, 사례분석, 역할연기법)들을 피훈련자의 참가정도와 훈련의 효과차원에 따라 배열하고 있다.

피훈련자의 역할은 강의법에서부터 역할연기법에 이르기까지 점점 더 능동적이 되고 보다 더 기술지향적인 훈련효과를 실현할 수 있다. 이와는 대조적으로 역할연기법으로부터 왼쪽의 강의법에 가까워질수록 피훈련자의 역할은 수동적이 되고, 지식지향적인 훈련효과가 실현된다.

⑤ 훈련프로그램의 평가

훈련의 결과는 제2단계에서 설정한 평가기준에 의해 측정 · 평가되어야 한다. 그리고 훈련의 효과는 종국적으로 성공적인 업무수행과 연결되어야 한다.

훈련프로그램을 분석할 경우, 우리는 훈련에 소모된 모든 노력이나 비용이 그 훈련결과에 비추어 가치가 있는 것인가의 여부를 평가해야 한다. 그래서 오늘날 어떤 회사에서는, 특히 관리계층에서 훈련프로그램을 비판적인 눈으로 보고 훈련 · 개발프로그램에 소모된 제비용을 면밀히 검토하고 있는 경향이 있는데 이것은 매우 바람직한 현상이다.

훈련의 결과가 생산성의 향상(적어도 장기간에 걸쳐)에 공헌이 될 수 없는 것이라면 훈련을 위한 경비가 지출되어서는 안 된다. 물론 훈련의 효과를 측정한다는 것은 매우 어려운 일이기는 하지만 이를 위한 노력은 계속되어야 한다.

훈련개발프로그램을 평가하는 데는 다음과 같은 방법들이 일반적으로 사용되고 있다.

첫째, 생산성이 개선되었는가를 알아보기 위해 훈련 전과 훈련 후의 집단의 업적 및 효과성을 측정한다.

둘째, 동일한 직무를 수행하는 두 집단, 즉 훈련받은 집단과 훈련받지 않은 집단의 생산성을 비교한다.

셋째, 설문지를 통해 피훈련자의 훈련에 대한(훈련의 내용 및 훈련방법에 대한) 소감을 알아본다.

넷째, 피훈련자의 상사, 동료 및 부하를 통해 훈련 전과 훈련 후의 태도 및 행동변화 여부를 알아본다.

6) 인원의 교체

인적자원의 충원과정상의 여러 단계는 인원의 교체(replacement)에 의해 끝이 나거나 아니면 처음부터 다시 시작되기도 한다. 인원의 교체는 [그림 12-6]에서 보는 바와 같이 승진(promotion), 전근(transfer), 해고(termination), 파면(fired), 일시해고(laid offs), 은퇴(retirement) 등을 포괄하는 개념이다.

어떤 인원교체의 경우도 그 나름대로 잠재적인 편익과 비용(benefits and cost)이 수반된다. 인력의 해고에 의해 발생한 공석을 위해 재충원이 시작될 경우 전반적인 인력확보과정이 다시 새롭게 시작되어야 한다. 이 경우 그것은 분명히 비용이 소요되는 작업이지만, 그것은 또한 인적자원계획을 재검토하는 좋은 기회를 제공하고, 또 직무분석을 새롭게 하거나 직무기술서 및 직무명세서를 다시 작성하여 차기에는 더 적격자를 선발하게 되는 결과를 가져오기도 한다. 그래서 관리자는 교체를 위한 조치가 언제 취해지는 것이 가장 효과적인가를 확인하기 위해 자신의 관리 밑에 있는 직무와 인력수준에 항상 주의를 기울여야 한다.

(1) 승진과 이동

인원교체를 위한 의사결정의 한 가지 형태는 인력을 조직 내에 계속 보유하면서 현재의 직무에서 다른 직무로 이동시키는 결정인데, 승진(promotion)과 전근(transfer)이 그것이다. 승진은 상위계층의 직위로의 이동을 말하고, 전근은 동일하거나 비슷한 계층의 다른 직무(책임)로의 이동을 의미한다. 사실 승진과 전근은 승계계획(succession planning)의 주요한 부분을 형성한다. 효과적으로 관리되고 있는 조직에서는 적절한 훈련개발활동과 승진 및 이동계획을 결합시킴으로써

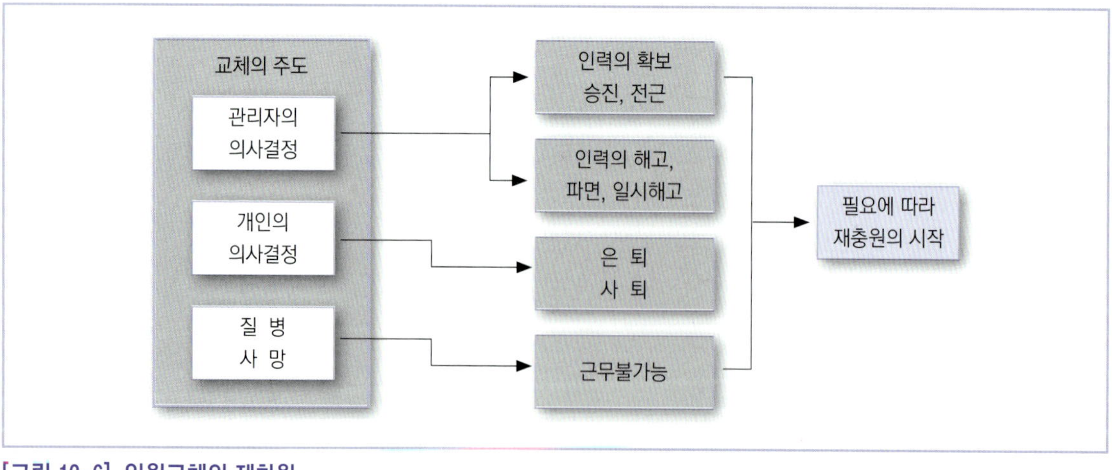

[그림 12-6] 인원교체의 제차원

유능한 인력을 적시에 적소로 승진시킬 수 있도록 대비하고 있다.

승진은 능력기준과 업적기준(performance basis)에 의해 결정하는 것이 이상적이다. 다시 말해서, 상급직무를 수행할 만한 능력을 보유하고 있을 경우에만 책임 있는 직위에 승진되어야 한다는 말이다. 어떤 조직에서는 연공서열(seniority), 연고(nepotism) 및 노조의 규칙에 의해 승진결정을 내리기도 한다.

연공서열에 의한 승진은 어떤 특정인이 무엇 때문에 승진대상자로 선택되었는가에 관한 모호성을 제거하여 줄 뿐만 아니라 사람들로 하여금 자기가 선택될 시기가 올 것에 대한 기대를 갖게 하여 그 직무에서의 계속 근무를 격려하게 되는 장점도 있지만, 연고에 의한 승진은 능력 있는 사람들이 많은데도 그보다 더 무능력자가 승진되는 결과를 초래한다. 한편, 전근은 그 개인의 성장기회가 될 수가 있다. 이를 통해 자신의 경험을 넓힐 수 있고, 새로운 기술을 배울 수 있으며, 조직의 다른 부서의 직무에 친숙해질 수 있기 때문이다.

(2) 퇴직

정년퇴직은 대부분의 사람들이 고대하고 있는 것이지만, 실제로 퇴직이 가까이 다가오면 그렇지 않다. 이제 곧 퇴식하게 된나고 생각하면 두려움이 생기기 때문이다. 많은 기업에서 종업원들이 퇴직에 대비하도록 도움을 주고 있는데, 그 중의 하나가 퇴직을 대비한 세미나를 개최하는 것이다. 그 같은 세미나에서는 퇴직금관리, 부동산계획, 여가시간의 활용, 퇴직 후의 재취업 등 퇴직과 관련된 모든 문제를 다룬다.

(3) 해고

구조조정과 같은 조직규모를 축소하려는 전략에 따라 종업원의 규모를 감소시키는 것도 인원교체의 한 유형이다. 이와 같은 축소전략에 따른 해고조치는 많은 논란의 대상이 되고 있다. 미국의 경우에는 교체대상이 되고 있는 무능한 종업원들을 가차없이 해고 조치하지만, 일본경영의 경우는 축소전략이 필요할 때에도 간부사원들의 급여삭감, 신규사원의 채용보류, 근무시간의 단축 등의 다양한 방법을 농원하여 해고조치를 억제하고 있다.

종업원을 해고할 경우 문제가 되는 것은 교체대상이 되는 종업원을 해고하는 데서 오는 문제와 남아 있는 종업원들의 사기문제이다. 그리고 축소전략이나 사업의 부진으로 인한 일시해고는 매우 어려운 조치로서 이러한 경우 관리자들이 점차로 종업원들의 일시해고를 공정하게 처리할 필요성에 민감한 반응을 보이고 있다. 일시해고의 방법 이외에도 사업부진으로 인해 인력의 수를 임시로 줄일 수 있는 방법으로 일을 나누어 하게 하는 조치(work sharing)가 시행되기도 한다.

조기퇴직(명예퇴직), 즉 공식적인 퇴직연령에 도달되기 이전에 특별한 재정적 인센티브의 혜택을 주어 미리 퇴직하게 하는 조기퇴직도 장기적 안목에서 활용가능한 인원교체 방법 중 하나가 될 수 있다.

마지막으로 해고의 가장 극단적인 형태가 파면이다. 그것은 곧 비자발적이고 영구적인 면직처분이기 때문이다. 사실 파면은 당사자에게나 조직에 있어서 고통스러운 일이 아닐 수 없다. 그러나 면직처분을 하지 않으면 안 되는 경우가 있다. 그렇지만 그 면직처분이 직무상의 요구와 종업원의 적성 및 능력 간의 적합이 잘못 이루어졌기 때문이라면, 그 당사자나 조직이 모두 면직처분을 통해 유익을 얻게 될 것이다.

3. 인적자원관리활동의 방향

1) 인적자원 정보시스템의 구축과 활용

오늘날 대부분의 기업은 증가되고 있는 국내외의 각종 규제들과 다국적기업, 계속 창업되는 새로운 종류의 기업들과 끊임없이 경쟁해야 하는 상황에 직면해 있다. 이러한 상황에서 비교경쟁우위를 달성하고 유지할 수 있는 핵심능력은 기업목적 달성에 필요한 유능한 종업원들을 얼마나 많이 확보하고 있는냐에 달려 있다. 따라서 우수한 인적자원을 확보하고 이를 효과적으로 활용하는 것이 무엇보다 중요하다.

기업이 인적자원을 모집 · 선발하여 육성하고 적재적소에 배치하는 순환과정을 체계적으로 수행하기 위해서는 인사정보시스템(Personnel Information System: PIS) 또는 인적자원 정보시스템(human resources information system: HRIS)을 갖추어야 한다. 이는 기업이 필요로 하는 인적자원과 관련된 자료들을 컴퓨터를 활용하여 수집 · 저장 · 유지 · 분석해 주는 체계적인 과정을 말한다. 다시 말하면 경영자가 인적자원관리활동에 필요한 의사결정을 할 때 컴퓨터를 활용하여 의사결정에 필요한 다양한 정보를 제공하고 지원해 주는 시스템을 의미한다.

기업경쟁력의 주요 원천으로 인적자원의 중요성이 강조되는 21세기에는 이와 같은 인적자원 정보시스템을 효율적으로 활용할 수 있어야 한다. 인적자원 정보시스템을 통해 노동력의 수요와 공급예측을 위한 정보를 가질 수 있어야 하며, 교육훈련 프로그램 비용과 피훈련자의 작업성과에 대한 정보를 가지고 인적자원개발활동을 지원할 수 있어야 한다. 또한 임금 예측치와 임금예산에 관한 정보를 가지고 임금협상이나 보상을 결정할 수 있어야 하며, 이직이나 퇴직관리 등도 충분한 정보를 가지고 의사결정을 내릴 수 있어야 효율적인 인적자원관리가 이루어진다.[4)]

인적자원과 관련된 정보는 매우 복잡하고 다양하다. 이 정보들을 통합하여 합리적인 의사결정을 내릴 수 있도록 인적자원 정보시스템을 효과적으로 구축하고 활용해야만 기업경쟁력을 확보할 수 있을 것이다. 인적자원 정보시스템은 인적자원의 유지 및 관리에 필요한 비용을 크게 절감할 수 있을 뿐만 아니라 종업원 자신과 경영자 사이에 양방향으로 정보가 교환되면서 적재적소에 인력을 배치할 수 있다는 장점을 가지게 된다.

2) 높은 신뢰의 노사문화 정립

1997년 외환위기로 인한 IMF 관리체제 이후에 국내기업들은 자의든 타의든 간에 기업경쟁력 회복을 위한 자구수난으로써 구조조정을 하게 되었고, 그 결과로 많은 종업원들이 정리해고의 대상이 되어 기업을 떠나게 되면서부터 고용에 대한 불안감이 증가하고 있다. 그동안 종신고용에 가까울 만큼 정년이 보장되던 대기업이나 은행 등의 금융기관들이 앞장서 명예퇴직, 조기퇴직, 정리해고 등의 형태로 조직으로부터 구성원들의 퇴출이 상시화되면서 고용에 대한 종전의 관념이 깨어지고 이로 인한 고용의 불안정이 심하게 되었고, 이는 필연적으로 노사 간에 많은 불협화음을 야기하고 있다.

이러한 과정에서 노사 간의 극단적인 대립이 발생하게 되어 기업경영의 근간이 흔들리는 파업과 직장폐쇄가 이루어지게 되어 노사양측이 똑같은 피해자가 될 수밖에 없는 처지가 되었다. 이러한 대립적 노사관계를 해소하기 위해서는 무엇보다도 노사양측이 충분한 대화를 통해 합의를 도출해야 한다. 그러나 이렇게 합의에 의한 건전한 노사관계를 구축하기 위해서는 노사양측이 서로에 대한 높은 신뢰를 구축하고 있어야 한다. 서로를 신뢰하지 못한다면 어떤 이상적이 타협안이 있다고 하더라도 합의에 도달하지 못할 것이다.[5]

노사양측이 서로 높은 신뢰를 구축하기 위해서는 먼저 노사 간에 합리적인 규칙을 설정하고 상호 준수하려는 노력을 통해 노사갈등을 합리적으로 조정해 나가야 할 것이다. 이를 토대로 종업원의 참여와 협력을 유도하고 동시에 종업원의 권한과 책임을 증대시키는 노사관계로 이행해 나간다면 노사양측은 상호간에 굳건한 신뢰를 구축할 수 있게 될 것이다.

3) 철저한 능력위주의 보상체계 확립

국내기업들의 글로벌 경영체제가 어느 정도 정착되면서 많은 기업들은 기본적으로 종업원들의 보상체계를 선진국수준에 맞게끔 대폭 변경시키려고 노력하고 있다. 과거의 학력이나 연령, 경력 등 연공서열 중심에서 최근 들어서는 점차 개인이나 집단의 능력과 성과에 기초를 둔 능력중심의 연봉제 도입이 늘어나고 있다.[6]

이렇게 기업들이 성과에 따른 연봉제를 도입하는 이유는 무엇일까? 그것은 바로 능력에 따라 임금을 지급할 수 있도록 한 연간단위의 계약제라는 사실 때문이다. 그러나 많은 기업들이 아직은 능력위주의 보상체계를 제대로 실시하지 못하고 있다.

정보사회, 지식사회로의 이전에 따라 연공에 의해서는 더 이상 성과가 나타나지 않고 있다. 오히려 개인의 창의력이나 지식, 정보능력 등에 의한 성과의 차이가 점점 더 뚜렷해지고 있다. 따라서 과거의 보상체계로는 한계가 있으므로 경영활동의 효율성을 증대시키고 경쟁력을 강화시킬 수 있는 철저한 능력위주의 보상체계를 확립해야 할 것이다.

이를 위해서는 개인이나 집단의 성과를 객관적이고 합리적으로 평가할 수 있는 측정수단이 개발되어야 한다. 이러한 측정수단을 개발할 때 종업원들이 참여하여 스스로가 측정결과를 수긍할 수 있도록 한다면 보상체계는 기업목표 달성에 몰입할 수 있도록 유도하는 중요한 기능을 하게 될 것이다.

연습문제

1. 요즘 기업 인사담당자들의 불만은 대학들이 기업이 요구하는 능력을 갖춘 인재를 양성하지 못한다고 해서 불평들을 많이 한다. 기업이 요구하는 인재가 되기 위해서 여러분들이 어떻게 대학생활을 해야 하는지에 대해서 토론해 보자.
2. 기업조직의 지원활동에는 어떠한 것이 있으며, 각 활동이 지니는 의의에 관하여 간략히 설명해 보라.
3. 한국축구를 2002년 월드컵에서 4강에 진출시켰을 때 히딩크 감독이 취한 선수들의 관리전략을 인적자원관리활동과 비교하여 이야기해 보자.
4. 만약 여러분이 기업의 인사관리담당자라면 사람을 채용할 때 어떤 면을 가장 중요하게 고려하겠는가? 그리고 그 이유는 무엇인가?
5. 인적자원관리활동의 방향에 대해서 설명해 보자.

사례 1

A사 부산공장 생산과장은 향후 6개월 동안의 인력계획을 수립하고 있었다. 생산과의 생산계획은 매월 24,000단위의 생산목표를 설정해 놓고 있었다. 그런데 작업자 한 사람이 한 단위를 생산하는 데 걸리는 시간은 약 4분이었고, 주당작업시간은 5일 40시간이었다.

문제

(1) 이 경우 필요인력의 양적 수준은 무엇인가?
(2) 만약 매일 결근율이 10%라면 필요인력의 양적 수준에 어떤 영향을 미치겠는가?
(3) 만약 이직률이 10%라면 그것이 필요인력의 양적 수준에 어떤 영향을 미치겠는가?

사례 2

"일선감독자들이 작업자들과의 관계를 개선할 필요가 있다고 생각해요" 하고 공장장이 말을 계속하였다. "사실 모든 책임이 감독자들에게 있는 것만은 아니지만 감독자들이 일반작업자들을 좀더 잘 다룰 수 있었으면 하고, 아쉬워지는 경우를 여러 번 목격할 수 있었어요."

"이 같은 경우에서 지적될 수 있는 주된 문제점이 무엇이라고 생각하십니까?" 하고 옆에 있던 훈련담당부장이 묻고 있었다.

"글쎄요, 한 마디로 무엇이라고 할 수는 없어도 내 생각에는 많은 일선관리자들은 작업자 자신들이 보는 것과 다르게 작업자들의 문제점을 파악하고 있는 것 같아요. 아마도 일선관리자들과 일반작업자들 간에 조화가 잘 안 되는 것이 아닌가 하는 의심이 간다고나 할까."

"예, 알겠습니다. 일선감독자들과 작업자들을 만나보고 나서 개선책을 말씀드리겠습니다" 하고 훈련부장이 밖으로 나갔다.

문제

(1) 만약 공장장의 분석이 옳다면 어떤 유형의 훈련계획이 수립되어야 하는가?

(2) 각자가 적절하다고 생각하는 훈련계획안을 작성해 보자.

인터넷 사례

IMF의 영향으로 외형적 성장에 집중한 많은 국내기업들이 구조조정과정에서 합병, 법정관리, 청산 등의 절차를 밟아 나가고 있다. 이러한 국내기업들 중에서 법정관리를 종료했거나 화의를 마치고 정상적인 경영을 하고 있는 기업들을 조사하여, 이들 기업들의 인적자원관리활동들이 어떻게 이루어지고 있는지에 대해서 토론해 보자.

미주

1. James Braham, "Cultivating Tomorrow's Execs," *Industry Week*, July 27, 1987, pp. 33-38.

2. John Van Maanen & Edgar H. Schein, "Toward a Theory of Socialization," pp. 209-264 in Barry M. Staw(ed.), *Research in Organizational Behavior*, Vol. 1, JAI Press, Greenwich, Conn., 1979.

3. Andrew D. Szilagyi, JR., Management and Performance, Scott & Foresman Co., Glenview, Ill., 1988, p. 386.

4. 지호준, 『알기 쉽게 배우는 21세기 경영학』, 법문사, 2001, pp. 240-241.

5. 류필화 외 4인, 『디지털시대의 경영학』, 박영사, 2001, p. 408.

6. 조동성, 『21세기를 위한 경영학』, 도서출판 서울경제경영, 2000, pp. 447-448.

제13장 | 자금의 조달 및 활용

이 장에서는 기업경영활동에서 사람만큼이나 중요한 경영자원인 자금을 어떻게 조달하고 운용해야 하는지에 대해 설명하고 있다. 자금의 조달 및 활용은 간략하게 재무활동이라고 말할 수 있다. 이는 기업경영에 필요한 자본을 합리적으로 조달하고 조달된 자본을 효과적으로 운용하는 활동으로 금융시장, 증권시장, 그리고 사채시장을 통해 조달된 자본을 운용하는 방안에 대해 설명하고 있다.

이 장을 읽어가는 동안 이것만은 이해하시기 바랍니다.

1. 재무관리활동이란 무엇인가?
2. 주요 재무관리활동의 내용에는 어떤 것이 있는가?
3. 자본비용과 자본구조는 무엇을 말하는 것인가?
4. 기업의 배당정책은 무엇인가?
5. 유동비율과 레버리지비율은 무엇인가?

제13장 사례 >

‘후강통(沪港通)’에 대한 기대감

최근 몇 년간 중국 상하이 주식시장은 전 세계 주요국 증권시장 중 가장 부진했다. 글로벌 금융위기 직전인 2007년 10월 6,000선을 넘어섰던 상하이 종합지수는 이후 약 7년간 장기 하강 곡선을 그리면서 한때 2,000선까지 내려앉았다. 그런데 2014년 7월부터 분위기가 달라졌다. 최근 두 달 동안 상하이 종합지수는 8.24% 상승했다. 상하이 종합지수 반등에는 경기회복 기대감, 시장금리 하락, 부동산 시장 침체에 따른 반사이익 등 다양한 요인들이 복합적으로 작용했다. 하지만 전문가들이 꼽는 최고 호재는 뭐니 뭐니 해도 2015년 10월 중 시행될 ‘후강통(沪港通)’에 대한 기대감이다.

‘후(沪港通)’는 상하이를, ‘강(港)’은 홍콩을 뜻하며 후강통은 이 둘이 서로 연결된다는 의미다. 후강통이 시행되면 외국인 개인 투자자들도 홍콩거래소를 통해 중국 본토 A주식에 투자할 수 있는 길이 열린다. 따라서 최근 상하이 증권시장에서 투자자들이 주식을 공격적으로 매수하고 있는 것은 후강통 제도 시행 이후 외국인 자금이 증시에 유입될 것을 염두에 둔 것이라는 분석이다. 전문가들은 후강통 시행을 계기로 그동안 더디게 진행되어 온 중국의 증시개방이 보다 가속화될 것으로 기대하게 있다.

외국인 개인 투자자도 상하이 A주 투자 가능

중국 증권시장에서 후강통 얘기가 처음 나온 것은 지난 2008년 전후였다. 당시 중국 정부가 상하이 증권거래소와 홍콩 증권거래소 간 연계를 추진한다는 얘기가 나오자 주식 시작은 한껏 기대에 부풀었다. 그러나 실제로 시행되진 못했다.

중국 정부가 올 들어 다시 후강통을 시행키로 한 것은 크게 두 가지 이유 때문이라고 전문가들은 분석하고 있다. 우선 중국 정부는 은행에 편중된 기업들의 자금조달 경로를 자본시장으로 분산하기를 원하고 있다. 아울러 현재 추진 중인 국유기업 개혁을 위해 정부는 보유중인 국유기업 지분을 증시에서 매각해야 한다. 이 두 가지 목적을 달성하기 위해서는 증시 활성화가 필수불가결한데, 이를 위해 중국 정부가 택한 방안이 바로 후강통을 통해 외국인 자금을 중국 증시로 끌어들이는 것이다.

신화통신에 따르면 중국 정부는 지난 4월 제도 시행 발표 이후 차근차근 준비 작업을 진행해왔다. 홍콩과 상하이 거래소는 후강통에 참여할 증권사를 모집했다. 그리고 증권감독관리위원회는 제도 시행에 필요한 세부규정 마련에 나서 현재 막바지 작업을 진행 중이다. 증감위는 또 8월부터 상하이-홍콩 증시 연계에 필요한 전산 시스템 시범 운용을 진행하고 있다.

중국은 상하이 증시 개장 이후 세 차례에 걸쳐 단계적으로 증시를 외국인에게 개방해 왔다. 첫 개방은 2003년 7월 도입한 적격 해외 기관 투자가 제도(QFⅡ)다. 중국 정부의 승인을 받은 기관 투자가들이 달러화를 들고 중국에 들어가 상하이 A주식에 투자할 수 있는 제도다.

2007년 도입한 위안화 적격 해외 기관투자가 제도(RQFⅡ)는 QFⅡ와 비슷하지만 해외 기관 투자가들이 위안화를 들고 중국에 들어가 중국 증시에 투자한다는 점에서 차이가 있다. 두 제도는 모두 과거 대만의 증시 개방전략을 벤치마킹한 것이다. QFⅡ와 RQFⅡ는 그러나 해외 기관 투자가들에게만 상하이 A주식에 대한 투자를 허용했다. 따라서 해외 개인 투자가들은 펀드 가입을 통해서만 상하이 A주식에 투자할 수 있었다.

후강통의 경우 중국 증시 개장 후 세 번째 개장 조치이다. 홍콩거래소를 통하기만 한다면 외국인 기관투자가뿐 아니라 개인투자가도 상하이 A주식에 투자할 수 있다는 점에서 기존의 증시 개방 조치와는 차별화된다. 글로벌 투자자들이 이번 후강통을 중국 증시 개방과 관련된 의미 있는 조치라고 평가하는 것도 이런 이유에서다.

후강통이 성공적으로 시행되면 향후 중국 정부는 선전 증권시장과 홍콩 증권시장 간의 교차 매매를 허용하는 '선강통(深港通)'도 시행할 것으로 증시 관계자들은 예상하고 있다. 물론 후강통이 시행된다고 하더라도 외국인들의 상하이 A주식 투자가 무제한 허용되는 것은 아니다. 중국 정부가 후강통을 통한 외국인들의 투자 한도를 총 3,000억 위안(약 400억 달러)으로 제한해 뒀기 때문이다. 하지만 과거 대만과 한국의 증시 개방 사례에 비춰볼 때 이 한도는 향후 단계적으로 확대될 것으로 예상된다.

'바이 차이나' 열풍 불까

후강통이 본격 시행되면 중국 상하이 증시는 한 단계 도약할 것으로 전문가들은 전망하고 있다. 중국 정부가 지금까지 QFⅡ를 통해 허용한 외국인들의 주식 투자 한도는 총 1,500억 달러다. 이 중 실제로 투자된 규모는 570억 달러 정도다.

후강통 제도가 시행될 경우 중국 증시에는 총 400억 달러 가량의 외국인 자금이 추가로 유입될 수 있다. 이 경우 현재 2.8%에 불과한 상하이 증시의 외국인 지분율은 4.2%까지 상승하게 되고, 이는 상하이 증시 상장 주식들의 주가 상승으로 이어질 것으로 기대되고 있다.

특히 홍콩 증시와 상하이 증시에 동시 상장된 종목들의 상하이 증시 주가가 가장 먼저 오를 것으로 예상된다. 이들 종목의 경우 홍콩 증시에서의 주가보다 상하이 증시에서의 주가가 낮게 형성된 경우가 많은데, 두 증시가 연계될 경우 차익거래가 활발하게 일어날 것이기 때문이다.

한국의 투자자들 입장에서도 후강통 시행은 새로운 기회가 될 수 있다. 최근 2년여 간 국내 증시는 변동성이 줄면서 좁은 박스권에서 움직여왔다. 또 가치 투자를 표방하는 펀드에 돈이 몰리면서 실적이 탄탄한 중소형주 상당수는 주가가 큰폭으로 뛰었다. 따라서 국내 증시에 투자해서 돈을 벌기가 갈수록 어려워지고 있다는 평가다.

후강통의 경우 중국 증시 개장 후 세 번째 개장 조치이다. 홍콩 거래소를 통하기만 한다면 외국인 기관 투자가뿐 아니라 개인 투자자도 상하이 A주식에 투자할 수 있다는 점에서 기존의 증시 개방 주치와는 차별화된다. 글로벌 투자자들이 이번 후강통을 중국 증시 개방과 관련된 의미 있는 조차라고 평가하는 것도 이런 이유에서다.

전병서 중국경제금융연구소 소장은 "두 나라 경제의 중장기적인 비전과 기업들의 성장성 등을 놓고 보면 중국 증시는 분명 매력적인 투자 대상"이라며 "특히 최근 몇 년간 중국 증시는 부진한 모습을 보였기 때문에 가격적인 측면에서도 매력이 있다"고 말했다.

국내 대형 증권사들은 벌써부터 후강통 제도 시행 이후의 중국 증시 유망 종목 발굴에 나섰다. 신한금융투자는 최근 발간한 보고서에서 상하이 증시에서 찾기 어려운 차이나모바일 등 주요 통신 기업이나 텐센트(텅쉰) 등 인터넷 기업이 투자 대상이 될 수 있다고 추천했다. 일부 전문가들은 후강통 시행으로 홍콩 증시 역시 강한 상승 흐름을 탈 수 있을 것으로 보고 있다. 지금까지 중국 투자자들은 홍콩 증시에 상장된 종목에 대한 투자가 불가능했기 때문이다.

특히 일부 중국 우량 기업들은 중국 본토 증시에는 상장돼 있지 않고 홍콩증시에만 상장돼 있는데, 이런 기업들은 중국 본토 투자자들의 집중 매수대상이 될 것으로 예상된다. 텐센트, 레노버, 강사부홀딩스, GCL폴리에너지 등이 대표적이다.

〈Chief Executive, 2014. 10, pp. 52-53.〉

1. 재무활동의 의의

기업의 경영활동에 있어서 자본은 사람이나 정보 등과 더불어 없어서는 안 될 중요한 경영자원으로 인식되고 있다. 특히 제품을 생산하고 판매하는 것이 기업의 주된 경영활동이기는 하지만 이러한 경영활동이 가능하려면 반드시 재무활동이 뒷받침되어야 한다.

재무활동은 기업이 목표를 달성하기 위하여 자본을 어떻게 조달하고 운용할 것인가를 결정하는 활동이다. 구체적으로 말하면 기업의 경영활동에 필요한 자본을 합리적으로 조달하고 조달된 자본을 효과적으로 운용하는 활동이라고 할 수 있다. 따라서 재무활동은 기업이 필요한 자본을 언제, 어떻게, 어디에서, 얼마만큼 조달할 것인가 하는 자본조달 측면과 조달된 자본을 언제, 어떻게, 어디에서, 얼마만큼 운용할 것인가 하는 운용 측면이 있다. 기업은 자본을 금융시장이나 증권시장, 그리고 사채시장 등을 통해 조달하는데, 이렇게 조달된 자본은 사업을 하기 위해서 투자될 수도 있고, 증권에 투자될 수도 있다.

2. 주요 재무활동

주요 재무활동은 크게 자본조달 활동과 투자결정 활동으로 요약할 수 있다.

1) 자본조달 활동

(1) 기업의 자본조달

① 금융시장

금융이란 자금의 융통이라 정의할 수 있는데 자금이 부족한 경제주체와 자금에 여유가 있는 경제주체 사이의 금전적 대차를 말한다. 금융시장(financial market)은 금융자산의 만기를 기준으로 하여 1년 이하인 금융자산이 거래되는 시장을 화폐시장(money market)이라 하며, 만기가 1년 이상의 금융자산이 거래되는 시장을 자본시장(capital market)이라 한다. 자본시장은 광의의 자본시장과 협의의 자본시장으로 구분된다. 광의의 자본시장은 금융기관에 의하여 이루어지는 만기가 1년 이상의 대부시장과 주식 및 회사채가 매매되는 증권시장으로 구성된다. 협의의 자본시장은 증권시장만을 지칭한다.

자본시장은 크게 발행시장과 유통시장으로 구성되어 있다. 발행시장은 기업 등의 발행주체와 투자자로 구성된 시장으로 유가증권의 신규발행과 매출시에 일시적으로 형성된다. 반면에 유통시장은 이미 발행된 유가증권이 매매되는 시장이다.

발행시장(issuing market)은 발행주체가 최초로 증권을 발행하고 투자자가 이를 매수함으로써

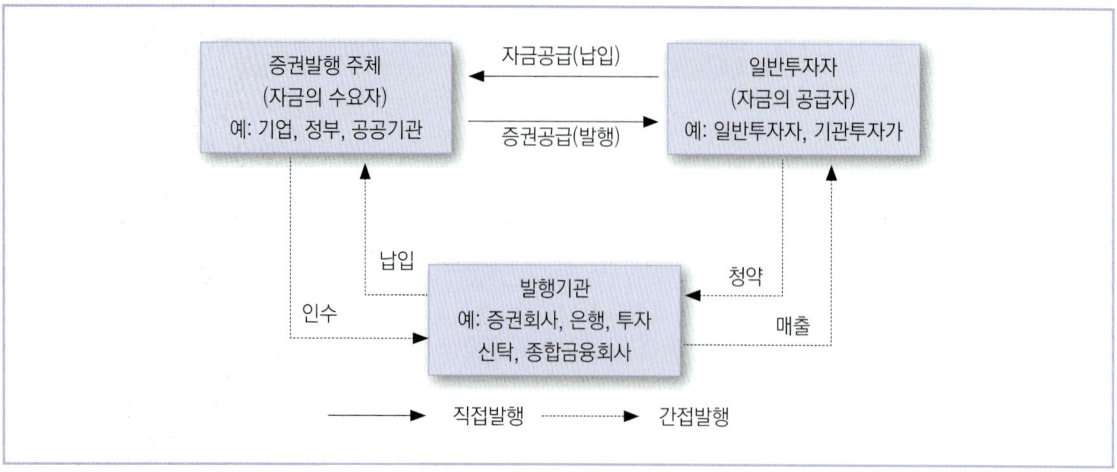

[그림 13-1] 발행시장의 조직

발행주체가 장기적인 자본을 조달하는 시장을 의미한다.[1]

증권을 발행하는 방법은 발행하는 주체가 중개기관을 거치지 않고 직접 일반투자자에게 증권을 모집하거나 매출하는 직접발행과 발행주체가 중개자를 거쳐서 간접으로 발행하는 간접발행이 있다. 대부분의 유가증권발행에는 간접발행방법이 이용되고 있다. 이러한 발행시장의 조직을 살펴보면 [그림 13-1]과 같다.[2]

한편, 유통시장(circulating market, trade market)은 발행시장을 통해 일단 발행된 증권이 투자자 사이에서 다시 매매되는 증권시장으로 이차적 시장(secondary market)이라고도 한다. 흔히 유통시장이라고 할 때는 증권거래소(securities exchange)만을 의미하는 경우가 많으나, 유통시장은 증권거래소와 장외시장(OTC시장: over-the counter-market)으로 구분할 수 있다.[3]

증권거래소는 지정된 일정한 건물을 가지고 있으며, 증권의 계속적이고 조직적인 매매거래를 수행하는 시장이다. 증권거래소에서 매매되는 증권은 반드시 상장증권이어야 하며, 경쟁매매를

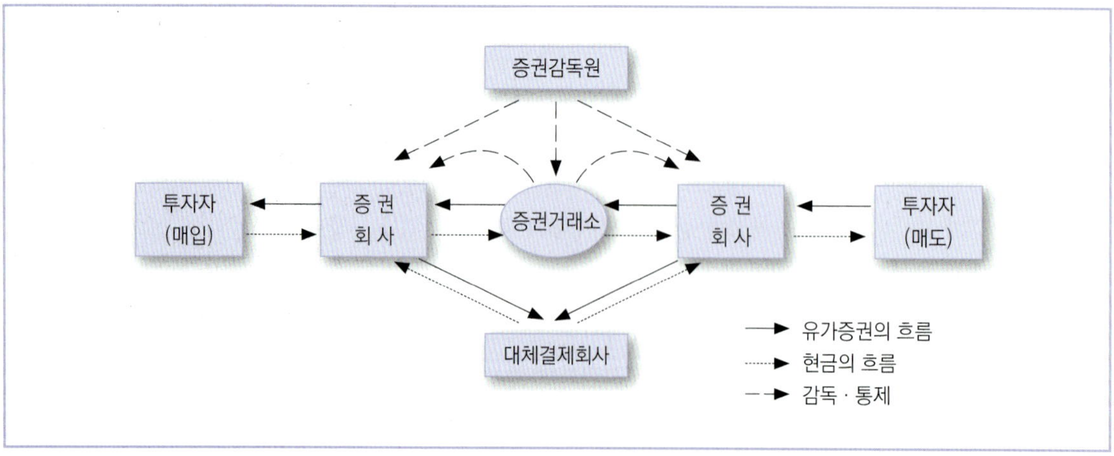

[그림 13-2] 유통시장의 구조

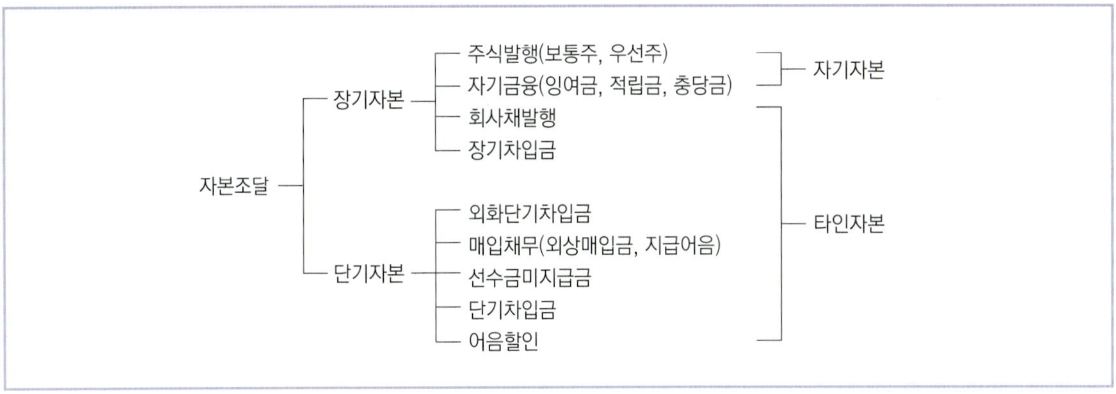

〈표 13-1〉 자본조달의 원천

원칙으로 한 일정한 매매거래제도에 따라 증권거래가 이루어진다.

유통시장을 구성하는 기관으로는 구체적인 거래소인 증권거래소와 증권의 매매를 직접 담당하는 거래원(증권회사)이 있으며, 증권의 대체결제를 담당하는 대체결제회사가 증권거래소의 자매기관으로 독립되어 있다. 또 증권거래소와 거래원을 감독 · 통제하는 기관으로 증권감독원이 있다. 이를 그림으로 나타내면 [그림 13-2]와 같다.[4)]

② 기업의 자본조달원천

기업이 투자활동을 효율적으로 실행하기 위해서는 자본이 필요하다. 자본을 어디에서 조달할 것인가 하는 자본조달원천과 조달원천으로부터 얼마만큼의 자본을 조달할 것인가 하는 최적자본배합을 어떻게 구성할 것인가와 관련이 되는 것이다.[5)]

자본의 조달원천은 매우 다양하며 이를 자본사용기간의 장 · 단에 따라 구분하여 보면 〈표 13-1〉과 같다. 여기서 장기와 단기의 구분은 일반적으로 상환기간이 1년 이상이면 장기로 보고, 1년 이내이면 단기로 구분한다.

(2) 자본비용과 자본구조

① 자본비용의 결정

토지나 노동과 함께 자본은 기업조직의 주요한 경영자원을 형성한다. 기업이 이와 같은 자금을 조달하고 활용하는 데는 비용이 발생한다. 기업의 자본비용(a firm's capital costs)은 주로 자금의 출처인 자금원이 어디냐에 따라 달라진다. 주식의 경우는 배당과 이에 따른 부대비용일 것이고, 사채 및 차입금의 경우는 이자와 그에 따른 부대비용이 될 것이다. 그리고 사내유보이익과 같은 내부원천으로부터 조달 · 활용되는 자본의 비용은 기회비용(opportunity costs; 자본을 어느 특정한 곳에 투자함으로써 대체적인 투자에서 얻어질 이익이 상실되는 것)으로 보게 된다.

자본비용은 부채, 우선주, 보통주, 유보이익 등 기업이 부담하는 자본이용의 대가로서 기업가치를 유지하는 데 필요한 최소한의 필수수익률을 의미한다. 따라서 기업가치를 극대화하기 위해서는 이러한 자본비용을 극소화하는 자금조달방법의 선택이 중요하며, 또한 기업의 투자안 선택에도 영향을 주게 된다는 점에서 자본비용은 기업의 자산구조와 자본구조의 구성에 결정적인 역할을 하게 된다.

관리자가 기업의 자본비용에 대해 잘 이해한다는 것은 재무활동을 위한 합리적인 의사결정에 중요할 뿐만 아니라, 회사의 장기자금을 재투자에 배분하는 데 있어서 유리한 입장에 서게 된다.

② 자본구조의 결정

기업의 자본구조는 투자에 소요되는 자금원을 어떻게 조달하느냐에 따라서 달라진다. 자본구조(capital structure)란 넓은 의미에서 대차대조표의 대변항목의 구성상태를 지칭하지만 엄밀하게는 그 중에서도 단기적인 성격을 띤 단기차입금, 외상매입금 등을 제외한 항목의 구성으로서, 장기자본수단 간의 구성상태를 의미한다.

따라서 기업의 가치를 극대화하기 위한 자본항목의 최적구성, 즉 최적자본구조의 이론은 기업이 이용가능한 다양한 장기자본수단, 즉 보통주, 우선주, 장기부채, 유보이익 등의 최적결합관계를 구성하는 것이라 할 수 있다. 기업은 그 영업활동을 목적으로 필요한 자본을 조달해야 한다. 그런데 그들이 이용할 수 있는 자본조달수단은 다양하므로 이러한 자본조달수단을 어떻게 결합하는 것이 기업의 본래 목표인 기업가치를 극대화시켜 줄 수 있는가 하는 최적 자본구조 문제가 제기된다.

최적 자본구조(optimal capital structure)란 타인자본과 자기자본간의 적절한 결합을 통하여 기업의 가중평균자본비용을 최소화하여 기업의 가치를 최대화할 수 있는 자본구성을 말한다.

(3) 배당정책

배당(dividends)이란 주식회사가 영업활동 결과 실현한 이익 중에서 부채의 이자, 법인세 등을 지급하고 난 나머지 이익 중에서 회사의 자율적 결정에 따라 주주에게 배분하는 출자지분에 대한 보수를 의미한다.

배당정책은 기업의 내부자금조달원에 관한 주요 의사결정으로 기업의 이익을 재투자하기 위한 내부유보(자기금융)와 주주들에 대한 현금배당지급을 어떻게 나눌 것인가에 관한 재무적 의사결정이다. 이러한 배당정책은 그 기업 주주들의 배당에 대한 선호와 관련이 있을 뿐만 아니라, 기업의 자금조달계획에 영향을 주어 기업의 미래현금흐름에도 영향을 주게 되므로 기업가치의 극대화와 직접 관련이 있기 때문에 재무담당자에게는 매우 중요하다.

배당정책을 결정할 때에는 배당의 안정성, 법률상의 제한, 기업의 유동성, 기업의 성장가능성 등을 고려해야 한다.

2) 투자결정 활동

투자결정은 기업의 미래수익성과 성장에 직접 관계되는 것으로서, 기업이 경영활동을 위해 어떤 자산에 투자를 할 것인가에 관한 것이다. 기업에 있어서 미래를 위한 투자결정은 매우 중요하다. 투자결정의 결과에 의해서 기업의 수익성과 위험이 결정된다. 기업의 목표가 기업가치의 극대화이며, 기업가치는 기업의 수익성과 위험도에 의해 결정되므로 투자결정은 미래의 기업가치와 직결된다. 따라서 한 기업의 성패는 그 기업의 투자결정에 달려 있다고 볼 수 있다. 이하에서는 투자결정과 관계가 깊은 자본예산의 개념과 투자안의 경제성 분석에 대해 살펴보기로 한다.

(1) 자본예산의 의의

자본예산(capital budgeting)이란 새로운 투자의 영향이 앞으로 1년 이상 지속되는 투자의 총괄적 계획과 평가를 뜻한다. 자본예산은 기업의 목적이나 상황에 따라 각기 다른 투자결정에 적용되는데, 이러한 투자종류는 크게 네 가지로 나누어볼 수 있다.[6]

첫째, 기존의 기계나 설비를 새로운 것으로 바꾸기 위한 대체투자(replacement investment), 둘째, 수요증가 또는 시장점유율의 증가로 인해 기존의 기계나 설비 이외에 새로운 기계나 설비를 구입하기 위한 확장투자(expansion investment), 셋째, 기존제품의 품질수준을 개량하거나 신제품을 추가하기 위한 제품투자(product investment), 넷째, 기업합병이나 연구개발투자 또는 종업원의 복지향상을 위한 투자와 지역사회개발을 위한 투자 등이 포함된다. 한편, 기업의 투자결정 과정은 일반적으로 다음과 같은 몇 단계를 거쳐서 이루어진다.

- 투자목적의 설정
- 투자목적의 달성을 위한 투자안의 선정
- 각 투자대상들로부터 예상되는 현금흐름의 추정
- 각 투자안의 평가(경제성 분석)
- 선택된 투자안의 사후재평가

일반적으로 자본예산이라고 하면 위에서 열거한 다섯 가지 작업을 총괄적으로 의미하고 있지만 좁은 의미로는 현금흐름의 평가만을 가리킨다.

(2) 투자안의 경제성 분석

각 투자안의 경제성 분석을 위하여 사용하는 투자결정기법 내지는 자본예산기법은 크게 전통적인 분석기법과 현금흐름할인법(DCF법: discounted cash flow method)으로 구분할 수 있다. 전통적인 분석기법으로는 화폐의 시간적 가치를 고려하지 않는 회수기간법과 회계적 이익률법이 있으며, 현금흐름할인법에는 내부수익률법과 순현가법이 있다.

회수기간법(payback period method)은 투자에 소요된 자금을 그 투자에서 발생하는 현금흐름으로부터 모두 회수하는 데 걸리는 기간인 각 투자안들의 회수기간을 계산하여 기업 자체에서 설정한 회수기간과 비교하여 투자안을 평가하는 방법이다.

회계적 이익률법(accounting rate of return method)은 평균이익률법(average rate of return method)이라고도 하며, 연평균투자액 또는 총투자액에 대한 연평균순이익의 비율을 구하여 투자안을 평가하는 방법이다.

내부수익률법(IRR법: internal rate of return method)은 투자로부터 기대되는 현금유입의 현가와 기대현금유출의 현가를 동일하게 하는 할인율인 내부수익률을 구하여 이것과 기업의 기대수익률을 비교하여 투자가치를 평가하는 방법이다.

순현가법(NPV법: net present value method)은 투자로 인하여 발생하는 미래의 모든 현금흐름을 기대수익률로 할인하여 계산한 현금유입의 현가에서 투자비용을 기대수익률로 할인하여 계산한 현금유출의 현가를 차감한 순현가를 구하여 이 순현가로써 투자대안들의 경제성을 분석하는 방법이다.

3) 운전자본관리

기업이 성장 · 발전하기 위해서는 기본적으로 투자결정과 자본조달결정이 합리적으로 이루어져야 한다. 그러나 기업의 원활한 운영을 위해서는 일상적으로 발생하는 운전자본, 즉 유동자산과 유동부채의 관리가 효율적으로 수행되어야 한다.

운전자본(working capital)은 대차대조표상에 나타나는 모든 유동자산을 뜻하기도 하고, 또 유동자산에서 유동부채를 뺀 순운전자본(net working capital)을 의미하기도 한다. 운전자본을 유동자산으로 정의하면 운전자본관리의 대상은 현금, 매출채권, 유가증권, 재고자산 등이나, 운전자본을 순운전자본으로 정의하면 유동자산뿐만 아니라 매입채무, 단기차입금, 미지급비용 등의 관리까지 포함된다. 여기서는 유동자산관리에 중점을 두고 설명한다. 운전자본관리의 중요성은 기업의 유동성이 수익성 못지않게 중요하기 때문이다. 유동성은 원래 자산이 적정한 가격으로 얼마나 빨리 현금화될 수 있는가를 의미하는데, 흔히 단기부채의 지급능력을 의미한다. 유동성의 근원은 현금을 비롯한 유동자산에 있다. 유동자산은 대부분이 이익을 가져다주지 않는 비수익성 자산이기 때문에 과대하게 보유하면 기업의 수익성을 저하시킬 우려가 있다.

그러나 유동자산이 적으면 유동성부족으로 인한 단기부채지급 불능상태에 빠질 위험이 크다. 따라서 운전자본관리의 목표는 유동성을 유지하여 부도나 파산 등 지급불능위험을 감소시키며 동시에 수익성을 증대시키는 것이라 할 수 있다. 그러나 수익성이 증대하면 위험이 증가하고, 위험을 줄이면 수익성 저하를 가져와서 위험과 수익성은 서로 상충관계(trade-off relationship)에 있게 된다. 이 상충관계는 득과 실이 반대방향으로 움직이는 것을 말하는데, 이러한 상충관계를 적절히 고려하여 적절한 조화점을 찾는 것이 운전자본관리의 목표라 할 수 있다.

3. 회계활동

회계는 기업이 수행하고 있는 경영활동을 기업회계기준에 따라서 측정 · 기록 · 해석하고 기업내부 및 외부관계자들에게 필요한 정보를 제공하고 의사결정을 원활하게 해주는 활동을 의미한다.

기업의 회계활동과 관련해서는 경영학을 전공하는 학생들을 위해서 경영학원론과 함께 회계원리 과목을 따로 두고 일반적으로 전공필수과정으로 하고 있기 때문에 여기에서는 상술한 회계활동의 의의와 주요 재무제표인 대차대조표 및 손익계산서에 관하여 간략히 살펴보고, 비율분석을 중심으로 하는 재무제표분석을 소개하고자 한다.

기업의 회계활동은 기업의 경영활동, 특히 모든 거래활동에 관하여 기업회계기준에 따라서 거래를 분석하여 이를 체계적으로 기록하는 재무제표의 작성이 그 핵심이라고 할 수 있다. 또한 이러한 재무제표를 바탕으로 회계정보를 분석함으로써 의사결정에 도움을 주는 활동을 수행한다. 여기에서는 주요 재무제표에 대하여 설명하고 이러한 재무제표를 분석하는 방법을 제시하기로 한다.

1) 재무제표의 종류

재무제표(financial statements)란 기업의 경영활동과정에서 일어나는 경제가치의 변동을 그 화폐가치로 측정하여, 일정한 회계원칙에 따라 작성함으로써 이를 그 정보의 이용자에게 정기적으로 전달하는 수단이라 할 수 있다. 그러므로 재무제표는 기업의 경영활동을 이해하기 위한 필수적인 자료이다.

이러한 재무제표는 결산보고서, 회계보고서 등의 이름으로 불리고 있으며, 우리나라 기업회계기준에서는 대차대조표, 손익계산서, 이익잉여금처분계산서(또는 결손금처리계산서), 현금흐름표를 재무제표로 규정하고 있다.

기업회계기준은 또한 제조원가명세서 등 필요한 명세서를 부속명세서로 작성하여 재무제표에 첨부할 것을 규정하고 있다. 여기서는 재무제표 중에서 기본적인 대차대조표와 손익계산서를 살펴보기로 한다.

(1) 대차대조표

대차대조표(B/S: balance sheet)는 기업의 재무상태를 명확히 보고하기 위하여 대차대조표일 현재의 모든 자산, 부채 및 자본을 일정한 형식에 따라 구분 배열한 것이다.

구분방법으로 자산에 속하는 계정을 유동자산 · 고정자산으로, 부채에 속한 계정은 유동부채 · 고정부채로 구분한다.

유동자산(current assets)은 대차대조표작성일로부터 보통 1년 이내에 현금화될 수 있는 자산을 의미하며, 당좌좌산과 재고자산으로 분류하며, 현금및현금등가물, 단기금융상품, 유가증권, 매출채권, 단기대여금, 미수금 등이 당좌자산에 포함된다. 투자자산은 장기금융상품, 투자유가증권, 장기대여금, 장기성매출채권 등이 포함되며, 고정자산(fixed assets)은 현금화하는 데 1년 이상이 소요되는 자산으로 토지, 건물, 구축물과 같은 유형자산과 영업권, 산업재산권 같은 무형자산으로 구분된다.

그리고 부채는 유동부채와 고정부채로 구분된다. 유동부채는 상환기간이 1년 이내인 매입채무, 미지급금, 단기차입금 등이 포함되고, 고정부채는 상환기간이 1년 이상인 사채, 장기차입금 등이 포함된다.

또한 자본은 자본금, 자본잉여금, 이익잉여금 및 자본조정으로 구분된다.

대 차 대 조 표

갑주식회사　　　제×기 200×년 ×월 ×일(전기분 생략)　　　(단위 : 원)

자 산	금 액		부채 · 자본	금 액	
Ⅰ. 유동자산		(78,742,500)	Ⅰ. 유동부채		(13,782,800)
(1) 당좌자산		(74,372,500)	1. 매입채무		12,560,400
1. 현금및현금등가물		701,700	2. 단기차입금		1,222,400
2. 유가증권		41,342,200			
3. 매출채권	20,510,000		Ⅱ. 고정부채		(23,820,000)
대손충당금	410,200	20,099,800	1. 사 채	10,000,000	
4. 단기대여금	12,070,000	11,828,600	사채발행차금	180,000	9,820,000
대손충당금	241,000	400,000	2. 장기매입채무		14,000,000
5. 이연법인세차		(3,370,000)	부 채 총 계		37,602,800
(2) 재고자산		3,370,000			
1. 상 품		(1,000,000)	Ⅰ. 자본금		(50,000,000)
Ⅱ. 고정자산		1,000,000			
(1) 투자자산		(18,598,800)	Ⅱ. 자본잉여금		(2,000,000)
1. 장기대여금			(1) 자본준비금		(2,000,000)
(2) 유형자산	16,800,000		1. 주식발행초과금		2,000,000
1. 건 물	2,256,400	14,543,600			
감가상각누계액	5,920,000		Ⅲ. 이익잉여금(결손금)		(7,738,500)
2. 구축물	1,864,800	4,055,200	1. 이익준비금		1,898,000
감가상각누계액			2. 기업합리화적립금		1,000,000
			3. 차기이월이익		4,840,500
			잉여금		
			가. 이월결손금	775,000	
			나. 당기순이익	4,065,500	
			자 본 총 계		59,738,500
자 산 총 계		97,341,300	부채와 자본총계		97,341,300

〈표 13-2〉 대차대조표

위의 〈표 13-2〉는 갑주식회사의 대차대조표이다.

(2) 손익계산서

손익계산서(I/S: income statement)는 기업의 경영성과를 명확히 보고하기 위하여, 그 회계기간에 속하는 모든 수익과 비용을 대응시켜 순손익을 계산한 보고서이다. 손익계산은 매출액에서 매출원가를 차감하여 매출총손익을 계산하고, 매출총손익에서 판매비와 관리비를 차감하여 영업손익을 계산한다. 그리고 영업손익에 영업외수익을 가산하고, 영업외비용을 차감하여 경상손익을 계산하며, 경상손익에 특별이익을 가산하고 특별손실을 차감하여 법인세차감전순손익을 계산한다.

법인세차감전순이익에서 법인세 등의 세금을 차감하여 당기순손익을 산출한다. 〈표 13-3〉은 갑주식회사의 1년 동안의 경영성과를 나타낸 손익계산서이다.

손익계산서

갑주식회사 제×기 200×년 ×월 ×일부터 200×년 ×월 ×일까지
(단위 : 원)

자 산	금 액	
Ⅰ. 매 출 액		40,417,400
Ⅱ. 매출원가		
1. 기초상품재고액	3,425,600	
2. 당기매입액	33,160,000	
계	36,585,600	
3. 기말상품재고액	4,370,000	32,215,600
Ⅲ. 매출총이익		
Ⅳ. 판매비와관리비		8,201,800
1. 급 여	2,278,300	
2. 광고선전비	292,000	
3. 접대비	316,000	
4. 임차료	160,000	
5. 복리후생비	236,000	
6. 통신비	244,000	
7. 감가상각비	568,800	
8. 세금과공과	214,000	4,309,100
Ⅴ. 영업이익		3,892,700
Ⅵ. 영업외수익		
1. 배당금수익	466,800	
2. 유가증권처분이익	540,000	
3. 이자수익	420,000	1,426,800
Ⅶ. 영업외비용		
1. 이자비용	524,000	
2. 기타의 대손상각비	370,000	
3. 유가증권처분손실	100,000	
4. 사채상환손실	20,000	1,014,000
Ⅷ. 경상이익		4,305,500
Ⅸ. 특별이익		
Ⅹ. 특별손실		
1. 재해손실		240,000
Ⅺ. 법인세비용차감전순이익		
Ⅻ. 법인세비용		
XIII. 당기순이익		4,065,500

〈표 13-3〉 손익계산서

2) 재무제표의 분석

기업경영에 대한 분석은 일찍이 미국에서 은행업자가 융자신청기업의 대차대조표를 분석하여 신용능력을 판별한 신용분석에서 비롯되었다. 신용분석의 목적은 은행업자가 대상기업의 지급능력을 측정하기 위해 대차대조표에 기재된 재무유동성을 파악하려고 하는 데 있었다.

대차대조표에 의한 재무유동성의 분석은 은행업자나 그 밖에 투자자의 여신적 입장에서 기업의 지급능력을 판단하는 데 필요할 뿐만 아니라, 경영자로서 경영관리에 필요한 기초정보를 얻는 데도 유용하다. 즉, 경영자는 기업내부의 경영계획의 수립이나 업적평가를 위하여 재무분석을 한다. 이러한 기업경영활동의 분석은 전통적으로 재무제표를 중심으로 수행되어 왔으며, 재무제표의 분석에서는 재무비율을 계산하고 이를 이용하여 기업의 재무상태와 경영성과를 파악하는 비율분석(ratio analysis)이 중요한 위치를 차지하고 있다.

최근에는 재무비율이 기업부실예측, 채권등급평가, 신용등급의 분류 등 중요한 의사결정에 이용될 수 있다는 사실이 실증적 연구를 통해 확인되었으므로 비율분석의 이용은 더욱 확대되어 가고 있는 실정이다.

기업의 재무상태와 경영성과는 대차대조표, 손익계산서 등의 재무제표에 요약되어 나타난다. 따라서 재무제표를 구성하고 있는 두 항목을 대응시켜 재무비율을 계산하고, 작성된 재무비율을 산업평균비율 같은 표준비율과 비교하여 기업의 재무상태나 경영성과의 양부(良否)를 평가하는 분석방법을 비율분석이라고 한다.

재무비율의 분류는 대차대조표에서는 총자산, 손익계산서에서는 매출액을 기준으로 하여 각 항목의 비중을 백분율로 나타낸 구성비율과 재무제표상의 개개의 항목들을 비교하는 항목비율로 분류할 수 있으며, 또한 대차대조표 항목들을 사용하여 산출한 비율인 정태비율과 대차대조표항목과 손익계산서항목들의 관계를 표시한 비율인 동태비율로 분류할 수 있다. 그러나 최근에는 각 비율이 내포하고 있는 의미나 그 비율이 기업경영분석에서 어떤 역할을 하느냐에 따라서 구분하는 것이 일반적이다.

여기서는 그 비율이 나타내는 의미를 기준으로 단기채무의 지급능력을 측정하는 유동성비율(liquidity ratios), 기업의 타인자본의존도를 측정하는 레버리지비율(leverage ratios), 조달된 자본이 기업의 자산에 얼마나 적절히 배분되고 있는가를 측정하는 안전성비율(stability ratios), 자산의 물리적인 이용도를 측정하는 활동성비율(activity ratios), 기업의 수익성을 측정하는 수익성비율(profitability ratios), 기업이 생산활동에 사용하고 있는 인적 · 물적 자원의 능률 및 업적을 평가하는 생산성비율(productivity ratios), 증권시장에서 주식가치와 관련된 시장가치비율(market value ratios) 등 일곱 가지로 구분하였다.

(1) 유동성비율

유동비율(current ratio)은 대차대조표상에 있는 유동자산액을 유동부채액으로 나누어 백분비로 표시한 것으로, 다음과 같은 식으로 표시된다.

$$\text{유동비율} = \frac{\text{유동자산}}{\text{유동부채}} \times 100$$

유동비율은 기업의 단기부채의 지급능력을 측정하는 데 이용되는 대표적인 비율이다. 일반적으로 유동비율이 높으면 높을수록 단기부채의 지급능력이 높다.

앞의 〈표 13-2〉의 갑주식회사의 대차대조표에서 유동자산 총액이 ₩78,742,500이고, 유동부채 총액이 ₩13,782,800인데, 그 비율은 갑기업의 지급능력을 표시하는 것이다.

$$\frac{₩78,742,500}{₩13,782,800} \times 100 = 571.3\%$$

유동비율의 일반적 기준은 200% 이상이므로 갑주식회사의 단기채무 지급능력은 매우 양호하다고 볼 수 있다. 그리고 동업계의 산업평균비율과 비교함으로써 지급능력의 정도를 더욱 분명히 평가할 수 있다.

(2) 레버리지비율

부채비율(debt ratio)은 자기자본의 부채총액에 대한 백분율이다. 보통 기업에 있어서의 차입자본은 자기자본액을 한도로 해야 한다.

$$비율 = \frac{부채총액}{자기자본} \times 100$$

부채비율은 타인자본에 대한 안전도를 측정하는 데 이용된다. 갑주식회사는 자기자본이 ₩59,738,500이고, 부채총액이 ₩37,602,800이므로 부채비율을 산출하면 다음과 같다.

$$\frac{₩37,602,800}{₩59,738,500} \times 100 = 62.9\%$$

부채비율은 일반적으로 100% 이하를 표준비율로 보므로 채권자의 입장에서 보면 낮을수록 채권회수의 안정성이 높으므로 좋다. 그러나 기업의 주주 입장에서 보면 높은 부채비율이 언제나 나쁜 것만은 아니다. 왜냐하면 타인자본을 조달 · 운용해서 얻을 수 있는 수익률이 이자율을 상회하면 타인자본을 사용함으로써 자기자본이익률을 확대시킬 수 있기 때문이다.

(3) 안정성비율

고정비율(fixed ratio)은 조달된 자본을 고정자산에 얼마나 안정적으로 배분하고 있는가를 나타내는 비율이다.

$$고정비율 = \frac{고정자산}{자기자본} \times 100$$

조달된 자본을 유동자산과 고정자산에 합리적으로 배분한다는 것은 자본의 효율적 이용이라는 관점에서뿐만 아니라 기업의 지급능력을 유지한다는 측면에서도 중요하다. 즉, 고정비율은 기업자본의 고정화정도를 측정하는 데 이용된다. 고정비율이 지나치게 높다는 것은 고정자산에 과대한 투자를 한 것을 뜻한다.

갑주식회사의 자기자본이 ₩59,738,500이고, 고정자산액이 ₩18,598,800일 때의 고정비율을 산출하면 다음과 같다.

$$\frac{₩18{,}598{,}800}{₩59{,}738{,}500} \times 100 = 31.1\%$$

갑주식회사는 고정비율의 일반적인 기준인 100%보다 낮으므로 자본배분은 안정적이라 할 수 있다.

(4) 활동성비율

매출채권회전율(receivables turnover)은 매출액과 외상매출어음, 받을어음 등 매출채권과의 비율을 말한다.

$$\text{매출채권회전율} = \frac{\text{매출액}}{\text{매출채권}}$$

갑주식회사는 매출액이 ₩40,417,400이고, 매출채권이 ₩20,510,000이므로 매출채권회전율을 산출하면 다음과 같다.

$$\frac{₩40{,}417{,}400}{₩20{,}510{,}000} = 2.0\text{회}$$

이 비율은 높을수록 자금의 회전이 빠른 것을 뜻한다.

(5) 수익성비율

총자본이익률(ratio of net income to total assets)은 순이익을 총자본(또는 총자산)으로 나누어 계산한 비율로서, 총자본에 대한 수익성을 측정하는 데 이용된다.

$$\text{총자본이익률} = \frac{\text{순이익}}{\text{총자본}} \times 100$$

갑주식회사의 총자본은 ₩97,341,300이며, 순이익은 ₩4,060,500이므로 총자본이익률은 4.2%이다. 총자본이익률은 총자산에 대한 수익률의 개념으로 이해되며, 위 공식의 분모와 분자에 각각 매출액을 곱하여 다음과 같이 계산할 수도 있다.

$$\text{총자본이익률} = \frac{\text{순이익}}{\text{매출액}} \times \frac{\text{매출액}}{\text{총자본}}$$
$$= \text{매출액순이익률} \times \text{총자본회전율}$$

이 비율은 총투자액은 대차대조표의 총자산의 금액과 같기 때문에 투자수익률(ROI: return on

investment)이라고도 하며, 간단히 ROI라는 용어로 많이 쓰인다. ROI는 기업의 목표를 투자수익률로 보고 이를 결정하는 재무요인을 체계적으로 관찰하여, 문제가 있는 재무요인을 중점적으로 통제하는 방법이다.

(6) 생산성비율

자본생산성(productivity of capital)은 기업에 투하한 총자본이 1년 동안에 얼마만큼의 부가가치액을 산출하였는가를 나타내는 비율로서 총자본투자효율이라고도 한다. 이 비율이 높다는 것은 총자본이 효율적으로 운영되었음을 의미하는데, 이 비율이 높게 유지되면, 노동생산성이 역시 높아지게 된다.

그러므로 이 비율은 노동생산성(부가가치/종업원수)과 함께 생산성측정에 가장 기본적인 지표의 하나로 이용되고 있다.

$$\text{자본생산성} = \frac{\text{부가가치}}{\text{총자본}}$$

여기서 부가가치란 기업이 외부로부터 구입한 생산물에 노동과 자본을 투입하여 생산활동을 거쳐 새로운 가치로 창출한 부분을 말한다. 즉, 생산액 또는 매출액으로 표시되는 기업의 총산출가치로부터 외부에서 구입한 재화, 용역의 가치인 중간생산물의 가치를 차감한 것이다. 일반적으로 부가가치는 법인세차감전순이익, 인건비, 금융비용, 임차료, 조세공과, 감가상각비로 구성되며, 이는 손익계산서 및 제조원가명세서에 나타난 해당 항목을 합산하여 계산할 수 있다.

(7) 시장가치비율

주가수익비율(P/E비율 또는 PER: price earnings ratio)은 주식의 시장가치(주가)를 1주당이익(EPS: earnings per share)으로 나누어 구한 배수이다.

$$\text{주가수익비율(PER)} = \frac{\text{주가}}{\text{주당이익(EPS)}}$$

이 비율은 1주당이익(보통주순이익/보통주식수)의 몇 배가 주식가격으로 형성되어 있는가를 보여주고 있다. 이 주가수익의 비율은 크면 클수록 그만큼 기업의 이익수준에 비해 주식의 시장가격이 높은 것을 뜻하며, 작으면 작을수록 주식의 이익수준에 비해 주식가격이 상대적으로 낮다는 것을 뜻하므로 투자자에게 매력적이라고 할 수 있다.

이상과 같이 비율분석방법으로 단일 연도의 재무제표를 분석함으로써 유익한 자료를 얻게 되지만, 여러 연도의 재무제표를 비교 · 관찰한다면 현재의 경영상태를 보다 명확히 판단할 수 있고, 또 장래의 경영방침을 세워가는 데 유익한 자료를 얻을 수 있다.

재무비율분석은 과거의 회계정보를 가지고 분석하기 때문에 급변하는 경제환경하에서 미래를 예측하는 데는 한계점이 있다. 그러나 간단하고 이해하기 쉬우며 구체적이고 복잡한 기업의 경영분석을 하기 전에 예비분석으로서 의의는 크다고 할 수 있다.

4. 재무활동의 방향

1) 재무정보시스템의 구축과 활용

국제화가 진척되면서 대부분의 글로벌 기업들은 실시간(real time)으로 기업에 필요한 각종 재무정보를 수집 · 분석하고 이를 활용하기 위한 재무정보시스템을 갖춰놓고 있다. 각국에 흩어져 있는 해외법인이나 공장들을 위해서나, 다양한 사업이나 제품들을 효율적으로 경영을 하기 위해서는 이와 같은 재무정보시스템을 잘 갖춰놓아야 한다. 그러나 우리나라 기업의 경우에 아직도 재무정보시스템을 구축하고 활용하는 정도는 선진기업에 비해서 아직도 미흡한 상태라고 할 수 있다.[7)]

재무정보시스템은 다양한 재무관련 자료를 체계적으로 제공함으로써 최고경영자들의 의사결정을 지원할 수 있도록 설계된 재무의사결정 지원시스템을 말한다. 따라서 이는 정보를 효율적으로 수집하고 저장하며 분배하기 위한 시스템이 아니라 경영자의 의사결정을 지원하여 효율성을 향상시키기 위한 정보시스템이다.

이러한 재무정보시스템을 구축하면 사업부별로 회계를 구분하거나 자산운용의 효율성을 평가할 수 있는 등 다양하게 의사결정을 지원할 수 있게 된다. 또한 과거에는 영업부서, 제조부서, 회계부서 등이 별도의 조직으로 운영되다 보니 부서 간에 정보가 단절되고 또한 정확한 정보가 전달되지 않았으나, 이 재무정보시스템을 이용하면 부서 간의 정보단절이나 정보의 왜곡 등이 해결될 수 있다.[8)]

또한 21세기 글로벌 경쟁시대에 대처하기 위해서는 단순히 재무제표 관련 재무정보를 지원하는 데 그쳐서는 안 된다. 글로벌 기업들은 국내에 한정된 거래보다는 전 세계를 커버하는 거래가 활성화되므로 환율변동에 따른 외환의 위험을 관리할 수 있는 재무정보시스템의 마련도 중요한 과제라고 할 수 있다.

환율 이외에도 금리, 주가와 같이 가격이나 상황이 너무 자주 바뀌는 분야도 점차 재무정보시스템을 구축하고 활용하여야 할 것이다. 이를 통해 최고경영자가 기업의 재무와 관련된 정보를 인터넷을 통하여 실시간으로 파악하여야만 시시각각으로 변동하는 경영환경에 효율적인 재무의사결정을 내릴 수 있을 것이다. 따라서 앞으로 기업들은 재무정보시스템을 구축하여 활용할 수 있어야 자본조달 및 자산운용의 효율성을 확보할 수 있을 것이다.

2) 국제금융시장을 통한 자본조달과 운용

국내기업들도 이제는 해외시장에서 자본을 자유롭게 조달할 수 있을 정도로 기업의 경쟁력이나 해외신용도도 높아져 있다. 따라서 경영자들은 국내자본시장에서 뿐만 아니라 뉴욕증권거래소와 같은 국제자본시장에 대해서도 관심을 갖고 자본을 조달할 수 있어야 한다.

이렇게 국내에서 뿐만 아니라 해외시장에서 자본을 조달할 수 있기 위해서 기업들은 국내외적으로 우호적인 주주를 확보해야 하며 이를 위해서는 적극적인 투자자 관리가 필수적이라고 할 수 있다. 특히 외국 투자자들은 기업을 평가할 때 과거의 외형보다는 기업의 실제가치와 건전성에 그 비중을 두고 있기 때문에 기업들은 지속적인 기업설명회(IR)를 개최하여 자기기업의 가치증대에 노력을 기울여야 한다.[9]

따라서 기업은 효과적인 투자자관리를 통해 국내에서뿐만 아니라 해외에서도 주식이나 채권을 발행함으로써 필요한 자본을 충분히 확보할 수 있어야 한다. 일반적으로 국내보다는 해외에서의 자본조달금리가 유리할 수 있으므로 국제자본시장에 주식을 상장하거나 해외에서의 전환사채(CB)나 국제 신주인수권부사채(BW), 해외 주식예탁증서(DR) 등을 적극적으로 발행할 수 있어야 할 것이다.

아울러 자본의 운용도 국내에 한정하지 말고 해외선진기업들과의 제휴 및 합작 등을 적극적으로 모색해 볼 필요가 있다. 국내에 한정되어 자본을 운용하기보다는 국제적 분산투자를 통해 위험을 크게 감소시킬 수 있을 것이며, 안정적인 투자수익률을 확보할 수도 있을 것이다. 따라서 이제는 경영권을 확보하기 위한 국제직접투자 이외에도 철저한 준비를 바탕으로 금융기술습득 및 투자수익을 겨냥한 국제간접투자도 시도하는 등 글로벌 자본운용전략을 구사할 수 있어야 할 것이다.[10]

3) 구조조정을 위한 M&A의 전략적 활용

IMF체제 이후 우리 사회에서는 구조조정의 태풍 영향권에 들어서지 않는 기업이 없을 정도로 구조조정이 최대의 화두가 되고 있었다. 이러한 구조조정의 일환으로 기업들은 자체적으로 불필요한 낭비적 요소와 수익성없는 사업 및 제품의 퇴출을 통해 몸집을 줄이고, 글로벌 경쟁의 소용돌이 속에서 기업체질을 개선하기 위해 끊임없는 노력을 계속하고 있다.[11]

이와 같은 상황에서 기업의 M&A는 구조조정의 가장 효과적인 수단으로 제시되고 있고, 기업들은 전략적인 차원에서 핵심사업을 제외한 사업부 또는 기업 자체를 처분하거나 조정하는 매각(divestiture)전략을 효과적으로 활용하고 있다.

이를 구체적으로 보면 자회사 또는 사업부를 독립 기업화시키는 분리설립(spin-off)과 해당 부분을 아예 매각하는 분리매각(sell-off)을 전략적으로 이용할 수 있어야 한다. 또한 일반투자자를 대상으로 공개적으로 매각하는 분리공개(equity carve-out) 등도 이용할 필요가 있다. 이외에도 기업 자체를 완전히 매각하고 제2의 창업을 시도하는 완전매각(voluntary bust- up)도 고려해 볼 필요가 있다.

이러한 전략적 매각을 통해 기업은 핵심사업이 아닌 사업부문을 매각하고 그 금액으로 핵심사업에 주력할 수 있도록 해야 한다. 핵심역량을 키우고 경쟁력을 확보하는데 결정적인 사업부문에 대해서는 위임장대결(proxy fight)이나 주식공개매수(take-over-bid: TOB) 등을 통해서라도 적극적인 M&A를 시도할 필요가 있다.[12]

연습문제

1. 여러분에게 현금 1억 원이 주어진다면 어디에 어떻게 투자하여 투자수익률을 높일 것인가를 연구해 보자.
2. 외부의 빚을 쓰지 않고 자체자금만으로 경영을 하는 무차입경영의 대표적 기업들을 조사하여 이들 기업이 갖고 있는 재무적 공통점을 찾아보자.
3. 회계활동의 의의와 주요 회계활동을 설명하라.
4. 재무활동의 방향에 대해서 이야기해 보자.

사례 1

A사의 지난 3개년간의 영업실적에 대한 정보가 대차대조표와 손익계산서의 분석에 의해 다음과 같다는 것을 알게 되었다.

(단위: 1,000원)

	2000	2002	2003
순매출액	100,000	125,000	170,000
순 익	12,500	13,200	15,300
유동자산	100,000	130,000	160,000
총 자 본	200,000	250,000	290,000
유동부채	65,000	70,000	80,000
현금 및 받을 채권	62,000	78,000	84,000

문제

(1) 2000~2003년까지의 매년 영업실적에서 다음 비율을 분석하라.

① 총자본순이익률 ② 매출액순이익률 ③ 유동비율

(2) A사의 지난 3년 간의 영업실적에서 그 성장성에 대한 귀하의 의견을 말해보라.

사례 2

K사의 각 부장들은 매 3개월마다 영업성적을 알리는 손익계산서를 받아보고 있었다. 이를 통해서 각 부장들은 그들 부서의 영업성적과 원래의 계획을 비교할 수 있었다. 물론 각 부장들은 생산과 판매 모두를 책임지고 있었다. 그러나 어떤 관리자들은 불평하기를 매 3개월마다 보고되는 손익계산서가 입수될 때에는 잘못되고 있는 일이 상당히 진행되고 있어서 신속하게 대처할 수 없을 뿐 아니라 문제가 어디에서 발단되고 있는지에 대해서도 알 수가 없다고 말하고 있었다.

문제

(1) 부장들의 의사결정에 도움이 될 수 있는 다른 유형의 정보시스템이 무엇이라고 생각하는가?
(2) 이 경우에 컴퓨터를 도입한다면 편리한 점이 무엇이겠는가?

인터넷 사례

삼성전자의 홈페이지를 통해 삼성전자(주)의 전략적 제휴에 관한 사례를 조사하여 보고, 이러한 전략적 제휴가 삼성전자(주)에 가져다주는 재무적 효과에 대해서 토론해 보자.

시뮬레이션 〉 합자회사와 주식회사

활동내용

다섯 사람으로 구성된 두 개의 소집단을 구성한다. 그 소집단들로 하여금 캠퍼스에서 점심 빵을 판매하는 회사를 각각 설립하도록 하되, 한 집단은 합자회사를 설립하게 하고, 다른 집단은 주식회사를 설립하게 한다. 그리하여 각 집단의 구성원 다섯 사람은 발기인이 되어 회사설립을 위해 별도의 장소에 모여 연구하여 그 다음 시간에 학생 전체 앞에 보고한다. 이 때 보고내용에는 다음과 같은 것이 포함되어야 한다.

① 합자회사 혹은 주식회사를 설립하게 된 이유를 열거한다.
② 합자회사나 주식회사의 형태를 취하는 데서 오는 불리한 점도 열거한다.
③ 그리하여 각 집단은 자기 기업의 기업형태가 유리하다는 주장을 해야 하고 이와 같은 주장은 미래의 사업계획과의 관련하에 이루어져야 한다.

토의문제

(1) 어느 집단의 주장이 더 설득력이 있는가?
(2) 주식회사와 합자회사의 유리한 점과 불리한 점에 대하여 더 언급할 것이 있으면 그것을 발표하여 토의한다.

미주

1. 구맹회, 『투자론』, 법문사, 1989, pp. 54-55.
2. 동서투자경제연구소, 『증권투자-이론과 실제』, 1989, p. 44.
3. 구맹회, 전게서, p. 61.
4. 박정식, 『현대재무관리』, 다산출판사, 1996, p. 487.
5. 이재규, 『최신경영학원론』, 박영사, 1988, p. 629.
6. 이필상 외, 『재무관리연습』, 박영사, 1997, pp. 58-59.
7. 지호준, 『알기 쉽게 배우는 21세기 경영학』, 법문사, 2001, pp. 327-328.
8. 이재규, 전게서, pp. 610-613.
9. 조동성, 『21세기를 위한 경영학』, 도서출판 서울경제경영, 2000, pp. 452-454.
10. 지호준, 전게서, p. 330.
11. 이재규, 전게서, pp. 667-670.
12. 지호준, 전게서, p. 331.

『성공하는 사람들의 7가지 습관: 주도적이 돼라, 목표를 세우고 행동하라, 소중한 것부터 먼저 하라, 상호이익을 추구하라, 경청한 다음에 이해시켜라, 시너지를 활용하라 그리고 심신을 단련하라.』 – 스티븐 코비

4부

경영다각화의 이해

제14장 정보화와 지식경영
제15장 창업과 벤처경영

개요 〉

제4부에서는 경영의 다각화에 따른 현대경영의 새로운 핵심이슈들을 다루었다. 우선 제14장에서는 지식기반의 정보화시대를 맞이하여 정보화사회가 가지는 의미와 인터넷을 활용한 e-비즈니스와 디지털혁명의 특징을 살펴보았고, 변화하는 지식의 의미와 지식경영의 기초적 개념들을 포괄적으로 설명하였다.

또한 최근에 경영학에서 많이 다루고 있는 창업과 벤처경영을 별개의 조직활동으로 마지막 제15장에서 소개하였다.

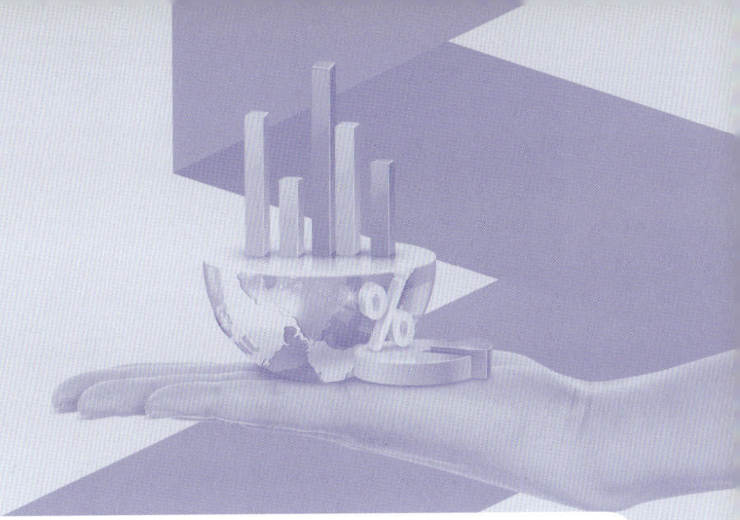

제14장 | 정보화와 지식경영

이 장에서는 지식기반의 디지털경제화가 가속화되면서 우리 사회의 주도적 흐름으로 정착한 정보화와 지식경영에 관한 기초개념과 이론을 설명하고 있다. 먼저 정보화사회가 가지는 특징을 산업화사회와의 비교를 통해 제시하고, 기업정보화의 핵심인 인터넷활용을 통한 e-비즈니스와 디지털 혁명의 의미와 특징을 알아보기로 한다.

또한 지식경영에 대한 총체적 이해를 위해 기업활동과 지식경영시스템이 가지는 관련성과 지식의 창조과정의 메커니즘을 간략히 설명한 후에 지식의 생성과 지식경영의 의미, 지식경영의 실행과정 및 지식경영의 활용과 그 효과에 대한 기본적인 내용들을 소개하고 있다.

이 장을 읽어가는 동안 이것만은 이해하시기 바랍니다.

1. 정보화사회란 무엇인가?
2. 선사상거래의 의미와 특징은 무엇인가?
3. 디지털 혁명의 특징은 무엇인가?
4. 지식경영은 무엇이며, 지식은 어떻게 만들어지는가?
5. 지식경영은 어떤 과정을 통해 실행되는가?
6. 지식경영을 어떻게 활용할 것인가?

제14장 사례 >

최고 디지털 책임자(CDO)

"최고 디지털 책임자(CDO)를 아십니까?" 최고 디지털 책임자(CDO)가 등장했다. CDO는 CIO도 아니고 최고 마케팅 책임자(CMO)도 아니지만, IT와 마케팅, 신기술을 모두 아우르며 기업의 디지털 전략을 책임지는 자리다. 아직 많은 기업들에게는 생소하지만, 스타벅스, 맥도날드 등 글로벌 선두 기업들은 자사의 디지털 전략을 진두지휘할 CDO를 임명하는 추세다.

최고 디지털 책임자(CDO)란? 역할은? 미래는? 최근 기업의 중역 회의실에 새로운 C급 임원 자리 하나가 나타나고 있다. 최고 디지털 책임자(CDO: Chief Digital Officer)라는 자리다. CDO는 기업이 보유한 방대한 디지털 콘텐츠를 고객과 연계해 효과적으로 사용함으로써 수익 성장을 견인하는 책임을 맡는다.

최고 디지털 책임자(CDO), 무슨 일 하는 임원인가요? 세상이 디지털화 되고 있다. 당신이 이 사실을 아직 깨닫지 못했다면 이제는 '바위 밑에서 기어나올 때'이다. 그러나 디지털화 되고 있다는 의미는 뭘까? 일시적으로 지나가는 또 다른 유행일까? 아니면 '오랜 이야기를 새롭게 각색해 나가는 것'일까? 둘 모두 '아니오'가 대답이다.

디지털 미디어 · 소셜 전략, 어떻게 수립할 것인가? 애석하게도 너무도 많은 기업들이 소셜 공간에서 소셜에 역행하는 접근법을 채택하고 있다. 또 소셜 마케팅 행위 자체에만 의미를 두는, 주객이 전도된 관점을 취하기도 한다. 여기 올바른 소셜 플랫폼, 고객에 초점을 맞춘 종합적인 디지털 미디어 전략을 수립하는 방안에 대해 살펴본다.

최고 디지털 책임자 역할이 중요해지는 이유는? 소셜미디어, 모바일 기술, 빅데이터, 예측 분석, 리포팅, 인프라, 스토리지 등의 기술이 기업의 거의 모든 부분에서 사용되고 있다. 이러한 상황에서 오랜 역사를 가진 기업이 디지털 세대의 젊은 기업들을 상대하는 방법은 무엇일까?

디지털 세계에서 생존 · 성공하기. 현재 우리는 디지털 진화 또는 디지털 혁명의 한가운데 있다. 기업은 새로운 기회와 위협에 직면하고 있으며 10년 뒤에도 생존하기 위해서는 새로운 디지털 전략을 고민해야 한다.

기술의 발달과 디지털 마케터의 등장이 필요하다. 소셜 마케팅과 모바일 앱을 이용한 마케팅에 대한 이야기를 독자 여러분들도 들어본 적 있을 것이다. 마케터들은 이들을 활용해 더 많은 고객들과 접촉할 수 있고 데이터 분석 측정은 디지털 캠페인을 좀 더 효과적으로 진행하도록 해준다. 하지만 마케팅 전문가들이 자신들의 창의성을 잃지 않고 이러한 기술들을 자유자재로 활용할 수 있을까?

와인과 디지털 마케팅이 만날 때, 고객의 경험이 '업'된다. 호주의 와인 기업인 버진와인(Virgin Wines)이 새로운 이메일 마케팅 솔루션을 도입해 고객 경험과 이벤트를 기반으로 한 워크플로우와 자동화로 효과를 얻었다. 2010년 말 호주에서 사업을 시작한 소규모 와인 제조사 버진와인은 브랜드 홍보와 판매를 구축하고자 디지털 마케팅에 크게 의존했다.

〈CIO 코리아, 2013. 12. 27.〉

1. 정보화사회란 무엇인가?

산업화사회로부터 정보화사회로의 전환은 지난 세기 농경사회로부터 산업화사회로의 전환만큼 혁신적인 사회구조적 변화를 가져왔다. 그러나 이러한 사회적 전환 사이에는 중대한 차이가 한 가지 존재한다. 즉, 농경사회에서 산업화사회로의 전환에는 1백 년의 시간이 걸렸지만, 산업화사회에서 다시 정보화사회로의 전환에는 단지 20년 안팎의 시간만이 걸렸다는 사실이다. 이는 전자공업의 급속한 성장으로 가능하게 되었으며, 이제 정보화혁명을 통해 모든 일류의 삶과 사회발전에 가장 큰 영향력을 미치는 산업으로 인식되고 있다. 더욱이 최근 전자공업의 반도체, 컴퓨터 정보통신 등 이른바 마이크로일렉트로닉스 분야기술의 눈부신 발전은 산업혁명 이래 인류가 이룩해 온 공업화사회를 정보화사회로 변혁시킨 원동력이 되었다.

정보화사회란 인간의 다양화된 욕구와 고도화된 가치관으로 인해 산업사회가 한층 복잡해짐에 따라 엄청나게 늘어난 정보의 홍수 속에서 올바른 의사결정을 위해 필요한 정보를 찾아 이를 처리할 수 있는 능력이 가장 중요시되는 사회를 말한다. 그런데 이러한 정보처리를 자동적으로 해주는 것이 바로 컴퓨터를 주축으로 한 전자 및 소프트웨어 기술이다. 이미 정보처리기술은 공장자동화, 사무자동화 및 가정에서의 자동화제공 등 상당한 수준에 있으며, 여기에 디지털기술과 전자매체의 동반발전으로 정보활동은 기업뿐만 아니라 인간의 삶 자체를 변화시키고 있는데 경영활동과 관련하여 가장 대표적인 정보기술의 발전은 인터넷을 활용한 e-비즈니스와 디지털혁명이다.

1) e-비즈니스와 인터넷의 활용

정보기술(IT)의 급속한 발달로 소위 신 경제체제로서의 디지털경제가 부상함에 따라 기업에서는 e-비즈니스의 도입과 활용이 적극적으로 이루어지고 있다. e-비즈니스를 이해하기 위해 e-비즈니스와 인터넷 비즈니스의 차이점을 살펴보면, 우선 인터넷비즈니스는 e-비즈니스의 개념에 포함되는 것으로 보면 된다. 'e'는 전자적인 것을 의미하는데, 즉 e-비즈니스는 정보기술을 비즈니스에 접목시켜 경쟁사에 대해 전략적 우위를 확보하여 최종적으로는 고객만족을 실현하려는 노력이다. 여기서 말한 정보기술을 활용한 예로는 e-SCM(Supply Chain Management), ERP(Enterprise Resource Planning), CALS(Commerce at Light Speed) 등이 있다. 만약 우리가 잘 알고 있는 야후(Yahoo)나 다음(Daum)과 같은 닷컴기업처럼 인터넷을 기반으로 정보기술을 활용한 사업이라면 인터넷비즈니스가 된다고 할 수 있다.

e-Business는 3가지 사업분류로 나누어 볼 수 있는데, 이는 e-Technology, e-Commerce, e-Contents이다. 인터넷 비즈니스는 e-Business 중에서 주로 e-Contents사업분야에 속하는 개념이다. e-비즈니스가 인터넷비즈니스보다는 상위개념이고, 시스코나 IBM은 인터넷기업이라기보다는 e-비즈니스기업이라고 하는 이유가 여기에 있다.

더욱이 인터넷의 출현 덕분으로 요즈음 하루가 다르게 전자상거래를 도입하는 기업들이 증가

거래활동	전자상거래	전통적 상거래
유통채널	기업 ↔ 소비자, 기업 ↔ 기업	기업 ↔ 도매상 ↔ 소매상 ↔ 소비자
거래공간	전세계	일부지역중심
거래시간	24시간	제한된 영업시간
고객수요의 파악	온라인으로 수시파악 (재입력이 필요없는 디지털 데이터)	영업사원이 파악(재입력이 필요)
마케팅활동	쌍방향통신을 통한 1대 1의 마케팅	소비자의 의사와 상관없는 일방적인 마케팅
고객대응	고객의 수요를 신속히 포착하여 즉시대응 가능	고개수요의 신속한 포착이 어려워 대응지연
판매거점	네트워크상의 가상공간	판매공간(점포) 필요

〈표 14-1〉 전자상거래와 전통적 상거래의 비교

하고 있다. 전자상거래는 영어로 'Electronic Commerce'라고 한다. 이를 줄여서 'e-Commerce' 혹은 EC라고 하는데 'Electronic'은 '전자', 'Commerce'는 '상업 · 거래 · 통상 · 교역'이라는 뜻이다. 여기서 말하는 '전자'는 컴퓨터, 특히 인터넷을 의미한다. 따라서 전자상거래는 인터넷을 통해 물건을 사고팔거나 서비스를 주고받는 것을 말한다.

우리나라는 2005년 전자상거래의 규모가 약 8조 2천억 원에 도달할 것으로 예측된다. 이러한 전자상거래는 제조업뿐만 아니라 유통업, 서비스업, 금융업에 막대한 영향을 미치고 있으며, 그것을 넘어 시장구조, 생활양식, 근로형태, 조직구조 등 경제 · 사회 전반에 걸쳐 엄청난 변화를 가져오고 있다. 위의 〈표 14-1〉은 전자상거래와 전통상거래를 비교한 것이다.[1]

인터넷은 누구나 요령만 익히면 쉽게 사용할 수 있다. 따라서 서점에 가지 않고 책을 주문하고 신용카드나 전자화폐로 결제를 한다든지, 24시간 사이버 금융거래를 할 수 있는 등 그 활용성은 무한대에 가깝다고 할 수 있다. 이와 같이 모든 거래를 전자상거래 개념으로 처리하는 비즈니스를 'e-비즈니스'라고 한다.

특히, 전자상거래의 확산은 거래당사자인 공급자와 소비자의 거래형태에 대한 변화 이외에 거시경제적인 국가경제의 총체적 변화와 함께 개별경제, 사회, 문화, 가정, 개인 등 한 국가의 거의 모든 부문에서 다양한 변화를 가져왔다.

(1) 경제적 효과

전자상거래는 국가경제적 차원에서 기업의 저비용 상거래 실현에 의한 가격인하를 유도하고, 유통단계의 단계적 축소를 통한 사회적 비용의 감소와 지속적인 설비투자로 인한 관련 산업의 발전 및 고용창출의 효과를 가져오고 있다.

(2) 기업에의 파급효과

기업에 있어서는 효과적이고 경제적인 마케팅 수단이 되어 고객DB를 활용한 효과적이고 차별적인 마케팅을 수행할 수 있으며, 전통적인 마케팅 수단에 비해 저렴한 광고, 홍보, 고객 서비스를 실행하는 한편, 전체적으로 기업의 효과는 높이고 비용은 절감하며 고객서비스의 질을 높일 수 있는 효과적인 수단으로서 자리를 잡아가고 있다.

① 구매비용의 감소

EDI(전자문서교환)와 같은 정보통신 기술을 활용할 경우 5~10%의 조달비용을 절약할 수 있고, 인터넷을 이용할 경우 감소폭을 더욱 확대할 수 있다.

② 재고감소

재고수준의 적정 운용으로 서비스 향상 및 운영비용의 감소 효과가 기대된다.

③ 제품생산기간의 단축

공급자와 수요자간의 정보교류 확대로 생산소요시간을 단축시킬 수 있다.

④ 효율적이고 효과적인 고객서비스

제품에 대한 설명, 기술적인 지원, 주문한 제품에 대한 진행상황 등에 관한 정보를 온라인으로 보유하는 것은 고객서비스담당자들로 하여금 보다 복잡한 질문을 처리하고 대고객 관계를 보다 효율적으로 관리하게 함으로써 비용을 절감할 수 있을 뿐만 아니라 고객만족을 더욱 강화시킬 수 있다.

⑤ 새로운 시장개척 및 판매기회 확대

인터넷활용을 통해 시간적, 공간적 제약을 극복함으로써, 전 세계에 언제, 어디서나 제품을 판매할 수 있게 되었다.

(3) 기업 경영환경에의 파급효과

인터넷 시장에서의 주요 경쟁전략으로는 상표인지수준의 제고, 사용자 집단형성을 통한 광고유인, 사용의 편의성 제공, 다양한 부가가치와 고품질의 제품과 서비스 제공, 전략적인 제휴관계 구축, 세계시장으로의 진출능력 등이 있다. 실물경제의 규모에 관계없이 저렴한 비용으로, 보다 용이하고 유연성을 가지며, 상호의사소통 및 거래하고 공동작업을 수행할 수 있는 사이버 판매업체와 가상기업이 창출된 것이다. 이에 따라, 기업의 경영환경도 다음과 같이 급격하게 변화하고 있다.

① 시장규모의 변화-범세계적인 경쟁

인터넷을 이용한 전자상거래는 신속하게 변화하고 개방화되며, 참여 구성원들의 수도 날로 증가하는 범세계적인 시장으로 급속하게 확대되고 있다.

② 경쟁우위 원천의 변화

전자상거래를 이용하는 기업들은 거래비용, 운송비용, 관세를 모두 포함한 상대적인 가격경쟁력과 소비자들을 온라인상에서 접근할 수 있는 능력 그리고 상표의 인지도와 지역시장에 대한 밀접성 등 경쟁우위의 원천을 변화시켰으며, 특히 인터넷 판매업체들은 개별 소비자의 구매와

	기회요인	위협요인
경영활동의 영향	1. 판매, 운영비용 감소 -유통채널의 단축 -상점, 종업원 등 고정비용 감소 2. 효율적인 마케팅 -상품 광고효과 증대 -데이터베이스 마케팅 -고객정보, 욕구 파악용이 3. 대고객서비스 향상 -리얼타임 서비스, 24시간 영업 4. 새로운 판매채널로 활용 -가치 있는 정보 추가 5. 고객 욕구에 맞는 상품개발	1. 높은 투자리스크 2. 기술적 기반의 미성숙 -전자결제시스템 -보안유지관리 -낮은 통신속도 -높은 통신비용 3. 사회적 기반 미성숙 -사용층의 소수, 편중 -상관행 정착에 시간소요 -관련 법, 제도의 미비
대외경영 환경의 영향	1. 시장확대 -지역경제를 넘어서 사업 가능 2. 조달의 개방화, 국제화 -세계 단일시장, 단일물가 3. 새로운 사업기회 -소자본, 벤처에 매력	1. 시장경쟁 격화 -소자본으로 사업가능 -지역간 경계 제거 2. 거점위주의 유통, 서비스업 침체 3. 정보를 무기로 한 중개업자 탄생 -판매경로 장악 4.경쟁우위 요소의 변화 -시장경쟁력 → 사이버 경쟁력

〈표 14-2〉 전자상거래의 기업 및 경영환경에 미치는 효과

인구 통계학적인 데이터를 수집 · 분석하여 직접 마케팅을 수행하고, 일대일 관계를 구축할 수 있기 때문에 제한된 지역시장에서만 사업을 하는 기업들의 경쟁우위를 저하시킬 수 있는 장점을 확보하였다. 이 같은 경영환경의 변화와 효과를 요약하면 〈표 14-2〉와 같이 정리될 수 있다.

(4) 소비자에의 파급효과

① 선택의 다양성 증가

지리적, 공간적인 제약을 극복하며, 전 세계 정보와 기업, 제품, 서비스를 선택할 수 있는 선택의 다양성을 제공한다.

② 편리성

시간과, 공간에 관계없이 온라인으로 제품을 구입할 수 있어서 직접 상점에 나가지 않고도 제품정보 및 상품이나 서비스를 구매할 수 있다.

③ 풍부하고 좋은 정보

인터넷을 이용하는 소비자들은 여러 제품에 대한 정보를 얻을 수 있고, 또한 비교 · 평가하여 손쉽게 원하는 제품을 선택할 수 있다.

④ 제품가격의 인하

전 세계적인 시장경쟁체제가 도입되면서 업체간의 가격경쟁이 심화되고, 또한 지속적인 비용 인하 노력으로 가격은 하락될 것이다. 또한 매장임대, 관리비, 인건비, 유통채널에 드는 각종 비용 등의 축소로 가격인하의 가능성이 확대되고 있다.

⑤ 주문형 제품의 제공

개별 고객들에게 주문형 제품을 제공할 수 있는 가능성이 높아졌다. 실제로, 점차 기업들은 고객 개개인의 특성을 파악하여 DB를 구축하여 고객별 맞춤형 정보나 제품을 제공하고 있다.

이처럼 인터넷의 출현에 의한 'e-비즈니스'는 물품 및 서비스 거래 등 인간의 모든 생활방식을 혁신시키고 있으며, 금융산업 역시 예외는 아니다. 즉, 전자금융의 출현은 금융거래뿐 아니라 금융업의 형태를 일시에 변환시키고 있다. 예를 들면 국내에도 이미 버스카드, 지하철 정액권, 선불카드 등에서 보듯이 이미 전자화폐시대에 돌입하였으며 이는 지폐, 동전 등 유형의 화폐에서 무형의 화폐시대로의 전환을 의미한다.

이러한 현상은 정보통신 및 반도체 기술 발달, 금융공학의 발전 등이 그 변화의 원동력이 되고 있음은 주지의 사실이다. 즉, 1980년대 이후 정보통신기술의 급속한 발전과 컴퓨터의 보급이 금융혁신을 촉발하였고, IC카드에 내장된 IC칩의 개발이 화폐의 개념을 전자카드로 전환시킴으로써 기존 플라스틱 카드의 단점을 보완하게 되고, 자연과학과 공학이 금융에 접목된 금융공학의 급속한 발달을 통해 금융상품의 전문화, 복잡화, 다양화와 함께 전자금융의 발전을 촉진한 것이다.

2) 디지털 혁명

디지털이란 1과 0의 조합으로 이루어지는 2진법의 언어체계로서, 전기의 켜짐(1)과 꺼짐(0)의 조합으로 모든 데이터를 전기로 변환시킨 것이다. 실제로 MS-Word 등 워드프로세스 프로그램은 문자 하나하나를 숫자로 전환하여 사용하고 있다. 예를 들어, A는 65에 해당하는 2진법 숫자 1000001로, 그리고 B는 66에 해당하는 1000010으로 약속해 놓았다. 일반적으로 7 혹은 8개의 비트(bit)를 하나의 단위로 묶어 바이트(byte) 단위로 표시한다. 디지털 정보는 숫자로 변환되어 있기 때문에 아날로그 정보보다 정확하게 재생할 수 있으며 반영구적으로 사용이 가능하다. 특히 모든 정보를 전기로 바꿀 수 있다는 점에서 다음과 같은 디지털정보혁명을 가능하게 하였다.

① 광속성

정보가 전기를 타는 디지털기술을 이용하여 빛의 속도로 업무를 볼 수 있게 되었다.

② 확산성

한 사람이 가진 정보가 동시다발적으로 수많은 사람에게 일시에 전달될 수 있다.

③ 쌍방성

일반적 의사소통이 아닌 쌍방 간의 정보교환과 의사소통이 가능하게 되었다.

④ 반복성

동일한 정보를 반복적으로 재생산하는 것이 가능해짐에 따라, 정보가치의 확대 재생산이 용이해졌다.

⑤ 개체성

보다 다양한 정보를 접할 수 있는 기회가 확대됨에 따라 정보를 사용하는 사람들의 지식과 사고의 수준이 높아질 수 있다.

이상과 같은 인터넷활용의 확대와 디지털 혁명은 정보화 사회를 앞당기고 경영의 혁신을 이룩하는데 커다란 계기를 제공하였다.

2. 지식경영이란 무엇인가?

유구한 우리나라의 역사를 살펴보면 금속활자 · 거북선 · 고려청자 등 수많은 발명품과 우수한 유적들을 보유하고 있음을 알 수 있다. 그러나 이렇게 우수한 유산들을 갖고 있으면서 산업후진국으로 일제에 강점을 당해 고초를 겪고, 최근에는 외환위기를 겪는 등 국가적 어려움을 겪는 이유는 무엇일까?

그 원인을 지식 전파의 측면에서 규명해 보자. 우선, 우리 선조들은 소위 '장이 기질'을 갖고 있어서 자기가 발명한 노하우를 다른 사람들에게 전파하는 것을 극히 꺼렸다. 즉, 자기만의 노하우를 다른 사람들이 알게 되면 세상에 알려져 장이로서의 차별적 기술력이 빛을 잃는다는 사고방식을 가지고 있었다. 이러한 사고는 자기 자식이나 극히 제한된 제자들에게만 노하우를 전승함으로써, 기술의 전파를 막고 그 기술에 더해 새로운 것을 발명하는 데 장애요인으로 작용하였다.

이러한 사고방식은 결국 기술발전을 가로막고 기술을 물려받은 자식이나 제자가 또 새로운 대물림을 하지 못할 경우 개인적으로 힘들여 발명한 기술이 단절되는 결과를 초래하였고, 국가적으로도 산업화가 늦어져 결국 산업후진국으로 전락하는 현상을 야기하였다. 어찌 보면 논리의 비약이 심한 측면이 있긴 하지만, 개개인이 터득한 기술의 발명이 많은 사람들에게 전파되고, 전파된 기술에 새로운 것이 더해지면 그 기술의 진보에 따른 파급효과로 사회는 발전을 지속할 수 있다. 그러나 아무리 훌륭한 노하우나 기술도 개인적인 차원에서 사장돼 버리면 아무런 쓸모도 없다는 것을 말해주고 있다.[2)]

즉, 국가나 사회 또는 기업에서 개개인들이 업무를 통해 획득한 무형의 경험이나 노하우를 어떻게 체계적으로 축적 · 공유하고, 이 지식을 경쟁력 제고를 위해 활용하는가가 경쟁력의 차이로 나타나는 것이다. 이런 면에서 정보화사회를 맞이하여 지식경영의 중요성이 그 어느 때보다 강조되고 있다. 이러한 관점에서 지식경영이란 무엇이고, 어떻게 활용하는 것인지 살펴보도록 하자.

1) 지식경영의 기초개념

최근 전 세계의 많은 기업들이 대대적인 구조개혁과 구조조정을 위해 '효율화'와 '업무 프로세스의 개혁(BPR, Business Process Restructuring)'을 추진하고 있다. 특히 기업을 둘러싼 환경이 복잡화 · 다변화되어 가고 있는 가운데 우리나라 기업들은 기존의 고비용 · 저효율 구조를 탈피하여 비약적인 생산성 향상과 자원활용의 유효성을 실현하기 위해 종래와는 다른 많은 새로운 경영방식을 도입하고 있다.

이러한 여러 노력들 중의 하나가 기업 내에 존재하는 수많은 "지식"이나 "노하우"를 통합하고, 그것이 기업의 중요한 '자산'으로서 유효하게 활용될 수 있도록 하는 구조, 이른바 '지식경영시스템'의 구축이다.

(1) 기업활동과 지식경영시스템의 관계

일상의 기업활동에서는 수요자 및 이해관계자들로부터의 다양한 요청 및 클레임, 업무 노하우, 신상품 · 서비스의 아이디어 등 다양한 정보가 생성되고 있다. 이러한 정보가 기업의 성과와 생산성을 높이기 위한 수단으로 사용되기 위해서는 생성된 정보가 축적되고 체계적으로 정리되어 기업 지식으로 활용되어져야 한다.

일반적으로 '기업지식'이 활용되기까지는 포착(capture), 정리(packaging), 승화(sublimate), 보급

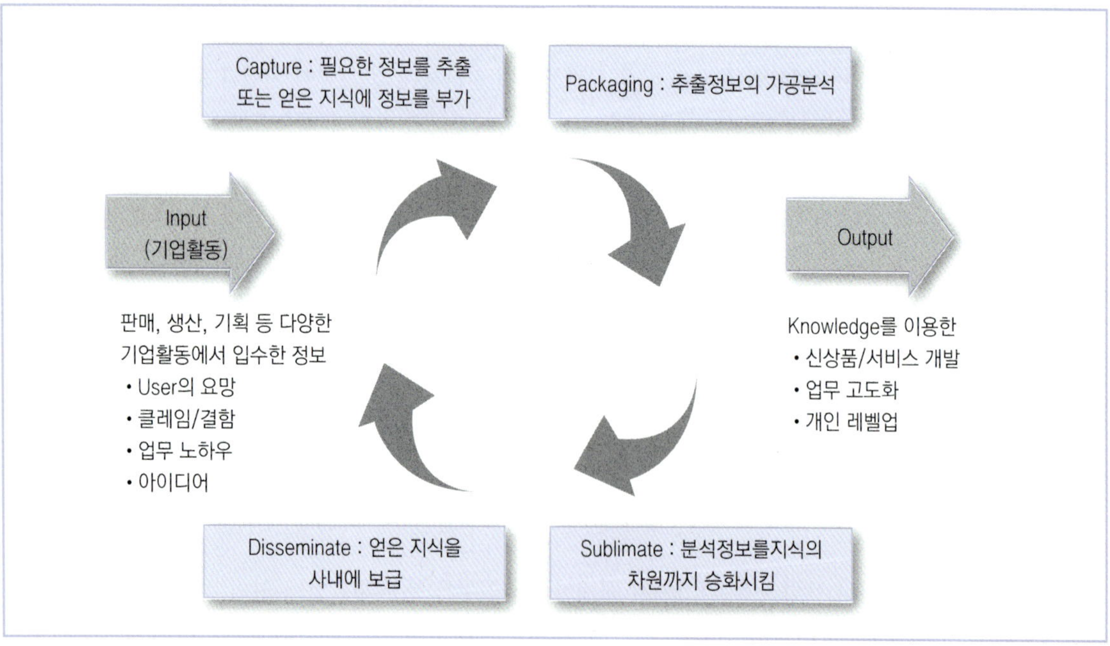

[그림 14-1] 지식경영의 사이클

(disseminate)이라고 하는 4개의 공정단계를 거친다([그림 14-1] 참조). 기업지식은 이러한 일련의 사이클을 통해 기업에 비전이나 업무프로세스, 개인의 평가제도에 이르는 비즈니스의 다양한 측면에서 활용되어 결과적으로 새로운 상품개발이나 업무의 고도화, 조직 및 개인의 수준상승을 가져온다.

이 같은 관점에서 기업 내에서 생성되는 '지식'이 끊임없이 진화될 수 있도록 해주고 그것이 최대한 활용될 수 있도록 하는 구조인 "지식경영시스템(knowledge management system)"의 구축은 필수불가결한 것이다.[3]

(2) 지식창조 메커니즘의 이해

노나카 교수와 곤노 교수는 '지식의 창조'란 암묵지(tacit knowledge, 개별적 경험을 통해 습득한 개인의 주관적 지식)와 형식지(explicit knowledge, 집단에서 통용되는 객관적 지식)의 상호교환과 순환 프로세스를 통한 질적 · 양적 발전이라고 하였다. 나아가 암묵지와 형식지의 상호작용은 본질적으로 사회적인 프로세스이며, 개개인의 지식은 이 사회적 프로세스를 통해 창조됨과 동시에 집단의 지식으로 공유되면서 새로운 지식형성의 모태가 된다고 설명하고 있다.

특히 그들은 조직에서 지식을 획득, 공유, 표현, 결합, 전달하는 지식 창조의 메커니즘이 바로 지식변환(knowledge conversion)의 4가지 프로세스라고 하는 ① 공동화(socialization), ② 표출화(externalization), ③ 연결화(combination), ④ 내면화(internalization)라고 하였는데, 이러한 4가지 프로세스는 상호작용을 통해 계속 반복되거나 한 차원 높은 지식으로 상승하는 '나선형 지식창조의 과정(spiral of knowledge)'을 이룬다고 하였다.([그림 14-2] 참조).[4]

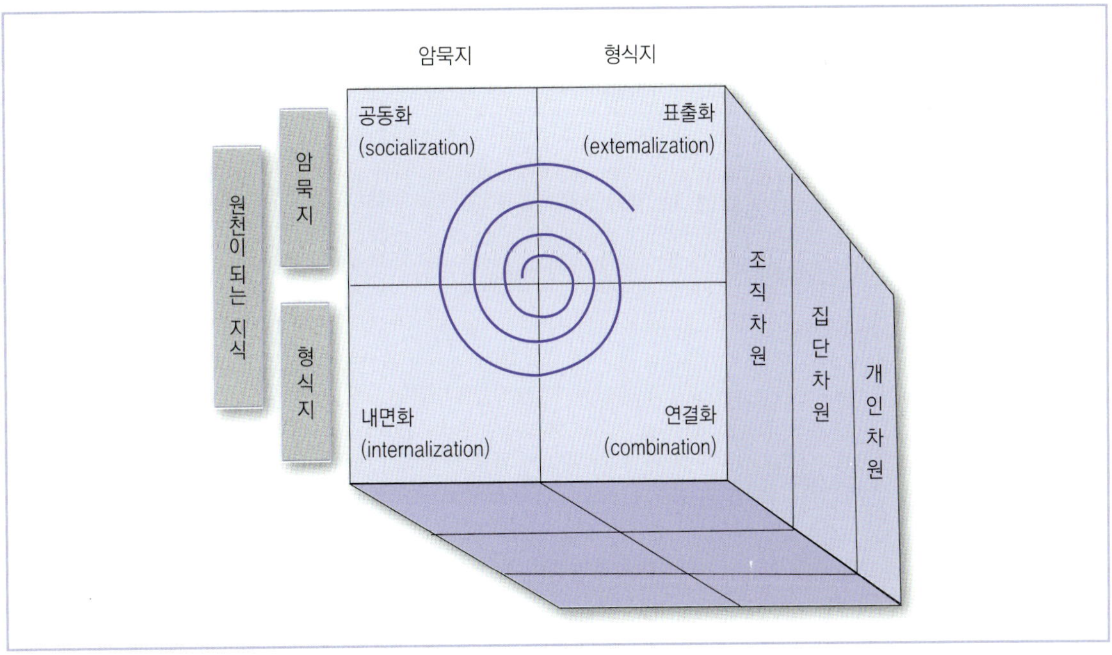

[그림 14-2] 지식변환의 4가지 프로세스

이 같은 '나선형 지식창조의 과정'을 마쓰시타전기가 1985년 가정용 자동 제빵기를 개발하는 과정에서 개발자가 직접 오사카의 인터내셔널 호텔에서 1년 동안 빵을 굽는 법을 배운(공동화) 다음, 이를 다른 팀원들에게 전달(표출화)하고, 해당 집단은 이를 표준화 등의 방법을 통해 제품에 적용시킴(연결화)으로써 그들의 지식기반을 강화(내면화)하였던 사례를 통해 설명될 수 있다.

즉, 가정용 제빵기 설계과정에서 개발된 우수한 품질에 관한 새로운 내면화 프로세스는 마쓰시타전기의 다른 직원들에게 공식적으로 전달되었고, 그들은 새로운 통찰력을 주방기기, 오디오, 비디오 기기, 모터 등 다른 새로운 제품생산에 동등한 품질 표준을 설정하는데 사용함으로써 마쓰시타전기의 지식기반은 더욱 확대되었던 것이다.

(3) 지식경영의 의미와 지식의 생성

지식경영을 연구하는 여러 학자들에 의하면, 지식경영은 '기업의 지식관련 경영활동의 효과성을 극대화하고, 지적자산으로부터 최대의 부가가치를 창출하기 위해 지식을 창출 · 갱신 · 적용하는 일련의 체계적이고 명시적이며 의도적인 활동' 혹은 '조직적 차원에서의 지식은 물론 조직구성원의 개별적 지식을 체계적으로 발굴해 기업 내부에 축적 · 공유하고, 이 지식을 기업의 경쟁력 제고를 위해 활용하는 경영활동'이라고 정의될 수 있다. 다시 말해 사실 · 경험 · 관찰 등의 자료들이 축적되면, 이 중 의미있는 자료들을 취사선택해 정보를 만들고, 가치있는 정보들이 축적돼 지식의 체계를 이루고, 이를 경영에 활용하는 지혜의 단계로 발전해 나간다.

이렇게 활용한 지혜는 다시 자료로 축적되고, 축적된 자료는 똑같은 과정을 거쳐 지혜로 활용되는 과정을 되풀이하면서 기업의 경쟁력을 높이는 귀중한 자원이 된다.

즉, 어떤 경험이나 업무를 통해 획득한 무형의 자료나 정보가 유형의 자본이 돼 기업의 경쟁력을 높이는 데 원천적인 가치를 제공, 기업의 소중한 자원으로 활용되는 것이다. 그러나 무형의

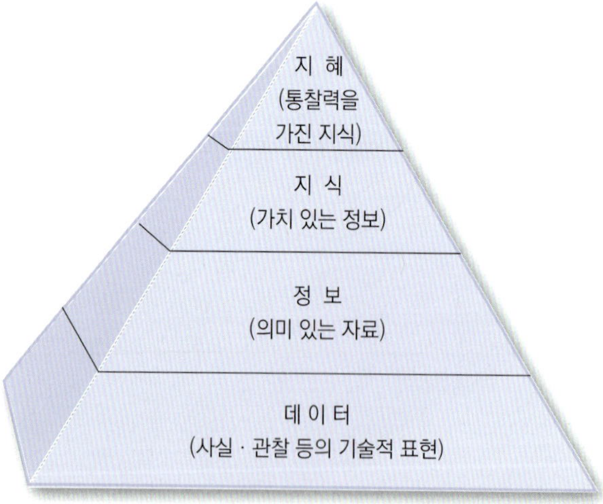

[그림 14-3] 지식생성 과정

지식을 유형의 자원으로 활용하기까지는 수많은 시간과 노력이 필요하다.

(4) 지식경영의 실천적 방법론

지식경영을 통해 기업은 보유하고 있는 데이터와 정보 및 지식을 충분히 활용할 수 있어야 한다. 이러한 과정에서 중요한 것은 조직에 필요한 지식을 적시에 획득 · 축적 · 유통시키는 것이며, 이를 위해서 지식경영은 정예화된 과정에 의해 체계적으로 이루어지는 것이 필요하다. 지식경영의 실행과정은 다음과 같이 구분될 수 있다.

① 지식경영의 실천을 위해서는 먼저 지식경영을 위한 전략을 수립해야 한다. 전략에 포함시켜야 할 중요한 내용으로는 기업과 산업 전반에 대한 이해, 경영의 문제 정의, 전략의 명확화, 축적해야 할 핵심역량의 도출, 지식이 지니는 전략적 영향도 평가 등이 포함된다.
② 전략이 수립되면 구체적인 지식의 범위를 정의한다. 지식을 구체화하는데 포함할 내용으로는 핵심적으로 정의해야 할 지식을 정의하고 지식 지도(Map)를 작성하며, 지식을 획득하는 방법과 원천을 파악해야 한다.
③ 다음으로는 지식경영제도와 프로세스를 설계해야 한다. 현재 업무수행 방법 · 지식 취득과 활용 방법을 검토한 후 지식을 생성하고 공유하기 위한 구체적인 실천방안을 설계하며, 이를 지원하기 위한 정보시스템 구현방안을 모색한다.
④ 마지막 단계에서는 설계된 지식을 경영의 목표와 일치시키는 작업을 실시한다. 성과평가시스템, 조직문화 등 제반 경영시스템과 지식경영시스템을 일치시키고, 지식경영시스템 정착을 위한 각종 변화관리 노력을 병행해 실시한다.

지식경영 체계의 수립은 단순한 데이터베이스를 만들어 시스템화하는 것이 아니라, 유 · 무형의 인적 · 물적 네트워크 체계를 갖추는 것이다. 이런 점에서, 지식경영 체계를 구성하는데 주의하고 극복해야 할 몇 가지 사항은 다음과 같다.

① 차별화된 지식시스템 체계를 갖춰 경쟁력과 가치창출의 근원이 될 수 있는 지식을 관리하는 체계를 갖추는 것이 아니라 단순 정보 시스템을 구축하는 것
② 지식경영을 경영의 차원으로 접근하는 것이 아니라 단순한 시스템적인 차원에서 접근하고 해결방법을 모색하는 것
③ 전문가를 키우고 그들이 조직에 헌신할 수 있도록 경영하는 것이 아니라 단순히 조직구성원 각 개인들이 가지고 있는 지식을 체계화하는 것
④ 지식경영을 경영활동의 근원인 조직구성원들의 노력을 지원하기 위한 자원의 대상으로만 평가하는 것
⑤ 지식경영체계를 구축하는 데에는 많은 시간과 자원이 소요되는데, 눈앞의 이익을 위해 전략과 이행방법 등의 검토과정 없이 단순히 시스템적인 체계만을 구축하는 것 등이다.

이상에서는 지식경영을 실천하기 위한 구체적인 방법론을 살펴보았다. 21세기 지식기반의 정

보화 사회에서는 어떤 조직이든 구성원들의 머릿속에 내재해 있는 경험과 지식을 체계화해 공유하고 이를 더욱 발전시켜 나가지 못한다면 경쟁력을 상실하고 도태될 수밖에 없다. 이러한 의미에서 GE의 스티븐 커 부사장의 "업무를 통해 획득한 경험이나 정보를 공유하지 않고 자기 머릿속에만 넣어두는 것은 회사 공금을 자기 개인통장에 넣어두는 것과 같다"는 말은 우리에게 시사하는 바가 매우 크다.

정보의 공유와 활용은 그 활용도에 따라 1+1=2의 수학적인 답이 아니라 1+1=2+a의 시너지효과를 가져온다. 개인의 머릿속에 저장돼 있는 정보나 자료를 공유할 때 큰 파급효과를 가져온다는 것을 모두가 인식하고 실천할 때 디지털시대에도 선도적 기업이 될 수 있을 것이다. 이것이 바로 기업조직에서 지식경영을 올바로 이해하고 적절히 실천해야 하는 가장 근본적인 이유인 것이다.

(5) 지식경영의 효과

개인이 가진 지식의 활용을 극대화시킴으로써 기업조직은 어떠한 효과를 기대할 수 있는가? 영국의 "Knowledge Management Journal"은 지식경영의 효과로 다음과 같은 5가지를 들 수 있다는 조사결과(회답기업 143개 사 대상)를 제시하고 있다.

① 의사결정에 효과가 있다(전체의 89%).
② 고객에 대한 대응이 개선된다(84%).
③ 종업원과 업무의 효율성이 개선된다(82%).
④ 이노베이션이 향상된다(73%).
⑤ 제품과 서비스의 질을 개선시킬 수 있다(73%).

이외에도 전체의 2/3의 회답자가 비용삭감, 변화와 적응에의 유연성 증진, 새로운 제품이나 서비스의 빠른 투입, 매출 증진, 업무 프로세스의 시간단축 등이 가능할 것으로 응답하고 있다. 이 같은 조사결과에서도 알 수 있듯이 지식경영의 효과나 목표는 경영환경의 격심한 변화 속에서도 최고의 이익을 창출하고 있는 대부분의 우량기업들이 지향하고 있는 내용과 상당히 일치한다. 즉, 경쟁업체보다 앞서 고객의 지식, 사내의 지식, 선도기업의 지식, 전문가의 지식 등을 도입 · 활용함으로써 업무활동과 활동성과를 근원적으로 개혁하는 것이다.

경영관리의 최종적 목표는 고객의 만족수준을 향상시키는 것이다. 고객은 물건이나 서비스를 사는 것이 아니라 물건이나 서비스의 본질, 이른바 고객이 인정하는 가치에 돈을 지불한다. 다시 말해, 고객가치의 창조를 위한 지식이전의 프로세스가 기업활동의 본질이라는 것이다. 이런 차원에서 기업의 지식경영은 기업현장에서 다음과 같은 측면들을 고려하여 수행되어야 한다.

① "고객의 니즈"라고 하는 지식을 어떻게 파악하여 기업 프로세스에 반영할 것인가?
② 상품 · 서비스에 대한 니즈라고 하는 지식을 어떻게 상품화할 것인가?
③ 정보기술이라고 하는 지식을 경영의 어느 국면에서 사용할 것인가?

④ 신제품 개발, 출시시점, 공장진출, 가격, 판매방법, 새로운 서비스 등 경쟁정보라고 하는 지식을 어떻게 수집할 것인가?
⑤ 동기수준이나 만족도 등 구성원에 대한 지식을 어떻게 끌어낼 것인가 등이다.

이러한 측면들과 관련된 지식을 생성 · 이전 · 공유 · 활용하는 것에 초점을 둔 경영구조가 '지식경영'이며, 지식경영의 도입에 의해 조직구성원 개개인이 가지고 있는 지식을 보다 합리적으로 활용할 수 있기 때문에 구성원 개개인은 조직의 성과를 위해 보다 많은 공헌을 할 수 있게 된다. 또한 지식경영의 도입을 통해 조직구성원들의 경험을 공유할 수 있는 체제를 보유하게 됨으로써 조직구성원 개인의 능력과 지식을 비약적으로 향상시켜 업무의 질이 향상될 수 있다. 나아가 지식의 공유가 개인의 관심이나 감동을 불러 조직구성원들의 자주성이나 근무의욕을 이끌어내는 역할을 하기도 할 것이다. 이러한 구성원능력과 지식의 극대화는 고객의 니즈에 대한 신속한 대응을 가능하게 할 것이며, 결과적으로 시장에서 경쟁우위의 실현을 가능하게 만들 것이다.

더불어 오늘날과 같이 기업을 사회적 구성요소로 인식하는 상황 하에서는 사회의 지식에 관한 기업의 사회적 책임이 또한 요구된다. 예를 들어 영리를 목적하는 기업이라고 하더라도 고객만족뿐만이 아니라 환경대책이나 기업시민으로서의 문화활동지원과 자선활동 등 지식을 균형있게 관리하는 것도 지식경영을 성공적으로 이끌 수 있는 열쇠가 될 것이다.

연습문제

1. 정보화사회를 상징하는 5가지 제품이나 서비스를 제시하고 그 의미를 발표해 보자.
2. 인터넷을 통해 여러분이 필요한 제품을 구입해 보자. 구입과정을 단계별로 설명하고, 구입 중 혹은 구입 후에 느꼈던 인터넷전자상거래를 통한 물품구입의 장단점을 이야기해 보자.
3. 조선일보나 중앙일보 등 일반신문과 오마이뉴스 등 인터넷전자신문의 장단점을 정리하여 발표해 보자.
4. 지식경영을 모범적으로 실천하고 있는 기업이나 조직을 찾아, 담당 관리자들로부터 지식경영의 구체적 운영실태와 상황을 들어보자.
5. "고려청자"의 비색이 전해지지 못한 이유를 급우들과 함께 이야기해 보자.

사례

K사의 각 부장들은 매 3개월마다 영업성적을 알리는 손익계산서를 받는다. 이를 통해 각 부장들은 그들 부서의 영업실적과 원래의 계획을 비교할 수 있다. 물론 각 부장들은 생산과 판매 모두를 책임지고 있다. 그러나 일부 관리자들은 매 3개월마다 보고되는 손익계산서가 입수될 때에는 잘못된 일이 이미 상당히 진행되어서 신속하게 대처할 수 없을 뿐 아니라 문제가 어디에서 발단되었는지에 대해서도 알 수가 없다고 불평하고 있다.

문제

(1) 부장들의 의사결정에 도움이 될 수 있는 다른 유형의 정보시스템은 무엇이라고 생각하는가?
(2) 이 경우에 컴퓨터를 도입한다면 편리한 점이 무엇이겠는가?
(3) 문제해결을 위한 지식경영시스템의 도입가능성과 기대되는 효과는 무엇인가?

인터넷 사례

일주일 동안 인터넷사용을 중단한 후, 여러분이 개인적으로 느낀 가장 불편하거나 아쉬웠던 점들을 정리하여 발표해 보자. 만약 기업에서 이러한 상황이 실제로 발생한다면 어떤 불편이나 어려움이 예상되는지에 대해서도 말해보자.

미주

1. 주간경제, 1997.12.22, No.437, p. 17.
2. 포스코 신문, weekly.posco.co.kr
3. 장용, 『지식경영과 지식창조의 메커니즘』, 1999, pp. 47-69.
4. 나상억, 『노나카의 지식경영』, 21세기북스, 1998.

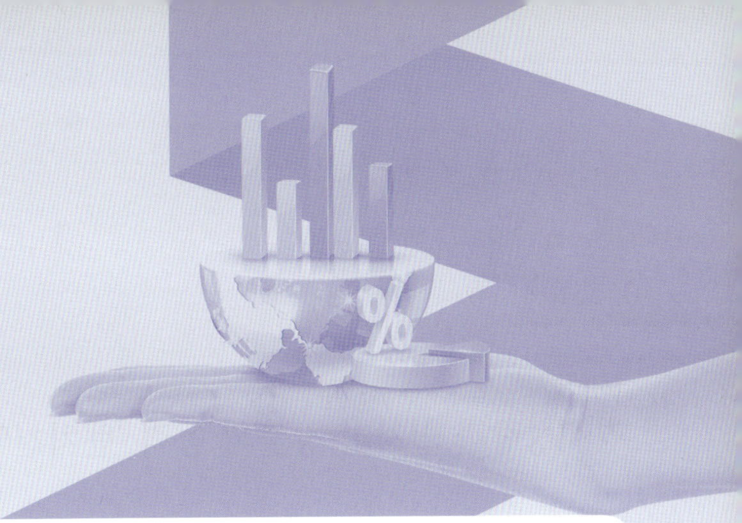

제15장 | 창업과 벤처경영

이 장에서는 창업과 벤처기업에 대해서 설명하고 있다. IMF 이후 벤처창업 열기가 고조되면서 많은 벤처기업들이 창업되어 경제적, 고용적 측면에서 국가경제에 많은 공헌을 하였다. 이러한 벤처기업이나 소자본 창업시 중요하게 고려되는 요소가 무엇이며, 벤처기업의 정의 및 유형, 벤처캐피털, 벤처창업에 중요하게 고려되는 기업가정신이 무엇인지에 대해서 설명하고 있다.

이 장을 읽어가는 동안 이것만은 이해하시기 바랍니다.

1. 기업가정신이란 무엇인가?
2. 기업가와 경영자의 차이에 대해서 조사해 보자.
3. 창업의 핵심요소와 범위에 대해서 알아보자.
4. 인터넷 창업과 재래식 창업의 차이에 대해서 알아보자
5. 사업계획서의 내용에 대해서 설명해 보사.
6. 벤처캐피털은 무엇인가?
7. 벤처 비즈니스의 정의와 형태에 대해 알아보자.
8. 성공한 벤처기업의 특징과 조건에 대해서 알아보자.

제15장 사례 >

경제성장과 일자리 창출의 동력 '벤처천억기업'

중소기업청과 벤처기업협회는 2013 기준으로 매출 1,000억 원을 돌파한 벤처기업을 조사하고 2014년 7월 21일 그 결과를 발표했다. 2013년 결산 기준 매출이 1,000억 원을 넘는 '벤처천억기업'이 국내 454개사인 것으로 나타났다. 2013년 기준 매출 1조 원 벤처기업은 총 8개사로 2012년보다 2개 증가했다. 성장성과 수익성면에서도 우수한 성과를 보이면서 다시금 벤처기업의 위상을 드러냈다.

벤처천억기업이 갖는 의미

벤처천억기업 발표는 벤처기업의 국가경제 기여에 대한 노고를 격려하고 홍보하기 위해 진행돼 오고 있다. 벤처기업협회와 중소기업청은 2005년부터 1회 이상 벤처확인을 받은 기업을 대상으로 신용평가회사가 보유한 해당년도 결산 기준 재무정보를 활용해 매출 1,000억 원 이상 벤처기업의 경영성과를 분석하고 '벤처천억기업'을 선정 · 발표하고 있다.

벤처천억기업은 열악한 벤처 토양에도 불구하고 창의적인 아이디어와 혁신적인 기술력으로 창업하여 수많은 어려움과 역경을 딛고 성공한 기업들이다. 그러한 측면에서 초기벤처 및 예비창업자들에게 성공모델로서 큰 귀감이 될 뿐만 아니라. 희망과 비전을 제공함으로써 그 유 · 무형의 의미와 상징성이 매우 크다.

또한 경기 불황 속에도 벤처천억기업이 꾸준히 증가한 것은 벤처의 성장토대가 튼튼해지고 있음을 알린다. 벤처천억기업의 성장과 기반확대가 우리 경제의 여러 구조적 문제점을 해결할 수 있다는 동력으로 인식됨에 따라, 매출 천억 이상의 벤처천억기업 선정 발표를 통해 기업들에 대한 현황 및 특성을 체계적으로 살펴볼 필요가 있다.

성장성과 수익성, 우수한 성과 거둬

2013년 매출 1,000억 원 이상을 돌파한 천억기업은 454개사로 2012년 조사 대비 38개사(9.1%)가 증가했다. 벤처천억기업 중 기존기업은 398개사이며, 신규기업은 56개사로 12.3%의 비중을 차지했다.

벤처천억기업은 '1~3천억 미만' 기업이 388개사 85.5%로 가장 높았으며, 다음 '3~5천억 미만'이 37개사 *8.1%) 순으로 조사됐다. 매출 1조 이상 기업은 모두 8개사로 전년도 대비 3개사가 증가했다. 해당 1조 이상 매출기업은 코웨이, 팬택, 넥슨코리아, 네이버, 모뉴엘, 유라코퍼레이션,

구분	2011		2012		2013	
	기업수	비율	기업수	비율	기업수	비율
기존기업	294	77.2	362	87.0	398	87.7
신규기업	87	22.8	54	13.0	56	12.3
전체	381	100	416	100	454	100

연도별 기존 · 신규기업 현황(단위: 개, %)

한국니토옵티칼, 파트론 등이다.

벤처천억기업의 평균 매출액은 2,229억 원, 영업이익은 155억 원, 순이익은 121억 원으로 매출액영업이익률은 6.9%로 전년대비 변동이 없으나, 매출액순이익률은 1.0% 증가한 5.5%로 나타났다. 대 · 중소벤처천억기업 간 성장성 비교 결과, 벤처천억기업의 총자산증가율은 6.0%로 대기업보다 높으나, 중소기업보다는 다소 낮은 것으로 조사되었으며, 매출액증가율은 8.2%로 대기업 및 중소기업보다 상당히 높은 것으로 조사됐다.

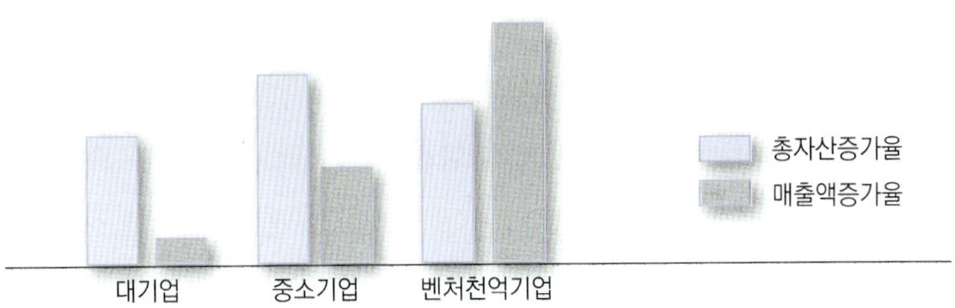

출처: 2013년 기업경영분석(전산업 기준), 한국은행, 2014. 4. 28

대기업 · 중소기업 · 벤처천억기업간 성장성 비교(단위: %)

무엇보다 눈에 띄는 점은 고용 창출 능력이다. 벤처천억기업의 총 고용인력은 16만6,164명으로 업체당 평균 고용인력은 366.7명을 기록, 전년대비 3.1% 증가했다. 이 같은 고용 증가율은 중소제조업(1.4%)의 2.2배, 대기업(2.1%)의 1.4배로 '양질의 일자리' 생산의 주역으로 나타났다.

업종별로는 기계 · 제조 · 자동차 관련 업종이 27.7%로 가장 높았으며, 다음으로 음식료 · 섬유 · (비)금속이 22.0%, 컴퓨터 · 반도체 · 전자부품이 21.1% 순으로 높은 비중을 보였다. 또한 일반제조가 49.7%로 첨단제조(33.3%)보다 더 높게 나타났다. 지역별로는 서울과 경기, 인천 등 수도권 소재 업체가 260개로 59%를 차지, 다음으로 경남권 70개, 충청권 65개, 경북권 28개, 호남권 15개, 강원 · 제주권 3개 순으로 집계됐다.

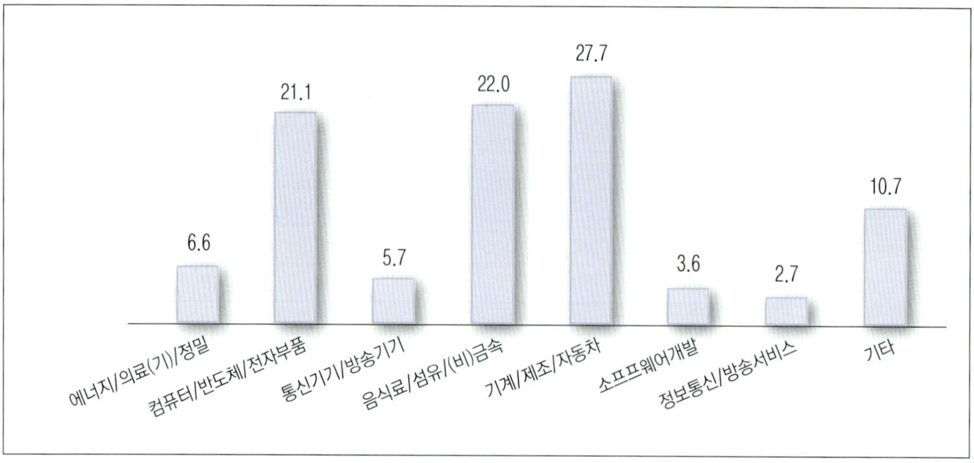

2013년 벤처천억기업의 업종분포(단위: %)

벤처천억기업은 '90년대에 가장 많이 창업(42.6%)한 것으로 나타났으며, 평균 업력은 21.7년으로 조사됐다. 또한 천억 매출 달성 소요기간은 평균 16.8년으로, 일반제조(19.6년)가 타 업종에 비해 소요기간이 길었다. 벤처천억기업은 창업 이후 43.8%(193개사)가 벤처 투자를 받은 경험이 있으며, 기업당 평균 투자 건수는 6.3건, 평균 투자 금액은 52.8억으로 나타났다.

벤처천억기업 중 상장기업은 228개사(51.7%), 비상장기업은 213개사(48.3%)로 조사됐다. 유형별 산업재산권 보유현황을 살펴보면 특허권 53.6개, 실용신안권 7.5개, 디자인권 20.9개, 상표권 41.1개로 조사됐다.

기술혁신과 글로벌 진출이 성공요인

벤처천억기업은 R&D 비율도 평균 2.7%로 경쟁우위 유지를 위해 노력중이며, 캐피탈사로부터 투자 받은 경험과 투자 건수, 투자 금액 모두 전년대비 증가했다.

벤처천억기업의 평균 연구개발비는 61억 원, R&D 비율은 2.7%로 조사됐다. R&D 비율은 소프트웨어 개발 업종이 7.7%로 가장 높고, 매출규모별로는 '1조 이상' 기업이 3.4%의 비율로 가장

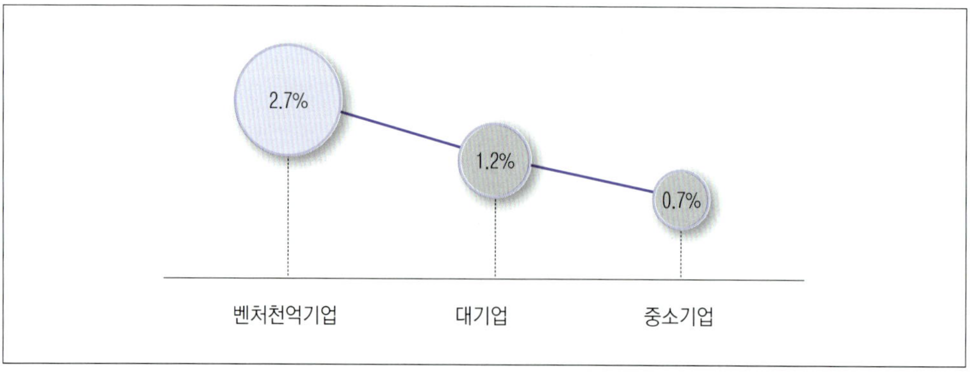

기업군별 매출액 대비 R&D 비율

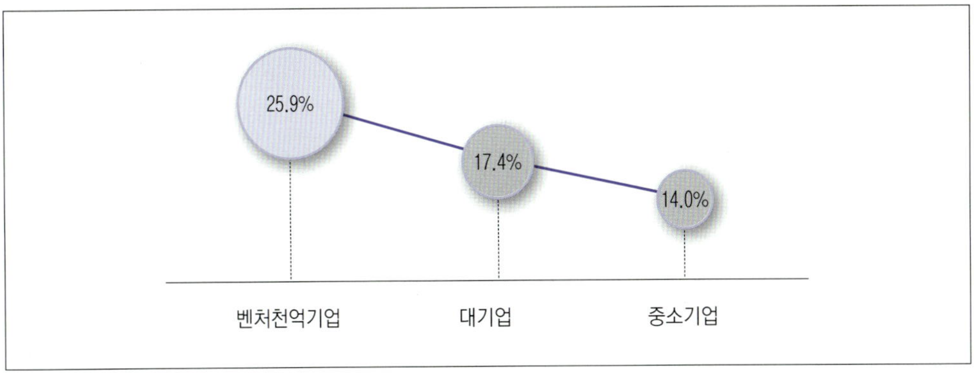

기업군별 매출액 대비 수출비중

높은 가운데 '5천억~1조 미만' 기업군부터 상당히 높아지는 특성을 보였다. 매출액 대비 R&D 비율이 대기업보다 2.3배 높고, 매출액 대비 해외수출 비중도 대기업보다 1.5배 높은 수준이었다.

세계시장에서도 벤처천억기업의 경쟁력은 빛을 발했다. 454개 기업 중 산업통상자원부의 세계일류 상품에 선정된 기업은 19개사로, 전체 133개 중 14.3%를 차지했다. 벤처천억기업 중 421개사(92.7%)가 해외에 수출을 하고 있으며, 기업당 평균 수출금액은 577억 원으로 매출액 대비 약 26%가 해외수출을 통해 매출을 달성했다.

특정 제품시장 영역에서 상당한 시장지배력과 경쟁우위를 확보하고 있다는 점에서 높이 평가받아야 할 것이며, 더 나아가 세계 유수기업들과도 어깨를 나란히 할 수 있는 가능성을 보여줌으로서 벤처인들로 하여금 자신감과 자긍심을 갖게 했다.

벤처천억기업을 위한 정책과제

벤처천억기업의 총매출액은 약 101조 원으로 평균 매출 2,229억 원, 총 고용수는 약 16.6만 명으로 벤처 출신기업들이 창조경제의 주요 주체로서 국가 경제 성장과 일자리 창출에 기여하며 발전하고 있는 것으로 나타났다. 매출 1천억 이상 기업은 단순히 큰 매출 규모가 갖는 상징성뿐만 아니라, 급격한 환경변화와 대내 · 외적인 경기 불황과 불확실성에도 불구하고 매출 1천억 원 이상을 올릴 만큼 기업의 역량이 안정적인 궤도에 올라섰음을 의미하는 것으로 안정적인 기업군 확보 측면에서 매우 큰 의미를 지닌다. 뿐만 아니라, 새로운 성장동력의 확보와 중간허리 경제구조의 취약성을 극복할 주요 기업군으로서 국가 경제의 체질 강화를 반증하는 결과로 볼 수 있다.

그러나 벤처천억기업 증가세가 12년도부터 둔화된 양상을 보이고 있고, 신규 천억 진입기업도 12년도 54개에서 13년도 12.3%로 지속적인 감소추세를 보이고 있다.

이러한 결과는 최근 몇 년간 글로벌 경기 위축으로 인한 어려운 경제상황의 반영과 조사결과에서도 확인할 수 있듯이 2000년대 초반 반 벤처정서 여파로 오랜 기간 벤처 창업의 위축이 벤처천억기업 증가율 둔화세에 영향을 미친 것으로 판단된다. 기업에서 천억 달성이 결코 쉬운 일 일 수 없으며 다년간의 업력과 역량이 요구되므로 계속적으로 가파르게 증가한다는 것은 분명 한계를 가지나, 90년대 말 우수 인력의 벤처창업 활성화가 오늘날 벤처천억기업 수에 지대한 영향을 미치고 있음은 부인할 수 없는 만큼 범사회적으로 기업가정신 제고를 위한 지속적이고 일관된 정책이 요구된다.

또 벤처기업과 마찬가지로 안정성 측면에서는 상대적으로 열위에 있으나, 성장성 및 수익성 측면에서는 대 · 중소기업보다 더 우수한 성과를 보이고 있어, 상대적으로 큰 규모임에도 불구하고 벤처 특성을 지닌 고부가가치 속성 기업군임이 다시금 확인됐다. 경쟁력과 성장 가능성을 배가시키고 가치를 창조하는 지속성장 기업이 되기 위해서는 개방형 혁신(open innovation)을 통해 퍼스트 무버(first mover)로서 새로운 변화와 혁신을 리드하고, 중소 · 벤처 및 전문기관과의 협력활동을 통해 동반성장을 강화해 나갈 필요성이 있다. 뿐만 아니라, 경영투명성 제고와 재무구조의 개선, 중소 · 벤처기업 간 거래 시 공정거래 질서 준수와 나눔, 사회적 공헌 등 중견기업으로서 갖는 사회적 영향력을 고려한 성숙된 의식도 함께 성장해야 할 것이다.

〈Venture Digest, 2014, Vol. 176, pp. 32-35.〉

벤처기업에 대한 사회적 인식이 변화하면서 사람들의 창업에 대한 논의들이 국내외적으로 매우 활발하게 진행되고 있다. 이러한 창업 붐이 활발하게 진행된 배경으로는 소비자들의 다양화된 욕구, 과학기술의 급속한 발전, 정보기술의 발달 등 가상공간의 존재로 인한 새로운 비즈니스 기회의 창출과 정부의 정책적 지원, 그리고 벤처정신을 가진 사람들의 창업욕구 등이 주요 요인으로 작용한 것으로 보인다. 미국의 경우 1990년 이후 매년 70만~100만 개 이상의 신생기업들이 설립되고 있으며, 국내의 경우도 소기업수가 약 10만 개에 이르고 있어 창업열풍은 가히 전 세계적이라 할 수 있다.[1)]

국내에서는 벤처기업들을 중심으로 많은 신생기업들이 탄생되고 있는데, 특히 첨단기술 기반의 하이테크형 기업, 인터넷과 전자상거래를 중심으로 한 IT기업, 생명공학을 기반으로 한 바이오(bio) 벤처기업 등에 창업활동이 집중되는 경향을 보이고 있다. 이러한 예로 국내에서 최고의 벤처기업으로 평가받는 기업으로는 비트컴퓨터, 버츄얼텍, 메디슨, 미래산업, 터보테크, 엔시소프트, 한아시스템 등이 있다. 이들 기업들은 기술적인 측면 이외에 경영진의 경영능력 면에서 매우 우수한 기업으로 평가받고 있는데, 이는 벤처기업을 창업하여 성공적인 기업이 되기까지 기업가의 경영능력과 기업가정신이 얼마만큼 중요한 요소인가를 알려주는 좋은 사례라 할 수 있다.

여기에서는 창업시 가장 중요한 요소로 고려되는 기업가정신은 무엇이며, 기업가의 특징과 경제 · 사회에 미치는 영향은 어떠한지를 살펴보고 창업과정, 그리고 벤처경영에 대해서 설명하고자 한다.

1. 기업가정신

1) 기업가정신의 개념

기업가정신(entrepreneurship)이라는 용어는 200년 전에 캔틸론(Richard de Cantillon)이라는 사람에 의하여 처음으로 사용되었는데, 당시에는 불확실한 가격에 상품을 구입 · 판매함으로써 발생할 수 있는 위험을 부담하는 행위를 의미하는 것으로 사용되었다. 기업가정신에 대한 연구는 벤처기업에 대한 관심이 증가하고 창업에 대한 열기가 확산되면서 경영학의 중요한 학문적 영역으로 연구가 확대되고 있다. 미국의 경우 1980년대 이후 Harvard University와 Babson College 등을 비롯하여 1,000개 이상의 대학이 기업가정신에 관한 독립된 교육 프로그램을 운영하고 있을 정도로 높은 관심을 보이고 있다.[2)]

경영학적 의미로 기업가(entrepreneur)는 사업을 구상하고 시작한 사람으로서 그 사업에 대한 조직화, 방향설정, 지휘 · 감독의 책임을 가진 사람으로 정의되고 있다.[3)] 한 마디로 기업가는 새로운 사업을 일으키며 사업목표를 효율적으로 달성하기 위해 체계적으로 조직관리를 하는 사람으로 단정지을 수 있다. 그렇다면 기업가는 어떠한 이유로 사업을 구상하고 창업에 이르게 되는

구분	내 용
경제 기능적	기업가정신은 제품, 공정, 생산요소, 시장, 조직 등에서 다양한 혁신을 일으키며, 기업가의 핵심적 역할은 혁신기능이 주요 특성이다.
사회 심리적	기업가정신은 개인적으로 높은 성취욕구, 자유의지, 위험감수 등의 특성을 가지며, 가정환경과 교육수준 등의 배경요인도 포함된다.
종 합 화	기업가정신은 위험 대비 이익을 전제로 하여 가치있는 것을 창조해 내는 과정이며, 사업기회의 인지, 위험부담의 관리, 적절한 자원동원을 통해 가치있는 것을 만들어내는 것이다.

〈표 15-1〉 기업가정신에 대한 세 가지 견해

가? 이는 강한 성취욕구, 위험감수 성향, 혁신추구, 창의성으로 특징지어지는 기업가정신에서 발원된다고 할 수 있다.

기업가정신의 정의들은 많은 연구자들에 의해 다양하게 내려지고 있는데, 〈표 15-1〉에서 보듯이 이들 정의의 특징은 크게 세 가지 견해로써 경제 기능적, 사회 심리적, 종합화 견해로 나누어지고 있다.[4] 경제 기능적 견해는 다양한 분야에서 혁신적 특성을 고려한 기업가의 기능적 측면을 말하는 것이며, 사회 심리적 견해는 기업가의 개인적 특성을 의미한다. 마지막으로 이들 견해들을 종합한 견해는 기업가정신을 창조적 활동과정으로 정의하고 있다. 이 세 가지 견해들을 모두 고려할 경우 기업가정신은 "조직의 모든 요소들에 대해 혁신적인 사고를 하며 자아욕구가 강하여 가치에 근거한 창조적인 활동을 하는 것"으로 정의할 수 있을 것이다.

2) 기업가의 특성과 역할

유능한 기업가가 되기 위해서는 여러 가지 요인들이 복합적으로 작용한다고 볼 수 있다. 먼저 기업가들에게 요구되는 행동적 측면에서의 특성들을 살펴보면 다음과 같다.[5]

① 사업에 대한 몰입과 확고한 의지
② 기회에 대한 집착
③ 위험 · 모호성 · 불확실성의 수용
④ 창의성 · 자립심 · 적응력
⑤ 남보다 앞서려는 의욕
⑥ 리더십
⑦ 현실감각과 유머감각

이와 더불어 창업을 위한 철저한 준비과정이 필요하며 사전에 지식을 습득하여 준비하고 기회를 잘 포착하는 능력을 갖추어야 할 것이다. 또한 창업한 신생기업이 성장하려면 기술혁신 능력뿐만 아니라 경영관리 능력도 필요하며, 기술적 배경을 가진 기업인이 경영지식을 모두 갖기가 현실적으로 어려워 서로 보완적 역량을 갖춘 사람들이 팀을 구성하여 창업을 하는 경우가 많다.

다음으로 역할 측면에서 요구되는 특성들을 살펴보면 기업가는 조정자(coordinator), 혁신자

구 분	기 업 가	경 영 자
개인적 성향	기회를 현실화시키는 통찰력과 타인들을 사업에 동참시키려는 설득력이 강하다	합리적이고 분석적 판단을 중시하며 실무에 능통하다.
의사결정	새로운 비즈니스를 개시할 때 현재 가용자원의 고려 없이도 시작한다.	현재 상태 유지와 자원에 근거한 의사결정을 중시한다.
위험인식	현실 안주를 거부하고 여러 가지 위험을 감수하며 자신의 비전을 실현한다.	주어진 목표와 상응한 보상에 의해 동기가 부여되며, 불확실성과 위험을 기피하는 성향이 강하다.

〈표 15-2〉 기업가와 경영자의 차이점

(innovator), 위험감수자(risk taker), 중재자(arbitrager)의 역할을 수행한다.[6]

즉, 세이(R. Say)는 기업가를 사업가로 간주하고 기업가는 자금을 지원 · 공급하는 자본가와 다르며 과학자와 노동자 사이를 조절하는 사람으로 보았다. 또 슘페터(J.A. Schumpeter)는 기업가란 균형을 파괴하는 혁신자라고 보았다. 경제발전은 일정한 순환궤도에 따라 변화하는데 기업가는 이러한 경제의 무게중심을 이동시키는 사람으로 보고 있다. 돌링어(M.A. Dollinger)에 의하면 기업가는 위험과 불확실성 환경하에서도 이익 또는 성장을 위해서 혁신적인 조직을 구축하는 사람으로 간주하였다. 키츠너(S. Kirzner)는 기업가는 경제적 불균형상태에서도 기회를 발견하고 이를 이익으로 만들며 이를 통해 불균형한 시장경제를 균형상태로 변화시키는 중재역할을 하는 사람으로 보았다.

카오(J. Kao) 등은 기업가와 경영자 간의 차이가 개인적 특성에서 기인한다고 주장한다. 〈표 15-2〉는 상황적 특성에 따라 기업가와 경영자 간에 차이가 나고 있음을 보여주고 있다.[7]

그러나 현실상황에서 기업가와 경영자는 〈표 15-2〉에서 보듯이 분명한 차이를 보이지는 않고 있으며 각각의 특성들이 혼재되어 있다. 즉, 벤처기업을 창업한 기업가들은 조직내부의 경영관리를 위해 경영자와 같은 역할도 수행하며, 경영자 역시 시대 및 환경변화에 대처하고 기업내부에 혁신을 일으키기 위해 기업가의 특성을 보이기도 한다.

이러한 점을 감안할 때 기업가와 경영자의 특성은 뚜렷한 기준에 따라 구분하기보다는 개인특성, 과업특성, 환경특성 등에 따라 기업가로서 혹은 경영자로의 역할을 수행한다고 말할 수 있을 것이다.

3) 기업가의 경제 · 사회적 영향

기업가정신과 기업가가 우리 사회에서 주요한 화제가 되는 이유는 아마도 그 중요성과 경제 · 사회에 미치는 영향이 크기 때문일 것이다. 즉, 기업가의 기업가정신에 의해 창업된 벤처기업은 경제 · 사회부문에 파급되는 효과가 매우 큰 것으로 인식되고 있다. 기업가는 경제발전, 고용창출, 혁신창조 등의 측면에서 사회전반에 많은 영향을 미치므로 그 중요성이 크게 증가하고 있다.

먼저 슘페터가 주장한 대로 기업가는 경제의 무게중심을 이동시키는 데 중요한 역할을 하며 경제발전에 주요하게 공헌한 사람이다. 예를 들어, 미국의 경우 정보통신 등의 첨단기술 산업을 중심으로 매년 70만 개 이상의 벤처기업이 신설되고 있는데, 이러한 기업들의 등장은 1990년대 중반 이전까지만 해도 만성적인 경기침체 속에 빠져 있던 미국경제를 사상 초유의 경제호황을 맞이하도록 선도하는 역할을 하였기에 이러한 기업들이 경제발전에 공헌한 정도는 매우 크다고 볼 수 있다.

또한 경제발전과 더불어 기업가는 새로운 비즈니스 창조로 인해 고용기회를 창출하게 되는데, 이러한 벤처기업의 고용은 대기업보다 더 많은 기회를 제공해 주고 있다. 대기업이 창출하는 일자리는 40%이고 나머지는 대부분의 경우는 벤처기업을 포함한 중 · 소규모의 기업들에 의해 창출되고 있다.

혁신가로서 기업가는 시장에 혁신적인 제품 및 서비스를 창조하여 소비자들에게 제공하는데 이러한 기업가의 혁신적 창조활동은 사회 각 부문에 영향을 준다. 실제로 벤처기업을 경영하는 기업가들에게 창업 후 만족사항을 문의한 결과 성공한 기업가들은 창업 후 가장 만족을 느끼는 항목으로 지역사회 공헌 63.2%, 성취감 28.4% 순으로 나타나 기업가 스스로가 자신이 창업한 기업이 사회에 공헌한다고 인지하는 경우가 많음을 알 수 있다.

2. 창업과정

1) 창업의 개념

창업은 기업가에 의해 새로운 기업이 탄생됨을 의미한다. 다시 말해 창업은 이윤획득을 목표로 하여 기업가가 사업 아이디어를 가지고 사업자금을 투자 또는 조달하여 수익을 창출하는 사업체를 결성하는 행위로 규정할 수 있다. 기업가가 창업을 하게 되는 동기는 여러 가지가 있겠으나 크게 네 가지를 들 수 있다. 즉, 이윤을 얻기 위한 경제적 동기, 자신의 자아실현을 위한 개인적 동기, 사회적 책임을 다하기 위한 사회적 동기, 자신이 생각해낸 새로운 사고나 개념을 상업화하기 위한 전략적 동기 등이 그것이다. 이러한 동기요인들로 인해 현재 국내의 경우 창업이 활성화되고 있는데, 그 동향 및 특징들을 살펴보면 〈표 15-3〉과 같다.[8]

2) 창업의 핵심요소

건물을 신축하려면 건물이 들어설 땅 · 목재 · 시멘트 · 벽돌 · 타일 · 내장재 · 현금 등이 있어야 하고, 설계도면이 있어야 하며, 설계도면에 따라 땅을 파고 자재를 결합할 인력이 있어야만 한다. 비록 제아무리 훌륭한 설계를 했다 할지라도 불량 건축자재를 사용한다면 튼튼한 건물을 기대할 수 없으며, 제아무리 설계와 자재가 훌륭한 것일지라도 공사를 담당하고 지휘하는 주체인 시공자의 시공능력이 저질이라면 튼튼하고 쓸모 있는 건물을 기대할 수 없게 된다. 결국 우수하고 쓸모 있는 건물은 어느 특정 투입요소만의 우수성에 의해 창작되는 것이 아니라 우수한 투입요소 각각의 합리적인 결합에 의해서 가능하게 되는 것이다. 이와 같이 건물을 새로 세우는 데

구분	내 용
제조업의 위축과 서비스 및 유통업의 신장	최근 국내경제의 장기적인 침체로 제조업은 위축된 반면에 다소 경영여건이 좋은 건설업, 서비스업, 무역업이 전체 창업기업가의 61%를 차지
기업가의 연령은 주로 30대	창업한 기업가들 중 30대가 약 35%를 차지하고 있으며, 최근 컴퓨터 관련분야에서 20~30대 기업가가 점차적으로 증가
이색창업, 아이디어제품, 전략적 상술	최근 정보공유의 빠른 확산으로 인해 좋은 사업아이템에 경쟁자가 급격하게 증가하고 있어 평범한 제품이나 특색 없는 경영으로 경쟁할 수 없음에 따라 특이하고 기발한 아이디어를 가진 창업이 증가
고학력의 기업가 증가	대졸창업자는 전체 창업자의 53.3%이며 고급인력이 경영에 적극적으로 참여
종업원 20인 미만의 소기업 창출의 증가와 기술창업의 증가	1980년대 소규모 창업비율이 40%이었으나 1990년대 70%를 상회하여 가족적인 분위기의 소규모 기업창업이 증가. 제조업의 경우 대표이사가 핵심적 기술을 직접적으로 보유한 경우가 53.9%이고 대부분의 경우 해당기술을 잘 알고 있는 것으로 나타남.
과거 직장경험을 바탕으로 한 창업의 증가	창업한 기업가의 62.2%가 대기업보다 중소기업에서 근무한 경험이 많으며 중소기업에서 일한 것이 현장경험과 사업 노하우에서 이득이 큼.
체인점의 급속한 확대	최근에 제조업 제품뿐만 아니라 각종 서비스업, 유통업, 요식업에 이르기까지도 체인점이 급속도로 확산

〈표 15-3〉 국내 창업의 동향 및 특징

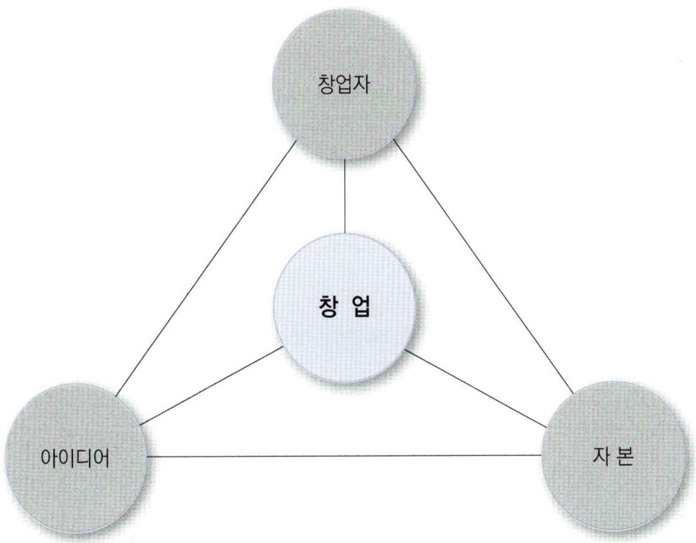

[그림 15-1] 창업의 기본요소

많은 요소들의 결합이 필요하듯이 창업을 하는데 있어서도 많은 요소들의 투입을 필요로 한다. 훌륭한 건축물의 창작과 마찬가지로 훌륭한 기업의 탄생은 우수한 투입요소들의 합리적인 결합에 의해서 가능하게 된다. 만약 창업에 투입되는 요소의 양이 부족하거나 질이 떨어진다면 건강하고 튼튼한 기업으로 성장하기가 어렵게 될 것이다. 따라서 창업을 하는 데는 많은 우수한 인적 · 물적 자원의 투입이 필요하게 된다. 이들 다양한 투입요소 중 가장 대표적인 것은 다음의 3가지 핵심요소를 들 수 있다.[9]

① 인적 요소 : 창업자 등 인적 자원
② 제품요소 : 창업 아이디어인 제품 또는 용역
③ 물적 요소 : 창업자본 등 물적 자원

(1) 인적 요소(창업자)

창업을 하는데 필요한 기본적 투입요소 중 가장 핵심적인 것은 인적요소이다. 인적요소는 창업의 주체인 창업자를 위시하여 생산, 판매, 일반관리 등 기업조직의 각 기능을 담당할 인적 자원을 지칭한다. 즉, 창업을 하는데 있어서는 창업을 주도적으로 계획하고 추진하며, 창업에 모든 재정적 부담과 위험을 책임지는 창업자가 있어야 한다. 그리고 창업자를 도와 제품이나 서비스를 생산하고 판매하며 기업의 일상업무를 담당할 종업원이 필요하게 된다. 종업원은 계약에 의해 창업자 또는 기업을 대신하여 일정한 업무를 수행하고 그에 따른 보상을 주기적으로 받게 된다. 종업원 중에는 생산과 관련된 업무를 담당하는 기사나 기술자 또는 숙련공이나 견습공 등이 있다. 그리고 판매와 일반업무를 담당할 관리자와 직원도 필요하게 된다.

(2) 제품요소(아이디어)

창업의 기본요소 중 인적 요소처럼 중요한 것으로 제품요소가 있다. 제품요소란 사업의 구체적인 아이디어를 지칭한다. 즉, 창업을 통해 무엇을 할 것인가에 대한 사업내용을 말한다. 이는 기업의 존재이유와 목적으로 대변하게 된다. 창업의 제품요소는 새로운 건물을 신축할 때, 이미 계획하고 있는 건물의 용도와 유사하다. 건물이 들어설 땅의 규모와 주위여건을 참작해 건물의 용도를 결정하고, 그러한 용도에 부응하는 적합한 설계가 뒷받침되어야 가치 있는 건물로 될 것이다.

마찬가지로 창업 시 제품에 대한 현명한 탐색과 선택문제는 성공과 실패의 중요한 요인으로 된다. 창업아이디어가 어떻게 탐색되고 선택되든 창업아이디어, 즉 제품요인이 갖추어야 할 요건은 충분한 시장수요를 가져야 한다는 것이다. 시장수요는 제품의 효용가치가 제품의 가격보다 크다고 인식될 때 자연적으로 생겨난다. 즉, 제품을 구입할 때 소비자들이 부담하는 화폐가치보다 더 큰 효용가치를 제공하는 제품이라는 사실이 알려진다면, 그러한 제품에 대한 시장수요는 있게 마련이다.

이러한 제품은 기능, 용도, 간편성, 경제성 등의 측면에서 제품력을 갖춘 제품이다. 제품력을 갖춘 제품이란 창조적인 제품이며, 창조적인 제품의 생산은 창조적인 아이디어와 새로운 기술의 결합에 의해 가능하게 된다.

그러나 제품요소는 결국 창업자나 창업에 참여하는 사람들의 아이디어에 의해 결정된다는 점에서 인적 요소에 의해 전적으로 좌우된다는 사실을 알 수 있다. 즉, 제품요소는 창업자의 상상력과 창조성, 그리고 창업에 동참하는 참여자들의 기발한 아이디어와 분석된 정보로 뒷받침된 조언 등 인적 요인에 의해 결정된다. 다른 한편으로 제품요소는 물적 요소에 의해서도 영향을 받게 된다. 왜냐하면 제아무리 훌륭한 제품아이디어(제품개념)를 가지고 있다 할지라도 이를 생산할 수 있는 기계나 자본 등 물적 자원이 뒷받침되지 않으면, 이를 제품화할 수 없기 때문이다.

(3) 물적 요소(자본)

창업에 있어서 인적 요소 및 제품요소와 마찬가지로 중요한 비중을 갖는 것이 물적 요소이다. 물적 요소란 제품요소인 사업아이디어를 구체적으로 상품화하는 데 필요한 자본, 기술, 기계와 설비, 재료나 부품, 건물 등을 말한다. 건물을 신축할 때 이들 투입자원이 질적으로 우수하고 양적으로 풍부해야 튼튼한 건물로 되듯이 성공적인 창업을 위해서는 질적으로 우수하고 풍부한 기술, 자재나 부품, 기계와 설비, 건물, 자본 등이 적절히 뒷받침되어야 한다.

창업 시 소비자의 기호나 필요의 공간을 찾아 제아무리 훌륭한 제품개념을 정립하였다 하더라도, 이를 상품으로 만들 수 있는 적절한 자원이나 기술이 뒷받침되지 않는다면 성공적인 제품으로 태어날 수 없다. 제품개념이 제품화되기 위해서는 적합한 기술과 물적 요소들이 투입되어야 한다. 창업의 물적 요소 중 가장 중요한 것은 자본과 기술이다. 생산에 필요한 자재나 부품, 기계 및 생산설비, 그리고 공장 등은 결국 자본의 투자에 의해 취득 가능하기 때문이다. 그리고 인적 요소의 양과 질도 결국은 자본의 투자에 의해 취득가능하기 때문이다. 따라서 안정적인 창업자본의 조달과 이용, 그리고 이를 위한 정부나 관계기관의 지원제도 등은 성공적인 창업을 위해 인적 자원만큼 중요하게 된다.

자본과 달리 기술은 동적인 성격을 가지고 있다. 즉, 일반적으로 발전된 과학의 영향과 학습효과에 의해 시간이 경과할수록 기술수준은 점점 더 향상된다. 그러나 같은 제품을 생산하는 모든 기업들의 기술수준이 동일할 수는 없다. 기술개발을 위해 얼마나 투자하고 노력했느냐의 여부에 따라 기업 간 기술수준에 큰 격차가 나타날 것이다. 기술개발 노력은 투자이므로 결국 기술도 자본의 뒷받침으로 가능하게 된다. 이렇게 볼 때 대부분의 창업기업은 기존기업에 비해 자본조달능력과 기술수준이 상대적으로 낮을 수밖에 없으므로 이를 극복할 수 있는 수단을 적극적으로 모색해야 한다. 요컨대 창업의 가장 핵심적인 요소는 인적인 요소를 대표하는 창업자, 제품요소를 대표하는 창업아이디어, 그리고 물적 요소를 대표하는 창업 자본임을 알 수 있다. 이들 3가지 핵심요소들은 성공적인 창업의 기본요건으로 된다. 따라서 만약 이들 중 어느 것에 심각한 결함이나 약점이 있는 경우 성공적인 창업은 어렵게 된다.

3) 창업의 범위

창업은 사업의 기초를 세우는 것으로 기업가의 능력을 갖춘 개인이나 단체가 사업의 아이디어를 가지고 사업목표를 세우고 적절한 시기에 자본, 인원, 설비, 원자재 등 경영자원을 확보하여 제품을 생산하거나 용역을 제공하는 기업을 새로이 설립하는 것을 말한다. 즉, 돈을 버는 것을 목적으로 여러 가지 요소들인 사람 · 기계 · 공간 · 원료 등을 체계적으로 결합하는 시스템을 말한다. 즉, 사람이 사업아이디어를 가지고 자본을 동원하여 특정한 상품(제품이나 서비스)을 생산하는 체계를 세우는 것이다. 우리나라 중소기업창업지원법에 의한 창업이라 함은 새로이 중소기업을 설립하는 것으로서 창업지원법시행령 제2조 제1항 각호의 규정에 해당되지 않는 것을 말한다. 국가시책의 대상이 되는 중소기업자는 중소기업기본법 제2조의 규정에 의거 중기업자와 소기업자로 구분하며, 업종의 특성과 상시 근로자수, 자본금, 매출액에 따라 구분기준을 마련하였다.[10]

(1) 창업에 해당하는 경우

① A법인의 대표이사가 A기업을 계속 영위하면서 새로이 B법인을 설립하였을 경우(대표자의 동일성은 불문)

② 권리 · 의무의 포괄적 승계를 하지 않고 경락절차에 따라 유입물건을 매입하여 사업을 개시하는 경우

③ A법인이 사업을 계속하면서 B법인을 설립한 경우로서, B법인이 A법인의 일부 유휴설비를 매입하여 사업을 개시하는 경우

(2) 창업에 해당되지 않는 경우

① 포괄승계

타인으로부터 사업을 승계하여 승계 전의 사업과 동종의 사업을 하는 경우로, '포괄승계'라 함은 타인으로부터 사업을 승계하여 승계 전의 사업과 동종의 사업을 계속하는 경우를 말하는데, 이는 원칙적으로 사업을 새로이 하지 않고 기존의 사업을 인수하여 동종의 사업을 계속 영위하는 것으로서 중소기업을 신규로 창설하는 효과가 없으므로 창업의 범위에서 제외된다. 다만, 사업승계인 경우에도 다른 종류의 사업을 영위하는 경우에는 창업에 해당된다.

② 형태변경

개인사업자인 중소기업자가 법인으로 전환하거나 법인의 조직변경 등 기업형태를 변경하여 변경 전의 사업과 동종의 사업을 계속하는 경우로, '형태변경'이라 함은 개인사업자인 중소기업자가 법인으로 전환하거나 법인이 조직변경 등을 통한 회사형태(유한회사 ↔ 주식회사, 합명회사 ↔ 합자회사)를 변경하여 변경 전의 사업과 동종의 사업을 계속하는 경우로서 단순히 조직을 변경함으로써 형식상의 창업절차만 있을 뿐 실질적으로는 중소기업의 창설효과(0 + 1 = 1, 1 + 1 = 2)가 없는 경우에 해당되어 창업의 범위에서 제외된다. 다만, 조직변경 전후의 업종이 다른 경우에는 창업으로 인정된다. 즉, 변경 전의 사업을 폐지하고, 변경 후의 새로운 사업을 하는 경우를 말한다.

③ 폐업 후 동종사업 계속

폐업 후 사업을 개시하여 폐업 전의 사업과 동종사업을 계속하는 경우로, '폐업 후 동종사업 계속'이라 함은 기존의 사업을 폐업한 후 사업을 개시하여 폐업 전의 사업과 동종의 사업을 계속하는 경우이며, 사업을 폐지한 후 동종의 사업을 재개하더라도 창업으로 보지 아니한다. 다만,

폐업을 한 후에 사업을 재개하는 경우에 폐업 전의 사업과는 다른 업종의 사업을 새로이 개시하는 경우에는 창업으로 인정된다. 동종사업의 범위는 한국표준산업분류상의 세 분류(4단위)가 같은 업종을 말하며, 기존업종에 세 분류를 달리하는 사업을 추가하는 경우이다.

4) 인터넷 창업과 재래식 창업의 차이

창업을 하고 쉽지만 직장생활에 바쁜 직장인들이 창업을 위해서만 시간을 투자한다는 것은 여건상 생각보다 쉽지 않다. 이러한 점에 착안하여 최근에는 집이나 사무실에 가만히 앉아서 손쉽게 창업할 수 있는 온라인 창업상담이 가능한 창업관련 사이트들이 많이 등장하고 있다. 지금까지의 창업은 창업하고자 하는 사람이 직접 창업에 관련된 일을 하기 위해서 관공서 등을 방문해야 하는 불편을 감수하였지만, 인터넷을 통한 창업의 경우는 이러한 불편을 해소할 수 있고, 경제적이면서도 시간적 · 공간적 제약을 받지 않는 장점이 있다.

보통 직장인이든 비직장인이든 간에 사람들은 한 번 정도는 창업을 해보아야겠다는 생각을 많이 가지고 있지만, 재정적이고 시간적인 어려움과 창업방법론 때문에 실천에 옮기지 못하고 온갖 푸념만 늘어놓는 경우가 많다. 하지만 인터넷의 이용이 보편화되면서부터는 시간적 · 공간적 제약을 뛰어넘어 인터넷을 활용하여 창업을 할 수 있는 방법들이 많이 등장하고 있다. 직장인이든 비직장인이든 간에 창업을 준비하고 있는 사람이면 누구든지 퇴근 또는 일과 후에 회식이나 술자리, 기타 모임 등에 참석하지 말고, 대신에 온라인상에 존재하는 창업관련 사이트를 뒤지기 시작하면 손쉽게 창업을 할 수 있다.

인터넷을 통해서 창업을 하려면 업종선택에서부터 사업계획서작성, 사무실임대, 인력채용, 상호등록 등 창업에 필요한 모든 절차를 인터넷 사이트를 통해 해결할 수 있다. 경영서식(書式)을 만들거나 사무실 집기를 구입하는 것도 인터넷의 도움을 받아 해결할 수 있고, 그리고 자신의 창업과정을 일일이 기록하여 창업과정에서 나타날 수 있는 여러 가지 문제점들을 직접 해결하면서 창업에 성공할 수 있다. 이처럼 널리 알려진 창업관련 사이트를 잘 활용하면 창업비용도 아낄 수 있고 창업시간도 크게 줄일 수 있다.[11]

(1) 맞춤 창업에 도전

사람은 누구나 직장생활을 하면서 나름대로 직장생활에 대한 회의나 자신의 성향에 따라 창업의 꿈을 키워온다. 대학 졸업 후 직장생활을 하면서 자신의 직무와 관련된 일이나 아니면 다른 동료들의 도움이나 의견을 종합하여 자신이 경영할 수 있는 독립적인 업체를 창업하려고 시도한다. 하지만 자신의 의도대로 창업이 이루어졌을 경우 회사가 잘될 것이라는 자신감 하나만으로는 창업에 나서는 것은 무모하다고 할 수 있다. 예를 들어, 홍길동이라는 사람이 대학을 졸업한 후 어느 기업에서 수년간 마케팅과 홍보분야에서 일한 경험이 있어 홍보대행업체를 차려 독립할 계획이라고 가정하자. 그러면 어떤 업종의 홍보를 대행할 것인지, 또 사업이 잘될 것인지는 막막하다. 더욱이 창업에 필요한 기본적인 사업계획서의 작성과 같은 서류작업은 한 번도 해보지 않는 생소한 일이기만 했다.

이러한 경우에 홍길동 씨는 창업을 위해 매일 저녁 퇴근 후에 '창업뉴스'(이하 인터넷 주소는 그래픽 참조) 등의 창업관련 사이트에서 신규 창업아이템을 찾았고, 건강에 대한 국민들의 수요가 폭발적으로 늘어날 것으로 예상해 개인병원 전문 홍보업체를 만들기로 작정했다. 그래서 창업에 필요한 기초자료인 사업계획서는 기업경영연구원의 '경영서식뱅크'에 수록된 다양한 계획서를 참조하여 작성하였다.

창업컨설팅 회사를 이용할 경우 대개 착수금만 해도 1백만 원이 소요되기 때문에 이 창업사이트에 회원(연간 회비 3만3천 원)으로 가입해서 해결하면 되고, 창업관련 세무상담은 '중소기업청 소상공인창업지원센터'에서 무료로 해결하면 된다.

(2) 창업서류도 사이버공간에서

예를 들면, 홍길동 씨는 '스피드민원' 사이트를 통해 사업자등록과 관련한 서류를 준비해서 해당 관청에 인터넷 민원과 팩스 서비스를 이용해 제출하였다. 상호는 '이름쟁이'라는 사이트에서 아이디어를 얻어 지었고, 회사이름이 상표등록이 됐는지 여부는 '아이니드브랜드'의 무료 상표 검색사이트를 통해 확인하였다.

홍길동 씨는 창업회사의 홈페이지를 만들기 위해 도메인은 '한국인터넷정보센터', 웹호스팅은 '블루웹'을 이용해 등록하였고, 사무실은 '지도로 보는 빌딩 사무실임대'에서 빈 오피스텔을 찾아내 부동산 중개업체를 찾아다니는 수고를 덜었다.

함께 근무할 직원 2명은 '워크넷' 등의 인터넷 채용사이트를 통해 채용하는 것이 좋다. 왜냐하면 헤드헌팅 업체를 통해 사람을 구할 경우 보통 채용인력 연봉의 20%를 부담해야 하므로 가능한 무료사이트를 이용하는 것이 좋다. 각종 전표나 결재서류 등 경영과 관련된 서식은 '서식뱅크'에서 내려 받아 사용하면 되고, 사무실 집기는 중고사무용 가구판매업체인 '도스'에서 구입하면 비용을 최소화할 수 있다.

이처럼 홍길동 씨는 고객이 암기하기 좋은 전화번호를 얻기 위해 한국통신에 찾아간 것을 제외하면 모든 창업절차를 인터넷으로 해결했으며, 창업 후 가능한 "인터넷방식의 창업 노하우를 회사 홈페이지(www.doctorpr.co.kr)에 수록하면 창업을 희망하는 다른 사람들이 이를 이용할 수 있으므로 창업의 전과정을 기록한 내용을 홈페이지에 수록하는 것이 바람직하다. 이제 창업에 성공한 홍길동 씨에게 남은 문제는 가장 큰 문제는 사업계획이 적중해서 수익을 올리는 것에 있다. 누구든지 인터넷 창업과정을 통해서 얻은 경험을 잘 활용하면 사업에서도 크게 성공을 거둘 수 있을 것이다.

(3) 인터넷 창업과 재래식 창업 비교

	사이트(URL: www는 생략)-창업정보 내용	온라인 창업	오프라인 창업
창업 준비	창업뉴스(changupnews.co.kr)-유망업종과 창업 금주의신규창업정보(magicsystem.co.kr)-창업 아이템 아이창업(ichangup.co.kr)-창업아이템	창업트렌드, 시기-노하우등 실시간 정보 취득	창업박람회 등 참가, 신문 등 일반매체 활용한 정보활용
	경영서식뱅크(form.re.kr)-사업계획서 작성사례	연회비 3만3천 원	컨설팅비용 부담
	소호소상공인지원센터(sohoexpo.or.kr)-자금, 세무 상담	무료상담	세무위탁 월 5만 원
창업 준비	스피드민원(speedminwon.co.kr)-사업자등록 서류	인터넷민원 · 팩스서비스	동사무소 · 세무소 방문
	이름쟁이(irmjangi.com)-상품, 회사명 짓기	직접 작명 가능	작명 비용부담(1천만 원)
	아이니드브랜드(ineedbrand.com)-무료상표검색, 출원	16만7천 원 소요	변리사 이용(30만 원)
	한국인터넷정보센터(nic.or.kr)-도메인 등록	연 2만2천 원	서비스 없음
	블루웹(blueweb.co.kr)-웹 호스팅	월 1만1천 원	
	넷피아(netpia.com)-키워드, 한글서비스	연 5만5천 원	
사무실 임대	지도로 보는 사무실(office-map.co.kr)-사무실, 오피스텔 정보	사무실 정보 무료파악	중개업체직접 방문
개업 준비	워크넷(work.go.kr)-구인 · 구직, 취업알선	무료	헤드헌팅수수료(구인자 연봉의 20%)
	서식뱅크(formbank.co.kr)-경영서식	무료 다운로드	컨설팅업체 활용
	도스(doss.co.kr)-중고 사무가구 판매	온라인 구매	가구매장 방문

(4) 기타 창업관련사이트

① 중소기업청 소상공인지원센터: www.sbdc.or.kr

② 한국여성경제인협회: www.womanbiz.or.kr

③ 중소기업특별위원회정책자금안내시스템: www.finainfo.go.kr

④ 오마이비즈: www.ohmybiz.co.kr

⑤ 창업오케이: www.changup.co.kr

⑥ 체인정보: www.franchise.co.kr

⑦ 토털창업: www.totalchangup.co.kr

⑧ 한국창업정보센터: www.bizclass.co.kr

⑨ 앙트레프러너: www.entrepreneur.co(해외 창업아이템과 경영 노하우)

⑩ 한국프랜차이즈협회: www.ikfa.or.kr

⑪ 한국프랜차이즈프라자: www.franchiseplaza.co.kr

⑫ 한국프랜차이즈경제인협회: www.kra21.or.kr

⑬ 창업넷: www.changupnet.or.kr

⑭ 아이창업: www.ichangup.co.kr

5) 사업아이디어의 창출과 시장성조사

새로운 사업이 창업되는 과정을 살펴보면 먼저 기업가는 사업아이디어를 내고 제품(서비스)의 시장성을 검토한 후 구체적인 사업계획과 계획서를 작성하고 시장분석을 실시하며 여기에서 사업의 타당성이 입증된 경우에는 자본을 투자하여 구체적으로 사업화하려는 의도를 굳히게 된다. 이를 위해 투자자금을 확보하기 위한 자본조달 활동과 운용관리를 수행하며 새로운 기업을 조직화하게 된다.

창업은 먼저 사업아이디어로부터 출발한다고 할 수 있다. 사업아이디어는 개인수준의 소비자와 사람 및 조직개념이 포함된 수요자들에게 어떠한 제품 및 서비스를 제공할 것인가에 대한 사업내용을 포함한 것을 의미한다. 특히 사업아이디어 개발에서 중요한 요소는 사업이 시장성이 있는지를 검토하는 것이다. 시장성은 시장수요라는 개념과 동일한 것으로 통하는데 시장수요는 소비자 및 수요자 입장에서 효용가치가 있어야 하며 이는 제품 및 서비스의 가치가 지불하는 가격보다 크다고 인식할 때 발생하게 된다. 즉, 수요자가 제품을 구매할 경우에 화폐가치보다 수요자가 인지하는 효용가치가 큰 제품일 경우 구매하게 되는 것으로 제품의 기능, 용도, 편리성, 경제성 등에서 구매력을 갖추는 것을 말한다.

이러한 사업아이디어의 개발과정은 개인 특성 및 상황에 따라 단기간 혹은 장기간에 걸쳐 형성된다고 할 수 있다. 사업아이디어가 개발되는 단계별 과정은 [그림 15-2]와 같다.

창업하려는 의도가 있는 사람들은 먼저 개인적으로 현재 처한 주변 환경이라 할 수 있는 직장, 가정 등에서 일어나는 현상들을 유심히 관찰하여 개인적으로 흥미롭고 익숙한 것이 무엇인지를 살펴볼 필요가 있다. 다음 단계로 이러한 주의 깊은 환경에 대한 관찰을 통해 문제가 되는 현상

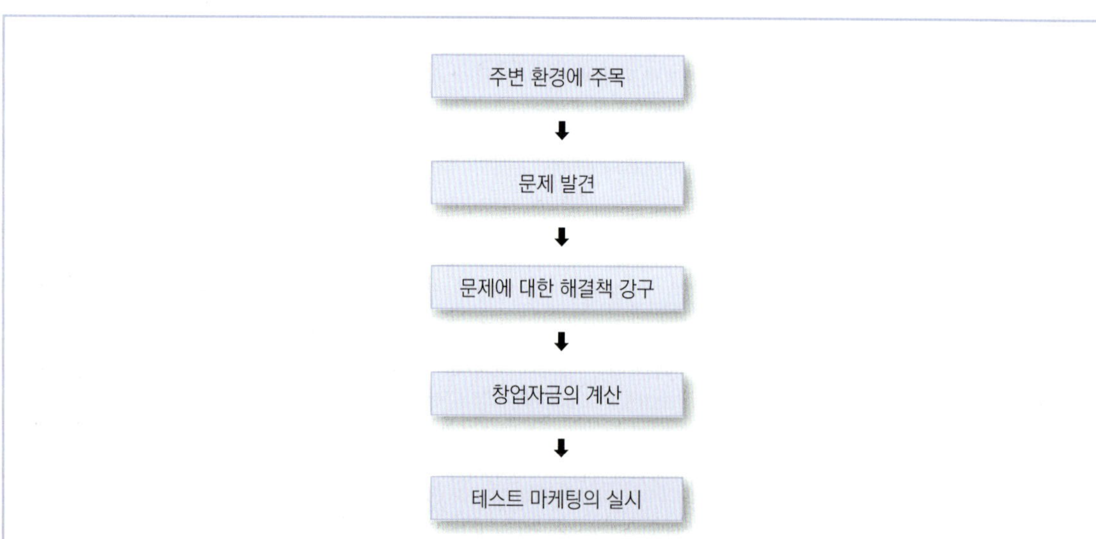

[그림 15-2] 사업아이디어의 개발과정

들은 어떠한 것들이 있는가를 평가하여 문제점들을 인식한다. 이러한 문제들이 소비자 및 수요자들에게 어떠한 불편함을 주고 불만족스러운지를 검토해 보며 문제점들을 작성한다. 세 번째 단계는 이러한 문제들에 대한 해결책을 강구하는 단계로서 한 가지 이상의 해결대안들을 고려하며 이들 중 가장 최적의 실현 가능한 대안을 선택한다. 네 번째 단계는 가장 최적의 해결대안에 소요되는 창업자금을 계산하여 현실적으로 창업할 수 있는가를 검토한다. 이 때 주의할 점은 비용은 가능한 한 충분하게 고려하며 이익은 보수적으로 계산하여야 한다는 것이다. 마지막으로 실제 현실세계에서 소비자 및 수요자들을 대상으로 하여 제품의 시장성을 테스트하여 마케팅이 가능한지를 예측한다.

이와 같이 사업아이디어의 개발은 여러 단계를 거쳐 진행되는데 여기에서 창업하려는 기업가가 주의할 것은 성공적인 사업이 되기 위해서는 하나 이상의 사업아이디어를 갖고 있는 것이 중요하다고 할 수 있다. 하나의 아이디어가 제품들이 시장성이 없기 때문에 사라지는 일이 현실에서 흔한 일로 발생하고 있다. 예를 들어, 과학분야에서 수만 가지의 아이디어 제품들이 산출되고 있으나 이들 중 성공하는 제품은 단지 몇 가지뿐이라는 것을 염두에 두어야 할 것이다.

6) 사업계획서 작성 및 시장분석

사업아이디어와 시장에서의 반응을 바탕으로 하여 구체적인 사업계획(business plan)을 세워야 하는데 이러한 사업계획은 창업을 준비하는 기업을 비롯하여 기존 기업에서 신규사업과 현재 사업을 변경하고자 할 경우에도 작성하게 된다. 사업계획에서는 시장에서 이 사업이 성공할 수 있는가를 신중히 검토하여야 하며 이를 위해 시장분석(market analysis)도 함께 병행되어야 한다. 사업계획의 주요 기능을 살펴보면 〈표 15-4〉와 같이 네 가지로 요약할 수 있다.

사업계획에서 주요하게 고려되는 사항들로는 사업성격, 시장상황, 경쟁자, 고객, 제공할 제품 및 서비스 내용, 생산 및 판매방법, 자본조달 시기와 방법, 경영진 구성 등으로 경영관리의 전반적인 내용들에 대한 중요 사항들이 포함된다. 이러한 요소들을 기본으로 하여 기업가 나름대로 사업계획을 갖고 있을 경우 다음에 해야 할 일은 구체적으로 이러한 요소들이 포함되고 문서화된 형태로 갖기 위해 사업계획서를 작성하는 일이다.

〈표 15-5〉는 사업계획서 문서내용의 한 사례를 보인 것이다. 사업계획서는 정형화된 형식을 취하지 않으며 창업하려는 기업가 자신의 사업 분야에 따라 그 내용이 추가 · 삭제될 수 있다.

- 기업의 목표, 목적, 전략, 전술, 사업수행일자, 특정시장에서의 성공가능성 등을 설명한다.
- 소비자 및 고객, 관리자, 은행 또는 채권자들이 사업을 평가할 수 있다.
- 기업의 목표와 운영방법 등에 대해 고객 및 종업원들과 의사소통할 수 있다.
- 기업자산 및 부채의 체계적 관리, 경쟁적 시장상황의 설명, 설비와 재무상황의 확인, 문제예측, 적절한 해결방안의 강구, 성공적인 기업의 전략과 전술을 확인시켜 준다.

〈표 15-4〉 사업계획의 주요기능

Ⅰ. 사업계획서 요약문	사업개념 및 사업배경, 기업 및 제품에 대한 개요, 틈새 및 기회, 경쟁우위, 수익성, 성장전망 및 비전, 사회에의 공헌도(필요성 부여) 등을 간략히 서술
Ⅱ. 기업 및 산업 개요	• 기업개요 : 기업명, 기업이념, 목표, 성격 등 • 사업개념 : 어떠한 사업이며 추구하는 상품이 무엇인지에 대한 설명 • 사업배경 : 산업현황 및 전망, 성장추이, 기회 등
Ⅲ. 사업 및 제품 (서비스) 개요	• 제품(서비스)의 특성 및 용도 • 기술인력 및 제품(서비스) 개발계획 • 경쟁제품(서비스)과의 차별성
Ⅳ. 시장환경분석	• 목표시장 • 시장규모 및 성장 추이 • 경쟁 및 경쟁우위 전략 • 시장진입 및 성장전략 • 예상 매출규모 • 수익잠재력 • 자기 아이템
Ⅴ. 마케팅계획	• 주요 마케팅전략 • 제품전략 • 가격전략 • 유통전략 • 촉진전략
Ⅵ. 생산계획	• 생산전략 • 원자재 수급계획 • 설비 및 필요 기자재 • 운영주기 • 공장입지 및 법적인 규제
Ⅶ. 재무계획	• 채산성 분석 • 추정 재무제표(3~5년) • 비용관리계획 • 자금조달 계획
Ⅷ. 조직 및 인적자원	• 조직도 • 핵심창업인력 • 경영능력 • 인사정책 및 계획 • 외부자문 및 자원인력
Ⅸ. 위험요소 및 대책	
Ⅹ. 사업추진일정	

〈표 15-5〉 사업계획서 내용

또한 사업계획서가 갖추어야 할 필요요건들로는 타당성(validity), 현실성(reality), 완전성(completeness) 등인데, 타당성은 작성된 사업계획서가 누가 보더라도 이해할 수 있으며 정확하게 작성되었는지를 검토하는 항목으로서 이는 읽은 사람(투자자)들로부터 거부감이 없고 쉽게 동의될 수 있는 내용으로 구성되어야 함을 의미한다. 현실성은 현실세계의 상황을 적절히 반영하여 실현 가능성이 높은 사업인지 평가하는 것으로서 아무리 뛰어난 아이디어라도 실현 불가능한 경우 사람들로부터 외면당하기 쉽고 실제적으로 제품화할 수 없음을 말하는 것이다. 완전성은 사업계획서에서 명시한 항목들은 모든 것이 준비되어 있어 사람들이 요구하는 경우 바로 보여주어야 하며 아이디어와 사업계획이 유기적으로 연결되어 있음을 입증하여야 하는 것이다.

이러한 사업계획서의 주요한 세 가지 요인들 외에도 사업계획서는 투자자의 관심을 유도할 수 있는 주제선정과 간결하고 명확하게 논의되어야 하는 정확성(accuracy), 광고 카피보다는 객관적인 어조를 유지시키기 위한 객관성(objectivity), 복잡한 기술분야의 설명보다는 사진이나 그림 같은 단순한 설명과 표현의 단순성(simplicity) 등을 두루 갖추어야 할 것이다. 이러한 조건들이 사업계획서에 충분히 묘사되어야만 투자자들로부터 좋은 평가를 받게 되는데 특히 중요한 것은 투자자들이 원하는 정보를 한 눈에 볼 수 있도록 압축하는 일이다.

사업계획서가 완성되면 집중하고자 하는 시장에 대한 분석이 이루어지는데 이러한 시장분석은 기업이 자신의 고객이 누구인지를 확인하고, 어떻게 이들에게 자신의 제품, 서비스, 프로그램 등을 판매, 유통, 촉진하며 이에 따른 인적자원의 충원, 교육, 배치는 어떠한지를 파악해 볼 수 있도록 한다. 또한 시장분석은 목표한 매출액의 예측, 시장에서의 진출 · 퇴출 여부를 가름할 수 있는 결정적인 역할을 수행한다.

일반적으로 시장분석은 시장조사의 결과를 기본으로 하며 이를 기초로 하여 마케팅계획이 수립된다. 이러한 마케팅계획에는 시장의 범주, 시장세분화, 시장장벽, 시장수요, 시장점유율, 매출액, 유통경로, 가격구조와 정책, 광고와 촉진 등의 관점들을 고려하게 된다.

7) 자본조달과 운영관리

창업하려는 사업이 투자자들로부터 그 타당성이 입증되고 시장분석이 완료되어 시장성이 있다고 판단되면 자본이 투입되어 사업의 구체성을 갖게 된다고 할 수 있다. 자본조달과 운영시에 기업가는 직접적으로 자금을 투자하거나 외부에서 자금을 유치하게 되는데 직접적인 투자는 기업가 자신의 자금보유 능력에 따르므로 이에 대한 설명은 생략하고 외부에서 자본을 조달 · 운용관리하는 사례를 살펴보기로 한다.[12)]

(1) 벤처캐피털

벤처캐피털(venture capital; 모험자본)은 고도의 기술력과 장래성은 있으나 자본과 경영능력이 취약한 기업에 창업기초단계부터 자본과 경영능력을 지원하여 투자기업을 육성한 후 투자자본을 회수하는 자금공급기관을 말한다. 그러므로 벤처캐피털은 융자를 위주로 하는 기존의 금융기관과 자금의 지원방식, 투자금의 회수방법, 성과보수, 리스크 등에서 현격한 차이가 있는데 첫째, 기존 금융기관이 일정한 담보를 조건으로 융자형태의 자금을 지원하고 있는 반면 벤처캐피털은 유형의 무담보 주식투자를 원칙으로 하며 둘째, 성과보수면에 있어서 일반 금융기관은 투자기업의 경영성과에 관계없이 대출시점에서 정한 일정금리를 얻는 대신 벤처캐피털은 투자업체의 성공여부에 따라 많게는 투자금의 수배, 수십 배의 이익을 얻을 수 있는 반면 실패하는 경우 투자금을 전혀 회수할 수 없는 리스크를 가진다.

(2) 코스닥시장

벤처투자는 장기적으로 위험이 따르는 투자이기 때문에 자금을 조달해 주는 자본시장의 역할이 중요하다. 이에 벤처기업들에 안정적인 시장진입을 할 수 있도록 이를 대신해 줄 수 있는 자본시장이 바로 코스닥(KOSDAQ)시장(장외시장)이다. 코스닥시장에 등록한 벤처기업들은 일반공모의 증자를 통해 직접 자금을 마련할 수도 있고, 자기회사 주식을 취득함으로써 주가안정을 유지하고 경영권도 방어할 수 있다. 미국의 경우 우리의 코스닥시장과 같은 나스닥(NASDAQ)시장을 통해 세계적인 기업으로 성장한 인텔이나 마이크로소프트가 있어 자본시장을 통한 자본조달 및 운영관리의 대표적 사례로 볼 수 있다.

(3) 엔젤

엔젤(angel)이란 창업초기에 자금이 부족한 벤처기업에 자금지원과 경영 지도를 해주는 개인투자자를 말한다. 이러한 엔젤에 의한 투자는 유망한 벤처기업을 발굴해 장기적으로 투자하는 고위험 · 고수익 투자수단으로 볼 수 있어 투자위험은 높지만 미래의 성공가능성과 성장성이 높은 기업에 투자하여 투자금액보다 많은 수익을 기대하며 투자하는 특성을 보이고 있다. 또한 엔젤은 기업에 자금을 빌려주는 것이 아니라 지분을 매입하여 주인이 되는 특성을 보이고 있어 주식투자와 유사하다고 할 수 있다.

(4) 투자조합

투자조합은 전문투자금융기관들이 조합을 결성해서 조성된 자금을 재원으로 하여 고성장 · 고수익이 예상되는 유망한 벤처기업을 대상으로 이들 기업이 발행하는 주식, 전환사채 등을 획득함과 동시에 각종 경영, 기술상의 자문을 제공하여 투자기업의 육성발전을 지원하고 향후 공개시장에서 투자수익을 환수함으로써 조합출자자들에게 높은 수익을 분배하는 제도이다. 그러나 조합을 결성하는 기관에 따라 출자금을 운용하는 방식이 다르기 때문에 신기술 및 벤처 투자조합의 경우 창업투자조합과는 다르게 전문투자금융기관이 정부기관 또는 지방자치단체, 일반조합원 등을 상대로 출자금을 모아 성장가능성이 높은 기업에 투자한 것으로 만약 손실이 발생하더라도 개인투자자에게는 원금을 모두 보장해 주는 이점이 있다고 할 수 있다.

(5) 금융기관

창업하려는 기업들은 기술개발자금의 대부분을 금융기관의 시설자금 융자와 기술개발 융자에 의존하고 있으나 대기업에 비해 담보능력이 적어 금융기관이 대출을 기피하고 있는 실정이다. 즉, 현재 대부분의 금융기관들은 신생기업들의 연구단계에 있는 기술투자의 수익성을 제대로 예측할 능력이 없기에 자신들의 위험부담을 줄이기 위해 안정성 위주로 지원하는 특성을 보이고 있는 것이다.

3. 벤처경영

1) 벤처기업의 정의

벤처기업(venture business)이 등장하게 된 태초의 배경에는 중세시대 항해를 목적으로 선원을 모으고 항해하는 기업가들이 있었는데 이들을 벤처기업의 역사적 선조로 보고 있다. 벤처기업은 원래 미국에서 시작되었는데 그 역사적 배경을 살펴보면 〈표 15-6〉과 같다.[13]

이러한 벤처기업에 대한 정의들을 살펴보면, 미국에서는 첨단기술의 중소기업(high technology small firm: HTSF), 새로운 기술기반기업(new technology based firm: HTBF) 등으로 부르며 중소기업투자법에서 벤처기업을 "위험성이 크나 성공할 경우 높은 기대수익이 예상되는 신기술 또는 아이디어를 기반으로 영위하는 신생기업"으로 정의하고 있다. 또한 미국은 이러한 벤처기업의 특징으로 첫째는 연구개발을 강조하거나 기술적으로 새로운 지식을 중심으로 한 기업, 둘째는 소수의 핵심 창업자가 혁신적인 기술 아이디어의 개발과 사업화를 목적으로 설립된 기업으로도 보고 있다. 일본의 경우는 벤처기업을 "독자의 우수한 기술과 경영 노하우(know-how)를 무기로 경영을 확대하고자 하는 기업가정신이 왕성한 독립형의 중소기업, 혹은 중견기업"으로 정의하고 있다.[14]

국내의 경우 벤처기업을 "기업가정신을 바탕으로 위험이 많은 첨단기술 개발에 과감히 도전하여 새로운 시장을 개척하는 사업 또는 높은 위험성에도 불구하고 성공가능성을 보고 이에 과감히 도전하는 기업" 또는 "기술수준이 높은 신규기술의 기업화를 위해 기업가정신이 강한 기술창업자 또는 기존 기업인이 창업 또는 점진적 기술축적을 통해 위험부담은 높으나 성공시의 기대수익이 큰 사업을 운영하는 중소기업"으로 규정하는 정의가 일반적으로 사용되고 있다.

이러한 정의들로부터 벤처기업의 특징을 기술하면 첫째는 소수의 기술적 배경지식을 가진 기업가가 기술혁신의 아이디어를 사업화하기 위해 설립한 신생기업이며, 둘째는 높은 위험부담이 있으나 성공할 경우 매우 높은 기대이익이 예상되고, 마지막으로 모험적 사업에 대한 도전의식

시대구분	내 용
1950년대	NASA를 중심으로 군사, 우주개발 등 국가적 프로젝트 수행에 따라 축적된 기술을 바탕으로 이직한 전문가들이 벤처기업으로 사업화를 추진
1960년대	미국 중화학공업의 성숙기/쇠퇴기 이후에 반도체산업의 발달로 수많은 벤처기업들이 태동. 실리콘 밸리를 중심으로 세계적 테크노폴리스를 태동시키며, 벤처기업들이 성장산업의 주역으로 등장(일본의 경우는 1970년대, 한국의 경우에는 1980년대 후반이 미국의 이 시기에 해당)
1970년대	반도체산업에서 유전공학, PC 등 첨단기술을 중심으로 벤처기업들이 탄생
1980년대 이후	기술집약형 벤처기업을 육성하기 위하여 자본이득에 대한 세율인하 등을 통해 벤처캐피털이 양적 · 질적으로 성장하였고, 일반투자자들이 기술 및 산업에 투자함으로써 벤처기업의 사업화를 촉진

〈표 15-6〉 벤처기업의 역사적 배경

이 강한 기업가에 의해 주도되는 특징을 보인다. 이러한 이유로 벤처기업은 모험기업, 신기술기업, 기술집약기업, 지식집약적 중소기업, 연구개발형 기업, 하이테크기업 등으로 불려지고 있는 것이다.

2) 벤처기업의 형태

벤처기업은 기업가에 의해 설립된 독립 사업체나 기업을 의미하나 최근에 벤처기업에 대한 관심과 중요성이 높아짐에 따라 대기업들도 참여하고 있어 다양한 형태의 벤처기업들이 나타나고 있다. 그 형태를 살펴보면 다음과 같다.[15)]

(1) 독립벤처

벤처기업의 가장 전형적 형태로 독립적으로 벤처기업을 창업하여 운영하는 것을 의미한다. 이러한 대부분의 독립벤처의 경우 기업가의 배경이 이전의 직장을 의미하는 배양조직(incubating organization)이 대학, 연구소, 대기업인 경우가 많아 배양조직으로부터 파생되어 나온 사업이라는 의미도 포함하고 있다. 또한 이러한 형태의 벤처는 배양조직에서 익힌 경영능력을 갖추고 있어 기술 창업자와 벤처캐피털이 융합된 경우가 많다.

(2) 합작벤처

중소규모의 벤처와 대기업이 합작(joint)한 경우로 전자가 고도의 기술력을 제공하고 후자가 자본과 판매망 또는 기술개발 결과의 활용과 적용에 역점을 둔 형태이다. 벤처가 자금부족이나 경영부실 또는 규모의 경제성을 실현하고자 하는 경우와 대기업이 전략적 필요성에 의해 벤처를 인수 · 합병하여 자회사나 사업부로 운영하는 형태이다. 또한 벤처는 지속적으로 기술보완 및 개발에 전념하고 기업경영의 총괄은 경영능력이 있는 대기업이 맡게 되는 경우이기도 하다.

(3) 내부벤처

대기업이 회사내부에 모험자본을 마련해 놓고 기업내부의 조직구성원들에게 사업아이디어를 제안하여 벤처기업을 설립하게 하거나 참여하도록 하는 방식이다. 최근 대기업들이 적극적으로 추진하고 있는 전략으로 기업내부에 기업가정신을 고취시키는 수단으로 사용된다. 또한 대기업이 내부에 벤처캐피털을 마련해 놓고, 기업내부의 종업원에게 좋은 아이디어를 창출하도록 하여 벤처기업에 참여하도록 하는 형태이다.

(4) 복합벤처

경영능력이 부족한 기술 창업자가 자신은 기술개발에 전념하고 경영관리는 전문경영인에게 위임하여 기업을 경영하도록 하며 이 때 벤처캐피털도 참여하는 형태이다. 대부분 전문경영인은 벤처캐피털사가 추천하고 벤처기업가의 동의를 얻어 영입되는 경우가 많다.

(5) 도입벤처

연구기관의 연구결과나 특허와 같은 공업소유권, 해외의 선진기술을 도입하여 기업화하는 형태이다. 이는 대부분 벤처캐피털사의 주도로 추진되고 이에 관심이 있는 자본가를 참여시켜 벤처캐피털사와 합작투자를 하게 하는 경우이다.

(6) 경영참가 벤처

벤처캐피털사가 벤처기업에 자본참여를 통해 투자하는 것은 도입벤처와 같으나 이 형태는 벤처캐피털이 벤처기업의 인사, 생산, 마케팅, 재무 및 회계 등 경영전반을 총괄하여 벤처캐피털의 자회사로 운영하는 형태이다.

(7) 컨소시엄 벤처

벤처캐피털사가 컨소시엄을 구성하여 벤처기업에 투자하는 경우로써 주식뿐만 아니라 전환사채와 같은 지분을 갖는 투자와 지분대신 사용료(royalty)만을 받는 조건부 투자 등을 포함하여 공동으로 투자한 형태이다.

3) 성공한 벤처기업의 특징 및 조건

최근 들어 벤처기업들에 대한 부정적 견해들이 국내뿐만 아니라 외국에서도 각종 언론 매체들에서 상당히 많이 논의되고 있음을 보게 된다. 예를 들어, 벤처기업들의 거품론과 특히 인터넷 비즈니스 기업들의 수익모델 부재로 인한 기업운영의 어려움 등으로 벤처기업들의 미래를 낙관할 수 없는 상황을 자주 듣게 된다.

많은 경우에 벤처기업의 성공과 실패는 여러 가지 요인들이 상호 복합적으로 작용하여 나타난 결과로 볼 수 있다. 1999년 삼성경제연구소에서 성공한 국내 벤처기업들의 사례를 중심으로 그 경영적 특성을 정리한 내용이 〈표 15-7〉에 다섯 가지로 제시하고 있다.[16] 이러한 다섯 가지 특성들에서 공통적인 것은 앞의 벤처기업의 정의에서 논의했던 부분과 일치되는 것으로, 주로 고도의 첨단기술 분야인 정보통신, 전자, 메카트로닉스, 바이오, 나노기술, 인터넷을 이용한 사업분야 등에 사업화하여 성공하였으며 높은 위험을 감수한 기업가가 존재하고 있었다는 점이다.

그러나 이러한 벤처기업들의 성공특성들이 단지 다섯 요인들에 좌우되는 것이 아니라 여러 가지 요인들이 복합적으로 작용할 수 있어 장래에 벤처기업을 창업하려는 기업가들은 위에서 언급한 다섯 가지 요인들 이외에도 기술과 경영에 관한 충분한 지식을 갖춘 기업인이 되어야 할 것이다.

성공특성	내 용
확실한 아이템 포착	• 수익성과 성장성이 기대되는 확실한 아이템을 선정: 성공한 벤처기업들은 정보통신과 반도체분야 등의 성장성을 파악한 후 이와 연관된 아이템을 선택하여 성공 • 기술트렌드와 일치하고 지속 성장이 보장되는 아이템 채택: 반도체장비, 통신용 S/W 등과 같이 제품의 전개방향이 예측 가능한 아이템을 미리 선정하여 위험을 줄이면서 기회를 선점 • 사례기업: 미래산업(반도체장비)과 KDC정보통신(멀티미디어용 S/W)은 반도체와 인터넷의 성장성을 미리 예측하여 성공한 사례. 특히 미래산업은 반도체산업의 발전방향을 사전에 읽고 메모리 테스트 핸들러를 주력으로 육성한 것이 적중
조직구성원들의 강한 결속력	• 조직구성원들이 일에 몰입하는 매니아적 근성을 발휘: 창업자와 동업자가 일에 몰두하여 강한 동질성과 특정문제에 집중하는 경향을 보였으며, 보상보다는 일 자체에 흥미를 가짐. • 조직원간 동일한 목표를 향해 결속: '한글과 컴퓨터'는 개성이 강한 세 사람이 한글워드 개발이라는 하나의 문제에 집중해서 개발
틈새시장의 공략	• 대기업이 진출하기 힘든 틈새시장을 공략: 대기업이 시장이 작거나 특수한 기술이어서 진출하지 않는 시장에 집중 • 대기업과 긴밀한 관계정립과 안정적 수요기반을 마련: 국내시장에서 기반을 확보한 후 세계시장 진출 • 사례기업: (주)한아시스템은 시스코와 스리콤이 독점하고 있던 네트워크 장비의 국산화에 도전하여 성공. 이 회사는 네트워크장비 개발에 전념하여 1995년 터미널 프린트서버, 1998년 네트워크 메니지먼트 시스템(NMS)으로 각각 신기술(KT) 인증을 획득하였고, 소형라우터 부문에서 세계시장 점유율 50%를 실현
적극적인 아웃소싱 활용	• 외부자원을 활용하여 경영효율을 높이고 비용을 절감: 벤처기업은 필요한 경영자원을 제대로 갖출 수 없기 때문에 외부자원을 활용하는 것이 유리하고, 기술 이외에 인력관리 등도 외부에 의존하는 추세 • 사례기업: 두인전자는 아웃소싱을 통한 사업으로 성공한 대표적인 사례. 두인전자의 특징은 모듈기업, 즉 공장 없는 제조업체임. 제품을 개발 · 설계만 하고 생산은 타제조업체에 위탁. 협력업체를 이용한 비용절감으로 불황을 모르는 기업으로 성장
카리스마적인 기업가	• 성공한 벤처에는 강한 성취욕구, 기술적 안목, 리더십을 갖춘 기업가 존재: 불확실한 기술과 사업아이디어를 사업화하는 과정에서 기업가의 비전과 카리스마가 성패를 좌우하는 결정적 요소로 작용 • 사례기업: 메디다스의 김진태 사장은 의료정보화(MIDAS) 사업에 대한 우려와 회의 속에서 '다시한다, 나를 중심으로 뭉치자'라는 말로 사원들을 설득하여 성공한 기업가로 유명하고, 미래산업의 정문술 사장은 "사업 초창기에 두 차례 실패 이후 자살 직전까지 갔었다. 오기로 다시 일어서 메모리 테스트기인 핸들러 국산화에 성공하여 오늘의 미래산업을 만들었다"고 회고하고 있다.

〈표 15-7〉 성공한 국내 벤처기업의 특성

연습문제

1. 자본금 5,000만 원의 벤처기업을 창업한다고 가정하고, 실제 창업에 필요한 절차대로 사업계획서를 작성해 보자.
2. 성공한 벤처기업가를 조사하여 창업에서 현재에 이르기까지 벤처기업가의 특성, 그리고 역할에 대해 알아보자.
3. 한국의 대표적인 기업가로 삼성그룹의 창업자이신 고 이병철회장의 기업가정신에 대해서 조사해 보자.
4. 창업의 핵심요소 중 사업아이디어의 중요성이 매우 강조되고 있다. 만약 여러분들이 창업을 한다고 가정하고 어떤 창업아이디어를 가지고 창업할 것인지를 토의해 보자.
5. 인터넷 창업의 장단점에 대해 알아보자.
6. 잘 만들어진 사업계획서가 왜 중요한지를 이야기해 보자.
7. 우리나라의 대표적인 벤처캐피털들은 어떤 것이 있는지를 조사해 보자.
8. 우리나라의 대표적인 벤처타운인 서울 강남의 테헤란로 주변에 모여 있는 벤처기업과 대덕단지에 위치한 벤처기업들의 차이점을 조사해 보자.
9. 우리나라에서 성공한 벤처기업을 인터넷에서 찾아 그 특징과 조건에 대해서 알아보자.

사례

성공한 창업과 실패한 창업의 사례를 조사하여 이들의 성공 및 실패 요인을 ERIS(Entrepreneur, Resources & Capabilities, Industry Environment, Strategy)에 따라 징단짐을 분석하고, 성공적인 창업을 위해 기업가가 갖추어야 할 조건들을 제시해 보자.

인터넷 사례

국내 벤처캐피털 회사의 현황과 벤처캐피털회사가 실제로 벤처기업에 투자한 결과로 얻은 기대이익과 손실에 대해 인터넷을 통해 조사해 보고, 벤처기업에 투자시 유의사항에 대해 토의해 보자.

미주

1. 한정화, 『벤처창업과 경영전략』, 홍문사, 2003, pp. 5-20.
2. 정승화, 『벤처창업론-부창출 경영의 이론과 실제』, 박영사, 2001, pp. 3-12.
3. 김성수, 『성공한 창업자의 기업가정신』, 삼영사, 2002, p. 22.
4. 홍성도, 『벤처기업창업경영론』, 학문사, 1998, pp. 42-43.
5. 정승화, 전게서, pp. 582-588.
6. 박정기, 『취업과 창업』, 동의대학교, 2000. pp. 227-230.
7. 홍성도, 전게서, p. 41.
8. 김남근 외 3인, 『창업과 경영』, 세학사, 2001, pp. 7-8.
9. 류태모 외 5인, 『창업과 취업특성』, 도서출판 대명, 2002, pp. 14-15.
10. 류태모 외 5인, 전게서, pp. 17-20.
11. 류태모 외 5인, 전게서, pp. 21-23.
12. 정승화, 전게서, pp. 306-326.
13. 홍성도, 전게서, pp. 19-21.
14. 상게서, p. 15.
15. 송경수 외 3인, 『최신경영학이해』, 무역경영사, 2002, pp. 94-95.
16. 한정화, 전게서, pp. 44-56.

참고문헌

〈국내〉

- 강금식, 『생산 · 운영관리』, 박영사, 1987.
- 구맹회, 『투자론』, 법문사, 1989.
- 김남현, 『신경영학원론(제2판)』, 경문사, 2001.
- 김세영 역, 『경영관리』, 연합출판사, 1989.
- 류태모 외, 『Top을 위한 경영학』, 도서출판 대명, 2003.
- 류태모 외, 『창업과 취업전략』, 도서출판 대명, 2002.
- 박정식, 『현대재무관리』, 다산출판사, 1996.
- 송경수 외, 『최신 경영학이해』, 무역경영사, 2002.
- 신유근, 『경영학원론; 시스템적 접근』, 다산출판사, 2000.
- 유필화 외, 『디지털시대의 경영학』, 박영사, 2001.
- 이명호 외, 『경영학으로의 초대』, 박영사, 2002.
- 이병찬 외, 『생산운영관리론』, 형설출판사, 1999.
- 이재규, 『최신경영학원론』, 박영사, 1988.
- 이필상 외, 『재무관리연습』, 박영사, 1997.
- 조동성, 『21세기를 위한 경영학』, 도서출판 서울경제경영, 2000.
- 지호준, 『알기 쉽게 배우는 21세기 경영학』, 법문사, 2001.
- 최종학, 『애프터마케팅』, 월드베스트 프랙티스, LG경제연구원, 1997.
- 김성국 저, 『경영과 사회』, 명경사, 1999.
- 신건호, 김길생, 송영렬 공저, 『21세기의 기업경영혁신』, 학문사, 2002.
- 임창희 저, 『경영학』, 학현사, 2003.
- 최해술 외 공저, 『기업과 사회』, 한올출판사, 2000.

〈국외〉

- J. M. Apple, *Plant Layout and Material Handling*, New York; Ronald Press Co., 1963.
- R. P. Bagozzi, *Principle of Marketing Management*, New York; McGraw-Hill, 1986.
- J. Braham, Cultivating Tomorrow's Execs, *Industry Week*, July 27, 1987.
- R. Brealey and S. Myer, *Principles of Corporate Finance*, New York; McGraw-Hill Co, 1988
- T. A. Harold, J. A. Ritchey and O. S. Hully, *Manufacturing Organization and Management* (2nd), Englewood Cliffs; Prentice-Hall, 1966.
- C. A. Kirkpatrick and F. A. Russ, *Business*, *Chicago*; Science Research Associates, Inc., 1974
- P. Kotler, *Marketing Management: Analysis Planning, Implementation, and Control*, Englewood Cliffs; Prentice-Hall, 1988.
- J. Van Maanen and E. H. Schein, Toward a Theory of Socialization, in B. M. Staw(ed.), *Research in Organizational Behavior*, Vol. 1, Greenwich; JAI Press, 1979.
- F. J. McCarthy, *Basic Management*, Homewood; Irwin, 1971.
- L. C. Megginson, Personnel; *A Behavioral Approach to Administration*, Homewood; Richard D. Irwin, 1967.
- T. Peters, Speed becomes a Leading Edge, *Industry Week*, June 19, 1989.
- R. Smith, The US must do as GM has done, *Fortune*, February 13, 1989.
- A. D. Szilagyi, *Management and Performance*, Glenview; Scott & Foresman Co., 1988.
- J. F. Weston and E. F. Brigham, *Managerial Finance*, Hinsdale; The Dryden Press, 1975.
- J. F. Weston and E. F. Brigham, *Essentials of Managerial Finance*, Hinsdale; The Dryden Press, 1982.

찾아보기

ㄱ

ㅅ

ㅇ

ㅈ

ㅊ

ㅎ

저자소개

김남현

김남현 교수는 전남대학교를 졸업하고 미국 Southeastern Oklahoma State University대학원에서 기업의 행동과학분야를 연구, 석사학위(Master of Behavioral Studies in Business)를 받고, University of Washington 및 University of California at Berkeley 등의 대학원에서 수학한 바 있으며, 경북대학교 대학원에서 조직행동과 리더십의 연구로 경영학 박사학위를 받았고, 미국 The Ohio State University 대학원에서 박사후과정(Post Doctoral Course)을 수료하였다.

계명대학교 교수(명예교수)로서 조직행동론, 인적자원관리, 갈등관리와 협상, 경영리더십론 등의 강의를 담당하고 있으며, 미국 오하이오주립대학교에서 객원교수로 일한 바도 있다. 또한 계명대학교 경영대학 학장, 경영대학원 원장을 역임하였고, 한국 인사 · 조직학회의 회장을 역임하였다. 그리고 1995년도 세계갈등관리학회로부터 논문 "Community and Industrial Mediation in South Korea"로 '최우수논문상'을 수상하였으며, 국제학술지(Academy of Management Journal, the Journal of Conflict Resolution, The International Journal of Conflict Management, Advances in Management, Security Dialogue … 등)에 여러 편의 논문을 게재하고 있다.

또한 노드 하우스의 『리더십』(2009, 제4판, 경문사), 도널슨의 『조직의 상황적합이론』(2003, 경문사), 맨즈와 심스의 『슈퍼리더십』(2002, 경문사), 브룸과 제이고의 『뉴리더십』(1994, 매일경제신문사), 롤러의 『임금과 조직개발』(1991, 경문사), 로빈스의 『조직행동론』(1985, 경문사), 롤러의 『임금과 조직효과』(1984, 경문사), 로빈스의 『경영조직론』(1984, 경문사), 허시와 블랜차드의 『조직행동의 관리』(1984, 경문사), 스톤의 『연구방법론』(1983, 경문사), 슈터마이스터의 『인적자원의 생산성』(1980, 학문사), 딤자의 『국제경영전략』(1977, 계명대출판부)을 우리말로 번역하였으며, 『관리적 리더십론』(1983, 학문사)과 『신경영학원론』(2000, 경문사)의 저자이기도 하다. 현재는 미국 LEI의 아세아지역 대표(선교사)로 일하고 있다.

김정원

김정원 교수는 미국 University of Wisconsin(UWRF)에서 경영학을 전공하고 University of Wisconsin-stout 대학원에서 Management Technology를 전공하여 석사학위를 받았으며, Oklahoma State University에서 조직행동론분야를 전공하여 박사학위를 취득하였다.

현재는 강원대학교 경영대학 교수로서 학부 및 대학원에서 조직행동론, 조직개발론 및 경영학원론 등의 강의를 담당하고 있다. 또한 가야대학교에서 경영학부 학부장 겸 경영대학원장을 겸임한 바 있으며, 대구광역시 국제통상협력실 연구위원을 역임하기도 하였다. 또한 최근에 International Journal of Public Sector Management와 Asia Pacific Business Review 등의 국제학술지와 『인사관리연구』, 『인사 · 조직연구』 등의 국내학회지에 다수의 논문을 발표하였고, 『조직행동론』과 『리더십』(2001, 경문사) 등을 우리말로 번역하였으며, Leadership Development(2000, 중외출판사)의 저자이기도 하다.

류태모

류태모 교수는 계명대학교를 졸업하고 동대학원에서 조직구조와 권력유형의 관계에 대한 연구로 경영학 박사학위를 받았고, 미국 오하이오주립대학에서 객원교수로 연구활동을 하였다. 지금은 부경대학교 교수로서 부경대학교 경영대학장, 대학원장, (사)한국인적자원관리학회 회장 등을 역임하였고, 조직행동론, 경영조직론, 기업윤리 등의 강의를 담당하고 있다.

조직설계에 관한 권력-통제이론의 실증적 검증(1996, 인사조직연구) 등 여러 논문을 국내 학회지에 게재하고 있다. 또한 『셔머혼 등의 조직행동론』(1999, 진영사)을 공동 번역하였고, 『글로벌시대의 조직행동』(2002, 삼영사), 『Top을 위한 경영학』(2003, 대명), 『창업과 취업전략』(2001, 대명) 등의 공동 저자이기도 하다.

송경수

송경수 교수는 동의대학교를 졸업하고 계명대학교 대학원에서 조직시민행동에 대한 연구로 박사학위를 받았고, 영국 맨체스터 대학에서 객원교수로 연구활동을 하였다. 현재 부산가톨릭대학교수로서 학생처장, 사회과학대학 학장, 대한경영정보학회 회장 등을 역임하였고, 현재 (사)한국인적자원관리학회 회장, 부산지방노동위원회 조정위원으로 있으며, 조직행동, 경영학원론, 중소기업론 등의 강의를 담당하고 있다.
조직시민행동과 중소기업에 관계되는 여러 논문을 국내 학회지에 게재하고 있다. 또한 『조직행동론』(1999, 진영사)을 공동 번역하였고, 『글로벌시대의 조직행동』(2002, 삼영사), 『창업과 취업전략』(2001, 대명), 『경영조직론』(2013, 경문사), 『리더십에센스』(2014, 형성출판사), 『창업경영론』(2014, 피앤씨미디어), 『창조경영을 위한 조직행동』(2015, 탑북스) 등의 공동 저자이기도 하다.

정현우

정현우 교수는 부경대학교 경영학부를 졸업하고 부산대학교 대학원에서 조직구성원의 감성지능과 조직유효성의 관계에 대한 연구로 경영학 박사학위를 받았고, (재)부산인적자원개발원의 연구원과 (주)동원개발 기획실 과장으로 근무하였다. 지금은 부경대학교 경영학부 강의전담교수로서 인적자원관리, 조직행동론, 조직혁신과 창의성 등의 강의를 담당하고 있다.
조직구성원들의 감성지능의 효과에 대한 연구(2006, 조직과 인사관리연구) 등 여러 논문을 국내 학회지에 게재하고 있다. 또한 『글로벌시대의 인적자원관리』(2012, 무역경영사), 『조직행동론』(2012, 대진출판사), 『현대경영조직론』(2013, 형설출판사) 등의 공동 저자이기도 하다.

경영학원론

공저자	김남현 · 김정원 · 류태모 · 송경수 · 정현우
발행자	한헌주
발행처	도서출판 경문사
	서울특별시 서대문구 독립문로 21-9
	전화 738-7035 FAX. 722-4678
	E-mail : kmsp@korea.com
	홈페이지 : http://www.kmsp.co.kr
등 록	1995년 11월 9일 제300-1995-138호

저자와의 협의로 인지 생략

2015년 5월 21일 초판인쇄
2015년 5월 28일 초판발행

정가 27,000원
ISBN 978-89-420-0827-8 93320